SAP® Solution Manager

SAP PRESS ist eine gemeinschaftliche Initiative von SAP SE und der Rheinwerk Verlag GmbH. Ziel ist es, Anwendern qualifiziertes SAP-Wissen zur Verfügung zu stellen. SAP PRESS vereint das fachliche Know-how der SAP und die verlegerische Kompetenz von Rheinwerk. Die Bücher bieten Expertenwissen zu technischen wie auch zu betriebswirtschaftlichen SAP-Themen.

Kindler, Liebl, Marenk, Sternberg
Change Request Management mit dem SAP Solution Manager
2017, 526 S., geb.
ISBN 978-3-8362-4191-5

Jakob, Merk, Starke, Sternberg
IT-Service-Management mit dem SAP Solution Manager
2., aktualisierte und erweiterte Auflage 2017, 480 S., geb.
ISBN 978-3-8362-4195-3

Frank Huber
SAP-Testmanagement
Tests planen, entwickeln und durchführen
2016, 496 Seiten, geb.
ISBN 978-3-8362-3805-2

Marc O. Schäfer, Matthias Melich
SAP Solution Manager für SAP S/4HANA
2016, 436 S., geb.
ISBN 978-3-8362-4389-6

Ulf Koglin
SAP S/4HANA
Voraussetzungen – Nutzen – Erfolgsfaktoren
2016, 375 S., geb.
ISBN 978-3-8362-3891-5

Aktuelle Angaben zum gesamten SAP PRESS-Programm finden Sie unter
www.sap-press.de.

Markus Bechler, Andreas Hömer, Michael Markert,
Marco Michel, Jan Rauscher, Timo Steinsberger

SAP® Solution Manager

Das Praxishandbuch

Liebe Leserin, lieber Leser,

vielen Dank, dass Sie sich für ein Buch von SAP PRESS entschieden haben.

Eine Funktionsübersicht des SAP Solution Managers liest sich heute etwa wie eine Beschreibung der berühmten eierlegenden Wollmilchsau. Von Prozessmodellierung über das Testmanagement bis hin zu Änderungsverwaltung und Monitoring deckt der SAP Solution Manager alle Aufgaben ab, die im SAP-Anwendungsbetrieb anfallen. Zu schön, um wahr zu sein? Unsere Autoren nehmen in diesem Buch die verschiedenen Einsatzszenarien des SAP Solution Managers unter die Lupe. Sie erklären Schritt für Schritt, wie man die verschiedenen Bereiche des SAP Solution Managers einrichtet und anwendet und wie die einzelnen Werkzeuge zusammenspielen. Wenn Sie den SAP Solution Manager bereits für bestimmte Szenarien anwenden, werden Sie in diesem Buch auf viele neue Funktionen stoßen, die mit Release 7.2 ergänzt wurden. Lesen Sie aber auch die Kapitel zu den Werkzeugen, die Sie noch nicht einsetzen. Sie werden überrascht sein, was der SAP Solution Manager heute alles kann!

Wir freuen uns stets über Lob, aber auch über kritische Anmerkungen, die uns helfen, unsere Bücher zu verbessern. Scheuen Sie nicht, mich zu kontaktieren. Ihre Fragen und Anmerkungen sind jederzeit willkommen.

Ihre Janina Karrasch
Lektorat SAP PRESS

janina.karrasch@rheinwerk-verlag.de
www.rheinwerk-verlag.de
Rheinwerk Verlag · Rheinwerkallee 4 · 53227 Bonn

Auf einen Blick

1	SAP Solution Manager 7.2 – Was ist neu?	27
2	Installation und Upgrade	49
3	Grundkonfiguration	93
4	Prozessmanagement	127
5	IT-Servicemanagement	193
6	Projektmanagement	287
7	Anforderungsmanagement	321
8	Change Control Management	357
9	Test Suite	489
10	Technischer Betrieb	557
11	Fachlicher Betrieb	653
12	Verwaltung kundeneigener Entwicklungen	707
13	Weitere Funktionen	735
14	Focused Solutions	767

Wir hoffen, dass Sie Freude an diesem Buch haben und sich Ihre Erwartungen erfüllen. Ihre Anregungen und Kommentare sind uns jederzeit willkommen. Bitte bewerten Sie doch das Buch auf unserer Website unter www.rheinwerk-verlag.de/feedback.

An diesem Buch haben viele mitgewirkt, insbesondere:

Lektorat Janina Karrasch
Korrektorat Sonja Falk, Hetzles
Herstellung Janina Brönner
Typografie und Layout Vera Brauner
Einbandgestaltung Julia Schuster
Coverbild iStockphoto: 480957724 © Grassetto; Shutterstock: 144959404 © klaikungwon
Satz Typographie & Computer, Krefeld
Druck Beltz Bad Langensalza GmbH, Bad Langensalza

Dieses Buch wurde gesetzt aus der TheAntiquaB (9,35/13,7 pt) in FrameMaker. Gedruckt wurde es auf chlorfrei gebleichtem Offsetpapier (90 g/m²). Hergestellt in Deutschland.

Das vorliegende Werk ist in all seinen Teilen urheberrechtlich geschützt. Alle Rechte vorbehalten, insbesondere das Recht der Übersetzung, des Vortrags, der Reproduktion, der Vervielfältigung auf fotomechanischen oder anderen Wegen und der Speicherung in elektronischen Medien.

Ungeachtet der Sorgfalt, die auf die Erstellung von Text, Abbildungen und Programmen verwendet wurde, können weder Verlag noch Autor, Herausgeber oder Übersetzer für mögliche Fehler und deren Folgen eine juristische Verantwortung oder irgendeine Haftung übernehmen.

Die in diesem Werk wiedergegebenen Gebrauchsnamen, Handelsnamen, Warenbezeichnungen usw. können auch ohne besondere Kennzeichnung Marken sein und als solche den gesetzlichen Bestimmungen unterliegen.

Sämtliche in diesem Werk abgedruckten Bildschirmabzüge unterliegen dem Urheberrecht © der SAP SE, Dietmar-Hopp-Allee 16, 69190 Walldorf.

ABAP, ASAP, Concur, Concur Expenselt, Concur TripIt, Duet, SAP, SAP Adaptive Server Enterprise, SAP Advantage Database Server, SAP Afaria, SAP ArchiveLink, SAP Ariba, SAP Business ByDesign, SAP Business Explorer, (SAP BEx), SAP BusinessObjects, SAP BusinessObjects Explorer, SAP BusinessObjects Web Intelligence, SAP Business One, SAP Business Workflow, SAP Crystal Reports, SAP EarlyWatch, SAP Exchange Media (SAP XM), SAP Fieldglass, SAP Fiori, SAP Global Trade Services (SAP GTS), SAP GoingLive, SAP HANA, SAP Vora, SAP Hybris, SAP Jam, SAP Lumira, SAP MaxAttention, SAP MaxDB, SAP NetWeaver, SAP PartnerEdge, SAPPHIRE NOW, SAP PowerBuilder, SAP PowerDesigner, SAP R/2, SAP R/3, SAP Replication Server, SAP Roambi, SAP S/4HANA, SAP SQL Anywhere, SAP Strategic Enterprise Management (SAP SEM), SAP SuccessFactors, The Best-Run Businesses Run SAP, TwoGo sind Marken oder eingetragene Marken der SAP SE, Walldorf.

Bibliografische Information der Deutschen Nationalbibliothek:
Die Deutsche Nationalbibliothek verzeichnet diese Publikation in der Deutschen Nationalbibliografie; detaillierte bibliografische Daten sind im Internet über *http://dnb.d-nb.de* abrufbar.

ISBN 978-3-8362-5615-5

1. Auflage 2017
© Rheinwerk Verlag, Bonn 2017

Informationen zu unserem Verlag und Kontaktmöglichkeiten finden Sie auf unserer Verlagswebsite **www.rheinwerk-verlag.de**. Dort können Sie sich auch umfassend über unser aktuelles Programm informieren und unsere Bücher und E-Books bestellen.

Inhalt

Vorwort ... 19
Einleitung ... 21

1 SAP Solution Manager 7.2 – Was ist neu? ... 27

1.1 Einsatzmöglichkeiten des SAP Solution Managers ... 27
1.2 ITIL mit dem SAP Solution Manager ... 28
1.3 Die wichtigsten Neuerungen im SAP Solution Manager 7.2 ... 32
    1.3.1 Prozessmanagement ... 32
    1.3.2 Test Suite ... 34
    1.3.3 Anforderungsmanagement ... 35
    1.3.4 Neue User Experience ... 37
    1.3.5 Cloudbasierte und hybride Betriebsmodelle ... 38
    1.3.6 SAP Solution Manager auf SAP HANA ... 39
1.4 Focused Solutions ... 40
1.5 Erste Schritte mit dem SAP Solution Manager 7.2 in der SAP Cloud Appliance Library ... 41
    1.5.1 Account bei einem Cloud-Anbieter erstellen ... 42
    1.5.2 Account für die SAP Cloud Appliance Library erstellen ... 42
    1.5.3 System konfigurieren und verteilen ... 43
1.6 Einführungsmethode der nächsten Generation – SAP Activate ... 45
1.7 Offen für alles – neue APIs ... 46
1.8 Neue Nutzungsrechte für Kunden ... 46

2 Installation und Upgrade ... 49

2.1 Upgrade oder Neuinstallation? ... 49
2.2 SAP-HANA-Datenbank – eine Alternative ... 51
2.3 Hardware-Sizing mit dem Quick-Sizer-Tool ... 52
2.4 Installation ... 56
    2.4.1 Relevante Informationen für die Installation ... 56

	2.4.2	Installation mit dem Maintenance Planner planen	58
	2.4.3	Download der Softwarepakete im SAP ONE Support Launchpad	63
	2.4.4	Installation mit dem Software Provisioning Manager	67
	2.4.5	Support Package Stacks mit dem Software Update Manager einspielen	74
	2.4.6	Nacharbeiten für eine Neuinstallation anhand des Installationsleitfadens	80
2.5	**Upgrade**		**83**
	2.5.1	Relevante Informationen für das Upgrade	83
	2.5.2	Upgrade mit dem Maintenance Planner planen	84
	2.5.3	Vorbereitende Maßnahmen zur Content-Aktivierung	85
	2.5.4	Upgrade des Systems mit dem Software Update Manager	87
	2.5.5	Nacharbeiten für das Upgrade anhand des Upgrade-Leidfadens	90
	2.5.6	Content-Aktivierung der Lösungsdokumentation	91

3 Grundkonfiguration 93

3.1	**Wichtige Informationen und SAP-Hinweise zur Grundkonfiguration**		**94**
3.2	**Obligatorische Konfigurationsaufgaben**		**95**
	3.2.1	Systemvorbereitung	97
	3.2.2	Infrastrukturvorbereitung	106
	3.2.3	Basiskonfiguration	111
3.3	**Verwaltete Systeme konfigurieren**		**114**
3.4	**Grundkonfiguration der Embedded Search**		**123**
3.5	**Benutzer mit der Benutzerverwaltung anlegen**		**124**

4 Prozessmanagement 127

4.1	**Grundlegende Begriffe und Konzepte**		**128**
	4.1.1	Eine Lösung als Single Source of Truth	128
	4.1.2	Umsetzung des Lebenszykluskonzepts mit Branches	130
	4.1.3	Umsetzung des Wiederverwendungskonzepts mit Bibliotheken	134

4.2	Voraussetzungen für die Nutzung des Prozessmanagements	135
	4.2.1 Konfiguration des Prozessmanagements	135
	4.2.2 Berechtigungen	137
4.3	Lösungsverwaltung	139
	4.3.1 Aufbau und Grundfunktionen	139
	4.3.2 System- und Change-Control-Landschaft	142
	4.3.3 Sites	146
	4.3.4 Dokumentenarten	149
	4.3.5 Bibliotheksgenerierungs-Cockpit	151
4.4	Lösungsdokumentation	152
	4.4.1 Aufbau und Grundfunktionen	154
	4.4.2 Bibliotheken	159
	4.4.3 Geschäftsprozesse und Prozesshierarchie	170
	4.4.4 Geschäftsprozesse dokumentieren	172
	4.4.5 Prozesse mit BPMN 2.0 modellieren	177
4.5	Integration in andere Bereiche des SAP Solution Managers	184
	4.5.1 Integration mit der Test Suite	185
	4.5.2 Integration mit dem Change Request Management	186
	4.5.3 Integration mit dem Geschäftsprozess-Monitoring	188
4.6	SAP Best Practices für die Lösungsdokumentation	190

5 IT-Servicemanagement   193

5.1	Benutzeroberflächen des IT-Servicemanagements	193
	5.1.1 CRM Web UI	194
	5.1.2 SAP-Fiori-Applikationen	202
5.2	Grundvoraussetzungen für den Einsatz des IT-Servicemanagements	206
	5.2.1 Grundkonfiguration des IT-Servicemanagements	206
	5.2.2 Berechtigungen	219
5.3	Zentrale Funktionen des IT-Servicemanagements	220
	5.3.1 Mehrstufige Kategorisierung	221
	5.3.2 Prüflisten	223
	5.3.3 Zentrale Suche	228
	5.3.4 Gesicherte Suchen	231
	5.3.5 Volltextsuche	233
	5.3.6 Zentrales Freigabetool	236

5.3.7	Meine-Meldungen-Widgets	237
5.3.8	Zeiterfassung	241
5.3.9	Guided Procedures	242
5.3.10	E-Mail Response Management System	242
5.3.11	Schwarzes Brett	244
5.3.12	Abonnement	245
5.3.13	Meldungsvorlage	246
5.3.14	Vertreterregelung	248
5.3.15	Kunden-Surveys	249
5.3.16	PPF-Aktionen	250
5.3.17	Reportingfunktionen	254
5.4	**Prozesse im IT-Servicemanagement**	**257**
5.4.1	Incident Management	257
5.4.2	Problem Management	270
5.4.3	Knowledge Management – Arbeiten mit Wissensartikeln	271
5.4.4	Service Catalogue Management	274
5.4.5	Service Request Management	275
5.4.6	Service Level Management	278
5.5	**Kundenbericht: IT-Servicemanagement bei der ECKART GmbH**	**282**

6   Projektmanagement   287

6.1	**Einführung in das IT-Portfolio- und Projektmanagement**	**288**
6.2	**Voraussetzungen für den Einsatz des IT-Projektmanagements**	**289**
6.3	**Projekte durchführen**	**293**
6.3.1	In der Projektmanagementanwendung navigieren	293
6.3.2	Projekte anlegen und verwalten	296
6.3.3	Ressourcenmanagement	306
6.4	**Projektanalyse**	**311**
6.5	**Integration des Projektmanagements mit anderen SAP-Solution-Manager-Bereichen**	**313**
6.6	**SAP-Roadmaps**	**318**

7 Anforderungsmanagement — 321

7.1	Wichtige Begriffe im Kontext des Anforderungsmanagements	322
7.2	Grundkonfiguration des Anforderungsmanagements	323
	7.2.1 Schritt 1: Szenarioübersicht abrufen	324
	7.2.2 Schritt 2: Basis-Setup ausführen	325
	7.2.3 Schritt 3: Anforderungsprozess definieren	325
	7.2.4 Schritt 4: Benutzeroberfläche konfigurieren	331
	7.2.5 Schritt 5: Applikation »Meine Geschäftsanforderungen« einrichten	332
	7.2.6 Schritt 6: Vorlagenbenutzer anlegen	333
	7.2.7 Schritt 7: Suchinfrastruktur konfigurieren	334
	7.2.8 Schritt 8: Zusatzfunktionen integrieren	334
	7.2.9 Schritt 9: Zusätzliche Anwendungsfälle verwenden	334
7.3	Funktionen des Anforderungsmanagements	335
	7.3.1 Geschäfts- und IT-Anforderung im Zusammenspiel	335
	7.3.2 Anforderungsmanagement und Prozessmanagement	346
	7.3.3 Anforderungsmanagement und Projektmanagement	347
	7.3.4 Anpassungs- und Erweiterungsmöglichkeiten	349
7.4	SAP-Fiori-Applikation »Meine Geschäftsanforderungen«	352

8 Change Control Management — 357

8.1	Grundlagen des Change Request Managements und des Quality Gate Managements	358
8.2	Grundvoraussetzungen für den Einsatz des Change Control Managements	360
	8.2.1 Grundkonfiguration des Quality Gate Managements	360
	8.2.2 Grundkonfiguration des Change Request Managements	362
	8.2.3 Setup des verwalteten Systems	372
	8.2.4 Berechtigungen	384
8.3	Change Request Management	387
	8.3.1 Architektur	387
	8.3.2 Änderungszyklen	389
	8.3.3 Aufgabenpläne	404
	8.3.4 Änderungsantrag	405
	8.3.5 Änderungsdokumente	412

	8.3.6	Importstrategien	445
	8.3.7	Integration des Change Request Managements mit anderen SAP-Solution-Manager-Szenarien	448
8.4	**Quality Gate Management**		452
	8.4.1	Quality Gate und Change Request Management im Vergleich	452
	8.4.2	Änderungsverwaltung mit dem Quality Gate Management	452
	8.4.3	Mit dem Quality Gate Management arbeiten	454
	8.4.4	Der Quality-Gate-Management-Prozess	457
8.5	**Wichtige übergreifende Funktionen im Change Request Management und Quality Gate Management**		459
	8.5.1	Transportbezogene Prüfungen	459
	8.5.2	Systemübergreifende Objektsperre	460
	8.5.3	Downgrade-Schutz	466
	8.5.4	Kritische Transportobjekte	468
	8.5.5	Synchronisierung von Entwicklungssystemen mit Retrofit	471
8.6	**Verfügbare Transport-Management-Tools**		477
	8.6.1	Change and Transport System	477
	8.6.2	Transport von Nicht-ABAP-Objekten	478
	8.6.3	Central Change and Transport System	479
8.7	**Transportanalyse und Änderungsdiagnose**		483
	8.7.1	Änderungsanalyse	483
	8.7.2	Änderungsauswertung	485
	8.7.3	Transportausführungsanalyse	486

9 Test Suite 489

9.1	**Ihre Strategie für das SAP-Testmanagement**		490
	9.1.1	Nutzungsrechte	490
	9.1.2	Lösungsdokumentation	491
9.2	**Der Testprozess im Überblick**		492
	9.2.1	Testplanung	492
	9.2.2	Testausführung	499
	9.2.3	Testauswertung und Reporting	501
	9.2.4	Zentrale Einstellungen	503

9.3	Grundvoraussetzungen für den Einsatz der Test Suite	505
	9.3.1 Grundkonfiguration	505
	9.3.2 Berechtigungen	513
9.4	Testoptionen im Überblick	517
	9.4.1 Testoption 1: SAP-zentrische Softwarelösungen	518
	9.4.2 Testoption 2: SAP Quality Center by HP	518
	9.4.3 Testoption 3: IBM Rational	519
9.5	SAP-zentrische Softwarelösungen testen	519
	9.5.1 Manuelles Testen	520
	9.5.2 Testautomatisierung	521
	9.5.3 Testauswertung	532
	9.5.4 Verknüpfung zweier Testskripte mit der komponentenbasierten Testautomatisierung	535
9.6	Change Impact Analysis	539
	9.6.1 Business Process Change Analyzer (BPCA)	540
	9.6.2 Scope and Effort Analyzer (SEA)	549

10 Technischer Betrieb 557

10.1	Einheitliche User Experience im SAP Solution Manager 7.2	558
10.2	Berechtigungen im Umfeld des technischen Betriebs	560
10.3	Architektur der Monitoring and Alerting Infrastructure	562
	10.3.1 Datenlieferanten	564
	10.3.2 Extractor Framework	564
	10.3.3 Alert-Eingang	566
	10.3.4 Rapid Content Delivery	570
10.4	Technisches Monitoring	570
	10.4.1 Selbst-Monitoring	571
	10.4.2 System-Monitoring	574
	10.4.3 User Experience Monitoring	581
	10.4.4 Job-Monitoring	594
	10.4.5 IT-Infrastruktur-Monitoring	596
	10.4.6 Notfall-Monitoring	597
	10.4.7 Cloud-Monitoring	598
	10.4.8 Alerting konfigurieren	600

10.5	**Integrations-Monitoring**	602
	10.5.1 Schnittstellen und Verbindungen	602
	10.5.2 Prozessintegration	609
	10.5.3 Nachrichtenflüsse	610
10.6	**Monitoring von SAP HANA und Business-Intelligence-Lösungen**	612
	10.6.1 Voraussetzungen und Vorbereitung	613
	10.6.2 Mit SAP-HANA- und BI-Monitoring arbeiten	614
10.7	**Ausnahmenverwaltung**	615
10.8	**SAP EarlyWatch Alert**	618
10.9	**Technische Administration**	620
	10.9.1 Service Availability Management	621
	10.9.2 IT-Aufgabenverwaltung	623
	10.9.3 IT-Kalender	626
	10.9.4 Benachrichtigungsverwaltung	630
	10.9.5 Guided Procedure Management	632
10.10	**Konfigurationsvalidierung**	634
10.11	**Ursachenanalyse**	641
10.12	**Monitoring-Dashboards**	643
10.13	**Kundenbericht: User Experience Monitoring mit dem SAP Solution Manager bei der Otto Group**	647

11   Fachlicher Betrieb   653

11.1	**Was wir unter dem Begriff »Business Process Operations« verstehen**	654
11.2	**Voraussetzungen für die Nutzung von Business-Process-Operations-Anwendungen**	655
	11.2.1 Grundkonfiguration für den Betrieb von Geschäftsprozessen	655
	11.2.2 Grundkonfiguration der Jobverwaltung	657
11.3	**Geschäftsprozess-Monitoring**	659
	11.3.1 Integration des Geschäftsprozess-Monitorings in die Lösungsdokumentation	660
	11.3.2 Monitoring-Objekte erstellen	661

	11.3.3	Alerts für Analyseobjekte anlegen	665
	11.3.4	Monitoring-Objekt konfigurieren	665
	11.3.5	Objektverwaltung und Objektpflege	671
	11.3.6	Monitoring aufrufen	671
	11.3.7	Alerts im Operations Control Center	674
	11.3.8	Migration von SAP Solution Manager 7.1	675
11.4	Geschäftsprozessoptimierung		676
	11.4.1	Analyse von Geschäftsprozessen	677
	11.4.2	Dashboards für die Geschäftsprozessoptimierung	680
	11.4.3	Abhängigkeitsdiagramme	682
	11.4.4	Progress Management Board	685
11.5	Jobverwaltung		687
	11.5.1	Jobantrag	687
	11.5.2	Jobdokumentation	692
	11.5.3	Jobeinplanung	694
11.6	Datenkonsistenzmanagement		695
	11.6.1	Überwachung der Datenkonsistenz	696
	11.6.2	Konsistenzprüfungen	697
	11.6.3	Analysewerkzeuge	701
11.7	Perfomanceoptimierung für Geschäftsprozesse		703
11.8	Anwendungsbeispiel: IDoc-Monitoring		704

12 Verwaltung kundeneigener Entwicklungen   707

12.1	Voraussetzungen für die Nutzung des Custom Code Lifecycle Managements		708
	12.1.1	Usage and Procedure Logging	708
	12.1.2	ABAP Call Monitor	709
	12.1.3	Grundkonfiguration des Custom Code Lifecycle Managements	709
12.2	Funktionen des Custom Code Lifecycle Managements		712
	12.2.1	Work Center »Verwaltung kundeneigener Entwicklungen«	714
	12.2.2	Qualitäts-Cockpit	717
	12.2.3	Stilllegungs-Cockpit	719
	12.2.4	SAP-BW-Reporting	721

		12.2.5	Dashboards für die Verwaltung kundeneigener Entwicklungen	723
		12.2.6	Analyse des kundeneigenen Codes	726
	12.3	Custom Development Management Cockpit		729
	12.4	Best Practices		734

13 Weitere Funktionen — 735

13.1	Datenvolumenmanagement		735
	13.1.1	Grundkonfiguration des Datenvolumenmanagements	736
	13.1.2	Funktionen des Datenvolumenmanagements	740
13.2	SAP-Engagement und Servicelieferung		747
13.3	Systemempfehlungen		749
13.4	TREX		753
	13.4.1	Installation	755
	13.4.2	ABAP-Anwendungen anbinden	755
	13.4.3	Java-Anwendungen anbinden	758
	13.4.4	Embedded Search konfigurieren	759
	13.4.5	Administration	761

14 Focused Solutions — 767

14.1	Einsatzszenarien der Focused Solutions		767
	14.1.1	Agile Projekte mit Focused Build	767
	14.1.2	Dashboards mit Focused Insights	770
	14.1.3	Servicebereitstellung mit Focused Run	771
14.2	Focused Build		771
	14.2.1	Voraussetzungen für den Einsatz von Focused Build	773
	14.2.2	Benutzerrollen und Arbeitsteilung	775
	14.2.3	Vorgangsarten in Focused Build	776
	14.2.4	Dokumentenlenkung mit Dropdoc	778
	14.2.5	Dashboards für die Projektbeteiligten	779
	14.2.6	Dashboards für die Test Suite	780
	14.2.7	Integration mit dem Change Request Management	781

14.3	Focused Insights	781
	14.3.1 Dashboard-Modelle	782
	14.3.2 Voraussetzungen für den Einsatz von Focused Insights	785
	14.3.3 Dashboards konfigurieren	786
14.4	Focused Run	787
14.5	Anwendungsbeispiel: von der Anforderung zum Release	789
	14.5.1 Voraussetzungen und Ziele	789
	14.5.2 Grundeinrichtung	791
	14.5.3 Schnittstellen	792
	14.5.4 PPM-Projekt mit Zeitplanung und Meilensteinen	792
	14.5.5 Erfolg und Nutzen	793

Anhang 795

A	Wichtige SAP-Hinweise	797
B	SAP-Transaktionscodes	801
C	Hilfreiche SAP-Programme	803
D	Die Autoren	805

Index 809

Vorwort

Mit diesem Buch halten Sie die erste Auflage von *SAP Solution Manager – Das Praxishandbuch* in Händen. Im Gegensatz zum Vorgängerwerk *SAP Solution Manager*, das direkt von den Produktmanagern des Herstellers SAP verfasst wurde, hat dieses Buch ein Expertenteam der SALT Solutions AG aus Nutzerperspektive geschrieben. Entstanden ist ein praxisorientiertes Arbeitsbuch mit wertvollen Informationen von Anwendern für Anwender.

Für Unternehmen bringt das neue Release SAP Solution Manager 7.2 ein großes Wertschöpfungspotenzial mit sich. Da es die IT mit den Fachbereichen verbindet, stellt der SAP Solution Manager jetzt nicht mehr nur ein ERP-System für die IT-Organisation dar, sondern generiert auch für die Fachabteilungen einen deutlichen Mehrwert. Der Fokus liegt dabei auf der Überwachung und Sicherung unternehmenskritischer Geschäftsprozesse – ein Spezialgebiet der SALT Solutions AG: Im *Application Management & Support* stellen über 100 SAP-zertifizierte Berater und Entwickler für namhafte Kunden aus unterschiedlichen Branchen höchste Verfügbarkeit von unternehmenskritischen Prozessen auf Applikationsebene sicher. Rund um die Uhr leisten sie einen hochqualifizierten Support-Service nach ITIL und setzen hierfür den SAP Solution Manager als entscheidendes Werkzeug ein.

Seit 2012 verfügt die SALT Solutions AG sogar über einen eigenen Geschäftsbereich, der auf die Beratung rund um den SAP Solution Manager spezialisiert ist. Diesem Bereich gehört auch das neunköpfige Autorenteam dieses Buches an, das sich in zahlreichen Projekten fundierte Kenntnisse über den SAP Solution Manager angeeignet hat. Daneben sind die Experten von SALT Solutions auch auf die Entwicklung von SAP-basierten IT-Lösungen sowie auf die Systemintegration im Handel und entlang der Versorgungskette in der Industrie spezialisiert.

Ich wünsche Ihnen viel Freude beim Lesen und einen großen Nutzeffekt für Ihre tägliche Arbeit mit dem SAP Solution Manager 7.2.

Frank Reinecke
Vorstand der SALT Solutions AG

Einleitung

Der Funktionsumfang des SAP Solution Managers ist von Version zu Version immer mehr gewachsen. Seit seiner ersten allgemein verfügbaren Veröffentlichung im Jahr 2001 in Version 2.0 hat SAP viel investiert und das Tool kontinuierlich weiterentwickelt. Dazu wurden Rückmeldungen der Kunden und Organisation wie der Deutschsprachigen SAP-Anwendergruppe e. V. (DSAG) aufgenommen; von diesen Anregungen wurde mit der Zeit vieles umgesetzt. Die Funktionalität, die bereitgestellten Inhalte und das Angebot an Services ist mittlerweile sehr umfassend, und der SAP Solution Manager hat sich zu einem ausgereiften Produkt entwickelt.

Das komplette Leistungsspektrum und die Stärke der Integrationsmöglichkeiten zwischen den einzelnen Funktionen, die der SAP Solution Manager bietet, zu kennen, bedeutet auch, den SAP Solution Manager zu verstehen. Oft treffen wir in Projekten auf verschiedene Vorurteile der Projektmitglieder auf Seiten des Kunden. Einige nutzen den SAP Solution Manager schon seit vielen Jahren, und doch sind ihnen die umfassenden Funktionen, die er bietet, nicht vollständig bekannt. Andere fangen gerade erst an, sich mit dem SAP Solution Manager zu beschäftigen und sich einzuarbeiten.

Mehr als manch einer glaubt …

Wir, das neunköpfige Autorenteam, wollen in diesem Praxishandbuch zum SAP Solution Manager 7.2 unsere Erfahrung aus vielen Projekten mit Ihnen teilen. In Projekten gilt es immer, die individuellen Anforderungen und Zielsetzungen zu beachten. Ein Mehrwert durch den Einsatz des SAP Solution Managers ergibt sich oft, wenn alle Nutzungsmöglichkeiten und sein gesamter Funktionsumfang berücksichtigt werden. Die Möglichkeit, mit *einem* Tool ein Monitoring und Alerting mit einem IT-Servicemanagement und der Verwaltung von Änderungen sowie einem Testmanagement basierend auf Ihren individuellen Geschäftsprozessen zu integrieren, ist die Stärke des SAP Solution Managers.

Dieses Praxishandbuch soll Ihnen nicht nur einen Überblick über die Funktionen bieten und eine Grundlage für die Arbeit mit diesen Werkzeugen schaffen, es stellt Ihnen darüber hinaus auch eine Vielzahl von Schritt-für-Schritt-Anleitungen zur Einrichtung und Bedienung der wichtigsten Funktionen bereit. Die besondere Komplexität einiger Funktionen wirkt sich zumeist direkt auf den Umfang der zugehörigen Kapitel aus. Wie ausführlich wir eine Funktion behandeln, ist jedoch kein direkter Indikator für deren potenziellen Mehrwert bzw. den Funktionsumfang. Oft sind Funktionen im SAP Solution Manager 7.2 relativ schnell initial aktiviert. Das eigentliche Projekt beginnt aber erst damit, sich mit den gesammelten und

Ziel dieses Buches

bereitgestellten Daten und Information zu beschäftigen und die für Ihr Unternehmen notwendigen Konzepte und Maßnahmen abzuleiten.

Grundsätzlich richtet sich dieses Praxishandbuch an alle, die sich einen Überblick über die Funktionen im SAP Solution Manager verschaffen wollen. Somit richtet es sich gleichermaßen an Systemadministratoren, Support-Mitarbeiter, Projektmanager und alle anderen Interessierten – mit dem Ziel, einen umfassenden Einstieg in die Welt des SAP Solution Manager zu erhalten. In den einzelnen Kapiteln werden die Zusammenhänge zwischen Customizing-Einstellungen und den Prozessen in den verschiedenen Funktionen dargestellt. Die einzelnen Kapitel bieten jedoch auch die notwendige Tiefe, um sich detailliert mit den Funktionen auseinanderzusetzen. Damit sollte es Ihnen möglich sein, den individuellen Mehrwert des SAP Solution Managers abzuschätzen und erfolgreich zu nutzen.

Behandelter Release-Stand

Version 7.2 des SAP Solution Managers ist seit August 2016 für SAP-Kunden verfügbar. Im Vergleich zur Vorgängerversion hat SAP vor allem in das neue Prozessmanagement – mit der Möglichkeit, Geschäftsprozesse auf Basis von Business Process Model and Notation (BPMN) 2.0 zu modellieren – und in die neugestaltete Test Suite investiert. Diese Anwendungen sind komplett webbasiert und bieten umfassende Integrationsmöglichkeiten. Die Work Center wurden durch das neue SAP-Fiori-basierte SAP Solution Manager Launchpad abgelöst. SAP-Kunden mit einem gültigen Wartungsvertrag können den SAP Solution Manager 7.2 auf einer SAP-HANA-Datenbank sogar lizenzkostenfrei nutzen. Sollten Sie bereits einen SAP Solution Manager in einer früheren Version betreiben, kann dieser über einen Upgradeprozess auf die neue Version 7.2 migriert werden.

Alle in diesem Buch beschriebenen Funktionen basieren auf dem Stand des Support Package Stacks (SPS) 04 des SAP Solution Managers 7.2. Wo nötig, wird ein Ausblick auf die Neuerungen, die mit dem SPS05 kommen, gegeben.

Gliederung und Aufbau

In diesem Praxishandbuch werden folgende Themen für den SAP Solution Manager 7.2 beleuchtet und stets mit den Erfahrungen aus unseren Projekten angereichert:

- **Kapitel 1**, »SAP Solution Manager 7.2 – Was ist neu?«, gibt einen Überblick über die Einsatzmöglichkeiten des SAP Solution Managers 7.2. Wir gehen auf die Möglichkeiten der Nutzung der IT Infrastructure Library (ITIL) ein und stellen die wichtigsten Neuerungen vor. Die Optionen der SAP Cloud Appliance Library (CAL) und von SAP Activate erläutern wir in diesem Kapitel ebenso wie neue Schnittstellen, die den SAP Solution

Manager nach außen öffnen. Das Kapitel wird mit den neuen Nutzungsrechten für den SAP Solution Manager für SAP-Kunden abgeschlossen.

- In **Kapitel 2**, »Installation und Upgrade«, stellen wir Ihnen das Vorgehen bei einer Neuinstallation und die Schritte für ein Upgrade eines bereits bestehenden SAP-Solution-Manager-Systems vor. Dabei gehen wir auch auf die notwendigen Schritte zur Vorbereitungen und Durchführung der Content-Aktivierung ein.

- **Kapitel 3**, »Grundkonfiguration«, liefert Ihnen wichtige Informationen zur Grundkonfiguration eines SAP-Solution-Manager-7.2-Systems, inklusive der obligatorischen Konfigurationsaufgaben. Wir beschreiben, wie verwaltete Systeme und die Embedded Search konfiguriert werden. Abschließend gehen wir auf die Anlage der Benutzer mit der Benutzerverwaltung ein.

- **Kapitel 4**, »Prozessmanagement«, stellt Ihnen umfassende Informationen zu dem neuen Prozessmanagement und der Lösungsdokumentation, die mit dem SAP Solution Manager 7.2 neu von SAP implementiert wurden, bereit. Sie erhalten einen Überblick über die Funktionen und Integrationsmöglichkeiten. Die Schwerpunkte bilden dabei die Frage, wie man eine Lösung dokumentiert, und die Verwaltung des Lebenszyklus einer Lösung.

- In **Kapitel 5**, »IT-Servicemanagement«, erhalten Sie detaillierten Einblick in die Funktionen für die Umsetzung der ITIL-Prozesse: Incident Management, Problem Management, Service Request Management, Service Catalogue Management und Service Level Management. Neben der Volltextsuche gehen wir auch auf ITSM Analytics ein. Wir zeigen außerdem, welche Vorteile ITSM im Zusammenhang mit SAP HANA als Datenbank für den SAP Solution Manager aufweist.

- **Kapitel 6**, »Projektmanagement«, bietet einen groben Einblick in das IT-Portfolio- und Projektmanagement. Hier wird dargestellt, wie Sie den Funktionsumfang nutzen können, um Projekte mit dem SAP Solution Manager zu verwalten und zu steuern. Des Weiteren zeigen wir verschiedene Integrationsmöglichkeiten auf.

- In **Kapitel 7**, »Anforderungsmanagement«, stellen wir eine weitere neue Funktion im SAP Solution Manager 7.2 vor. Sie erhalten darüber hinaus detaillierte Informationen zu den Integrationsmöglichkeiten mit dem Prozessmanagement, dem Projektmanagement und dem Change Request Management. Eine Beschreibung der SAP-Fiori-Applikation »Meine Geschäftsanwendungen« rundet dieses Kapitel ab.

- **Kapitel 8**, »Change Control Management«, liefert Ihnen einen umfassenden Einblick in dieses Thema. Das Change Request Management mit seinen Funktionen wird sehr ausführlich beschrieben. Daneben werden auch die Funktionsweisen des Release Managements und des Quality Gate Managements sowie die verfügbaren Transportmanagementwerkzeuge vorgestellt. Die Möglichkeiten der Integration mit anderen Komponenten bilden zusammen mit der Änderungsdiagnose den Abschluss dieses Kapitels.
- **Kapitel 9**, »Test Suite«, beschreibt das ebenfalls im SAP Solution Manager 7.2 neu implementierte Testmanagement. Neben der technischen Grundkonfiguration wird in diesem Kapitel auch der grundlegende Aufbau der neuen Test Suite dargestellt. Wir beschreiben die Einsatzszenarien, stellen hilfreiche Werkzeuge vor und führen Beispiele an. Die Möglichkeiten der Integration zu anderen Szenarien werden ebenso behandelt.
- In **Kapitel 10**, »Technischer Betrieb«, wird Ihnen vermittelt, welche Frameworks der SAP Solution Manager 7.2 für die technische Überwachung der Systemlandschaft bereitstellt. Wir erläutern, wie der Betrieb einer SAP-Systemlandschaft mithilfe verschiedener Tools vereinfacht werden kann. Abgerundet wird dieses Kapitel durch den Erfahrungsbericht eines Kunden, der ein umfangreiches Monitoring-Konzept für seine SAP-Systemlandschaft umgesetzt hat.
- In **Kapitel 11**, »Fachlicher Betrieb«, werden die Funktionen behandelt, die der SAP Solution Manager bietet, um Geschäftsprozesse nahezu ausfallfrei zu betreiben. Sie werden durch die Möglichkeiten der Überwachung von Schnittstellen, Hintergrundjobs und Dateninkonsistenzen geführt, um Geschäftsprozesse möglichst robust gestalten zu können.
- **Kapitel 12**, »Verwaltung kundeneigener Entwicklungen«, stellt Ihnen die Funktionen im SAP Solution Manager 7.2 vor, mit denen Sie kundeneigene Entwicklungen und Objekte über deren gesamten Lebenszyklus hinweg verwalten und überwachen können. Wir beschreiben verschiedene Werkzeuge und Applikationen aus diesem Bereich.
- In **Kapitel 13**, »Weitere Funktionen«, stehen einige weitere Funktionen im Mittelpunkt, die das Leistungsspektrum des SAP Solution Managers 7.2 abrunden. Dazu gehören das Datenvolumenmanagement, SAP-Engagement und Servicelieferung, die Systemempfehlungen und die Embedded Search basierend auf TREX.
- **Kapitel 14**, »Focused Solutions«, stellt Ihnen zum Schluss die auf dem SAP Solution Manager aufsetzenden und über den SAP Store verfügbaren Lösungen Focused Build, Focused Insight und Focused Run vor.

Informationskästen

In hervorgehobenen Informationskästen finden Sie in diesem Buch Inhalte, die wissenswert und hilfreich sind, aber etwas außerhalb der eigentlichen Erläuterung stehen. Damit Sie diese Informationen sofort einordnen können, haben wir die Kästen mit entsprechenden Symbolen gekennzeichnet:

- In Kästen, die mit diesem Symbol gekennzeichnet sind, finden Sie Informationen zu *weiterführenden Themen* oder wichtigen Inhalten, die Sie sich merken sollten. [«]

- Dieses Symbol weist Sie auf *Besonderheiten* hin, die Sie beachten sollten. Es *warnt Sie* außerdem vor häufig gemachten Fehlern oder Problemen, die auftreten können. [!]

- Die mit diesem Symbol gekennzeichneten *Tipps* geben Ihnen spezielle Empfehlungen aus unserer Projektpraxis, die Ihnen die Arbeit erleichtern können. [+]

- *Beispiele*, durch dieses Symbol kenntlich gemacht, weisen auf Szenarien aus der Praxis hin und veranschaulichen die dargestellten Funktionen. [zB]

Danksagung

Bedanken möchten wir uns an dieser Stelle bei unserem Arbeitgeber, der SALT Solutions AG, vor allem bei den Vorständen und allen Kolleginnen und Kollegen, für die Unterstützung bei diesem Buchprojekt. Ein großer Dank gilt auch unseren Kunden, die mit ihren Erfahrungsberichten einen wertvollen Teil zu diesem Praxishandbuch beigetragen haben. Ganz herzlich möchten wir uns zudem beim Rheinwerk Verlag bedanken, insbesondere bei Frau Janina Karrasch, die uns über den gesamten Projektzeitraum hinweg tatkräftig unterstützt hat.

Das gesamte Autorenteam wünscht Ihnen, lieber Leser, viel Spaß beim Einarbeiten und Entdecken der interessanten Funktionalitäten und der Integrationsmöglichkeiten, die der SAP Solution Manager 7.2 bietet.

Kapitel 1
SAP Solution Manager 7.2 – Was ist neu?

Der SAP Solution Manager 7.2 dient als zentrale Plattform für das Management von Anforderungen aus dem täglichen Betrieb Ihrer Systemlandschaft sowie für die konsequente Weiterentwicklung Ihrer SAP-Lösungen.

Dieses Kapitel soll Ihnen einen ersten Einblick in das neue Release und die grundlegenden Funktionen des SAP Solution Managers ermöglichen. Dazu geben wir Ihnen einen Überblick über die Neuerungen im Kontext des SAP Solution Managers 7.2. Wir stellen Ihnen zunächst die Einsatzmöglichkeiten des SAP Solution Managers vor und erläutern, wie die Prozesse der IT Infrastructure Library (ITIL) umgesetzt sind. Abschließend zeigen wir Ihnen, wie Sie den SAP Solution Manager in der SAP Cloud Appliance Library nutzen können.

1.1 Einsatzmöglichkeiten des SAP Solution Managers

Für viele Kunden gilt der SAP Solution Manager nach wie vor als Werkzeug für den SAP-Basisbetrieb. Leider wird dabei oft außer Acht gelassen, dass der SAP Solution Manager schon in einigen Versionen (ab Release 7.0) deutlich mehr Funktionen und Services bietet als oft angenommen. Als zentrales Werkzeug für den Betrieb SAP-basierter Lösungen innerhalb der Systemlandschaft beinhaltet der SAP Solution Manager eine Vielzahl von Informationen und Funktionen. Die SAP-Basisadministration ist hier ein wichtiger Bereich. Sie wird mit diversen Möglichkeiten zur Überwachung, Steuerung und Kontrolle unterstützt. Gerade in der heutigen Zeit, in der die technologische Komplexität der Systemlandschaften zunimmt, wird eine zentrale Plattform zu deren Steuerung unverzichtbar.

Betrieb von SAP-Lösungen

Geschäftsprozesse sind mittlerweile nicht mehr nur in einem System abgebildet, sondern erstrecken sich über verschiedenste Applikationen und Technologien. Sie sollten deshalb auch unter diesem Gesichtspunkt betreut und überwacht werden. Nicht selten müssen diese geschäftskritischen Prozesse an 365 Tagen im Jahr 24 Stunden verfügbar sein. Die neu gestaltete

Übergreifende Geschäftsprozesse

Lösungsdokumentation im SAP Solution Manager 7.2, die nun Bestandteil des Szenarios Prozessmanagement ist, hilft dabei, die Geschäftsprozesse mit den damit einhergehenden technischen Funktionen zu verknüpfen und visuell darzustellen. Auf diese Basis kann z. B. ein Geschäftsprozess-Monitoring oder ein Testmanagement für die Geschäftsprozesse aufgebaut werden.

Neue Funktionen Die Einsatzmöglichkeiten des SAP Solution Managers 7.2 sind vielfältiger als die aller vorangehenden Releases. Durch den Einzug neuer Funktionen wie einem grafischen Editor für Geschäftsprozesse auf Basis von Business Process Model and Notification (BPMN) 2.0 können auch komplexe Prozesse gehandhabt und von mehreren Bereichen innerhalb eines Unternehmens bearbeitet werden.

ITIL-Prozesse Die Funktionen des IT-Servicemanagements (ITSM) und des Change Control Managements wie das Change Request Management, Retrofit oder das Release Management in Verbindung mit dem IT-Portfolio- und Projektmanagement (IT-PPM) ermöglichen die Bearbeitung von Vorfällen aller Art. Besonders im Kontext der ITIL-Prozesse wie Incident Management, Problem Management oder Change Management sowie bei deren Integration und technischer Verzahnung in die Infrastruktur beweist sich die Stärke des SAP Solution Managers 7.2. Hauptziel soll es sein, einen möglichst störungsfreien Betrieb Ihrer SAP-Lösungen sicherzustellen.

Der SAP Solution Manager 7.2 ist im Umfeld Ihrer SAP-Systemlandschaft daher die erste Wahl, wenn Sie sich die Frage stellen, welches Application-Lifecycle-Management-System am besten integriert in dieser SAP-Welt agieren kann.

1.2 ITIL mit dem SAP Solution Manager

Standardverfahren Im Allgemeinen wird die *IT Infrastructure Library* (ITIL) in Version 3 (v3) als De-facto-Standard angesehen, wenn es um bewährte Verfahren in IT-Organisationen geht. Die hier festgehaltenen Definitionen schaffen eine gemeinsame Terminologie für das IT-Servicemanagement (ITSM). Aufgrund der Herausforderungen an ihre Wirtschaftlichkeit, Qualität und Stabilität werden IT-Organisationen gezwungen, ihre Leistungen zu standardisieren. Eine wesentliche Anforderung hierbei ist die Messbarkeit der erbrachten Leistungen. Dazu liefert die ITIL Best-Practice-Vorschläge zu den Abläufen von IT-Services innerhalb des Lebenszyklus einer Anwendung. Diese Best Practices müssen nur noch an die individuellen Bedürfnisse der Unternehmen angepasst werden. Auf diese Weise hat die

Orientierung an den ITIL-Prozessen langfristige Vorteile für das gesamte Unternehmen.

Mit dem SAP Solution Manager können ITIL-konforme Prozesse abgebildet und umgesetzt werden. Die Funktionen des SAP Solution Managers unterstützen Sie entlang des Softwarelebenszyklus. Sie werden in der Literatur oft in Verbindung mit den sechs Phasen des *Application Lifecycle Managements* (ALM) dargestellt:

Application Lifecycle Management

1. Anforderungen definieren
2. Konzeption
3. Erstellen und Testen
4. Verteilen
5. Betrieb
6. Optimieren

Die einzelnen Prozesse und Funktionen des SAP Solution Managers während dieser Phasen sind in Abbildung 1.1 im Überblick dargestellt. Diese Funktionen bilden auch die Schwerpunkte der folgenden Kapitel dieses Buches.

Szenarien des SAP Solution Managers

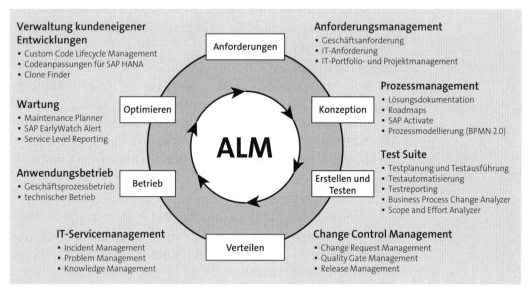

Abbildung 1.1 Szenarien innerhalb des Application Lifecycle Managements

Im Jahr 2011 wurde der SAP Solution Manager in Version 7.1 als erste ITSM-Suite von Pink Elephant als PinkVERIFY™ für 15 ITIL-v3-Prozesse zertifiziert. PinkVERIFY ist ein Assessment-Service für ITSM-Tools des weltweit agierenden Trainings- und Beratungshauses Pink Elephant. Im Jahr 2016

ITIL-Zertifizierung

erfolgte die erneute Zertifizierung für 15 ITIL-v3-Prozesse in der Version SAP Solution Manager 7.2.

Auch von Serview wurde der SAP Solution Manager 7.1 in der Kategorie »IT Service Management (ITIL)« ausgezeichnet und für 18 ITIL-v3-Prozesse zertifiziert. Die Serview GmbH mit Sitz in Bad Homburg ist eine unabhängige Managementberatung mit Spezialisierung auf die Optimierung des Servicemanagements. Damit darf SAP ihn offiziell als SERVIEW Certified-Tool® bezeichnen.

Zertifizierte Prozesse

Die folgende alphabetische Auflistung zeigt Ihnen, welche Funktionalität oder welches verfügbare Add-on im SAP Solution Manager 7.2 für welchen zertifizierten ITIL-v3-Prozess vorgesehen ist.

- **Availability Management**
  Mithilfe des Anwendungsbetriebs (*Application Operations*), und hier im Speziellen des technischen Monitorings und Alertings, kann die gesamte IT-Infrastruktur auf definierte Verfügbarkeitsziele hin überwacht werden (siehe auch Kapitel 10, »Technischer Betrieb«).

- **Capacity Management**
  Um ausreichende Kapazitäten der IT-Services und der IT-Infrastruktur sicherzustellen, können der SAP EarlyWatch Alert (siehe Abschnitt 10.8) und das Service Availability Management (siehe Abschnitt 10.9.1) hilfreiche Informationen liefern.

- **Change Management**
  Um den Lebenszyklus aller Änderungen zu steuern, stehen die Funktionen des *Change Control Managements* zu Verfügung. Allen voran unterstützt Sie das Change Request Management (ChaRM) dabei, sämtliche Änderungen revisionssicher zu dokumentieren und hilft Ihnen, negative Auswirkungen auf die IT-Services zu vermeiden (siehe auch Kapitel 8).

- **Event Management**
  Für die kontinuierliche Überwachung von Konfigurationselementen (*Configuration Items*, CIs) wie Server, Drucker, Router etc. und die Überwachung von Services kann das technische Monitoring und Alerting aus dem Bereich Application Operations verwendet werden (siehe Kapitel 10, »Technischer Betrieb«).

- **Financial Management für IT-Services**
  Um IT-Finanzressourcen möglichst wirtschaftlich zu verwenden und eine Abrechnung der Serviceleistungen gegenüber dem Kunden zu ermöglichen, kann eine Standardintegration des SAP Solution Managers in ein SAP-ERP-System mithilfe der *SAP CRM Middleware* eingerichtet

werden. Damit ist es z. B. möglich, Zeiten, die auf ein Ticket gebucht werden, für eine Kostenstelle zu verrechnen.

- **Incident Management**
  Mit dem Incident Management als Teil des *IT-Servicemanagements* steht im SAP Solution Manager die Vorgangsart SMIN zur Verfügung. Über diese kann ein Anwender Störungen innerhalb eines Services melden, die dann innerhalb einer Support-Organisation bearbeitet werden können – mit dem Ziel, den Service für den Anwender so schnell wie möglich wiederherzustellen (siehe Kapitel 5, »IT-Servicemanagement«).

- **IT Service Continuity Management**
  Die *Lösungsdokumentation* und das *Prozessmanagement* unterstützen Sie dabei, Risiken und deren Auswirkungen auf IT-Services zu verwalten. Den Prozessen können direkt Maßnahmen hinzugefügt werden, die eine gezielte Wiederherstellung von IT-Services beschreiben (siehe Kapitel 4, »Prozessmanagement«). Des Weiteren kann mit der *Test Suite* die Wiederherstellung der IT-Services sichergestellt und dokumentiert werden (siehe Kapitel 9).

- **Knowledge Management**
  Um Wissen und Informationen zu erfassen und effizient innerhalb der Organisation verfügbar zu machen, steht im SAP Solution Manager mit den *Wissensartikeln* die Vorgangsart KNAR zur Verfügung. Wissensartikel können im Bereich des IT-Servicemanagements mit anderen Vorgangsarten verknüpft werden, um Lösungen für Störungen oder Probleme bereitzustellen (siehe Abschnitt 5.4.3, »Knowledge Management – Arbeiten mit Wissensartikeln«). Mithilfe der *Embedded Search* besteht die Möglichkeit einer Volltextsuche über alle gespeicherten Wissensartikel.

- **Problem Management**
  Für das Verwalten von Problemen steht im SAP Solution Manager die Vorgangsart SMPR zur Verfügung. Störungen können einem Problem zugeordnet werden. Wurde das Problem gelöst, wird automatisch der Status der zugeordneten Störungen aktualisiert (siehe Abschnitt 5.4.2, »Problem Management«). Darüber hinaus kann die Lösung in einem Wissensartikel dokumentiert werden.

- **Release and Deployment Management**
  Um sicherzustellen, dass nur zuvor geprüfte Komponenten in die Produktivumgebung übergehen, kann ein Release mit den Möglichkeiten, die die Test Suite bietet, vorab getestet werden (siehe Kapitel 9). Die Funktionen des Change Control Managements helfen, Releases zu planen und zu steuern sowie in die Produktivumgebung zu überführen (siehe Kapitel 8).

- **Request Fulfillment**
  Spezielle Arbeitsabläufe, die für die Bearbeitung von Serviceanforderungen (*Service Requests*) benötigt werden, können im SAP Solution Manager über das Serviceanforderungsmanagement abgebildet werden. Darüber hinaus steht mit der Verwaltung von IT-Aufgaben eine weitere Funktionalität zur Verfügung, die Sie bei diesem ITIL-Prozess unterstützt. Beide werden in Kapitel 5, »IT-Servicemanagement«, beschrieben.

- **Service Asset and Configuration Management**
  Informationen zu Konfigurationselementen können im SAP Solution Manager über *iBase-Objekte* (Installed Base) bereitgestellt werden. Mit dem *SAP IT Infrastructure Management* (ITIM) steht dafür ergänzend ein lizenzpflichtiges Produkt zur Verfügung.

- **Service Catalogue Management**
  Für die sich im Betrieb befindlichen und geplanten Services können *Serviceprodukte* im SAP Solution Manager gepflegt und in den Prozessen des IT-Servicemanagements zugeordnet werden (siehe Kapitel 5). Hier werden wesentliche Informationen zu den Services bereitgestellt.

- **Service Level Management**
  In den Serviceverträgen des SAP Solution Managers können die in den *Service Level Agreements* (SLA) vereinbarten Service Level dokumentiert werden. Die Einrichtung eines SLA-Reportings ermöglicht einen Standardbericht auf wöchentlicher Basis über die aktuellen Messwerte der in den SLAs definierten Key Performance Indicators (KPIs).

- **Service Portfolio Management**
  Auch um Services in Form eines Portfolios zu verwalten, können die Serviceprodukte im SAP Solution Manager verwendet werden.

1.3 Die wichtigsten Neuerungen im SAP Solution Manager 7.2

In diesem Abschnitt stellen wir Ihnen kurz die wesentlichen Entwicklungsschwerpunkte für das neue Release 7.2 des SAP Solution Managers vor.

1.3.1 Prozessmanagement

Das grundlegend neu aufgelegte Prozessmanagement stellt wohl eine der tiefgreifendsten Änderungen im neuen SAP Solution Manager 7.2 dar. Zu den Neuerungen zählt, dass die Anwendung aus dem SAP GUI in eine browserbasierte Applikation überführt wurde. Die alte Welt rund um die

Transaktionen SOLAR01 und SOLAR02 sollten Sie nur noch für die Anzeige alter Prozesse verwenden.

Des Weiteren gibt es nun die Möglichkeit, Prozesse grafisch mit BPMN 2.0 zu modellieren. Abbildung 1.2 zeigt den neuen Editor für die Prozessmodellierung.

Neue Modellierungsumgebung

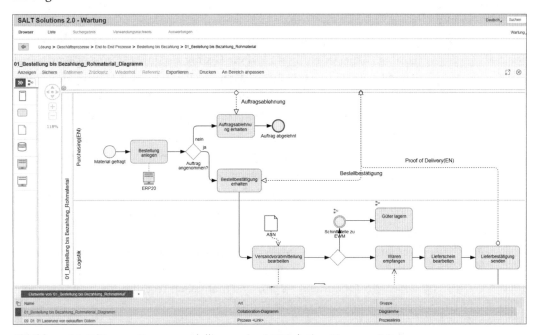

Abbildung 1.2 Editor zur Prozessmodellierung im SAP Solution Manager 7.2

Mit Release 7.2 wurde das Konzept der Bibliotheken eingeführt. Alle in Prozessen verwendeten Elemente lassen sich im Original in diesen Bibliotheken ablegen und in mehreren Prozessen wiederverwenden. Dies verringert den initialen Aufwand bei der Dokumentation eines Prozesses und erleichtert die Pflege bei der Änderung eines Prozesselements.

Neue Bibliotheken

Altbekannte Restriktionen und Fallstricke wie die Dreistufigkeit bei der Dokumentation von Prozessen (Szenario, Prozess und Prozessschritt) wurden aufgebrochen.

Der Lebenszyklus einer Lösung lässt sich nun mit den sogenannten *Branches* abbilden und verwalten. Diese ermöglichen eine strikte Trennung zwischen Implementierungsprojekten, Wartungsprojekten und dem produktiven Betrieb.

Lebenszyklus verwalten

Viele weitere Szenarien des SAP Solution Managers können mit dem Prozessmanagement integriert werden. Hierzu zählen u. a. das Geschäftsprozess-Monitoring, das Change Request Management und die Test Suite.

Integration weiterer Applikationen

Weitere Informationen zum neuen Prozessmanagement finden Sie in Kapitel 4.

1.3.2 Test Suite

Eigenständige Funktion

Im SAP Solution Manager 7.1 waren die Funktionen des Testmanagements auf Basis von SAP NetWeaver enthalten. Es gab somit keine reine SAP-Solution-Manager-Funktionalität für das Testen, und die Integration in die Lösung (siehe Abschnitt 4.1.1, »Eine Lösung als Single Source of Truth«) hat gefehlt. Für den SAP Solution Manager 7.2 hat sich SAP vorgenommen, diese Situation zu ändern und eine neue Test Suite mit nahtloser Integration in alle SAP-Solution-Manager-7.2-Applikationen zu schaffen.

Als Ergebnis dieser Bemühungen ist die *Test Suite* die neue Standardlösung für funktionale Tests für alle SAP-Kunden. Damit ist keine weitere Testlösung mehr erforderlich, um solche Tests zu planen und durchzuführen. Die Test Suite ist sowohl für die SAP Business Suite als auch für SAP S/4HANA und hybride Lösungen – egal ob on-premise oder in der Cloud – konzipiert.

Keine Drittanbieterwerkzeuge notwendig

Daten müssen für die Tests nicht mehr in Drittanbieterwerkzeuge repliziert werden, was zur Senkung der Gesamtbetriebskosten (Total Cost of Ownership, TCO) beiträgt. Eine automatisierte Testplanung und die Beschränkung auf das Testdokument als einzigen manuellen Testfalltyp sorgen außerdem für eine verbesserte Handhabung.

[!] **Test Suite erst ab SAP Solution Manager 7.2 SPS03**
Die allgemeine Auslieferung des SAP Solution Managers 7.2 an die Kunden im August 2016 fand auf Basis des Support Package Stacks 3 statt. Die vorangehenden Versionen, mit denen u. a. der Ramp-up stattgefunden hatte, beinhalteten die neue Test Suite noch nicht.

Upgrade des Testmanagements

Wenn Sie das Testmanagement in Release 7.1 in die neue Test Suite überführen möchten, müssen Sie Folgendes beachten:

- **Testskripttypen**
  Im SAP Solution Manager 7.1 waren das *Testdokument* und der *manuelle Testfall* die bekannten Typen manueller Testskripte. Die Testdokumente werden beim Umstieg auf Release 7.2 im Rahmen der Content-Aktivierung (siehe Abschnitt 2.5.3, »Vorbereitende Maßnahmen zur Content-Aktivierung«) übernommen. Der manuelle Testfall existiert in Release 7.2 nicht mehr. Manuelle Testfälle werden bei der Content-Aktivierung in den Typ Testdokument überführt.

- **Vorarbeiten**
  In Release 7.1 müssen obligatorische Vorarbeiten für das Upgrade durchgeführt werden. Die Testausführung muss in offenen Testplänen abgeschlossen werden. Außerdem muss geprüft werden, dass alle Testkonfigurationen, die nach dem Upgrade benötigt werden, einem Projekt bzw. einer Lösung zugeordnet werden, das oder die selbst im Umfang für das Upgrade enthalten ist.

Standardmäßig werden bei der Ausführung der Content-Aktivierung im Upgradeprozess folgende Objekte des Testmanagements in die neue Test Suite des Releases 7.2 überführt:

- manuelle Tests
- automatische Tests:
  - Testkonfigurationen aus der Component Based Test Automation (CBTA)
  - Testkonfigurationen aus integrierten Partner-Tools
- Testdatencontainer (TDC)
- Systemdatencontainer (SDC)
- Technical Bill of Materials (TBOM) und dynamische TBOMs aus dem Business Process Change Analyzer (BPCA)
- Testfallfehler (während Testausführung angelegte Meldungen mit Integration in das Incident Management)

Im Upgrade nicht enthalten sind folgende Objekte:

- statische bzw. semi-dynamische TBOMs aus BPCA-Analysen (auf diese kann nur lesend über den BPCA zugegriffen werden)
- Analysen aus dem Scope and Effort Analyzer (SEA)
- Testpläne, Testplanvorlagen, Testpakete und Testsequenzen (auf diese kann nur lesend über die Transaktion STWB_OLD zugegriffen werden)
- Fortschrittreports aus SAP Business Warehouse (BW, diese können noch über den Transaktionscode STWB_OLD ausgeführt werden)

Auf die Bedeutung dieser einzelnen Objekte gehen wir in Kapitel 9, »Test Suite«, ausführlicher ein. Dort erklären wir auch die Verwendung der neuen Funktionen.

1.3.3 Anforderungsmanagement

Das Anforderungsmanagement (*Requirements Management*) war im SAP Solution Manager 7.1 standardmäßig nicht enthalten. Bei Bedarf mussten

Neu im Standardumfang

Kunden auf unterschiedliche kostenpflichtige Add-ons zurückgreifen. Nun hat das Anforderungsmanagement in den Standardlösungsumfang des SAP Solution Managers 7.2 Einzug gehalten.

Mit dem Anforderungsmanagement können Fachbereiche ihre Geschäftsanforderungen im Detail erfassen. Anhand dieser kann die IT-Abteilung den Umfang der IT-Anforderungen für eine eventuelle Implementierung bestimmen. Eine Integration in die Projektplanung sorgt für einen reibungslosen Ablauf bei der Bearbeitung der neuen Anforderungen. Im Unterschied zum Anforderungsmanagement liegt der Fokus des Change Request Managements darauf, bestehende Funktionen zu ändern. Eine Implementierung einer Anforderung kann daher durch den Prozess des Change Request Managements erfolgen.

Geschäfts- und IT-Anforderung

Das Anforderungsmanagement verarbeitet Geschäftsanforderungen (*Business Requirements*) und IT-Anforderungen (*IT Requirements*). Die Geschäftsanforderung wird vom Fachbereich angelegt; sie definiert, *was* geliefert werden muss, um einen Mehrwert zu erzeugen. Demgegenüber legt die IT-Anforderung fest, *wie* die Anforderung umgesetzt werden soll. Jede dieser beiden Vorgangsarten adressiert also den Nutzen der spezifischen Benutzergruppe. Die beiden Vorgangsarten sind voneinander abhängig. Statusübergänge werden zwischen den abhängigen Belegen synchronisiert. Umfassendere Informationen zu diesem Prozess finden Sie in Kapitel 7, »Anforderungsmanagement«.

Abbildung 1.3 zeigt, wie die verschiedenen Belegarten aus Anforderungsmanagement, Change Request Management sowie IT-Portfolio- und Projektmanagement im SAP Solution Manager zusammenspielen.

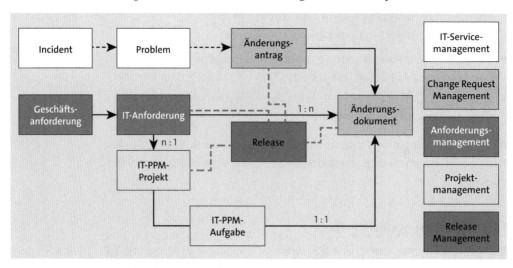

Abbildung 1.3 Integration Belegarten

1.3.4 Neue User Experience

Um eine breite Gruppe an potentiellen Nutzern anzusprechen, setzt SAP auf einheitliche Oberflächen, basierend auf der HTML5-Bibliothek SAPUI5 und SAP Fiori. *SAP Fiori* ist ein von SAP neu entwickeltes Designparadigma, um individuelle und einfach zu handhabende Dialoge zu entwickeln und zu integrieren.

SAP Fiori

Schon der Einstieg in die einzelnen Anwendungen des SAP Solution Managers 7.2 hat sich grundlegend geändert. Das alte Work-Center-Konzept wird durch das neue SAP-Fiori-basierte *SAP Solution Manager Launchpad* ersetzt, das Sie in Abbildung 1.4 sehen. Damit wird die Verwendung des SAP GUI weitgehend überflüssig. Das Launchpad bietet nun eine zentrale und benutzerfreundliche Möglichkeit, alle für eine Anwenderrolle notwendigen Anwendungen anzuzeigen und aufzurufen.

SAP Solution Manager Launchpad

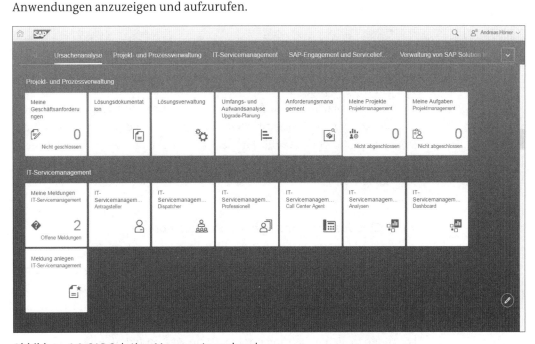

Abbildung 1.4 SAP Solution Manager Launchpad

Des Weiteren wird versucht, alle mit SAPUI5 entwickelten Weboberflächen in einem einheitlichen Design darzustellen. Dies ist in der aktuellen Version vor allem in den Monitoring-Applikationen sehr gut gelungen. Als Anwender findet man sich schnell in allen Teilbereichen zurecht. Abbildung 1.5 zeigt beispielhaft die Oberfläche des User Experience Monitorings (siehe Abschnitt 10.4.3).

Einheitliche Layouts

1 SAP Solution Manager 7.2 – Was ist neu?

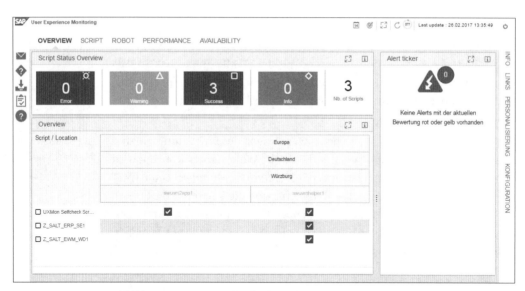

Abbildung 1.5 SAPUI5-Oberfläche des User Experience Monitorings

Die SAPUI5-Technologie bietet den Vorteil, dass die Applikationen problemlos und plattformunabhängig auf allen mobilen Endgeräten genutzt werden können. SAP arbeitet weiterhin daran, sowohl die bereits umgestellten Applikationsoberflächen zu verbessern als auch immer mehr Applikationen des SAP Solution Managers auf die neue Weboberflächentechnologie umzustellen.

1.3.5 Cloudbasierte und hybride Betriebsmodelle

Werkzeug für hybride Systemlandschaften

SAP-Kunden profitieren schon jetzt von cloudbasierten Softwarelösungen wie *SAP Hybris Cloud for Customer*. Solche Lösungen werden auch in naher Zukunft das Portfolio von SAP prägen. Für alle Kunden, die den SAP Solution Manager als Lifecycle-Management-Tool für Ihre SAP-Landschaft nutzen, bedeutet dies, dass Sie auch diese cloudbasierten Systeme bzw. Lösungen in die Verwaltung Ihrer On-Premise-Landschaft integrieren müssen. Aus diesem Grund muss das neue Release das SAP-Cloud-Angebot vollumfänglich unterstützen. Mit dem SAP Solution Manager 7.2 ist es daher möglich, jedes SAP-Solution-Manager-Szenario nahtlos für alle SAP-Lösungen zu nutzen.

Monitoring von Cloud-Lösungen

Besonders auf die Unterstützung der SAP S/4HANA Cloud wurde bei der Entwicklung des neuen Releases Wert gelegt, da SAP davon ausgeht, dass viele Kunden die neue ERP-Lösung in der Cloud oder in Verbindung mit Cloud-Lösungen nutzen werden. Abbildung 1.6 zeigt die verfügbaren Monitoring-Werkzeuge des SAP Solution Managers für cloudbasierte Lösungen.

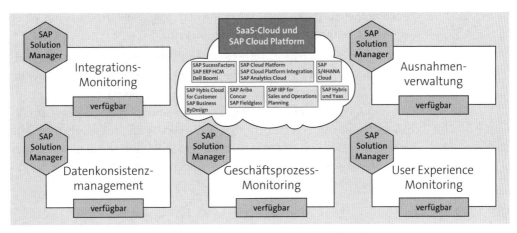

Abbildung 1.6 Monitoring-Werkzeuge für cloudbasierte Lösungen (Quelle: SAP SE)

- **Integrations-Monitoring**
  Das Integrations-Monitoring ermöglicht die Überwachung von Schnittstellen sowie SAP Process Integration und beinhaltet das Nachrichtenfluss-Monitoring.

- **Ausnahmenverwaltung**
  Mit der Ausnahmenverwaltung können Sie geschäftskritische Ausnahmen in Ihrer Systemlandschaft überwachen und behandeln.

- **Datenkonsistenzmanagement**
  Mithilfe des Datenkonsistenzmanagements können Sie die Datenkonsistenz zwischen einem Quell- und einem Zielsystem prüfen und gegebenenfalls wiederherstellen.

- **Geschäftsprozess-Monitoring**
  Das Geschäftsprozess-Monitoring bietet Ihnen die Möglichkeit, Ihre Geschäftsprozesse auch über Systemgrenzen hinweg zu überwachen.

- **User Experience Monitoring**
  Mithilfe des User Experience Monitorings können Sie das Verhalten von Benutzern simulieren und so die Verfügbarkeit von Anwendungen prüfen.

1.3.6 SAP Solution Manager auf SAP HANA

SAP hat sich im Rahmen des neuen Releases 7.2 dafür entschieden, Kunden, die einen gültigen Support-Vertrag für den Betrieb des SAP Solution Managers besitzen, ebenfalls eine Runtime-Lizenz für eine SAP-Datenbank bereitzustellen. Zu den SAP-Datenbanken zählt u. a. SAP HANA. Damit ist der SAP Solution Manager 7.2 die erste Version, die nicht nur mit einem herkömmlichen Datenbankmanagementsystem, sondern auch mit einer SAP-HANA-Datenbank betrieben werden kann.

Umgang mit SAP HANA lernen

Für Kunden, die noch keine oder sehr wenig Erfahrung mit SAP HANA sammeln konnten, ist dies die perfekte Möglichkeit, Ihre SAP-Basisadministratoren auf diese neue Datenbanktechnologie vorzubereiten. Die Lizenz für SAP HANA ist im Support-Vertrag des SAP Solution Managers bereits enthalten; somit müssen keine extra Lizenzkosten an SAP gezahlt werden, wenn SAP HANA nur als Datenbank für den SAP Solution Manager genutzt wird. Weitere Informationen hierzu finden Sie in Abschnitt 2.2, »SAP-HANA-Datenbank – eine Alternative«.

1.4 Focused Solutions

Zusätzliche Funktionen

Ausgewählte zusätzliche Funktionen für den SAP Solution Manager wurden früher durch SAP als sogenannte *Consulting Add-ons* angeboten. Mit dem Wechsel auf den SAP Solution Manager 7.2 und der Anpassung der Nutzungsrechte, wie in Abschnitt 1.8, »Neue Nutzungsrechte für Kunden«, beschrieben, hat SAP die *Focused Solutions* eingeführt. Diese Zusatzfunktionen können über den SAP Store (*www.sapstore.com*) kostenpflichtig erworben werden. Derzeit werden drei Focused Solutions mit verschiedenen Anwendungsbereichen angeboten:

- **Focused Build**
  Focused Build bietet erweiterte Funktionalität im Bereich des Projektcontrollings, des Testmanagements und der agilen Softwareentwicklung innerhalb von Projekten.

- **Focused Insights**
  Focused Insights ermöglicht das einfache Erstellen und Verteilen kundenspezifischer Dashboards. Die User Experience dieser Dashboards entspricht den aktuell modernsten Standards.

- **Focused Run**
  Focused Run ist eine Lösung für Serviceanbieter, die ihre Kunden mit einer zentralen, skalierbaren und automatisierten Umgebung unterstützen wollen. Damit können Tausende Systeme mit hohem Volumen überwacht werden. Als Plattform wird SAP HANA genutzt.

Wir gehen in Kapitel 14 detaillierter auf die bisher verfügbaren Focused Solutions ein.

1.5 Erste Schritte mit dem SAP Solution Manager 7.2 in der SAP Cloud Appliance Library

SAP stellt mit der SAP Cloud Appliance Library (CAL) eine Möglichkeit bereit, schnell und einfach Zugriff auf neue Produkte und Innovationen zu erhalten. Die CAL beinhaltet eine Vielzahl von vorkonfigurierten Systemen und Lösungen (siehe Abbildung 1.7). Sie wird in Zukunft immer weiter ausgebaut werden. Anders als bei einer On-Premise-Installation mit einer Bereitstellungszeit von mehreren Tagen oder Wochen kann ein System in der CAL in wenigen Minuten bereitgestellt werden.

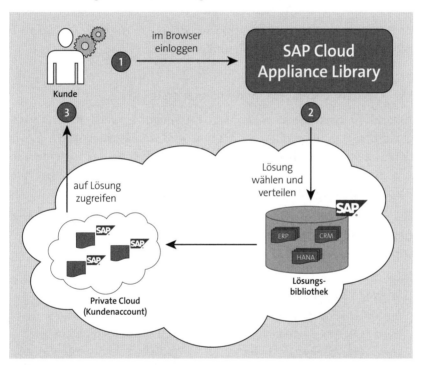

Abbildung 1.7 SAP Cloud Appliance Library nutzen (Quelle: SAP SE)

Sie können die CAL für verschiedene Szenarien verwenden. Die häufigsten Einsatzszenarien sind die Evaluierung neuer Produkte und die Durchführung von Machbarkeitsstudien (*Proof-of-Concept*). Darüber hinaus können Sie die CAL jedoch auch für die Programmierung und das Testen von Eigenentwicklungen oder für den Aufbau von Demoszenarien nutzen. Auch Schulungen können in der CAL auf einem Cloud-System durchgeführt werden. Dies verhindert das Auftreten von Problemen durch falsche Bedienung auf den eigenen Systemen und verschiebt die Systemlast auf das Cloud-System.

Einsatzszenarien

1 SAP Solution Manager 7.2 – Was ist neu?

Bereitstellung der Systeme

SAP stellt in der CAL zunächst nur die vorgefertigten System-Images bereit. Das Hosting der Systeme muss jedoch von jedem Kunden selbst übernommen werden. Sie können die Images aktuell bei einem der bekannten Private-Cloud-Anbieter hosten lassen.

> **Unterstützte Private-Cloud-Anbieter**
>
> SAP unterstützt aktuell folgende Private-Cloud-Anbieter:
> - Amazon Web Services (AWS, *https://aws.amazon.com*)
> - Microsoft Azure (*https://azure.microsoft.com*)

Um ein System aus der CAL nutzen zu können, müssen Sie drei Schritte durchführen, die wir im Folgenden erläutern.

1.5.1 Account bei einem Cloud-Anbieter erstellen

Zunächst müssen Sie einen Account bei einem der genannten Private-Cloud-Anbieter anlegen. Dieser Account wird im nächsten Schritt in der CAL hinterlegt und dient als Basis für die Verteilung der Systeme. Die Abrechnung der Gebühren für die vom Cloud-Anbieter bereitgestellte Hardware erfolgt über die hinterlegten Abrechnungsdaten.

Einen Überblick über diesen Prozess am Beispiel der Amazon Web Services gibt das unter der folgenden URL von SAP bereitgestellte Video: *http://s-prs.de/v561509*

> **Schwierigkeiten bei der Abrechnung**
>
> Die Abrechnung ist bei den Private-Cloud-Anbietern nur durch das Hinterlegen von Kreditkarteninformationen möglich. Unsere Erfahrung zeigt, dass diese Methode in Konzernen oft zu Problemen führt. Sollte dies in Ihrem Unternehmen ebenfalls ein Problem darstellen, empfehlen wir Ihnen, bei einem Beratungshaus anzufragen. Beratungshäuser können die Systeme für Sie bereitstellen und die Kosten über gängige Abrechnungsverfahren an Sie weiterverrechnen.

1.5.2 Account für die SAP Cloud Appliance Library erstellen

Cloud- und CAL-Account verknüpfen

Nachdem Sie einen Account bei einem Private-Cloud-Anbieter erstellt haben, müssen Sie noch einen Account für die CAL anlegen:

1. Rufen Sie hierzu die folgende Internetadresse auf: *http://cal.sap.com*

2. Erstellen Sie einen neuen Account, oder melden Sie sich mit einem bestehenden SAP-Service-Benutzer (S-User) an.
3. Um ein neues CAL-Image verteilen zu können, müssen Sie zunächst das in Schritt 1 angelegte Cloud-Provider-Konto mit Ihrem CAL-Konto verknüpfen. Diesen Schritt führen Sie, wie in Abbildung 1.8 gezeigt, unter dem Menüpunkt **Konten** durch. Zum Herstellen der Verbindung benötigen Sie die durch Ihren Cloud-Anbieter bereitgestellte Zugangsinformationen, d. h. den Zugriffsschlüssel und den Secret Key.

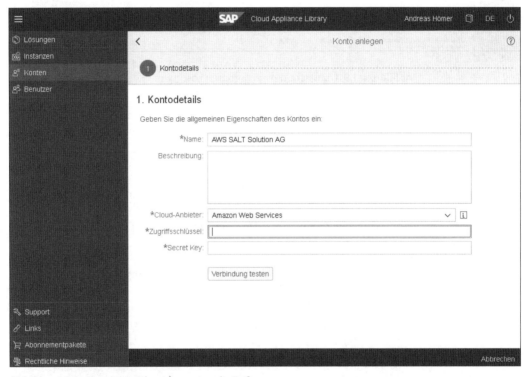

Abbildung 1.8 Cloud Provider Account verknüpfen

Einen Überblick über diesen Prozess gibt das unter folgender URL von SAP bereitgestellte Video: *http://s-prs.de/v561510*

1.5.3 System konfigurieren und verteilen

Sie haben nun alle vorbereitenden Maßnahmen durchgeführt. Im letzten Schritt müssen Sie das gewünschte System-Image in der CAL auswählen und konfigurieren. Abbildung 1.9 zeigt die aktuell vorhandenen SAP-Solution-Manager-Images. Je nach Einsatzszenario können Sie hier eine passende Lösung wählen. Ein klassischer Einsatzzweck ist das Ausprobieren

Image einrichten

der Content-Aktivierung (siehe Abschnitt 2.5, »Upgrade«). Hierfür empfiehlt sich die Version **SAP Solution Manager 7.2 for Content Activation Evaluation**.

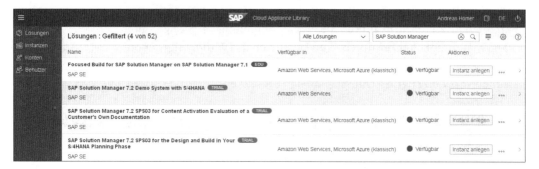

Abbildung 1.9 Übersicht der verfügbaren Lösungen in der SAP Cloud Appliance Library

Nachdem Sie sich für eine Lösung entschieden haben, klicken Sie auf **Instanz anlegen**. Im nächsten Schritt wird Ihnen ein Überblick über das CAL-Image angezeigt, ebenso erhalten Sie eine Empfehlung zur Dimensionierung der Hardware. Darüber hinaus wird Ihnen eine erste Berechnung der zu erwartenden Betriebskosten für das System angezeigt.

Einen Überblick über diesen Prozess gibt das unter folgender URL von SAP bereitgestellte Video: *http://s-prs.de/v561511*

[!] **Informationen zur Lizenzierung beachten**

Für die meisten CAL-Images gibt es einen kostenlosen Testzeitraum (meist 30 Tage). Ist dieser Zeitraum abgelaufen, müssen Sie Lizenzgebühren an SAP verrichten.

Beachten Sie unbedingt: Sobald Sie beim Anlegen einer Instanz den allgemeinen Geschäftsbedingungen zustimmen, beginnt dieser Testzeitraum! Nach dem Ablauf des Testzeitraums ist es Ihnen weiterhin möglich, die aktuelle CAL-Instanz zu löschen oder dasselbe CAL-Image erneut zu verteilen.

Systemzugriff
Nach der Bereitstellung des SAP-Solution-Manager-Systems haben Sie verschiedene Zugriffsmöglichkeiten:

- Zugriff auf Betriebssystemebene (Remote-Desktop, Konsole)
- Zugriff über das SAP GUI (VPN-Verbindung muss eingerichtet sein)
- Zugriff über den Webbrowser (benötigt ebenfalls eine VPN-Verbindung)

Wenn Sie auf Ihrem Cloud-System hauptsächlich mit den browserbasierten Oberflächen arbeiten wollen, empfehlen wir den Zugriff über Remote-Desktop. Andernfalls kann es bei der zeitgleichen Verwendung mehrerer Systeme zu Problemen kommen.

SAP stellt im Auslieferungszustand zwei Benutzer bereit, mit denen auf das System zugegriffen werden kann. Hierbei handelt es sich um den Administrationsbenutzer DDIC und um einen Demobenutzer mit der Benutzerkennung solman. Letzterer besitzt alle erforderlichen Berechtigungen, um die Standardszenarien im SAP Solution Manager ausführen zu können.

Benutzer

[+]

Browserzugriff über Google Chrome

Wenn Sie die WebGUI von ihrem lokalen PC aus über den Browser Google Chrome aufrufen möchten, empfehlen wir, die Browser-Erweiterung *Virtual Hosts* zu installieren (siehe Abbildung 1.10). Diese leitet die Zugriffe direkt an das Cloud-System weiter.

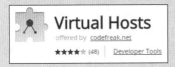

Abbildung 1.10 Google-Chrome-Erweiterung »Virtual Hosts«

1.6 Einführungsmethode der nächsten Generation – SAP Activate

SAP hat mit SAP Activate eine neue Vorgehensweise für Projekte zur Implementierung von SAP S/4HANA ins Leben gerufen. SAP Activate beinhaltet alle Hilfsmittel, Vorlagen, Ablaufpläne und Checklisten, die laut SAP erforderlich sind, um ein SAP-S/4HANA-Projekt, sei es eine Neueinführung oder das Upgrade eines bestehenden Systems auf SAP S/4HANA, erfolgreich durchführen zu können. Sie werden im Rahmen der SAP-Best-Practices-Pakete innerhalb der Lösungsdokumentation im SAP Solution Manager bereitgestellt.

Methode für SAP S/4HANA

Mit SAP Activate werden ebenfalls die neuen sogenannten *SAP Best Practices* ausgeliefert, die Sie über einen Download in Ihr SAP-Solution-Manager-7.2-System einspielen können. In Abschnitt 4.6, »SAP Best Practices für die Lösungsdokumentation«, gehen wir näher auf die vorhandenen SAP Best Practices ein und zeigen Ihnen am Beispiel der SAP Best Practices für die Lösungsdokumentation, wie Sie diese in Ihrem eigenen System verwenden können.

SAP Best Practices

1.7 Offen für alles – neue APIs

Im Rahmen des neuen Releases hat SAP auch neue Schnittstellen (Application Programming Interfaces, APIs) zur Verfügung gestellt. Seit Release 7.1 des SAP Solution Managers macht SAP große Schritte in Richtung der Offenheit für Drittherstellerapplikationen und Eigenentwicklungen, die Daten und Funktion des SAP Solution Managers nutzen können. SAP setzt vieles daran, den SAP Solution Manager 7.2 so gut wie nur möglich auch für die Add-ons von Partnerunternehmen zu öffnen und dafür APIs anzubieten.

Prozessmanagement-API

Eine der wichtigsten APIs im SAP Solution Manager 7.2 wird die Prozessmanagement-API sein. Diese Schnittstelle ermöglicht es, ein Drittherstellertool wie ARIS der Firma Software AG mit dem SAP Solution Manager 7.2 zu verbinden, um eine Synchronisierung zwischen den modellierten Geschäftsprozessen und den Prozessschritten sicherzustellen. Ein anderes Tool, das sich mit dem SAP Solution Manager 7.2 über diese API verbinden lässt, ist das Modellierungswerkzeug Signavio. Hier haben Sie ebenfalls die Möglichkeit, Ihre Entitäten innerhalb der Lösungsdokumentation über die Schnittstelle synchron zu halten. Weiterführende Informationen zur Prozessmanagement-API finden Sie unter der URL *http://s-prs.de/v561512*.

1.8 Neue Nutzungsrechte für Kunden

Das Konzept der Nutzungsrechte für SAP-Kunden wurde vereinfacht. Die neuen Regelungen schaffen nun unmissverständlich Klarheit, welche SAP-Solution-Manager-Szenarien mit welchem SAP-Support-Vertrag verwendet werden können. Diese neuen Nutzungsrechte gelten für alle Versionen des SAP Solution Managers, auch rückwirkend.

SAP Enterprise Support

Kunden mit den Support-Vertragsmodellen *SAP Enterprise Support*, *Product Support for Large Enterprises* (PSLE), *SAP ActiveEmbedded* und *SAP MaxAttention* können ihre ganze IT-Landschaft, also auch Nicht-SAP-Lösungen innerhalb der Landschaft, mit dem SAP Solution Manager verwalten. Des Weiteren können sie den vollen funktionalen Umfang des SAP Solution Managers nutzen.

SAP Standard Support

Demgegenüber können Kunden mit dem Modell *SAP Standard Support* nur SAP-Komponenten mit dem SAP Solution Manager verwalten. Folgende Funktionen dürfen darüber hinaus von SAP-Standard-Support-Kunden im SAP Solution Manager nicht genutzt werden:

- Custom Code Lifecycle Management
- Business Process Change Analyzer
- Scope and Effort Analyzer
- SAP Test Automation
- Business Process Analytics
- SAP HANA Deployment Best Practices
- End-User Experience Monitoring

> **[zB] Lizenzierung zur Verwaltung von Drittanbieterlösungen**
> Während SAP-Enterprise-Support-Kunden (oder Kunden mit einem umfangreicheren Support-Vertrag) das Change Request Management im SAP Solution Manager auch für Nicht-SAP-Komponenten nutzen dürfen, sind SAP-Standard-Support-Kunden bei der Nutzung dieses Szenarios auf SAP-Komponenten beschränkt.

Oft fragen sich SAP-Kunden, ob eine Nachlizenzierung basierend auf einer Preisliste möglich ist. Der Tenor von SAP ist diesbezüglich eindeutig: Dies ist nicht möglich. Um die Funktionen zu nutzen, die ausschließlich für SAP-Enterprise-Support-Kunden zur Verfügung stehen, müssen SAP-Standard-Support-Kunden mindestens auf den SAP Enterprise Support umsteigen.

Für das in den SAP Solution Manager integrierte IT-Portfolio- und Projektmanagement (IT-PPM) wurde die Nutzung wie folgt geregelt: Allen SAP-Kunden steht das Projektmanagement in vollem Umfang zur Verfügung, während das IT-Portfoliomanagement zusätzlich lizenziert werden muss. Des Weiteren müssen Sie beachten, dass SAP-Standard-Support-Kunden das Projektmanagement nur für SAP-Projekte nutzen dürfen. SAP-Enterprise-Support-Kunden (oder Kunden mit einem umfangreicheren Support-Vertrag) hingegen dürfen damit IT-Projekte ganzheitlich steuern.

IT-Portfolio- und Projektmanagement

Nach den Statuten von SAP benötigt grundsätzlich jeder Anwender, der sich am SAP Solution Manager anmeldet, einen SAP-Benutzer. Die einzige Ausnahme sind die sogenannten *Low Touch User*, die im Support-Vertrag inkludiert sind. Diese Anwender dürfen z. B. eine Störung anlegen, deren Status prüfen und die Lösung quittieren. Ein Anwender, der die Störung bearbeitet, benötigt hingegen eine geeignete Lizenz. In den meisten Fällen verfügen die Anwender des SAP Solution Managers bereits über eine gültige Lizenz, weil sie schon einen Benutzer für ein SAP-System (z. B. für SAP ERP) besitzen. Da es keine spezielle Benutzerlizenz für den SAP Solution Manager gibt, muss

Benutzerlizenzen

für Anwender, die mit diesem Werkzeug arbeiten, andernfalls eine geeignete Lizenz für eine andere SAP-Lösung gekauft werden.

Beachten Sie in diesem Kontext, dass es sich mindestens um die Lizenz *SAP Worker* handeln sollte. Damit ist bspw. für die Ursachenanalyse ein Zugriff auf die freigegebenen Funktionen des SAP Solution Managers sowie auf ein verwaltetes System möglich. Sollte der Benutzer jedoch umfänglichen Tätigkeiten in einem SAP-System außerhalb des SAP Solution Managers nachgehen, empfiehlt es sich, eine Lizenz für den *Professional User* zu erwerben.

Kapitel 2
Installation und Upgrade

In diesem Kapitel erfahren Sie, wie Sie Ihren bestehenden SAP Solution Manager 7.1 auf die neue Version aktualisieren oder den SAP Solution Manager 7.2 neu installieren.

Grundsätzlich unterscheiden wir in diesem Kapitel zwei Optionen: die *Neuinstallation* eines SAP-Solution-Manager-7.2-Systems und das *Upgrade* eines bestehenden Systems. Für jede dieser Optionen werden wir jeweils die relevanten Schritte aufzeigen. Wir erörtern, welche Vor- und Nachteile ein Upgrade oder eine Neuinstallation hat und ob SAP HANA eine Datenbankalternative für Sie sein kann. Außerdem zeigen wir Ihnen, wie Sie ein Hardware-Sizing mit dem Quick-Sizer-Tool von SAP durchführen können.

Um zu verdeutlichen, wie dringlich ein Wechsel auf den SAP Solution Manager 7.2 ist, möchten wir nochmals auf die Zeitschiene von SAP in Abbildung 2.1 hinweisen. Der Umstieg auf Version 7.2 ist unumgänglich, da SAP ein hartes Wartungsende für den 31. Dezember 2017 angekündigt hat.

Angekündigtes Wartungsende

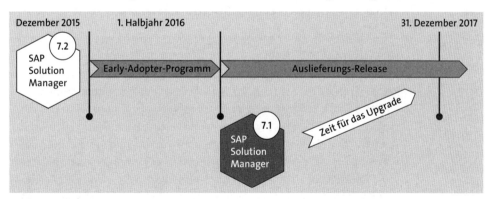

Abbildung 2.1 Zeitschiene für den SAP-Solution-Manager-Release-Wechsel

2.1 Upgrade oder Neuinstallation?

Die Frage, ob Sie sich für ein Upgrade oder eine Neuinstallation entscheiden sollten, lässt sich nicht pauschal beantworten. Wir empfehlen Ihnen, zu prüfen, welche Szenarien des SAP Solution Managers Sie nutzen. Haben Sie eines der folgenden Szenarien produktiv im Einsatz und soll dieses Szenario auch nach dem Upgrade auf den SAP Solution Manager 7.2 noch funktionieren, sollten Sie ein Upgrade anstreben:

- Geschäftsprozessdokumentation
- Änderungsmanagement (Change Request Management, ChaRM)
- Quality Gate Management (QGM)
- IT-Portfolio- und Projektmanagement
- Testmanagement und Testautomatisierung
- Geschäftsprozess-Monitoring

Content-Aktivierung

Beachten Sie, dass für ein Upgrade eine sogenannte *Content-Aktivierung* durchgeführt werden muss. Diese teilt sich in mehrere Schritte auf:

1. Vorbereitung der Content-Aktivierung
2. Upgrade des SAP-Solution-Manager-Systems
3. Aktivierung des Contents

In jedem Fall können wir Ihnen aus diversen Kundenprojekten folgende Empfehlung mit auf den Weg geben: Befassen Sie sich frühzeitig mit den Themen der Content-Aktivierung! Warum diese so früh wie möglich passieren sollte? Im Rahmen der Content-Aktivierung müssen viele Entscheidungen darüber, wie es nach dem Upgrade auf das neue Release mit verschiedenen Objekten weitergeht, getroffen werden.

Lösungsdokumentation

Nehmen wir z. B. die Lösungsdokumentation. Setzen Sie diese bereits in Release 7.1 ein, werden Sie vermutlich viele Implementierungsprojekte angelegt haben. In diesem Kontext ist es wichtig zu wissen, dass es die Projekte in dieser Art und Weise im neuen Release nicht mehr geben wird, sondern nur noch eine sogenannte *Lösung*. Deshalb muss im Rahmen der Vorbereitung zur Content-Aktivierung entschieden werden, was mit diesen Projekten passiert: Können sie konsolidiert oder womöglich außer Betrieb genommen werden? Oder müssen sie im Rahmen des Upgrades mit in das neue Release genommen werden und dort in der neuen Welt wieder zur Verfügung stehen?

Sie sehen, hier kommen viele Fragen und Entscheidungen auf Sie zu, die es zu beantworten gilt. In Abschnitt 2.5, »Upgrade«, gehen wir näher auf die Aktivitäten im Rahmen der Content-Aktivierung ein.

Falls Sie die oben genannten Szenarien im SAP Solution Manager 7.1 gar nicht oder nur rudimentär genutzt haben oder falls Sie bisher nur die Funktionalität rund um die Systemverwaltung wie den EarlyWatch-Report oder das Lizenzmanagement nutzen, empfehlen wir eine Neuinstallation. In diesem Fall erweist sich der Aufwand für die Neuinstallation als etwas geringer als der für ein Upgrade.

2.2 SAP-HANA-Datenbank – eine Alternative

Mit Release 7.2 des SAP Solution Managers hat SAP die erste Version auf den Markt gebracht, die nicht nur mit einem herkömmlichen Datenbankmanagementsystem (DBMS), sondern auch mit einer SAP-HANA-Datenbank betrieben werden kann. Diese Variante kann aus verschiedenen Gründen eine interessante Alternative bzw. Möglichkeit für Sie darstellen:

Vorteile des Betriebs auf SAP HANA

- **Performancegewinn**
  Eine gesteigerte Performance konnten wir etwa im Bereich der Suchfunktionen innerhalb des IT-Servicemanagements (ITSM) erkennen. Die Suchvorgänge nach Störungen, nach Änderungsdokumenten oder in der Lösungsdokumentation werden auf SAP HANA deutlich schneller ausgeführt als unter dem alten Release.
- **Keine Lizenzkosten**
  SAP HANA für den SAP Solution Manager ist Teil des Wartungsvertrags, den Sie mit SAP geschlossen haben. Das heißt konkret, dass Sie keine zusätzlichen Lizenzkosten für den Einsatz von SAP HANA mit dem SAP Solution Manager haben.
- **Möglichkeit, Erfahrung zu sammeln**
  Falls Sie aktuell noch keine Systeme auf SAP HANA betreiben, dies aber in naher Zukunft bspw. mit SAP S/4HANA beabsichtigen, können Sie mit dem SAP Solution Manager relativ einfach erste Erfahrungen mit dem Betrieb einer SAP-HANA-Datenbank sammeln. Zudem können Sie vorhandene Prozesse wie Backup- und Restore-Prozesse schon frühzeitig so anpassen, dass auch eine spätere Migration mehrerer Systeme auf SAP HANA ohne Probleme stattfinden kann.
- **ITSM-Erweiterungen**
  Die textbasierte Suche war mit dem SAP Solution Manager 7.1 nur möglich, wenn man eine sogenannte *Search and Classification Engine* (Text Retrieval and Information Extraction, TREX) im Einsatz hatte. SAP HANA bietet eine weitaus mächtigere und schnellere Volltextsuche als TREX. Diese Suche kann in allen Teilbereichen des SAP Solution Managers 7.2 (z. B. der Lösungsdokumentation, der Ticketsuche, der Wissensdaten-

bank, dem Problem Management oder den Änderungsdokumenten) genutzt werden. Zudem stehen mit dem SAP Solution Manager 7.2 auf SAP HANA auch deutlich ausgebaute Möglichkeiten im Bereich der Auswertung zur Verfügung.

Alles in allem gibt es einige gute Gründe, um die Migration oder Neuinstallation des SAP Solution Managers 7.2 auf SAP HANA in Erwägung zu ziehen. Falls Sie so ein Projekt planen, müssen Sie dies wegen der geänderten Architektur und Datenspeicherung sowie der grundsätzlich abweichenden Handhabung von SAP HANA sehr sorgfältig tun. Sie sollten in jedem Fall berücksichtigen, dass durch den Einsatz von SAP HANA als Datenbank für den SAP Solution Manager mit erhöhten Hardwarekosten zu rechnen ist. Um hier eine hohe Investitionssicherheit zu haben, empfiehlt es sich, ein möglichst exaktes *Sizing* für den Server, auf dem die SAP-HANA-Datenbank und der SAP Solution Manager betrieben werden, durchzuführen. Wie Sie ein entsprechendes Sizing für Ihren SAP Solution Manager durchführen, erfahren Sie im folgenden Abschnitt.

[!] **SAP Solution Manager auf SAP HANA**

Beachten Sie, dass SAP HANA als Datenbank nur für SAP Solution Manager 7.2 verfügbar ist. Der SAP Solution Manager 7.1 ist nicht kompatibel. Das bedeutet, dass Kunden, die SAP HANA als Datenbank nutzen möchten, auf das neue Release umsteigen müssen.

Vorgehensweise bei der Migration

Eine typische Migration, wie wir Sie empfehlen, sieht wie in Abbildung 2.2 aus. Sie wird mit SAP-Standard-Tools wie dem Software Provisioning Manager und dem Software Upgrade Manager durchgeführt.

Abbildung 2.2 Vorgehensweise bei einer typischen Migration auf SAP HANA

2.3 Hardware-Sizing mit dem Quick-Sizer-Tool

Bevor Sie mit der Neuinstallation oder dem Upgrade eines bestehenden SAP-Solution-Manager-Systems beginnen können, sollten Sie sich Gedanken über die Hardwaredimensionen des Systems machen. Dies können Sie im Rahmen des *Sizings* tun. Sizing beschreibt Informationen, Aktivitäten und Werkzeuge, die Ihnen bei der Planung und Einführung neuer Szenarien innerhalb des SAP Solution Managers dabei helfen, die richtigen Hardwareanforderungen definieren zu können.

Ein Tool, das Sie dabei unterstützt zu definieren, welche Hardware mit welcher Leistungsfähigkeit Sie benötigen, ist der *Quick Sizer* von SAP. Sie können Ihn über den Link *http://service.sap.com/quicksizer* aufrufen. Abbildung 2.3 zeigt die Applikation des Quick Sizers und die verschiedenen Parameter zur Definition eines möglichen Sizings im Überblick.

Quick Sizer

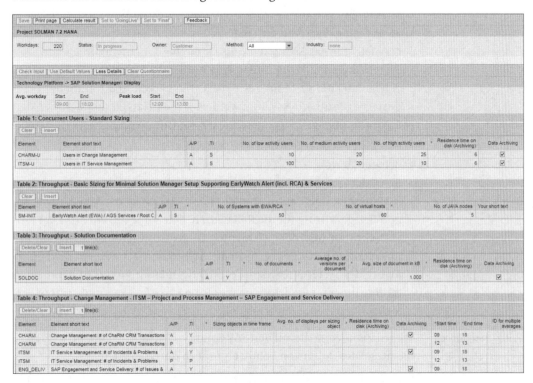

Abbildung 2.3 Quick Sizer im Detail

Im oberen Bereich des Quick Sizers pflegen Sie grundlegende Parameter, wie die Anzahl der Arbeitstage in Ihrem Unternehmen und die durchschnittliche Arbeitszeit der Mitarbeiter. Zudem können Sie einen Zeitraum angeben, in dem Sie außergewöhnlich hohe Systemlasten erwarten.

Je nachdem, welches Szenario eingeführt werden soll, sind außerdem entsprechende Parameter zu pflegen. Die folgenden Abschnitte sind wesentliche Bestandteile eines korrekten Sizings des SAP Solution Managers:

Sizing-Parameter

- **Szenario**
  Den wohl bedeutendsten Einfluss auf das Sizing nehmen die einzuführenden Szenarien (z. B. **Solution Documentation** und **Change Management** oder **Technical Monitoring**). Diese Auswahl hat den größten Ein-

fluss auf die Performance des SAP Solution Managers. Zusätzlich zum geplanten Szenario müssen auch die sich bereits im Einsatz befindlichen Szenarien betrachtet und berücksichtigt werden.

- **Anzahl der aktiven Benutzer**
  Sobald neue Szenarien für den Einsatz des SAP Solution Managers eingeführt werden, erhalten in der Regel auch neue Benutzer Zugang zu diesem System. Jeder Benutzer, der neue Aktivitäten ausführt, benötigt dementsprechend mehr Ressourcen und erzeugt so eine höhere Systemlast.

- **Basis-Sizing (Systemlandschaft)**
  Ebenfalls für das Sizing relevant ist die bei Ihnen vorzufindende SAP-Systemlandschaft. Hier müssen die Anzahl der Hosts und der angebundenen Satellitensysteme sowie die Verfügbarkeit und Anzahl der Diagnostics Agents berücksichtigt werden. Je mehr Satellitensysteme an den SAP Solution Manager angeschlossen sind, desto größer sind die Datenmengen, die an diesen gesendet werden.

- **Belege/Objekte**
  Besonders in den Szenarien rund um die **Solution Documentation** (Lösungsdokumentation) und das ITSM/ChaRM ist die Zahl der Objekte und Belege wichtig für die Kalkulation. Eine hohe Anzahl bspw. an Prozessschritten und/oder Elementen in der Lösungsdokumentation hat Auswirkungen auf die Performancevolltextsuche sowie auf die Performance des Systems. Daher ist es wichtig, hier im Voraus Annahmen zu treffen, um ein möglichst genaues Sizing zu erreichen und spätere Performanceengpässe zu vermeiden.

Benutzergruppen

Bei den Benutzern, die auf den SAP Solution Manager zugreifen, werden in aller Regel drei Arten von Benutzergruppen unterschieden:

- **Benutzer mit niedriger Aktivität**
  Ein solcher Benutzer führt durchschnittlich eine Aktivtät bzw. einen Prozessschritt innerhalb von sechs Minuten durch.

- **Benutzer mit mittlerer Aktivität**
  Dieser Benutzer führt durchschnittlich alle 30 Sekunden eine Aktivität bzw. einen Prozessschritt durch.

- **Benutzer mit hoher Aktivität**
  Von diesem Benutzer wird durchschnittlich alle zehn Sekunden eine Aktivität bzw. einen Prozessschritt durchgeführt.

Im aktuellen Stand des Quick Sizers sind vorrangig die Benutzer für die Szenarien ITSM und Change Request Management zu erfassen, da diese in der Berechnung berücksichtigt werden.

2.3 Hardware-Sizing mit dem Quick-Sizer-Tool

> **Rolle des Benutzers**
>
> Die Rolle des Benutzers bzw. seine Verantwortlichkeit innerhalb eines Szenarios des SAP Solution Managers kann von Bedeutung für die Systemlast sein. Unter Umständen muss er oft auch mehrere Prozessschritte innerhalb eines Szenarios durchführen.

Wir empfehlen, die Sizing-Parameter gemeinsam mit Ihren Fachbereichskollegen bzw. den Verantwortlichen für die SAP-Basis zu erfassen. Wenn alle Eingaben getätigt wurden, können Sie das Ergebnis berechnen lassen. Eine Kalkulation sieht dann so aus wie in Abbildung 2.4.

Ergebnisberechnung

Abbildung 2.4 Ergebnis des Quick Sizers

Sie sehen hier verschiedene Spalten mit Werten. Mit einem Klick auf die CPU-Kategorie, hier **XS**, gelangen Sie zur Benchmark-Seite von SAP. Dort finden Sie Referenzhardwaresysteme für diese Anzahl an *SAP Application Performance Standards* (SAPS). SAPS ist eine Maßeinheit, die die sogenannten *Order Line Items* wiedergibt, d. h. die Bestellpositionen in der SAP-Komponente SD (Sales and Distribution), die ein SAP-System in einer Stunde verarbeiten kann.

> **T-Shirt-Sizing**
>
> Die Kategorien werden nach dem Modell des T-Shirt-Sizings vergeben. Nähere Informationen zu den T-Shirt-Größen und dieser Art des Sizings finden Sie in der Quick-Sizer-Dokumentation unter folgendem Link: *http://s-prs.de/v561516*. Beim Aufruf ist eine Anmeldung mit Ihrem SAP-Servicebenutzer (*S-User*) erforderlich.

Im errechneten Ergebnis sind die vier wichtigsten Faktoren für das Sizing:

Sizing-Faktoren

- SAPS
- benötigter Arbeitsspeicher (RAM)
- Datenbankvolumen
- Volumen der Festplatten

Wir empfehlen Ihnen, diese Faktoren – insbesondere die SAPS-Anzahl – mit Ihrem Hardwarelieferanten abzusprechen. Die meisten Hardwarelieferanten können auf Basis dieser Kennzahlen konkrete Aussagen über die erforderlichen Dimensionen der Hardware treffen.

2.4 Installation

In diesem Abschnitt möchten wir Sie mit allen relevanten Informationen rund um die Installation eines SAP-Solution-Manager-7.2-Systems versorgen. Dabei können Sie von den Erfahrungen profitieren, die wir bei einer Vielzahl bereits durchgeführter Installationen gewonnen haben. Die Installation Ihres neuen Systems erfolgt in zwei Schritten:

1. Installation des neuen Systems mithilfe des Software Provisioning Managers
2. Update des installierten Systems auf das neueste Support Package mithilfe des Software Update Managers

Zur Planung der Installation können Sie auch den Maintenance Planner verwenden.

2.4.1 Relevante Informationen für die Installation

Installationsparameter festlegen

Bevor Sie mit der Installation Ihres SAP-Solution-Manager-Systems beginnen, empfiehlt es sich, alle relevanten Informationen für Ihr zukünftiges System zu sammeln. Diese umfassen:

- Kombination aus Datenbankplattform und Betriebssystem
- Aufbau der Landschaft
- Systemidentifikationen (SIDs) für Datenbank und Anwendungsserver

Dual-Stack vs. Split-Stack

Mit Version 7.2 des SAP Solution Managers wurde der Systemaufbau von SAP geändert. In früheren Versionen basierte Ihr System auf einem *Dual-Stack-System*, bei dem der ABAP- und der Java-Stack auf einem Anwendungsserver, dem SAP NetWeaver Application Server (AS), ausgeführt wurden. Auf Ebene der Datenbank wurde auf eine Instanz mit verschiedenen Schemata zugegriffen. Dieses Prinzip erlaubte einen verhältnismäßig schlanken Aufbau des Systems. Allerdings waren die Administration und das Upgrade deutlich anspruchsvoller und komplexer.

Mit der neuen SAP-Solution-Manager-Version 7.2 wird die Version der SAP-NetWeaver-Basis auf Release 7.4 gehoben. Ab dieser Version hat SAP den Dual-Stack-Support eingestellt, daher werden der ABAP- und der Java-Stack des SAP Solution Managers nun unabhängig voneinander installiert. Demzufolge müssen Sie auch unterschiedliche SIDs für die beiden Anwendungsserver und gegebenenfalls auch für die Datenbank vergeben.

Des Weiteren müssen Sie entscheiden, wie Sie Ihr System aufbauen. Sie können alle Komponenten (den primären Anwendungsserver, die Zentralinstanz und die Datenbankinstanz) auf einem Server installieren. Alternativ können Sie auch alle Instanzen auf unterschiedlichen Systemen aufsetzen oder jeweils einen eigenen Server für die ABAP- und die Java-Instanz aufsetzen. Hierzu sollten Sie die von SAP freigegeben Kombinationen aus Betriebssystem, Datenbankplattform und SAP-System prüfen. Die freigegebenen Kombinationen finden Sie in der Product Availibilty Matrix (PAM) von SAP, die Sie unter folgender URL aufrufen können: *http://s-prs.de/v561517*. Wenn Sie als Datenbank SAP HANA einsetzen möchten, müssen Sie diese Datenbank auf einem Unix- bzw. Linux-Betriebssystem installieren.

Systemaufbau

> **Unix-/Linux-Version prüfen**
>
> Achten Sie darauf, dass es sich bei Ihrer Betriebssystemversion um eine von SAP freigegebene Version handelt. Für SAP-Anwendungen empfiehlt sich z. B. ein SUSE Linux Enterprise Server.

Die Anwendungsserver können Sie dann zwar auf Microsoft Windows installieren, Sie sollten hierbei aber bedenken, dass die Datenbank über das Netzwerk angebunden ist. Hier könnten sich Performanceprobleme ergeben. Wenn Sie bspw. die SAP-HANA-Datenbank und die Anwendungsserver auf dem gleichen System installieren, müssen Sie beachten, dass unterschiedliche SIDs für Datenbank- und Anwendungsserverinstanzen vergeben werden müssen.

Setzen Sie SAP Adaptive Server Enterprise (ASE) als Datenbankplattform ein, müssen Sie zwingend zwei unabhängige Instanzen der Datenbank installieren. Dies ist nötig, weil SAP ASE nicht für den MCOS-Ansatz (Multiple Components in One System) freigegeben ist.

Wie Sie Ihr System aufbauen und strukturieren, hängt immer von der Größe Ihrer Landschaft und dem Sizing-Ergebnis ab. Der einfachste und schlankste Ansatz ist, beide Anwendungsserver und die Datenbankinstanz bzw. -instanzen auf einem System zu installieren. Hierbei sollten Sie lediglich auf eine gut konfigurierte Zuweisung der verfügbaren Ressourcen (Prozessor und Arbeitsspeicher) achten und das System auch angemessen ausstatten.

Enterprise Manager und SLD

Zusätzlich gilt es zu entscheiden, wo Sie den *CA Wily Introscope Enterprise Manager* installieren und welches *System Landscape Directory* (SLD) Sie nutzen möchten. Das SLD ist die zentrale Erfassungsstelle für Ihre SAP-Systeme in der Systemlandschaft. Hier müssen sich alle SAP-Systeme mit ihren Softwarekomponenten, Hostnamen etc. registrieren. Den CA Wily Introscope Enterprise Manager können Sie auf einem eigenen Server installieren oder direkt auf dem System des SAP Solution Managers betreiben. Er ist dafür verantwortlich, betriebssystemnahe Performancedaten mithilfe eines Agenten zu ermitteln. Zusätzlich wird er eingesetzt, um Monitoringmetriken aus Java-basierten Systemen zu ermitteln und aufzubereiten. Wenn Sie viele Systeme Ihrer Landschaft an den SAP Solution Manager anbinden möchten, empfiehlt sich eine dedizierte Installation.

2.4.2 Installation mit dem Maintenance Planner planen

Planungsvorgang

Seit 2015 bietet SAP im SAP Support Portal den Maintenance Planner an. Hierbei handelt es sich um ein webbasiertes Werkzeug, das den aus Release 7.1 des SAP Solution Managers bekannten Maintenance Optimizer ablöst. Letzterer wird seit 2017 von SAP offiziell nicht mehr unterstützt.

Der Maintenance Planner erlaubt Ihnen die Planung von Wartungsvorgängen in Ihrer SAP-Systemlandschaft. Basierend auf den Daten aus der Landscape Management Database (LMDB) Ihres SAP-Solution-Manager-Systems können Sie Updates, Add-on-Installationen und Neuinstallationen Ihrer Systeme planen und berechnen lassen, welche Pakete Sie dazu herunterladen müssen. In diesem Abschnitt zeigen wir Ihnen, wie Sie die Neuinstallation eines SAP-Solution-Manager-Systems mithilfe des Maintenance Planners planen.

Aufruf

Den Maintenance Planner können Sie über die folgende URL erreichen: *http://s-prs.de/v561518*

Übersicht des Maintenance Planners

Abbildung 2.5 zeigt die Einstiegsseite, die nach der Anmeldung am Maintenance Planner erscheint. Sie gibt Ihnen in Form von Kacheln eine Übersicht über Ihre Systemlandschaft und erlaubt das Anwählen bestimmter Operationen. Über die erste Kachel **Explore Systems** ❶ erhalten Sie Zugriff auf die von Ihrem SAP Solution Manager hochgeladene Systemübersicht und können sich diese im Detail anzeigen lassen. Die Kachel **Explore System Tracks** ❷ erlaubt die Konfiguration Ihrer Systemlinien. Eine *Transaktion* wird angelegt, sobald Sie einen neuen Wartungsvorgang starten. Wenn Sie diesen abschließen oder speichern, können Sie ihn über die Kachel **Transactions** ❸ erneut aufrufen. Die Kacheln **Plan a New System** ❹ und **Plan for SAP S/4HANA** ❺ erlauben Ihnen die Installationsplanung neuer Systeme.

Abbildung 2.5 Einstiegsseite des Maintenance Planners

In den nächsten Schritten ist es erforderlich, zwei Systeme zu planen. Das erste ist der ABAP-Stack, das zweite der Java-Stack. Beide Systeme müssen mit unterschiedlichen SIDs ausgestattet werden (siehe Abbildung 2.6):

Neues System planen

1. Um die Neuinstallation Ihres SAP-Solution-Manager-Systems zu planen, wählen Sie die Kachel **Plan a New System**.
2. Wählen Sie im nächsten Dialog die Schaltfläche **Plan**. Abbildung 2.6 zeigt den ersten Dialog zur Planung der Installation eines neuen Systems.
3. Vergeben Sie auf der linken Seite die SID, z. B. »ABC«, und wählen Sie anschließend den Typ des Systems ❶.
4. Auf der rechten Seiten wählen Sie die Option **Install an SAP Solution Manager System** und geben den gewünschten Ziel-Support-Package-Stack an ❷.
5. Bestätigen Sie anschließend Ihre Auswahl über die Schaltfläche **Confirm Selection** ❸.
6. Springen Sie über die Schaltfläche **Next** ❹ zum nächsten Dialog.

Im nächsten Dialog werden Sie aufgefordert, die datenbank- und betriebssystemabhängigen Komponenten zu selektieren. Wählen Sie hier Ihren internen Vorgaben entsprechend die passende Kombination aus.

Komponenten selektieren

2   Installation und Upgrade

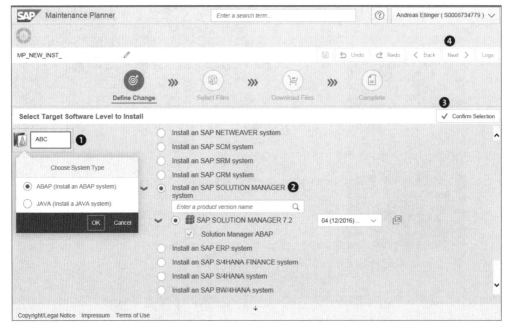

Abbildung 2.6 Ein neues System mit dem Maintenance Planner planen

Zusätzlich empfehlen wir an dieser Stelle auch gleich die Auswahl folgender passender Softwarekomponenten:

- SAP Host Agent
- Internet Graphics Server (IGS)
- Software Provisioning Manager
- Software Update Manager

Abbildung 2.7 zeigt eine beispielhafte Auswahl der Komponenten für Windows und die Datenbankplattform SAP ASE.

Anschließend können Sie den Dialog erneut mit **Confirm Selection** bestätigen und mit dem nächsten Schritt fortfahren.

Komponenten bereitstellen   Der Maintenance Planner hat nun alle Komponenten berechnet, die für ein Update des Systems nach der Installation erforderlich sind. Diese müssen Sie nun nur noch herunterladen und auf dem Betriebssystem des SAP Solution Managers bereitstellen. Die erforderlichen Pakete für die Installation werden in einem separaten Schritt heruntergeladen, den wir in Abschnitt 2.4.3, »Download der Softwarepakete im SAP ONE Support Launchpad«, beschreiben.

2.4 Installation

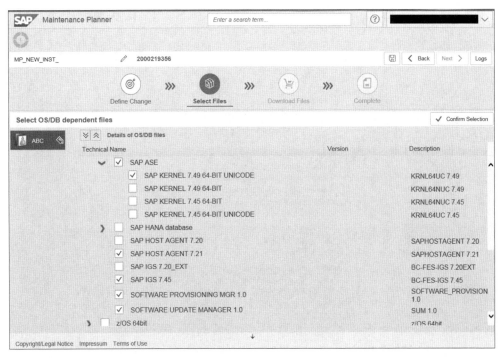

Abbildung 2.7 Beispielauswahl im Maintenance Planner

Zusätzlich benötigen Sie für das Update noch die sogenannte *Stack-XML-Datei*. Diese wird von den beiden Bereitstellungswerkzeugen Software Provisioning Manager und Software Update Manger konsumiert. Darin sind alle relevanten Informationen für die Installation und das nachfolgende Update enthalten:

Stack-XML-Datei herunterladen

1. Laden Sie die Stack-XML-Datei über die Schaltfläche **Download Stack XML** herunter (siehe Abbildung 2.8). Speichern Sie diese im gleichen Verzeichnis, in dem Sie auch die Dateien für das Update speichern werden. Beachten Sie auch, dass ein Zugriff auf die Daten vom SAP Solution Manager aus möglich sein muss.

2. Über die Schaltfläche **Push to Download Basket** werden die Dateien in den Downloadkorb Ihres S-Users geladen. Von dort können Sie die Komponenten mithilfe des Programms SAP Download Manager herunterladen. Wie Sie dabei verfahren, erklären wir ebenfalls im folgenden Abschnitt.

Abschließend erhalten Sie eine Zusammenfassung. Sie können den abgeschlossenen Vorgang zur späten Dokumentation noch umbenennen. In Abbildung 2.9 haben wir bspw. die SID ergänzt ❶. Klicken Sie dann auf das Speichersymbol ❷ und auf **Set to Complete** ❸, um die Planung final abzuschließen.

Vorgang abschließen

61

2 Installation und Upgrade

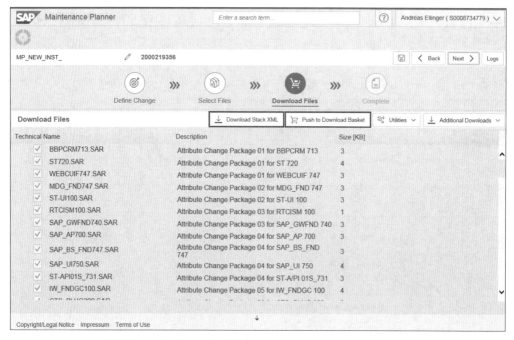

Abbildung 2.8 Downloaddialog im Maintenance Planner

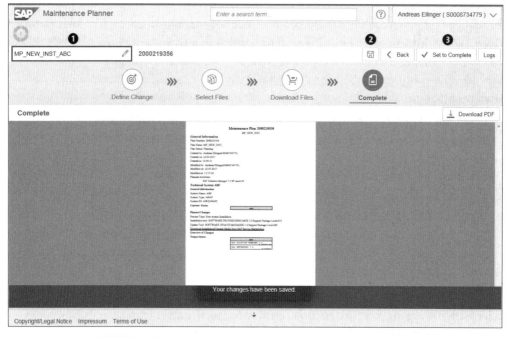

Abbildung 2.9 Vorgang im Maintenance Planner abschließen

2.4.3 Download der Softwarepakete im SAP ONE Support Launchpad

Welche Pakete für die Neuinstallation eines SAP-Solution-Manager-Systems erforderlich sind, erfahren Sie in diesem Abschnitt. Zudem beschreiben wir, wie Sie diese aus dem SAP ONE Support Launchpad herunterladen.

> **SAP ONE Support Launchpad**
>
> SAP ist mit dem klassischen SAP Support Portal teilweise umgezogen. Ein Teil der Funktionen findet sich nun unter der Bezeichnung *SAP ONE Support Launchpad*. Das neue Portal verfügt über eine Oberfläche, die auf SAP Fiori basiert. Die unterschiedlichen Kacheln erlauben es Ihnen, die verschieden Support-Funktionen zur Administration Ihrer Systemlandschaft zu nutzen. Funktionen aus dem früheren SAP Support Portal können Sie hier wiederfinden, z. B. die SAP-Hinweissuche, die Meldungserfassung, die Lizenzanforderung und den Softwaredownload. Sie erreichen das neue SAP ONE Support Launchpad unter folgender Adresse: *http://launchpad.support.sap.com*. Allerdings sind derzeit noch nicht alle Seiten auf den neuen Namen umgestellt.

Nach der Anmeldung sehen Sie die Startseite. Wenn Sie sich das erste Mal mit dem SAP ONE Support Launchpad verbinden, wird Ihnen eine Standardauswahl an Kacheln angezeigt. Diese Auswahl können Sie allerdings auch individuell an Ihre Bedürfnisse anpassen. Klicken Sie dazu auf die Schaltfläche in der linken oberen Ecke (❶ in Abbildung 2.10). Daraufhin wird Ihnen der Kachelkatalog angezeigt. Sie können nun die gewünschten Kacheln zu den vorhandenen Bereichen, z. B. dem Bereich **My Home** ❷, hinzufügen oder neue Bereiche erstellen. Bei Bedarf können Sie so auch Kacheln wieder entfernen.

SAP ONE Support Launchpad konfigurieren

Wir möchten Ihnen an dieser Stelle zeigen, wie Sie die Installationsdateien für den SAP Solution Manager aus dem SAP ONE Support Launchpad herunterladen:

Installationsdateien herunterladen

1. Klicken Sie dazu auf die Kachel **Software Downloads** ❸.
2. Im nächsten Schritt wird die Anwendung zum Download der SAP-Softwarekomponenten geladen. In dieser Anwendung haben Sie Zugriff auf alle lizenzierten Softwareprodukte.

2   Installation und Upgrade

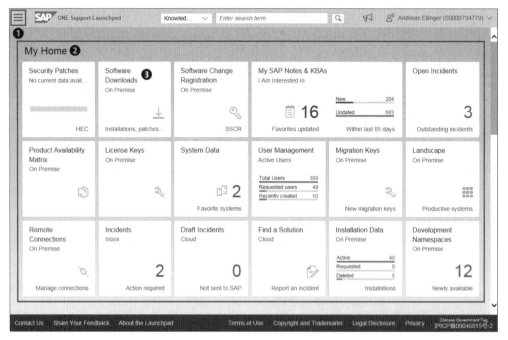

Abbildung 2.10 Startseite des SAP ONE Support Launchpads

> **[»] Navigation im SAP ONE Support Launchpad**
>
> Sie haben mehrere Möglichkeiten, um zu den gewünschten Softwarekomponenten für den SAP Solution Manager zu navigieren (siehe Abbildung 2.11):
>
> - **Navigation über den alphabetischen Index**
>   Bei der Navigation über den Index werden Ihnen die verschiedenen SAP-Produkte von A bis Z sortiert angezeigt. Das heißt, Sie können nach dem Produktnamen suchen (z. B. unter S für »Solution Manager«).
>
> - **Suche der Produkte nach Kategorie**
>   Wenn Sie auf **By Category** klicken, werden Ihnen die unterschiedlichen Produkte nach verschiedenen Kategorien geordnet angezeigt. Falls Sie diese Option wählen, müssen Sie allerdings wissen, in welcher Kategorie das gewünschte Produkt zu finden ist (z. B. **SAP Technology Components** für den SAP Solution Manager).
>
> - **Suche über das Suchfeld**
>   Über die Suche können Sie direkt nach dem Produktnamen suchen. Die Suchergebnisse können allerdings sehr umfangreich sein, und es werden sowohl Komponenten zur Installation als auch Support Packages angezeigt.

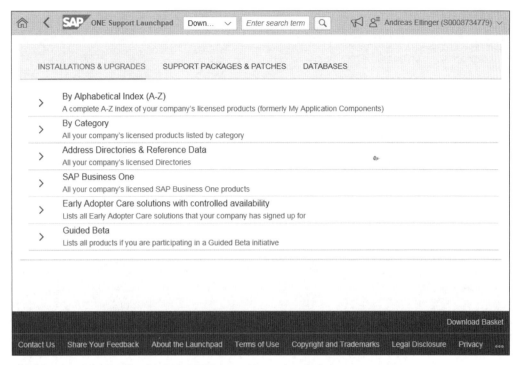

Abbildung 2.11 Navigation im SAP ONE Support Launchpad

3. Wir zeigen Ihnen hier, wie Sie über die Kategorie zum Download des SAP Solution Managers gelangen. Klicken Sie daher auf den Pfeil neben **By Category**, um die Ansicht zu erweitern. Blättern Sie dann bis zur Kategorie **SAP Technology Components**, und wählen Sie diese aus.

4. Klicken Sie danach auf **SAP Solution Manager • SAP Solution Manager 7.2 • INSTALLATION AND UPGRADE**.

   Sie erhalten eine Liste der verschiedenen Softwarekomponenten, die Sie für eine Neuinstallation des SAP Solution Managers 7.2 benötigen. Wählen Sie über das Dropdown-Menü in der Mitte ❶ Ihre Kombination aus Betriebssystem und Datenbank aus, wie in Abbildung 2.12 gezeigt.

5. Wählen Sie anschließend über die Ankreuzfelder ❷ die erforderlichen Komponenten aus der Übersicht.

6. Klicken Sie danach auf das kleine Einkaufswagensymbol ❸, um die Objekte Ihrem Downloadkorb hinzuzufügen.

7. Überprüfen Sie zum Abschluss, ob diesem alle Komponenten hinzugefügt wurden. Klicken Sie dazu auf die Schaltfläche **Download Basket** ❹ in der unteren rechten Ecke. Entfernen Sie gegebenenfalls nicht gewünschte Komponenten.

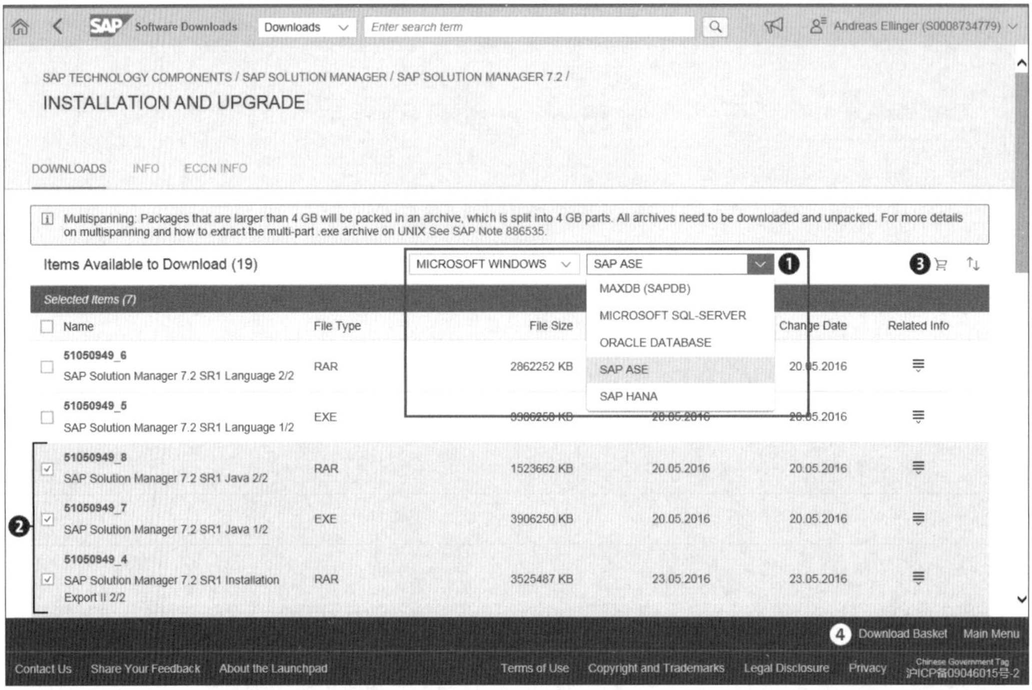

2 Installation und Upgrade

Abbildung 2.12 Auswahl der Komponenten für den Download

Download mit dem SAP Download Manager

SAP Download Manager

Der *SAP Download Manager* ist ein Programm, mit dem Sie die Dateien aus dem Downloadkorb herunterladen können. Sie können die Dateien zwar auch einzeln im Browser herunterladen, aber gerade bei Support Package Stacks haben Sie viele Dateien und der Aufwand wäre sehr groß. Wir empfehlen daher die Verwendung des SAP Download Managers.

> **SAP Download Manager**
>
> Der SAP Download Manager ist ein Java-basiertes Programm. Sie müssen beim Start Ihren S-User mit dem entsprechenden Passwort hinterlegen. Weiterführende Informationen und den Download des Programms finden Sie unter folgendem Link: *http://s-prs.de/v561519*

Herunterladen und entpacken

Laden Sie nun alle Softwarekomponenten aus dem Downloadkorb mithilfe des genannten Programms herunter (siehe Abbildung 2.13). Die Installationsdateien müssen Sie im Anschluss noch entpacken. Wir empfehlen Ihnen, immer einzelne Verzeichnisse für jede Datei zu erstellen. Laden Sie auch die Dateien, die Ihnen der Maintenance Planner ausgegeben hat, herunter.

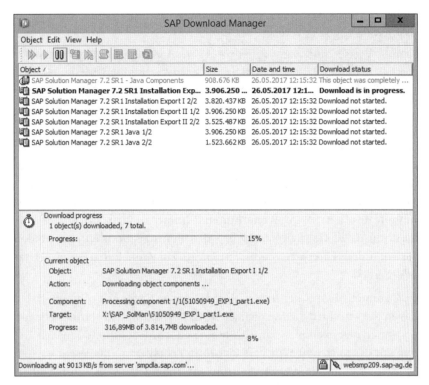

Abbildung 2.13 SAP Download Manager

2.4.4 Installation mit dem Software Provisioning Manager

Wenn Sie alle erforderlichen Pakete heruntergeladen haben, können Sie mit der Installation des SAP-Solution-Manager-7.2-Systems beginnen. Dabei müssen Sie erneut beachten, dass Sie zwei Installationsvorgänge durchführen müssen: einen für den ABAP- und einen für den Java-Stack (SAP NetWeaver Application Server ABAP und Java).

Früher wurde die Installationsroutine von SAP immer zusammen mit dem Installationsmedium ausgeliefert. Das ist seit einigen Jahren allerdings nicht mehr der Fall. Stattdessen bietet SAP eine Tool-Sammlung an, die Sie nutzen können, um Ihre SAP-Systemlandschaft zu warten. Diesen Werkzeugkasten nennt SAP *Software Logistics Toolset* (SL Toolset). Darin sind unter anderem die beiden Tools *Software Provisioning Manager* (SWPM) und *Software Update Manager* (SUM) enthalten. Diese beiden Programme benötigen Sie, um ein neues System zu installieren und anschließend auf den neuesten Support-Package-Stand zu bringen. In diesem Abschnitt zeigen wir Ihnen die Installation mit Hilfe des SWPM.

SL Toolset

> **Software Logistics Toolset**
> Im SL Toolset sind alle Programme zur Wartung Ihrer SAP-Systemlandschaft enthalten. Download-Möglichkeiten und weiterführende Informationen finden Sie unter folgendem Link: *https://support.sap.com/sltoolset*

SWPM herunterladen

Bei der Planung Ihres neuen Systems in Abschnitt 2.4.2, »Installation mit dem Maintenance Planner planen«, haben Sie auch den SWPM sowie den SUM als zusätzlich herunterzuladenden Komponenten ausgewählt. Andernfalls müssten Sie an dieser Stelle erst noch den SWPM herunterladen. Kopieren Sie anschließend das Archiv auf den Server, und entpacken Sie es mithilfe des Tools SAPCAR. Weiterführende Informationen dazu erhalten Sie auch im Installationsleitfaden von SAP. Die Installationsleitfäden finden Sie unter dem Link: *http://s-prs.de/v561520*. Zur Anmeldung ist ein S-User erforderlich.

Jetzt können Sie mit der Installation des neuen Systems beginnen. Dabei haben Sie verschiedene Möglichkeiten, das Programm zu starten. Wir zeigen Ihnen hier exemplarisch, wie Sie ein neues SAP-Solution-Manager-System auf der Microsoft-Windows-Plattform installieren. Die beschriebenen Schritte können Sie allerdings auch auf andere Betriebssysteme übertragen.

Stack XML verwenden

Seit einiger Zeit können Sie bei der Neuinstallation die Stack-XML-Datei, die Sie im Maintenance Planner generiert haben (siehe Abschnitt 2.4.2), angeben. Dies bringt Ihnen den Vorteil, dass bestimmte Parameter (z. B. die SIDs) schon ausgefüllt sind und Sie das Upgrade direkt im Anschluss an die Installation starten können.

1. Navigieren Sie beim Start des SWPM zu dem Verzeichnis, in das Sie den SWPM entpackt haben, und öffnen Sie dort die Eingabeaufforderung.
2. Rufen Sie nun die ausführbare Datei **sapinst.exe** auf, und geben Sie mit dem Parameter SAPINST_STACK_XML= den Pfad zur Stack-XML-Datei an (siehe Abbildung 2.14).

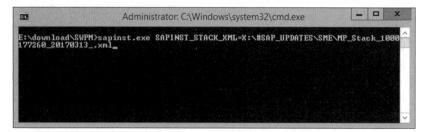

Abbildung 2.14 Den SWPM mit Angabe der Stack-XML-Datei starten

Installation des ABAP-Stacks

Nach einem kurzen Ladevorgang wird der Startdialog des SWPM gezeigt. Da Sie die Stack-XML-Datei angegeben haben, wird automatisch das gewünschte Produkt (SAP Solution Manager) ausgewählt; alle anderen Produkte werden ausgeblendet. Sie müssen an dieser Stelle nur noch angeben, auf welcher Datenbankplattform Ihr zukünftiges System laufen soll, und den Dialog mit **Next** bestätigen (siehe Abbildung 2.15).

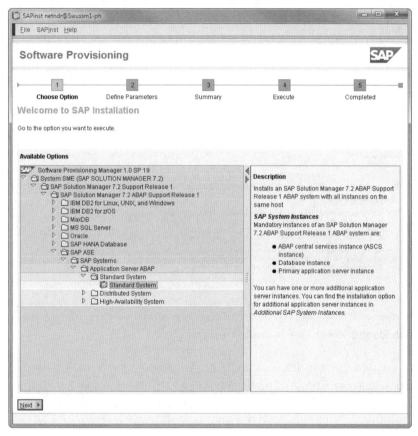

Abbildung 2.15 Startdialog des Software Provisioning Managers

Der SWPM führt Sie nun im weiteren Verlauf durch die Installation des Systems und fragt die relevanten Parameter ab. Beachten Sie, dass wir in unserem Beispiel die Datenbankplattform SAP ASE ausgewählt haben. In diesem Fall wird der SWPM die Datenbank automatisch installieren. Das ist aber nicht bei allen Datenbanken der Fall, daher müssen Sie gegebenenfalls die Datenbank vorher installieren. Details dazu finden Sie in den jeweiligen Installationsleitfäden von SAP für die verschiedenen Datenbanksysteme.

Geführte Installation

2 Installation und Upgrade

Benutzer festlegen
Wenn Sie den SAP Solution Manager auf Microsoft Windows installieren, empfehlen wir Ihnen, in Schritt **2 Define Parameters** die technischen Systembenutzer auch in der Windows-Domäne zu erstellen, auf der das Windows-System läuft (siehe Abbildung 2.16). Wir haben damit gute Erfahrungen gesammelt. Beachten Sie dabei aber, dass der Benutzer, der den SWPM gestartet hat, auch entsprechende Berechtigungen in der Domäne haben muss.

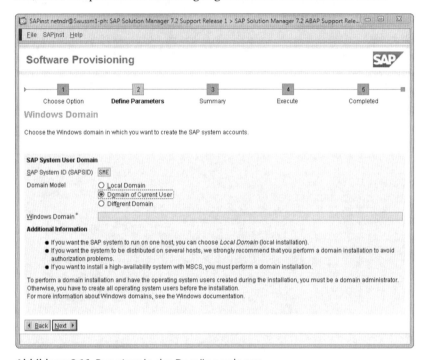

Abbildung 2.16 Benutzer in der Domäne anlegen

Kernel-Dateien angeben
Seit einiger Zeit hat sich auch der Dialog zur Angabe der Kernel-Dateien bei der Installation verändert (siehe Abbildung 2.17). Früher mussten Sie immer die Kernel-DVD herunterladen und an dieser Stelle angeben. Das ist nach wie vor möglich. Allerdings ist das Archiv sehr groß und umfangreich. Zudem sind darin mehr Dateien enthalten, als eigentlich erforderlich. Daher empfehlen wir, an dieser Stelle das Verzeichnis anzugeben, in das Sie die Daten aus dem Maintenance-Planner-Vorgang abgelegt haben. Das hat auch den Vorteil, dass Ihr System automatisch mit dem neuesten Kernel bestückt wird.

Transport Management System
Im weiteren Verlauf werden Sie u. a. dazu aufgefordert, das *Transport Management System* (TMS) zu konfigurieren. Der SWPM kann dies nach der Installation erledigen. Diese Konfiguration ist erforderlich, wenn Sie im Anschluss den SUM starten möchten. Ebenso müssen Sie dazu die neueste Version des SPAM/SAINT-Tools installieren; diese Aufgabe kann der SWPM ebenfalls übernehmen.

2.4 Installation

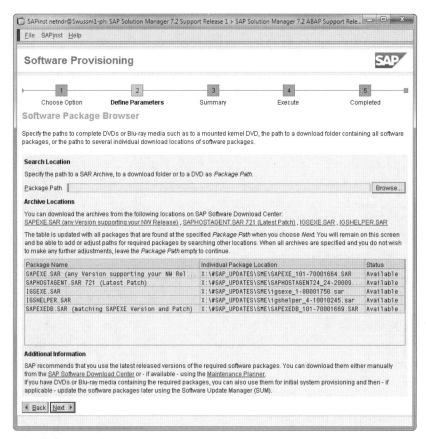

Abbildung 2.17 Kernel-Archive angeben

Da Sie die Stack-XML-Datei beim Start angegeben haben, kann der SWPM den Pfad zum Archiv automatisch finden. Geben Sie in einem weiteren Dialog zusätzlich an, dass der SUM entpackt werden soll. Sie können den SUM im Anschluss auch automatisch starten lassen. Da wir Ihnen gerne zeigen möchten, wie Sie den SUM separat starten, haben wir die Option in unserem Beispiel in Abbildung 2.18 nicht ausgewählt.

Wenn Sie alle Dialoge ausgefüllt haben, erscheint eine Maske, die alle Parameter erneut auflistet. Prüfen Sie hier Ihre Angaben. Sollten Ihnen Fehler auffallen, passen Sie die Parameter entsprechend an und bestätigen den Dialog mit **Next**.

Parameter überprüfen

Die Installation wird nun durchgeführt. Das System arbeitet dabei automatisiert. Abhängig von der Performance Ihrer Infrastruktur kann der Vorgang etwas dauern. Wir empfehlen Ihnen, die Installation zu überwachen, um frühzeitig auf Fehler reagieren zu können.

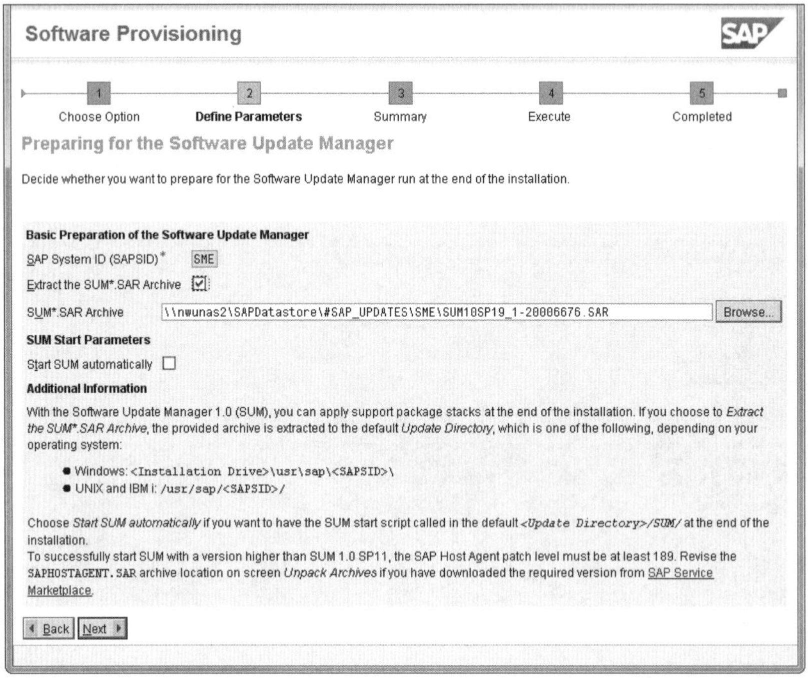

Abbildung 2.18 Vorbereitungen für den Software Update Manager im Software Provisioning Manager

Installation des Java-Stacks

Nach der Installation des ABAP-Stacks können Sie damit beginnen, das Java-System zu installieren. Dabei können Sie genauso verfahren wie bei der Installation des SAP NetWeaver Application Servers ABAP. Das heißt, Sie müssen den SWPM erneut unter Angabe der Stack-XML-Datei starten und in den folgenden Dialogen die relevanten Informationen mitgeben.

Ablageort der Benutzerdaten

Der größte Unterschied liegt bei der Definition des Ablageorts der Benutzerdaten. Bei einem SAP-Solution-Manager-System wird die sogenannte *User Management Engine* (UME) bei der Installation konfiguriert. Diese Benutzerdaten werden immer im ABAP-Stack abgelegt. Daher wird Ihnen bei der Installation des Java-Stacks ein Dialog angezeigt, in dem Sie aufgefordert werden, die Verbindungsinformationen zum ABAP-Stack Ihres SAP Solution Managers anzugeben (siehe Abbildung 2.19). Diese umfassen die folgenden Daten:

- Instanznummer des ABAP-Stacks
- Hostname des ABAP-Stacks
- Mandant für den SAP Solution Manager (Standard ist 001)
- Kommunikationsbenutzer und Kennwort

Abbildung 2.19 Benutzerparameter bei der Installation des Java-Stacks angeben

> **Benutzerinformationen in einem Java-System**
>
> Bei einem Standalone-Java-System haben Sie normalerweise die Wahl, wo die Benutzerinformationen abgelegt werden:
>
> - in der Datenbank des Java-Stacks
> - in der Datenbank eines verbundenen ABAP-Stack
> - in einem verbundenen LDAP-Verzeichnis (Lightweight Directory Access Protocol)

Den Kommunikationsbenutzer müssen Sie vorher im ABAP-Stack mit den entsprechenden Rollen anlegen. Weitere Informationen dazu finden Sie im Installationsleitfaden. Für den Administrations- und Gastbenutzer schlägt der SWPM folgende Namensschemata vor: J2EE_ADM_<JAVA-SID> bzw. J2EE_GST_<JAVA-SID>.

Geben Sie anschließend alle weiteren relevanten Informationen an, um die Installationsprozedur zu starten.

2.4.5 Support Package Stacks mit dem Software Update Manager einspielen

Update durchführen

Wenn Sie ein neues SAP-System installieren, wird immer der Softwarestand installiert, der ursprünglich von SAP ausgeliefert wird; im Falle des SAP Solution Managers also Release 7.2 ohne Support Package Stack. Das bedeutet für Sie, dass Ihr gerade installiertes System noch einen alten Versionsstand hat. Wir zeigen Ihnen in diesem Abschnitt, wie Sie ihr System auf den neuesten Support-Package-Stand heben. Wie bereits in Abschnitt 2.4.4, »Installation mit dem Software Provisioning Manager«, erwähnt, stellt SAP für diesen Zweck das SL Toolset bereit, das wiederum den Software Update Manager (SUM), der für diesen Vorgang verwendet wird, enthält.

> **Software Update Manager**
>
> Der SUM ist eine Komponente des SL Toolsets. Sie können das Tool für alle Aktualisierungsaufgaben (Update, Upgrade, Add-on-Installation) in Ihrer Systemlandschaft verwenden. Weiterführende Informationen und Downloadmöglichkeiten finden Sie unter *https://support.sap.com/sltoolset*.

Software Update Manager entpacken

Die Benutzeroberfläche des SUM basiert auf SAPUI5, einer neuartigen, auf HTML5 basierenden Weboberfläche. Das heißt, Sie bedienen das Tool über Ihren Browser. Bei der Installation des Systems in Abschnitt 2.4.4 hat der SWPM den SUM standardmäßig bereits im passenden Zielverzeichnis entpackt. Falls Sie sich gegen diese Option entschieden haben, müssen Sie den SUM jetzt noch entpacken. In der Theorie spielt es keine Rolle, in welchem Verzeichnis der SUM läuft. Die Empfehlung von SAP lautet allerdings <Laufwerk>:\usr\sap\<SAPSID>\SUM. Wenn Sie das Archiv entpacken, wird der Unterordner **SUM** automatisch erstellt. Auch beim Update müssen Sie wie bei der Installation zwei Vorgänge durchführen, einen für den ABAP- und einen für den Java-Stack.

Update des ABAP-Stacks

Vorbereitung

Bei bereits produktiven Systemen ist ein Update immer etwas umfangreicher als direkt nach einer Installation. Sie müssen deutlich mehr Vorarbeiten durchführen und das System entsprechend vorbereiten, da es bereits in Betrieb ist. Diese Schritte werden alle in den Update-Leitfäden von SAP dokumentiert (*http://s-prs.de/v561520*). Zusätzlich sollten Sie noch die relevanten SAP-Hinweise für den SUM und das jeweilige Produkt beachten. Unsere Erfahrung hat gezeigt, dass die Guides und SAP-Hinweise alle notwendigen Informationen liefern.

2.4 Installation

> **Benutzer für den Software Update Manager**
>
> Achten Sie auf Microsoft-Windows-Systemen immer darauf, den SUM mit dem Administrationsbenutzers Ihres SAP-Systems zu starten. Das Programm muss also unter dem Benutzer <sid>adm laufen. Melden Sie sich daher für alle weiteren Schritte mit diesem Benutzer am System an.
>
> Auf Unix-Systemen müssen Sie den SUM dagegen mit dem Benutzer root starten.

Um den SUM verwenden zu können, müssen Sie ihn zunächst starten:

Software Update Manager starten

1. Navigieren Sie dazu über die Kommandozeile in das SUM-Verzeichnis (z. B. **E:\usr\sap\ABC\SUM**), und starten Sie das Tool mit folgendem Befehl (siehe Abbildung 2.20):

   STARTUP.BAT confighostagent

Abbildung 2.20 Software Update Manager starten

2. Das Skript, das Sie nun ausgeführt haben, registriert den SUM am SAP Host Agent. Ab jetzt können Sie mithilfe Ihres Browsers auf die Oberfläche des SUM zugreifen und das System aktualisieren.

3. Rufen Sie dazu in Ihrem Webbrowser folgende URL auf:

   https://<hostname>:1129/lmsl/sumabap/<SID>/doc/sluigui

> **Zugriff-URL für HTTPS**
>
> Beachten Sie, dass diese URL nur für ein ABAP-System gültig ist. Für Java-Systeme müssen Sie eine andere URL verwenden. Die verschiedenen Zugriffslinks werden Ihnen zusätzlich in der Kommandozeile angezeigt. Alle Links werden Ihnen mit dem Präfix *https://* angezeigt. Der Zugriff funktioniert allerdings nur, wenn Sie den SAP Host Agent auch für den Zugriff über dieses Protokoll konfiguriert haben. Alternativ können Sie auch per HTTP zugreifen. Ändern Sie in diesem Fall das Protokoll in der URL und den Port auf den Wert »1128«.

2 Installation und Upgrade

4. Nach dem Aufruf der URL wird der Startbildschirm des SUM geladen. Als Erstes werden Sie aufgefordert, Ihre Anmeldedaten einzugeben. Geben Sie hier den User `<sid>adm` mit dem entsprechenden Kennwort an.

Aufbau des Software Update Managers

Im oberen Bereich des Starbildschirms (❶ in Abbildung 2.21) sehen Sie die verschiedenen Phasen, die der Prozess durchlaufen wird. In der rechten oberen Ecke ❷ können Sie sich ein Menü mit weiteren Links, z. B. zum Zentralhinweis des SUM, anzeigen lassen. Über die Links auf der rechten Seite können Sie direkt die aktuellen Logdateien und die Übersicht der Einzelschritte aufrufen ❸. Führen Sie das Update wie folgt durch:

1. Geben Sie im Feld **STACKFILE** ❹ den Pfad zur Stack-XML-Datei aus dem Maintenance-Planner-Vorgang an.
2. Bestätigen Sie den Dialog mit **Next**, um mit dem nächsten Schritt fortzufahren.

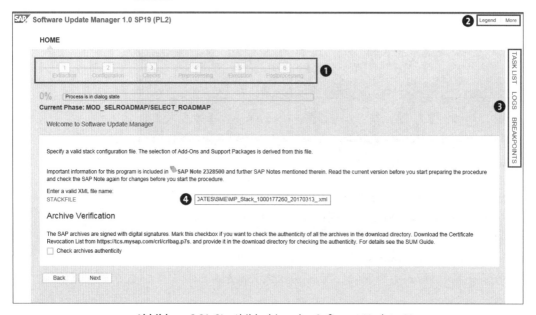

Abbildung 2.21 Startbildschirm des Software Update Managers

3. In den folgenden Dialogen müssen Sie weitere Informationen zu Ihrem System eingeben. Anschließend bestätigen Sie die Dialoge.
4. Der Dialog zur Konfiguration des SUM erscheint in Phase **2 Configuration**. An dieser Stelle können Sie zwischen drei vorkonfigurierten Modi wählen. Über diese Auswahl können Sie bestimmen, wie das Update durchgeführt wird und wie viele Ressourcen allokiert werden. Dies beeinflusst auch die Länge der Downtime:

– *Single System*

In diesem Modus wird die Downtime früh erreicht und dauert auch am längsten. Allerdings ist die Auslastung der Systemressourcen am geringsten, und der ganze Updatevorgang geht in diesem Szenario am schnellsten. Diese Option ist gerade für Neuinstallationen geeignet, da das System noch nicht verwendet wird und die Länge der Downtime somit vernachlässigt werden kann. Zusätzlich haben Sie den Vorteil, das System schnell bereitstellen zu können.

– *Standard*

Dieser Modus ist standardmäßig vorausgewählt. Hier werden etwas mehr Systemressourcen verbraucht. Dafür wird die Downtime später eingeleitet, und das System steht länger zur Verfügung. Dieser Modus sollte für Standard-Updates verwendet werden, wenn das System bereits in Betrieb ist, aber eine Downtime von wenigen Stunden (z. B. am Wochenende) verkraften kann.

– *Advanced*

Über den Advanced-Modus haben Sie die Möglichkeit, die Downtime weiter zu optimieren. Ziel von SAP ist es, damit nahezu keine Downtime zu erzeugen. Dieser Modus ist deutlich komplexer und erfordert auch erheblich mehr Systemressourcen.

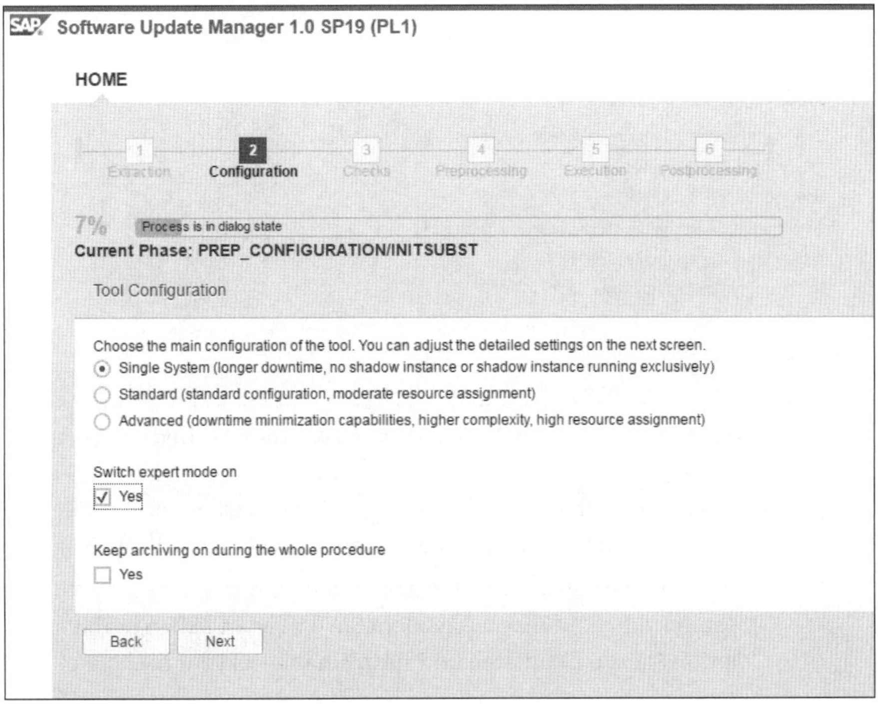

Abbildung 2.22 Software Update Manager konfigurieren

Wir nutzen beim Aufbau eines neuen Systems immer den Modus **Single System**, da darüber das System am schnellsten auf den neuesten Stand gebracht werden kann. Wählen Sie also diesen Modus aus, und bestätigen Sie zusätzlich die Option **Switch expert mode on** (siehe Abbildung 2.22).

5. Im nächsten Dialog können Sie die Anzahl der Prozesse anpassen, um dem SUM mehr Ressourcen zur Verfügung zu stellen (siehe Abbildung 2.23). Dadurch können Sie den gesamten Prozess noch etwas beschleunigen. Wir haben gute Erfahrungen mit einer leichten Erhöhung der Werte gemacht. Wenn Sie sich an dieser Stelle unsicher sind, können Sie auch einfach die Standardwerte übernehmen und mit dem nächsten Schritt fortfahren.

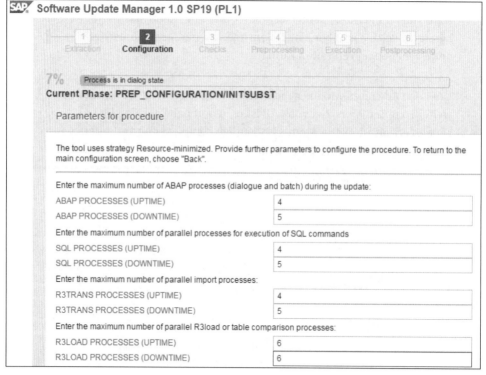

Abbildung 2.23 Erweiterte Konfiguration des Software Update Managers

6. Im weiteren Verlauf müssen Sie zusätzliche Angaben machen. Geben Sie dazu die Parameter Ihres Systems an, und bestätigen Sie die Eingaben.

7. Im Schritt **Backup Request** werden Sie aufgefordert, eine Sicherung Ihres Systems durchzuführen. Nachdem Sie das getan haben, wählen Sie die Option **Backup completed** und springen mit **Next** zur nächsten Phase.

[!] Point of no Return

Wir raten Ihnen an dieser Stelle dringend dazu, ein Backup durchzuführen, da Sie sich nun am sogenannten *Point of no Return* befinden. Das bedeutet, dass der SUM das System herunterfahren wird, wenn Sie nun fortfahren. Danach kann der SUM nicht mehr zurückgesetzt werden. Sollte also ein Fehler auftreten, durch den das System irreparabel beschädigt wird, können Sie nur noch durch Einspielen des Backups zum vorherigen Zustand zurückkehren.

Führen Sie also an dieser Stelle eine konsistente Sicherung Ihres Systems durch. Wir haben immer gute Erfahrungen mit Snapshots der virtuellen Maschine gesammelt. Bedenken Sie aber, dass ein Snapshot nach dem Vorgang wieder gelöscht werden muss. Sollte Ihr System keine virtuelle Maschine aufweisen, müssen Sie über andere Wege eine Sicherung vornehmen.

8. Sobald die Phase **Preprocessing** abgeschlossen ist, startet der SUM die Downtime (siehe Abbildung 2.24).

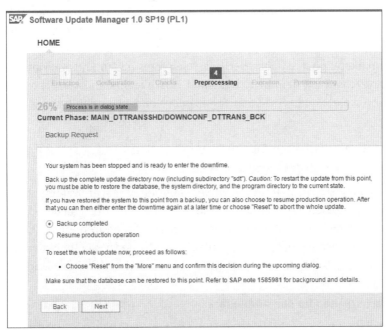

Abbildung 2.24 Backup in der Phase »Preprocessing«

9. Nun beginnt die Phase **Execution**. In dieser Phase werden die Änderungen am System vorgenommen, und die eigentliche Aktualisierung wird durchgeführt.

10. Nach Abschluss dieser Schritte fährt der SUM mit der Phase **Postprocessing** fort. Das System steht an dieser Stelle wieder zur Verfügung. Sie werden aufgefordert, die Transaktion SPAU, d. h. den Abgleich der Modifikationen und SAP-Hinweiskorrekturen, auszuführen. Führen Sie diese entsprechend der Dokumentation von SAP aus.

Abschließend müssen Sie nur noch die Nacharbeiten gemäß dem Guide des Software Update Managers durchführen. Wenn Sie diese Schritte abgeschlossen haben, wurde der ABAP-Stack Ihres neuen SAP-Solution-Manager-7.2-Systems auf den neuesten Support-Package-Stand aktualisiert.

Update des Java-Stacks

Ablauf des Updates

Nach dem Update des ABAP-Stacks können Sie mit dem Update des Java-Systems fortfahren. Das Starten und Aufrufen des SUM läuft dabei analog zu den bereits beschriebenen Schritten zur Aktualisierung des ABAP-Stacks ab. Sie müssen lediglich darauf achten, im Browser folgende URL aufzurufen: *https://<hostname>:1129/lmsl/sumabap/<SID>/doc/sluigui*

Das Update des Java-Stacks geht deutlich schneller als das des ABAP-Stacks. Zudem entfällt die Auswahl der verschiedenen Konfigurationsmodi. Auch hier werden Sie am Ende der Phase **Preprocessing** aufgefordert, ein Backup Ihres Systems durchzuführen. Wenn der SUM alle Phasen erfolgreich durchlaufen hat, ist auch der Java-Stack Ihres neuen SAP-Solution-Manager-Systems auf dem neuesten Stand. Abschließend müssen Sie nur noch die Nacharbeiten gemäß dem SUM-Guide von SAP durchführen.

2.4.6 Nacharbeiten für eine Neuinstallation anhand des Installationsleitfadens

Um die Installation Ihres neuen SAP-Solution-Manager-Systems zu finalisieren, müssen Sie noch die Nacharbeiten durchführen, die der Installationsleitfaden von SAP beschreibt. Wir zeigen Ihnen in diesem Abschnitt, welche Schritte durchgeführt werden müssen und wie Sie am besten vorgehen. Dabei unterscheiden wir erneut zwischen ABAP- und Java-Stack.

Nacharbeiten für den ABAP-Stack

Im Rahmen der Nacharbeiten für ein ABAP-System haben Sie zwei Möglichkeiten, die Konfiguration abzuschließen. Sie können alle Einzelschritte anhand des Installationsleitfadens manuell vornehmen oder diese automatisiert durchführen lassen. Wir erklären Ihnen an dieser Stelle, wie Sie die automatisierten Aufgaben des ABAP-Stacks nutzen können.

Seit einiger Zeit stellt SAP in den Basiskomponenten den *ABAP Task Manager for Lifecycle Management Automation* (Aufgabenmanager für die technische Konfiguration) bereit. Dieser ist in allen SAP-NetWeaver-Releases ab der Version 7.40 enthalten. Sie können Ihn über den Transaktionscode STC01 aufrufen. Das Programm enthält voreingestellte Aufgabenlisten, mit deren Hilfe Skripts zur Konfiguration des ABAP-Systems aufgerufen werden können.

1. Melden Sie sich über das SAP GUI an Ihrem SAP-Solution-Manager-System an, und rufen Sie die Transaktion STC01 auf.
2. Wählen Sie über die Wertehilfe die Aufgabenliste SAP_BASIS_SETUP_INITIAL_CONFIG aus (siehe Abbildung 2.25), und bestätigen Sie die Eingabe mit **Aufgabenlistenlauf generieren** (bzw. F8).

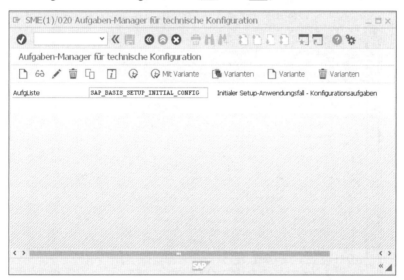

Abbildung 2.25 Einstiegsmaske des Aufgabenmanagers

3. In der nächsten Maske sehen Sie eine Liste aller Aufgaben (siehe Abbildung 2.26). Über den Haken in der ersten Spalte ❶ können Sie definieren, welche Aufgaben ausgeführt werden sollen. Eine Dokumentation zum jeweiligen Schritt erhalten Sie über die Spalte **Hilfe** ❷. Die Spalte **Parameter** ❸ erlaubt Ihnen die Konfiguration der Einzelschritte. So können Sie die Standardwerte von SAP anpassen.
4. Wenn Sie alle Schritte Ihren Bedürfnissen angepasst haben, starten Sie die Verarbeitung über **Aufgabenlistenlauf im Dialog starten** ( ). Unsere Erfahrung hat gezeigt, dass der Lauf schnell erledigt ist und Sie ihn deshalb auch im Dialog starten können.

2 Installation und Upgrade

[!] **SAP-Objekte im Hintergrund erzeugen**

Beachten Sie, dass die Generierung der SAP-Objekte besser im Hintergrund ausgeführt werden sollte. Erledigen Sie diesen Schritt daher separat über die Transaktion SGEN.

5. Überprüfen Sie den Erfolg des Laufs über die Protokollierung im unteren Bereich ❹ des Dialogs.

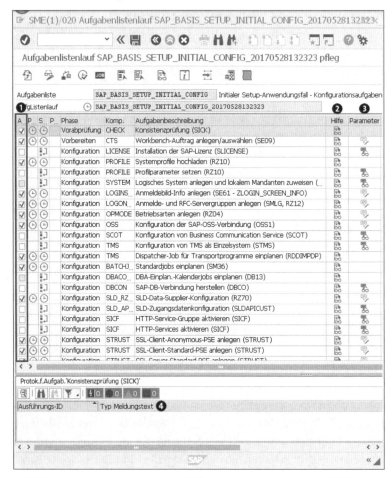

Abbildung 2.26 Aufgabenlistenlauf im Aufgabenmanager durchführen

Wenn Sie alle Aufgaben der Liste erfolgreich ausgeführt haben, müssen Sie anschließend noch die verbleibenden Aufgaben aus dem Installationsleitfaden durchführen. Danach steht Ihr SAP-Solution-Manager-System zur initialen Einrichtung, die wir in Kapitel 3, »Grundkonfiguration«, beschreiben, zur Verfügung.

Nacharbeiten für den Java-Stack

Die Nacharbeiten des Java-Systems müssen Sie alle manuell durchführen. SAP stellt hierfür keine automatische Aufgabenliste bereit. Öffnen Sie daher für die nächsten Schritte den Installationsleitfaden für ein Java-System. Springen Sie zu dem Abschnitt, der die Nacharbeiten beschreibt. Wir möchten im Folgenden nur auf einige wichtige Punkte eingehen, da die Dokumentation von SAP unserer Erfahrung nach mehr als ausreichend ist.

Als erstes müssen Sie prüfen, ob das System läuft und auch aufgerufen werden kann. Bei einem Java-Stack handelt es sich um einen Webserver. Daher kann auch nur über den Browser auf das System zugegriffen werden. Rufen Sie die Startseite des SAP NetWeavers AS Java im Browser auf. Die URL ist wie folgt aufgebaut: *https://<hostname>:1129/lmsl/sumjava/<SID>/index.html*. Von dieser Seite aus können Sie auf weitere Anwendungen abspringen. Eine Anmeldung ist zunächst nicht möglich, da der Zugriff aus Sicherheitsgründen nur vom Server aus zulässig ist. Sie müssen also im nächsten Schritt die Sicherheitsdatei auf Serverebene anpassen. In dieser Datei können Sie die Netzwerksegmente einrichten, von denen aus auf die Administrationsoberfläche des Servers zugegriffen werden darf. SAP-Hinweis 1451753 beschreibt das weitere Vorgehen.

Verfahren Sie bei den weiteren Schritten wie im Installationsleitfaden beschrieben, um das System für die weitere Verwendung einzurichten.

2.5 Upgrade

In diesem Abschnitt möchten wir Sie mit allen relevanten Informationen rund um das Upgrade auf den SAP Solution Manager 7.2 versorgen. Wir zeigen Ihnen, welche Vorarbeiten Sie durchführen müssen und wie Sie die Werkzeuge, die Ihnen SAP zur Verfügung stellt, verwenden.

2.5.1 Relevante Informationen für das Upgrade

Ähnlich wie in Abschnitt 2.4.1, »Relevante Informationen für die Installation«, für die Installation erläutert, müssen Sie sich auch vor einem Upgrade Gedanken über den zukünftigen Aufbau Ihres Systems machen. Im Zuge des Upgrades wird bei Ihrem alten System der sogenannte *Dual Stack Split* durchgeführt, d. h. der ABAP- und der Java-Stack, die bisher auf einer Instanz laufen, werden in eigenständige SAP-Systeme aufgeteilt. Grund dafür ist, dass die SAP-NetWeaver-Basisversion von 7.02 auf 7.40 aktualisiert wird. Mit Version 7.40 unterstützt SAP keine Dual-Stack-Systeme mehr. Planen Sie also im Voraus den Aufbau Ihres zukünftigen

Systemaufbau beachten

Systems. Die verschiedenen Optionen haben wir Ihnen bereits im Installationsabschnitt erläutert. Lesen Sie zusätzlich alle notwendigen Dokumentationen, die Ihnen SAP zur Verfügung stellt. Diese finden Sie unter *http://s-prs.de/v561520*.

Beachten Sie darüber hinaus die in Tabelle 2.1 aufgeführten SAP-Hinweise.

SAP-Hinweisnummer	Beschreibung
2393893	SAP Solution Manager 7.2 auf SP Stack 04: empfohlene Korrekturen
2227300	ergänzende Upgrade-Informationen für den SAP Solution Manager 7.2

Tabelle 2.1 Wichtige SAP-Hinweise für das Upgrade des SAP Solution Managers

2.5.2 Upgrade mit dem Maintenance Planner planen

Planungsvorgang

Bevor Sie mit dem Upgrade beginnen können, müssen Sie die erforderlichen Upgrade-Dateien mit dem Maintenance Planner planen. In Abschnitt 2.4.2, »Installation mit dem Maintenance Planner planen«, haben wir dieses neue Tool bereits vorgestellt und Ihnen gezeigt, wie Sie es verwenden. In diesem Abschnitt erläutern wir, was Sie bei der Planung eines Upgrades beachten müssen.

1. Rufen Sie den Maintenance Planner über folgende URL auf: *http://s-prs.de/v561518*. Geben Sie bei der Anmeldung Ihren S-User an.
2. Klicken Sie auf dem Startbildschirm auf die Kachel **Explore Systems**, und wählen Sie die SID Ihres Altsystems aus.

[»] **Systemdaten hochladen**

Sollten Sie Ihr System nicht in der Übersicht finden, wurde es nicht korrekt aus der LMDB hochgeladen. Dafür kann es viele Ursachen geben. Die meisten sind in den SAP-Hinweisen 2002546 und 2186164 beschrieben. Prüfen Sie diese bei Bedarf, und laden Sie die Daten erneut aus der LMDB in das SAP Support Portal.

3. Klicken Sie im nächsten Dialog auf die Schaltfläche **Plan**. Jetzt öffnet sich der Dialog zur Planung des Upgrades.
4. Wählen Sie die Option **Plan a Maintenance**. Selektieren Sie **SAP Solution Manager 7.2**, und wählen Sie den gewünschten Support Package Stack. Wir empfehlen Ihnen, auf den neuesten Stack zu aktualisieren. Bestätigen Sie Ihre Eingaben mit **Confirm Selection**.

Bearbeiten Sie die nächsten Schritte, wie in Abschnitt 2.4.2, »Installation mit dem Maintenance Planner planen«, beschrieben. Laden Sie abschließend alle Dateien inklusive der Stack-XML-Datei in ein Verzeichnis herunter.

2.5.3 Vorbereitende Maßnahmen zur Content-Aktivierung

Wie bereits angesprochen, ist die Content-Aktivierung eines der zentralen Bestandteile des Upgrades auf das neue Release SAP Solution Manager 7.2. Aber was genau ist die Content-Aktivierung? Hierbei handelt es sich um eine Prozedur, die sich in drei wesentliche Schritte aufteilt (siehe Abbildung 2.27).

Content-Aktivierung

Abbildung 2.27 Phasen der Content-Aktivierung

> **Weiterführende Informationen zur Content-Aktivierung**
>
> Viele nützliche Informationen sowie das grundlegende Vorgehen zur Content-Aktivierung beschreibt und aktualisiert SAP regelmäßig im »Content Activation Guide«. Diesen finden Sie unter *http://s-prs.de/v561521*.

Im Rahmen der Vorbereitung des Upgrades ist es wichtig, den »Content Activation Guide« aufmerksam zu lesen und ein grundsätzliches Verständnis für den Prozess zu entwickeln. Ein anderer wichtiger Aspekt ist, die neuen Konzepte des SAP Solution Managers 7.2 zu verinnerlichen, insbesondere die des Szenarios Lösungsdokumentation bzw. Prozessmanagement. Auf diese Szenarien gehen wir in Kapitel 4, »Prozessmanagement«, ein.

Als wichtiger Schritt im Ablauf der Vorbereitungsphase müssen einige SAP-Hinweise im alten SAP-Solution-Manager-7.1-System implementiert werden. Diese enthalten die neue Transaktion PREPARE_ACTIVATION, die vorbereitende Guided Procedures bereitstellt. Die Angaben zu den einzuspielenden SAP-Hinweisen werden regelmäßig von SAP im »Content Activation Guide« ergänzt und aktualisiert.

Vorbereitende SAP-Hinweise einspielen

> **Zentralhinweis zur Content-Aktivierung im SAP Solution Manager 7.1**
>
> Seit kurzem gibt es einen sogenannten *Master-Hinweis* für die Content-Aktivierung, der alle weiteren erforderlichen SAP-Hinweise beinhaltet. Es

> handelt sich hierbei um den SAP-Hinweis 2403108 für das Release SAP Solution Manager 7.1. Bevor dieser eingespielt wird, müssen Sie jedoch die SAP-Hinweise 2329410 und 2324520 prüfen und falls erforderlich einspielen sowie die manuellen Tätigkeiten durchführen.

Systemnutzung auswerten

In der Vorbereitungsphase können Sie außerdem die Nutzung des Systems mithilfe verschiedener SAP-Reports im SAP Solution Manager 7.1 auswerten. Um diese Reports verfügbar zu machen, muss der SAP-Hinweis 2161244 in Ihrem SAP-Solution-Manager-7.1-System implementiert werden. Nachdem der SAP-Hinweis implementiert wurde, ist das Programm RSOLAR_PROJSOL_OVERVIEW, das Sie in Transaktion SE38 oder SA38 ausführen können, in Ihrem System verfügbar. Mithilfe dieses Programms können Sie sich einen Überblick über alle verwendeten bzw. vorhandenen Projekte sowie Lösungen in Ihrem System verschaffen.

Verwaiste Objekte identifizieren

Es gibt zudem noch weitere ABAP-Reports, um veraltete bzw. nicht mehr verwendete Objekte zu identifizieren und anschließend aufzuräumen:

- Mithilfe des ABAP-Reports AI_DIR_STRUCTURE_NO_LOGCOMP können Sie Prozessschritte identifizieren, denen noch keine logische Komponente zugewiesen ist. Sie müssen diesen Schritten vor der Content-Aktivierung entweder eine logische Komponente zuweisen oder den Prozessschritt löschen.

- Mit den ABAP-Reports SOLMAN_DOCU_VERSION_ARCHIVE und SOLMAN_DOCU_VERSION_DEL können Sie alte Knowledge-Warehouse-Dokumente löschen oder archivieren. Um nicht zugewiesene Knowledge-Warehouse-Dokumente zu identifizieren, nutzen Sie den Report SOLMAN_UNUSED_DOCUMENTS.

Vorbereitungen können auch in verschiedenen Szenarien des SAP Solution Managers durchgeführt werden. Die folgenden Szenarien eignen sich sehr gut dafür:

- **Geschäftsprozess-Monitoring**
  Hier können Sie vorbereitend schon alle bestehenden Geschäftsprozessmonitore auf die neue *Monitoring- und Alerting-Infrastruktur* (MAI) bringen (siehe Abschnitt 10.3, »Architektur der Monitoring and Alerting Infrastructure«), falls Sie diese noch nicht einsetzen. Dies ist eine zentrale Voraussetzung für das Upgrade.

- **Projektmanagement**
  Sie können bereits im SAP Solution Manager 7.1 anfangen, IT-Projekte mit dem *SAP-IT-Portfolio- und Projektmanagement* (IT-PPM) zu koordinieren (siehe Kapitel 6, »Projektmanagement«). Dies erleichtert Ihnen später den Umstieg auf den SAP Solution Manager 7.2.

2.5 Upgrade

- **Maintenance Planner**
  Wie schon erwähnt, ist der Maintenance Planner das Tool der Wahl, um mit dem SAP Solution Manager 7.2 die Systemlandschaft zu verwalten. Das Tool steht bereits mit dem SAP Solution Manager 7.1 zur Verfügung. Greifen Sie darauf zurück, und machen Sie erste Gehversuche mit dem cloudbasierten Maintenance Planner.

2.5.4 Upgrade des Systems mit dem Software Update Manager

Wenn Sie alle Vorarbeiten den Leitfäden und Hinweisen von SAP entsprechend abgeschlossen haben, können Sie mit dem Upgrade Ihres SAP-Solution-Manager-Systems beginnen. Dieses Upgrade ist ein ganz normales SAP-Upgrade, das mit den Standard-Tools von SAP durchgeführt wird. Alle Tools werden unter dem Namen *SL Toolset* zusammengefasst. Daraus verwenden Sie den SUM, den wir in Abschnitt 2.4.5, »Support Package Stacks mit dem Software Update Manager einspielen«, bereits vorgestellt haben. Das Upgrade sollte von der SAP-Basisadministration bzw. von den Kollegen, die auch für das technische Upgrade zuständig sind, durchgeführt werden.

Abbildung 2.28 zeigt die vom Upgrade betroffenen SAP-Softwarekomponenten. Der SAP Solution Manager besteht aus mehreren Softwarekomponenten, u. a. benötigt er für die IT-Servicemanagement- und die Change-Request-Management-Funktionen ein SAP-CRM-System (Customer Relationship Management). Mit einem Upgrade auf den SAP Solution Manager 7.2 muss daher ebenfalls die Version von SAP CRM auf den aktuellen Stand gebracht werden. Genauso verhält es sich mit dem SAP Portfolio and Project Management (PPM). Dieses wird im SAP Solution Manager an verschiedenen Stellen verknüpft, weshalb auch SAP PPM auf die aktuellste Version aktualisiert werden sollte, um von den neuen Funktionen profitieren zu können.

Betroffene SAP-Softwarekomponenten

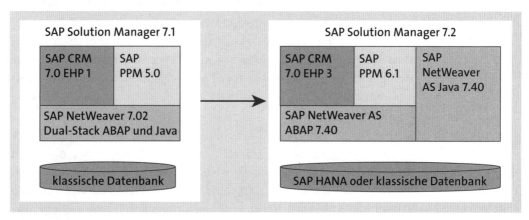

Abbildung 2.28 Standard-Upgrade auf SAP Solution Manager 7.2

Best Practice für die Migration auf SAP HANA

Mithilfe der *Database Migration Option* (DMO) können Sie auch direkt während des Upgrades die Datenbank von einem klassischen Datenbankmanagementsystem auf SAP HANA umstellen. Der Best-Practice-Ansatz von SAP für diese Datenbankmigration ist in Abbildung 2.29 skizziert.

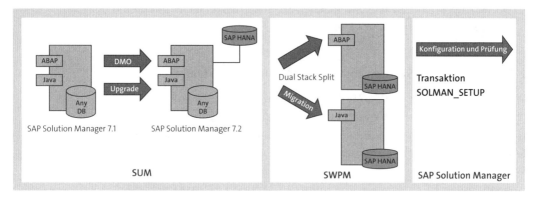

Abbildung 2.29 Best Practice für die Datenbankmigration auf SAP HANA

In diesem Verfahren stellen Sie sozusagen in einem Schritt vom SAP Solution Manager 7.1 auf den SAP Solution Manager 7.2 um und migrieren gleichzeitig die Datenbank von einer beliebigen (AnyDB) auf eine SAP-HANA-Datenbank. Dazu verwenden Sie sowohl den SUM wie auch den SWPM. Im ersten Schritt wird der bestehende SAP Solution Manager 7.1, der als Dual-Stack-System angelegt ist, mithilfe des SUM auf Version 7.2 gebracht. Anschließend wird die vorhandene Datenbank auf eine SAP-HANA-Datenbank migriert. Nachdem dieser Schritt vollzogen ist, wird mit dem SWPM der sogenannte *Dual Stack Split* durchgeführt. Anschließend haben Sie die von SAP empfohlene Systemlandschaftskonfiguration vorliegen. Zum Schluss müssen Sie natürlich noch die Konfiguration in Transaktion SOLMAN_SETUP prüfen und gegebenenfalls erneut durchführen.

Upgrade in zwei Schritten

Das Upgrade ist in zwei Schritte unterteilt: Als Erstes müssen Sie das bestehende System auf Version 7.2 aktualisieren. Anschließend müssen Sie den Dual Stack Split durchführen, um den Java- vom ABAP-Stack zu trennen. Der Split wird wiederum mit dem SWPM durchgeführt, den Sie in Abschnitt 2.4.4, »Installation mit dem Software Provisioning Manager«, kennengelernt haben.

Upgrade auf Release 7.2

Starten Sie das Programm SUM, um mit dem Upgrade zu beginnen. Die Schritte ähneln denen des Updates nach der Neuinstallation, die wir in Abschnitt 2.4.5 beschrieben haben. Hier müssen Sie abweichend lediglich beachten, dass Sie bei der Konfiguration des SUM nicht die Option **Single System** wählen können. Bei einem Upgrade ist diese Option nicht verfügbar. Sie arbeiten in diesem Fall stattdessen mit einer Schatteninstanz, um die Downtime Ihres Systems zu verringern. Prinzipiell ist der Ablauf des Upgrades allerdings ähnlich wie der eines Updates nach der Installation. In der Summe wird die Laufzeit allerdings größer sein als bei der Installation einzelner Support Packages. Das liegt schlichtweg daran, dass bei einem Upgrade von Release 7.1 auf Release 7.2 ein sehr großer Versionssprung vorgenommen wird. Gerade der Basis-Stack wird umfassend aktualisiert.

Nachdem Sie das Upgrade erfolgreich durchgeführt haben, müssen Sie den Dual Stack Split durchführen. Verwenden Sie dazu den SWPM:

1. Entpacken Sie den SWPM, und führen Sie ihn aus.
2. Navigieren Sie auf dem Startbildschirm zum Menüeintrag **Dual Stack Split**, und klappen Sie das Menü auf.
3. Wählen Sie nun die nächsten Schritte entsprechend Ihrer Datenbankplattform aus. Die verschiedenen Möglichkeiten für den Aufbau des neuen Systems, die Sie nun haben, sind identisch zu denen bei der Neuinstallation eines SAP-Solution-Manager-7.2-Systems. Diese haben wir Ihnen in Abschnitt 2.4.1, »Relevante Informationen für die Installation«, vorgestellt. Abbildung 2.30 zeigt den Startbildschirm des SWPM mit dem geöffneten Menü **Dual Stack Split**. Je nach Datenbank unterscheiden sich die Optionen.

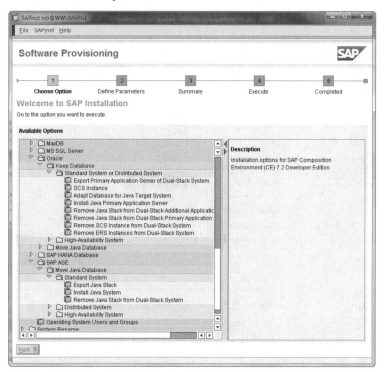

Abbildung 2.30 Dual-Stack-Split-Optionen des SWPM

4. Rufen Sie nun die für ihr gewähltes Szenario erforderlichen Schritte nacheinander auf. Der SWPM führt Sie durch die erforderlichen Maßnahmen, um den Java- vom ABAP-Stack zu lösen.

2.5.5 Nacharbeiten für das Upgrade anhand des Upgrade-Leidfadens

In diesem Abschnitt erklären wir Ihnen, welche Schritte Sie nach dem Upgrade Ihres Systems durchführen müssen. Wir orientieren uns hier an den Upgrade-Leitfäden von SAP. Diese umfassen den allgemeinen SUM-Upgrade-Leitfaden sowie die Upgrade-Dokumente und SAP-Hinweise für den SAP Solution Manager 7.2. Die erforderlichen Dokumente finden Sie auf der Hilfeseite von SAP unter *http://s-prs.de/v561520*.

Nacharbeiten im Software Update Manager

Im allgemeinen SUM-Upgrade-Leitfaden gibt es je ein Dokument für den ABAP- und für den Java-Stack. Die Nacharbeiten im ABAP-Stack sind deutlich umfangreicher als im SAP NetWeaver AS Java. Einige Schritte können Sie sich gegebenenfalls sparen, wenn Sie z. B. im Maintenance Planner den entsprechenden Kernel bereits selektiert haben. Der SUM hat dann während des Upgrades diesen Kernel schon installiert. Sie müssen bei diesem Schritt also nur prüfen, ob auch die neueste Version aus dem SAP Support Portal installiert ist. Die Informationen zum Kernel aus einem ABAP-System können Sie über **System • Status… • Weitere Kernelinfo** (siehe Abbildung 2.31) herausfinden.

Abbildung 2.31 Kernel-Informationen in einem ABAP-System

Modifikationen abgleichen

Die umfangreichsten Schritte im Rahmen der Nacharbeiten im ABAP-Stack sind der Modifikationsabgleich und die Anpassung ihrer selbstentwickelten Programme. Gerade wenn Sie Ihr System von Release 7.1 auf Release 7.2

aktualisiert haben und vorher viele Modifikationen in Ihrem System vorgenommen hatten, sind hier gegebenenfalls umfangreiche Aktivitäten erforderlich, für die Sie Entwicklerkenntnisse benötigen. Diesen Schritt sollten Sie also von einem Entwickler ausführen lassen. Der Abgleich kann über die Transaktionen SPAU und SPDD durchgeführt werden.

Wenn Sie alle weiteren Schritte ausgeführt haben, ist das Upgrade abgeschlossen. Abschließend sollten Sie noch den Ordner **SUM** auf Betriebssystemebene löschen.

2.5.6 Content-Aktivierung der Lösungsdokumentation

Nach dem technischen Upgrade Ihres SAP-Solution-Manager-Systems müssen Sie die Content-Aktivierung durchführen. Dies erfolgt mithilfe einer Guided Procedure, die Sie in Transaktion SOLMAN_SETUP aufrufen können (siehe Abbildung 2.32).

Guided Procedure

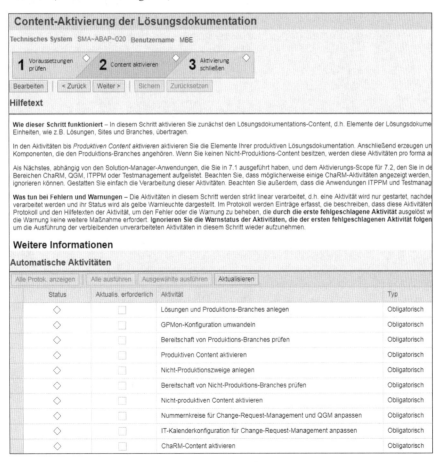

Abbildung 2.32 Guided Procedure zur Content-Aktivierung

Die Content-Aktivierung besteht aus vielen aufeinanderfolgenden Schritten. In einigen dieser Schritte werden automatische Integritätsprüfungen durchgeführt, um eine reibungslose Aktivierung des Contents zu gewährleisten. Anschließend werden die Inhalte, die Sie zuvor in Ihrem alten SAP-Solution-Manager-7.1-System mithilfe der Transaktion PREPARE_ACTIVATION bestimmt haben (bspw. Projekte des Change Request Managements oder Metriken aus dem Geschäftsprozess-Monitoring) automatisiert aktiviert und so in der neuen Lösungsdokumentationsumgebung zur Verfügung gestellt. Inhalte, die für andere Szenarien des SAP Solution Managers wie das Change Request Management, das Projektmanagement oder das Geschäftsprozess-Monitoring bereitgestellt werden, werden direkt im Anschluss mit aktiviert.

Wiki zur Content-Aktivierung

Unter nachfolgendem Link finden Sie ein von SAP bereitgestelltes Wiki zur Content-Aktivierung. Hier werden sämtliche Informationen zu diesem Thema gesammelt und zentral bereitgestellt: *http://s-prs.de/v561522*

Kapitel 3
Grundkonfiguration

In diesem Kapitel zeigen wir Ihnen, welche Schritte Sie nach der erfolgreichen Installation oder einem Upgrade des SAP Solution Managers erledigen müssen, bevor Sie das Werkzeug für verschiedene Szenarien verwenden können.

Die obligatorische Grundkonfiguration des SAP Solution Managers 7.2 unterteilt sich in mehrere Aufgaben, die wir Ihnen in diesem Kapitel Schritt für Schritt erklären. Dabei geben wir Ihnen wichtige Tipps und Tricks zu den unterschiedlichen Aktivitäten an die Hand.

In Ihrem SAP Solution Manager können Sie über die Transaktion SOLMAN_SETUP die zentral wichtigen Konfigurationsschritte aufrufen. Alternativ können Sie die Konfigurationsoberfläche auch über eine Kachel im SAP Solution Manager Launchpad starten.

Die Grundeinstellung teilt sich in drei wesentliche Phasen auf, die wir in diesem Kapitel behandeln:

- Systemvorbereitung
- Infrastrukturvorbereitung
- Basiskonfiguration

Schon bevor Sie mit der Grundkonfiguration beginnen, sollten Sie sich vorab einige Gedanken machen. Zum Beispiel sollten Sie überlegen, welches Mandantenkonzept Sie umsetzen möchten, wie Sie die Benutzerverwaltung organisieren möchten und welche Lizenzen für die verschiedenen Werkzeuge des SAP Solution Managers erforderlich sind.

Unsere Erfahrung zeigt, dass es sich lohnt, hier etwas mehr Aufwand zu investieren. Womöglich gibt es außerdem Richtlinien bzw. Vorgaben seitens Ihres Unternehmens, die Sie bei der Grundkonfiguration beachten müssen. Generell gibt SAP – über die Guided Procedures zur Konfiguration hinausgehend – kein Standardvorgehen für die Grundkonfiguration vor. Sie sollten also darauf achten, dass das gewählte Konzept zu Ihrer individuellen Systemlandschaft passt.

3 Grundkonfiguration

Separater Mandant für die Grundkonfiguration

Bewährte Praxis an dieser Stelle ist es, einen separaten produktiven Mandanten für den SAP Solution Manager 7.2 anzulegen. Nachdem dieser Mandant kopiert wurde, können Sie auf diesem mit der Grundeinrichtung beginnen. Legen Sie vor der Kopie des Mandanten zunächst Ihre wichtigsten Benutzer (z. B. den Administrationsbenutzer) an.

3.1 Wichtige Informationen und SAP-Hinweise zur Grundkonfiguration

Um mit der Grundkonfiguration beginnen zu können, ist es unerlässlich, sich vorab mit den wichtigsten SAP-Hinweisen und -Informationen vertraut zu machen. SAP bietet eine Fülle an Informationen an unterschiedlichen Stellen an. Die wichtigsten stellen wir Ihnen in diesem Abschnitt vor.

EKT-Programm

Einen ersten Überblick über die durchzuführenden Aktivitäten erhalten Sie im Rahmen des Programms *Early Knowledge Transfer* (EKT). Dieses Programm ist für jeden – egal ob Kunde, SAP-Partner oder Berater – frei zugänglich. Die im Rahmen des EKT bereitgestellten Unterlagen finden Sie im SAP Support Portal (*http://support.sap.com*). Melden Sie sich hier mit einem gültigen SAP-Service-Benutzer (*S-User*) an. Lesen Sie hierzu auch »Schritt 3: Verbindungen zu SAP einrichten« in Abschnitt 3.2.1, »Systemvorbereitung«. Folgen Sie dann folgendem Navigationspfad:

Support Portal • SAP Solution Manager • Knowledge Transfer • Early Knowledge Transfer • SAP Solution Manager 7.2 Learning Maps • Setup and Operations of SAP Solution Manager

SAP Learning Hub verwenden

Um auf die im Rahmen des EKT bereitgestellten *Learning Maps* zugreifen zu können, müssen Sie Ihren S-User mit dem *SAP Learning Hub* verbinden. Wie das geht, erfahren Sie unter folgendem Link:

http://s-prs.de/v561501

SAP-Wiki

Viele weiterführende Informationen finden Sie auch auf den zentralen SAP-Solution-Manager-Wikis von SAP. Hier ist besonders das Wiki »SAP Solution Manager Setup & Configuration« hervorzuheben, das Sie unter *http://s-prs.de/v561502* erreichen.

In Tabelle 3.1 finden Sie eine Sammlung von SAP-Hinweisen, die sich auf die Grundkonfiguration des SAP Solution Managers 7.2 beziehen. Diese SAP-Hinweise sollten Sie in regelmäßigen Abständen, mindestens jedoch vor und während der Grundkonfiguration, prüfen. Unsere Erfahrungen in Projekten zeigen, dass diese SAP-Hinweise immer wieder vernachlässigt werden, wodurch irreparable Fehler in den Systemen entstehen können.

SAP-Hinweise

SAP-Hinweisnummer	Beschreibung
1595736	SAP Solution Manager: Übersicht über Hinweise mit Release-Infos
669669	Update des SAP Component Repositorys im SLD
2000132	RFC-Verbindungen zum SAPNet R/3 Frontend (OSS) richtig konfigurieren
797147	Installation von Introscope für SAP-Kunden
1833501	Diagnostics Agent – Installer-Versionen

Tabelle 3.1 Wichtige SAP-Hinweise für die Grundkonfiguration

3.2 Obligatorische Konfigurationsaufgaben

Um die Grundkonfiguration durchführen zu können, benötigen Sie einen Benutzer, dem das Berechtigungsobjekt SM_SETUP zugewiesen ist. Wie Sie diese Berechtigung einem Benutzer zuweisen, beschreiben wir in Abschnitt 3.5, »Benutzer mit der Benutzerverwaltung anlegen«.

Erforderliche Berechtigungen

Melden Sie sich über das SAP Logon an Ihrem SAP-Solution-Manager-7.2-System an, um die obligatorischen Konfigurationsaufgaben durchzuführen. Sobald Sie das Menü **SAP Easy Access** vor sich haben, können Sie den Transaktionscode »SOLMAN_SETUP« eingeben und mit [↵] ausführen.

Aufruf der Konfiguration

Die Grundkonfiguration lässt sich alternativ, wie bereits erwähnt, auch über eine entsprechende Kachel im SAP Solution Manager Launchpad erreichen. Unabhängig davon, welchen Weg Sie wählen, sollte sich in Ihrem Standardbrowser das Bild aus Abbildung 3.1 öffnen. Es handelt sich um den Startbildschirm der SAP-Solution-Manager-Konfiguration.

3   Grundkonfiguration

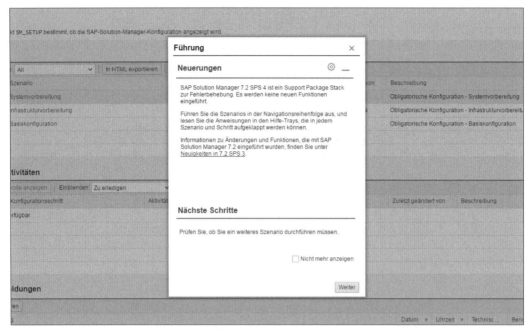

Abbildung 3.1 Einstiegsseite der Transaktion SOLMAN_SETUP

Wahl des Browsers für den SAP Solution Manager

In SAP-Hinweis 2335019 gibt SAP jeweils aktuelle Auskünfte zu den unterstützten Browsern und Versionen. Auf Basis unserer Erfahrung empfehlen wir für alle webbasierten Anwendungen im SAP Solution Manager 7.2 den Browser Google Chrome in der aktuellsten Version. Um allerdings die webbasierten Anwendungen in Google Chrome statt im Internet Explorer ausführen zu können, müssen Sie sich die URLs aus den Internet-Explorer-Fenstern kopieren und in die Adresszeile des Google-Chrome-Browsers einfügen. Anschließend empfiehlt es sich, Favoriten für die wichtigsten Anwendungen wie das SAP Solution Manager Launchpad, die Transaktion SOLMAN_SETUP und das CRM Web UI anzulegen.

Als erstes werden Sie in einem Pop-up-Fenster auf die wichtigsten Neuerungen, die Sie bei der Konfiguration beachten müssen, hingewiesen. Hier finden Sie u. a. einen Link zu den aktuellen Release-Hinweisen Ihres eingespielten Support Packages. Darüber hinaus werden Sie auf wichtige nächste Schritte hingewiesen. Dies ist bspw. der Fall, wenn nach einem Support-Package-Update verschiedene Konfigurationsschritte erneut ausgeführt werden müssen.

3.2 Obligatorische Konfigurationsaufgaben

Die Seite für die SAP-Solution-Manager-Konfiguration (siehe Abbildung 3.2) weist links einen Navigationsbereich ❶ auf, der sich beliebig vergrößern, verkleinern oder ausblenden lässt. Wenn Sie hier ein Szenario auswählen, werden im rechten Bereich die Details und möglichen Aktivitäten angezeigt. Ebenfalls im linken Bildschirmbereich finden Sie unter den **Szenarios** die Sammlung **Zugehörige Links** ❷.

Aufbau der Konfigurationsseite

Auf der rechten Seite erhalten Sie im oberen Bereich **Hilfe** ❸ jeweils eine Erläuterung zu den durchzuführenden Schritten, die in den Bereichen **Szenarios** ❹, **Aktivitäten** ❺ und **Protokoll** ❻ im unteren Teil des Fensters angezeigt werden. Die Aktivitäten bilden jeweils eine Untermenge von Schritten ab, die für das ausgewählte Szenario durchzuführen sind.

Abbildung 3.2 Transaktion SOLMAN_SETUP

Im Folgenden beschreiben wir die drei Szenarien der Grundkonfiguration: Systemvorbereitung, Infrastrukturvorbereitung und Basiskonfiguration.

3.2.1 Systemvorbereitung

Nachdem der SAP Solution Manager 7.2 installiert oder aktualisiert wurde, durchlaufen Sie als erstes Konfigurationsszenario die Systemvorbereitung. In deren Rahmen wird u. a. die *Systemrolle* definiert (z. B. Demosystem, Entwicklungssystem oder Produktivsystem). Abhängig von der Systemrolle werden im weiteren Verlauf verschiedene Aktivitäten innerhalb der Konfigurationsszenarien ein- oder ausgeblendet. Zu den Folgeaktivitäten zählen u. a. verschiedene Prüfungen von Voraussetzungen (z. B. Konfiguration des System Landscape Directorys, der Profilparameter oder der Webservices). In den Schritten der Systemvorbereitung etablieren Sie außerdem eine Verbindung zum SAP Support Portal bzw. SAP ONE Support Launchpad und stellen abhängig vom genutzten Support Package Ihres SAP Solution Managers sicher, dass alle aktuellen Korrekturhinweise eingespielt sind. Sie schließen die Systemvorbereitung mit der Anlage verschiedener technischer Benutzer, z. B. für die Kommunikation zwischen ABAP- und Java-Stack, ab.

Die Navigation innerhalb eines Konfigurationsszenarios erfolgt über eine Navigationsleiste im oberen Teil der rechten Bildschirmhälfte. Sie wird auch *Guided Procedure* genannt. In Abbildung 3.3 sehen Sie die Navigationsleiste für die Systemvorbereitung. Diese Leisten haben sich im Vergleich zum Vorgänger-Release nur wenig verändert. Der große Vorteil: Die Anzeigen basieren nun auch auf SAPUI5 und sind daher im Vergleich zu den früheren Flash-Anwendungen stabiler.

Abbildung 3.3 Guided Procedure zur Systemvorbereitung

Ein farbiges Icon zeigt Ihnen auf den ersten Blick, ob der entsprechende Schritt noch nicht ausgeführt wurde (grau), sich in einem fehlerhaften Status befindet (rot) oder aufgrund von Warnungen bzw. nach einem Support-Package-Update erneut ausgeführt werden muss (gelb). Ein grünes Icon bestätigt die erfolgreiche und fehlerfreie Ausführung des einzelnen Schritts.

Schritt 1: Systemrolle definieren

Als ersten Schritt definieren Sie die Systemrolle des installierten SAP-Solution-Manager-Systems. Abhängig von Ihrer Auswahl in diesem Schritt können sich die Aktivitäten in den folgenden Schritten unterscheiden. So werden bspw. für ein Produktivsystem mehr Hintergrundjobs eingeplant als für ein Demosystem.

Pro SAP-Systemlandschaft ist es empfehlenswert, nur ein SAP-Solution-Manager-System als Produktivsystem zu definieren. Werden mehrere SAP-Solution-Manager-Systeme als Produktivsystem gekennzeichnet, schreiben diese Systeme Ihre Daten auch in das sogenannte *Customer Profile* im SAP Support Portal. Dadurch könnte es zu Inkonsistenzen bei den Systemdaten im SAP-Backend kommen.

Folgende Systemrollen gibt es:

- nicht definiert
- Produktivsystem
- Qualitätssicherungssystem
- Entwicklungssystem
- Wartungssystem
- Demosystem
- Testsystem
- Auswertungssystem
- Schulungssystem

Mögliche Systemrollen

> **System Landscape Directory und Customer Profile**
>
> Weitere Informationen dazu, wie die Daten in das Customer Profile kommen und welche Rolle das Landschaftsdesign im System Landscape Directory (SLD) spielt, finden Sie in den Blogs von Wolf Hengevoss, z. B. unter folgendem Link: *http://s-prs.de/v561503*

[«]

Schritt 2: Voraussetzungen prüfen

Dieser Schritt setzt sich aus manuellen und automatischen Aktivitäten zusammen. Die manuellen Aktivitäten umfassen z. B. die Webservice-Konfiguration sowie die Überprüfung der SLD-Konfiguration im Java-Stack, der sicheren Webbrowserkommunikation über HTTPS und von Nacharbeiten in der Transaktion SPAU. Unter den automatischen Aktivitäten finden sich bspw. Prüfungen zu den Lizenzschlüsseln, der Konfiguration des Transport Management Systems (TMS), der ABAP-Softwarevoraussetzungen und der ABAP-Systemprofilparameter.

> **ABAP-Systemprofilparameter**
>
> SAP-Hinweis 2048519 gibt ausführliche Informationen zu den empfohlenen Parameterwerten für die ABAP-Systemprofilparameter.

[«]

Sie finden zu jedem Schritt bzw. jedem Szenario innerhalb der Transaktion SOLMAN_SETUP eine allgemeine Beschreibung im Bereich **Hilfe**. Zudem

Hilfe bei der Konfiguration

gibt es für alle einem Szenario zugeordneten Aktivitäten – egal ob manuell oder automatisch – in aller Regel eine sehr ausführliche Dokumentation in Deutsch und Englisch. Pro Aktivität finden Sie auf der rechten Bildschirmseite einen Hyperlink **Anzeigen** zur Dokumentation (siehe Abbildung 3.4).

Abbildung 3.4 Dokumentationslink

In dieser Dokumentation wird kurz beschrieben, welche Aktionen Sie ausführen müssen. Wenn es sich um umfangreichere Änderungen oder Einstellungen handelt, verweist SAP häufig noch zusätzlich auf einen SAP-Hinweis. In Abbildung 3.5 sehen Sie exemplarisch, wie eine Dokumentation für eine Aktivität aussieht.

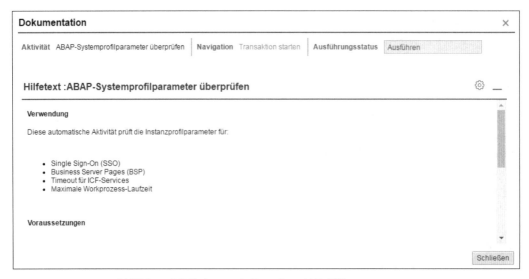

Abbildung 3.5 Dokumentation einer Aktivität

Schritt 3: Verbindungen zu SAP einrichten

Untergeordnete Konfigurationsschritte

Es kann sein, dass zu einem Konfigurationsschritt auch Unterschritte erforderlich sind. Dies wird mit einem Pfeil nach oben (bei geschlossenem unterem Navigationsbereich) oder mit einem Pfeil nach unten (bei geöffnetem unterem Navigationsbereich) gekennzeichnet. Ein Beispiel hierzu sehen Sie in Abbildung 3.6.

3.2 Obligatorische Konfigurationsaufgaben

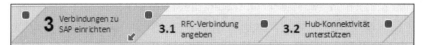

Abbildung 3.6 Geöffneter unterer Navigationsbereich

Im Unterpunkt **3.1 RFC-Verbindung angeben** werden Sie dazu aufgefordert, eine Verbindung zum SAP Support Portal herzustellen. Hierzu müssen Sie einen S-User hinterlegen. SAP empfiehlt ebenso wie wir, bei SAP dedizierte Benutzer für den SAP Solution Manager zu beantragen. Somit sind diese S-User unabhängig von Ihrem persönlichen S-User. Der SAP Solution Manager kann so autark mit dem SAP Support Portal kommunizieren. Diese Benutzer werden bspw. genutzt, um im SAP Support Portal einmal täglich die Statusinformationen zu den angeschlossenen Systemen zu aktualisieren.

Verbindung zum SAP-Support

Auf Basis einer RFC-Destinationsvorlage namens SAPOSS werden im weiteren Verlauf der Aktivität 3.1 noch weitere RFC-Verbindungen angelegt. In Abbildung 3.7 sehen Sie den Dialog zur Einrichtung der RFC-Verbindungen mit exemplarischen Verbindungen.

Abbildung 3.7 RFC-Verbindung angeben

Hier müssen Sie zwei S-User eintragen, die Sie im SAP Support Portal angelegt haben. Die Verbindungen werden automatisch erstellt. Für weitere Informationen zu den RFC-Verbindungen zum SAP-Support können Sie auch den SAP-Hinweis 2000132 prüfen.

[!] **Fehlende RFC-Verbindungen zum SAP Support Portal**

Wenn Sie aufgrund von Unternehmens- oder rechtlichen Richtlinien keine RFC-Verbindung zum SAP Support Portal aufbauen dürfen, können Sie die Punkte 3.1 und 3.2 überspringen. In diesem Fall müssen Sie jedoch akzeptieren, dass Sie folgende Bereiche des SAP Solution Managers nicht nutzen können:

- den Maintenance Planner innerhalb des SAP Support Portals
- den SAP Early Watch Alert
- den Austausch von Meldungsdaten mit dem SAP-Support
- den KPI-Katalog (Key Performance Indicators)
- den Download von SAP-Hinweisen

Support Hub   Im folgenden Schritt **3.2 Hub-Konnektivität unterstützen** wird eine neue Art der Kommunikation des SAP Solution Managers 7.2 mit dem SAP Support Portal etabliert, die *Support-Hub-Kommunikation*. Dank dieser Kommunikation werden auch zukünftige Applikationstypen ihre Daten aus dem SAP Support Portal beziehen können. Mit dem SAP Solution Manager 7.2 führt SAP dazu eine neue Infrastruktur und neue Datenkommunikationskanäle ein. In SAP-Hinweis 2359837 beschreibt SAP die neue Infrastruktur.

Um diesen Schritt erfolgreich abzuschließen, muss ein extra Benutzer für die Support-Hub-Kommunikation angelegt werden. Dieser technische Benutzer muss über eine Weboberfläche erstellt werden, die Sie über folgenden Link erreichen: *https://apps.support.sap.com/technical-user*

[»] **Weitere Informationen zur Einrichtung der Support-Hub-Konnektivität**

Damit Sie hier keine Fehler begehen, möchten wir Ihnen folgende SAP-Hinweise sowie einen Eintrag im Wiki der SAP Community ans Herz legen. Diese bilden einen sehr guten Leitfaden, um die Support-Hub-Konnektivität erfolgreich zu aktivieren:

- SAP-Hinweis 2174416 (Creation and activation of users for the Support Hub Communication)
- SAP-Hinweis 2359837 (»Set Up Connections to SAP« and »Support Hub Connectivity« in Solution Manager 7.2)
- Wiki-Eintrag in der SAP Community: *http://s-prs.de/v561504*

Schritt 4: Letzte Korrekturen übernehmen

Die Version des SAP Solution Managers 7.2, die Sie installiert haben, bildet immer einen Softwarestand zu einem bestimmten Datum ab. Sobald Sie also Ihren SAP Solution Manager 7.2 installieren, ist er softwareseitig streng genommen schon wieder veraltet. Um dem entgegenzuwirken, stellt SAP regelmäßig neue Korrekturen für das Produkt bereit. So enthält z. B. der zentrale SAP-Hinweis 2334291 alle relevanten Korrekturen für den SAP Solution Manager 7.2 SPS04.

Zentralhinweis

Der Abschnitt **4 Letzte Korrekturen übernehmen** ist in drei Teilschritte unterteilt. Im ersten Schritt wird die Transaktion SNOTE, mit der die Korrekturhinweise in einem SAP-System eingespielt werden, selbst auf den aktuellsten Stand gebracht (siehe Abbildung 3.8). Hierfür gibt es ebenfalls einen zentralen SAP-Hinweis 1668882, der alle dazu notwendigen Informationen enthält.

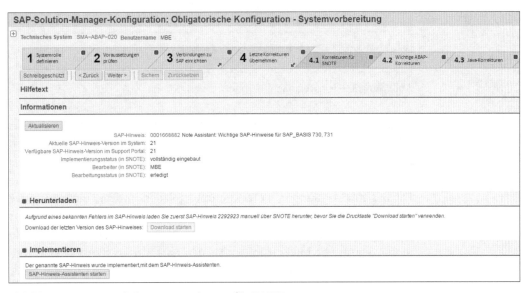

Abbildung 3.8 Unterschritt »4.1 Korrekturen für SNOTE«

Erst im zweiten Teilschritt **4.2 Wichtige ABAP-Korrekturen** werden die Softwareänderungen und Fehlerbehebungen aus dem zentralen Korrekturhinweis heruntergeladen und mithilfe der Transaktion SNOTE in Ihrem SAP-Solution-Manager-7.2-System implementiert.

Zentrale Korrekturhinweise gibt es im Umfeld des SAP Solution Managers häufiger; meist werden diese nach Applikationsbereichen getrennt. Der Vorteil dieser zentralen Korrekturen ist, dass Sie nicht mehr wie früher alle SAP-Hinweise manuell in einer bestimmten Reihenfolge einspielen müssen. Die Informationen über die erforderlichen Hinweise und deren Reihenfolge sind alle im zentralen Korrekturhinweis enthalten.

> **Zentraler Korrekturhinweis**
>
> Wir empfehlen Ihnen, den zentralen Korrekturhinweis direkt in der Transaktion SNOTE herunterzuladen und zu implementieren. In der webbasierten SAP-Benutzeroberfläche (SAP Web GUI), die Sie alternativ nutzen können, kann es hierbei zu Problemen kommen, da die zentrale Korrektur unter Umständen sehr viele Softwareobjekte enthält.

Nach dem Einspielen des SAP-Hinweises mit der Transaktion SNOTE müssen Sie die Hinweisnachbearbeitung vornehmen. Dies geschieht ebenfalls automatisch in Schritt 4.2. Klicken Sie dazu auf die Schaltfläche **Nachbearbeitung starten**, die Sie in Abbildung 3.9 sehen.

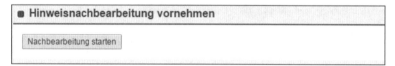

Abbildung 3.9 Hinweisnachbearbeitung vornehmen

Zum Schluss müssen Sie noch den dritten und letzten Schritt **4.3 Java-Korrekturen** ausführen. In diesem Schritt müssen die letzten Java-Korrekturen dokumentiert werden. Da diese nicht automatisch über einen SAP-Hinweis eingespielt werden können, müssen stattdessen verschiedene Java-seitige Patches im SAP Support Portal heruntergeladen und mit dem Software Update Manager (SUM) im Java-Stack des SAP Solution Managers installiert werden. Nachdem diese Patches erfolgreich eingespielt wurden, können Sie diesen Schritt abschließen, indem Sie den Ausführungsstatus setzen. Welche Java-Patches hier relevant sind, wird in der Dokumentation zu dieser Aktivität beschrieben.

Schritt 5: Technische Benutzer anlegen

Schritt 5 ist einer der wichtigsten Schritte der Systemvorbereitung, denn hier legen Sie die wichtigsten Benutzer für verschiedene systemrelevante Interaktionen an. Sie können diese Benutzer automatisch durch den SAP Solution Manager anlegen lassen. In diesem Fall werden sowohl die Benutzernamen als auch die Berechtigungen voll automatisiert vergeben. Alternativ dazu können Sie die Benutzer aber auch manuell erstellen. Mithilfe der entsprechenden Transaktionen zur Benutzer- und Rollenpflege SU01 und PFCG können Sie die Benutzer mit den nötigen Berechtigungen ausstatten.

Die in Tabelle 3.2 aufgeführten Benutzer vom Typ SYSTEM werden automatisch angelegt. Benutzer dieses Typs erhalten ein generiertes Kennwort, das für Sie als Administrator nicht ersichtlich ist. Dieses Kennwort läuft nicht nach einem bestimmten Zeitraum ab. Ein Sperren des Benutzers durch die Falscheingabe des Passworts oder durch eine Kennwortänderung wird so fast unmöglich.

Benutzername	Beschreibung
SM_INTERN_WS	Wird für die interne Webservicekommunikation zwischen den ABAP- und Java-Stacks des SAP Solution Managers genutzt.
SM_EXTERN_WS	Wird für die externe Webservicekommunikation zwischen den Diagnostic Agents (siehe Abschnitt 10.3, »Architektur der Monitoring and Alerting Infrastructure«) und dem SAP Solution Manager eingesetzt.
SOLMAN_BTC	Wird für die Einplanung sämtlicher Hintergrundjobs verwendet.
SMD_RFC	Wird für die RFC-Kommunikation zwischen dem ABAP- und dem Java-System des SAP Solution Managers genutzt.
SM_EFWK	Wird für das Extractor Framework verwendet.
SM_AMSC	Wird für die automatische Konfiguration von angeschlossenen Systemen eingesetzt.
SM_TECH_ADM	Wird anstelle des Dialogbenutzers SOLMAN_ADMIN in verschiedenen Aktivitäten verwendet (z. B. zur Konfiguration von Single Sign-on).

Tabelle 3.2 Automatisch angelegte Systembenutzer

Zentrale Benutzerverwaltung
Haben Sie eine zentrale Benutzerverwaltung im Einsatz? Wenn ja, ist das kein Problem – Sie können die Benutzer trotzdem automatisiert über die SAP-Solution-Manager-Konfiguration anlegen lassen. Welche Voraussetzungen dafür geschaffen werden müssen, steht im SAP Security Guide für den SAP Solution Manager 7.2. Diesen finden Sie unter:
http://service.sap.com/instguides • **SAP Components** • **SAP Solution Manager 7.2** • **Operations**

Schritt 6: Abgeschlossen

Der letzte Schritt der Systemvorbereitung bietet eine Übersicht über die in diesem Szenario ausgeführten Schritte sowie Ihre Aktivitäten. Hier können Sie auch nachvollziehen, wann welcher Benutzer an welcher Aktivität oder welchem Schritt eine Änderung vorgenommen hat. Zudem können Sie von hier aus zu jedem einzelnen Schritt oder jeder Aktivität navigieren. Hierzu müssen Sie lediglich auf den Link in der Spalte **Konfigurationsschritt** klicken.

Nun, da der erste Bereich der obligatorischen Konfiguration – die Systemvorbereitung – abgeschlossen wurde, können wir uns im nächsten Schritt der Infrastrukturvorbereitung widmen.

3.2.2 Infrastrukturvorbereitung

Die Konfigurationen, die Sie in diesem Szenario durchführen müssen, konzentrieren sich auf Themen rund um die Infrastruktur. Hierzu zählen u. a. die Konfiguration des System Landscape Directorys (SLD) und der Landscape Management Database (LMDB), die Java-Konnektivität, die Einrichtung des SAP Business Warehouses (BW) sowie Einstellungen für den CA Introscope. Im weiteren Verlauf des Szenarios werden noch die Voraussetzungen für die E-Mail-Kommunikation mithilfe der Schnittstelle SAPconnect geschaffen und SAP-CRM-Grundfunktionen (also Funktionen aus dem SAP Customer Relationship Management) aktiviert. Hierzu zählen Aktivitäten wie die Einrichtung der Nummernkreise, die Einstellungen für Materialhierarchien und die Vorbereitung der Installed Base (IBase). Zum Schluss werden verschiedene SAP-Gateway-Services aktiviert, die für die SAPUI5-Anwendungen im SAP Solution Manager notwendig sind.

In Abbildung 3.10 sehen Sie die im Rahmen der Infrastrukturvorbereitung durchzuführenden Aktivitäten.

Abbildung 3.10 Guided Procedure zur Infrastrukturvorbereitung

Schritt 1: Verwaltung der Systemlandschaft

System Landcape Directory

In diesem Schritt wird die Synchronisation zwischen dem SLD und dem SAP Solution Manager eingerichtet (siehe auch Abschnitt 2.4.1, »Relevante Informationen für die Installation«). Dadurch wird gewährleistet, dass die

Informationen zur Systemlandschaft im SAP Solution Manager immer auf dem aktuellsten Stand sind. Diese Konfiguration ist in drei Teilschritte aufgeteilt.

Zunächst wird in Schritt **1.1 SLD-Verbindungen** die SLD-Verbindung definiert. Hierzu muss eine HTTP-Destination als Quelle für die *Landscape Management Database* (LMDB) eingetragen werden. Die LMDB ist die zentrale Datenbank des SAP Solution Managers, in der die Informationen über die technischen Systeme wie Hostnamen, Softwarestände, Ports, IP-Adressen u.v.m. vorgehalten werden. Wenn Sie in Ihrer Systemlandschaft bspw. über ein zentrales SLD verfügen, können Sie dieses hier als Quelle angeben. Falls es sich bei Ihrem SAP-Solution-Manager-System um ein Upgrade handelt, wurde diese Verbindung in der Regel schon aus Ihrem SAP-Solution-Manager-7.1-System übernommen. In Abbildung 3.11 sehen Sie exemplarisch, wie eine SLD-Verbindung aussehen kann.

Quelle für die LMDB

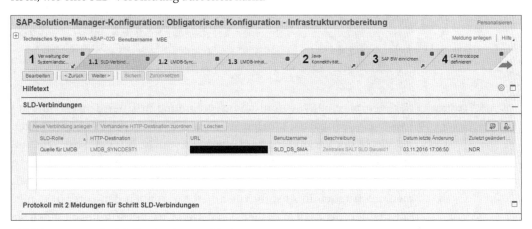

Abbildung 3.11 Beispiel für eine SLD-Verbindung

> **Neues System Landscape Directory einrichten**
>
> Mit Version 7.2 haben Sie die Möglichkeit, sich ein neues SLD auf dem SAP Solution Manager einzurichten. Wenn dieses etwa auf SAP NetWeaver 7.40 basiert, bietet es neue Funktionalität, die das SLD auf Basis von SAP NetWeaver 7.02 nicht bieten konnte. Zum Beispiel können die Business-Systeme, die man für SAP Process Integration (PI) oder SAP Process Orchestration (PO) benötigt, damit abgebildet werden. Wie Sie ein SLD neu konfigurieren, wird in dem folgendem Blog in der SAP Community beschrieben: *http://s-prs.de/v561505*

LMDB-Synchronisierung

Im nächsten Schritt **1.2 LMDB-Synchronisierung** müssen Sie eine Synchronisationsverbindung zum SLD einrichten. Über diese Verbindung kann die LMDB verschiedene Informationen zu den Systemen aus dem SLD lesen. Hierzu gehören u. a. Informationen aus dem SAP-Softwarekatalog (der CR Content aus dem *Component Repository*), aus den technischen Systemen in der Systemlandschaft sowie das *Common Information Model* (CIM). Letzteres ist ein objektorientierter Modellierungsansatz, der genutzt wird, um Hard- und Softwareelemente zu modellieren. Das System Landscape Directory nutzt diesen verbreiteten Standard.

> **Update des CR Contents**
>
> Wir empfehlen Ihnen, den *CR Content* in Ihrem SLD immer auf dem aktuellsten Stand zu halten, denn dieser enthält alle Softwarekomponenten und zugehörigen Versionsinformationen. Dies ist bspw. für die Berechnung von Wartungsvorgängen mit dem Maintenance Planner wichtig. Hierzu empfiehlt es sich, einen Regeltermin zu definieren, an dem der Download im SAP Support Portal regelmäßig geprüft wird. SAP-Hinweis 669669 liefert dazu alle nötigen Informationen.

CR Content

Nachdem Sie eine Synchronisationsverbindung zwischen dem SLD und der LMDB angelegt haben, müssen Sie diese aktivieren. Mit dem erstmaligen Aktivieren der Verbindung wird eine vollständige, automatische Synchronisation gestartet, um alle SLD-Systeminformationen in die LMDB zu importieren. Dieser Vorgang kann je nach Größe der Systemlandschaft mehrere Stunden in Anspruch nehmen. Sie können den Fortschritt mithilfe des Protokolls überwachen. Ein Beispiel für dieses Protokoll sehen Sie in Abbildung 3.12. Alternativ können Sie die Jobübersicht in Transaktion SM37 nutzen. Hier müssen Sie nach dem Job `SAP_LMDB_LDB*` filtern.

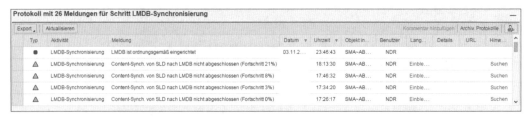

Abbildung 3.12 Protokoll des LMDB-Synchronisationsfortschritts

Nach Abschluss der vollständigen Synchronisation werden neue Änderungen durch eine inkrementelle Synchronisation alle zehn Minuten in die LMDB importiert. Überdies haben Sie die Möglichkeit, eine zusätzliche SLD-Änderungsbenachrichtigung für eine schnellere Propagierung von SLD-

Content-Änderungen zu konfigurieren. Dies können Sie im Zusatzmenü einstellen, das Sie über die Schaltfläche **Erweitert...** erreichen.

Als Letztes wird Schritt **1.3 LMDB-Inhaltsprüfung** ausgeführt. Hier legen Sie nur fest, auf welchem System sich die LMDB befindet. Wechseln Sie hierzu in den Bearbeitungsmodus. Geben Sie dort den SAP NetWeaver Application Server (AS) Java an, auf dem Ihre Java-Instanz zum SAP Solution Manager installiert ist.

LMDB-Inhaltsprüfung

Schritt 2: Java-Konnektivität einrichten

Die Aktivitäten in Schritt 2 drehen sich hauptsächlich darum, die ein- und ausgehenden Verbindungen zu definieren. Dazu werden in Teilschritt 2.1 die nötigen URLs für die HTTP-Verbindungen für den Zugriff auf den SAP Application Server Java eingetragen. Falls ein SAP Web Dispatcher für die Lastverteilung zum Einsatz kommt, können Sie in diesem Schritt ebenfalls die notwendigen Einstellungen treffen.

HTTP-Verbindungen

In Teilschritt 2.2 wird dann die Verbindung zwischen dem ABAP- und dem Java-Stack hergestellt. Die dazu notwendigen Aktivitäten werden automatisch ausgeführt. So werden z. B. logische Ports angelegt, die Software des SAP NetWeaver AS Java wird geprüft, der Single Sign-on-Modus wird aktiviert etc. Mit diesen Maßnahmen wird u. a. ermöglicht, dass die RFC-Aufrufe des SAP Java Connectors und die Webserviceaufrufe zwischen den beiden Stacks ordnungsgemäß funktionieren.

ABAP- und Java-Stack verbinden

Abschließend müssen Sie in Teilschritt 2.3 die Authentifizierungsmethode für die Diagnostics Agents wählen. Mit dem SAP Solution Manager 7.2 ist die Authentifizierung über ein Zertifikat zwingend geworden. Dazu muss ein Wurzelzertifikat erzeugt werden. Anschließend kann über die Agentenverwaltung für jeden einzelnen Diagnostics Agent geprüft werden, ob er sich über das Zertifikat am SAP-Solution-Manager-System registrieren kann.

Diagnostics Agents

Schritt 3: SAP BW einrichten

Das SAP Business Warehouse (BW) ist sehr wichtig für das Reporting innerhalb des SAP Solution Managers. Es wird in diesem Schritt aktiviert und in Teilen konfiguriert. Auch in diesem Schritt gibt es Unterpunkte, die Sie bearbeiten müssen. In Punkt 3.1 müssen Sie entscheiden, welches Szenario der BW-Eingliederung Sie nutzen wollen. Sie haben drei Möglichkeiten, SAP BW zu nutzen:

SAP Business Warehouse

- im selben Mandant wie die SAP-Solution-Manager-Funktionalitäten
- in einem separaten Mandanten des SAP-Solution-Manager-Systems
- auf einem dedizierten System

Unsere generelle und auch die Empfehlung von SAP ist es, die Standardumgebung, d. h. SAP BW auf demselben Mandanten, zu nutzen. Dies bedeutet, dass das SAP-BW-System in demselben Mandanten wie der SAP Solution Manager ausgeprägt wird. Details zu den anderen Möglichkeiten finden Sie in SAP-Hinweis 1487626.

Technische Benutzer

In Teilschritt 3.2 werden die technischen Benutzer (Typ SYSTEM) angelegt, die für das SAP-BW-System relevant sind. Auch hier besteht ähnlich wie in Schritt 5 der Systemvorbereitung wieder die Möglichkeit, die Benutzer automatisiert durch die SAP-Solution-Manager-Konfiguration anlegen zu lassen. Natürlich können Sie die Benutzer aber auch manuell erstellen. Sie müssen zwei Benutzer anlegen, die in Tabelle 3.3 beschrieben sind.

Benutzername	Beschreibung
SM_BW_ACT	Führt die Aktivierung des BI Contents im Hintergrund durch, z. B. für das Custom Code Lifecycle Management (CCLM) oder das Data Volume Management (DVM).
BI_CALLBACK	Dieser Benutzer ist notwendig, falls sich das SAP-BW-System nicht im selben Mandanten wie der SAP Solution Manager befindet.

Tabelle 3.3 Technische Benutzer für das SAP-BW-System

Abschließend wird in Teilschritt 3.3 die BW-Konfiguration aktiviert. Die Aktivierung wird in mehreren automatischen Aktivitäten durchgeführt.

Schritt 4: CA Introscope definieren

An dieser Stelle der Infrastrukturvorbereitung definieren Sie, welcher CA Wiley Introscope Enterprise Manager in Ihrem SAP-Solution-Manager-System verwendet werden soll (siehe auch Abschnitt 2.4.1, »Relevante Informationen für die Installation«). Sie können diesen automatisch vom System identifizieren lassen. Die erweiterten Einstellungen erlauben es, individuelle Anpassungen vorzunehmen.

Schritt 5: E-Mail-Kommunikation konfigurieren

SAPconnect

In diesem Schritt wird die SAPconnect-Schnittstelle konfiguriert. Sie wird genutzt, um bspw. E-Mails oder Faxe aus Ihrem SAP-Solution-Manager-System zu versenden. Hierzu geben Sie Ihren SMTP-Server (Simple Mail Transfer Protocol) sowie eine Domäne und eine E-Mail-Adresse (Absender) für den Batch-Benutzer (dieser Benutzer führt die Hintergrundjobs aus, die die anstehenden E-Mails oder Faxe aus dem System versenden) an. Zusätzlich können Einstellungen für die E-Mail-Verschlüsselung vorgenommen werden. Über die sich im unteren Bildschirmbereich befindlichen URL-Links können Sie zu den Empfängerlisten navigieren.

Schritt 6: CRM-Grundfunktionen konfigurieren

An dieser Stelle werden erste Komponenten des SAP Customer Relationship Managements (CRM) für SAP-Solution-Manager-Funktionen wie das IT-Servicemanagement, das Change Request Management oder das Requirements Management eingerichtet und konfiguriert. Die möglichen Aktivitäten in diesem Schritt sind in manuelle und automatische Aktivitäten unterteilt:

CRM-Funktionen

- Wenn Sie die manuellen Aktivitäten nutzen, empfiehlt es sich, vorher die Dokumentationen über den Link hinter dem Wort **Anzeigen** zu lesen. Nachdem Sie sich ein Bild von der Aktivität gemacht haben, können Sie über den Link in der Spalte **Navigation** direkt in den jeweiligen Konfigurationsbereich abspringen.
- Die automatischen Aktivitäten können für alle oder explizit ausgewählte Schritte durchgeführt werden. Überprüfen Sie im Anschluss das Protokoll im unteren Bildschirmbereich auf Fehler oder Warnungen.

Schritt 7: Gateway-Services aktivieren

In diesem Schritt aktivieren Sie die szenariospezifischen OData-Services in SAP Gateway, die für die SAPUI5-Anwendungen und mobilen Anwendungen des SAP Solution Managers benötigt werden. Hier können Sie entweder alle oder nur einzelne szenariospezifische Services aktivieren, da die Services nach Szenarien gruppiert sind.

OData-Services

Schritt 8: Abgeschlossen

Der letzte Schritt der Guided Procedure zur Infrastrukturvorbereitung stellt wie auch schon in der Systemvorbereitung eine Übersicht aller zuvor durchlaufenden Schritte dar und zeigt die jeweiligen Status an.

Damit haben Sie zwei der obligatorischen drei Grundkonfigurationsschritte durchlaufen. Die Grundeinstellungen werden nun durch die Basiskonfiguration abgeschlossen.

3.2.3 Basiskonfiguration

Das dritte und letzte Szenario, das zur obligatorischen Grundeinrichtung gehört, ist die Basiskonfiguration. In Abbildung 3.13 sind die Schritte im

Überblick zu sehen. Das Szenario besteht aus vier Schritten ohne Unterschritte sowie einer abschließenden Übersicht der Aktivitäten.

Abbildung 3.13 Guided Procedure zur Basiskonfiguration

Schritt 1: Grundfunktionen konfigurieren

Im ersten Schritt werden vorrangig Funktionen wie die Ursachenanalyse, die Servicelieferung von SAP sowie der *Early Watch Alert* (EWA) und das Selbst-Monitoring des SAP-Solution-Manager-Systems konfiguriert. Die Schritte, die hier ausgeführt werden müssen, sind ausschließlich automatische Aktivitäten. Mit einem Klick auf **Alle ausführen** startet ein Hintergrundjob im SAP Solution Manager, der die angesprochenen Funktionen aktiviert bzw. konfiguriert. Das Protokoll im unteren Bildschirmbereich zeigt Ihnen zu jeder Aktivität den Status und – wenn vorhanden – auch Detailinformationen im Fehlerfall an. Zu jeder Aktivität finden Sie eine ausführliche Dokumentation über den Link **Dokumentation**.

Schritt 2: Jobs einplanen

Hintergrundjobs Alle erforderlichen Hintergrundjobs des SAP Solution Managers werden in Schritt 2 eingeplant. In aller Regel werden diese Jobs mit dem Benutzer SOLMAN_BTC, der bereits in der Systemvorbereitung angelegt wurde, eingeplant. Die Jobs, die hier automatisch zur Hintergrundverarbeitung vorgesehen sind, können sich – je nachdem, welche Systemrolle man dem System in der Systemvorbereitung zugewiesen hat – unterscheiden. Mit der Schaltfläche **Jobs wie geplant terminieren** werden alle Jobs anhand eines SAP-Standards eingeplant. Dieser kann in manchen Fällen über die Spalten **Häufigkeit** und **Geplanter Zustand** übersteuert werden. Eine umfangreiche Liste mit allen in einem SAP-Solution-Manager-System zur Verfügung stehenden Hintergrundjobs bietet SAP-Hinweis 894279.

Schritt 3: Manuelle Konfiguration

Service-Content Wie der Name des Schritts andeutet, handelt es sich bei den Aktivitäten aus Schritt 3 um verschiedene manuell auszuführende Aktivitäten. Einer der wichtigsten Schritte ist die Einrichtung der Aktualisierung des *Service-Contents*. Dieser wird benötigt, damit die Daten des EWA immer auf dem aktuellsten Stand sind. Außerdem sollte in diesem Schritt die Funktion der schnellen Content-Auslieferung für die technischen Szenarien des SAP Solution Managers wie das System-Monitoring konfiguriert werden. Die jeweiligen Konfigurationen erreichen Sie über einen Klick auf den Link in der Spalte **Navigation** (siehe Abbildung 3.14).

Manuelle Aktivitäten					
Alle Protok. anzeigen					
Status	Aktualis. erforderlich	Aktivität	Typ	Kommentar	Navigation
●	☐	Konfiguration für Rapid Content Delivery	Obligatorisch	💬	Web-Dynpro starten
●	☐	Dokumente u. Downloads d. Sitzng löschen	Obligatorisch	💬	Transaktion starten
●	☐	Aktualisierung d. Service-Contents konf.	Obligatorisch	💬	Web-Dynpro starten
●	☐	Remote-HTTP-Verbindung für SAP Support aktivieren	Obligatorisch	💬	URL öffnen
●	☐	Remote-ABAP-Verbindung für SAP Support aktivieren	Obligatorisch	💬	URL öffnen
●	☐	Bereinigung d. Anwendungsprot. einplanen	Obligatorisch	💬	URL öffnen
●	☐	Geschäftspartner für Szenariobenutzer	Obligatorisch	💬	Transaktion starten
●	☐	Caches für Launchpad löschen	Obligatorisch	💬	Transaktion starten

Abbildung 3.14 Navigationsspalte

> **Rapid Content Delivery (RCD)**
>
> Die sogenannte schnelle Content-Auslieferung (*Rapid Content Delivery*, RCD) ist eine Schnittstelle zwischen Ihrem SAP-Solution-Manager-System und dem SAP Support Portal. Über diese Schnittstelle stellt SAP regelmäßig Content-Pakete bereit, die automatisch von Ihrem System heruntergeladen und implementiert werden. In den meisten Fällen handelt es sich hierbei um Anpassungen der System-Monitoring-Vorlagen sowie neue oder aktualisierte Guided Procedures. Detaillierte Informationen zur Konfiguration finden Sie in folgendem Wiki in der SAP Community: *http://s-prs.de/v561506*. Wir gehen in Abschnitt 10.3.4, »Rapid Content Delivery«, detaillierter auf dieses Thema ein.

Eine weitere, nicht zu vernachlässigende Aktivität der manuellen Konfiguration ist die Einrichtung der Verbindung zum SAP-Support. Dieser wichtige Schritt stellt die Verbindung zwischen dem SAP Solution Manager und SAP her. SAP erhält im Falle von Servicelieferungen oder zur Bearbeitung von Problemen in der SAP-Systemlandschaft des Kunden Zugang zu dessen Systemen.

SAP-Support-Verbindung

Schritt 4: Basisdialogbenutzer anlegen

Im vorletzten Punkt der Basiskonfiguration werden die Dialogbenutzer im SAP-Solution-Manager-System angelegt. Diese werden vorrangig von SAP genutzt, um sich zur Meldungsbearbeitung remote auf das Kundensystem zu schalten. Tabelle 3.4 beschreibt die hierfür erforderlichen Benutzer.

Dialogbenutzer

Benutzername	Beschreibung
SAPSUPPORT	Dieser Benutzer besitzt Leserechte für das System. Er wird von dem SAP-Support-Mitarbeiter genutzt, um eine Ursachenanalyse durchführen zu können.
SAPSERVICE	Dieser Benutzer wird von SAP für die Lieferung von Remote- oder Vorortservices verwendet.

Tabelle 3.4 Dialogbenutzer für den SAP-Support

Schritt 5: Abgeschlossen

Wie schon in den anderen Szenarien haben Sie hier die Möglichkeit, sich nochmals alle Schritte in einer Zusammenfassung anzusehen. Auch hier können Sie den Status der einzelnen Schritte und Aktivitäten prüfen.

Nun sind die drei Szenarien der obligatorischen Grundkonfiguration abgeschlossen. Im nächsten Abschnitt gehen wir darauf ein, wie Sie die verwalteten Systeme an den SAP Solution Manager anbinden.

3.3 Verwaltete Systeme konfigurieren

SAP-Systeme anbinden

Wir erläutern in diesem Abschnitt, wie die verschiedenen Arten von Systemen, insbesondere ABAP- und Java-Systeme, die vom SAP Solution Manager verwaltet werden, mit dem SAP Solution Manager 7.2 verbunden werden. Die Konfiguration der verwalteten Systeme dient als Basis für fast alle Einsatzszenarien des SAP Solution Managers.

1. Starten Sie zunächst die Transaktion SOLMAN_SETUP, und navigieren Sie zu **Szenarioübergreifende Konfiguration** • **Obligatorische Konfiguration** • **Konfiguration der verwalteten Systeme**. Hier können Sie das System auswählen, das Sie an Ihren SAP Solution Manager anbinden wollen. Jedes System muss einzeln konfiguriert werden.

System(e) in der Auswahl nicht vorhanden?

Es kommt immer wieder vor, dass ein anzubindendes System in der Übersicht nicht gelistet ist. Sollte dies bei Ihnen der Fall sein, kann das daran liegen, dass das System nicht im SLD registriert ist. Um dies zu prüfen, müssen Sie sich zunächst mit dem entsprechenden Satellitensystem verbinden. Öffnen Sie dort die Transaktion RZ70 und überprüfen Sie, ob der korrekte Gateway-Host und der korrekte Gateway-Service eingetragen sind. Das Gateway ist zuständig für alle ein- und ausgehenden Verbindung

3.3 Verwaltete Systeme konfigurieren

in einem SAP System. Ist dies nicht der Fall, korrigieren Sie den Eintrag und führen die Registrierung mit einem Klick auf **Ausführen** durch (siehe Abbildung 3.15).

Abbildung 3.15 Ein System im System Landscape Directory registrieren

Sollte das Problem damit nicht behoben sein, können Sie in der Transaktion SM59 die TCP/IP-Verbindungen SLD_NUC und SLD_UC testen. Diese Verbindungen werden durch die Registrierung des Systems im SLD automatisch generiert und sollten funktionsfähig sein.

2. Klicken Sie anschließend auf die Schaltfläche **System konfigurieren**, und wählen Sie, wie in Abbildung 3.16 zu sehen, die gewünschte Konfigurationsart aus. Wir empfehlen, die vollständige Konfiguration durchzuführen, da diese die nötigen Schritte enthält, um alle potenziellen Einsatzszenarien abzudecken.

Abbildung 3.16 Vollständige Konfiguration

3. Anschließend gelangen Sie in die für die Konfiguration erforderliche Guided Procedure, die sich in zehn Teilschritte gliedert. Die ersten vier Schritte sehen Sie in Abbildung 3.17.

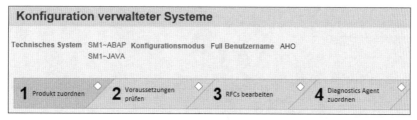

Abbildung 3.17 Übersicht der Konfiguration verwalteter Systeme, Schritte 1 bis 4

3 Grundkonfiguration

Schritt 1: Produkt zuordnen

Dieser Schritt prüft, welche Software auf dem anzubindenden technischen System installiert ist. Hier wird bspw. ermittelt, ob die Softwarekomponente ST720 vorliegt, wodurch das System weiß, dass es sich um ein SAP-Solution-Manager-7.2-System handelt. Die Informationen hierfür werden aus der LMDB gezogen. Klicken Sie dazu auf die Schaltfläche **Automatisch setzen** neben dem jeweiligen technischen System; die Zuordnung wird automatisch durchgeführt.

Schritt 2: Voraussetzungen prüfen

Als Nächstes erfolgt eine automatische Prüfung der Softwarevoraussetzungen. Hierbei kann es aus verschiedensten Gründen zu Fehlern kommen. Ist das der Fall, prüfen Sie nach der Ausführung das Protokoll und den zur Ausführung gehörenden Langtext. Dieser gibt im Normalfall Aufschluss über das Problem. Führen Sie nach der Behebung des Problems die Prüfung der Voraussetzungen erneut durch.

Schritt 3: RFCs bearbeiten

RFC-Verbindungen

In diesem Schritt werden automatisch alle benötigten RFC-Verbindungen zu den SAP-Systemen angelegt. Für jedes verwaltete System muss mindestens eine READ-RFC-Verbindung zum Produktivmandanten angelegt werden (siehe Abbildung 3.18).

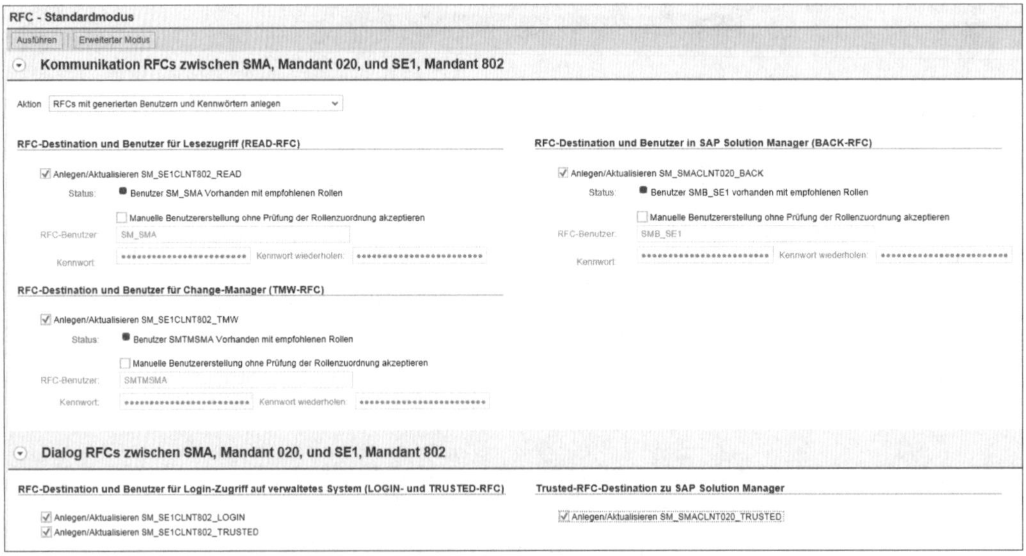

Abbildung 3.18 RFC-Verbindungen anlegen

Sollen die Systeme später in komplexere Anwendungsszenarien wie das Change Request Management integriert werden, empfiehlt es sich, die angegebenen RFC-Verbindungen für alle verwendeten Mandanten herzustellen. Hierfür ist die TMW-RFC-Verbindung wichtig. Die BACK-RFC-Verbindung ist dafür da, dass die Systeme bspw. ihre Daten für SAP EarlyWatch an den SAP Solution Manager senden können.

Um die Verbindungen anlegen zu können, werden zwei Benutzer benötigt. Wie Sie in Abbildung 3.19 sehen können, müssen Sie zunächst einen Administrationsbenutzer für den SAP Solution Manager angeben. Anschließend benötigen Sie noch einen Benutzer für das Setup des verwalteten Systems. Ist hier noch kein Benutzer mit den entsprechenden Rollen vorhanden, können Sie diesen direkt mit einem Klick auf die Schaltfläche **Administrator anlegen oder aktualisieren** erstellen. Daraufhin öffnet sich ein Dialogfenster, in dem Sie zunächst einen gültigen Benutzer mit Berechtigungen zum Anlegen von Benutzern auf dem Remotesystem eingeben müssen. Anschließend können Sie den neuen Administrationsnutzer mit einem selbstgewählten Passwort anlegen.

RFC-Benutzer

Abbildung 3.19 Benutzer angeben

Geben Sie diesen Benutzer nun als Benutzer für das Setup des verwalteten Systems an. Prüfen Sie die beiden Anmeldungen mit einem Klick auf **Anmeldung testen**. Ist die Anmeldung erfolgreich, können Sie mit dem nächsten Teilschritt fortfahren.

Schritt 4: Diagnostics Agent zuordnen

Im nächsten Schritt müssen Sie jedem Host, auf dem verwaltete Systeme ausgeführt werden, einen Diagnostics Agent zuordnen. Dieser muss zuvor auf dem entsprechenden Host installiert und mit dem SAP-Solution-Manager-System verbunden werden. Der Diagnostics Agent ist eine zentrale Komponente der Systemlandschaft für die systemübergreifende Analyse mithilfe des SAP Solution Managers. Er hält eine stetige Verbindung zwischen Satellitensystem und SAP Solution Manager und ermöglicht somit die Sammlung von Informationen in den Satellitensystemen. Klicken Sie auf die Schaltfläche **Automatisch zuordnen**, um die Zuordnung herzustellen. Das Ergebnis sollte wie in Abbildung 3.20 aussehen.

Diagnostics Agents

3   Grundkonfiguration

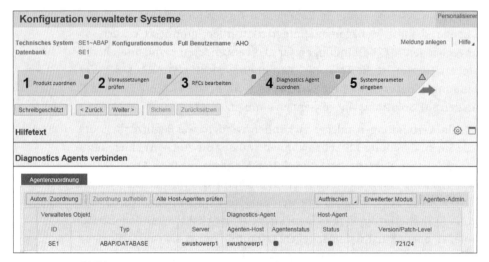

Abbildung 3.20 Diagnostics Agent zuordnen

Sollte es bei der Zuordnung zu Problemen kommen oder sollte kein passender Diagnostics Agent angezeigt werden, können Sie mit einem Klick auf **Agenten-Admin.** den Status der einzelnen Agenten überprüfen.

> **Agentenadministration**
>
> Die Agentenadministration bietet einen Überblick über die mit dem SAP Solution Manager verbundenen Diagnostics Agents und deren aktuellen Zustand. Häufig kommt es vor, dass ein Agent eine inkompatible Version hat oder dass noch keine Vertrauensbeziehung mit dem SAP Solution Manager hergestellt wurde. Beides können Sie in der Agentenadministration beheben. Sie haben außerdem die Möglichkeit, Agenten remote zu starten, anzuhalten oder neu zu starten. Des Weiteren finden Sie hier Informationen über vorliegende Fehler und können sich die Protokolle der Agenten anzeigen lassen.

Schritt 5: Systemparameter eingeben

Systemparameter   In diesem Schritt (siehe Abbildung 3.21) müssen Sie wichtige Parameter zur Verbindung mit dem System pflegen. Hierzu zählen u. a. die Verbindung zum CA Wiley Introscope Enterprise Manager, eine HTTP- oder HTTPS- Verbindung zum verwalteten System und Parameter, um eine Verbindung zur Datenbank aufzubauen.

Abbildung 3.21 Weitere Konfigurationsschritte

3.3 Verwaltete Systeme konfigurieren

Soforthilfen durchlesen

Wenn Sie sich nicht sicher sind, welche Parameter Sie hier eintragen müssen, lesen Sie die von SAP bereitgestellten Texte im Bereich **Hilfe**, bevor Sie diesen Schritt ausführen.

Schritt 6: Landschaftsparameter auswählen

Als Nächstes müssen Sie die Landschaftsparameter für Ihr System pflegen. Klicken Sie hierzu in der Spalte **Landschaftsobjekte** auf die noch anzugebenden Parameter. Daraufhin wird Ihnen ein Vorschlag für den Installationspfad gemacht (siehe Abbildung 3.22). Diesen können Sie, wenn nötig, anpassen und anschließend speichern. Führen Sie dies für jedes der zu pflegenden Objekte durch.

Landschaftsparameter

Abbildung 3.22 Landschaftsparameter pflegen

Schritt 7: Benutzer pflegen

In diesem Schritt werden der Dialogbenutzer SAPSUPPORT und der technische Benutzer SMDAGENT_XXX angelegt. Diese Benutzer werden für die weitere Verwendung benötigt. Legen Sie die Benutzer wie angegeben an, und gehen Sie weiter zum nächsten Schritt.

Schritt 8: Konfiguration abschließen

Hier müssen Sie zunächst eine Vielzahl von automatischen Aktivitäten ausführen. Um später den vollen Funktionsumfang des SAP Solution Managers nutzen zu können, empfiehlt es sich, auch die zunächst zurückgestellten Aktivitäten auszuführen. Kommt es hierbei zu Fehlern, schauen Sie in das Meldungsprotokoll im unteren Teil des Bildschirms.

Automatische Aktivitäten

Prüfen Sie außerdem, ob die obligatorischen Schritte unter **Manuelle Aktivitäten** ausgeführt sind. Eine genaue Dokumentation hierzu finden Sie in der Hilfe zu Schritt 8.

3 Grundkonfiguration

> **Schritt »HTTP-Log-Parameter anpassen«**
>
> Eine wichtige manuelle Aktivität im Rahmen von Schritt 8 ist die Aktivität »HTTP-Log-Parameter anpassen«:
>
> 1. Starten Sie hierfür die Transaktion RZ10 (Pflege von Profilparametern). Wählen Sie das passende Profil und die **Erweiterte Pflege**.
> 2. Fügen Sie nun, wie angegeben, den Parameternamen über die Wertehilfe ein, und pflegen Sie die Parameterwerte.
> 3. Klicken Sie auf **Übernehmen**. Wichtig ist außerdem, dass Sie abschließend auf **Speichern** klicken und das Profil aktivieren.
>
> Beachten Sie, dass die Änderungen erst nach einem Neustart des Systems aktiv werden.

Schritt 9: Konfiguration prüfen

Führen Sie in Schritt 9 die automatische Prüfung der Konfiguration durch. Diese überprüft, ob das System grundsätzlich korrekt konfiguriert wurde.

>
>
> **Status in der Übersicht der verwalteten Systeme**
>
> Die Aktivität **Systemstatus aktualisieren** leitet den Gesamtstatus an die Übersicht der verwalteten Systeme weiter (siehe Abbildung 3.23). Entspricht der dort angezeigte nicht dem eigentlichen Status, können Sie durch das erneute Ausführen dieser Aktivität wieder einen konsistenten Status herstellen.

Abbildung 3.23 Status der verwalteten Systeme

Plug-ins auf verwalteten Systemen

Die Support-Tools ST-PI und ST-A/PI stellen im SAP Solution Manager die Funktionen bereit, die auf einem verwalteten System benötigt werden, um Daten zu sammeln und an das SAP-Solution-Manager-System zu übertragen.

Plug-in-Status prüfen

Um den Status dieser Plug-ins zu prüfen, öffnen Sie die Übersicht der Konfiguration der verwalteten Systeme in Transaktion SOLMAN_SETUP unter **Szenarioübergreifende Konfiguration • Obligatorische Konfiguration • Konfiguration der verwalteten Systeme**. Wählen Sie das gewünschte System.

3.3 Verwaltete Systeme konfigurieren

Durch einen Klick auf das Ampelsymbol in der Spalte **Status** öffnet sich auf der Registerkarte **Details zum Pluginstatus** eine Statusübersicht. Diese zeigt Ihnen, wie in Abbildung 3.24 zu sehen, die aktuellen Versionen der Plug-ins an. Dort werden Ihnen sowohl der aktuelle als auch der erforderliche Support-Package-Stand angezeigt.

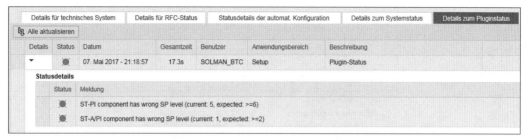

Abbildung 3.24 Plug-in-Status überprüfen

Um die Plug-ins auf den aktuellen Stand zu bringen, müssen Sie zunächst die Installations- bzw. Update-Dateien herunterladen. Die jeweiligen Dateien finden Sie unter folgendem Link: *http://s-prs.de/v561507*. Für den Download wird ein S-User mit entsprechenden Download-Berechtigungen benötigt.

Plug-ins herunterladen

> **Richtige Version herunterladen**
>
> SAP stellt zwei Hinweise bereit, in denen Sie die richtige Plug-in-Version für Ihr System finden können:
>
> - ST-PI: SAP-Hinweis 539977 (Release-Strategie für Add-on ST-PI)
> - ST-A/PI: SAP-Hinweis 69455 (Servicewerkzeuge für Anwendungen ST-A/PI)

[!]

Anschließend müssen Sie die heruntergeladenen Dateien entpacken und in das entsprechende System hochladen. Hierzu können Sie entweder das Transferverzeichnis des entsprechenden Applikationsservers nutzen (unter Windows: `<Laufwerk>\usr\sap\trans\EPS\in`) oder die Dateien direkt vom Frontend aus hochladen:

Update durchführen

1. Öffnen Sie zum Einspielen von Support Packages die Transaktion SPAM oder für die Installation der Plug-ins die Transaktion SAINT.
2. Klicken Sie in beiden Fällen auf **Installation-/Support Package • Packages laden**, und wählen Sie anschließend entweder **Vom Frontend** oder **Vom Applikationsserver** (siehe Abbildung 3.25).

121

3   Grundkonfiguration

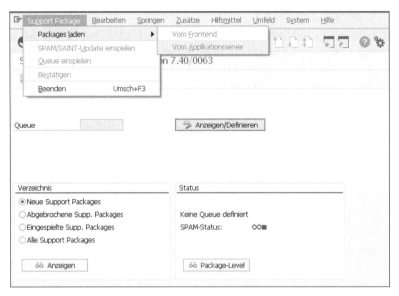

Abbildung 3.25 Transaktion SPAM

3. Danach klicken Sie auf **Anzeigen/Definieren** (in Transaktion SPAM) oder auf **Start** (in Transaktion SAINT). Wählen Sie, wie in Abbildung 3.26 gezeigt, das entsprechende Plug-in aus.

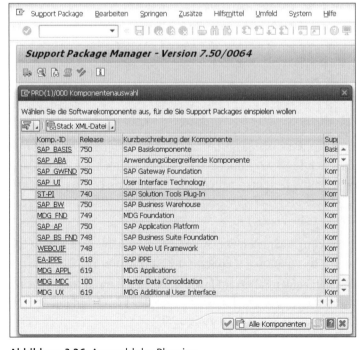

Abbildung 3.26 Auswahl der Plug-ins

122

4. Klicken Sie anschließend auf **Queue einspielen** bzw. **Start**, und folgen Sie den angegebenen Schritten.

Nach erfolgreicher Installation bzw. nach erfolgreichem Update der Plug-ins können Sie den Status in der Übersicht der verwalteten Systeme im SAP Solution Manager aktualisieren. Hier sollten nun die korrekten Werte angezeigt werden. Eine Übersicht finden Sie ebenfalls im verwalteten System unter **System • Status • Details**.

Plug-in-Version prüfen

3.4 Grundkonfiguration der Embedded Search

Mit der neugestalteten Struktur der Transaktion SOLMAN_SETUP in Release 7.2 kam auch ein völlig neues Szenario zur Konfiguration hinzu: das der integrierten Suche (*Embedded Search*). Die Embedded Search dient in erster Linie dem Prozessmanagement. Dort werden alle Objekte (Prozesse, Prozessschritte, Transaktionen u. v. m.) mit dieser Suche gefunden. Sie wird aber auch in anderen Szenarien verwendet. Die Konfiguration dieser Suche können Sie direkt über den in Abbildung 3.27 markierten Bereich starten.

Integrierte Suche

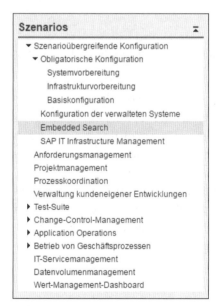

Abbildung 3.27 Embedded Search konfigurieren

In dieser Konfiguration werden grundsätzliche Einstellungen zur Verwendung der Embedded Search vorgenommen. Für die Suche können verschiedene Technologien genutzt werden: SAP HANA oder TREX. Abhängig von der verwendeten Technologie müssen Sie verschiedene manuelle Tätigkeiten ausführen. Lesen Sie zuerst die den Aktivitäten zugeordneten Dokumentationen durch, und führen Sie dann die Konfiguration aus. Einen Überblick über die durchzuführenden Aktivitäten gibt Ihnen Abbildung 3.28.

Manuelle Aktivitäten							
Alle Protok. anzeigen							
Status	Aktualis. erforderlich	Aktivität	Typ	Kommentar	Navigation	Ausführungsstatus	Dokumentation
●	☐	UI-Services werden aktiviert	Obligatorisch	◇	URL öffnen	Ausgeführt	Anzeigen
●	☐	HANA- oder TREX-Installation prüfen	Obligatorisch	◇	URL öffnen	Ausgeführt	Anzeigen
●	☐	TREX mit Solution-Manager-System verbinden	Obligatorisch	📝	URL öffnen	Ausgeführt	Anzeigen
●	☐	HTTP-Proxy-Einstellungen prüfen	Obligatorisch	📝	Transaktion starten	Ausgeführt	Anzeigen
●	☐	HANA- oder TREX-Destination festlegen	Obligatorisch	◇	Transaktion starten	Ausgeführt	Anzeigen
●	☐	IP-Adresse zur Kommunikation mit TREX verwenden	Optional	📝	Transaktion starten	Ausgeführt	Anzeigen
●	☐	Extraktionsbenutzer f. Indizier. konf.	Obligatorisch	◇	Transaktion starten	Ausgeführt	Anzeigen
●	☐	Echtzeit-Indizierungsberechtigung zuordnen	Obligatorisch	◇	Transaktion starten	Ausgeführt	Anzeigen
●	☐	Zeitüberschreitung der Suche anpassen	Optional	◇	Transaktion starten	Ausgeführt	Anzeigen

Abbildung 3.28 Aktivitäten zur Konfiguration der Embedded Search

Weitere Informationen zur Einrichtung der Embedded Search mit TREX und zur Definition einer Erstindizierung finden Sie in Abschnitt 13.4.4, »Embedded Search konfigurieren«.

3.5 Benutzer mit der Benutzerverwaltung anlegen

Neue Verwaltungsoberfläche

Mit Release 7.2 des SAP Solution Managers hat SAP eine überarbeitete Konfigurationsoberfläche zur Verwaltung von Benutzern innerhalb des SAP-Solution-Manager-Systems und der verwalteten Systeme zur Verfügung gestellt. Mithilfe dieser Oberfläche können Sie ganz leicht verschiedenen Benutzern Berechtigungen für die Konfiguration und Anwendung unterschiedlicher Applikationen zuweisen. Dabei wird eine sogenannte *Anwendungsfall-ID* verwendet. Diese repräsentiert in aller Regel ein bestimmtes SAP-Solution-Manager-Szenario wie das System-Monitoring, um dem Benutzer die dahinterliegenden PFCG-Rollen zuzuweisen. Ein Beispiel für diese Art der Zuweisung sehen Sie in Abbildung 3.29.

Sie können in dieser Oberfläche folgende Aktivitäten durchführen:

- Benutzer anlegen
- Massenaktualisierungen durchführen
- Benutzergruppen zuordnen

3.5 Benutzer mit der Benutzerverwaltung anlegen

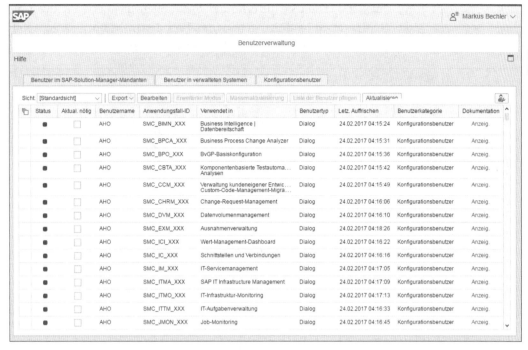

Abbildung 3.29 Benutzerverwaltungsoberfläche

An dieser Stelle weisen Sie auch dem Benutzer, der die Grundkonfiguration des SAP Solution Managers durchführt, das dafür erforderliche Berechtigungsobjekt SM_SETUP zu. Weisen Sie Ihrem Benutzer dazu die Anwendungsfall-ID SOLMAN_ADMIN zu, wie in Abbildung 3.30 zu sehen.

Benutzer für die Grundkonfiguration

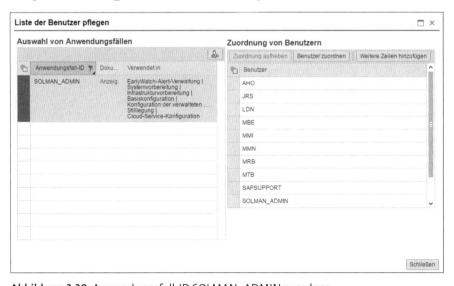

Abbildung 3.30 Anwendungsfall-ID SOLMAN_ADMIN zuordnen

125

Anschließend lassen Sie die erforderlichen Rollen, die dieser Benutzer für die Konfiguration benötigt, generieren. Dies geschieht über die in Abbildung 3.31 zu sehende Schaltfläche **Massenaktualisierung**.

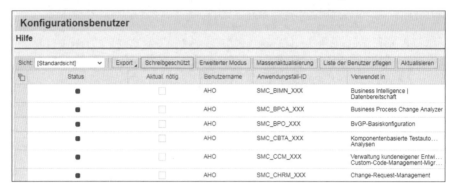

Abbildung 3.31 Massenaktualisierung

Kapitel 4
Prozessmanagement

Dieses Kapitel gibt einen Überblick über das in SAP Solution Manager 7.2 neu aufgelegte Prozessmanagement. Sie lernen die relevanten Begriffe, die Notation und die wichtigsten Funktionen kennen.

Das Prozessmanagement wurde mit dem SAP Solution Manager 7.2 vollständig überarbeitet. Es ermöglicht Ihnen, Ihre Geschäftsprozesse ganzheitlich sowohl aus der Geschäfts- als auch aus der IT-Perspektive zu verwalten. Dabei setzt SAP nicht nur auf ein nutzerfreundlicheres Design der Oberfläche, sondern führt grundlegend neue Konzepte für die Verwaltung von Prozessen ein. Aus Vorgängerversionen bekannte Einschränkungen wie eine maximal dreistufige Prozesshierarchie gehören der Vergangenheit an.

Eine grundlegende Neuerung ist die Integration einer grafischen Modellierungsoberfläche in die Lösungsdokumentation. Hierdurch haben Sie nun die Möglichkeit, Ihre Prozesse übersichtlich in der Notationsart *Business Process Model and Notation* (BPMN) 2.0 zu dokumentieren. Die Anbindung einer Drittanbieterlösung für die grafische Darstellung der Prozesse ist damit nicht mehr nötig. Diese Änderung ist die wohl offensichtlichste und unterstreicht das Ziel von SAP, den Mitarbeitern der Fachbereiche und der IT dabei zu helfen, sich einander anzunähern und eine gemeinsame Sprache zu sprechen.

Grafische Modellierungsoberfläche

Doch auch weniger offensichtliche Neuerungen innerhalb des Prozessmanagements bringen einen großen Mehrwert mit sich. Hierzu zählen u. a. die neu eingeführten *Branches* (Zweige). Diese bieten die Möglichkeit, unterschiedliche Versionen der Lösungsdokumentation darzustellen und die Lösungsdokumentation damit in das Lebenszykluskonzept zu integrieren. Darüber hinaus erweitert SAP mit dem neuen Prozessmanagement das Konzept der Wiederverwendung von Geschäftsprozessen oder einzelnen Prozesselementen. Zu diesem Zweck gibt es in der neuen Lösungsdokumentation *Bibliotheken*, in denen die originalen Elemente abgelegt werden können, um sie später in verschiedenen Prozessen als Referenzen wiederzuverwenden.

Zunächst bringen wir Ihnen in diesem Kapitel die grundlegenden Begriffe und Konzepte des Prozessmanagements näher, in den darauffolgenden Abschnitten gehen wir umfassend auf dessen zentrale Anwendungen ein. Sie erfahren, wie Sie Ihre Systemlandschaft aufbauen, Bibliotheken aufbereiten und verwenden sowie Prozesse dokumentieren und modellieren. Da das Prozessmanagement zentraler Ausgangspunkt für verschiedene Teilbereiche des SAP Solution Managers 7.2 ist, gehen wir anschließend auf die Integration mit dem Change and Request Management und dem Geschäftsprozess-Monitoring ein. Wir schließen das Kapitel mit den Themen Berechtigungen im Prozessmanagement und SAP Best Practices für die Lösungsdokumentation ab.

4.1 Grundlegende Begriffe und Konzepte

Aufgrund der großen Veränderungen im Bereich Prozessmanagement im Vergleich zu früheren SAP-Solution-Manager-Releases ist es unumgänglich, sich zunächst mit den neuen Begriffen und Konzepten vertraut zu machen. Sie sollten sich daher die Zeit nehmen, die Grundlagen zu verinnerlichen, bevor Sie mit der Dokumentation Ihrer Prozesse beginnen.

4.1.1 Eine Lösung als Single Source of Truth

Lösung

Der Begriff der *Lösung* wird mit Version 7.2 des SAP Solution Managers neu eingeführt. Eine Lösung beinhaltet alle Systeme, Anwendungen und Prozesse eines Unternehmens. In vorherigen Versionen des SAP Solution Managers wurde häufig eine Vielzahl von Projekten eingesetzt, um Prozesse zu dokumentieren. Diese unübersichtliche Unterteilung wird im SAP Solution Manager 7.2 durch eine einzige Lösung abgelöst.

> **Nur eine Lösung anlegen**
>
> Grundsätzlich sollten Sie nur mit einer einzigen Lösung arbeiten, die für Ihr gesamtes Unternehmen gültig ist. Dies ist auch dann möglich, wenn es sich bei Ihrem Unternehmen um einen internationalen Konzern mit unterschiedlichen Standorten handelt.
>
> Eine Ausnahme kann bei Dienstleistern gemacht werden, die verschiedene, vollständig voneinander unabhängige Unternehmen betreuen.

> **Lösungen löschen**
>
> Das Löschen von Lösungen ist im Solution Manager 7.2 bis einschließlich SPS04 nicht möglich! Die Funktion wird aber durch SPS05 bereitgestellt.

Eine Lösung kann aus zwei verschiedenen Perspektiven betrachtet werden. Aus der *Prozessperspektive* werden in einer Lösung alle Geschäftsprozesse eines Unternehmens dokumentiert. Demgegenüber beinhaltet eine Lösung aus der *Systemperspektive* gesehen alle Systeme eines Unternehmens, die durch Schnittstellen miteinander verbunden sind. Hierdurch ergeben sich die folgenden neuen Begrifflichkeiten:

Prozess- und Systemperspektive

- **Lösungsdokumentation**
  Unter dem Begriff *Lösungsdokumentation* wird die Prozessperspektive einer Lösung zusammengefasst. Die Lösungsdokumentation umfasst den vollständigen Dokumentationsinhalt einer Lösung, einschließlich der Bibliotheken und Geschäftsprozesse. Weiterführende Informationen zur Lösungsdokumentation sowie zu Bibliotheken und Geschäftsprozessen finden Sie in Abschnitt 4.4.

- **Systemlandschaft und logische Komponentengruppen**
  Die Systemlandschaft mit ihren *logischen Komponentengruppen* bilden die Systemperspektive einer Lösung ab. Unter dem Begriff *Systemlandschaft* werden alle Systeme eines Unternehmens zusammengefasst, die in der *Landscape Management Database* (LMDB) aufgeführt sind. Es handelt sich bei der Systemlandschaft daher um einen beschreibenden Begriff, nicht um ein technisches Objekt.

  Anhand von logischen Komponentengruppen werden technisch innerhalb einer Lösung Systeme hinzugefügt. Eine logische Komponentengruppe umfasst dabei alle Systeme einer Lösung, die dasselbe Produktivsystem und denselben Systemtyp (z. B. ABAP oder Java) aufweisen. Entwicklungs-, Test- und Produktivsystem eines SAP-ERP-Systems bilden bspw. zusammen eine logische Komponentengruppe.

> **Mehrere Produktivsysteme für ein SAP-Produkt (Sites)**
>
> Auch wenn Sie mehrere Produktivsysteme für ein SAP-Produkt verwenden, reicht es dennoch aus, eine gemeinsame logische Komponentengruppe anzulegen. Die Systemstruktur innerhalb der logischen Komponentengruppe wird in diesem speziellen Fall zusätzlich über *Sites* definiert. Informationen zum Site-Konzept erhalten Sie in Abschnitt 4.3.3.

Branches Ebenfalls neu im SAP Solution Manager 7.2 ist das Konzept der Branches. Als *Branch* wird allgemein eine Version einer Lösung bezeichnet. Diese Versionen beinhalten ebenso wie Ihre Lösung alle dokumentierten Systeme, Applikationen und Prozesse Ihres Unternehmens. Die aktuell gültige Produktivlösung ist bspw. im *Produktiv-Branch* dokumentiert.

Mithilfe von Branches können Sie verschiedene Lebenszyklusversionen der Lösungsdokumentation verwalten. Detaillierte Informationen zur Lebenszyklusverwaltung anhand von Branches finden Sie in Abschnitt 4.1.2, »Umsetzung des Lebenszykluskonzepts mit Branches«.

Auch in Bezug auf die Systemlandschaft findet das Branch-Konzept Anwendung. Im Zusammenhang mit Branches stehen hier die logischen Komponenten. Eine *logische Komponente* ist die »Branch-Sicht« auf eine logische Komponentengruppe. Mit anderen Worten umfasst eine logische Komponente alle Systeme einer logischen Komponentengruppe, die zu demselben Branch gehören. Wie Sie Ihre Systemlandschaft mit Ihren logischen Komponentengruppen und Ihren logischen Komponenten konkret anlegen, erfahren Sie in Abschnitt 4.3.2, »System- und Change-Control-Landschaft«.

Single Source of Truth Mit dem neuen Lösungskonzept im SAP Solution Manager 7.2 schafft SAP eine Struktur, die es Ihnen ermöglicht, das Prozessmanagement über den gesamten Lebenszyklus hinweg einzusetzen. Die Dokumentation Ihrer Prozesse ist hierdurch nicht mehr von der Lebenszyklusphase, in der sich Ihr Prozess aktuell befindet, abhängig. Sie können somit die Vorteile des Prozessmanagements bereits in frühen Phasen Ihrer Projekte nutzen. Gleichzeitig besteht eine hohe Integration zwischen dem Prozessmanagement und anderen Bereichen des SAP Solution Managers (siehe Abschnitt 4.5, »Integration in andere Bereiche des SAP Solution Managers«). Die Lösung ist somit ein zentraler Zugriffspunkt im SAP Solution Manager 7.2 und wird in diesem Zusammenhang häufig auch als *Single Source of Truth* bezeichnet.

4.1.2 Umsetzung des Lebenszykluskonzepts mit Branches

Wie bereits erwähnt, werden die Versionen der Lösungsdokumentation innerhalb eines Lösungslebenszyklus mithilfe von *Branches* abgebildet. Welche Branches Sie nutzen, ist Ihnen grundsätzlich freigestellt.

Produktiv-Branch Bei der Anlage einer Lösung wird automatisch ein *Produktiv-Branch* erstellt, der als Container für Ihre produktive Lösung, d. h. Ihre produktiven Systeme, Applikationen und Prozesse, dient. Beim Produktiv-Branch handelt es sich um den einzigen obligatorischen Branch. Es ist jedoch zu empfehlen, neben dem *Produktiv-Branch* immer auch mindestens einen dem Produktiv-Branch unterstellten Branch einzurichten.

Wenn Sie neben dem Produktiv-Branch mindestens einen weiteren Branch nutzen, wird der Produktiv-Branch gegen direkte Änderungen gesperrt. Dies hat den Vorteil, dass in der produktiven Version keine Änderungen direkt vorgenommen werden können und Ihre produktive Lösung gegen ungewollte Änderungen geschützt wird. Änderungen in der Lösungsdokumentation sind dann nur noch in den Branches zulässig, die dem Produktiv-Branch unterstellt sind, und müssen explizit an den Produktiv-Branch freigegeben werden.

Um separate Versionskontexte abzubilden, können der Lösung weitere Branches zugeordnet werden. Der wohl wichtigste und dringend empfohlene *Wartungs-Branch* ist einer dieser Branch-Typen. Er wird häufig auch als *Maintenance Branch* bezeichnet. Der Wartungs-Branch wird wie der Produktiv-Branch automatisch bei der Anlage einer Lösung erstellt, ist jedoch im Unterschied zum Produktiv-Branch optional. Sollten Sie ihn nicht benötigen, können Sie ihn wieder löschen. Im Wartungs-Branch werden kurzfristige Änderungen an der produktiven Lösung vorgenommen, die bspw. durch Erweiterungen umgesetzt werden. Der Wartungs-Branch ist immer dem Produktiv-Branch unterstellt und kann nur einmal in einer Lösung existieren.

Wartungs-Branch

Darüber hinaus kann es für langfristige Änderungen sinnvoll sein, einen separaten, ebenfalls dem Produktiv-Branch unterstellten *Entwicklungs-Branch* einzurichten. Dieser bietet Ihnen eine separate Version Ihrer Lösung, in der Sie Ihre langfristigen Entwicklungen unabhängig von den Wartungsarbeiten im Wartungs-Branch realisieren können.

Entwicklungs-Branch

Weitere von SAP empfohlene Branches sind der *Import-Branch* und der *Design-Branch*. Der Import-Branch ist dem Design-Branch untergeordnet, der wiederum dem Entwicklungs-Branch unterstellt ist (siehe Abbildung 4.1). Alle drei Branches gemeinsam werden auch als *Innovationsschiene* der Lösung bezeichnet.

Import-Branch und Design-Branch

Der Import-Branch dient dazu, SAP-Best-Practices-Pakete in die Lösungsdokumentation zu importieren. Nähere Informationen hierzu erhalten Sie in Abschnitt 4.6, »SAP Best Practices für die Lösungsdokumentation«.

Da in der Regel nicht der gesamte Inhalt dieser Pakete für Ihr Unternehmen relevant ist, ist es sinnvoll, zwischen dem Entwicklungs- und dem Import-Branch einen zusätzlichen Design-Branch zu installieren. Dann geben Sie nur diejenigen SAP-Best-Practices-Inhalte für Ihren Design-Branch frei, die Sie in Ihrem Unternehmen verwenden möchten. Im Design-Branch können Sie anschließend die Inhalte an Ihre Prozesse anpassen, bevor Sie diese zur Integration in Ihre Geschäftsprozesse und zur Qualitätssicherung an den Entwicklungs-Branch freigeben. Darüber hinaus bietet Ihnen der Design-Branch eine Art Spielwiese, auf der Sie vollkommen neue Prozesse designen können, bevor Sie die Änderungen im Entwicklungs-Branch umsetzen.

Betriebs-Branch Diese vier optionalen Branches bilden zusammen den Soll-Zustand der Lösung. Der Ist-Zustand der Lösung wird durch den Produktiv- und den *Betriebs-Branch* definiert. Der Betriebs-Branch stellt ein Abbild der produktiven Lösung dar. Er dient dazu, Monitoring-Szenarien auf die dokumentierten Prozesse anzuwenden. Den Prozessen werden in diesem Branch Monitoring-Objekte zugewiesen und aktiviert. Wie das Anlegen und Aktivieren von Monitoring-Objekten im Detail funktioniert, lesen Sie in Abschnitt 11.3, »Geschäftsprozess-Monitoring«.

Beziehungen von Branches Wie bereits angedeutet, stehen die verschiedenen Branches in Bezug zueinander, wobei der Produktiv-Branch immer den obersten Knotenpunkt bildet. Abbildung 4.1 stellt die Beziehungen zwischen den vorgestellten Branches im von SAP definierten Best-Practice-Ansatz grafisch dar.

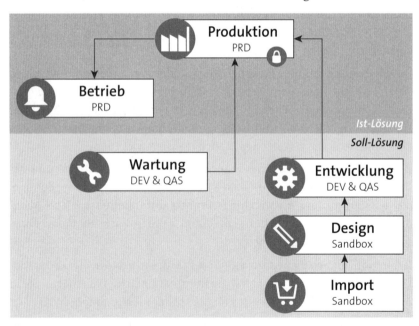

Abbildung 4.1 Branches in Beziehung zueinander (Quelle: SAP)

Lebenszykluskonzept Diese Beziehungsstruktur der Branches ist die Grundlage für fest definierte Freigabemechanismen im Lebenszykluskonzept der Lösungsdokumentation. Sie bildet eine Hierarchie, nach der Änderungen in einem Branch an die jeweils darüber- bzw. darunterliegenden Branches übertragen werden. Das Lebenszykluskonzept schafft so die Voraussetzungen, um Ihre Lösungsdokumentation kontinuierlich zu pflegen, weiterzuentwickeln und anzupassen.

Änderungen, die in Branches versioniert werden, können u. a. die Strukturinformationen zu Elementen der Lösungsdokumentation betreffen. Zu diesen zählen sowohl die Strukturelemente selbst wie ein Ordner, ein Prozessschritt oder ein Szenario als auch die den Strukturelementen zugeordneten Elemente wie Testfälle, Dokumente oder Referenzen zu ausführbaren Einheiten. Die Strukturinformationen werden für jedes Element als Ganzes gehandhabt; dabei wird berücksichtigt, ob das Element noch existiert oder gelöscht wurde. Ebenso werden das jeweils übergeordnete Element und die Beziehungsstruktur des Elements mit seinen gleichgeordneten Elementen beachtet.

Elementänderungen

Neben den Strukturinformationen werden auch die *Attribute* eines Elements versioniert. Dabei wird jedes Attribut separat von den anderen Attributen berücksichtigt. Knowledge-Warehouse-Dokumente werden als Ganzes, inklusive aller Dokumentattribute, in die Versionierung einbezogen. Abbildung 4.2 zeigt am Beispiel des Prozessschritts **Bestellung anlegen**, welche Informationen versioniert werden.

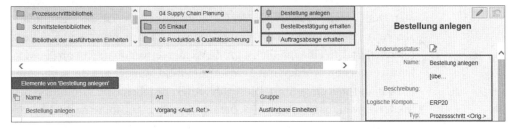

Abbildung 4.2 Elemente versionieren

Änderungen in einem Branch werden automatisch in alle darunterliegenden Branches übertragen. Andersherum müssen Änderungen explizit freigegeben werden, damit diese in dem darüberliegenden Branch verfügbar sind. Dies hat zur Folge, dass bspw. Änderungen, die im Wartungs-Branch durchgeführt und für den Produktiv-Branch freigegeben werden, direkt in den Betriebs-, Entwicklungs-, Design- und Import-Branch übertragen werden. In Abschnitt 4.4.4, »Geschäftsprozesse dokumentieren«, gehen wir detaillierter auf die Freigabe von Änderungen in der Lösungsdokumentation ein.

Freigabe von Änderungen

Um Änderungen gezielt nachverfolgen zu können, hat jedes Element einen Änderungsstatus, der sich immer auf den Status des Elements im aktuellen Branch-Kontext bezieht. Folgende Statuswerte sind möglich:

Änderungsstatus

- **Geändert**: Das Element wurde in dem Branch geändert.
- **Konflikt**: Der übergeordnete Branch enthält widersprüchliche Änderungen für dieses Element.
- **Unverändert**: Das Element wurde in dem Branch nicht geändert.
- **Angelegt**: Das Element wurde in dem Branch angelegt und ist im übergeordneten Branch noch nicht vorhanden.
- **Gelöscht**: Das Element wurde in dem Branch gelöscht, ist aber im übergeordneten Branch noch vorhanden.
- **Wartungskonflikt**: Das Element wurde sowohl im Branch als auch im gleichgeordneten Wartungs-Branch des übergeordneten Branches geändert.

Wie Sie sich den Änderungsstatus anzeigen lassen können, erfahren Sie in Abschnitt 4.4.4. Dort gehen wir zudem auf Konflikte, neu angelegte Elemente sowie das Löschen von Elementen ein.

4.1.3 Umsetzung des Wiederverwendungskonzepts mit Bibliotheken

Wiederverwendungskonzept

Bereits im SAP Solution Manager 7.1 konnte man z. B. denselben Prozessschritt in Transaktion SOLAR01 in verschiedenen Prozessen wiederverwenden. Das Wiederverwendungskonzept wurde mit dem SAP Solution Manager 7.2 weiter ausgebaut. Der Grundgedanke dabei ist, dass Redundanzen vermieden werden, indem man Originale dokumentiert und auf diese referenziert. Um eine möglichst große Wiederverwendbarkeit von Elementen zu erreichen, wurden mit dem SAP Solution Manager 7.2 die sogenannten *Bibliotheken* eingeführt. Diese Bibliotheken stellen eine Sammlung von wiederverwendbaren Originalen bereit. Jedes Element sollte nach Möglichkeit nur einmal in einer solchen Bibliothek vorhanden sein. Wird ein Element in mehreren Prozessen benötigt, empfehlen wir Ihnen, jeweils auf das Originalelement zu referenzieren.

Beim Referenzieren können einige Attribute des Originalelements in der Referenz angepasst werden. Die Attribute werden dadurch nicht im Originalelement geändert. Durch diese Möglichkeit lassen sich ähnliche Prozessschritte in einem einzigen Originalprozessschritt dokumentieren. Somit können Sie Redundanzen in der Lösungsdokumentation sowie den Pflegeaufwand minimieren. Welche Bibliotheken es gibt, wie diese strukturiert werden und welche Elemente sie beinhalten, erläutern wir in Abschnitt 4.4.2.

Wiederverwendung von Prozessen

Neben einzelnen Elementen der Lösungsdokumentation können auch ganze Prozesse wiederverwendet werden. So können Sie bspw. durchgängige *End-to-End-Prozesse* aus modularen Prozessen aufbauen und müssen diese nicht kleinteilig aus den einzelnen Elementen zusammensetzen. Dadurch werden Redundanzen in den Prozessen verhindert und die End-to-End-Prozesse übersichtlicher gestaltet. Abbildung 4.3 stellt das Wiederverwendungskonzept grafisch dar.

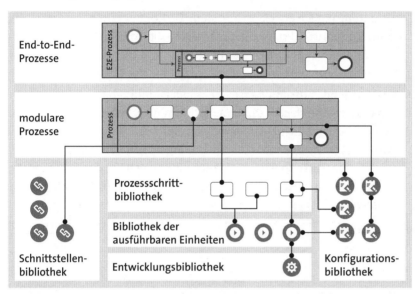

Abbildung 4.3 Wiederverwendungskonzept

4.2 Voraussetzungen für die Nutzung des Prozessmanagements

In diesem Abschnitt gehen wir kurz auf die wichtigsten Schritte der Grundkonfiguration des Prozessmanagements ein. Außerdem beschreiben wir, welche Berechtigungen Sie für dieses Szenario einrichten sollten.

4.2.1 Konfiguration des Prozessmanagements

Um das Prozessmanagement vollumfänglich nutzen zu können, müssen Sie zunächst die Konfiguration des Szenarios in Transaktion SOLMAN_SETUP durchführen. Im Folgenden erklären wir die wichtigsten Schritte, die erforderlich sind, um mit der Lösungsverwaltung und der Lösungsdokumentation arbeiten zu können.

Guided Procedure

1. Klicken Sie in Transaktion SOLMAN_SETUP auf **Prozesskoordination**. Führen Sie die obligatorischen Tätigkeiten aus den Schritten 1 bis 5 anhand der hinterlegten Dokumentation durch (siehe Abbildung 4.4).

Abbildung 4.4 Übersicht der Konfiguration der Prozesskoordination

2. Als unumgänglich erweist sich zudem die Konfiguration der *Embedded Search* in Schritt 6. Prüfen Sie zunächst, ob die Embedded Search grundsätzlich eingerichtet ist (siehe Abschnitt 3.4, »Grundkonfiguration der Embedded Search«).

3. Anschließend müssen diverse Suchmodelle und die Suchkonnektoren anhand der hinterlegten Dokumentation angelegt werden. Suchmodelle werden basierend auf der jeweiligen Softwarekomponente im ESH-Modeler (Transaktion ESH_MODELER) eingerichtet (siehe Abbildung 4.5). Sowohl die Suchkonnektoren als auch die entsprechenden Suchmodelle dienen als Basis für die erfolgreiche Durchführung von Suchanfragen im Rahmen der Lösungsdokumentation.

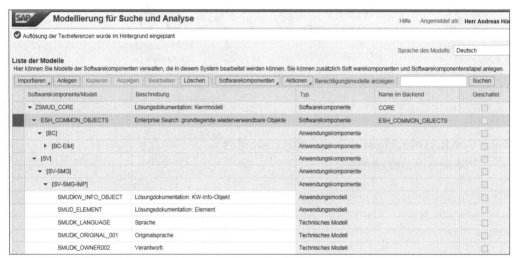

Abbildung 4.5 Suchmodelle in Transaktion ESH_MODELER anlegen

4. Planen Sie anschließend die Erstindizierung aller in der Lösungsdokumentation vorhandenen Objekte mithilfe der Aktivität **Erstindizierung einplanen** ein.

5. Um die in Abschnitt 4.6, »SAP Best Practices für die Lösungsdokumentation«, vorgestellten Best-Practices-Pakete von SAP verwenden zu können, müssen Sie in Schritt 7 die passenden RFC-Verbindungen konfigurieren. Im selben Schritt ist es ebenfalls nötig, eine HTTP-Verbindung zum Ablageort der SAP-Best-Practices-Pakete einzurichten. Informatio-

nen zur Anlage dieser beiden Verbindungen finden Sie in SAP-Hinweis 2194123.

6. Legen Sie abschließend die in Schritt 8.2 vorgeschlagenen Benutzer automatisch an. Mit diesem Schritt ist die Grundkonfiguration der Lösungsdokumentation abgeschlossen.

4.2.2 Berechtigungen

Das Prozessmanagement kann von einem Benutzer nur dann verwendet werden, wenn ihm die entsprechenden Berechtigungen zugeordnet sind. Als Ausgangslage für ein kundenspezifisches Berechtigungskonzept bietet SAP vordefinierte Sammelrollen, die die Kernrollen in Bezug auf das Prozessmanagement abdecken. Sie beinhalten neben Berechtigungen für das Prozessmanagement auch weitere Berechtigung für angrenzende Funktionalitäten. Für jede dieser Rollen können Sie in Transaktion SOLMAN_SETUP einen Vorlagenbenutzer anlegen. Es stehen Ihnen u. a. folgende Sammelrollen zur Verfügung:

Vordefinierte Sammelrollen

- **Projektmanager (SAP_SOL_PM_COMP)**
  Ein Projektmanager verantwortet die Gesamtheit eines Projekts. Er benötigt daher weitreichende Berechtigungen, um das Projekt effektiv zu steuern. Dementsprechend hat er vollumfängliche Berechtigung für die Lösungsdokumentation und die Lösungsverwaltung. Der zugehörige Vorlagenbenutzer ist SOLD_ADMSMA.

- **Anwendungsberater (SAP_SOL_AC_COMP)**
  Der Anwendungsberater ist im Prozessmanagement dafür verantwortlich, dass die Dokumentation der Geschäftsprozesse aktuell ist. Er benötigt daher umfassende Berechtigungen für die Lösungsdokumentation. Zudem kann er sich die Lösungsverwaltung anzeigen lassen. Der zugehörige Vorlagenbenutzer ist SOLD_EXESMA.

- **Anzeigebenutzer (SAP_SOL_RO_COMP)**
  Der Anzeigebenutzer wird für diejenigen Anwender verwendet, die ausschließlich koordinative Aufgaben ausführen. Sie benötigen Zugriff auf die Lösungsdokumentation und Lösungsverwaltung im Anzeigemodus, um ihre Aufgaben erfüllen zu können. Der zugehörige Vorlagenbenutzer ist SOLD_DISSMA.

> **SAP Security Guide**
>
> SAP bietet weitere vordefinierte Sammelrollen z. B. für Basisberater oder technische Berater. Informationen zu diesen Sammelrollen sowie zu den inkludierten Einzelrollen beinhaltet der »SAP Security Guide«. Diesen fin-

> den Sie im SAP Support Portal (*https://support.sap.com/en/index.html*) unter **Service Marketplace** • **Products** • **Installation & Upgrade Guides** • **SAP Components** • **SAP Solution Manager** • **Release 7.2** im Bereich **Operation**.

Berechtigungsobjekte

Unabhängig von den vordefinierten Rollen können Sie den Zugriff auf die Lösungsdokumentation über das Berechtigungsobjekt SM_SDOC und den Zugriff auf die Lösungsverwaltung über das Berechtigungsobjekt SM_SDOCADM einschränken. Innerhalb des Berechtigungsobjekts für die Lösungsdokumentation stehen Ihnen neben der Aktivität die Felder SBRA, SLAN, SMUDAREA und SMUDAUTHGR zur Verfügung. Über das Feld SBRA können Sie den Zugriff auf Branches einschränken. Einträge im Feld SLAN beschränken den Zugriff auf Lösungen.

Berechtigungsbereiche

Über *Berechtigungsbereiche* (Feld SMUDAREA) lassen sich ganze Teilbäume in der Lösungsdokumentation schützen. Sie werden lösungsabhängig definiert und haben einen 30-stelligen technischen Namen. Lösungselemente ohne konkrete Zuordnung zu einem Berechtigungsbereich werden dem Berechtigungsbereich **Default** zugewiesen. Sind die Lösungselemente mit einem Wurzelelement verknüpft, das einem Berechtigungsbereich zugeordnet ist, gilt dieser Berechtigungsbereich für alle verknüpften Elemente des Teilbaums. Ausgeschlossen sind Elemente mit eigenen Berechtigungsbereichszuordnungen. Berechtigungsbereiche werden über das View-Cluster SMUD_AUTHG in der Transaktion SM34 gepflegt:

1. Wählen Sie hier zunächst Ihre Lösung.
2. Definieren Sie anschließend über **Berechtigungsbereiche definieren** sinnvolle Berechtigungsbereiche, und ordnen Sie diesen über **Berechtigungsbereiche zuordnen** entsprechende Elemente zu.

Berechtigungsgruppen

Das Feld SMUDAUTHGR prüft die Berechtigungen von *Berechtigungsgruppen* in der Lösungsdokumentation. Über Berechtigungsgruppen wird eine Berechtigungsprüfung auf Objekt- bzw. Attributtypebene durchgeführt. Alle Objekte und Attribute, die keiner Berechtigungsgruppe zugeordnet sind, werden automatisch der Gruppe **Default** zugewiesen.

Ein Objekt oder Attribut kann immer nur einer Berechtigungsgruppe zugeordnet sein. Berechtigungsgruppen werden ebenfalls über die Transaktion SM34 und das View-Cluster SMUD_AUTHG gepflegt. In diesem Fall sind die Bereiche **Berechtigungsgruppen definieren**, **Berechtigungsgruppen für Attribute** und **Berechtigungsgruppen für Objekte** relevant.

4.3 Lösungsverwaltung

Für den neuen Ansatz des Prozessmanagements im SAP Solution Manager 7.2 stehen Ihnen zwei zentrale Anwendungen zur Verfügung. Sie finden diese als Kacheln im SAP Solution Manager Launchpad unter der Kategorie **Projekt- und Prozessverwaltung**. Abbildung 4.6 zeigt die zwei Kacheln im Launchpad.

Applikationen des Prozessmanagements

Eine der zentralen Anwendungen ist die **Lösungsverwaltung**, auf die wir in diesem Abschnitt genauer eingehen. Die zweite ist die **Lösungsdokumentation**, in der Sie Ihre Geschäftsprozesse dokumentieren. Informationen zur Lösungsdokumentation erhalten Sie in Abschnitt 4.4. Die alten Transaktionen SOLAR01 und SOLAR02 stehen im SAP Solution Manager 7.2 nicht mehr zur Dokumentation zur Verfügung. Alternativ können Sie die **Lösungsverwaltung** auch über die Transaktion SOLADM öffnen.

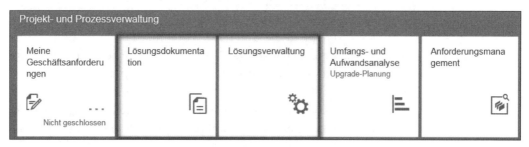

Abbildung 4.6 Lösungsverwaltung und -dokumentation aufrufen

> **[+] Lesezugriff auf Transaktionen SOLAR01 und SOLAR02**
>
> Die Transaktionen SOLAR01 und SOLAR02 stehen Ihnen im SAP Solution Manager 7.2 weiterhin im Lesemodus zur Verfügung. Haben Sie ein Upgrade von Release 7.1 auf Release 7.2 durchgeführt, können Sie dort wie gewohnt Ihre Projekte und dokumentierten Prozesse einsehen.

4.3.1 Aufbau und Grundfunktionen

In der Lösungsverwaltung können Sie Ihre Lösung einsehen und verwalten sowie neue Lösungen anlegen und definieren. Über das Feld **Lösung** können Sie zwischen Ihren Lösungen wechseln. In der Regel sollte aber nur eine einzige Lösung für Ihr gesamtes Unternehmen existieren.

Die Funktionen der Lösungsverwaltung sind in Registerkarten gegliedert. Sie beziehen sich zum einen auf die Systemlandschaft sowie die Branches Ihrer Lösung und zum anderen auf die Lösungsdokumentation. Globale Funktio-

Funktionen der Lösungsverwaltung

nen sind in der oberen rechten Bildschirmecke in einem Menü zusammengefasst. Abbildung 4.7 zeigt den Zugriff auf die globalen Funktionen.

Abbildung 4.7 Globales Funktionsmenü der Lösungsverwaltung

Lösung anlegen

Über die Funktion **Lösung anlegen** können Sie eine neue Lösung erstellen. Beachten Sie hierbei die Informationen zur Lösung aus Abschnitt 4.1.1, »Eine Lösung als Single Source of Truth«. Wenn Sie eine neue Lösung anlegen möchten, geben Sie im Anlagedialog einen eindeutigen sprechenden sowie einen technischen Namen für Ihre Lösung an (siehe Abbildung 4.8).

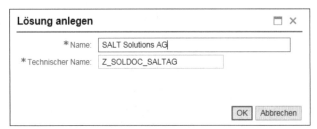

Abbildung 4.8 Lösung anlegen

Inhalte exportieren

Mithilfe der Funktion **Exportieren** können Sie Inhalte Ihrer Lösungsdokumentation Branch-bezogen exportieren und lokal in einer JSON-Datei speichern. Dazu wählen Sie die Funktion im Menü aus, wählen den gewünschten Branch und den Umfang (nähere Informationen zum Umfang finden Sie in Abschnitt 4.4.1, »Aufbau und Grundfunktionen«), den Sie exportieren möchten, aus, und speichern die generierte Datei.

Möchten Sie die den Elementen zugeordneten Knowledge-Warehouse-Dokumente ebenfalls exportieren, ist dies über einen separaten Transportauftrag möglich. Selektieren Sie hierzu die Option **KW-Dokumente einschließen** im Exportdialog (siehe Abbildung 4.9).

Abbildung 4.9 Exportfunktion

Sind in Ihrem gewählten Umfang Knowledge-Warehouse-Dokumente zugeordnet, erhalten Sie nach dem Export einen Transportauftrag des Typs *Transport von Kopien* mit entsprechenden Dokumentobjekteinträgen (siehe Abschnitt 8.3.5, »Änderungsdokumente«).

> **[!]**
>
> **Von Ex- und Import ausgeschlossener Inhalt**
>
> Im SAP Solution Manager 7.2 SPS04 werden Elemente des Typs Jobdokumentation, Alerting, Analysen, Alerting zu Analysen, technische Stücklisten (TBOM) und Testkonfiguration nicht von der Export- bzw. Import-Funktion unterstützt. Mit SPS05 besteht dieses Defizit nur noch bei der Jobdokumentation.

Verwenden Sie zum Importieren von Inhalt aus einer Datei in einen Branch Ihrer Lösung die Funktion **Importieren**. Wählen Sie zunächst die Quelle für den Import. Für den Import einer lokalen Datei wählen Sie **Inhalt aus lokaler Datei**. Auf den Import von SAP-Best-Practices-Paketen gehen wir in Abschnitt 4.6, »SAP Best Practices für die Lösungsdokumentation«, genauer ein.

Inhalte importieren

Geben Sie anschließend den Branch an, in den Sie den Inhalt importieren möchten. In der Mapping-Tabelle können Sie außerdem die in der Datei definierten logischen Komponenten den logischen Komponenten Ihrer Lösung zuordnen (siehe Abbildung 4.10).

> **[«]**
>
> **Import von Inhalten bei aktiver Change-Request-Management-Integration**
>
> Beachten Sie bei aktiver Integration mit dem Change Request Management, dass Sie beim Import von Inhalten ein gültiges Änderungsdokument auswählen müssen. Ist kein Änderungsdokument verfügbar, kann der Import nicht abgeschlossen werden.

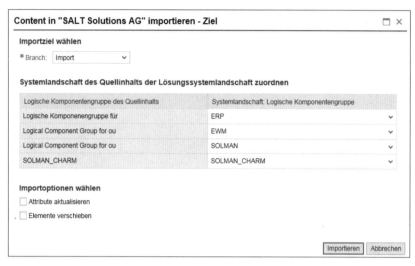

Abbildung 4.10 Importfunktion

Serviceleistungen und Einstellungen

Nähere Informationen über das **Bibliotheksgenerierungs-Cockpit** sowie die **Dokumentenarten-Verwaltung**, die ebenfalls Teil der Lösungsverwaltung sind, erhalten Sie in Abschnitt 4.3.5 bzw. Abschnitt 4.3.4. Zu den **Serviceleistungen** im globalen Menü zählen die Aktualisierung des Suchindexes, die Berechnung von abgeleiteten Attributen und die Aktualisierung von Remote-Element-Textpuffern. Unter **Einstellungen** können Sie benutzerbezogene Einstellungen in Bezug auf das Layout sowie Bestätigungseinstellungen für Pop-up-Fenster zurücksetzen. Darüber hinaus lässt sich hier die Navigationshistorie löschen.

4.3.2 System- und Change-Control-Landschaft

Anzeige der Systemlandschaft

Einen grafischen Überblick über die Systemlandschaft Ihrer Lösung erhalten Sie auf der Registerkarte **Systemlandschaft**. Diese Grafik zeigt die Zusammenhänge zwischen logischen Komponentengruppen, logischen Komponenten, Sites und Branches (siehe Abschnitt 4.1.1, »Eine Lösung als Single Source of Truth«). Ein Beispiel einer Systemlandschaft mit Wartungs- und Produktiv-Branch sowie der logischen Komponentengruppe SOLMAN_QGM ohne Sites zeigt Abbildung 4.11. Die logische Komponente **Wartung – Global** wird durch die Systeme SMA/801 und SMA/802 definiert. Das System SMA/804 entspricht der logischen Komponente **Produktiv – Global**.

Komponentengruppen bearbeiten

Über die Schaltfläche **Logische Komponentengruppen bearbeiten** können Sie die logischen Komponentengruppen in Ihrer Systemlandschaft verwalten. Sie können über diese Aktion neue logische Komponentengruppen anlegen oder bestehende ändern oder löschen. Die definierten logischen

4.3 Lösungsverwaltung

Komponentengruppen können Sie später in Ihrer Lösungsdokumentation den Elementen als Attribut zuordnen.

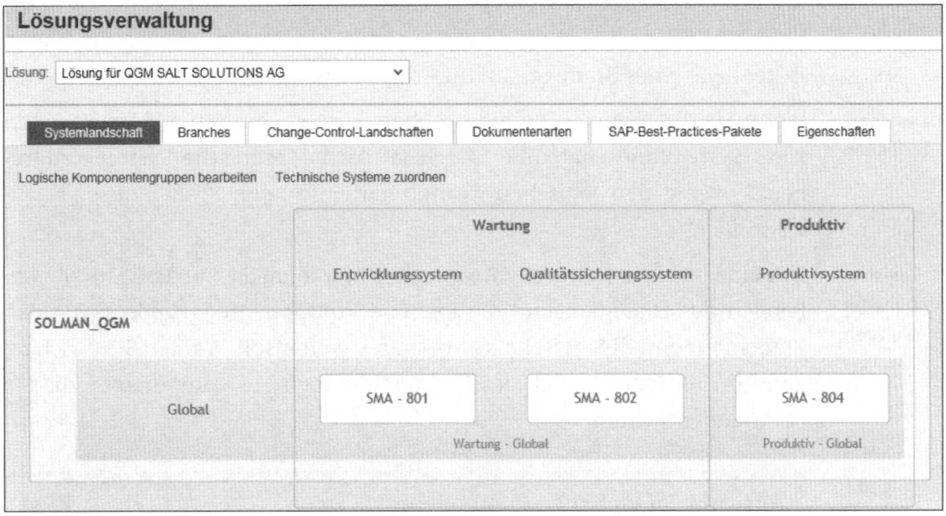

Abbildung 4.11 Beispiel einer Systemlandschaft

> [!] **Einmaligkeit von logischen Komponentengruppen**
>
> Der Name einer logischen Komponentengruppe ist immer eindeutig für das System und kann folglich nicht in mehreren Lösungen vorkommen. Ist die logische Komponentengruppe einmal angelegt, kann ihr Name nicht mehr geändert werden.

Bevor Sie nun die technischen Systeme den logischen Komponentengruppen anhand von logischen Komponenten zuordnen, müssen Sie die Branches Ihrer Lösung definieren. Dazu wechseln Sie auf die Registerkarte **Branches**. Legen Sie hier über die Schaltfläche **Anlegen** die Struktur Ihrer Branches fest (siehe Abbildung 4.12).

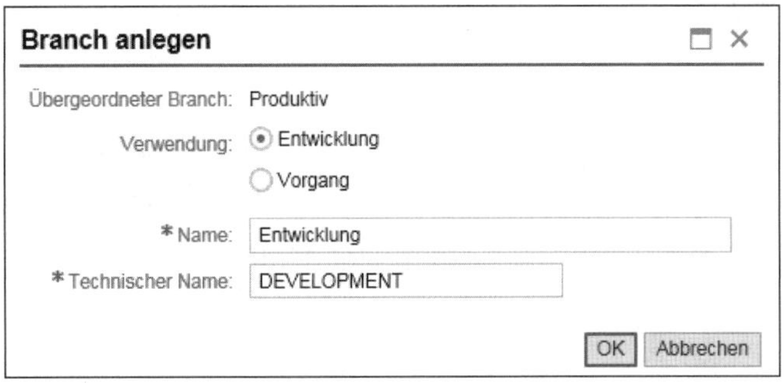

Branches definieren

Abbildung 4.12 Branch anlegen

Wie Sie die Struktur anlegen, ist Ihnen überlassen. Beachten Sie jedoch die Informationen aus Abschnitt 4.1.2, »Umsetzung des Lebenszykluskonzepts mit Branches«. Auf dieser Registerkarte können Sie darüber hinaus in die Branch-abhängige Lösungsdokumentation navigieren. Klicken Sie hierzu in der Zeile eines Branches auf die Schaltfläche **Öffnen**.

Systemlandschaft aufbauen

Wenn Sie die Branches definiert haben, können Sie nun auf der Registerkarte **Systemlandschaft** über die Schaltfläche **Technische Systeme zuordnen** Systeme den logischen Komponentengruppen Branch-bezogen zuweisen.

Logische Komponente anlegen

Um eine logische Komponente anzulegen, wählen Sie zunächst im oberen Bereich des Dialogfensters die logische Komponentengruppe sowie den Branch, für den die logische Komponente gelten soll. Wählen Sie anschließend im unteren Bereich des Fensters die logische Komponente, die Sie definieren möchten.

> **Auswahl der logischen Komponente**
>
> Bei der Auswahl der logischen Komponente können Sie zwischen dem Original der logischen Komponente und einer Referenz auf eine andere logische Komponente wählen. Eine logische Komponente wird nur dann angelegt, wenn Sie dem Original der logischen Komponente Systeme zuweisen. Bei einer Referenz werden die Systeme der referenzierten logischen Komponente übernommen.

Logische Komponente definieren

Um das Original der logischen Komponente anzulegen, ordnen Sie der logischen Komponente im Dialogfenster die entsprechenden Systeme zu. Dabei werden verschiedene Systemrollen unterschieden. Abbildung 4.13 zeigt ein Beispiel einer logischen Komponente. Hier wurde der logischen Komponentengruppe ERP20 im Entwicklungs-Branch das Entwicklungssystem SE1/100 zugeordnet.

Abbildung 4.13 Beispiel für die Anlage einer logischen Komponente

4.3 Lösungsverwaltung

> **Sites bei der Anlage von logischen Komponenten**
>
> Wenn Sie die Verwendung von Sites aktiviert haben, können Sie für jede Site eines Branches eine eigene logische Komponente anlegen. Alternativ können Sie auf eine übergeordnete logische Komponente referenzieren. Ausgenommen hiervon ist die globale Site des Produktiv-Branches. Diese hat immer ihre eigene logische Komponente.

Auf der Registerkarte **Change-Control-Landschaften** verwalten Sie Ihre Change-Control-Landschaften. Eine *Change-Control-Landschaft* ist Grundlage für das Change Request Management und definiert den Teil Ihrer Systemlandschaft, der durch das Change Request Management gesteuert werden kann. Die einzelnen Systeme werden anhand der existierenden logischen Komponentengruppen einer Change-Control-Landschaft zugeordnet.

Change-Control-Landschaft

Um eine neue Change-Control-Landschaft anzulegen, klicken Sie mit der rechten Maustaste auf die Landschaftstabelle und wählen im Kontextmenü die Aktion **Neu** (siehe Abbildung 4.14).

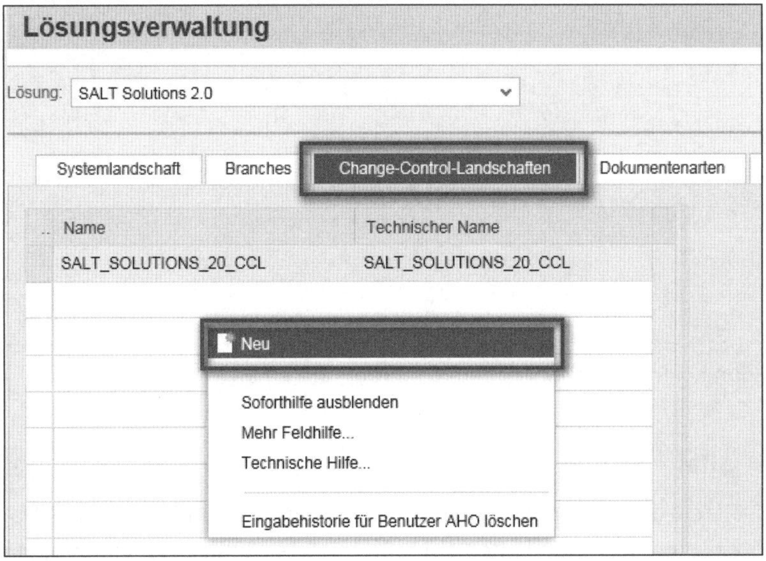

Change-Control-Landschaft anlegen

Abbildung 4.14 Change-Control-Landschaft anlegen

Vergeben Sie einen sprechenden sowie einen technische Namen. Der technische Name ist pro Lösung eindeutig.

4 Prozessmanagement

[!] **Name und technischen Namen ändern**

Name und technischer Name der Change-Control-Landschaft können nachträglich über deren Kontextmenü geändert werden. Beachten Sie jedoch, dass die Änderung des technischen Namens Auswirkung auf Berechtigungen von Benutzern haben kann, wenn die Change-Control-Landschaft bereits in Berechtigungsobjekten verwendet wird.

Logische Komponentengruppen werden einer Change-Control-Landschaft über die Tabelle auf der rechten Seite der Registerkarte **Change-Control-Landschaft** zugeordnet. Hierfür muss die Landschaft in der Landschaftstabelle auf der linken Seite markiert sein (siehe Abbildung 4.15). Über die Optionen **Alle** und **Im Umfang** können Sie sich alle existierenden logischen Komponentengruppen Ihrer Lösung bzw. alle im Umfang der Change-Control-Landschaft vorhandenen logischen Komponentengruppen anzeigen lassen. In der Sicht **Alle** können Sie logische Komponentengruppen hinzufügen oder entfernen.

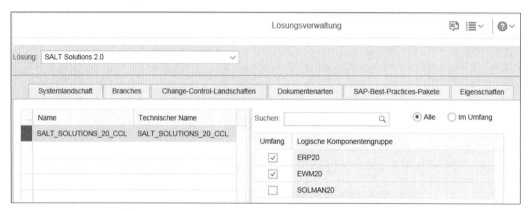

Abbildung 4.15 Beispiel einer Change-Control-Landschaft

4.3.3 Sites

Sites bieten die Möglichkeit, mehrere Produktivsysteme eines SAP-Produkts bzw. mehrere Mandanten eines Produktivsystems in einer logischen Komponente der Systemlandschaft abzubilden. Separate Produktivsysteme können nötig sein, wenn Ihr Unternehmen z. B. in verschiedenen Ländern oder Regionen aktiv ist und neben Gemeinsamkeiten der Produktivsysteme auch lokale Unterschiede in Bezug auf die Softwarelogistik und die Lösungsdokumentation bestehen. Die Produktivsysteme der jeweiligen

Sites können sowohl durch gemeinsame als auch durch lokale Wartungs- und Entwicklungssysteme beliefert werden.

Um Sites in Ihrer Lösung nutzen zu können, müssen Sie die Funktion zunächst allgemein aktivieren. Solange die Sites-Funktion inaktiv ist, sind Sites-bezogene Felder und Aktionen ausgeblendet. Sie aktivieren die Sites-Funktion in der Lösungsverwaltung auf der Registerkarte **Eigenschaften** Ihrer Lösung. Dazu muss die Eigenschaft **Landschaften mit Sites** aktiviert werden.

Aktivierung der Sites-Funktion

Die allgemeine Aktivierung der Sites-Funktion hat in der Lösungsverwaltung zwei Auswirkungen:

- Zum einen sehen Sie nun auf der Registerkarte **Branches** eine neue Spalte **Sites eingeschaltet** (siehe Abbildung 4.16). In dieser wird angezeigt, ob die Sites-Funktion im jeweiligen Branch aktiv ist. Solange sie inaktiv ist, können Sie weiterhin keine Site-spezifischen Zuordnungen von Systemen in dem Branch vornehmen. Sie aktivieren die Funktion in einem Branch, indem Sie die Zeile des Branches markieren und über die Funktion **Eigenschaften** die Eigenschaft **Branch mit Sites** aktivieren.

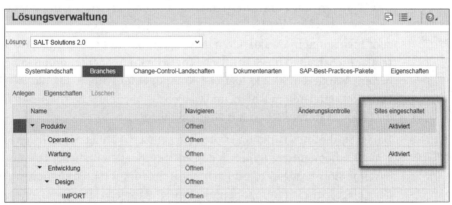

Abbildung 4.16 Sites eingeschaltet

- Die zweite Auswirkung sehen Sie auf der Registerkarte **Systemlandschaft**. Hier haben Sie nun eine weitere Funktion **Sites bearbeiten** zur Verfügung. Über diese verwalten Sie die Sites Ihrer Lösung.

Zur Anlage von Sites wählen Sie **Sites bearbeiten • Anlegen** und vergeben einen sprechenden sowie einen technischen Namen (siehe Abbildung 4.17). Neben den von Ihnen angelegten Sites ist immer eine globale Site vorhanden. Diese ist den anderen Sites übergeordnet und kann nicht gelöscht oder verändert werden.

Sites anlegen

4 Prozessmanagement

![Sites bearbeiten Dialog mit Site anlegen für Hamburg/HAMBURG]

Abbildung 4.17 Site anlegen

Aktivierung in Komponentengruppen

Des Weiteren muss die Sites-Funktion in den logischen Komponentengruppen aktiviert werden, damit Sie technische Systeme Sites-bezogen zuordnen können. Sie aktivieren diese Funktion auf der Registerkarte **Systemlandschaft** über die Schaltfläche **Logische Komponentengruppen bearbeiten**. Markieren Sie die logische Komponentengruppe, für die Sie die Funktion aktivieren möchten, und wählen Sie über die Schaltfläche **Ändern** die Eigenschaft **Landschaft mit Sites • Aktiviert**.

Technische Systeme zuordnen

Haben Sie die Sites-Funktion erfolgreich aktiviert, können Sie nun den logischen Komponentengruppen in den entsprechenden Branches technische Systeme Sites-bezogen zuordnen (siehe Abbildung 4.18). Sie können wie bei der Anlage logischer Komponenten ohne Sites für jede Site eine eigene logische Komponente definieren oder auf eine übergeordnete logische Komponente verweisen.

Abbildung 4.18 Beispiel für die Zuordnung von Sites zu einer logischen Komponentengruppe

Durch die Aktivierung der Sites-Funktion in einem Branch erhalten Sie in der Lösungsdokumentation zwischen Branch- und Systemtypauswahl ein weiteres Drop-down-Menü, über das Sie zwischen den verschiedenen Sites des Branches wechseln können (siehe Abbildung 4.19). Sie steuern hierüber, welches Zielsystem aufgerufen wird, wenn Sie aus der Lösungsdokumentation heraus in ein verwaltetes System abspringen.

Sites in der Lösungsdokumentation

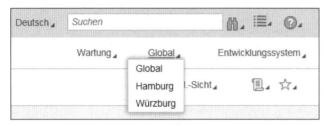

Abbildung 4.19 Sites-Auswahl in der Lösungsdokumentation

Um logische Komponenten Site-bezogen zu dokumentieren, steht Ihnen außerdem im Attribut-Bereich das Feld **Site** zur Verfügung. Hierüber lassen sich die einzelnen Elemente der Lösungsdokumentation anhand der definierten Sites klassifizieren. Änderungen in der Site-Zuordnung müssen wie andere Attributänderungen über das jeweilige Element freigegeben werden (siehe Abschnitt 4.4.4, »Geschäftsprozesse dokumentieren«).

4.3.4 Dokumentenarten

Der SAP Solution Manager 7.2 bietet die Möglichkeit, eine große Bandbreite an Dokumenten in die Dokumentationsstruktur des SAP Solution Managers einzufügen. Um einen Überblick über die Art bzw. die Relevanz eines Dokuments zu erhalten, empfiehlt es sich, spezielle *Dokumentenarten* festzulegen. Die Dokumentenart dient anschließend in der Lösungsdokumentation als Indikator, um einen Rückschluss auf Inhalt und Verwendung der Knowledge-Warehouse-Dokumente treffen zu können.

Starten Sie die **Dokumentenarten-Verwaltung** über das globale Menü, um eine neue Dokumentenart hinzuzufügen (siehe Abbildung 4.20). Auf der linken Seite des Fensters werden daraufhin alle existierenden Dokumentenarten angezeigt. Informationen zu der jeweils markierten Dokumentenart erhalten Sie auf der rechten Seite des Fensters.

Dokumentenarten pflegen

Über einen Rechtsklick im linken Bereich können Sie neue Dokumentenarten anlegen. SAP stellt Ihnen bereits einige empfohlene Dokumententypen bereit. Diese können Sie entweder direkt verwenden oder kopieren und in ihren Eigenschaften individuell anpassen.

4 Prozessmanagement

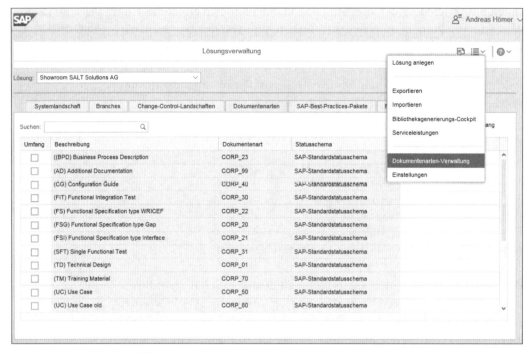

Abbildung 4.20 Dokumentenartenverwaltung aufrufen

Eigenschaften von Dokumentenarten

Wenn Sie eine neue Dokumentenart erstellen, müssen dieser einige Parameter mitgegeben werden. Hierzu zählen u. a. eine Beschreibung, die Bezeichnung der Dokumentenart und ein Statusschema (siehe Abbildung 4.21). Des Weiteren kann eine Vorlage (z. B. ein Word-Dokument) für ein Dokument dieses Typs hochgeladen werden, die im weiteren Verlauf in der Lösungsdokumentation weiterverwendet werden kann. Diese Attribute werden auf der Registerkarte **Eigenschaften** hinterlegt.

Abbildung 4.21 Eine Dokumentenart anlegen

4.3 Lösungsverwaltung

Darüber hinaus ist es möglich, die Verwendbarkeit der gewählten Dokumentenart einzuschränken. Über die Registerkarte **Nutzung** können Sie entscheiden, ob die Dokumentenart für alle oder nur für ausgewählte Elementarten verfügbar sein soll. Haben Sie die Nutzung eingeschränkt, können Sie über die Registerkarte **Vollständigkeitsregeln** für jeden selektierten Elementtyp festlegen, ob das definierte Dokument für diesen Elementtyp in der Lösungsdokumentation optional oder obligatorisch ist.

Nutzungseinschränkung

Damit Dokumentenarten in der Lösungsdokumentation verfügbar sind, müssen diese der Lösung zugewiesen werden. Diese Zuordnung nehmen Sie in der **Lösungsverwaltung** auf der Registerkarte **Dokumentenarten** vor. Wählen Sie die Ansicht **Alle**, damit Ihnen alle existierenden Dokumentenarten angezeigt werden. Markieren Sie diejenigen Dokumentenarten, die in Ihrer Lösungsdokumentation zur Verfügung stehen sollen, indem Sie in der Spalte **Umfang** einen Haken setzen. Wenn Sie nun in die Sicht **Im Umfang** wechseln, werden Ihnen alle Arten, die Sie in der Lösungsdokumentation als Dokumentenart hinterlegen können angezeigt.

Zuordnung zur Lösung

4.3.5 Bibliotheksgenerierungs-Cockpit

Eine weitere Funktion des globalen Menüs der Lösungsverwaltung ist das **Bibliotheksgenerierungs-Cockpit**. Sie erhalten hier eine Übersicht über die generierte *Bibliothek der ausführbaren Einheiten* und die *Entwicklungsbibliothek* Ihrer Lösung. Abschnitt 4.4.2 stellt Ihnen die Bibliotheksarten im Detail vor. Beide Bibliotheken sind nach den logischen Komponentengruppen Ihrer Lösung strukturiert und entsprechend im Bibliotheksgenerierungs-Cockpit dargestellt. Abbildung 4.22 zeigt Ihnen als Beispiel ein Bibliotheksgenerierungs-Cockpit, das bereits generierte Bibliotheken enthält.

Bibliothek	LogKomp-Gruppe	Quell-Branch	Systemrolle	Bibliotheks-Branch
Entwicklung	ERP20	Produktiv	Produktivsystem	Wartung
Entwicklung	SOLMAN20	Produktiv	Produktivsystem	Wartung
Entwicklung	EWM20	Produktiv	Produktivsystem	Wartung
Ausführbare Einheit	ERP20	Produktiv	Produktivsystem	Wartung
Ausführbare Einheit	SOLMAN20	Produktiv	Produktivsystem	Wartung
Ausführbare Einheit	EWM20	Produktiv	Produktivsystem	Wartung

System	Zeitraum (JJJJMM)	Jobname	Status der Bibliotheksgenerierung	Geändert um	Änderer
SE1	201705	EDP0531065537SE18036LDN	OUTDATED	31.05.2017 08:56:05	LDN

Abbildung 4.22 Beispiel für ein Bibliotheksgenerierungs-Cockpit

Bibliotheks-generierung einplanen

Über die Schaltfläche **Bibliotheksgenerierung einplanen** haben Sie die Möglichkeit, einen neuen Job zur automatischen Bibliotheksgenerierung einzuplanen. Sie können dabei wählen, ob die Bibliothek um neue Objekte erweitert werden soll (**Bibliothek erweitern**) oder nur die Struktur und die Texte der bereits vorhandenen Objekte aktualisiert (**Bibliothek aktualisieren**) werden sollen. Der Job kann einmalig oder periodisch eingeplant werden.

Pflichtfelder bei der Jobeinplanung sind die Informationen zur Bibliothek und zur Informationsquelle. Geben Sie im Abschnitt **Bibliothek angeben** unter **Art** an, ob Sie die Bibliothek der ausführbaren Einheiten oder die Entwicklungsbibliothek erweitern bzw. aktualisieren möchten. Legen Sie des Weiteren fest, welcher logischen Komponentengruppe die ausführbaren Einheiten bzw. Entwicklungsobjekte zuzuordnen sind. Die logische Komponentengruppe ist gleichzeitig der oberste Ordner der Hierarchie in den beiden Bibliotheken. Unter **Branch** geben Sie an, in welcher Version der Lösungsdokumentation die Erweiterung bzw. Aktualisierung der Bibliothek vorgenommen werden soll.

Quellsystem

Anhand der Pflichtfelder zur Informationsquelle wird das System festgelegt, aus dem die Informationen für die Bibliothek gezogen werden sollen. Das Quellsystem ist eindeutig anhand des Branches und der Systemrolle identifizierbar. Sind alle Pflichtfelder gefüllt, bestätigen Sie den Job über die Schaltfläche **OK**.

Voraussetzungen für die automatische Bibliotheksgenerierung

Die automatische Bibliotheksgenerierung kann nur dann funktionieren, wenn die verwalteten Systeme ordnungsgemäß konfiguriert wurden und die Aufzeichnung der Verwendungsdaten sowie die Übertragung in das SAP-BW-System des SAP Solution Managers aktiviert ist.

Damit Kundenobjekte abgerufen werden können, muss darüber hinaus das Szenario **Verwaltung kundeneigener Entwicklungen** konfiguriert werden (siehe Abschnitt 12.1.3, »Grundkonfiguration des Custom Code Lifecycle Managements«).

4.4 Lösungsdokumentation

Die Anwendung *Lösungsdokumentation* stellt die Kernfunktion des Prozessmanagements im SAP Solution Manager 7.2 dar. Sie wird ebenfalls über das SAP Solution Manager Launchpad aufgerufen. Alternativ können Sie die Applikation über die Transaktion SOLDOC starten. Wie bereits in

Abschnitt 4.3, »Lösungsverwaltung«, erläutert, stehen die Transaktionen SOLAR01 und SOLAR02 dagegen nur noch für den lesenden Zugriff zur Verfügung.

Die gewohnte Funktion der *Business Blueprints* zur Dokumentation und Abbildung Ihrer Geschäftsprozesse geht im SAP Solution Manager 7.2 in die Lösungsdokumentation über. Anhand von Prozessschritten werden hier sowohl modulare als auch End-to-End-Geschäftsprozesse erfasst. Auch die Funktionen der Transaktion SOLAR02 sind nun in der Lösungsdokumentation wiederzufinden. Sie können hier wie gewohnt den Geschäftsprozessen Konfigurationselemente und Testfälle zuordnen. Im Folgenden erfahren Sie, wie Sie die neue Lösungsdokumentation zur zentralen Dokumentation Ihrer Geschäftsprozesse verwenden.

Migration bekannter Funktionen

Content-Aktivierung

Bei einer Neuinstallation des SAP Solution Managers 7.2 steht Ihnen die alte Dokumentation Ihrer Geschäftsprozesse nicht mehr zur Verfügung. Sie haben keine Möglichkeit, die Inhalte zu übertragen. Möchten Sie Ihre bisherige Dokumentation weiterverwenden, müssen Sie ein Upgrade durchführen.

Haben Sie sich jedoch für eine Upgrade und gegen eine Neuinstallation entschieden, können Sie Ihre bisherige Dokumentation der Geschäftsprozesse mit der *Content-Aktivierung* in die neue Struktur der Lösungsdokumentation überführen. Nähere Informationen zur Content-Aktivierung und eine Entscheidungshilfe für oder gegen eine Neuinstallation finden Sie in Abschnitt 2.5, »Upgrade«.

Welche Projekte und Inhalte übertragen werden, hängt von Ihren Angaben zur Vorbereitung der Content-Aktivierung in Transaktion PREPARE_ACTIVATION ab. Grundsätzlich können bei der Content-Aktivierung alle Elemente Ihrer Dokumentation, also Geschäftsprozesse, Verlinkungen zu anderen Geschäftsprozessen, Konfigurationselemente, Testdokumente etc., übertragen werden. Wir empfehlen Ihnen, sich genau zu überlegen, welche Projekte für die Zukunft relevant sind, und die Anzahl der Objekte möglichst gering zu halten.

Darüber hinaus hat die Praxis gezeigt, dass es sinnvoll ist, die Content-Aktivierung mindestens einmal zu testen, bevor Sie das Upgrade für Ihren produktiven SAP Solution Manager durchführen. Der Grund dafür ist, dass die Content-Aktivierung nur einmalig durchgeführt werden kann. Für den Test bietet sich ein Sandboxsystem an, das als Kopie des produktiven Systems erstellt wurde. Sie können aber z. B. auch ein zukünftiges Entwicklungssystem zur Vorbereitung von Release 7.1 auf 7.2 upgraden.

4 Prozessmanagement

4.4.1 Aufbau und Grundfunktionen

Aufbau der Lösungsdokumentation

Die Benutzeroberfläche der Lösungsdokumentation ist in verschiedene Bereiche gegliedert (siehe Abbildung 4.23). Im oberen Bereich können Sie zwischen verschiedenen Anzeigemodi der Lösungsdokumentation wechseln ❶. Über die Breadcrumb-Navigation ❷ haben Sie einen Überblick, an welcher Stelle der Anwendung Sie sich gerade befinden.

Im mittleren Bereich werden die Strukturelemente Ihrer Lösungsdokumentation je nach Darstellungsart angezeigt ❸. Elemente, die dem jeweils ausgewählten Strukturelement zugeordnet sind, werden im unteren Bereich angezeigt ❹. Im rechten Bereich sehen Sie die Attribute des ausgewählten Strukturelements oder des zugeordneten Elements ❺. Die Anzeigegröße des mittleren, unteren und rechten Bereichs können Sie Ihren Vorlieben entsprechend ändern.

Abbildung 4.23 Bereiche der Lösungsdokumentation

Anzeigemodi

Die Darstellung des mittleren Bereichs kann darüber hinaus über die verschiedenen Anzeigemodi geändert werden:

- Beim Aufruf der Lösungsdokumentation werden die Daten zunächst im Anzeigemodus **Browser** angezeigt. Der Inhalt wird im mittleren Bereich anhand von Spalten dargestellt, die die Struktur innerhalb der Dokumentation abbilden. Die einzelnen Spalten stellen die verschiedenen Ebenen dar, d. h. die Elemente einer Spalte befinden sich jeweils auf derselben Ebene.

- Wechseln Sie in den Anzeigemodus **Liste**, erhalten Sie denselben Inhalt in einer Listdarstellung. Darüber hinaus bietet die Listendarstellung Filtermöglichkeiten. Sie können nach Typ, Änderungsdokument, Änderungsstatus und Attributen filtern.

- Im Anzeigemodus **Suchergebnis** wird das Ergebnis einer Suche ausgegeben. Die einfache Suche kann direkt über das Suchfenster im oberen Bereich ❻ ausgeführt werden. Der eingegebene Begriff wird unabhängig von voran- oder nachstehenden Zeichen gesucht. Platzhalter wie ein Sternchen (*) sind daher in dieser Suche nicht notwendig. Darüber hinaus gibt es eine erweiterte Suchfunktion mit verschiedenen Suchkriterien. Sie haben hier auch die Möglichkeit, Suchen zu speichern. Wechseln Sie in einen der anderen Anzeigemodi zurück, um die Anzeige der Suchergebnisse zu beenden.

- Über das Kontextmenü eines Elements kann der Verwendungsnachweis gestartet werden. Das Ergebnis wird in dem Anzeigemodus **Verwendungsnachweis** angezeigt und informiert Sie, in welchen Prozessen das betreffende Element verwendet wird.

- Wenn Sie einen Report über das globale Menü ausführen, erhalten Sie das Reportergebnis im Anzeigemodus **Auswertungen**.

Ist einer der Modi zur Anzeige von Ergebnissen ausgegraut, wurden in dieser Anmeldung noch keine Suche, kein Verwendungsnachweis und kein Report ausgeführt.

Je nachdem, ob Sie in der Lösungsverwaltung auf der Registerkarte **Einstellungen** eine oder mehrere Sprachen für die Lösung definiert haben, können Sie in der Lösungsdokumentation im oberen Bereich die Inhaltssprache umstellen. Die Existenz von Elementen der Lösungsdokumentation ist dabei unabhängig von der gewählten Inhaltssprache. Sollte es z. B. ein Strukturelement noch nicht in der ausgewählten Sprache geben, ist dieses dennoch sichtbar. Das Element wird in diesem Fall mit derselben Bezeichnung angezeigt, mit der es ursprünglich angelegt wurde. Zusätzlich wird in Klammern die Ursprungssprache hinzugefügt.

Sprachauswahl

Anzeige eines auf Englisch angelegten Elements
Der Prozessschritt »Create Order« wurde auf Englisch neu angelegt. Wird nun die Sprache Deutsch gewählt, existiert der Prozessschritt auch in der deutschen Version der Lösungsdokumentation. Allerdings hat er den Namen **Create Order (EN)**.

Sie können das Strukturelement einfach übersetzen, indem Sie ihm einen neuen Namen geben. Der neue Name wird dann unter der gewählten Sprache gespeichert.

Welche Texte werden übersetzt?

Die Umstellung der Sprache bezieht sich immer nur auf die Texte der Lösungsdokumentation. Alle Texte auf Bildschirmelementen wie Schaltflächen, Menüs und Attributbezeichnungen werden grundsätzlich in der Anmeldesprache des Benutzers angezeigt.

Darüber hinaus werden nur Texte der Lösungsdokumentationsstruktur sowie Diagrammelementnamen und -beschreibungen übersetzt. Eine Übersetzung von Texten von Knowledge-Warehouse-Dokumenten wird nicht unterstützt.

Auswahl von Branch und Systemrolle

In Abschnitt 4.1.2, »Umsetzung des Lebenszykluskonzepts mit Branches«, haben wir das Konzept der Branches erläutert. In der Lösungsdokumentation können Sie im oberen Bereich zwischen den verschiedenen Branches wechseln. Daraufhin wird der jeweils für den gewählten Branch gültige Inhalt der Lösungsdokumentation angezeigt.

Darüber hinaus ist es möglich, innerhalb eines Branches zwischen den zugeordneten Systemrollen zu navigieren. Anhand von Branch, Systemrolle und der dem Element zugeordneten logischen Komponentengruppe wird ein verwaltetes System eindeutig identifiziert. Rufen Sie bspw. eine Transaktion aus der Lösungsdokumentation heraus auf, wird durch diese Kriterien das Zielsystem bestimmt. Im oberen Bereich der Lösungsdokumentationsoberfläche werden jeweils der selektierte Branch und die Systemrolle angezeigt (siehe Abbildung 4.24). Die Auswahl erfolgt über ein Dropdown-Menü.

Abbildung 4.24 Branch und Systemrolle

Drop-down-Menü zur Auswahl von Sites

Verwenden Sie in Ihrer Lösung Sites, sehen Sie neben Branch und Systemrolle ein weiteres Drop-down-Menü. Hierüber können Sie die Site auswählen, deren Dokumentationsinhalt Sie einsehen möchten.

Unterhalb der Branch-Auswahl können Sie zwischen verschiedenen *Sichten* navigieren oder neue anlegen. Mithilfe dieser Sichten kann jeder Benutzer selbst definieren, welche Ordner und Prozesse ihm angezeigt werden. Die Standardsicht zeigt immer alle Ordner und Prozesse einer Lösung. Sichten sind ebenfalls Grundlage für die Definition von Umfängen. Auf die Bedeutung von Umfängen innerhalb der Lösungsdokumentation kommen wir später in diesem Abschnitt im Zuge der Erläuterung des globalen Menüs zurück.

Sichten

Hinter dem Icon **Historie** ( ) werden die letzten 30 Elementaufrufe eines Benutzers innerhalb der Lösungsdokumentation aufgezeichnet. So können Sie bequem zu einem zuvor aufgerufenen Element navigieren. Die Historie kann bei Bedarf über das globale Menü unter **Einstellungen • Navigationshistorie löschen** gelöscht werden. Über das Icon **Favoriten** ( ) können Sie ausgewählte Elemente zu Ihren Favoriten hinzufügen oder Favoriten direkt aufrufen.

Historie und Favoriten

Ebenso wie in der Lösungsverwaltung stehen Ihnen darüber hinaus auch in der Lösungsdokumentation globale Funktionen in einem Menü zur Verfügung. Abbildung 4.25 zeigt dieses Menü innerhalb der Lösungsdokumentation.

Globales Menü

Abbildung 4.25 Globales Menü der Lösungsdokumentation

Zunächst können Sie über die Funktion **Lösung** zwischen Ihren Lösungen navigieren. Welche Lösung Sie aktuell ausgewählt haben, sehen Sie oben in der Lösungsdokumentationsoberfläche.

Ein *Umfang* schränkt den Inhalt der Lösungsdokumentation anhand einer Sicht sowie zusätzlicher Selektionskriterien ein. Sie benötigen einen Umfang, um Reports auszuführen und ein Prozessdokument Ihrer Lösung zu erstellen. Mit der Funktion **Umfang** legen Sie Umfänge auf Basis von Sichten fest. Ein Umfang kann zudem Originale einschließen. Wird das

Umfang definieren

Kennzeichen **Originale einschließen** gesetzt, wird der Umfang um die Originale der enthaltenen Referenzen erweitert. Beim Speichern eines Umfangs können Sie darüber hinaus festlegen, ob dieser nur für Sie (**privat**) oder auch von anderen Benutzern (**öffentlich**) wählbar sein soll.

Reports

In der Lösungsdokumentation werden von SAP verschiedene Standardreports bereitgestellt. Jeder Report sieht unterschiedliche Selektionskriterien vor, nach denen die Lösungsdokumentation ausgewertet wird. Welche Selektionskriterien ein Report vorsieht, können Sie einsehen, indem Sie die Funktion **Reports** im globalen Menü starten, einen Report markieren und diesen öffnen. Alternativ können Sie die Reportdefinition nach Ausführung des Reports im Anzeigemodus **Auswertungen** aufrufen.

Eigene Reports definieren

Über die Reportdefinition können Sie auch eigene Reports definieren. Wählen Sie dazu einen Umfang als Datengrundlage, und passen Sie die Selektionskriterien Ihren Bedürfnissen an. Abschließend können Sie Ihren Report über die Schaltfläche **Speichern unter** unter einem neuen Namen speichern und bei Bedarf aufrufen. Dabei legen sie anhand der Sichtbarkeit fest, ob der Report nur Ihnen oder allen Benutzern zur Verfügung stehen soll.

Auswertungstransaktion SOLAR_EVAL

Die Ihnen vielleicht aus dem SAP Solution Manager 7.1 bekannte Auswertungsfunktion über die Transaktion SOLAR_EVAL wird im SAP Solution Manager 7.2 von Dashboards, Filtermöglichkeiten in Listenansichten und Reportingfunktionen abgelöst. So werden die Auswertungsfunktionen direkt in die Applikationen integriert. Anstelle der alten Auswertungsfunktionen zur Lösungsdokumentation stehen nun Reports bereit. Darüber hinaus haben Sie verschiedene Filtermöglichkeiten in dem Anzeigemodus **Liste**.

Prozessdokument erstellen

Mithilfe der Funktion **Dokument bearbeiten** lässt sich ein *Prozessdokument* auf Basis Ihrer Lösungsdokumentation erstellen. Die Datengrundlage dieses Dokuments ist ebenfalls ein definierter Umfang. Sie erhalten ein Word-Dokument, das den vollständigen Inhalt Ihrer Lösungsdokumentation wiedergibt. Inhalt des ersten Kapitels dieses Dokuments ist Ihre Systemlandschaft. Darauf folgt die Geschäftsprozessstruktur mit allen Zuordnungen; Attribute werden aufgelistet, Diagramme in das Dokument integriert. Andere Dokumente sind als URL verlinkt und können aus dem Dokument heraus aufgerufen werden. Sind Bibliotheken im Umfang enthalten oder werden Originale im Umfang berücksichtigt, enthält das dritte Kapitel Informationen zu Elementen der verschiedenen Bibliotheken.

> **Datengrundlage für Reports und Prozessdokumente**
>
> Reports und Prozessdokumente verwenden als Datengrundlage immer einen Umfang. In den von SAP bereitgestellten Standardreports und bei der Erstellung eines Prozessdokuments wird initial der Standardumfang verwendet. Dieser umfasst alle Elemente Ihrer Lösungsdokumentation. Sie können jedoch einen eigenen Umfang definieren und den Standardumfang durch diesen ersetzen.

In Abschnitt 4.4.5 zeigen wir Ihnen das Modellieren mit dem integrierten Modellierungs-Tool auf Basis von BPMN 2.0 ausführlicher. Für die so erzeugten Prozessdiagramme müssen verschiedene Entitäten wie Rollen, Datenobjekte, Datenspeicher und freie Komponenten definiert werden. Sie können diese Entitäten direkt im Diagramm oder über die Funktion **Diagrammentitäten** definieren. Die Entitäten haben keinen direkten Bezug zu Elementen in den verwalteten Systemen. Es handelt sich um reine Modellierungselemente zur Visualisierung der Geschäftsprozesse und Schnittstellen, die nur durch einen Text definiert werden.

Diagrammentitäten

Unter **Einstellungen** können Sie diverse benutzerspezifische Einstellungen festlegen oder die Einstellungen auf den Standard zurücksetzen.

4.4.2 Bibliotheken

Eines der grundlegenden Konzepte des Solution Managers 7.2 ist das Wiederverwendungskonzept, das wir Ihnen in Abschnitt 4.1.3, »Umsetzung des Wiederverwendungskonzepts mit Bibliotheken«, näher erläutert haben. Zentrale Grundlage dieses Konzepts sind die verschiedenen Bibliotheken, in denen Originalelemente dokumentiert werden, auf die bei der Dokumentation der Geschäftsprozesse referenziert wird. Die Verwendung von Bibliotheken reduziert Redundanzen und bringt gleichzeitig Fach- und IT-Abteilung einander näher, indem eine gemeinsame Dokumentation der Geschäftsprozesse ermöglicht wird. Im Folgenden stellen wir Ihnen die verschiedenen Bibliotheken vor. Wir gehen dabei auf deren Inhalte und Struktur ein.

Bibliotheken

Es gibt insgesamt sieben Bibliotheken. Für jede Bibliothek wird in der Lösungsdokumentation automatisch ein eigener Ordner angelegt. Diese Ordner werden im Ordner **Bibliotheken** zusammengefasst, der wiederum die Bibliotheken von den Prozessen im Ordner **Geschäftsprozesse** abgrenzt.

Bibliotheken vs. Geschäftsprozesse

In dieser Vorgehensweise lässt sich der Grundgedanke der neuen Lösungsdokumentation erkennen, denn in den Bibliotheken werden einzelne Elemente unabhängig von konkreten Prozessen dokumentiert. Geschäftsprozesse und Bibliotheken bilden gemeinsam die Lösung ab.

Der strukturelle Aufbau der einzelnen Bibliotheken ist abhängig von der jeweiligen Bibliothek und deren Inhalt. Grundsätzlich können Sie die Struktur frei wählen. Wir werden Ihnen jedoch im Folgenden Best Practices an die Hand geben, an denen Sie sich orientieren können. Einen Überblick über die verschiedenen Bibliotheken erhalten Sie in Abbildung 4.26.

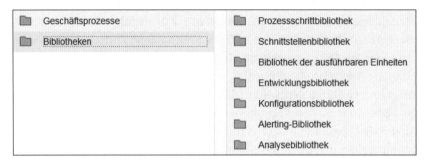

Abbildung 4.26 Übersicht der Bibliotheken

> **Elemente kontextunabhängig anlegen**
> Achten Sie bei der Erstellung von Elementen in Bibliotheken darauf, dass Sie diese unabhängig vom späteren Verwendungskontext anlegen. Dies gewährleistet eine maximale Wiederverwendbarkeit.

Neue Elemente anlegen
Neue Elemente legen Sie in der Regel an, indem Sie mit der rechten Maustaste auf die passende Zielbibliothek klicken und anschließend das gewünschte Element aus dem Kontextmenü aufrufen. Sie können Elemente ebenfalls direkt im Prozess erstellen und anschließend einer passenden Bibliothek zuordnen.

Prozessschrittbibliothek

In der *Prozessschrittbibliothek* werden die einzelnen Schritte der Geschäftsprozesse abgelegt. Diese Schritte sollten ohne Bezug auf ihre spätere Verwendung in einem Prozess angelegt werden.

Prozessschritt anlegen
Um einen Prozessschritt anzulegen, navigieren Sie zunächst in die Prozessschrittbibliothek:

1. Über einen Rechtsklick auf die Folgeebene und die Auswahl **Neu • Ordner für Prozessschritte** legen Sie neue Ordner für die Struktur der Prozessschrittbibliothek an.
2. Im Attributbereich der Lösungsdokumentationsoberfläche können Sie den Ordner benennen und verschiedene Attribute zuordnen. Wählen Sie den Ordner, in dem Sie einen Prozessschritt anlegen möchten.
3. Über einen weiteren Rechtsklick auf die Folgeebene und die Aktion **Neu • Prozessschritt** legen Sie einen neuen Prozessschritt im gewählten Ordner an (siehe Abbildung 4.27).

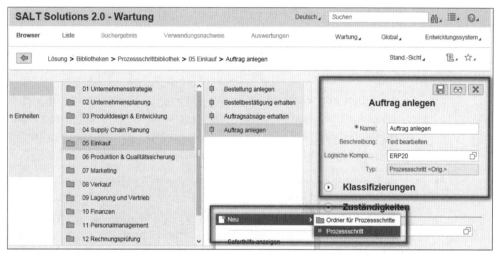

Abbildung 4.27 Prozessschritt anlegen

4. Definieren Sie Ihren Prozessschritt über die Attribute im rechten Bereich.

Sie haben bereits im Prozessschritt die Möglichkeit, eine logische Komponentengruppe zu dokumentieren, sollten jedoch die Wiederverwendbarkeit des Prozessschritts beachten. Es kann durchaus sinnvoll sein, einen Prozessschritt unabhängig von einem konkreten IT-System anzulegen und die logische Komponentengruppe erst in der Referenz im tatsächlichen Prozess anzugeben.

Manuelle Prozessschritte bzw. Prozessschritte, die sich auf ein Nicht-SAP-System beziehen, werden ebenfalls unterstützt und in der Prozessschrittbibliothek dokumentiert. Zur besseren Unterscheidung zwischen verschiedenen Prozessschritttypen steht Ihnen in den Attributen im Attributbereich **Klassifizierungen** das Feld **Aufgabentyp** zur Verfügung. Sie können zwischen

Manuelle und externe Prozessschritte

sendenden und empfangenden, automatisierten (Serviceaufgaben), manuellen, geschäftsregelbezogenen, Benutzer- sowie Skriptaufgaben wählen.

Prozessschrittelemente

Jeder Prozessschritt repräsentiert eine Geschäftsfunktion Ihres Unternehmens. Im Prozessschritt können Sie zum Verständnis und zur Dokumentation benötigte Elemente wie funktionale Spezifikationen, Testfälle, technische Stücklisten (TBOMs) und andere Dokumentationen anhängen:

1. Hierzu wählen Sie zunächst den Prozessschritt aus, zu dem Sie ein Element hinzufügen möchten.
2. Im unteren Bereich der Lösungsdokumentationsoberfläche werden Ihnen alle dem Prozessschritt zugeordneten Elemente angezeigt.
3. Klicken Sie mit der rechten Maustaste auf diese Fläche. Wählen Sie im Kontextmenü den Eintrag **Neu**, um Elemente bzw. Referenzen hinzuzufügen.

Auch hier gilt: Verknüpfen Sie nur diejenigen Elemente, die für den Prozessschritt in allen Prozessen relevant sind. Prozessbezogene Elemente und Referenzen können Sie im Prozess selbst hinterlegen. Hierdurch verbessern Sie die Wiederverwendbarkeit des Prozessschritts.

[»]

Originale und Referenzen

Jeder Prozessschritt ist in der Prozessschrittbibliothek nur einmal vorhanden und wird als *Originalprozessschritt* bezeichnet. Dieser kann anschließend in den einzelnen Prozessen wiederverwendet werden. Hierfür wird eine Referenz zu dem Originalprozessschritt hergestellt, die bei Bedarf anschließend individuell ausgeprägt werden kann. Durch dieses Konzept wird die redundante Dokumentation von gleichen oder sehr ähnlichen Prozessschritten vermieden.

Aufbau der Prozessschrittbibliothek

Der Aufbau der Prozessschrittbibliothek folgt in der Regel einem organisationsorientierten Ansatz, kann jedoch grundlegend selbst strukturiert werden. Wichtig dabei ist, dass jeder Prozessschritt nur einmal vorhanden und eindeutig wiederzuerkennen ist. Zur besseren Strukturierung empfehlen wir Ihnen, eine allgemeingültige Namenskonvention zu definieren; Sie können die Ordner und Unterordner der Prozessschrittbibliothek bspw. nummerieren. Auch Testfälle und andere zugeordnete Dokumente sollten Sie durch z. B. Nummerierung eindeutig der Struktur zuordnen. Abbildung 4.28 zeigt einen beispielhaften Ausschnitt einer Prozessschrittbibliothek.

4.4 Lösungsdokumentation

Abbildung 4.28 Ausschnitt einer Prozessschrittbibliothek

Schnittstellenbibliothek

In der *Schnittstellenbibliothek* haben Sie die Möglichkeit, Schnittstellen strukturiert abzulegen, um diese in der Prozessmodellierung oder bereits in den Prozessschritten wiederzuverwenden. Hierbei wird zwischen *Schnittstellen* und *Sammelschnittstellen* unterschieden.

Eine einfache Schnittstelle stellt die kleinste Einheit dar und kann nicht weiter unterteilt werden. Sie können jedoch eine einfache Schnittstelle mit Attributen beschreiben und so spezifizieren:

Einfache Schnittstellen

1. Navigieren Sie zunächst in die **Schnittstellenbibliothek**, um eine Schnittstelle anzulegen.
2. Klicken Sie dort mit der rechten Maustaste auf die Folgeebene der Bibliothek, und wählen Sie **Neu • Schnittstelle**.
3. In der Detailansicht der Schnittstelle müssen nun die Spezifikationen festgelegt werden. Vergeben Sie hierzu zunächst einen Namen.
4. Anschließend muss eine sendende und eine empfangende logische Komponentengruppe gewählt werden.
5. Im Bereich **Klassifizierung** müssen Sie des Weiteren eine Schnittstellentechnologie (z. B. RFC oder HTTP) angeben (siehe Abbildung 4.29).

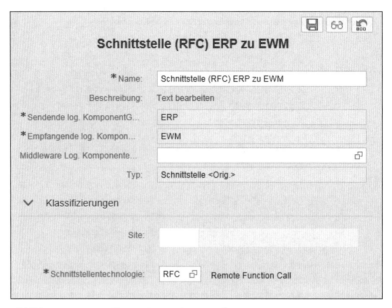

Abbildung 4.29 Attribute einer Schnittstelle

Sammel-
schnittstellen

Die angelegten Schnittstellen können anschließend in Sammelschnittstellen wiederverwendet werden. Sammelschnittstellen zeigen, wie mehrere Schnittstellen zusammenarbeiten und setzen sich aus Schnittstellen und/oder Schnittstellenschritten zusammen. In Sammelschnittstellen können zudem komplexe Zusammenhänge mithilfe von Schnittstellendiagrammen dargestellt werden.

Zur Anlage einer Sammelschnittstelle gehen Sie wie folgt vor:

1. Klicken Sie mit der rechten Maustaste auf die Ebene, in der Sie die Schnittstelle anlegen möchten.
2. Wählen Sie **Neu • Sammelschnittstelle**, und definieren Sie die Attribute.
3. Auf der nächsten Ebene können Sie dann sowohl Referenzen zu Schnittstellen als auch einzelne Schnittstellenschritte einfügen.

Anhand dieser Schnittstellenschritte können Sie den Ablauf einer Schnittstelle in einem Schnittstellendiagramm mithilfe von BPMN 2.0 modellieren.

Schnittstellen-
diagramm

Ein Schnittstellendiagramm legen Sie im Elementebereich über den Pfad **Neu • Schnittstellendiagramme • Schnittstellendiagramm** im Kontextmenü an. Anschließend kann die Modellierung erfolgen, wie in Abschnitt 4.4.5, »Prozesse mit BPMN 2.0 modellieren«, beschrieben.

4.4 Lösungsdokumentation

> **Wiki für die Schnittstellenmodellierung**
>
> Detaillierte Informationen zu Schnittstellen und deren Modellierung finden Sie im Wiki innerhalb der SAP Community:
>
> - Schnittstellen: *http://s-prs.de/v561524*
> - Schnittstellendiagramme modellieren: *http://s-prs.de/v561525*

Die Hierarchie der Schnittstellenbibliothek orientiert sich sowohl an Integrationsszenarien als auch an der funktionalen Struktur Ihres Unternehmens. Wie Sie die Struktur im Detail aufbauen, hängt stark davon ab, wie die Schnittstellen in Ihrem Unternehmen verwaltet werden. Grundsätzlich können Sie über einen Rechtsklick auf eine Ebene über **Neu • Schnittstellenverzeichnis** einen neuen Ordner zur Gliederung anlegen. Abbildung 4.30 zeigt beispielhaft einen Ausschnitt aus einer Schnittstellenbibliothek mit Sammelschnittstellen und einfachen Schnittstellen.

Hierarchie der Schnittstellenbibliothek

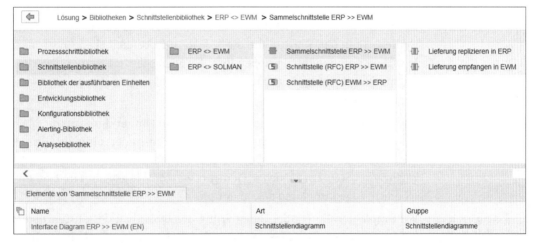

Abbildung 4.30 Ausschnitt einer Schnittstellenbibliothek

Bibliothek der ausführbaren Einheiten

In der *Bibliothek der ausführbaren Einheiten* werden – abhängig von der verwendeten Software – alle direkt durch einen Benutzer ausführbaren Einheiten abgelegt. Hierzu zählen u. a. Transaktionen und SAP-Fiori-Anwendungen. Konzentrieren Sie sich bei der Dokumentation auf die ausführbaren Einheiten, die von den Anwendern Ihres Systems genutzt werden. Jede dokumentierte ausführbare Einheit sollte später einem Prozess zugeordnet werden. Abbildung 4.31 zeigt beispielhaft einen Ausschnitt einer Bibliothek der ausführbaren Einheiten.

4 Prozessmanagement

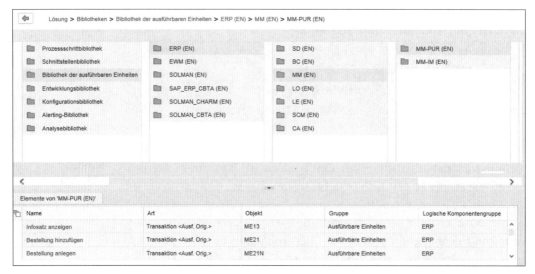

Abbildung 4.31 Ausschnitt einer Bibliothek der ausführbaren Einheiten

Hierarchie | Auch in dieser Bibliothek kann die Struktur grundsätzlich frei gewählt werden. Sinnvollerweise sollte sie jedoch auf oberster Ebene nach den logischen Komponentengruppen Ihrer Lösung gegliedert werden. Die Hierarchie innerhalb der logischen Komponentengruppen ist abhängig von der internen Struktur des Systems.

Wie in den anderen Bibliotheken legen Sie die Ordner der Struktur über einen Rechtsklick auf die übergeordnete Ebene an. Anders als in den bisher erläuterten Bibliotheken werden dieser Bibliothek allerdings keine Schritte zugewiesen, sondern *Elemente*. Elemente werden wie gewohnt im Elementebereich zugeordnet und dokumentiert.

Automatische Bibliotheksgenerierung | Wir empfehlen Ihnen, die Generierung der Bibliothek der ausführbaren Einheiten automatisch über das Bibliotheksgenerierungs-Cockpit durchzuführen, wie in Abschnitt 4.3.5 beschrieben.

Bibliotheken automatisch generieren

Um alle ausführbaren Einheiten einer logischen Komponentengruppe automatisch in die Bibliothek zu transferieren, können Sie das Bibliotheksgenerierungs-Cockpit verwenden. Diese Funktion scannt die ausgewählten verwalteten Systeme und erstellt für die gefundenen ausführbaren Einheiten Einträge in der Bibliothek der ausführbaren Einheiten. Die Bibliothekshierarchie wird dabei automatisch angelegt und erweitert. Sie finden die Funktion unter: **Lösungsverwaltung • Globale Funktionen • Bibliotheksgenerierungs-Cockpit**.

Entwicklungsbibliothek

In der *Entwicklungsbibliothek* können kundeneigene Entwicklungen strukturiert abgelegt werden. Sie ist in der Regel nach den logischen Komponentengruppen strukturiert und beinhaltet kundeneigene Programme, Klassen, Funktionsmodule und weitere Modifikationen. Diese werden wie in der Bibliothek der ausführbaren Einheiten als Elemente in der Struktur abgelegt. Abbildung 4.32 zeigt einen Ausschnitt aus einer Entwicklungsbibliothek.

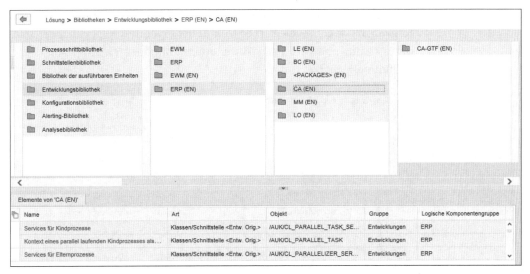

Abbildung 4.32 Ausschnitt einer Entwicklungsbibliothek

Um die Entwicklungsbibliothek aufzubauen, können Sie ebenfalls die Funktion der automatischen Bibliotheksgenerierung verwenden. Die Hierarchie wird dabei entsprechend der logischen Komponentengruppen sowie der internen Systemstruktur je logischer Komponentengruppe automatisch angelegt bzw. erweitert.

Konfigurationsbibliothek

In der *Konfigurationsbibliothek* können Sie zentral verschiedene Konfigurationseinheiten wiederverwendbar ablegen. Zu diesen Konfigurationseinheiten zählen z. B. Konfigurationen aus IMG-Aktivitäten (also Aktivitäten des SAP-Einführungsleitfadens), Kontrollfunktionen (z. B. zur Einhaltung gesetzlicher Vorgaben wie des Sarbanes-Oxley Acts), Organisationseinheiten, Stammdaten sowie kundeneigene Erweiterungen.

Zur genauen Spezifikation der Konfigurationseinheit haben Sie die Möglichkeit, auf Entwicklungen, die in der Entwicklungsbibliothek dokumen-

Referenzen und Dokumentation

tiert sind, sowie auf vorausgesetzte Konfigurationen zu verweisen. Darüber hinaus kann jeder Konfigurationseinheit eine Dokumentation sowie eine Konfiguration zugeordnet werden.

Ihnen stehen diverse Konfigurationselemente wie BC-Sets (Business Configuration) und IMG-Objekte zur Verfügung, die Sie über Suchfunktionen direkt aus den verwalteten Systemen selektieren können. Bei all diesen Zuordnungen handelt es sich um Elemente, die wie in den anderen Bibliotheken im unteren Bereich gepflegt werden (siehe Abbildung 4.33).

Da Konfigurationseinheiten oft sehr produktspezifisch sind, werden sie softwareabhängig abgelegt. Die Struktur der Bibliothek folgt daher der Softwarestruktur und wird nach Anwendungskomponenten aufgebaut (siehe Abbildung 4.33).

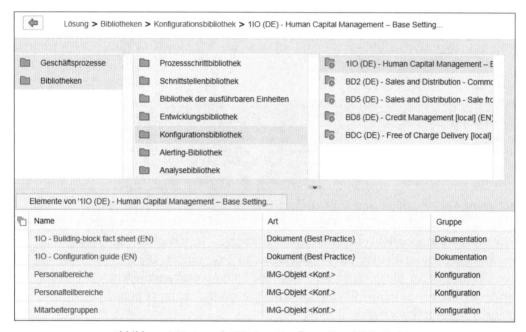

Abbildung 4.33 Ausschnitt einer Konfigurationsbibliothek

Alerting-Bibliothek

In der *Alerting-Bibliothek* werden alle zur Überwachung von Geschäftsprozessen und Schnittstellen nötigen Objekte abgelegt. Diese Alerting-Elemente können später einzelnen Prozessschritten zugewiesen werden. Sie dienen dazu, geschäftsprozessspezifische Daten zu sammeln und auszuwerten.

Auf Basis von vordefinierten Schwellenwerten können so Alarmierungen erfolgen. Die ausgelösten Alerts landen anschließend bspw. im Alert-Eingang des SAP Solution Managers. Nähere Informationen zum Überwachen Ihrer Geschäftsprozesse über den SAP Solution Manager erhalten Sie in Kapitel 11, »Fachlicher Betrieb«.

Die Struktur der Alerting-Bibliothek kann anhand von Alert-Ordnern aufgebaut werden. Solch einen Ordner legen Sie über den Pfad **Neu • Alert-Ordner** im Kontextmenü an. Sie können die Struktur frei wählen. Diesbezüglich bietet sich bspw. eine Strukturierung nach verwalteten Systemen oder Monitoring-Verantwortlichkeiten an.

Alert-Objekte anlegen

Führen Sie in der Alerting-Bibliothek im Bereich **Elemente** einen Rechtsklick durch und wählen Sie **Neu • Alerts**, um ein neues Alerting-Objekt zu dokumentieren. Die Pflege der einzelnen Objekte kann anschließend, wie in Abbildung 4.34 zu sehen, direkt im Pop-up-Fenster der Weboberfläche vorgenommen werden. Zur Anlage und Pflege von Alerting-Objekten lesen Sie auch Abschnitt 11.3, »Geschäftsprozess-Monitoring«.

Alerting-Objekt dokumentieren

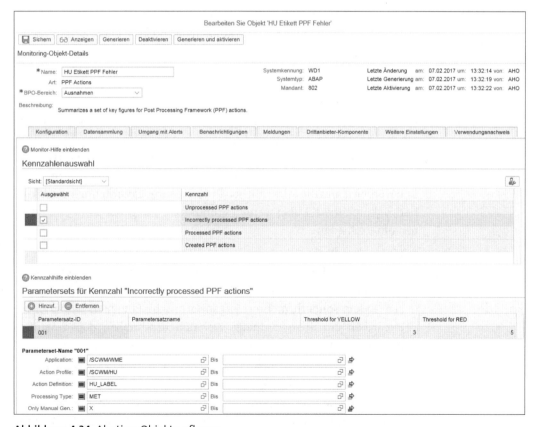

Abbildung 4.34 Alerting-Objekte pflegen

Analysebibliothek

Die *Analysebibliothek* stellt eine Sammlung von definierten Analyseobjekten bereit. Diese stellen Datensammlungsobjekte dar, die tatsächliche Geschäftsdaten aus den verwalteten Systemen sammeln und diese im SAP Solution Manager in *InfoCubes* des SAP Business Warehouses bereitstellen. Auf Basis dieser Daten können anschließend die Ursachen von geschäftskritischen Problemen identifiziert werden. Daraufhin können diese Probleme behoben werden, um einen möglichst reibungslosen Ablauf der Prozesse sicherzustellen.

Hierarchie

Die Struktur der Analysebibliothek können Sie frei nach Ihren Bedürfnissen anpassen. Sie wird durch Ordner aufgebaut, die Sie wie in den anderen Bibliotheken über die Auswahl **Neu • Analyseordner** im Kontextmenü anlegen.

Analyseobjekte anlegen

Analyseobjekte erstellen Sie im Elementebereich eines Analyseordners. Hierzu führen Sie einen Rechtsklick im unteren Bereich aus und wählen im Kontextmenü **Neu • Analysen**. Sie können das Analyseobjekt anschließend spezifizieren.

4.4.3 Geschäftsprozesse und Prozesshierarchie

Geschäftsprozesse

Die Lösungsdokumentation trennt auf oberster Strukturebene strikt zwischen *Bibliotheken* und *Geschäftsprozessen*. Letztere bestehen aus logisch verknüpften Prozessschritten, die ausgeführt werden, um ein bestimmtes betriebliches Ziel zu erfüllen. In der Prozessebene der Lösungsdokumentation werden somit die tatsächlichen Prozesse Ihres Unternehmens strukturiert dokumentiert. Dabei werden grundsätzlich folgende zwei Prozesstypen unterschieden:

- **End-to-End-Prozesse**

  Bei End-to-End-Prozessen (*E2E-Prozesse*) handelt es sich um durchgängige Prozesse, die nicht an Funktionsbereichs- oder Unternehmensgrenzen enden, sondern mehrere organisatorische Einheiten einbeziehen. Sie haben ein übergeordnetes Ziel und beschreiben den gesamten Ablauf, der zur Zielerreichung und Wertschöpfung nötig ist.

  End-to-End-Prozesse können aus einzeln zusammengesetzten Prozessschritten bestehen oder ganze Subprozesse beinhalten. Bei der Dokumentation von End-to-End-Prozessen sollten Sie sich auf Ihre unternehmenskritischen Kernprozesse konzentrieren. Als Beispiele für End-to-End-Prozesse können die Prozesse von der Bestellung eines Produkts bis zur Bezahlung oder von der Beschaffung bis zur Bezahlung genannt werden.

- **Modulare Prozesse**
  Modulare Prozesse hingegen gehen nicht über Funktionsbereichsgrenzen hinaus. Mit anderen Worten ist immer genau eine Organisationseinheit für den gesamten Prozess verantwortlich. Diese Prozesse können Subprozesse eines End-to-End-Prozesses sein oder für sich allein stehen. Sie werden aus Prozessschritten zusammengesetzt.

Der Ablauf eines Prozesses ist immer vom Kontext, in dem er angewandt wird, abhängig. *Prozessvarianten* ermöglichen es daher, Prozesse in einen spezifischen Kontext zu setzen und dahingehend zu spezifizieren. Folgende zwei Hauptfaktoren können zu Prozessvarianten führen:

Prozessvarianten

- Zum einen kann ein Prozess von unterschiedlichen Bereichen oder Ländern ausgeführt werden, sodass derselbe Prozess zumindest in ausführender Einheit und Stammdatenkonfiguration variiert.
- Zum anderen kann ein Prozess durch Entscheidungspunkte in seinem Prozessfluss unterschiedlich ausgeprägt sein.

> **Prozessvarianten mit Support Package Stack 05**
> Mit dem SAP Solution Manager 7.2 SPS05 ermöglicht es SAP, direkt innerhalb von Prozessen eigene Prozessvarianten zu definieren. Die einzelnen Prozessvarianten werden dem Originalprozess im Elementebereich zugeordnet.

[«]

Geringe Unterschiede im Prozessfluss können relativ einfach anhand von Entscheidungspunkten (*Gateways*) im Prozessdiagramm modelliert werden (siehe Abschnitt 4.4.5, »Prozesse mit BPMN 2.0 modellieren«). Größere Variationen in der Konfiguration eines Prozesses müssen durch einen separaten Prozess abgebildet werden. Achten Sie jedoch darauf, Redundanzen zu verhindern. Dokumentieren Sie nur dann einen separaten Prozess, wenn dies aufgrund großer Unterschiede unvermeidbar ist.

Entscheidungspunkte

Um eine komplexe Prozesslandschaft in übersichtlichere Prozesseinheiten aufzuteilen, wird eine Prozesshierarchie benötigt. Eine gut geplante Prozesshierarchie ist eine wichtige Grundlage für alle weiteren Aktivitäten im Prozessmanagement. Generell gilt hierbei der Grundsatz, mit jeder Ebene durch wachsenden Detaillierungsgrad dem konkreten Prozess näherzukommen. Wie Sie die Hierarchie im Einzelnen gestalten, ist für jedes Unternehmen individuell. Es bietet sich jedoch an, die modularen Prozesse nach ihren verantwortlichen Organisationseinheiten zu gliedern.

Prozesshierarchie

Sowohl für modulare als auch für End-to-End-Prozesse gilt derselbe Grundaufbau. Anhand von Ordnern können Sie Ihre Grundstruktur aufbauen.

Diese Möglichkeit ist neu im SAP Solution Manger 7.2 und lockert die starre, dreigliedrige Struktur der Prozessdokumentation im SAP Solution Manager 7.1 auf.

Einen Ordner legen Sie analog zu den Bibliotheken über einen Rechtsklick in einer Ebene und die Aktion **Neu • Mappe** an (funktionale Struktur ❶). Die letzten drei Ebenen der Prozessdokumentation werden unverändert durch das Szenario ❷, den Prozess ❸ und die Prozessschritte ❹ gebildet. Abbildung 4.35 zeigt diese Struktur anhand des Beispiels eines modularen Prozesses.

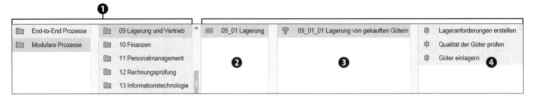

Abbildung 4.35 Hierarchie von Geschäftsprozessen

4.4.4 Geschäftsprozesse dokumentieren

Haben Sie alle Bibliotheken, die Sie verwenden möchten, sowie die Grundstruktur der Prozesshierarchie aufgebaut, können Sie mit der Dokumentation Ihrer Geschäftsprozesse beginnen. Hierzu legen Sie unabhängig davon, ob sie einen End-to-End- oder einen modularen Prozess aufnehmen möchten, ein *Szenario* auf der Folgeebene Ihrer Prozessgrundstruktur an:

1. Wählen Sie dazu im Kontextmenü **Neu • Szenario**. Geben Sie dem Szenario einen passenden Namen.
2. In der darauffolgenden Ebene können Sie nun einen Prozess erstellen. Legen Sie diesen mit einem sprechenden Namen über die Auswahl **Neu • Prozess** im Kontextmenü an.
3. Um einen Prozess darzustellen, müssen nun jedem Prozess Prozessschritte zugeordnet werden. Diese liegen als Original in der Prozessschrittbibliothek. Über einen Rechtsklick auf die letzte Ebene und die Aktion **Neu • Prozessschritt** öffnen Sie ein Pop-up-Fenster.
4. Hier können Sie Referenzen zu den einzelnen Prozessschritten hinzufügen. Dabei werden einem Prozess niemals Originale zugeordnet.
5. Im Attributbereich der Prozessschrittreferenz haben Sie anschließend die Möglichkeit, Eigenschaften des speziellen Prozesses wie **Name**, **Aufgabentyp** und **Verantwortlicher** anzupassen.

Zuordnung von Elementen

Darüber hinaus können Sie den einzelnen Prozessschrittreferenzen diverse Elemente zuordnen. Über das Kontextmenü im Elementebereich, das Sie über einen Rechtsklick aufrufen, stehen Ihnen die verschiedenen Elementtypen zur Verfügung (siehe Abbildung 4.36). Darunter fallen insbesondere Elemente der einzelnen Bibliotheken wie ausführbare Einheiten, Alerts zur Betriebsführung, Entwicklungen und Konfigurationen. Alle Elemente aus Bibliotheken werden nur referenziert. Das Original steht ausschließlich in der jeweiligen Bibliothek zur Verfügung.

Des Weiteren können an dieser Stelle Dokumentationen, Endanwenderrollen und Testfälle dokumentiert werden. Die Auswahl der Dokumentationstypen für Dokumentationen oder Testfälle aus Vorlagen hängt von den Dokumentationstypen ab, die Sie in der Lösungsverwaltung definiert haben. Referenzen zu Schnittstellen fügen Sie direkt auf der Ebene der Prozessschrittreferenzen ein.

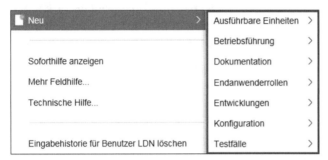

Abbildung 4.36 Kontextmenü im Elementebereich von Prozessschrittreferenzen

Aufbau der Bibliotheken auf Basis von Prozessen

Grundsätzlich können Sie auch mit der Dokumentation Ihrer Geschäftsprozesse beginnen, wenn Ihre Bibliotheken noch nicht vollständig sind. Möchten Sie auf ein Objekt referenzieren, das noch nicht in einer der Bibliotheken aufgenommen wurde, können Sie im Pop-up-Fenster in der Regel nicht nur nach bestehenden Originalen suchen und diese zuweisen, sondern über eine zweite Funktion auch neue Originale erstellen. Das Original wird dabei in der entsprechenden Bibliothek dokumentiert, zudem wird zu diesem Original eine Referenz erstellt.

Zur Vermeidung von Redundanzen empfehlen wir Ihnen jedoch, die Bibliotheken soweit wie möglich im Vorfeld aufzubauen. Sollten Sie einzelne Objekte vergessen haben, können Sie diese während der Prozessdokumentation ergänzen.

Dieselben Elemente können Sie im Grundsatz auch auf der Prozessebene dokumentieren, je nachdem, ob das Element für den gesamten Prozess gültig ist oder nur für einen bestimmten Prozessschritt. Zusätzlich haben Sie hier die Möglichkeit, Prozessdiagramme und Prozesslinks zu anderen dokumentierten Prozessen anzulegen. Die Anlage von Prozessdiagrammen ist Inhalt des Abschnitt 4.4.5, »Prozesse mit BPMN 2.0 modellieren«. Sie können auch Elemente auf Szenarioebene dokumentieren. Hier stehen Ihnen abgesehen von Alerts alle Elemente zur Verfügung, die Sie auch Prozessschrittreferenzen zuordnen können.

Namenskonventionen Wie bereits in Abschnitt 4.4.2, »Bibliotheken«, unter der Überschrift »Prozessschrittbibliothek« beschrieben, ist es durchaus sinnvoll, Namenskonventionen für die Prozessdokumentation zu definieren. Durch eine Nummerierung der jeweiligen Szenarien und Prozesse entlang der Hierarchie schaffen Sie bspw. eine übersichtliche Struktur, in der Sie schnell und präzise navigieren können. Auch Namenskonventionen für Dokumente, Diagramme und Testfälle sollten dabei berücksichtigt werden. Sie können z. B. die Strukturnummer des Prozesses in seinen Namen übernehmen oder mit der Sprache des Dokumenteninhalts beginnen.

Kontextmenüs Neben den allgemeinen Kontextmenüs in den verschiedenen Bereichen der Lösungsdokumentationsoberfläche ist jedem einzelnen Objekt der Lösungsdokumentation ein zusätzliches Kontextmenü zugeordnet, das über einen Rechtsklick auf das jeweilige Objekt geöffnet werden kann. Wir stellen Ihnen im Folgenden die wichtigsten Funktionen vor.

Objekte löschen Die Funktion **Löschen** des Kontextmenüs löscht das jeweilige Objekt inklusive des gesamten Teilbaums, dessen Wurzelelement das Objekt ist. Ob ein Objekt direkt entfernt wird, hängt vom Änderungsstatus des Objekts ab. Die verschiedenen Änderungsstatus haben wir im Abschnitt 4.1.2, »Umsetzung des Lebenszykluskonzepts mit Branches«, erläutert. Den Änderungsstatus können Sie entweder im Attributbereich eines Objekts oder durch Filtern nach Änderungsstatus in der Listenansicht einsehen.

Änderungsstatus im Attributbereich anzeigen lassen
Damit Ihnen der Änderungsstatus im Attributbereich eines Objekts angezeigt wird, müssen Sie folgende Einstellung vornehmen:
1. Wählen Sie in der Lösungsdokumentation über das globale Menü **Einstellungen**.
2. Aktivieren Sie im Bereich **Verfolgen von Änderungen** den Punkt **Gelöschte Elemente anzeigen** und den Modus zum **Verfolgen von Änderungen**.

Hat das Objekt den Status **Angelegt**, wird es sofort und endgültig aus dem Branch und den untergeordneten Branches gelöscht. Für den Fall, dass das

Objekt einen der anderen Status hat, wird es zunächst im gewählten Branch zum Löschen vorgemerkt und bekommt den Status **Gelöscht**.

Das Objekt wird endgültig aus dem Branch und dem übergeordneten Branch entfernt, sobald die Änderung freigegeben wird. Vorangegangene Änderungen, die noch nicht freigegeben wurden, werden durch das Löschen überschrieben. Ist das Löschen nicht möglich, da das Objekt an anderer Stelle als Referenz angegeben ist oder der verwurzelte Teilbaum in einem untergeordneten Branch verändert wurde, gibt das System eine entsprechende Fehlermeldung aus.

> **[+] Inkonsistenzen durch Löschen**
>
> Durch das Löschen von Elementen können Inkonsistenten im untergeordneten Branch entstehen, da das Löschen zwar direkt im untergeordneten Branch erfolgt, das Objekt im gewählten Branch aber gegebenenfalls nur zum Löschen vorgemerkt ist. *Hängende Referenzen*, d. h. Referenzen zu einem gelöschten Zielelement, verursachen u. a. Fehler bei der Testplangenerierung. Sie können über die Inhaltsprüfung mithilfe des Reports SMUDC_CHK_PLG_BROKEN_REF ausfindig gemacht werden.
>
> Auch verwaiste Elemente, deren übergeordnetes Element gelöscht wurde, können Inkonsistenzen verursachen.

Wie bereits angedeutet, müssen Änderungen an der Lösungsdokumentation jeglicher Art in übergeordnete Branches freigegeben werden. Dies gilt auch für Änderungen an Texten verschiedener Sprachen. Um Änderungen zu übertragen, stehen Ihnen die zwei Lebenszyklusoperationen **Elementänderungen • Änderungen freigeben** und **Teilbaum-Änderungen • Änderungen freigeben** zur Verfügung (siehe Abbildung 4.37). Sie können über das Kontextmenü durch einen Rechtsklick auf ein Element aufgerufen werden. Es ist ebenfalls möglich, mehrere Elemente auszuwählen und die Änderungen gemeinsam freizugeben.

Änderungen freigeben

Abbildung 4.37 Aktionen zur Änderungsfreigabe

Freigabeumfang Über die Freigabefunktion für Elementänderungen werden alle Änderungen der ausgewählten Elemente in den übergeordneten Branch übertragen. Dabei wird der Freigabeumfang immer automatisch auf die kleinste konsistente Teilmenge erweitert, um beschädigte Abhängigkeiten im übergeordneten Branch zu verhindern. Legen Sie bspw. einen neuen Ordner mit einem neuen Prozessschritt an und geben dabei nur den Prozessschritt frei, wird automatisch auch der übergeordnete Ordner mit freigegeben. Sofern Sie die Freigabefunktion für Teilbäume wählen, werden neben allen Änderungen des gewählten Elements auch alle Änderungen der Elemente, die sich im darunterliegenden Teilbaum befinden, freigeben.

Regeln für den erweiterten Freigabeumfang
Die Funktion des erweiterten Freigabeumfangs erweitert die ausgewählten Objekte um alle erforderlichen Abhängigkeiten nach folgenden Regeln:
- Alle übergeordneten Elemente mit dem Status **Angelegt** werden einbezogen.
- Alle Referenzen mit dem Status **Angelegt** werden einbezogen.
- Der Umfang wird durch Diagrammabhängigkeiten erweitert.

Änderungen verwerfen Möchten Sie Änderungen, die Sie in einem Branch vorgenommen haben, nicht in den übergeordneten Branch übertragen, lassen sich die Änderungen über die Option **Elementänderungen • Änderungen verwerfen** bzw. **Teilbaum-Änderungen • Änderungen verwerfen** rückgängig machen. Sind Änderungen bereits freigegeben worden, ist eine Rücknahme der Änderung so nicht mehr möglich. Den Freigabeoptionen entsprechend werden beim Verwerfen von Änderungen entweder die Änderungen des gewählten Elements oder aller Elemente des Teilbaums zurückgenommen.

Voraussetzungen für Lebenszyklusoperationen Es gibt vier Voraussetzungen, die erfüllt sein müssen, damit die Lebenszyklusoperationen ausgeführt werden können:
- Änderungen an neu angelegten Elementen können nur verworfen werden, wenn gleichzeitig alle Änderungen von Teilbaumelementen verworfen werden.
- Änderungen an neu angelegten Originalelementen können nur verworfen werden, wenn gleichzeitig alle Referenzen auf dieses Original verworfen werden. (Auf Originale und Referenzen gehen wir im Abschnitt 4.1.3, »Umsetzung des Wiederverwendungskonzepts mit Bibliotheken«, genauer ein.)
- Die Freigabe der Löschung eines Elements folgt denselben Regeln wie die Löschung des Elements im übergeordneten Branch.

- Wichtigste und vierte Voraussetzung ist, dass Änderungen von Elementen immer konfliktfrei sein müssen.

Es gibt zwei Konfliktarten, die durch Lebenszyklusoperationen ausgelöst werden können:

Konflikte

- Ein *Wartungskonflikt* besteht, wenn es nicht freigegebene Änderungen an einem Element im Wartungs-Branch gibt, und gleichzeitig Änderungen desselben Elements in einem dem Produktiv-Branch gleichgestellten oder untergeordneten Branch durchgeführt werden. Wartungskonflikte verdeutlichen den Vorrang des Wartungs-Branches gegenüber allen anderen Branches. Änderungen in den anderen Branches können solange nicht freigegeben werden, wie die Änderung im Wartungs-Branch offen ist. Elemente mit einem Wartungskonflikt erhalten den Änderungsstatus **Wartungskonflikt**.

- Daneben kann es zu *Änderungskonflikten* kommen. Diese entstehen, wenn es nach einer Elementänderung in einem Branch zu einer Änderung desselben Elements im übergeordneten Branch kommt, bevor die Änderung im untergeordneten Branch freigegeben wurde. Elemente mit dieser Konfliktart erhalten den Änderungsstatus **Konflikt**.

Konflikte müssen gelöst werden, bevor die Änderung freigegeben werden kann. Liegt ein Konflikt vor, wird Ihnen im Attributbereich ein zusätzliches Drop-down-Feld angezeigt. Über dieses Feld können Sie steuern, ob der ungelöste Konflikt beibehalten, die Änderung verworfen oder der Konflikt als gelöst markiert werden soll. Abbildung 4.38 zeigt ein Beispiel für einen Konflikt.

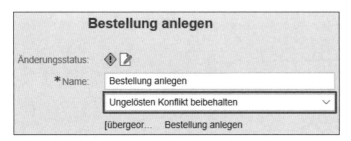

Abbildung 4.38 Beispiel für einen Änderungskonflikt

4.4.5 Prozesse mit BPMN 2.0 modellieren

Das Ziel der Geschäftsprozessmodellierung ist, eine Prozessdokumentation zu schaffen, die von allen Projektbeteiligten verstanden wird. Dies sind sowohl Business-Analysten, die die initialen Prozesse modellieren, als auch technische Entwickler, die die Prozesse im System umsetzen, und Prozess-

Geschäftsprozessmodellierung

manager, die die Prozesse managen und überwachen. Durch die neu integrierte Modellierung mit BPMN 2.0 soll eine Brücke zwischen den verschiedenen Anforderungen der Beteiligten an die Prozessdokumentation geschaffen werden.

> **Weitere Informationen zu BPMN 2.0**
>
> Um die volle Funktionstiefe der neuen Prozessdokumentation nutzen zu können, sollten Sie sich mit den Grundlagen von BPMN 2.0 auseinandersetzen. Im Folgenden werden wir nur die wichtigsten Elemente erläutern. Die Darstellung aller Elemente würde den Rahmen überschreiten. Sie finden weitergehende Informationen über die URL *http://www.bpmn.org*.

Notationselemente

Pools und Swimlanes

Ein *Pool* und seine zugehörigen *Swimlanes* bilden die Grundlage eines jeden BPMN-2.0-Diagramms. In Anlehnung an ein Schwimmbecken (Pool), in dem jeder Schwimmer seine eigene Bahn (Swimlane) hat, repräsentiert eine Swimlane immer ein bestimmtes System oder eine bestimmte Rolle im Prozess. Prozessschritte sind immer genau einer Swimlane zugeordnet, können aber übergreifend ablaufen. Abbildung 4.39 zeigt den Zusammenhang zwischen Pool ❶ und Swimlanes (❷ und ❸).

Abbildung 4.39 Pool und Swimlanes

Aktivitäten und Subprozesse

Eine *Aktivität* (d.h. ein Prozessschritt) repräsentiert immer eine Aktion bzw. eine Aufgabe im Prozess. Sie kann nicht weiter unterteilt werden. Weiterhin gibt es die Möglichkeit, ganze Teilprozesse anhand von *Subprozessen* einzufügen. Diese setzen sich aus mehreren einzelnen Prozessschritten zusammen und repräsentieren detaillierte Abläufe. Gerade in End-to-End-Prozessen kann es sinnvoll sein, Prozessabschnitte nicht noch einmal zu modellieren, sondern auf Subprozesse, die bereits als modulare Prozesse dokumentiert wurden, zu verweisen. An dieser Stelle kann ebenfalls auf Diagramme für diese Subprozesse verwiesen werden.

> **Typisierung von Aktivitäten**
>
> Aktivitäten lassen sich durch verschiedene Kennzeichnungen spezialisieren. Hierbei gibt es u. a. die Möglichkeit, anhand von *Loop-Typen* Aufgaben für Wiederholungen vorzumerken oder Parallelisierungen zu dokumentieren. Auch Aktivitäten zur Kompensation können entsprechend gekennzeichnet werden.
>
> Wenn Sie bei der Definition der Prozessschritte noch keinen Aufgabentyp zugeordnet haben, können Sie dies im Diagramm nachholen. Sie können alle Kennzeichnungen hinzufügen, indem Sie einen Rechtsklick auf einen Prozessschritt im Diagramm ausführen und die entsprechende Kennzeichnung im Kontextmenü auswählen (siehe Abbildung 4.40).
>
>
>
> **Abbildung 4.40** Typisierung der Aktivitäten

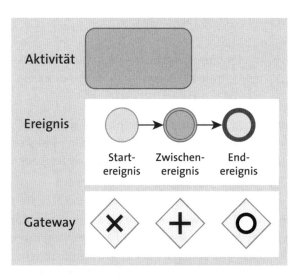

Abbildung 4.41 Flussobjekte in BPMN 2.0

Ereignisse Neben Aktivitäten stehen Ihnen als weitere Flusselemente, d. h. Elemente eines Prozesses, *Ereignisse* und *Gateways* zur Verfügung (siehe Abbildung 4.41). Ereignisse markieren immer einen Zeitpunkt und drücken ein Geschehen aus. Ein Prozess beginnt immer mit mindestens einem Startereignis und endet mit einem normalen Endereignis. Zwischenereignisse können z. B. eingehende und ausgehende Nachrichten, Zeitvorgaben oder Schnittstellen sein. Auch Start- und Endereignisse können verschiedene Ausprägungen haben. Sie können Ereignisse über einen Rechtsklick auf das Ereignis typisieren.

Zwischenereignisse
Zwischenereignisse können Ihnen mit ihrer Fülle an Definitionsmöglichkeiten bei der Präzisierung von Modellen helfen. Nutzen Sie diese Möglichkeit, um Ihr Diagramm möglichst detailliert auszugestalten.

Gateways *Gateways* dienen der Kontrolle des Prozessablaufs und helfen beim Verzweigen und Zusammenführen von Aktivitäten. Sie werden ebenfalls zur Abbildung von Varianten durch Entscheidungspunkte im Prozessfluss eingesetzt. Es gibt die folgenden zentralen Gateways:

- **Das exklusive Gateway**
  Ein exklusives Gateway (⊗) kennzeichnet einen Entscheidungspunkt, von dem aus alternative Prozessflüsse abzweigen. Es entspricht einem exklusiven ODER.

- **Das parallele Gateway**
  Parallele Prozessflüsse, die mit einem logischen UND verknüpft sind, werden durch ein paralleles Gateway (⊕) abgebildet.

- **Das inklusive Gateway**
  Ein inklusives Gateway (○) steht für ein inklusives ODER. Mit diesem Element können einzelne oder mehrere Pfade getrennt bzw. zusammengeführt werden.

Den Typ eines Gateways können Sie über einen Rechtsklick im Kontextmenü anpassen. Gateways stellen immer eine Ablauflogik, keine Tätigkeit dar. Entscheidungen können nur als Aktivität mit einem nachfolgenden exklusiven Gateway modelliert werden.

Verbindungsobjekte Verbindungsobjekte legen die Reihenfolge zwischen den Flussobjekten fest und kennzeichnen Nachrichtenflüsse zwischen verschiedenen Pools oder Aktivitäten. Es wird allgemein zwischen *Sequenz-* und *Nachrichtenflüssen* unterschieden. Ein Sequenzfluss wird zum Darstellen der Ablauflogik eines Prozesses verwendet und als durchgehende Pfeillinie modelliert. Der Nachrichtenfluss veranschaulicht den Nachrichtenaustausch zwischen zwei Elementen und wird gestrichelt dargestellt (siehe Abbildung 4.42).

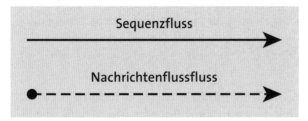

Abbildung 4.42 Verbindungsobjekte

Neben diesen Grafikelementen gibt es weitere Elemente, die Sie in der Modellierung Ihrer Prozesse verwenden können. *Datenobjekte* erhöhen den Detaillierungsgrad innerhalb eines Modells. Sie stellen alle benötigten bzw. erzeugten Informationen dar. Beispiele hierfür sind Versandvorabmitteilungen oder Anlieferungsbenachrichtigungen. Im SAP Solution Manager 7.2 können Datenobjekte frei definiert werden.

Datenobjekte

Des Weiteren werden sogenannte *Datenspeicher* unterstützt. Auch diese können Sie frei definieren und in Ihr Diagramm integrieren. Möchten Sie Systeme in Ihrem Diagramm modellieren, stehen Ihnen die logischen Komponentengruppen Ihrer Lösung als grafische Darstellung zur Verfügung.

Datenspeicher

Rollen, die die Aktionspartner der einzelnen Swimlanes – also die ausführenden Personen oder Personenkreise – definieren, können Sie ebenfalls frei festlegen. All diese Elemente lassen sich im globalen Menü der Lösungsdokumentation zentral über **Diagrammentitäten** pflegen. Alternativ können Sie fehlende Elemente direkt im Diagramm ergänzen.

Rollen

Erstellung eines Prozessdiagramms

Wie bereits erwähnt, werden Diagramme im Elementebereich eines Prozesses oder einer Sammelschnittstelle angelegt:

Prozessdiagramm anlegen

1. Öffnen Sie hierzu über einen Rechtsklick das Kontextmenü, und wählen Sie **Neu • Diagramme • Collaboration-Diagramm** bzw. **Prozessdiagramm** oder für Schnittstellen **Neu • Schnittstellendiagramme • Schnittstellendiagramm**.

Collaboration-Diagramm

Der Unterschied zwischen einem Collaboration-Diagramm und einem Prozessdiagramm liegt darin, dass in einem Collaboration-Diagramm mehrere Pools abgebildet werden können. Hierdurch haben Sie die Option, angrenzende Prozesse darzustellen. Je nachdem, welche Poolart Sie im Diagramm einfügen, können Sie sowohl einen Prozess als angrenzenden Prozess verlinken als auch eine Black-Box (z. B. für Kundenprozesse) darstellen. Als Black-Box-Prozess wird ein Prozess bezeichnet, bei dem nur In- und Output, nicht jedoch der genaue Ablauf bekannt sind.

2. Bei der Anlage eines Diagramms müssen Sie neben einem Namen auch den **Diagrammtyp** und die **Ausrichtung** festlegen. Die Ausrichtung legt fest, ob die Swimlanes des Diagramms horizontal oder vertikal verlaufen.

[»]

Diagrammtypen

Es gibt zwei Arten von Diagrammtypen:

- In einem Diagramm **Nach Rolle** wird jede Swimlane durch eine Rolle beschrieben, die die Aktionen durchführt. Er ist der am häufigsten genutzte Diagrammtyp, da er in erster Linie der Erläuterung des Prozessablaufs dient.
- Diagramme **Nach System** werden vorwiegend für Schnittstellendiagramme verwendet und dienen im Regelfall dem Geschäftsprozess-Monitoring.

Öffnen Sie das erstellte Diagramm, um das integrierte BPMN-2.0-Tool zu starten. Dieses besteht aus einer Funktionsleiste ❶, einer Palette ❷ und einem zentralen Modellierungsbereich ❸ (siehe Abbildung 4.43).

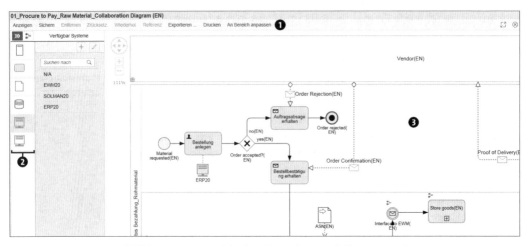

Abbildung 4.43 Bereiche im BPMN-2.0-Modellierungstool

In der Funktionsleiste stehen Ihnen allgemeine Funktionen wie **Anzeigen**, **Sichern**, **Entfernen** und **Drucken** zur Verfügung. Die Palette besteht aus zwei Bereichen (die Beschriftung wird sichtbar, wenn man mit der Maus über die Elemente fährt):

Bereiche der Modellierungsumgebung

- Unter den *Lösungsdokumentationselementen* werden Ihnen Elemente wie Rollen, Datenobjekte, Datenspeicher, logische Komponentengruppen und freie Komponenten zur Modellierung angeboten. Zu jedem dieser Elemente können Sie jeweils aus der Übersichtsliste Elemente wählen, die in den Diagrammentitäten global vorgegeben wurden. Darüber hinaus werden Ihnen im Bereich der Lösungsdokumentationselemente alle dem Prozess oder der Sammelschnittstelle zugeordneten Prozessschritte angezeigt.

- Der zweite Bereich der Palette umfasst alle *Grafikelemente* von BPMN 2.0, die wir Ihnen im vorangehenden Abschnitt erläutert haben.

Um neue Einträge zu einer Elementart hinzuzufügen, klicken Sie auf das Pluszeichen und definieren einen neuen Eintrag. Dieser ist anschließend in den Diagrammentitäten für alle Benutzer verfügbar.

Elemente hinzufügen

Über das Pluszeichen in der Liste der zugeordneten Prozessschritte können Sie sowohl neue Prozessschrittreferenzen als auch neue Originalprozessschritte hinzufügen. Wenn Sie direkt im sich öffnenden Pop-up-Fenster einen Namen eingeben und mit **OK** bestätigen, wird immer ein neues Prozessschrittoriginal auf oberster Ebene der Prozessschrittbibliothek angelegt. Verwenden Sie daher immer die erweiterte Ansicht, wenn Sie lediglich die Prozessschrittbibliothek durchsuchen oder eine neue Referenz hinzufügen möchten. Hier können Sie auch bei der Anlage neuer Originale den Ablageort anpassen.

Prozessschritte im Diagramm erstellen

Möchten Sie ein Element in das Diagramm einfügen, wählen Sie zunächst in der Palette ein Element aus. Durch die Auswahl wird es markiert. Anschließend brauchen Sie nur in den zentralen Modellierungsbereich an die Stelle klicken, an der es eingefügt werden soll. Achten Sie hierbei darauf, dass Sie das Element in der richtigen Swimlane einfügen. Zudem muss die Swimlane farbig umrandet sein, damit das Element hinzugefügt werden kann.

Elemente modellieren

Schließlich müssen Sie noch den Sequenzfluss modellieren. Markieren Sie hierzu ein Element, und fügen Sie über die Funktion **Fluss hinzufügen** durch Verbinden zweier Elemente einen Sequenzfluss ein.

Sequenzfluss modellieren

4 Prozessmanagement

Element über den Sequenzfluss einfügen

Alternativ können Sie im Diagramm ein bereits eingefügtes Element markieren. Ihnen wird dann ein Menü angezeigt, das alle verfügbaren Elemente auflistet. Wenn Sie aus diesem Menü ein weiteres Element auswählen, wird dieses direkt über einen Sequenzfluss mit dem gewählten Element verbunden.

Prozess modellieren | Starten Sie immer mit einem Starterereignis. Mithilfe der Prozessschritte, Gateways, Zwischenereignisse, Datenobjekte, Datenspeicher, logischen Komponenten und Subprozesse modellieren Sie anschließend den Prozess, der mit einem Endereignis abgeschlossen wird.

Referenz hinterlegen | Bei Zwischenereignissen sowie Teilprozessen besteht die Option, eine Referenz zu hinterlegen. Zwischenereignisse verweisen auf Schnittstellen, Teilprozesse auf andere Prozesse. Sie fügen eine Referenz hinzu, indem Sie entweder die Funktion **Referenz** in der Funktionsleiste auswählen oder das Element im Diagramm markieren und über einen Rechtsklick das Icon **Referenz pflegen** (●) auswählen. In beiden Fällen können Sie sowohl auf die Schnittstelle bzw. den Prozess als auch auf das dort hinterlegte Diagramm verweisen.

Texte im Diagramm anpassen

Um Texte z. B. für Gateways oder Ereignisse zu verändern, können Sie mit einem Doppelklick auf den Text den Texteditor starten. Möchten Sie bspw. die Pfeile eines Gateways beschriften, markieren Sie den Sequenzflusspfeil und drücken anschließend die F2 -Taste. Das Textfeld wird automatisch eingefügt und kann in seiner Position nicht verändert werden.

4.5 Integration in andere Bereiche des SAP Solution Managers

Das Prozessmanagement ist eine zentrale Funktionalität des SAP Solution Managers und in viele andere Teilbereiche integriert. Um bspw. die Funktionen der Test Suite nutzen zu können, benötigen Sie dokumentierte Prozesse in Ihrer Lösungsdokumentation. Wenn Sie Änderungen an bestehenden Prozessen planen, kann das Projektmanagement eine zentrale Rolle spielen. Änderungen der bestehenden Prozesse können bspw. an ein Release gebunden sein. Das Change Request Management steuert die Implementierung der Änderungen. Folglich interagieren Prozessmanagement, Release Management und Change Request Management eng miteinander.

Über das Change Request Management sind zudem das Transportmanagement und das IT-Servicemanagement mit dem Prozessmanagement verbunden. Ihre Prozesse und Schnittstellen überwachen Sie mit dem Geschäftsprozess-Monitoring. Da Prozesse und Schnittstellen in der Lösungsdokumentation dokumentiert werden, baut diese Funktionalität ebenfalls auf dem Prozessmanagement auf.

Im Folgenden können wir nur einen Teil dieser Verflechtungen betrachten. Wir gehen umfassender auf die Integration mit der Test Suite, dem Change Request Management und dem Geschäftsprozess-Monitoring ein.

4.5.1 Integration mit der Test Suite

Um die Funktionen der Test Suite nutzen zu können, benötigen Sie zwingend die vollständig eingerichtete Lösungsdokumentation. Erst wenn Sie diese erfolgreich eingerichtet und Ihre Geschäftsvorgänge dokumentiert haben, können Sie Testfälle anlegen. Detaillierte Informationen zur Test Suite im SAP Solution Manager 7.2 finden Sie in Kapitel 9. | **Voraussetzung für die Test Suite**

Sie legen aus der Lösungsdokumentation heraus einen Testfall an, indem Sie in einem Szenario, Geschäftsprozess oder Geschäftsprozessschritt mit einem Rechtsklick das Kontextmenü öffnen. Wählen Sie anschließend **Neu • Testfälle** (siehe Abbildung 4.44). | **Testfall anlegen**

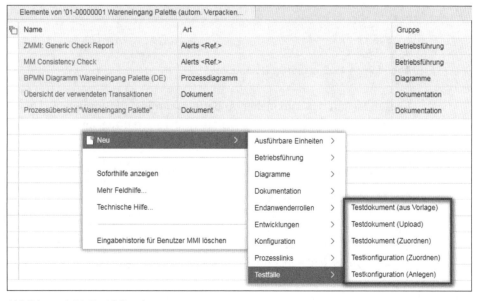

Abbildung 4.44 Testfall anlegen

4 Prozessmanagement

Entscheiden Sie nun, ob Sie einen manuellen (Testfallart: **Testdokument**) oder einen automatischen Testfall (Testfallart: **Testkonfiguration**) anlegen bzw. zuweisen möchten. Nähere Informationen hierzu finden Sie in Abschnitt 9.2.1, »Testplanung«.

Embedded Search Außerdem müssen Sie gewährleisten, dass die Embedded Search auf Ihrem SAP Solution Manager 7.2 eingerichtet ist (siehe Abschnitt 3.4, »Grundkonfiguration der Embedded Search«). Nur wenn dies der Fall ist, können Sie bspw. in der Testplananlage nach den vorhandenen Testfällen suchen und diese zuordnen.

4.5.2 Integration mit dem Change Request Management

Änderungen werden immer über den Wartungs-Branch durchgeführt und über entsprechende Freigabemechanismen in den Produktiv-Branch gebracht. Dieser Prozess kann optional auch mit dem Change Control Management gekoppelt werden. In diesem Fall können Sie Änderungen an bestimmten Geschäftsprozessen über die Lösungsdokumentation im entsprechenden Branch mit einem Änderungsantrag beantragen.

Änderungen beantragen Die Beantragung von Änderungen aus der Lösungsdokumentation heraus kann über den Bereich **Zugehörige Dokumente** erfolgen (siehe Abbildung 4.45).

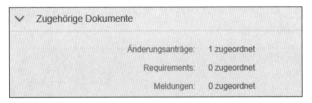

Abbildung 4.45 Zugehörige Dokumente

Klicken Sie auf den Link neben **Änderungsanträge**, um im neuen Fenster (siehe Abbildung 4.46) einen neuen Änderungsantrag anzulegen oder einen vorhandenen zuzuordnen.

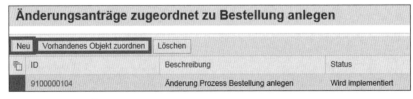

Abbildung 4.46 Änderungsantrag anlegen oder zuordnen

Das Strukturelement **Bestellung anlegen** aus der Lösungsdokumentation ist in diesem Beispiel nun mit einem Änderungsantrag verknüpft. Die Verknüpfung können Sie im Änderungsantrag im Change Request Management über den Zuordnungsblock **Lösungsdokumentation** einsehen (siehe Abbildung 4.47). In der Lösungsdokumentation sehen Sie die Zuordnung in den Attributen des Strukturelements im Bereich **Zugehörige Dokumente** (siehe Abbildung 4.45).

Verknüpfung prüfen

Abbildung 4.47 Zuordnungsblock »Lösungsdokumentation«

Nach der Genehmigung des Änderungsantrags stehen die entsprechenden Änderungsvorgänge zur Verfügung. Das Bearbeiten von Änderungsanträgen beschreiben wir in Abschnitt 8.3.4, »Änderungsantrag«, das Bearbeiten von Änderungsvorgängen in Abschnitt 8.3.5, »Änderungsdokumente«. Ausschließlich Personen, die den entsprechenden offenen Änderungsdokumenten zugewiesen sind, dürfen Änderungen an der Lösungsdokumentation durchführen. Diese Änderungen werden über die betreffenden Änderungsdokumente über den Zuordnungsblock **Lösungsdokumentation** erfasst.

Änderungsvorgänge

Die automatische Freigabe der Änderung in den Produktiv-Branch erfolgt durch entsprechende Statuswechsel in den Änderungsdokumenten. So wird bspw. eine Änderung in der Lösungsdokumentation erst dann vom Wartungs- in den Produktiv-Branch freigegeben, wenn die dazugehörige normale Änderung den Status **Importiert in Produktion** erreicht. Dieser Status kann in einer normalen Änderung erst dann gesetzt werden, wenn der dazugehörige Transportauftrag oder die Transportaufträge bereits in das Produktivsystem importiert wurden (vorausgesetzt, es existieren Transportaufträge zum Änderungsdokument). So kann ein direkter Zusammenhang zwischen der technischen Produktivsetzung und der dazugehörigen Änderungsdokumentation im entsprechenden Versionskontext hergestellt werden.

Änderungen freigeben

Sie aktivieren dieses Szenario der Änderungskontrolle wie folgt:

Aktivierung der Änderungskontrolle

1. Öffnen Sie Transaktion SM_WORKCENTER, und wählen Sie **Projekt- und Prozessverwaltung • Lösungsverwaltung**.

2. Wechseln Sie dann auf die Registerkarte **Branches** und dort in die Spalte **Änderungskontrolle**.

3. Markieren Sie den Branch, für den die Änderungskontrolle aktiviert werden soll, und klicken Sie hier auf **Eigenschaften**. Wählen Sie unter **Änderungskontrolle** die Option **Aktiviert** (siehe Abbildung 4.48).

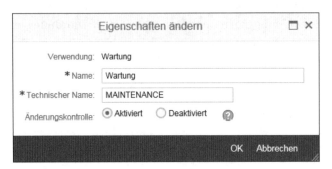

Abbildung 4.48 Änderungskontrolle aktivieren

Sie können dieses Szenario nur dann aktivieren, wenn alle Änderungen im Branch vor der Aktivierung freigegeben wurden. Sofern dieses Szenario aktiviert wurde, können Sie die Freigabe von Änderungen innerhalb der Lösungsdokumentation nicht mehr direkt über die üblichen Freigabeverfahren **Elementänderungen freigeben** und **Teilbaum-Änderungen freigeben** durchführen.

4.5.3 Integration mit dem Geschäftsprozess-Monitoring

Prozessmanagement als Grundlage

Die Lösungsdokumentation stellt ab Version 7.2 des SAP Solution Managers die Grundlage für das Geschäftsprozess-Monitoring (*Business Process Monitoring*) bereit. In diesem Abschnitt stellen wir Ihnen diese Integrationsmöglichkeit nur oberflächlich vor. Ausführliche Informationen zur Konfiguration finden Sie in Abschnitt 11.3, »Geschäftsprozess-Monitoring«.

Monitoring-Übersicht

Die wohl auffälligste Neuerung im Vergleich zu Release 7.1 ist die in die BPMN-Diagramme integrierte Monitoring-Übersicht, die es Ihnen ermöglicht, einen fehlerhaften Prozessschritt schnell zu erkennen und in den Gesamtkontext einzuordnen (siehe Abbildung 4.49).

Alerting-Objekte

Das Anlegen und Konfigurieren der einzelnen Alerting-Objekte erfolgt, wie in Abschnitt 4.4.2, »Bibliotheken«, unter der Überschrift »Alerting-Bibliothek« erläutert, ebenfalls in der Lösungsdokumentation. Die angelegten Alerting-Objekte werden anschließend, wie in Abbildung 4.50 zu sehen ist, einem Prozessschritt zugeordnet.

4.5 Integration in andere Bereiche des SAP Solution Managers

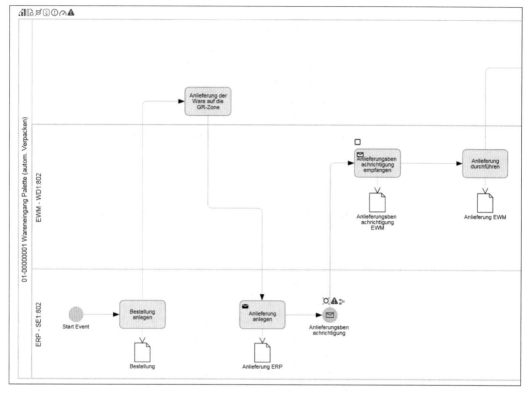

Abbildung 4.49 Geschäftsprozess-Monitoring integrieren

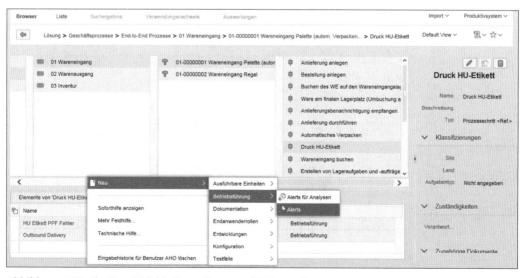

Abbildung 4.50 Alerting-Objekt einem Prozessschritt zuweisen

Systeme in Monitoring-Objekten

Monitoring-Objekte (siehe auch Abschnitt 11.3.2, »Monitoring-Objekte erstellen«) können z. B. im Wartungs-Branch angelegt und in den Produktiv-Branch freigegeben werden. Die Objekte enthalten abhängig von dem Branch, in dem sie sich aktuell befinden, immer das System, das in der Lösungsverwaltung für den jeweiligen Branch konfiguriert ist. Bei mehreren Systemen ist die gewählte Systemrolle (Entwicklungssystem, Testsystem, Produktivsystem) entscheidend.

4.6 SAP Best Practices für die Lösungsdokumentation

SAP-Best-Practices-Pakete

SAP stellt diverse Best-Practices-Pakete für das Arbeiten mit Lösungen bereit. Sie enthalten spezifische Business-Inhalte wie Szenarien, Prozesse und Bibliotheksinhalte. Aber auch Prozessdiagramme, Geschäftsprozessdokumente und Testfälle sind vorhanden. Aktuell beschränkt sich die Auswahl auf Szenarien im Zusammenhang mit einer Einführung von SAP S/4HANA. Diese SAP Best Practices stehen daher in verschiedenen Versionen (z. B. für die On-Premise- oder die Cloud-Version von SAP S/4HANA bzw. in den Sprachen Englisch oder Deutsch) zur Verfügung. Informationen zu diesen Paketen sind unter folgender Adresse im SAP Best Practices Explorer zu finden: *https://rapid.sap.com/bp* (siehe auch Abbildung 4.51).

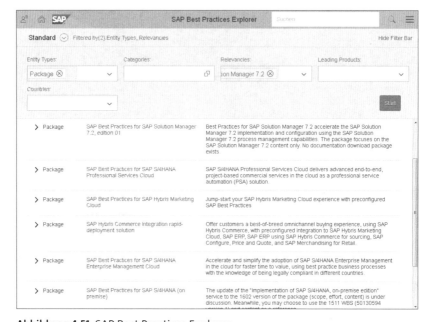

Abbildung 4.51 SAP Best Practices Explorer

Die SAP-Best-Practices-Pakete können über den Importzweig in die Lösungsdokumentation importiert werden:

Pakete importieren

1. Um eines dieser Pakete in Ihre Lösungsdokumentation zu importieren, müssen Sie zunächst die Lösungsverwaltung aufrufen.
2. Anschließend wählen Sie im globalen Menü die Funktion **Importieren**.
3. Wählen Sie die SAP-Best-Practices-Pakete, die Sie importieren möchten, aus, und klicken Sie auf **Weiter** (siehe Abbildung 4.52).

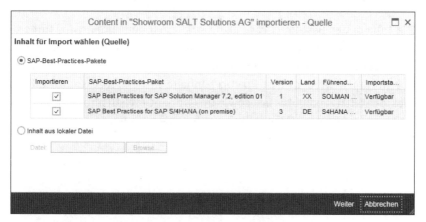

Abbildung 4.52 SAP-Best-Practices-Pakete importieren

Wird ein verfügbares SAP-Best-Practices-Paket nicht in der Auswahl angezeigt, wurde dieses noch nicht heruntergeladen. Sie laden Best-Practices-Pakete herunter, indem Sie sich mit dem in Transaktion SOLMAN_SETUP definierten S-User für Downloads über die URL des SAP Best Practices Explorer anmelden. Laden Sie anschließend die gewünschten Best-Practices-Pakete in den Downloadkorb. Dessen Inhalt wird beim Aufruf der Funktion **Importieren** in die Lösungsverwaltung importiert.

Pakete herunterladen

Im folgenden Fenster müssen Sie, bevor Sie die Inhalte importieren, den Branch auswählen, in den Sie die Pakete importieren möchten. Markieren Sie hier Ihren Import-Branch. Haben Sie ein Paket ausgewählt, in dem logische Komponentengruppen in den Inhalten hinterlegt sind, müssen Sie diese den entsprechenden logischen Komponentengruppen Ihrer Lösung zuordnen. Beim Import werden dann die logischen Quellkomponentengruppen durch die jeweiligen logischen Zielkomponentengruppen ersetzt. Abbildung 4.53 zeigt beispielhaft die Einstellungen für den Import des Pakets für den Solution Manager 7.2.

Abbildung 4.53 Einstellungen zum Import von Best-Practices-Paketen

Pakete in Lösung überführen

Die Inhalte der Best-Practices-Pakete sind nach dem Import im Import-Branch der Lösungsdokumentation vorhanden und können in übergeordnete Branches übertragen, angepasst und final in die Produktivlösung übernommen werden. Best-Practices-Inhalte in der Prozessschrittbibliothek, Schnittstellenbibliothek sowie im Ordner Geschäftsprozesse werden in einem separaten Ordner hinzugefügt, der eindeutig mit **SAP Best Practices** gekennzeichnet ist.

Kapitel 5
IT-Servicemanagement

Mit zunehmender Komplexität Ihrer Geschäftsprozesse steigen die Anforderungen an die IT-Systeme. Das IT-Servicemanagement widmet sich genau dieser Herausforderung. Die Vorteile sind eindeutig: Steigerung der Effizienz, der Prozessqualität und der Wirtschaftlichkeit.

Das IT-Servicemanagement (ITSM) im SAP Solution Manager 7.2 bietet Ihnen umfangreiche Funktionen zur Unterstützung Ihrer IT-Prozesse. Mit diversen ITIL-konformen Prozessen wie Incident Management, Problem Management, Service Request Management und Knowledge Management können Ihre Support-Mitarbeiter für eine stabile SAP-Systemlandschaft sorgen. Auftretende Störungen und Probleme werden effizient und kontrolliert behoben, und das dabei erworbene Know-how wird in Wissensartikeln nachhaltig dokumentiert.

Wir erklären in diesem Kapitel als Grundlage zunächst die wichtigsten Elemente der ITSM-Benutzeroberflächen. Anschließend gehen wir auf die technische Grundkonfiguration der ITSM-Szenarien und die Standardberechtigungen ein. Im Anschluss beschreiben wir die wichtigsten Funktionen. Schließlich stellen wir mögliche Einsatzszenarien auf Basis der umsetzbaren ITIL-Prozesse vor und geben einige Prozessbeispiele. Ein Kundenbericht über den Einsatz des ITSM bei der Eckart GmbH schließt dieses Kapitel ab.

5.1 Benutzeroberflächen des IT-Servicemanagements

In diesem Abschnitt stellen wir Ihnen das *CRM Web User Interface* (UI) vor, also die Benutzeroberfläche des ITSM, die vorwiegend von Ihren Support-Mitarbeitern verwendet wird. Sie lernen die grundlegenden Begrifflichkeiten im Umfeld des ITSM kennen und erfahren, welche Konfigurationsmöglichkeiten Sie haben, um die Benutzeroberfläche an Ihre Bedürfnisse anzupassen.

Oberflächen für IT- und Fachanwender

5 IT-Servicemanagement

Der Meldungsersteller muss seit Release 7.2 des SAP Solution Managers nicht mehr unbedingt mit dem CRM Web UI arbeiten, sondern kann Belege über die neuen SAP-Fiori-Applikationen anlegen und nachverfolgen.

Herkunft des CRM Web UI

Das CRM Web UI stammt ursprünglich aus dem SAP Customer Relationship Management (CRM), das Marketing-, Service- und Vertriebsprozesse über diverse Workflows abbildet. Der SAP Solution Manager nutzt das UI-Framework *CRM Web Client*, um sämtliche IT-Prozesse zu unterstützen.

5.1.1 CRM Web UI

Sollten Sie bisher noch nicht mit dem CRM Web UI gearbeitet haben, gibt Ihnen dieser Abschnitt einen ersten Überblick über die einzelnen Elemente dieser Benutzeroberfläche.

Startseite

Sie können das CRM-Web-UI über die Transaktion SM_CRM aufrufen. Alternativ können Sie über bestimmte Kacheln aus dem SAP Solution Manager Launchpad in das CRM Web UI abspringen. Zunächst landen Sie auf der Startseite für Ihre zugeordnete Benutzerrolle. Hier erhalten Sie einen Überblick über Ihren Arbeitsvorrat und haben Zugriff auf Ihre Favoriten, gesicherten Suchen oder die nächsten Termine.

Bereiche

Die Benutzeroberfläche besteht aus drei eigenständigen Bereichen, die in Abbildung 5.1 dargestellt werden:

- **Navigationsleiste**
  Die *Navigationsleiste* ❶ unterstützt Sie bei der Navigation zwischen Ihren ITSM- und Change-Request-Management-Szenarien. Über die Navigationsleiste gelangen Sie zu weiteren Funktionen Ihrer Szenarien, die dann im Arbeitsbereich aufgerufen werden. Außerdem können Sie den Aufbau der Navigationsleiste über das Navigationsleistenprofil (Transaktion CRMC_UI_NBLINKS) und die Benutzerrollendefinition (Transaktion CRMC_UI_PROFILE) an Ihre Bedürfnisse anpassen.

- **Kopfbereich**
  Der *Kopfbereich* ❷ des CRM Web UI ist für jede Rolle verfügbar. Sie finden hier folgende Funktionen:
  - Über die zentrale Suche ❸ können Sie Ihre gesicherten Suchen aufrufen und anhand eines Selektionskriteriums nach Ihren Vorgängen suchen (siehe auch Abschnitt 5.3.3, »Zentrale Suche«).

- Mit den Pfeilsymbolen ❹ können Sie vor- und zurücknavigieren, um Ihre zuletzt besuchten Seiten zu erreichen.
- Über den *Benutzerrollentitel* ❼ und den *Bereichsstartseitentitel* ❽ ganz oben links erfahren Sie immer, wo Sie sich gerade befinden.
- Sie können das SAP-Standard-Logo durch ein eigenes Logo ersetzen.
- Die *Meldungsleiste* ❾ macht Sie auf etwaige Fehler und Warnungen im ITSM-Prozess aufmerksam.
- Schließlich beinhaltet der Kopfbereich die Menüs ❺, über die Sie das zentrale Freigabetool starten, Personalisierungen vornehmen, Systemnachrichten lesen und sich abmelden können.

- **Arbeitsbereich**
Im *Arbeitsbereich* ❻ erhalten Sie Informationen zum gewählten Szenario. In diesem Bereich werden Ihnen die Bereichsstartseiten, Suchseiten, Berichtsseiten, der Posteingang, der Kalender sowie Übersichts- und Bearbeitungsseiten angezeigt. Hier arbeiten Sie auch innerhalb der verschiedenen Vorgangsarten.

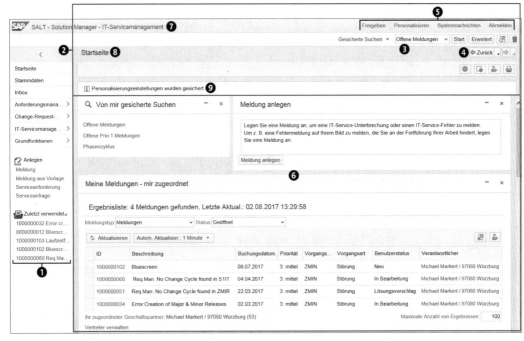

Abbildung 5.1 Aufteilung des CRM Web UI

Die tägliche Arbeit hoch spezialisierter Mitarbeiter verlangt eine ebenso spezialisierte und individuelle Benutzeroberfläche. Das CRM Web UI ist daher eine *rollenbasierte Benutzeroberfläche*. Je nachdem, welche Rolle ein

Rollenbasierte Benutzeroberfläche

Mitarbeiter in Ihrem Unternehmen einnimmt, können Sie ihm auch eine auf seine Rolle zugeschnittene Benutzerrolle zuweisen. Damit sieht er lediglich die Aufgaben und Funktionen, die er für seine tägliche Arbeit benötigt, nicht mehr und nicht weniger.

Benutzerrollen zuweisen

Sie können Mitarbeitern die für sie relevanten Benutzerrollen auf drei Wegen zuweisen:

- über den Benutzerparameter `CRM_UI_PROFILE`
- über die PFCG-Rolle, die direkt mit einer Benutzerrolle verknüpft wird
- über die Zuordnung von Benutzerrollen zu bestimmten Organisationseinheiten im Organisationsmodell

Anpassung und Personalisierung

Personalisieren

Im Kopfbereich der Benutzeroberfläche können Sie das CRM Web UI über die Schaltfläche **Personalisieren** in gewissem Maße an Ihre Bedürfnisse anpassen. Zusätzlich steht Ihnen dazu im Arbeitsbereich ein Icon () zur Verfügung. Hier haben Sie folgende Möglichkeiten:

- Sie können das Layout über verschiedene Designs anpassen. Zudem haben Sie auch die Möglichkeit, kundeneigene Designs auszuwählen, sofern Sie diese im Vorfeld konfiguriert haben.
- Sie können Begriffswolken aktivieren, Favoriten anlegen oder den Konfigurationsmodus (darauf kommen wir später in diesem Abschnitt zurück) einstellen.
- Darüber hinaus können Sie selbst festlegen, welche Widgets und Funktionen Sie in welcher Position auf der Startseite sehen wollen.
- Sie können ebenfalls selbst entscheiden, mit welchen Links Sie innerhalb der Bereichsstartseiten arbeiten möchten. Die restlichen Links können Sie ausblenden.
- Innerhalb der diversen CRM-Vorgänge entscheiden Sie, welche Zuordnungsblöcke für Sie persönlich angezeigt werden.

[+] **Neue Designs mit dem SAP Solution Manager 7.2**

Mit Release 7.2 des SAP Solution Managers stehen Ihnen innerhalb des CRM Web UI neue, moderne Designs bzw. Themes zur Verfügung: **Blue Crystal** oder **Corbu**. Unsere Screenshots wurden mit dem Theme Blue Crystal erstellt. Weiterführende Informationen hierzu finden Sie unter folgendem Link:

https://wiki.scn.sap.com/wiki/display/CRM/Blue+Crystal+-+New+Skin

5.1 Benutzeroberflächen des IT-Servicemanagements

Jegliche Einstellungen, die Sie im Rahmen der Personalisierung vornehmen, sind nur für Sie gültig und haben keinen Einfluss auf andere Benutzer. Innerhalb der Personalisierungseinstellungen können Sie die vorgenommenen Einstellungen jederzeit wieder auf den Standard zurücksetzen.

Gültigkeit der Personalisierung

Über die diversen *Bereichsstartseiten* werden Links zusammengefasst, die im Zusammenhang mit dem in der Navigationsleiste ausgewählten Menüpunkt stehen. Die Seite ist gewöhnlich in folgende Blöcke aufgeteilt (siehe Abbildung 5.2):

Bereichsstartseiten

- **Suche** (Suchabfragen)
- **Auswertungen** (Berichte)
- **Anlegen** (Erstellung von Vorgängen)

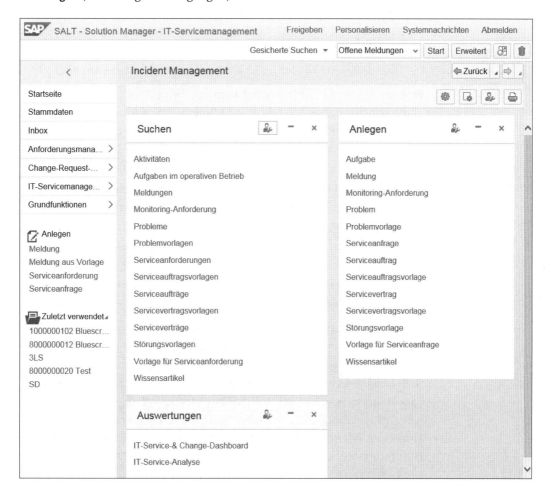

Abbildung 5.2 Bereichsstartseiten im IT-Servicemanagement

197

5 IT-Servicemanagement

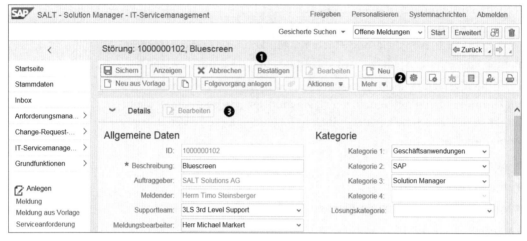

Abbildung 5.3 Übersichtsseite einer Meldung

Übersichtsseite für einen CRM-Vorgang

Die Übersichtsseite wiederum ist wie folgt aufgebaut (siehe Abbildung 5.3):

❶ Wenn Sie einen CRM-Vorgang anzeigen, bearbeiten oder anlegen, wird die entsprechende Übersichtsseite innerhalb des Arbeitsbereichs angezeigt. Im Kopfbereich des Arbeitsbereichs werden, sofern der Vorgang bereits angelegt wurde, der Vorgangstyp (z. B. eine Meldung oder ein Problem), die aktuelle Objekt-ID sowie der Kurztext dargestellt.

❷ Die darunterliegende Menüleiste enthält Schaltflächen, um verschiedene vorgangsbezogene Funktionen wie **Sichern**, **Bearbeiten**, **Abbrechen** oder **Folgevorgang anlegen** durchzuführen.

❸ Für gewöhnlich befindet sich darunter der Detailbereich des Vorgangs, in dem die wichtigsten Informationen wie Objekt-ID, Kurztext, Partner, Status, Priorität, Termine, Beziehungen, Referenzobjekte sowie die Kategorisierung zusammengetragen sind.

Zuordnungsblöcke

Zusätzliche Informationen und Funktionen zum Vorgang werden über diverse *Zuordnungsblöcke* angezeigt. Hier erhalten Sie bspw. Informationen zur Änderungshistorie, zu den am Vorgang beteiligten Personen, zu in Beziehung stehenden Geschäftsvorgängen oder zu Referenzobjekten. Über Zuordnungsblöcke können Sie darüber hinaus Anhänge – in Version 7.2 neu auch per Drag and Drop – hochladen, Ihre Zeiten erfassen, Prüflisten abarbeiten oder den SAP-Support zu Hilfe rufen. Abbildung 5.4 zeigt den Zuordnungsblock **Anhänge**, über den Sie dem Vorgang Dokumente anhängen können.

Abbildung 5.4 Zuordnungsblock »Anhänge«

Das CRM Web UI bietet weitreichende Möglichkeiten, die Benutzeroberfläche über den *Konfigurationsmodus* an Ihre Bedürfnisse anzupassen. Dabei können Sie sehr viele Einstellungen vornehmen, ohne eine Zeile Code zu produzieren. Wenn Sie dafür berechtigt sind, können Sie den Konfigurationsmodus verwenden (Berechtigungsobjekt `CRM_CONFMOD`). Sie müssen den Konfigurationsmodus dazu zunächst an folgender Stelle im Kopfbereich aktivieren: **Personalisieren** • **Einstellungen personalisieren** • **Konfigurationsmodus aktivieren**. Sobald diese Voraussetzungen erfüllt sind, stehen Ihnen im Kopfbereich innerhalb der Menüleiste zwei neue Icons zur Verfügung (siehe Abbildung 5.5).

Konfigurationsmodus

Abbildung 5.5 Konfigurationsmodus

Klicken Sie auf das Icon **Konfigurierb.Ber. einbl.** (), um einzelne Bereiche der aktuellen Seite zu konfigurieren. An dieser Stelle können Sie die Position der angezeigten Felder festlegen, nicht benötigte Felder entfernen oder neue Felder aus einem umfangreichen Arbeitsvorrat hinzufügen (siehe Abbildung 5.6). Klicken Sie hier auf **Feld anlegen**, wenn Sie neue, kundeneigene Felder in Ihrem Vorgang anlegen und verwenden möchten.

Einzelne Bereiche konfigurieren

Über das Icon **Seite konfigurieren** () definieren Sie, welche Zuordnungsblöcke innerhalb des Vorgangs angezeigt werden sollen und welche Zuordnungsblöcke Ihre Mitarbeiter über die Schaltfläche **Personalisieren** () individuell hinzufügen dürfen. Mithilfe des SAP Solution Managers 7.2 ist es an dieser Stelle nun auch möglich, die in der Menüleiste angezeigten Schaltflächen zu konfigurieren, also zu definieren, welche Schaltflächen angezeigt werden (siehe Abbildung 5.7). Dies war im SAP Solution Manager 7.1 nur durch eine Komponentenerweiterung und Programmierung möglich.

Seite konfigurieren

Abbildung 5.6 Einzelne Bereiche konfigurieren

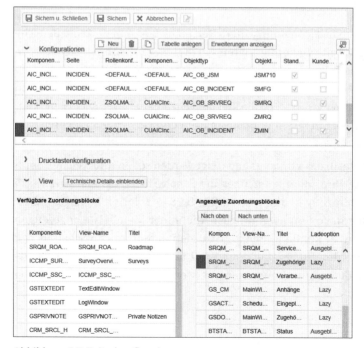

Abbildung 5.7 Seite konfigurieren

Im oberen Bereich der Konfigurationssicht sehen Sie eine Liste sämtlicher Konfigurationen für eine UI-Komponente. Bevor Sie mit Ihrer Konfiguration beginnen, kopieren Sie zunächst die Standardkonfiguration in eine kundeneigene Konfiguration.

Konfigurationssicht

Jede Konfiguration hat das Merkmal **Rollenkonfigurationsschlüssel**, der in der Benutzerrollendefinition gewöhnlich einer Benutzerrolle zugeordnet wird. Dieser Schlüssel legt in der Konfiguration also fest, für welche Benutzerrolle Ihr konfiguriertes Layout gültig ist. Sie können an dieser Stelle auch den Schlüssel <DEFAULT> verwenden. Dann ist diese Konfiguration für alle Benutzerrollen gültig.

Modifikationsfreie Erweiterungen

Wenn Sie noch weitere Änderungen an der Benutzeroberfläche vornehmen möchten, die nicht durch Konfiguration zu realisieren sind, müssen Sie auf Eigenentwicklung ausweichen.

Komponenten-Workbench

Die Vorgangsarten *Meldung* und *Serviceanforderung* bauen auf der UI-Komponente AIC_INCIDENT_H auf. Für die Vorgangsart *Problem* gibt es die UI-Komponente AIC_PROBLEM_H. Über die *Komponenten-Workbench* (Transaktion BSP_WD_CMPWB) können Sie diese Standard-UI-Komponenten modifikationsfrei erweitern. Die SAP-Standardklassen bleiben dabei von Änderungen unberührt, da zur Laufzeit lediglich die Standardklasseninstanzen durch kundeneigene Klasseninstanzen ersetzt werden. Erweiterungen an der Komponente wirken sich dabei auf alle Vorgangsarten aus, die auf dieser Komponente aufbauen.

Abbildung 5.8 zeigt eine erweiterte AIC_INCIDENT_H-Komponente. Bei der Erweiterung wurden entsprechende Z*-Implementierungsklassen generiert. Die Komponentenerweiterung ist einem *Erweiterungsset* zugeordnet.

> **Erweiterungsset**
>
> Ein Erweiterungsset ist ein Container für erweiterte Komponenten. Zur Laufzeit des CRM-Web-UI-Frameworks kann immer nur ein Erweiterungsset verwendet werden. Über den Pflegeview BSPWDV_EHSET_ASG können Sie mit der Transaktion SM30 das aktive Erweiterungsset definieren.

Mithilfe von Komponentenerweiterungen haben Sie bspw. die Möglichkeit, Schaltflächen und neue Attribute hinzuzufügen oder kundenspezifische Wertehilfen zu implementieren.

5 IT-Servicemanagement

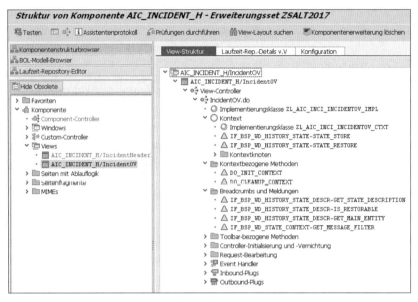

Abbildung 5.8 Komponenten-Workbench

5.1.2 SAP-Fiori-Applikationen

Damit Ihre Anwender ihre Meldungen über eine einfache und zeitgemäße Benutzeroberfläche verwalten können, entwickelte SAP für das ITSM die SAP-Fiori-Applikationen **Meine Meldungen** und **Meldung anlegen**. Die Kacheln, über die Sie im SAP Solution Manager Launchpad auf diese Anwendungen zugreifen können, sehen Sie in Abbildung 5.9.

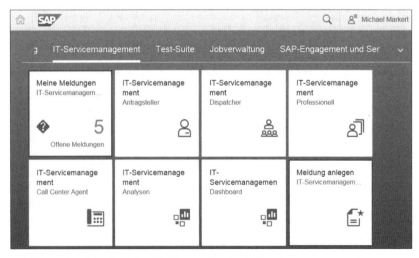

Abbildung 5.9 SAP-Fiori-Applikationen für das IT-Servicemanagement

5.1 Benutzeroberflächen des IT-Servicemanagements

Über die Applikation **Meldung anlegen** können Sie neue Meldungen auf Basis der Vorgangsarten anlegen, die Sie innerhalb des Incident-Management-Prozesses hierfür vorsehen (siehe Abbildung 5.10).

Meldung anlegen

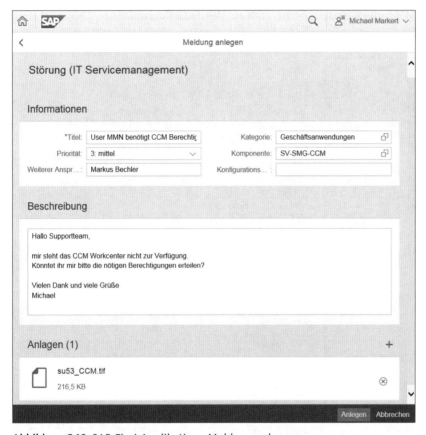

Abbildung 5.10 SAP-Fiori-Applikation »Meldung anlegen«

Diese Applikation ermöglicht es Ihnen, auf sehr schnelle und einfache Weise Geschäftsvorfälle zu melden. Sie können dabei folgende Informationen mitgeben:

- Titel der Meldung (Kurztext)
- Priorität
- Kategorie
- SAP-Komponente
- Ansprechpartner
- Konfigurationselement
- Beschreibung (Langtext)
- Anlagen wie Screenshots oder weitere Beschreibungen

Nachdem Sie diese Informationen ergänzt haben, legen Sie Ihre Meldung über die Schaltfläche **Anlegen** an.

Meine Meldungen   Mithilfe der Applikation **Meine Meldungen** können Sie Ihre angelegten Meldungen einsehen bzw. ändern (siehe Abbildung 5.11).

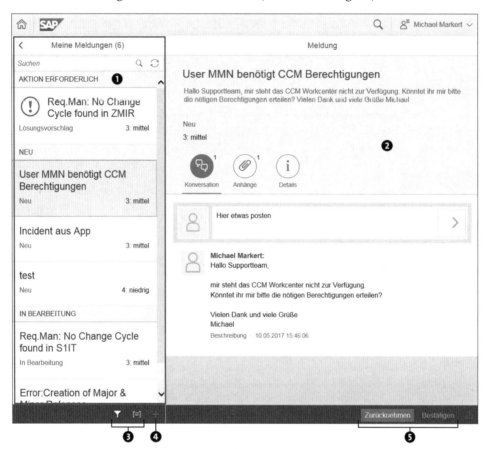

Abbildung 5.11 SAP-Fiori-Applikation »Meine Meldungen«

Der Master-Bereich ❶ auf der linken Seite der Anwendung bietet eine Liste aller offenen Meldungen, die Sie angelegt haben. Über eine Volltextsuche können Sie hier in allen angezeigten Feldern (Titel, Langtexte, Ansprechpartner, Kategorie, Komponente etc.) nach bestimmten Meldungen suchen.

Im Detail-Bereich ❷ erhalten Sie nähere Informationen zu Ihrer ausgewählten Meldung. Sie finden dort die folgenden Registerkarten:

- **Konversation**
  Hier können Sie die bereits vorhandenen Texte einer Meldung ansehen oder einen weiteren Text verfassen.

- **Anhänge**

  Hier können Sie die bereits vorhandenen Anhänge einer Meldung ansehen oder weitere Anhänge hochladen.

- **Details**

  Hier können Sie Detailinformationen wie Meldungsnummer, Ansprechpartner, Priorität oder Kategorie einer Meldung ansehen oder diese bearbeiten.

Sie haben die Möglichkeit, die Liste Ihrer Geschäftsanforderungen nach Benutzerstatus zu filtern und/oder nach Priorität, Status oder letzter Änderung zu gruppieren ❸. Über das Plussymbol ❹ springen Sie in die zuvor beschriebene Applikation **Meldung anlegen** ab und können dort eine neue Meldung anlegen. Über die Schaltflächen **Zurücknehmen** und **Bestätigen** ❺ können Sie Ihre angelegte Meldung zurückziehen bzw. quittieren.

Erweiterungsmöglichkeiten

Die bereitgestellten SAP-Fiori-Applikationen beinhalten bereits die notwendigen Funktionen zur Anlage, Ansicht und Bearbeitung von Meldungen. Falls Sie dennoch Funktionen vermissen oder die Oberfläche anpassen möchten (z. B. kundeneigene Felder ergänzen), haben Sie die Möglichkeit, die Standard-Applikationen Ihren Anforderungen entsprechend einzurichten.

Um Anpassungen an der Oberfläche der Applikation vorzunehmen, verwenden Sie ein Extension Project in der SAP Web IDE. Darüber können Sie die Standard-SAP-Fiori-Applikation auswählen und anschließend erweitern. — *Extension Project*

Falls Sie weitere Funktionen innerhalb der Applikation implementieren möchten, müssen Sie zusätzlich den OData-Service der entsprechenden Applikation erweitern. Im SAP Gateway Service Builder (Transaktion SEGW) können Sie folgende Projekte kopieren und erweitern: — *OData-Service*

- `AI_CRM_GW_CREATE_INCIDENT`: Projekt für die SAP-Fiori-Applikation **Meldung anlegen**
- `AI_CRM_GW_MYMESSAGE`: Projekt für die SAP-Fiori-Applikation **Meine Meldungen** (siehe Abbildung 5.12)

Legen Sie neue Entitätstypen an, um Ihr Datenmodell zu erweitern. Für eine kundeneigene Erweiterung verwenden Sie die für diese Zwecke bereitgestellte Klasse mit der Endung `DPC_EXT`, die Sie in der Navigation unter **Laufzeitartefakte** finden. — *Kundeneigene Erweiterung*

5 IT-Servicemanagement

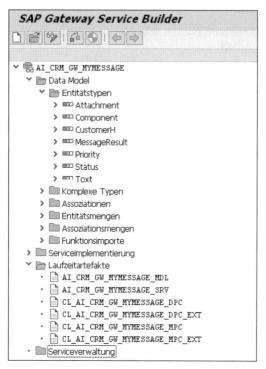

Abbildung 5.12 SAP Gateway Service Builder – Projekt für die SAP-Fiori-Applikation »Meine Meldungen«

5.2 Grundvoraussetzungen für den Einsatz des IT-Servicemanagements

In diesem Abschnitt beschreiben wir die Grundeinrichtung des ITSM-Szenarios. Außerdem stellen wir die notwendigen Standardberechtigungen vor, die für die einzelnen Benutzergruppen des ITSM relevant sind.

5.2.1 Grundkonfiguration des IT-Servicemanagements

Guided Procedure

Um das ITSM Ihren Bedürfnissen anzupassen, konfigurieren Sie in der **SAP-Solution-Manager-Konfiguration** das Szenario **IT-Servicemanagement**. Abbildung 5.13 zeigt die hierfür bereitgestellte Guided Procedure im Überblick. Im Folgenden gehen wir lediglich auf die Aspekte ein, die Sie unserer Erfahrung nach bei der Konfiguration besonders beachten sollten. Eine vollständige Dokumentation zu allen Konfigurationsschritten finden Sie, wie in Kapitel 3, »Grundkonfiguration«, bereits beschrieben, jeweils im **Hilfetext**.

5.2 Grundvoraussetzungen für den Einsatz des IT-Servicemanagements

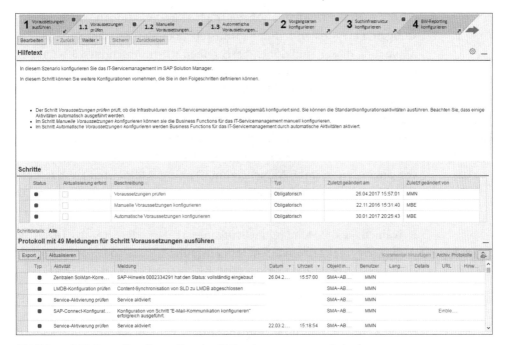

Abbildung 5.13 Grundkonfiguration des IT-Servicemanagements in der SAP-Solution-Manager-Konfiguration

Schritt 1: Voraussetzungen ausführen

Über eine automatische Prüfung können Sie in Schritt **1.1 Voraussetzungen prüfen** sehr schnell überprüfen, ob die Infrastruktur für das ITSM korrekt konfiguriert ist. Dabei wird bspw. geprüft, ob die unter **Systemvorbereitung** und **Basiskonfiguration** erforderlichen Aktivitäten abgeschlossen wurden, ob notwendige Hintergrundjobs eingeplant sind und ob alle relevanten Services aktiviert sind.

Es empfiehlt sich an dieser Stelle, über die Schaltfläche **Alle ausführen** sämtliche noch erforderlichen Aktivitäten auszuführen. Eventuell auftretende Fehler und Lösungshinweise können Sie nach der Prüfung dem Protokoll entnehmen.

Aktivitäten automatisiert ausführen

Stellen Sie zudem sicher, dass in der aktuellen Version Ihres SAP Solution Managers immer der Masterhinweis für das ITSM eingebaut ist. Dies können Sie in Schritt **1.2 Master-Hinweis implementieren** prüfen und gegebenenfalls nachbessern.

Schritt 2: Vorgangsarten konfigurieren

Dieser Konfigurationsschritt beinhaltet die erforderlichen Aktivitäten, um das ITSM an die Anforderungen Ihres Unternehmens anzupassen. Hierzu

Anforderungen Ihres Unternehmens

207

gehört auch die Konfiguration zentraler ITSM-Funktionen wie der mehrstufigen Kategorisierung, der Prüflisten oder der Kunden-Surveys. Die Anpassung dieser Funktionen beschreiben wir in Abschnitt 5.3, »Zentrale Funktionen des IT-Servicemanagements«, näher. Im Folgenden erläutern wir die weiteren erforderlichen Teilschritte.

Teilschritt 1: Vorgangsarten kopieren

Vorgangsarten anpassen

Wenn Sie sich dazu entschließen, ITSM-Szenarien für die Unterstützung Ihrer Prozesse einzusetzen, kopieren Sie zunächst die SAP-Standardvorgangsarten in Ihren Namensraum. Damit gewährleisten Sie, dass Ihre individuellen, vom SAP-Standard abweichenden Anpassungen durch zukünftige Support Packages nicht überschrieben werden.

1. Wählen Sie die Standardquellvorgangsart SMIN oder SMQR aus. Legen Sie die Zielvorgangsart in Ihrem Namensraum, z. B. ZMIN oder ZMQR, an.

2. Über **Vorgangsart aktualisieren** können Sie Ihre kopierten Vorgangsarten mit einer neu ausgelieferten SAP-Standardkonfiguration aktualisieren.

3. Die Konfiguration Ihrer Vorgangsart(en) können Sie über **Vorgangsart anzeigen** einsehen.

Nummernkreise

Ihre neu angelegten Vorgangsarten müssen Nummernkreisen zugeordnet werden. Diese Nummernkreise sind zehnstellig und für die Vergabe von Vorgangsnummern notwendig.

Nummernkreisintervalle verwenden
Durch die Verwendung von unterschiedlichen Nummernkreisintervallen für verschiedene Vorgangsarten können Sie Ihre Vorgänge allein an der Vorgangsnummer schnell unterscheiden. Sie können jedem Ihrer eingesetzten Szenarien ein separates *Nummernkreisintervall* zuordnen.

Kopiersteuerung

Sobald Sie mit Folgevorgängen arbeiten oder die Funktion zum Kopieren von Belegen nutzen möchten, müssen Sie die Kopiersteuerung für die Quell- und Zielvorgangsart konfigurieren. Die folgenden Aktivitäten sind dazu obligatorisch:

1. **Kopiersteuerung für Vorgangsarten definieren**
   An dieser Stelle legen Sie für Ihre Vorgangsarten fest, welche Folgevorgänge daraus erzeugt werden können. Verwenden Sie hierbei immer die Kopierroutine AIC001. In der Kopierroutine wird geregelt, welche Informationen aus dem Quell- in den Zielbeleg übernommen werden können.

2. **Mapping-Regeln für Kopiersteuerung angeben**
   Hier pflegen Sie die **Kopiersteuerungsregeln** (bzw. Mapping-Regeln) für die Quell- und Zielvorgangsarten, die Sie im ersten Schritt definiert haben. Durch das Setzen von Haken können Sie bestimmen, welche Inhalte aus dem Quellbeleg in den Folgebeleg übernommen werden. Über die untergeordnete Registerkarte **Textobjekte zuordnen** können Sie das Mapping zwischen den Textarten der Quell- und Zielvorgangsart definieren, sodass auch die Übernahme der Texte in den Folgebeleg funktioniert. Über die untergeordnete Registerkarte **Datumstypen zuordnen** können Sie auf die gleiche Weise Termine übertragen.

Teilschritt 2: PPF-Aktionen definieren

Das *Post Processing Framework* (PPF) führt über *Aktionen* bestimmte Aktivitäten innerhalb eines Vorgangs aus. Jeder Vorgangsart ist hierbei eine Sammlung von definierten Aktionsdefinitionen zugeordnet. Diese können entweder manuell oder bei Eintritt eines bestimmten Ereignisses (einer *Bedingung*) ausgeführt werden. Im SAP Solution Manager wird diese Sammlung *Aktionsschema* genannt. Informationen zur Definition der PPF-Aktionen finden Sie in Abschnitt 5.3.16.

Post Processing Framework

Teilschritt 3: E-Mail-Benachrichtigungen einrichten

Abhängig von der Erfüllung bestimmter Bedingungen (bspw. dem Erreichen eines bestimmten Benutzerstatus) können Sie automatisiert E-Mails an einen von Ihnen definierten Personenkreis aussteuern. Dabei können lediglich Geschäftspartner, die dem betreffenden Vorgang zugeordnet sind, als E-Mail-Empfänger herangezogen werden. Um diese E-Mail-Benachrichtigung zu konfigurieren, sind folgende Schritte notwendig:

1. **Business Functions aktivieren**
   Prüfen Sie, ob in Transaktion SFW5 die Business Functions `CRM_IC_CEBP` und `CRM_SHSVC` aktiviert sind. Falls nicht, aktivieren Sie diese.

2. **PPF-Aktionen aktivieren**
   Aktivieren Sie die standardmäßig deaktivierten PPF-Aktionen für die E-Mail-Benachrichtigungen in den Aktionsprofilen Ihrer Vorgangsarten. Diese Aktionen sind immer partnerabhängig, sie sind also mit einer bestimmten Partnerfunktion verknüpft. Eine Partnerfunktion kann z. B. *Meldender* oder *Auftraggeber* sein.

   Abbildung 5.14 zeigt die Aktionsdefinition für den Versand von HTML-E-Mails. Über die Verarbeitungsparameter dieser Aktionsdefinitionen wird festgelegt, welches E-Mail-Formular für den Versand herangezogen wird. Hierfür muss der Parameter `MAIL_FORM_TEMPLATE` entsprechend gepflegt werden.

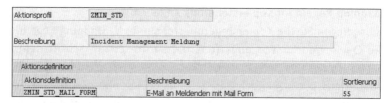

Abbildung 5.14 E-Mail-Aktionen für eine Meldung definieren

3. **E-Mail-Formulare anlegen**
   Dies führt uns zum dritten Schritt, nämlich der Anlage von E-Mail-Formularen uber das CRM Web UI. Verwenden Sie dafür die Benutzerrolle SOLMANPRO, da diese die Funktionalität zur Anlage von E-Mail-Formularen beinhaltet. In der Bereichsstartseite **Grundfunktionen** können Sie die E-Mail-Formulare pflegen (siehe Abbildung 5.15).

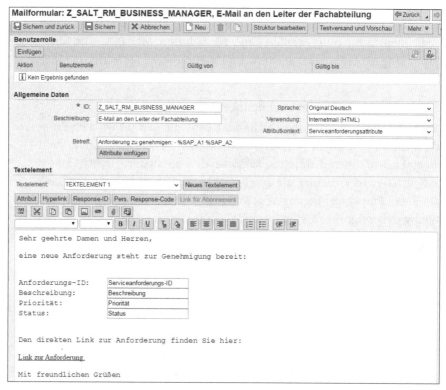

Abbildung 5.15 Ein E-Mail-Formular pflegen

In der E-Mail-Formularpflege können Sie mit dynamischen Attributen wie der aktuellen Objekt-ID, dem Kurztext, der Priorität, dem Status, dem zuständigen Mitarbeiter oder anderen arbeiten. Wählen Sie hierzu den Attributkontext **Serviceanforderungsattribute**. Der Attributkontext ist eine technische Gruppierung von Attributen und stellt Ihnen eine Sammlung von verschiedenen Feldern zur Verfügung, die Sie in Ihrem E-Mail-Formular verwenden können. Sie können den WYSIWYG-Editor (What you see is what you get) verwenden, um Ihr Mailformular mithilfe von Formatierungen, Hyperlinks oder Grafiken zu gestalten. Allerdings werden Sie schnell an die Grenzen dieses Editors gelangen, wenn Sie bspw. mit Tabellen arbeiten möchten. Mit HTML-Kenntnissen können Sie Ihr Mailformular noch genauer an Ihre Anforderungen anpassen. Wechseln Sie hierfür in den HTML-Editor, der Ihnen weitreichende Möglichkeiten zur Darstellung Ihres E-Mail-Formulars bietet.

> **Zusätzliche Attribute für E-Mail-Formularattributkontexte**
> Falls Sie Ihre kundeneigenen Felder im Attributkontext nicht finden, können Sie diese über das BAdI (Business Add-in) CRM_IM_ADD_DATA_BADI einbinden.

Teilschritt 4: Status- und Prioritätsverwaltung definieren

Jeder ITSM-Vorgangsart ist ein *Statusschema* zugeordnet. Falls das Standardstatusschema nicht zu Ihrem Prozess passt, können Sie es in diesem Teilschritt anpassen. Über das Statusschema legen Sie fest, welche Benutzerstatus in Ihren ITSM-Vorgängen verfügbar sein sollen und in welcher Reihenfolge diese durchlaufen werden dürfen. Diese Reihenfolge wird durch *Ordnungsnummern* festgelegt. Definieren Sie außerdem den **Initialstatus** sowie einen oder mehrere Finalstatus (Spalte **betriebswirtschaftlicher Vorgang**, Wert: **FINI**), in denen weitere Belegänderungen verboten werden (siehe Abbildung 5.16).

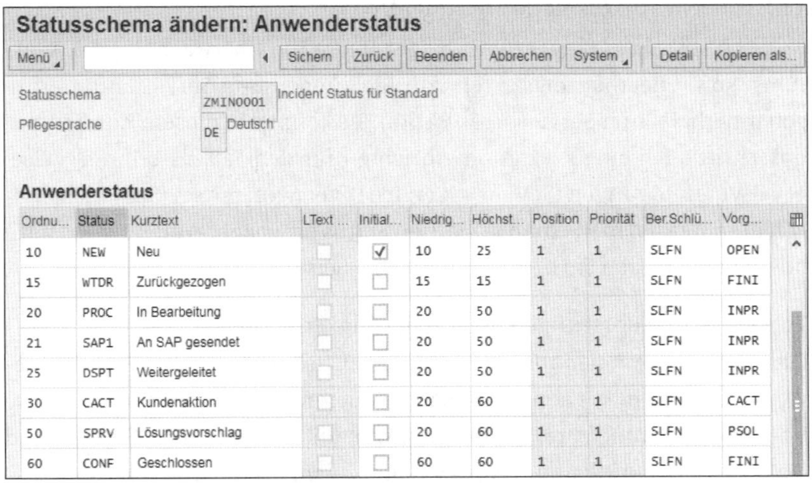

Abbildung 5.16 Statusschema für Benutzerstatus definieren

Teilschritt 5: Textverwaltung definieren

Innerhalb Ihrer ITSM-Vorgangsarten können Sie Ihre Langtexte über verschiedene Textarten klassifizieren, die SAP bereits im Standard ausliefert. Sie können die Aktivitäten dieses Konfigurationsschritts durchführen, um Ihren Vorgangsarten kundeneigene Textarten hinzuzufügen oder nicht benötigte Textarten zu entfernen.

Teilschritt 6: Geschäftspartner einrichten

Die Vorgangsarten des ITSM bieten standardmäßig eine Reihe von Partnerfunktionen wie den Meldenden, den Meldungsbearbeiter oder das Support-Team an. Falls weitere Partnerfunktionen in Ihrem individuellen ITSM-Prozess eine Rolle spielen, können Sie die fehlenden Partnerfunktionen über diese Konfigurationsaktivitäten ergänzen und in Ihren Prozess einbinden. Weitere Informationen zur Anlage von Geschäftspartnern finden Sie in Abschnitt 5.4.1, »Incident Management«, unter der Überschrift »Stammdaten«.

Teilschritt 7: Terminverwaltung definieren

Definieren Sie in Konfigurationsschritt **2.7 Terminverwaltung definieren**, welche Termine in Ihrer Vorgangsart zu verarbeiten sind. Dabei können Sie Termine fest vorgeben. Alternativ kann das System diese durch die Definition von Terminarten, Zeitdauern und Terminregeln berechnen. Über das *Terminprofil* steuern Sie dann, welche Terminarten, Zeitdauern und Terminregeln Sie in einer bestimmten Vorgangsart verwenden können. Die in diesem Schritt enthaltenen Konfigurationsaktivitäten sind optional und nur relevant, wenn die Standardtermine nicht zu Ihrem Prozess passen.

Teilschritt 8: SLV-Eskalation definieren

Der SAP Solution Manager ermöglicht Ihnen die Überwachung der Reaktions- sowie Bearbeitungszeiten von Meldungen und Serviceanforderungen innerhalb Ihrer Serviceorganisation. Sie können in diesem Konfigurationsschritt auch eine Eskalation einrichten für den Fall, dass Ihre Service-Level-Vereinbarungen (SLV) bzw. Service Level Agreements (SLA) nicht eingehalten werden bzw. einen kritischen Status erreichen. Weitere Informationen hierzu finden Sie in Abschnitt 5.4.6, »Service Level Management«.

Teilschritt 9: Mehrstufige Kategorisierung einrichten

Automatische Ermittlungen

Die *mehrstufige Kategorisierung* ermöglicht es Ihnen, Ihre Geschäftsvorgänge bis zu zehn Ebenen tief zu kategorisieren. Hierdurch können Sie Ihre Vorgänge wesentlich präziser klassifizieren und auswerten. Außerdem sind Sie in der Lage, Prüflisten, Support-Teams oder zugehörige Probleme automatisch anhand der Kategorie finden zu lassen. Weitere Informationen zur Einrichtung der mehrstufigen Kategorisierung finden Sie in Abschnitt 5.3.1.

Teilschritt 10: Prüflisten definieren

Prüflisten nutzen Sie, um Geschäftsabläufe in Ihren Vorgangsarten (z. B. Störungen, Serviceanforderungen oder Änderungsvorgänge) abzubilden und schrittweise abzuarbeiten. Sie können mithilfe der Prüflisten die im Rahmen des Geschäftsvorgangs zu erledigenden Aufgaben erfassen und darstellen. In Abschnitt 5.3.2 finden Sie weitere Informationen zur Konfiguration der Prüflisten.

Schrittweise Bearbeitung

Teilschritt 11: Kunden-Surveys einrichten

Anhand von *Kunden-Surveys* können Sie komplette Fragebögen für Ihre Vorgänge erstellen. Mit diesen können Sie Fragen direkt an den Meldenden stellen und sich auf diese Weise ein Feedback einholen. Neben Fragen über die Qualität der Bearbeitung ist es auch durchaus sinnvoll zu erfragen, wie sich der Mitarbeiter mit seiner Betreuung gefühlt hat. Dadurch können Sie Lücken oder Defizite in Ihrem Bearbeitungsprozess aufdecken und somit Ihre Qualität sukzessive verbessern. Ein Beispiel für einen solchen Fragebogen und Informationen zu dessen Konfiguration finden Sie in Abschnitt 5.3.15, »Kunden-Surveys«.

Fragebögen

Teilschritt 12: Zeiterfassung definieren

Wenn Ihre Support-Mitarbeiter Zeiten für ihre ITSM-Vorgänge erfassen sollen, konfigurieren Sie in diesem Teilschritt die Zeiterfassung. Legen Sie benutzerrollenspezifisch Aktivitätsbezeichnungen wie Analyse, Beratung oder Support fest, definieren Sie den Initialwert für die Zeiteinheit (Stunden oder Minuten) und entscheiden Sie, ob Ihre Support-Mitarbeiter über ein Pop-up-Fenster an die Zeiterfassung erinnert werden sollen. Weitere Informationen hierzu finden Sie in Abschnitt 5.3.8.

Teilschritt 13: Kundenspezifische Anwendungskomponenten einrichten

Führen Sie diesen Konfigurationsschritt aus, wenn Sie die Liste der SAP-Anwendungskomponenten um eigene Komponenten erweitern möchten.

Teilschritt 14: Einstellungen für das Verarbeitungsprotokoll

Definieren Sie in diesem Konfigurationsschritt, welche Änderungen an Ihrem ITSM-Beleg im Verarbeitungsprotokoll dokumentiert werden sollen:

Änderungsnachverfolgung

1. Ordnen Sie im ersten Schritt Ihrer Vorgangsart die Protokolltypen zu. Hier können Sie bspw. die Protokolltypen **Ausgeführte Aktionen**, **Statusänderungen** oder **Geänderte Felder** verwenden.

2. Legen Sie dann im zweiten Schritt fest, welche Felder in der Änderungshistorie dokumentiert werden sollen (**Änderungshistorie für Verarbeitungsprotokoll definieren**). Wenn Sie möchten, dass sämtliche Änderungen der zugeordneten Priorität dokumentiert werden sollen, muss Ihrer Vorgangsart das entsprechende Feld zugewiesen werden. Tabelle 5.1 zeigt, wie der entsprechende Eintrag für die Meldung aussähe.

VorgArt	Änderungsbelegsegment	Feldname
ZMIN	CRMA_ACTIVITY_H	PRIORITY

Tabelle 5.1 Beispiel: Änderungshistorie für Verarbeitungsprotokoll definieren

Schritt 3: Suchinfrastruktur konfigurieren

Embedded Search

In diesem Schritt konfigurieren Sie die Embedded Search. Diese Konfiguration ist erforderlich, um die Volltextsuche in den ITSM-Objekten zu realisieren.

Prüfen Sie in Teilschritt **3.1 Embedded Search konfigurieren** zunächst über eine automatische Aktivität, ob die allgemeine Konfiguration der Embedded Search fehlerfrei durchgeführt wurde (siehe Abschnitt 3.4, »Grundkonfiguration der Embedded Search«). Über manuelle Konfigurationsschritte aktivieren Sie die notwendigen Business Functions, legen Suchkonnektoren an und planen die Erstindizierung ein. Weitere Informationen zu Suchkonnektoren und zur Erstindizierung finden Sie in Abschnitt 13.4.4, »Embedded Search konfigurieren«. Falls Sie kundeneigene Benutzerrollen und Navigationsleistenprofile verwenden, müssen Sie die Objekte der zentralen Suche für jede Benutzerrolle und jedes Navigationsleistenprofil anpassen.

Führen Sie Teilschritt **3.3 Software-Agent-Framework einrichten** aus, falls Sie Ihre Volltextsuche mit der Technologie TREX umsetzen möchten.

Schritt 4: BW-Reporting konfigurieren

Definieren Sie in Konfigurationsschritt **4 BW-Reporting konfigurieren** das Reporting für Meldungen und/oder Probleme im angeschlossenen SAP Business Warehouse (BW). In Teilschritt **4.1 Extraktionseinstellungen definieren** aktivieren Sie den BI Content für das ITSM. Damit lösen Sie einen Hintergrundjob aus, der die relevanten BW-Objekte für das BW-Reporting vorbereitet. Legen Sie in den Extraktionseinstellungen bspw. fest, in welchen Intervallen die Extraktion der Daten für das SAP-BW-System durchgeführt oder zu welchem Zeitpunkt mit der Extraktion begonnen werden soll.

Die ITSM-Vorgangsarten, die in das BW-Reporting eingeschlossen werden sollen, wählen Sie in Teilschritt **4.2 Vorgangsart für Reporting auswählen** aus. Nähere Informationen zum Reporting finden Sie in Abschnitt 5.3.17, »Reportingfunktionen«.

Schritt 5: Eingang konfigurieren

In diesem Konfigurationsschritt richten Sie den E-Mail-Eingang bzw. die Inbox ein. Endanwender können an eine von Ihnen festgelegte E-Mail-Adresse E-Mails an die Anwender des ITSM senden. Diese werden in der sogenannten *Inbox* angezeigt. Aus diesen Nachrichten können dann abhängig von der Konfiguration Meldungen oder Serviceanforderungen manuell oder automatisch erstellt werden.

Inbox für E-Mails

> **Weitere Informationen zur Konfiguration des E-Mail-Eingangs**
>
> Informationen zur Konfiguration des E-Mail-Eingangs finden Sie neben der Dokumentation der einzelnen Konfigurationsschritte sehr detailliert im ITSM-Wiki der SAP Community unter folgender URL: *http://s-prs.de/v561526*. Rufen Sie hier die folgende Anleitung auf: **How to Guide • E-MAIL INBOUND CONFIGURATION • ALM: Incident Management**.

[«]

Die Funktionen des *E-Mail Response Management Systems* (ERMS) beschreiben wir in Abschnitt 5.3.10.

Schritt 6: Servicekatalog und -antrag konfigurieren

Über den *Servicekatalog* kann der Help Desk seine Dienstleistungen direkt im CRM Web UI innerhalb der Bereichsstartseite **Servicekatalog** anbieten (siehe auch Abschnitt 5.4.4, »Service Catalogue Management«). Die Bereitstellung der durch die Endanwender bestellten Services erfolgt über die Bearbeitung von Support-Anfragen (*Serviceanforderungen*).

Servicekatalog

1. In diesem Konfigurationsschritt legen Sie über eine automatische Aktivität die Servicekataloghierarchie an. Das ist die Grundvoraussetzung für die Definition von Serviceprodukten.
2. Bauen Sie über die manuelle Aktivität **Servicekatalog konfigurieren** Ihren Servicekatalog auf. Legen Sie sämtliche Serviceprodukte an, die Sie anbieten möchten.
3. Über das *Serviceprodukt* beschreiben Sie Ihren angebotenen Service und legen fest, wie der Service bearbeitet wird.

4. Über die Konfigurationsaktivität **Serviceanforderungsmanagement konfigur.** konfigurieren Sie das Service Request Management (siehe auch Abschnitt 5.4.5).

Schritt 7: Landschaft konfigurieren

In Konfigurationsschritt **7.1 Externe Integration vorbereiten** können Sie optional die Meldungserstellung aus dem SAP Business Client (NWBC) und/oder aus dem SAP Enterprise Portal konfigurieren bzw. aktivieren.

Voraussetzungen Führen Sie die Konfigurationsschritte 7.2 und 7.3 aus, um zu prüfen, ob Ihre verwalteten Systeme aktuell dazu in der Lage sind, Meldungen über die Funktion **Hilfe • Supportmeldung erfassen** im SAP GUI an den SAP Solution Manager zu senden. Stellen Sie hierfür folgende Voraussetzungen sicher:

- Die RFC-Destination SM_<SID>CLNT<Mandant>_BACK vom ausgewählten verwalteten System zum SAP Solution Manager muss angelegt sein und funktionieren.

- Auf dem verwalten System muss in der Tabelle BCOS_CUST ein Eintrag mit der Anwendung OSS_MSG existieren (siehe Abbildung 5.17). Wenn ein Benutzer über die Funktion **Hilfe • Supportmeldung erfassen** eine Meldung an den SAP Solution Manager senden möchte, prüft das verwaltete System über diesen Tabelleneintrag, an welches SAP-Solution-Manager-System die Meldung übermittelt werden soll.

Abbildung 5.17 Eintrag in der Tabelle BCOS_CUST

- In der Tabelle AIINSTALLATIONS muss die Installationsnummer des ausgewählten verwalteten Systems vorhanden sein. Diese Voraussetzung sollte nach der erfolgreichen Durchführung der Basiskonfiguration erfüllt sein.

- Die IBase-Komponenten (Installed Base) für alle Mandanten des ausgewählten verwalteten Systems müssen in der IBase auf dem SAP Solution Manager vorhanden sein (siehe auch Abschnitt 5.4.1, »Incident Management«, Überschrift »IBase-Komponenten«). Bei der Meldungserstellung aus dem verwalteten System heraus wird dadurch das Konfigurationselement innerhalb der Meldung gepflegt.

Wenn für diese vier Voraussetzungen in Schritt 7.3 ein grünes Statussymbol angezeigt wird, ist ihr ausgewähltes verwaltetes System in der Lage, Meldungen an den SAP Solution Manager zu senden.

Schritt 8: Benutzer und Partner einrichten

Dieser Konfigurationsschritt besteht aus den folgenden vier Teilschritten.

Teilschritt 1: Benutzer und Geschäftspartner anlegen

Über diesen Teilschritt legen Sie im SAP Solution Manager Geschäftspartner und Benutzer für das ITSM an. Verwenden Sie hierfür die Transaktion BP_USER_GEN. In Abschnitt 5.4.1, »Incident Management«, erläutern wir diese Transaktion näher im Rahmen der Anlage von Stammdaten.

Teilschritt 2: Organisationsmodell anlegen

Hier bilden Sie das Organisationsmodell Ihrer Support-Abteilung ab. Nähere Informationen dazu finden Sie ebenfalls in Abschnitt 5.4.1.

Teilschritt 3: Support-Team-Ermittlung einrichten

Dieser Konfigurationsschritt leitet Sie bei der Einrichtung der Support-Team-Ermittlung an. Sie haben an dieser Stelle folgende Möglichkeiten:

- **Ermittlung des Support-Teams mithilfe des Business Rule Frameworks (BRFplus)**
  Mit dem BRFplus haben Sie weitreichende Möglichkeiten, Ihre Support-Teams anhand von bestimmten Kriterien zu ermitteln. Diese Art der Ermittlung wird über die PPF-Aktion `<Aktionsprofil>_FIND_PARTNER_FDT` ausgelöst.

- **Festlegen von Regeln für die Servicegruppenermittlung**
  Pflegen Sie hierzu Regel AC35000139, die mit der PPF-Aktion `<Aktionsprofil>_FIND_TEAM_SEND_EMAIL` verknüpft ist. In der Regelpflege können Sie bspw. Support-Teams zu SAP-Komponenten zuordnen. Sobald die entsprechende SAP Komponente in der Meldung gepflegt ist, wird das zugehörige Support-Team ermittelt.

- **Konfiguration der automatischen Weiterleitung von Meldungen**
  Über die PPF-Aktion `<Aktionsprofil>-MSG_DISPATCH` wird die Weiterleitung angestoßen.

- **Ermitteln des Support-Teams mithilfe des Regeleditors**
  Die Konfiguration erfolgt in der Benutzerrolle SOLMANPRO unter **Grundfunktionen • Regelwerke**.

Teilschritt 4: Vorlagenbenutzer anlegen

Für die verschiedenen Rollen, die am ITSM-Prozess teilnehmen, können Sie in diesem Konfigurationsschritt Vorlagenbenutzer anlegen oder aktualisieren. Die ausgewählten Vorlagenbenutzer erhalten dadurch automatisch die aktuellen SAP-Standardberechtigungsrollen, die für dieses Szenario relevant sind, als Z-Kopie. Passen Sie lediglich die kopierten Berechtigungsrollen an Ihren ITSM-Prozess an, und weisen Sie diese Ihren Mitarbeitern zu.

Schritt 9: UI konfigurieren

In Konfigurationsschritt **9.1 Allgemeine UI-Optionen konfigurieren** können Sie über die automatischen Aktivitäten die Performance im CRM Web UI verbessern. Weitere Informationen hierzu finden Sie in Abschnitt 5.1.1, »CRM Web UI«.

Die Konfiguration der SAP-Fiori-Applikationen **Meine Meldungen** sowie **Meldung anlegen** erfolgt in Schritt **9.2 Fiori-Apps (ITSM) einrichten**.

Über die automatische Aktivität **SAP Fiori Launchpad konfigurieren** ermöglichen Sie die Anlage von Meldungen aus dem SAP Solution Manager Launchpad heraus. Dies erfolgt dann über die SAP-Fiori-Applikation **Meldung anlegen**. Die SAP-Fiori-Applikation **Meine Meldungen** können Sie für Ihre kundeneigenen Vorgangsarten bereits verwenden, wenn Sie die Schritte 1 und 2 der ITSM-Konfiguration erfolgreich ausgeführt haben.

Des Weiteren können Sie für jede Priorität (sehr hoch, hoch, mittel, niedrig) eine korrespondierende Farbe definieren. Dies macht es für Sie einfacher, Meldungen hoher Priorität von Meldungen niedriger Priorität schnell zu unterscheiden. Sie können diese Einstellung über die Aktivität **Prioritätsfarben für Fiori-Apps definieren** vornehmen.

Schritt 10: SAP-Partner pflegen

Dieser Konfigurationsschritt ist lediglich für IT-Dienstleister relevant, die Ihren Kunden den Zugang zu ausgewählten Funktionen im Change Request Management, ITSM und System-Monitoring ermöglichen möchten. Richten Sie in diesem Schritt für Ihre Kunden die SAP-Kundennummern und RFC-Verbindungen, die Sie verantworten, ein.

Schritt 11: Externen Service Desk integrieren

Haben Sie ein Help-Desk-System eines Drittanbieters im Einsatz, können Sie dieses an das ITSM im SAP Solution Manager 7.2 anbinden, um Ihre Meldungen und Probleme bidirektional über eine offene Webserviceschnittstelle zu synchronisieren. Weitere Informationen hierzu finden Sie in Abschnitt 5.4.1, »Incident Management«.

Schritt 12: Abgeschlossen

Der letzte Schritt der ITSM-Konfiguration ermöglicht Ihnen anhand einer übersichtlichen Zusammenfassung die Überprüfung aller durchgeführten Aktivitäten.

5.2.2 Berechtigungen

Im ITSM gibt es verschiedene Anwendergruppen wie den *Meldungsersteller*, den *Meldungsbearbeiter* oder den *Administrator*. Die Benutzer nehmen innerhalb des ITSM-Prozesses eine oder mehrere dieser Rollen ein und können so mit anderen Benutzern interagieren. Mit den verschiedenen Anwendergruppen gehen auch unterschiedliche Verantwortlichkeiten einher.

SAP stellt für jede Anwendergruppe, die im ITSM-Prozess eine Rolle spielt, Berechtigungsrollen zur Verfügung. Tabelle 5.2 zeigt die Standardsammelrollen, die Sie in Ihren Kundennamensraum kopieren und an Ihre Prozesse anpassen können.

Benutzergruppe	Standardsammelrolle
Administrator	SAP_SUPPDESK_ADMIN_COMP
Meldungsbearbeiter	SAP_SUPPDESK_PROCESS_COMP
Meldungsersteller	SAP_SUPPDESK_CREATE_COMP
Anzeigebenutzer	SAP_SUPPDESK_DISPLAY_COMP
Dispatcher	SAP_SUPPDESK_DISPATCHER_COMP

Tabelle 5.2 Übersicht über die relevanten Sammelrollen im IT-Servicemanagement

Über die Ausprägung diverser Berechtigungsobjekte in diesen Sammelrollen können Sie die in Ihren Kundennamensraum kopierten Berechtigungsrollen an Ihren Prozess anpassen. Die wichtigsten Berechtigungsobjekte sind in Tabelle 5.3 beschrieben.

Berechtigungsobjekte

> **Neues Berechtigungsobjekt in SPS05**
>
> Mit dem Support Package Stack 5 des SAP Solution Managers 7.2 stellt SAP ein lang ersehntes Berechtigungsobjekt zur Verfügung. Über das neue Berechtigungsobjekt SM_PPF können Sie steuern, welche PPF-Aktionen in den CRM-Vorgängen ausführbar sind. Selbst in den SAP-Fiori-Applikationen zur Bearbeitung von Vorgängen findet dieses Berechtigungsobjekt Anwendung.

Berechtigungsobjekt	Beschreibung
B_USERSTAT	Über dieses Berechtigungsobjekt können Sie einschränken, welche Status in den CRM-Vorgängen gesetzt werden dürfen.
CRM_CONFMOD	Hierüber steuern Sie den Zugriff auf den Konfigurationsmodus des CRM Web UI.
CRM_ORD_PR	Hierüber können Sie steuern, welche Vorgangsarten der Benutzer verwenden darf.
CRM_TXT_ID	Dieses Objekt steuert die Anzeige und Bearbeitung von Textarten innerhalb der CRM-Vorgänge.
UIU_COMP	Mithilfe dieses Berechtigungsobjekts können Sie bestimmen, auf welche UI-Komponenten zugegriffen werden kann.

Tabelle 5.3 Wesentliche Berechtigungsobjekte im IT-Servicemanagement

SAP Security Guide

Weiterführende Informationen zu den benötigten Berechtigungsrollen und -objekten finden Sie im applikationsspezifischen Sicherheitsleitfaden für den SAP Solution Manager. Neben den Sicherheits- und Berechtigungsaspekten für das ITSM werden hier auch alle weiteren SAP-Solution-Manager-Szenarien berücksichtigt. Laden Sie sich den »SAP Security Guide« im SAP Service Marketplace herunter. Innerhalb der **Installation & Upgrade Guides** (*http://service.sap.com/instguides*) navigieren Sie dazu in den Bereich **SAP Components • SAP Solution Manager • Release 7.2 • Operation**.

5.3 Zentrale Funktionen des IT-Servicemanagements

Viele zentrale Funktionen im ITSM lassen sich nicht direkt zu einem bestimmten Prozess wie dem Incident Management oder dem Service Request Management zuordnen. Die meisten dieser Funktionen können in allen Prozessen verwendet werden und werden deshalb in diesem Abschnitt allgemein beschrieben.

5.3.1 Mehrstufige Kategorisierung

Die mehrstufige Kategorisierung ist für alle gängigen Vorgangsarten (Meldung, Problem, Wissensartikel, Änderungsantrag, Serviceanforderung etc.) verfügbar. In Abbildung 5.18 sehen Sie ein Beispiel für die mehrstufige Kategorisierung einer Störung.

Kategorisierung einer Störung

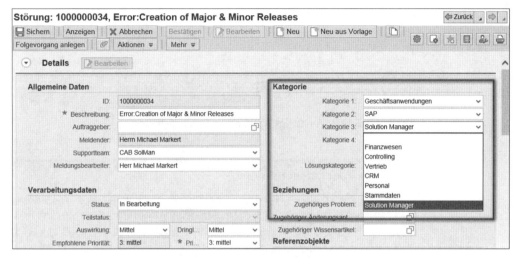

Abbildung 5.18 Mehrstufige Kategorisierung in der Meldung

Unter **Grundfunktionen** • **Suchen** • **Kategorisierungsschemas** können Sie alle erstellten Schemata verwalten. Verwenden Sie im Block **Suchkriterium** den Parameter **Status**, um nur die momentan aktiven Kategorisierungsschemata zu sehen.

In der **Ergebnisliste** finden Sie die Schaltfläche **Neu**, mit der Sie ein neues Schema anlegen können. Nun können Sie neben den **allgemeinen Daten** wie der **Schema-ID** und einer **Beschreibung** die komplette **Kategoriehierarchie** erstellen. Legen Sie fest, wie tief kategorisiert werden soll und welche Auswahlmöglichkeiten je Ebene zur Verfügung stehen sollen.

Kategorisierungsschema anlegen

Im Zuordnungsblock **Anwendungsbereiche** verknüpfen Sie die Anwendungen mit den entsprechenden Parametern und deren Werten (siehe Abbildung 5.19). Das bedeutet, dass Sie angeben, in welchen Vorgangsarten das Kategorisierungsschema verfügbar sein soll.

Auch die Bearbeitung von bereits vorhandenen Schemata ist möglich. Klicken Sie hierzu in der Ergebnisliste auf das gewünschte Kategorisierungsschema. Um dieses bearbeiten zu können, müssen Sie eine neue Version des Schemas generieren. Klicken Sie dazu auf die Schaltfläche **Version**. Führen Sie anschließend Ihre Änderungen durch.

Kategorisierungsschema ändern

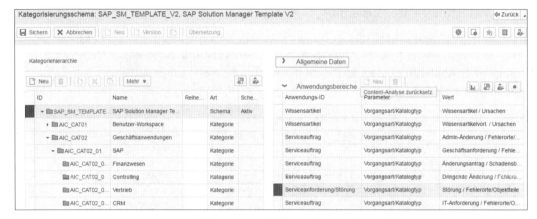

Abbildung 5.19 Mehrstufige Kategorisierung bearbeiten

[!] **Gültigkeit der Kategorisierung**

Unabhängig davon, ob Sie ein vorhandenes Schema ändern oder ein komplett neues Kategorisierungsschema erstellen möchten, sollten Sie dessen Gültigkeit beachten. Erst wenn das Gültigkeitsdatum bzw. der Gültigkeitszeitraum erreicht ist, wird das Kategorisierungsschema auch aktiv in Ihrer Vorgangsart verwendet. Die alte Version des Kategorisierungsschemas wird durch die Aktivierung des neuen Schemas zeitlich abgegrenzt und erhält den Status **Angewandt**. Für neue Vorgänge finden diese veralteten Schemata zwar keine Anwendung mehr, sie sind jedoch noch für die im abgegrenzten Zeitraum erstellten Vorgänge relevant.

Importieren Sämtliche Änderungen, die Sie in Ihren Kategorisierungsschemata durchführen, werden nicht in Transportaufträgen gesichert. Sie können Ihre Schemata aber trotzdem von einem System in das andere transportieren. Hierfür nutzen Sie die zur Verfügung gestellte Importfunktion. Unter **IT-Servicemanagement** • **Suchen** • **Kategorisierungsschemas** finden Sie in der **Ergebnisliste** die Schaltfläche **Importieren**. Klicken Sie darauf, und wählen Sie ein Kategorisierungsschema aus einem Quellsystem aus. Das ausgewählte Schema wird dann in das Zielsystem (das aktuelle System) importiert.

Damit diese Funktion verfügbar ist, müssen Sie im Customizing der mehrstufigen Kategorisierung die richtigen RFC-Destinationen (Remote Function Call) pflegen. Die dadurch importierten Kategorisierungsschemata befinden sich zunächst im Status **Entwurf** und müssen erst noch manuell freigegeben werden, bevor Sie sie innerhalb Ihrer Vorgangsarten nutzen können.

> **Alternative zum Import über den Kategorieneditor**
>
> Als Alternative zum bereits beschriebenen Import über den Kategorieneditor können Sie den Import auch über einen Report durchführen. Nutzen Sie den Report `CRM_ERMS_CAT_AS_IMPORT`, um Ihr Kategorisierungsschema von einem System in das andere zu transportieren.

Weitere Informationen zum Thema mehrstufige Kategorisierung finden Sie in dem folgenden Wiki-Eintrag in der SAP Community:
http://s-prs.de/v561527

5.3.2 Prüflisten

Während des Bearbeitungsprozesses der Aufgaben unterstützt Sie die Prüfliste mit diversen Hilfsmitteln. Der Ablauf der zu erledigenden Schritte kann eingeblendet werden und bietet einen optimalen Überblick über den Bearbeitungsstand (siehe Abbildung 5.20). Sie können den nächsten Bearbeiter automatisch per E-Mail benachrichtigen, dass er nun an der Reihe ist.

Abbildung 5.20 Ablauf einer Prüfliste

Diese und weitere Funktionen machen die Prüfliste zu einer sehr hilfreichen Funktion des ITSM, um effizient eine Abfolge von vordefinierten Aufgaben bzw. Schritten zu bearbeiten. In diesem Abschnitt erfahren Sie mehr über die Konfiguration und Erstellung von Prüflisten.

Prüflisten konfigurieren

Die Prüflisten sind eine Funktion des Service Request Managements. Damit Sie sie im SAP Solution Manager vollumfänglich nutzen können, müssen Sie zu Beginn einige Konfigurationen vornehmen:

Voraussetzungen

1. **Business Functions**

   Beginnen Sie mit der Aktivierung der Business Functions. Sie benötigen diese, um neue oder erweiterte Funktionen, die von SAP bereitgestellt werden, zu nutzen. Sobald die Aktivierung erfolgt ist, stehen die entsprechenden Funktionalitäten für die Anwendung zur Verfügung.

   Die Aktivierung erfolgt im Customizing des Switch Frameworks. Rufen Sie dazu Transaktion SFW5 auf, und aktivieren Sie die Business Functions CRM_IC_CEBP und CRM_SHSVC.

   Mit dem SAP Solution Manager 7.2 können Sie neben den einfachen Prüflisten auch *entscheidungsbasierte Prüflisten* erstellen. Um diese nutzen zu können, müssen Sie eine weitere Business Function aktivieren: CRM_ITSM. Auf entscheidungsbasierte Prüflisten werden wir im weiteren Verlauf dieses Abschnitts noch näher eingehen.

2. **Zuordnungsblock**

   Als Nächstes müssen Sie den Zuordnungsblock **Prüfliste** (siehe Abbildung 5.21) in den Vorgangsarten SMRQ (Standardvorgangsart für Serviceanforderung) bzw. ZMRQ (kundeneigene Vorgangsart für Serviceanforderung) verfügbar machen, da er standardmäßig nicht angezeigt wird. Rufen Sie das CRM Web UI mithilfe der Transaktion SM_CRM auf. Öffnen Sie eine Support-Anfrage, und fügen Sie über **Seite konfigurieren** den Zuordnungsblock für die Prüfliste hinzu.

Abbildung 5.21 Zuordnungsblock »Prüfliste«

[!] **Zuordnungsblock wird nicht angezeigt**

Es kann vorkommen, dass Sie den Zuordnungsblock für die Prüfliste zwar Ihrer Serviceanforderung zugeordnet haben, dieser aber nicht angezeigt wird. In diesem Fall haben Sie der Vorgangsart noch kein Prüflistenprofil zugeordnet. Sobald Sie dies erledigt haben, sollte der Zuordnungsblock sichtbar sein.

Prüflisten anlegen

Nachdem Sie diese Voraussetzungen erfüllt haben, können Sie mit der Erstellung der Prüflisten beginnen. Eine Prüfliste besteht aus einzelnen Schritten, die entweder obligatorisch durchgeführt werden müssen oder optional durchgeführt werden können, um den nachfolgenden Schritt zu bearbeiten.

Legen Sie die Schritte wie folgt an:

Schritte anlegen

1. Öffnen Sie folgende Applikation im Customizing des SAP Solution Managers (Transaktion SPRO):

   SAP Referenz-IMG • SAP Solution Manager: Einführungsleitfaden • SAP Solution Manager • Capabilities (Optional) • IT-Servicemanagement • Prüflisten • Prüflistenprofile definieren

2. Wählen Sie im Dialog **Schritte definieren** die Schaltfläche **Neue Einträge** aus.

3. Überlegen Sie sich eine sinnvolle Schritt-ID und Beschreibung für Ihren Prüflistenschritt. Geben Sie im Feld **Pos.tpverw** den Wert »CKCU« (Prüflisten Positionstypenverwendung) an (siehe Abbildung 5.22).

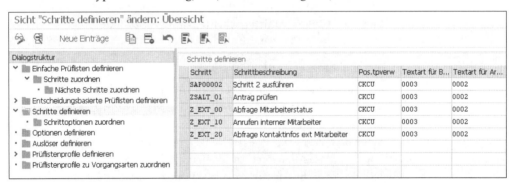

Abbildung 5.22 Prüflistenschritte anlegen

4. Anschließend können Sie für die Bemerkungen und Arbeitsanweisungen eine sinnvolle Textart auswählen.

5. Sichern Sie Ihre Eingaben.

6. Wiederholen Sie Schritt 2 bis 5 so lange, bis Sie alle benötigten Schritte angelegt haben.

Nachdem Sie alle für Ihre Prüfliste relevanten Schritte erstellt haben, können Sie diese verwenden, um Ihre Prüfliste zusammenzustellen:

Einfache Prüfliste definieren

1. Wechseln Sie hierzu in der IMG-Aktivität **Prüflistenprofile definieren** zum Menüpunkt **Einfache Prüflisten definieren**.
2. Klicken Sie auf **Neue Einträge**, um eine neue Prüfliste zu erstellen. Vergeben Sie auch hier wieder eine eindeutige Prüflisten-ID und eine sprechende Beschreibung.
3. Über das **Sperrprofil** können Sie einstellen, ob sich die Prüfliste bereits nach dem ersten Speichern oder erst nach der Ausführung des ersten Prüflistenschritts gegen Änderungen sperrt. Sichern Sie ihre Eingaben.
4. Markieren Sie nun Ihre soeben erstellte Prüfliste, und wählen Sie den Menüpunkt **Schritte zuordnen** aus. Lassen Sie Ihre Prüfliste Gestalt annehmen, und fügen Sie die einzelnen Schritte hinzu.
5. Sie haben für die Prüflistenschritte verschiedene Werte zu Verfügung, um das Verhalten bzw. die Eigenschaften zu definieren. Soll die Ausführung eines Schritts zwingend erforderlich sein, müssen Sie den Haken bei **Obligatorischer Prüflistenschritt** setzen. Hinterlegen Sie ebenfalls die für den Schritt genutzte **Partnerfunktion** und das **Servicemanagerprofil**.
6. Nutzen Sie die Funktion **Nächste Schritte**, um Ihre Schritte in eine passende Reihenfolge zu bekommen. Durch diese Funktion sind Sie ebenfalls in der Lage, Prüflistenschritte parallel abzubilden.

Entscheidungsbasierte Prüfliste

Wie bereits angesprochen, gibt es im SAP Solution Manager 7.2 neben der einfachen Prüfliste die entscheidungsbasierte Prüfliste. Diese Variante dient, wie die einfache Version auch, zur sukzessiven Abarbeitung von Aufgaben bzw. Prozessen. Wie der Name schon sagt, wird diese Prüfliste allerdings dynamisch von Ihren Entscheidungen bestimmt. Die entscheidungsbasierte Prüfliste ist sehr flexibel, da jede Auswahl andere Wege und Aktionen verursachen kann. Das heißt im Umkehrschluss aber auch, dass Sie für diese Variante etwas mehr Pflegeaufwand benötigen, denn Sie müssen für jede der möglichen Entscheidungen Auswirkungen und die nachfolgenden Schritte definieren.

Prüflistenprofil zusammenstellen

Prüflisten zuordnen

Markieren Sie ein Prüflistenprofil, und klicken Sie doppelt auf **Prüflisten zuordnen** (siehe Abbildung 5.23). Sie sehen hier alle Prüflisten, die in Ihrem Profil enthalten sind. Verwenden Sie entweder ein vorhandenes Profil von SAP oder eines, das Sie selbst erstellt haben. Einem Prüflistenprofil können mehrere Prüflisten zugeordnet werden. Außerdem hinterlegen Sie im Prüf-

5.3 Zentrale Funktionen des IT-Servicemanagements

listenprofil das Regeleditorprofil und die Ausführung des Workflow-Prozesses. Klicken Sie auf **Neue Einträge**, und fügen Sie mit der F4-Wertehilfe alle gewünschten Prüflisten hinzu. Überprüfen Sie Ihre Angaben, und speichern Sie anschließend.

Abbildung 5.23 Prüflisten einem Prüflistenprofil zuordnen

Wenn Ihr Prüflistenprofil vollständig ist, können Sie dieses Ihrer Vorgangsart für die Serviceanforderung zuweisen. Klicken Sie hierzu in der Dialogstruktur auf den Ordner **Prüflistenprofile zu Vorgangsarten zuordnen** (siehe Abbildung 5.24). Suchen Sie die Zeile mit der gewünschten Vorgangsart, und fügen Sie das Prüflistenprofil hinzu.

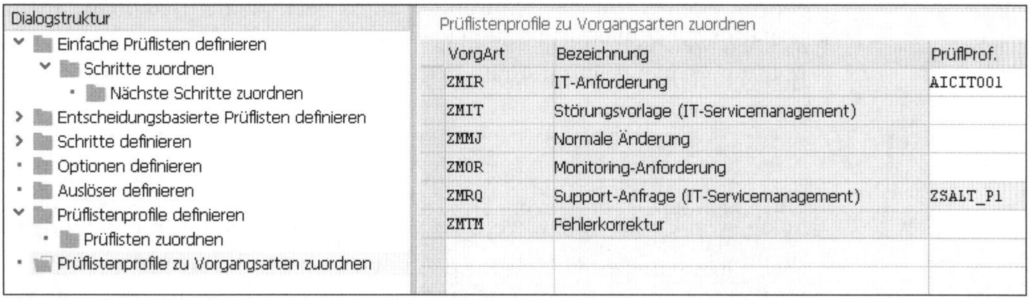

Vorgangsart zuordnen

Abbildung 5.24 Prüflistenprofil einer Vorgangsart zuordnen

> **Prüfliste in der Vorgangsart »Incident«**
>
> Die Funktion der Prüfliste ist ursprünglich für die Serviceanforderung entwickelt worden. Aber Sie können die Funktionalität auch standardmäßig in Ihrer Störungsmeldungsvorgangsart (z.B. SMIN oder ZMIN) verwenden. Dazu müssen Sie lediglich Ihre Positionstypenermittlung anpassen.

> Folgen Sie hierzu in der Transaktion SPRO dem Pfad **SAP Referenz-IMG** • **SAP Solution Manager: Einführungsleitfaden** • **Customer Relationship Management** • **Vorgänge** • **Grundeinstellungen** • **Positionstypenfindung definieren**. Legen Sie einen neuen Eintrag mit folgenden Werten an:
>
> - Vorgangsart: ZMIN
> - Positionstypenverwendung: CKCU
> - Positionstyp: CHKL

Prüflistenermittlung

Automatische Ermittlung

Sie haben die Möglichkeit, eine automatische Ermittlung für Prüflisten einzurichten. Damit kann eine Prüfliste anhand bestimmter Kriterien automatisch gefunden werden.

Ein Kriterium ist z. B. die Kategorie einer Serviceanforderung. Wenn eine bestimmte Kategorie im ITSM-Vorgang ausgewählt wird, kann automatisch eine Prüfliste ermittelt und im Zuordnungsblock **Prüfliste** angezeigt werden, sofern die Prüflistenermittlung mittels Regelwerken konfiguriert wurde. Der Vorteil hierbei liegt klar auf der Hand. Sobald Sie viele verschiedene Prüflisten im Einsatz haben, kann sehr schnell der Überblick verloren gehen. Setzen Sie jedoch die automatische Ermittlung ein, können Sie dem Endanwender die Arbeit mit Serviceanforderungen oder Meldungen enorm erleichtern. Der Anwender muss sich keine Gedanken mehr machen, welche Prüfliste nun die richtige ist, denn sobald er die Kategorie angegeben hat, wird ihm die Entscheidung abgenommen.

> **Weitere Informationen zum Customizing der Prüflistenermittlung**
>
> In einem Wiki-Eintrag in der SAP Community wird das Customizing für die automatische Ermittlung von Prüflisten neben weiteren Themen beschrieben. Sie können ihn unter der folgenden URL aufrufen:
>
> *http://s-prs.de/v561528*

5.3.3 Zentrale Suche

Suchoptionen

Mit der *zentralen Suche* im CRM Web UI können Sie schnell und an zentraler Stelle nach bestimmten Informationen im ITSM-Szenario suchen. Wenn Sie die zentrale Suche im Kopfbereich Ihrer Benutzerrolle öffnen, haben Sie folgende Suchmöglichkeiten (siehe Abbildung 5.25):

5.3 Zentrale Funktionen des IT-Servicemanagements

- **Gesicherte Suchen** (diese werden in Abschnitt 5.3.4 beschrieben)
- objektübergreifende Suche (**Alle Objekte**)
- Suche in einzelnen Anwendungen

Sofern Sie eine anwendungsübergreifende Suche ausführen möchten, wählen Sie **Alle Objekte**. Der Feldbezeichner ändert sich und nimmt nun die Bezeichnung **Suche nach allen Objekten** an (siehe Abbildung 5.26). Sie können nach Freitext, Schlüsselwörtern oder Beleg-IDs suchen. Mit ⏎ oder einem Klick auf **Start** führen Sie die Suche aus.

Anwendungsübergreifende Suche

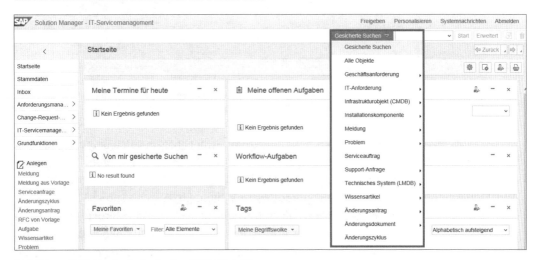

Abbildung 5.25 Zentrale Suche im CRM Web UI

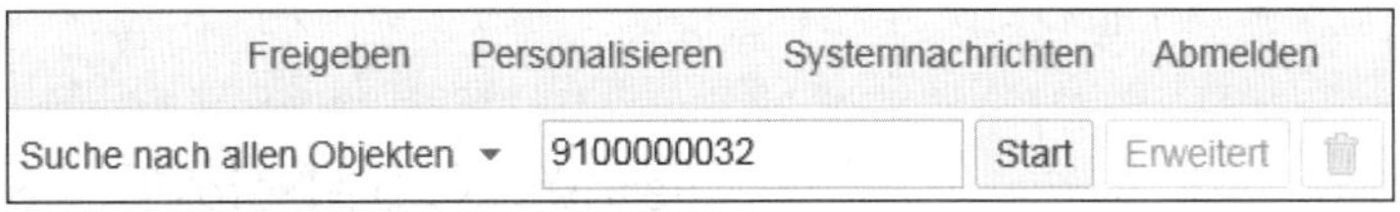

Abbildung 5.26 Anwendungsübergreifende Suche

> **Anwendungen zur Benutzerrolle zuordnen**
>
> Die Suche erfolgt über die der Benutzerrolle zugewiesenen Anwendungen. Die Zuordnung der Anwendungen zu einer Benutzerrolle können Sie über folgenden Pfad im Einführungsleitfaden (Transaktion SPRO) anpassen:
>
> SAP Solution Manager: Einführungsleitfaden • Customer Relationship Management • UI-Framework • Technische Rollendefinition • Zentrale Suche definieren

Wenn Sie nun anwendungsspezifisch suchen möchten, öffnen Sie das Suchmenü und wählen die entsprechende Anwendung aus. Hier erscheinen automatisch und benutzerrollenspezifisch die zur Anwendung zugeordneten Suchattribute (siehe Abbildung 5.27).

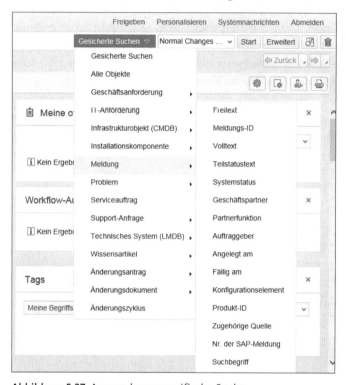

Abbildung 5.27 Anwendungsspezifische Suche

Suchattribute konfigurieren

Möchten Sie die Suchattribute zu den Anwendungen anpassen, können Sie das beispielsweise über die UI-Komponenten-Workbench tun, die wir in Abschnitt 5.1.1, »CRM Web UI«, unter der Überschrift »Modifikationsfreie Erweiterungen« vorgestellt haben. Rufen Sie hierzu die Transaktion BSP_WD_CMPWB auf. Wenn Sie z. B. die Suchattribute der Anwendung **Meldung** anpassen möchten, gehen Sie wie folgt vor:

1. Geben Sie die Komponente »AIC_ICIDENT_S« ein, und klicken Sie anschließend auf die Schaltfläche **Anzeigen**.

2. Wählen Sie im Navigationsbereich den View **AIC_INCIDENT_S/IncidentSR**, und klicken Sie auf die Registerkarte **Konfiguration** (siehe Abbildung 5.28).

3. Dort wählen Sie Ihre kundeneigene Konfiguration zu Ihrer Benutzerrolle aus. Im Abschnitt **Ausgewählte Suchkriterien** können Sie den Haken in der Spalte **In zentrale Suche verw.** entsprechend setzen oder entfernen.

5.3 Zentrale Funktionen des IT-Servicemanagements

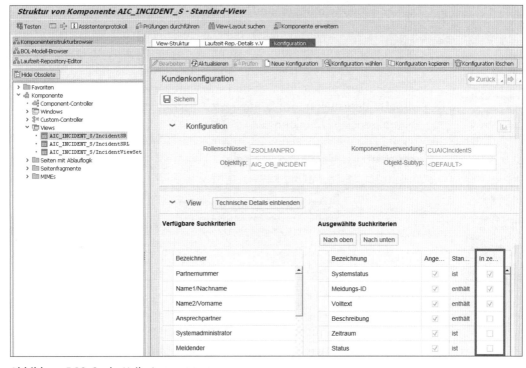

Abbildung 5.28 Suchattribute anpassen

>
>
> **Neuaufbau des Suchmenüs**
>
> Wenn Sie Ihre Einstellungen im Anschluss an die Konfiguration testen möchten, kann es passieren, dass diese nicht dem Abbild Ihrer Konfiguration entsprechen. Setzen Sie in diesem Fall den Benutzerparameter CRM_CENTRAL_SEARCH auf den Wert REBUILD_MENU. Dieser Parameter löst beim Start der Applikation einen Neuaufbau des Menüs der zentralen Suche aus.

5.3.4 Gesicherte Suchen

Sollten Sie Suchabfragen haben, die Sie häufiger verwenden, können Sie diese für sich persönlich als *gesicherte Suche* speichern. Möchten Sie bspw. regelmäßig die Meldungen, die gerade offen sind und mit sehr hoher Priorität klassifiziert wurden, im Überblick behalten, sichern Sie sich genau diese Selektionskriterien als gesicherte Suche (siehe Abbildung 5.29). Hierfür gehen Sie wie folgt vor:

Gesicherte Suche anlegen

1. Öffnen Sie im CRM Web UI die Meldungssuche, die Sie unter der Bereichsstartseite **IT-Servicemanagement** finden.

231

5 IT-Servicemanagement

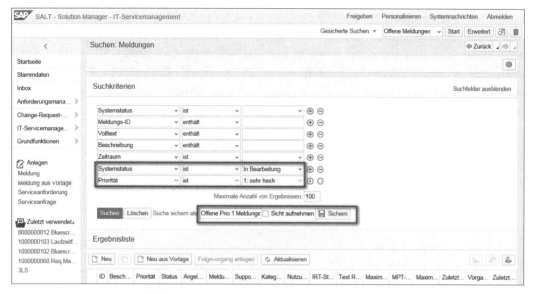

Abbildung 5.29 Eine gesicherte Suche anlegen

2. Geben Sie die Suchkriterien ein, die Sie häufiger verwenden. In unserem Beispiel selektieren Sie alle Meldungen, die sich im Systemstatus **In Bearbeitung** befinden und die Priorität **1: sehr hoch** besitzen.

3. In das Feld **Suche sichern als** geben Sie einen aussagekräftigen Namen für Ihre Suche ein. Speichern Sie Ihre Suche mit einem Klick auf **Sichern**.

Gesicherte Suche aufrufen

Die gesicherte Suche können Sie dann über Ihre Startseite im Bereich **Von mir gesicherte Suchen** aufrufen. Mit einem Klick auf Ihre gesicherte Suche landen Sie direkt in der Ergebnisliste der zuvor definierten Meldungssuche. Der Selektionsbereich wird hierbei ausgeblendet, kann jedoch über den Link **Suchfelder einblenden** wieder angezeigt und angepasst werden.

Über die zentrale Suche am oberen rechten Rand des CRM Web UI können Sie Ihre gesicherten Suchen ebenfalls aufrufen und verwalten. Dabei spielt es keine Rolle, wo innerhalb des CRM Web UI Sie sich gerade befinden, da dieser Funktionsbereich immer eingeblendet ist. An dieser Stelle haben Sie folgende Möglichkeiten (siehe Abbildung 5.30):

- Wenn Sie die gesicherte Suche über die Schaltfläche **Start** aufrufen, ist das Ergebnis mit dem Aufruf aus dem Bereich **Von mir gesicherte Suchen** identisch.

- Sie können über die Schaltfläche **Erweitert** Ihre gesicherten Suchkriterien für die ausgewählte gesicherte Suche aufrufen und diese gegebenenfalls ändern.

- Über die danebenliegende Schaltfläche ([]) öffnet sich Ihre gesicherte Suche in einem neuen Browserfenster. Dort wurde eine persistente URL zu Ihrer gesicherten Suche erzeugt, für die Sie nun ein Lesezeichen in Ihrem Browser anlegen oder die Sie an Kollegen verschicken können.
- Über das Papierkorbsymbol können Sie Ihre gesicherte Suche wieder löschen.

Abbildung 5.30 Gesicherte Suche aufrufen

Beachten Sie, dass Ihre gesicherte Suche lediglich Ihnen zur Verfügung steht. Andere Benutzer können Ihre Suche nicht sehen. Sie haben jedoch die Möglichkeit, Ihre gesicherten Suchen mit anderen Benutzern zu teilen. Das dazu nötige zentrale Freigabetool wird in Abschnitt 5.3.6 beschrieben.

5.3.5 Volltextsuche

Viele wichtige Informationen wie Programmnamen, Hinweise, Transportaufträge etc. werden in den Textfeldern von ITSM-Vorgängen dokumentiert. Die *Volltextsuche* ist ein wichtiges Hilfsmittel, um diese Informationen schnell zu finden. Sämtliche Anwendergruppen, die mit dem ITSM-Werkzeug im SAP Solution Manager arbeiten, können von der Volltextsuche profitieren.

Im SAP Solution Manger 7.2 stehen Ihnen zwei Optionen für die Nutzung der Volltextsuche zur Verfügung:

Technologieoptionen

- **Volltextsuche mit TREX**
  Die Option auf Basis der Suchmaschine *Text Retrieval and Information Extraction* (TREX) war auch schon mit dem SAP Solution Manager 7.1 verfügbar.

- **Enterprise Search**

  Mit Release 7.2 neu dazugekommen ist die Suche über alle Objekte bzw. die *Freitextsuche* mit TREX oder SAP HANA.

Volltextsuche mit TREX

Die Volltextsuche in ITSM-Vorgängen kann im CRM Web UI angestoßen werden. Hier ist auf den Suchseiten der einzelnen Vorgänge das Suchattribut **Volltext** (technische Bezeichnung: /AICRM/LONG_TEXT) verfügbar. Wenn Sie z. B. die Langtexte nach Störungsmeldungen durchsuchen möchten, rufen Sie hierzu die Transaktion SM_CRM auf und wählen bspw. die Benutzerrolle SOLMANPRO. Navigieren Sie zu der Bereichsstartseite **IT-Servicemanagement**, und klicken Sie im Bereich **Suchen** auf **Meldungen** (siehe Abbildung 5.31).

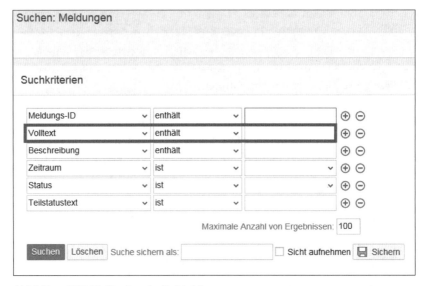

Abbildung 5.31 Volltextsuche in Meldungen

Voraussetzungen

Voraussetzung für die Volltextsuche mit TREX ist u. a. ein TREX-Server. Dieser ist für die Indizierung von CRM-Vorgängen sowie für die Ausführung von Suchanfragen notwendig. Der TREX-Server muss installiert und über eine entsprechende RFC-Verbindung an den SAP Solution Manager angebunden werden. Die Installation eines TREX-Servers und die Anbindung an den SAP Solution Manager wird in Abschnitt 13.4 beschrieben. Die szenariospezifische Konfiguration haben wir in Abschnitt 5.2.1, »Grundkonfiguration des IT-Servicemanagements«, unter der Überschrift »Schritt 3: Suchinfrastruktur konfigurieren«, angesprochen.

Enterprise Search

Die Enterprise Search ermöglicht es Ihnen, mit einem Schlüsselwort sämtliche ITSM- und Change-Request-Management-Belege sowie Belege aus dem Anforderungsmanagement zu durchsuchen. Dabei können auch den Belegen anhängende Dokumente durchsucht werden. Sie können die Suche entweder über das CRM Web UI (Transaktion SM_CRM) oder über das SAP Solution Manager Launchpad (Transaktion SM_WORKCENTER) ausführen.

Die Enterprise Search über das CRM Web UI kann anwendungsbezogen oder über alle CRM-Vorgänge erfolgen. Über die zentrale Suche (siehe auch Abschnitt 5.3.3) haben Sie die Möglichkeit, anwendungsbezogen nach **Freitext** (siehe Abbildung 5.32) oder anwendungsübergreifend über **Alle Objekte** (siehe Abbildung 5.33) zu suchen.

Suche über CRM Web UI

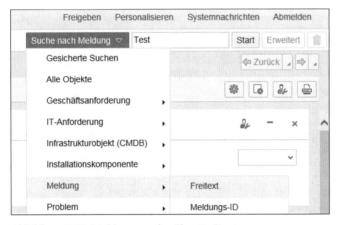

Abbildung 5.32 Meldungssuche über Freitext

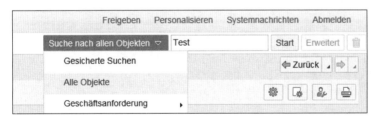

Abbildung 5.33 Suche über alle Objekte

Um die Suche über alle Objekte auszuführen, klicken Sie auf **Alle Objekte**. Geben Sie anschließend ein Suchwort – in unserem Beispiel »Test« – in das Eingabefeld ein, und klicken Sie auf die Schaltfläche **Start**.

Die Enterprise Search über das SAP Solution Manager Launchpad ist ähnlich aufgebaut wie die zentrale Suche. Auch hier können Sie anwendungs-

Suche über das Launchpad

5 IT-Servicemanagement

bezogene oder anwendungsspezifische Suchen ausführen (siehe Abbildung 5.34). Um die Suche auszuführen, klicken Sie auf das Lupensymbol. Wählen Sie über das Dropdown-Menü die Applikation aus, in der Sie suchen möchten. Für eine anwendungsübergreifende Suche wählen Sie **Alle**. Geben Sie anschließend den Suchbegriff ein, und bestätigen Sie die Eingabe.

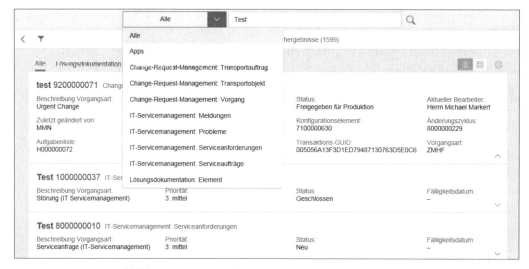

Abbildung 5.34 Suche über das SAP Solution Manager Launchpad

Konfiguration der Enterprise Search

Die Konfiguration der Enterprise Search erfolgt in Transaktion SOLMAN_SETUP, zum einen szenarioübergreifend (siehe Abschnitt 3.4, »Grundkonfiguration der Embedded Search«), zum anderen szenariospezifisch für das ITSM (siehe »Schritt 3: Suchinfrastruktur konfigurieren« in Abschnitt 5.2.1, »Grundkonfiguration des IT-Servicemanagements«).

> **Weitere Informationen zur Embedded Search**
>
> Weitere Informationen zu diesem Thema finden Sie im Wiki der SAP Community unter *http://s-prs.de/v561529*.

5.3.6 Zentrales Freigabetool

Personalisierte Elemente freigeben

Im Rahmen des ITSM haben Sie die Möglichkeit, personalisierte Elemente anzulegen. Ein Beispiel hierfür sind die in Abschnitt 5.3.4 beschriebenen gesicherten Suchen, die Sie für andere Benutzer freigeben können, damit auch diese davon profitieren können. Aber nicht nur die Suchen können freigegeben werden. Über das *zentrale Freigabetool* des ITSM können Sie folgende Elemente mit anderen Benutzern teilen:

- Begriffe/Tags
- Favoriten
- gesicherte Suchen
- wichtige Berichte

Das zentrale Freigabetool, das Sie in Abbildung 5.35 sehen, rufen Sie über die Startseite des CRM Web UI auf. Klicken Sie hierzu in der oberen Menüleiste auf **Freigeben**. Hier können Sie im Block **Freigegebene Elemente** durch einen Klick auf **Hinzufügen** einen der genannten Elementtypen auswählen. Nach der Auswahl des Elements müssen Sie im Block **Freigegeben für** den Empfänger des geteilten Inhalts angeben. Abschließend können Sie das Element mit einem Klick auf **Freigeben** an die Empfänger verteilen.

Elemente freigeben

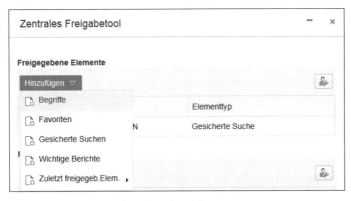

Abbildung 5.35 Zentrales Freigabetool

5.3.7 Meine-Meldungen-Widgets

Auf der Startseite des CRM Web UI können Sie sich für Ihre Benutzerrolle über diverse Widgets Vorgänge verschiedener ITSM- und Change-Request-Management-Vorgangsarten anzeigen lassen (siehe Abbildung 5.36). Voraussetzung dafür ist, dass Sie an diesen Vorgängen in irgendeiner Form beteiligt sind. Damit stellt die Funktion *Meine-Meldungen-Widgets* eine hilfreiche Überblicksfunktion für Endanwender dar.

Personalisierte Widgets

Standardmäßig liefert SAP fünf verschiedene Widgets aus, die Sie auf Ihrer Startseite einbinden können. Die Zielgruppe der ersten drei Widgets ist der Meldungsersteller, der über diese direkt auf der Startseite einen Überblick über die Vorgänge, an denen er oder seine Kollegen beteiligt sind, bekommt.

Standard-Widgets

- Meine Meldungen – von mir gemeldet
  Alle vom angemeldeten Benutzer angelegten Vorgänge werden in diesem Widget angezeigt.

5 IT-Servicemanagement

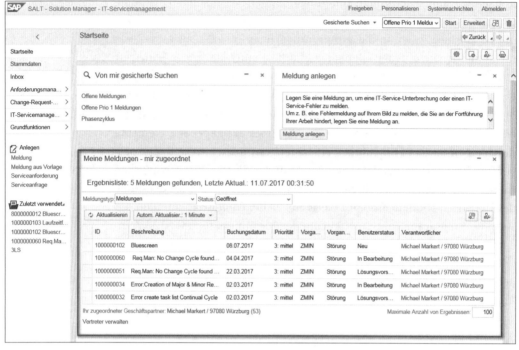

Abbildung 5.36 Widgets auf der Startseite

- **Meine Meldungen – meine Aktion erforderlich**
  Dieses Widget gibt dem angemeldeten Benutzer eine Übersicht über die Vorgänge, bei denen seine Aktion erforderlich ist. Dies betrifft Vorgänge in den Status **Kundenaktion** und **Lösungsvorschlag**.

- **Meine Meldungen – von meiner Organisation gemeldet**
  Dem angemeldeten Benutzer werden über dieses Widget Vorgänge angezeigt, die ein Mitglied seiner Organisation gemeldet hat.

- **Meine Meldungen – zum Versenden**
  Dieses Widget wird vorzugsweise von Meldungsdispatchern verwendet, die sich über verschiedene Filterkriterien Vorgänge ohne Support-Team oder Bearbeiterzuordnung anzeigen lassen können. Aber auch für Meldungsbearbeiter bietet dieses Widget einen hilfreichen Überblick über die Vorgänge, die das Support-Team des angemeldeten Benutzers bearbeitet.

- **Meine Meldungen – mir zugeordnet**
  Alle Vorgänge, für die der angemeldete Benutzer als Bearbeiter eingetragen ist, werden in diesem Widget angezeigt. Dieses Widget richtet sich vor allem an die Support-Mitarbeiter, die darüber einen Überblick über ihren eigenen Arbeitsvorrat erhalten.

Die Funktion Meine-Meldungen-Widgets unterstützt dabei folgende Vorgangsarten:

- Meldungen
- Serviceanforderungen
- Serviceaufträge
- Support-Benachrichtigungen
- Probleme
- Änderungsanträge
- Änderungsdokumente
- Aufgaben

Jedes dieser Widgets bietet verschiedene Filteroptionen, die dem Benutzer dabei helfen, seine Ergebnisliste einzugrenzen. Abhängig vom Widget kann der Benutzer folgende Filter anwenden:

Filteroptionen

- **Meldungstyp**: Anzeige aller Vorgänge oder nur die einer bestimmten Vorgangsart
- **Status**: Anzeige von Vorgängen von einem oder mehreren Benutzer- bzw. Systemstatus
- **Team**: Anzeige von Vorgängen, die keinem, einem oder dem Support-Team des Benutzers zugeordnet sind
- **Bearbeiter**: Anzeige von Vorgängen, die keinem, einem oder dem angemeldeten Benutzer als Bearbeiter zugeordnet sind
- **Meldender**: Anzeige von Vorgängen, die der Benutzer oder ein Mitglied seiner Organisation gemeldet hat

Die Widgets eignen sich sehr gut für ITSM-Vorgangsarten wie Meldungen, Serviceanforderungen oder Probleme, in denen die Partnerfunktionen Meldender, Bearbeiter und Support-Team zentrale Rollen darstellen. Genau diese Partnerfunktionen prüfen die genannten Widgets bei der Vorgangsübersicht. Für Vorgangsarten des Change Request Managements sind diese Widgets leider nur begrenzt zu gebrauchen. Lediglich das Widget **Meine Meldungen – mir zugeordnet** kann im Change Request Management vom Change Manager genutzt werden. Hier liefert das Widget einen Überblick über die Änderungsanträge, die auf eine Genehmigung durch den angemeldeten Change Manager warten. Als Arbeitsvorrat für Tester, Entwickler oder IT-Operatoren eignen sich diese Widgets nicht, da hier diese Partnerfunktionen nicht unterstützt werden. Ersatzweise können an dieser Stelle als Workaround gesicherte Suchen verwendet werden.

Widgets in anderen Szenarien

Widgets konfigurieren

Sie können diese Widgets an Ihre individuellen Bedürfnisse anpassen. Die entsprechende Customizing-Aktivität finden Sie im Implementierungsleitfaden unter folgendem Pfad:

SAP Solution Manager: Einführungsleitfaden • **Capabilities (Optional)** • **IT-Servicemanagement** • **Allg. Einstellungen** • **Meine-Meldungen-Widgets definieren**

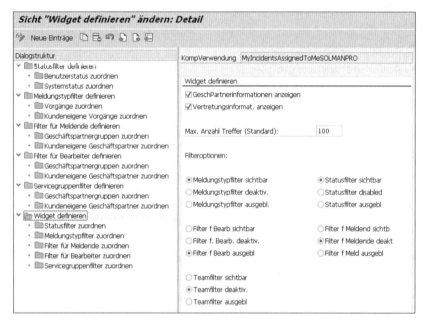

Abbildung 5.37 Customzing-Aktivität »Meine-Meldungen-Widgets definieren«

Abbildung 5.37 zeigt die Customizing-Aktivität, in der Sie Ihre Widgets anpassen können:

1. Definieren Sie im ersten Schritt die verschiedenen Filter, die Sie nutzen möchten, bspw. einen **Meldungstypfilter** mit den für Sie relevanten Vorgangsarten oder einen **Statusfilter**, der nur Vorgänge eines bestimmten Status anzeigt. Dies könnte auch ein kundeneigener Status sein, den Sie in einer Ihrer ITSM- oder Change-Request-Management-Vorgangsarten ergänzt haben.

2. Im zweiten Schritt **Widget definieren** können Sie Ihre neu definierten Filter einem Widget zuordnen, nicht benötigte Filter ausblenden bzw. wichtige Filter einblenden.

5.3.8 Zeiterfassung

Mit der *Zeiterfassung* im ITSM können Sie bspw. die für die Störungsbeseitigung aufgewendeten Zeiten erfassen. Durch diese Funktionalität sind Sie in der Lage, genau zu erfassen, welche Aktivität wie lange gedauert hat. Das heißt, Sie können z. B. zwischen der Zeit für Beratung, Analyse und Support unterscheiden. Diese Unterscheidung ist wichtig, da andere Kostensätze dahinterstehen können. Aber auch für die Auswertung der Meldungen, Anforderungen oder Änderungsdokumente ist dies hilfreich. Darüber hinaus können Sie so analysieren, wie viel Zeit die verschiedenen Aktivitäten jeweils in Anspruch genommen haben.

Die Erfassung der Zeiten zeigen wir im Folgenden am Beispiel der Vorgangsart Meldung (ZMIN):

Zeiten erfassen

1. Öffnen Sie das CRM Web UI (Transaktion SM_CRM).
2. Rufen Sie über **IT-Servicemanagement** • **Suchen** • **Meldungen** einen vorhandenen Incident auf.
3. Im Zuordnungsblock **Zeiterfassung** können Sie über **Hinzufügen** neue Einträge für Ihre Zeiterfassung erstellen.
4. Wählen Sie den Aktivitätstypen aus, und vergeben Sie anschließend die Werte für **Beschreibung**, **Zeitaufwand** und **Bearbeiter** (siehe Abbildung 5.38).
5. **Sichern** Sie Ihre Meldung.

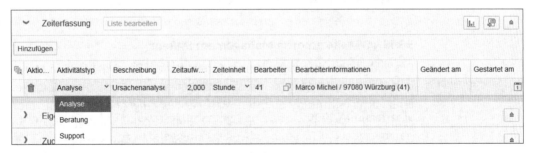

Abbildung 5.38 Zeiten erfassen

> **Zeiten an das SAP Portfolio and Project Management übertragen**
>
> Sie können Zeiten, die Sie im ITSM des SAP Solution Managers erfasst haben, an das SAP Portfolio and Project Management (PPM) übergeben. Das heißt, die Zeiten, die Sie bspw. in einer Anforderung erfasst haben, werden an die jeweilige Projektaufgabe im SAP PPM übermittelt. Nähere Informationen zu SAP PPM finden Sie in Kapitel 6, »Projektmanagement«.

5.3.9 Guided Procedures

Kundeneigene Prozeduren

Mithilfe von *Guided Procedures* können Sie die Schritte und Teilschritte Ihrer Prozesse eines bestimmten Anwendungsbereichs unterstützen. Hierbei wird auf das gleiche Framework zugegriffen, das auch für die Guided Procedure in Transaktion SOLMAN_SETUP verwendet wird.

Sie können also die Funktionen, die Sie von den Guided Procedures zur Einrichtung des SAP Solution Managers und dessen Szenarien kennen, auch für die Erstellung kundeneigener Prozeduren verwenden.

Aktivitäten

In den einzelnen Schritten verwenden Sie manuelle und automatische Aktivitäten. Sie greifen dazu entweder auf von SAP ausgelieferte Aktivitäten zu oder erstellen eigene, um Ihre Prozesse bestmöglich darzustellen. *Aktivitäten* sind bspw. Transaktionen, die hinterlegt werden und anschließend ausgeführt werden können. Aber auch die automatische Einplanung von Jobs kann als Aktivität definiert werden. Sie müssen während der Ausführung Ihrer Guided Procedure nur auf den Link für die automatische Ausführung klicken, woraufhin die Aktivität im Hintergrund ausgeführt wird.

Schritte und Aktivitäten können Sie als **optional** oder **obligatorisch** kennzeichnen. Außerdem haben Sie die Möglichkeit, die Schrittreihenfolge zu erzwingen, was in vielen Prozessen sehr wichtig ist.

Die Anlage einer Guided Procedure erfolgt über das Framework im Work Center **Technische Administration**. In Abschnitt 10.9.5, »Guided Procedure Management«, gehen wir näher darauf ein.

5.3.10 E-Mail Response Management System

Incidents und Serviceanforderungen aus E-Mails

Das *E-Mail Response Management System* (ERMS) des SAP Solution Managers ist Bestandteil des Incident Managements. Diese Funktionalität ermöglicht es, im SAP Solution Manager aus eingehenden E-Mails Incidents oder Serviceanforderungen zu erstellen. Dabei werden E-Mails an eine zentrale E-Mail-Adresse, die im SAP Solution Manager hinterlegt ist, übermittelt. Die eigehenden E-Mails werden im SAP Solution Manager verarbeitet und in den zentral in das CRM Web UI integrierten Posteingang, die *Inbox*, gestellt (siehe Abbildung 5.39). Von dort aus können die Help-Desk-Mitarbeiter entscheiden, ob eine Meldung oder eine Serviceanforderung angelegt oder gelöscht werden soll.

Dabei werden alle relevanten Informationen wie der Absender der E-Mail, der Text und Anhänge automatisch in den neuen Vorgang übernommen. Die ursprüngliche E-Mail finden Sie in dem Zuordnungsblock **Zugehörige Vorgänge** des jeweiligen Vorgangs (Incident oder Serviceanforderung). Für

5.3 Zentrale Funktionen des IT-Servicemanagements

den Zugriff auf den zentralen E-Mail-Eingang im CRM Web UI ist die Bereichsstartseite **Inbox** standardmäßig für die Benutzerrollen SOLMANPRO sowie SOLMANDSPTCH verfügbar.

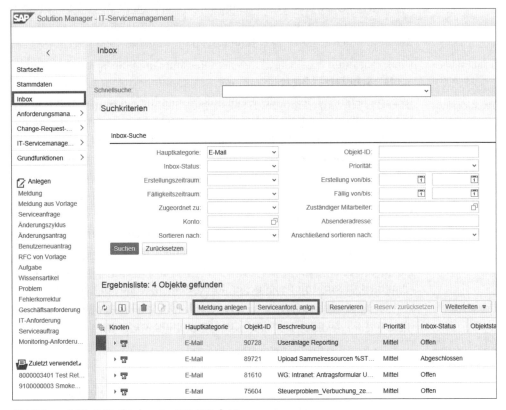

Abbildung 5.39 E-Mail-Inbox im CRM Web UI

Informationen zur Konfiguration

Informationen zur Konfiguration des ERMS finden Sie auf den folgenden Internetseiten sowie in SAP-Hinweis 940882:

- http://s-prs.de/v561530
- http://s-prs.de/v561531

Die Konfiguration ist auf den aufgeführten Wiki-Seiten sehr ausführlich beschrieben. Grundsätzlich müssen Sie hierzu folgende Einstellungen vornehmen:

- SAPconnect konfigurieren
- Grund-Customizing von SAP Business Workflow durchführen
- E-Mail-Adresse für eingehende E-Mails definieren und weitere Kommunikationseinstellungen vornehmen

- ERMS konfigurieren (Mapping, Profile und Regeln)
- Customizing des CRM Web UI (Benutzerrollen anpassen und Inbox-Profil definieren)
- Customizing des ITSM (Mailformulare, PPF-Aktionen, Mapping und Inbox)

5.3.11 Schwarzes Brett

Informationsfluss

Über das *Schwarze Brett* des ITSM können Sie Informationen und Notizen über Installationen oder Geschäftspartner erstellen und für Ihre Anwender als Informationsfluss zur Verfügung stellen. In vielen Fällen gibt es zu einer Installation eines Kunden Sicherheits- oder dringende Hinweise. Um sicherzustellen, dass diese Informationen an den richtigen Stellen zur Verfügung stehen, können Sie die Funktionen des Schwarzen Bretts nutzen. Dort können Sie Notizen einer vorher definierten Gruppe von Geschäftspartnern oder in bestimmten Vorgangsarten anzeigen lassen.

Aktivierung

Voraussetzung für die Nutzung des Schwarzen Bretts ist die Aktivierung der Business Function CRM_ITSM_BULLETINS. Die Pflege der Business Functions erfolgt über die Transaktion SFW5 (Switch Framework). CRM_ITSM_BULLETINS ist eine *reversible Business Function*. Das bedeutet, Sie können diese wieder deaktivieren, falls sie nicht mehr benötigt wird.

Notizen erfassen

Wie Sie Notizen für Ihr Schwarzes Brett erfassen, erläutern wir im Folgenden:

1. Navigieren Sie im CRM Web UI (Transaktion SM_CRM) wie folgt: **Stammdaten • Suche • Installationen**.

2. Suchen Sie mithilfe der **Suchkriterien** die gewünschte Installation, und rufen Sie diese aus der **Ergebnisliste** auf.

3. Lassen Sie sich die Zuordnungsblöcke **Eigene Kurzinfos** und **Zugehörige Kurzinfos** einblenden. Nutzen Sie hierfür die Funktion **Personalisieren**. Verschieben Sie die beiden Blöcke vom Bereich **Verfügbare Zuordnungsblöcke** in den Bereich **Angezeigte Zuordnungsblöcke**.

4. Wechseln Sie in den Zuordnungsblock **Eigene Kurzinfos**, um neue Hinweise anzulegen und diese anzusehen. Klicken Sie auf **Zugehörige Kurzinfos**, wenn Sie alle für das betreffende Stammdatum oder den betreffenden Vorgang relevanten Kurzinfos einsehen möchten.

5. Im Block **Eigene Kurzinfos** klicken Sie auf die Schaltfläche **Neu**, um eine neue Information zu pflegen. Daraufhin öffnet sich die Pflegemaske für Kurzinfos (siehe Abbildung 5.40).

6. Legen Sie neben der **Priorität** der Information auch die **Sichtbarkeit** fest. Diese bestimmt, wem die erstellte Kurzinfo angezeigt wird.
7. Außerdem können Sie die Anzeige der Hinweise zeitlich steuern, indem Sie die Gültigkeit pflegen.
8. Zusätzlich können Sie **Kontexte** und **Übersetzungen** ergänzen.
9. Geben Sie abschließend den gewünschten Text in das Feld **Kurzinfotext** ein, und **Sichern** Sie die erstellen Daten.

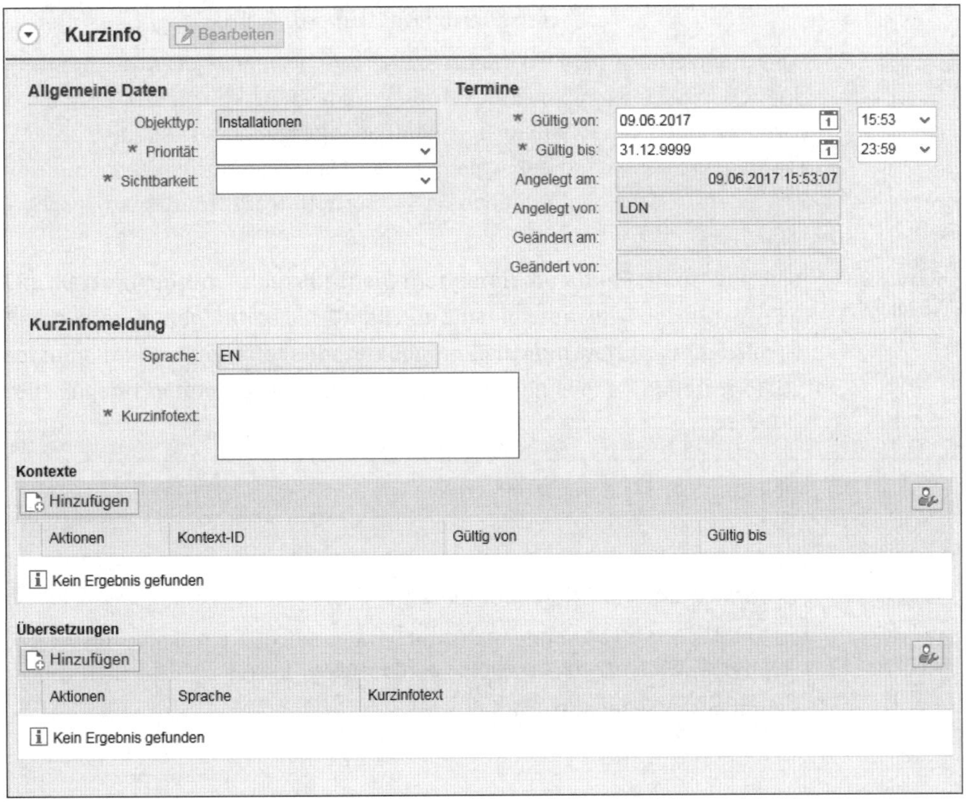

Abbildung 5.40 Eine Kurzinfo erstellen

5.3.12 Abonnement

Mit der Funktion *Abonnement* bietet das ITSM des SAP Solution Managers eine Möglichkeit an, um stets über Änderungen bzw. Aktualisierungen in einem abonnierten Geschäftsvorgang informiert zu werden. Sie können Ihre Abonnements an verschiedene Bedingungen knüpfen. Sollten Sie sich z. B. nur für Serviceanforderungen, die eine hohe bis sehr hohe Dringlichkeit besitzen, interessieren, können Sie dies in Ihrem Abonnement einstellen. Sie werden also nur informiert, wenn Serviceanforderungen mit

5 IT-Servicemanagement

entsprechender Dringlichkeit erzeugt wurden. Aber nicht nur das Abonnieren von kompletten Vorgangsarten ist möglich, Sie können auch einzelne Meldungen oder Serviceanforderungen auswählen.

Geschäftsvorgang abonnieren

Sie Abonnieren einen Geschäftsvorgang wie folgt:

1. Öffnen Sie den Geschäftsvorgang im CRM Web UI des SAP Solution Managers.

2. Wählen Sie, wie in Abbildung 5.41 gezeigt, **Mehr • Abonnieren/Abbestellen**, um für den ausgewählten Vorgang ein Abonnement zu erstellen.

Abbildung 5.41 Meldung abonnieren

> **Abonnement-Funktion abonnieren**
>
> Damit Sie im ITSM Abonnements nutzen können, müssen Sie die Business Function CRM_ITSM_ALERTS aktivieren. Diese Funktion ist reversibel und somit auch wieder ausschaltbar.

5.3.13 Meldungsvorlage

Die Anlage von Incidents oder anderen Vorgangsarten nimmt oft sehr viel Zeit in Anspruch. Sie müssen sich jedes Mal erneut Gedanken machen, mit welchen Werten Sie die Felder füllen. Wenn Ihre Mitarbeiter regelmäßig sehr ähnliche oder gleiche Meldungen erzeugen, sind *Meldungsvorlagen* ein gutes Hilfsmittel, um die aufgewendete Zeit zur Meldungserstellung zu minimieren. Auch für neue Mitarbeiter oder Anwender, die zum ersten Mal einen bestimmten Vorgang anlegen, können Meldungsvorlagen hilfreich sein.

5.3 Zentrale Funktionen des IT-Servicemanagements

Die Meldungsvorlage belegen Sie bei ihrer Erstellung initial mit passenden Werten vor. Nun muss der Benutzer nur noch die richtige Vorlage auswählen und findet eine fast fertige Meldung vor. Lediglich spezifische Daten wie eine eindeutige Beschreibung müssen ergänzt werden. Hierdurch können Sie die Komplexität und den Zeitaufwand der Meldungserstellung drastisch verringern.

Werte vorbelegen

Sie können die Funktion der Vorlagen jedoch nicht für alle Vorgangsarten nutzen. Verfügbar ist die Vorlagenerstellung für die in Tabelle 5.4 aufgeführten Vorgangsarten:

Vorgangsarten

Vorgangsart	Vorgangsart (technisch)	Vorlagenvorgangsart
Meldung	SMIN	SMIT
Serviceanforderung	SMRQ	SMRT
Wissensartikel	KNAR	KNAT
Problem	SMPR	SMPT
Serviceauftrag	SMSO	SMST
Änderungsantrag	SMCR	SMCT

Tabelle 5.4 Verfügbare Vorgangsarten

Wir zeigen Ihnen im Folgenden, wie Sie eine Vorlage für eine Störung (Vorgangsart SMIT) erstellen und wie Sie diese anschließend nutzen, um daraus eine Meldung (Vorgangsart SMIN) anzulegen:

Vorlage erstellen

1. Rufen Sie das CRM Web UI mithilfe der Transaktion SM_CRM auf.
2. Klicken Sie auf **IT-Servicemanagement • Anlegen • Störungsvorlage**.
3. Wählen Sie anschließend die Vorlagenvorgangsart SMIT. Da diese als Vorlage für die Störung dient, sind die Pflegemasken der Störung und die der Störungsvorlage so gut wie identisch.
4. Pflegen Sie nun alle Werte, die Ihre Vorlage enthalten und an die Störung weitergeben soll. Beenden Sie die Anlage, indem Sie die Vorlage **Sichern**.

Die Störungsvorlage wurde soeben erfolgreich angelegt und steht für die Nutzung zur Verfügung. Auf Basis dieser Vorlage können Sie auf verschiedenen Wegen die Anlage einer Meldung starten. Alle Möglichkeiten gehen von der Startseite des CRM Web UI als Startpunkt aus:

Meldung mit Vorlage anlegen

- Klicken Sie in der Anwendung **IT-Servicemanagement • Meldungen** auf die Schaltfläche **Neu aus Vorlage**. Diese finden Sie im Block **Ergebnisliste**. Anschließend müssen Sie die richtige Vorlage auswählen.

247

- Auf der Startseite können Sie im Bereich **Anlegen** direkt auf **Meldung aus Vorlage** klicken, um den Prozess zu starten.
- Während der Neuanlage oder der Bearbeitung einer Meldung können Sie in der Funktionsleiste die Schaltfläche **Neu aus Vorlage** auswählen. Auch hier werden Sie wieder zur Auswahl der richtigen Vorlage aufgefordert.
- Rufen Sie die Anwendung **IT-Servicemanagement** • **Suchen** • **Störungsvorlage** auf. Suchen Sie Ihre Störungsvorlage, und klicken Sie diese an. Nun können Sie über die Funktionsleiste auf **Folgevorgang anlegen** klicken und **SMIN** als Vorgangsart auswählen.

5.3.14 Vertreterregelung

Wie in Abschnitt 5.1.1, »CRM Web UI«, gezeigt, können Sie auf Ihrer Startseite des CRM Web UI alle Meldungen, die Ihnen oder Ihrem Support-Team zugeordnet sind, sehen. Durch diese Übersicht ist für Sie zu jeder Zeit ersichtlich, für welche Meldungen Sie aktuell zuständig sind.

Wenn Sie bspw. aufgrund von Krankheit oder Urlaub nicht in der Lage sind, Ihre Meldungen zu bearbeiten, ist es sinnvoll, die Ihnen zugeordneten Vorgänge einem Vertreter zu übergeben. Hierfür gibt es im ITSM die sogenannte *Vertreterregelung*. In dieser legen Sie fest, welcher Geschäftspartner Sie vertreten soll, wenn Sie nicht vor Ort sind. Dieser erhält dann zusätzlich zu seinen eigenen Tickets alle Meldungen, die Ihnen zugeordnet sind. Umgekehrt können Sie auch für einen anderen Kollegen die Vertretung übernehmen, um während seiner Abwesenheit dessen Meldungen zu bearbeiten.

Vertretungen konfigurieren

Sie können die Vertretungen wie folgt konfigurieren:

1. Öffnen Sie das CRM Web UI.
2. Wählen Sie im Zuordnungsblock **Meine Meldungen** unter der Ergebnisliste den Link **Vertreter verwalten** aus.
3. Nun öffnet sich in einem neuen Fenster die Anwendung zur Pflege der Vertretungen (siehe Abbildung 5.42).
4. Im Zuordnungsblock **Geschäftspartner, die mich vertreten** pflegen Sie Ihre Vertretung, wenn Sie z. B. im Urlaub sind. Der Block **Geschäftspartner, die ich vertrete** enthält alle Benutzer, die Sie vertreten.
5. Nachdem Sie alle Geschäftspartner gepflegt haben, können Sie die Vertretungen noch mit einer Gültigkeit versehen. Für Kollegen, die Sie bspw. im Urlaub vertreten, können Sie hier das genaue Start- und Enddatum ergänzen.

5.3 Zentrale Funktionen des IT-Servicemanagements

Abbildung 5.42 Vertreterverwaltung

Erweiterte Funktionen aktivieren

Möchten Sie die Vertreterregelung auch für die Verwaltung von Änderungsanträgen nutzen, empfehlen wir Ihnen die Aktivierung der erweiterten Funktionen. Wenn diese aktiviert sind, können Sie u. a. Ihrer Vertretung erlauben, Änderungsanträge zu genehmigen oder abzulehnen. Die Aktivierung erfolgt unter folgendem Customizing-Pfad:

SAP Referenz-IMG • SAP Solution Manager: Einführungsleitfaden • SAP Solution Manager • Capabilities (Optional) • Change-Control-Management • Vorgänge • Genehmigungen • Erweiterte Funktionen für Genehmigungsvorgänge aktivieren

5.3.15 Kunden-Surveys

In Schritt 2 der Grundkonfiguration haben wir die Funktion der Kunden-Surveys bereits kurz vorgestellt (siehe Abschnitt 5.2.1, »Grundkonfiguration des IT-Servicemanagements«). Sie können sich damit ein Feedback zu Ihrer Support-Arbeit bei Kunden und Kollegen einholen. Ein Beispiel für einen solchen Fragebogen sehen Sie in Abbildung 5.43.

Die Anlage eines kundenspezifischen Fragebogens können Sie über zwei verschiedene Wege starten:

Kunden-Survey anlegen

- Wählen Sie im CRM Web UI **IT-Servicemanagement** • **Anlegen** • **Survey**.
- Rufen Sie folgenden Pfad im Customizing auf:
  SAP Referenz-IMG • SAP Solution Manager: Einführungsleitfaden • SAP Customizing Einführungsleitfaden • Customer Relationship Management • Vorgänge • Einstellungen für Serviceanforderungen • Fragebögen • Surveys definieren

249

5 IT-Servicemanagement

Abbildung 5.43 Beispiel für einen kundenspezifischen Fragebogen

> **Voraussetzungen**
>
> In der aktuellen Version des SAP Solution Managers gibt es zwei Tätigkeiten, die Sie ausführen sollten, bevor Sie mit der Survey-Suite arbeiten:
>
> 1. Zuerst müssen Sie Ihren VM-Container (Komponente, die mit dem SAP-NetWeaver-Server ausgeliefert wird) aktivieren. Folgen Sie hierfür den Anweisungen in SAP-Hinweis 854170.
> 2. Richten Sie sich anschließend nach den Anweisungen in SAP-Hinweis 1653734. Hier wird beschrieben, wie Sie den CRM-Application-Tool-Server (CAT-Server) konfigurieren.

5.3.16 PPF-Aktionen

Aktionsdefinition Die Aktivitäten innerhalb eines Vorgangs werden über Aktionsdefinitionen innerhalb des *Post Processing Frameworks* (PPF) bestimmt (siehe auch Abschnitt »Teilschritt 2: PPF-Aktionen definieren« in Abschnitt 5.2.1, »Grundkonfiguration des IT-Servicemanagements«). Über die *Aktionsdefinition* (Transaktion CRMC_ACTION_DEF) legen Sie genau fest, wie eine Aktivität ausgeführt werden soll. Sie können dabei folgendes bestimmen:

- zu welchem Zeitpunkt eine Aktion verarbeitet werden soll (beim Sichern des Belegs, sofort oder nach Ausführung eines Selektionsreports)
- über welchen Regeltyp (als Business-Add-in (BAdI) oder als Workflow-Bedingung) die Bedingungen erstellt werden sollen, die bestimmen, dass eine Aktion erfolgen soll

- ob die Aktion partnerabhängig ist (wie eine E-Mail an einen Geschäftspartner, der einer bestimmten Partnerfunktion zugeordnet wurde)
- wie oft die Aktion ausgeführt werden soll
- welche Aktion genau ausgeführt werden soll (*Verarbeitungsart*)

Folgende Verarbeitungsarten können Sie Ihrer Aktion hinzufügen:

- Alert auslösen
- externe Kommunikation
- Methodenaufruf
- Smart Forms Druck
- Smart Forms Fax
- Smart Forms Mail
- Workflow

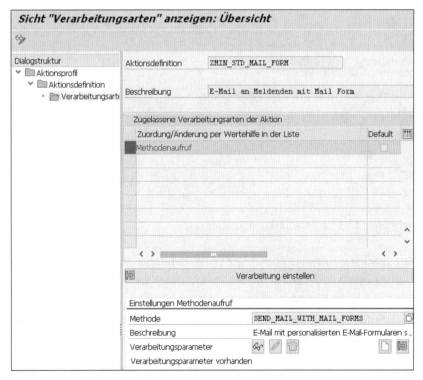

Abbildung 5.44 Verarbeitungsarten innerhalb einer Aktionsdefinition hinzufügen

Abbildung 5.44 zeigt die Pflege der Verarbeitungsarten einer Aktionsdefinition. In diesem Beispiel wird der Methodenaufruf als Verarbeitungsart gewählt. Sie können an dieser Stelle eine vorhandene Standardmethode

5 IT-Servicemanagement

verwenden, die bspw. den Versand von HTML-E-Mails abwickelt. Über die Wertehilfe des Felds **Methode** können Sie nach bereits vorhandenen Methoden suchen. Alternativ können Sie Ihre eigene Logik in einer selbst entwickelten Methode nutzen. Legen Sie diese hierfür über die Anlageschaltfläche ( ) an.

Bedingung Innerhalb der Bedingungskonfiguration (Transaktion CRMC_ACTION_CONF) legen Sie für Ihre Aktionsdefinitionen fest, zu welchen Zeitpunkten diese eingeplant und gestartet werden sollen (siehe Abbildung 5.45).

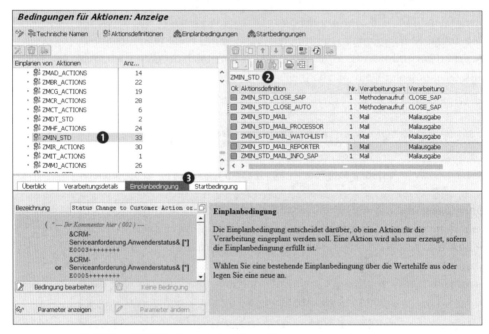

Abbildung 5.45 Bedingungskonfiguration

❶ Zunächst wählen Sie links in der Spalte **Einplanen von Aktionen** Ihr Aktionsschema aus. Ein Schema entspricht einer Sammlung von Aktionen und ist einer Vorgangsart zugeordnet.

❷ Damit eine Aktion korrekt ablaufen kann, müssen Sie in der Tabelle auf der rechten Seite die jeweilige Aktionsdefinition, die zu diesem Schema gehört, hinzufügen.

❸ Pflegen Sie anschließend auf den Registerkarten **Einplanbedingung** und **Startbedingung** die Einplan- und Startbedingung für die oben ausgewählte Aktion. Falls Sie keine Startbedingung definieren, startet die PPF-Aktion mit der Erfüllung der Einplanbedingung.

Regeltypen In der Aktionsdefinition wird bereits festgelegt, über welchen Regeltyp die zugehörigen Bedingungen erstellt werden sollen. In den meisten Fällen

5.3 Zentrale Funktionen des IT-Servicemanagements

wird der Regeltyp **WF Workflow Bedingungen** verwendet. Über diesen Regeltyp können Sie anhand einer Reihe von Attributen wie dem Anwenderstatus, der Priorität oder dem Meldenden sowie mithilfe logischer Operatoren einfache und auch komplexe Bedingungsketten definieren (siehe Abbildung 5.46).

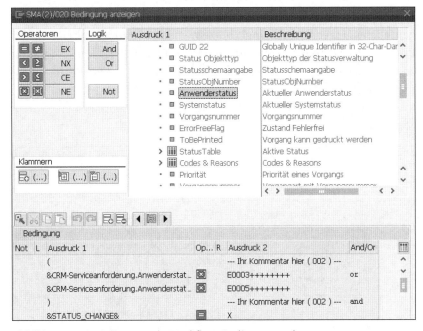

Abbildung 5.46 Bedingung als Workflow-Bedingung anlegen

Falls Ihnen der SAP-Standard an dieser Stelle nicht ausreicht, da Sie möglicherweise kundeneigene Attribute innerhalb Ihrer Bedingung berücksichtigen möchten, können Sie den Regeltyp **COD Bedingungen über Business Add-In (BAdI)** nutzen. Mithilfe der zwei BAdIs EVAL_STARTCOND_PPF (Startbedingung) und EVAL_SCHEDCOND_PPF (Einplanbedingung) können Sie Ihre eigene Logik für die Einplanung und den Start Ihrer Aktionen programmieren.

[zB] Automatische E-Mail an den Meldungsbearbeiter

Mit Aktionen und Bedingungen können Sie bspw. steuern, dass eine automatische E-Mail im Format HTML oder Smart Form an einen Geschäftspartner gesendet wird, sobald eine neue Meldung angelegt wird. Der Geschäftspartner muss dabei der Partnerfunktion als Meldungsbearbeiter zugeordnet sein. Die Bedingung, die erfüllt sein muss, damit die Aktion ausgelöst wird, ist der Status **Neu** der Meldung.

5.3.17 Reportingfunktionen

In diesem Abschnitt stellen wir verschiedene Reportingmöglichkeiten vor, die in die ITSM-Anwendung integriert sind.

Auswertungen innerhalb der Ergebnisliste

Diagramme
Innerhalb der Ergebnisliste jeder Suchseite haben Sie die Möglichkeit, Ihre gefundenen Ergebnisse abhängig von einem bestimmten Merkmal wie der Priorität oder dem Benutzerstatus in einem Balken- oder Kreisdiagramm zu visualisieren. Klicken Sie hierzu in der oberen rechten Ecke Ihrer Ergebnisliste auf das Icon **Diagramm öffnen** ( ). In Abbildung 5.47 wurde ein Kreisdiagramm ausgewählt, das die gefundenen Meldungen nach dem Merkmal Priorität unterscheidet und aufbereitet.

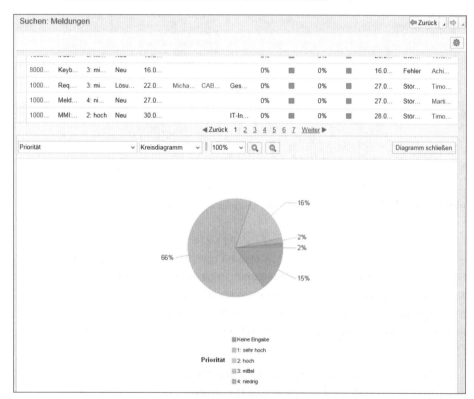

Abbildung 5.47 Diagramm innerhalb der Ergebnisliste

Die Ergebnisliste passt sich automatisch an, sobald Sie einen Bereich des Diagramms auswählen. Wenn Sie also bspw. den Teil des Kreisdiagramms auswählen, der die Meldungen mit hoher Priorität repräsentiert, werden in der darüberstehenden Ergebnisliste auch nur die Meldungen mit hoher Priorität angezeigt.

5.3 Zentrale Funktionen des IT-Servicemanagements

Analysen und Dashboards

Darüber hinaus bietet der SAP Solution Manager mit den *ITSM-Analytics-Anwendungen* Auswertungsmöglichkeiten basierend auf dem in den SAP Solution Manager integrierten SAP-BW-System an. Nach der Zuweisung entsprechender Berechtigungsrollen können die Anwender auf ihre Rollen zugeschnittene, Dashboard-basierte Auswertungen durchführen.

ITSM Analytics

Mithilfe der Dashboards können Sie Meldungen, Probleme oder Vorgänge aus dem ITSM bzw. Change Request Management auswerten. Folgende Auswertungsfunktionen stehen Ihnen im SAP Solution Manager 7.2 zur Verfügung:

Dashboards

- IT-Service-&-Change-Dashboard
- IT-Serviceanalyse

Eine Möglichkeit, auf diese Funktionen zuzugreifen, ist über das SAP Solution Manager Launchpad (Transaktion SM_WORKCENTER). Hier finden Sie in den Bereichen **IT-Servicemanagement** oder **Change Management** die Kacheln **Analysen** und **Dashboard** (siehe Abbildung 5.48).

Zugriff über Launchpad

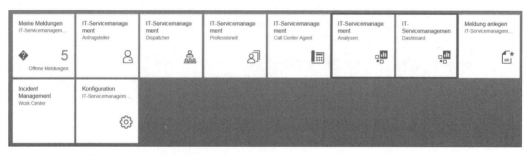

Abbildung 5.48 Über das SAP Solution Manager Launchpad zugreifen

Die andere Möglichkeit ist, über das CRM Web UI (Transaktion SM_CRM) zuzugreifen. Hier finden Sie die genannten Anwendungen in den Bereichen **IT-Servicemanagement** oder **Change-Request-Management** jeweils unter **Auswertungen** (siehe Abbildung 5.49).

Zugriff über das CRM Web UI

Abbildung 5.49 Über das CRM Web UI zugreifen

5 IT-Servicemanagement

Das Dashboard **Rückstand** innerhalb der **IT-Service-&-Change-Dashboard**-Auswertungen gibt Ihnen u. a. Auskunft darüber, wie viele Meldungen, Probleme und Änderungen mit welcher ausgewählten Priorität sich noch in Bearbeitung befinden (siehe Abbildung 5.50).

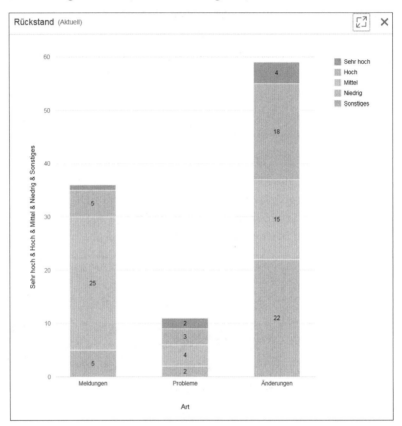

Abbildung 5.50 Rückstand-Dashboard

Konfiguration

Welche Vorgangsarten für die Auswertungen im ISTM herangezogen werden sollen, bestimmen Sie in der Grundkonfiguration des SAP Solution Managers (Transaktion SOLMAN_SETUP). Dazu müssen folgende Konfigurationsschritte bearbeitet werden:

- im Szenario Infrastrukturvorbereitung:
  - Konfiguration des SAP BW (Schritt 3, siehe Abschnitt 3.2.2)
- im Szenario IT-Servicemanagement (siehe Abschnitt 5.2.1, »Grundkonfiguration des IT-Servicemanagements«):
  - BW-Reporting einrichten (Schritt 4)
  - optional: Vorlagenbenutzer und relevante Vorlagenberechtigungsrollen für die BW-Datenextraktion erstellen (Schritt 8)

- im Szenario Change Request Management (siehe Abschnitt 8.2.2, »Grundkonfiguration des Change Request Managements«)
  - BW-Reporting einrichten (Schritt 6)
  - optional: Vorlagenbenutzer und relevante Vorlagenberechtigungsrollen für die BW-Datenextraktion erstellen (Schritt 5)

> **Weitere Informationen zu ITSM Analytics** [«]
> Unter folgendem Link finden Sie weitere Informationen zu ITSM Analytics: *http://s-prs.de/v561532*

5.4 Prozesse im IT-Servicemanagement

Nachdem Sie die wichtigsten Funktionen und Einstellungen kennengelernt haben, zeigen wir Ihnen, welche Prozesse Sie mit dem ITSM umsetzen können und wie Sie zur Einrichtung dieser Prozesse vorgehen. Das ITSM im SAP Solution Manager 7.2 gibt Ihnen diverse Szenarien zur Unterstützung Ihrer IT-Prozesse an die Hand. Die folgenden Abschnitte beschreiben eine Auswahl der wichtigsten Szenarien.

5.4.1 Incident Management

Dieser Abschnitt beschreibt den ITIL-Prozess *Incident Management*. Zunächst stellen wir die Stammdaten vor, die notwendig sind, um diesen Prozess zu nutzen. Dann erläutern wir die verschiedenen Wege zur Meldungserstellung und stellen einen Beispielprozess dar. Zum Abschluss zeigen wir, wie Sie ein Help-Desk-Tool eines Drittanbieters anbinden können.

Über den Incident-Management-Prozess können Sie Störungen (*Incidents*), die von Ihren Endanwendern oder einem Monitoring-Service gemeldet werden und einen Ihrer Geschäftsprozesse oder eines Ihrer Systeme betreffen, bearbeiten und beheben. Bearbeitet werden diese Störungen dabei gewöhnlich von den Support-Mitarbeitern Ihres Help Desks.

Stammdaten anlegen

Bevor Ihre Anwender in das ITSM involviert werden können, müssen zunächst *Geschäftspartner* angelegt werden. Jeder SAP-Benutzer, der an diesen Prozessen beteiligt ist, wird mit einem Geschäftspartner verknüpft. Die Anwender interagieren über diese Geschäftspartner miteinander.

Geschäftspartner

Der Geschäftspartner beinhaltet Kontaktinformationen wie Name, Adresse, Telefonnummer und E-Mail-Adresse (siehe Abbildung 5.51). Auch Beziehungen wie die Zugehörigkeit zu einer Support-Gruppe werden im Geschäftspartner hinterlegt.

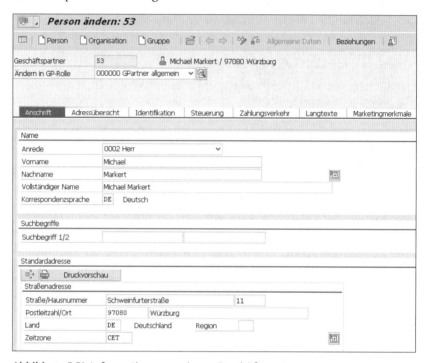

Abbildung 5.51 Informationen zu einem Geschäftspartner

Geschäftspartner anlegen

Geschäftspartner für den SAP Solution Manager können Sie über die Transaktion BP_USER_GEN anlegen und aktualisieren (siehe Abbildung 5.52).

Über dieses Programm können Sie über eine RFC-Destination auf die Benutzerdaten in Ihren verwalteten Systemen zugreifen. Anhand dieser Daten können Sie die Geschäftspartner und Benutzer auf dem SAP Solution Manager automatisch generieren bzw. aktualisieren lassen. Aktualisieren Sie Ihre Geschäftspartner über dieses Programm mehrfach unter der Angabe der READ-RFC-Destinationen Ihrer verschiedenen verwalteten Systeme. Durch jede Aktualisierung werden die Identifikationsnummern in den Geschäftspartnern im SAP Solution Manager erweitert (siehe Abbildung 5.53). Damit ist der Geschäftspartner nicht nur eindeutig mit dem zugehörigen SAP-Benutzer im SAP Solution Manager, sondern auch mit den SAP-Benutzern der verwalteten Systeme verknüpft.

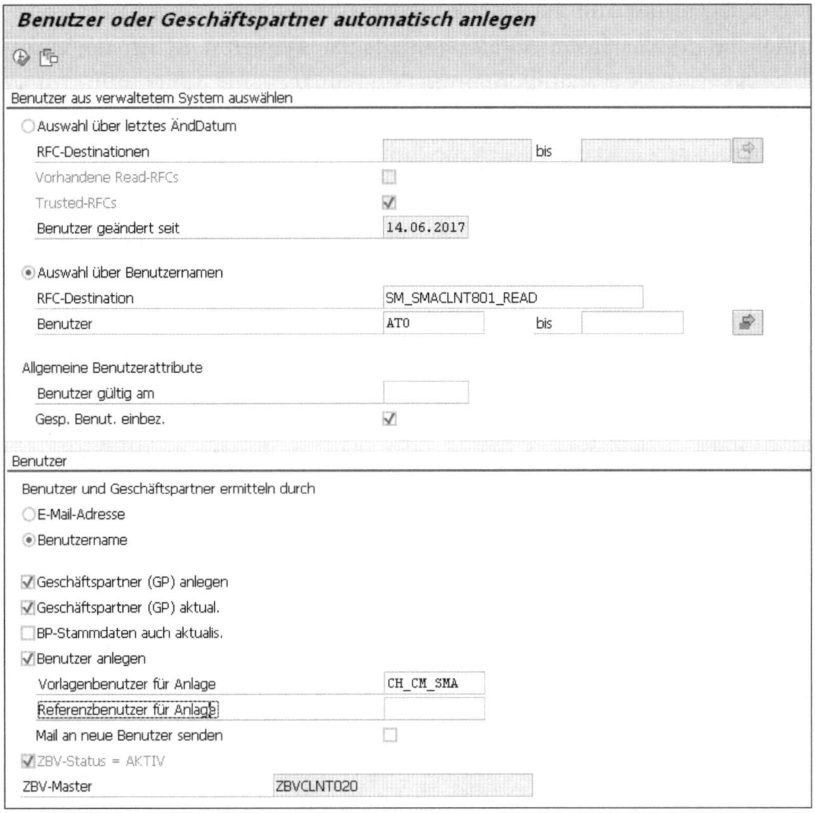

5.4 Prozesse im IT-Servicemanagement

Benutzer oder Geschäftspartner automatisch anlegen

Benutzer aus verwaltetem System auswählen
- ○ Auswahl über letztes ÄndDatum
  - RFC-Destinationen _____ bis _____
  - Vorhandene Read-RFCs ☐
  - Trusted-RFCs ☑
  - Benutzer geändert seit 14.06.2017
- ⦿ Auswahl über Benutzernamen
  - RFC-Destination SM_SMACLNT801_READ
  - Benutzer AT0 bis

Allgemeine Benutzerattribute
- Benutzer gültig am
- Gesp. Benut. einbez. ☑

Benutzer
Benutzer und Geschäftspartner ermitteln durch
- ○ E-Mail-Adresse
- ⦿ Benutzername

☑ Geschäftspartner (GP) anlegen
☑ Geschäftspartner (GP) aktual.
☐ BP-Stammdaten auch aktualis.
☑ Benutzer anlegen
  - Vorlagenbenutzer für Anlage   CH_CM_SMA
  - Referenzbenutzer für Anlage
  - Mail an neue Benutzer senden ☐
☑ ZBV-Status = AKTIV
  ZBV-Master   ZBVCLNT020

Abbildung 5.52 Geschäftspartner generieren

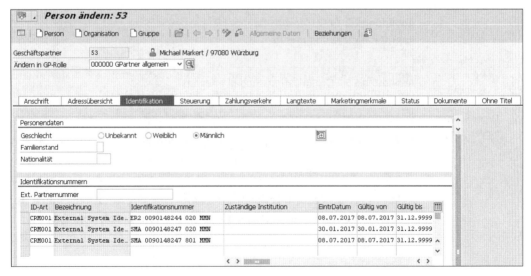

Abbildung 5.53 Identifikationsnummern der Geschäftspartner

Die Generierung und Aktualisierung der Geschäftspartner ist notwendig, um bspw. die Anlage von Meldungen direkt aus dem SAP GUI der verwalteten Systeme über die Funktion **Hilfe • Support Meldung erfassen** zu ermöglichen.

Organisations-
modell

Damit Sie Ihre Mitarbeiter Support-Teams zuordnen können, müssen Sie darüber hinaus im SAP Solution Manager das *Organisationsmodell* Ihrer Support-Abteilung pflegen. Dies können Sie mit der Benutzerrolle SOLMANPRO bzw. einer entsprechenden kundeneigenen Adminstratorbenutzerrolle durchführen. Wählen Sie dazu **Grundfunktionen • Organisationsmodell**. Abbildung 5.54 zeigt die Ansicht zur Pflege eines Organisationsmodells.

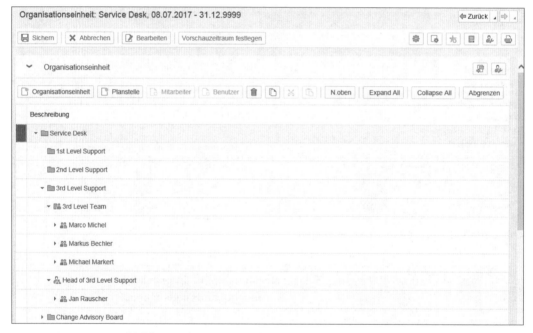

Abbildung 5.54 Organisationsmodell pflegen

Organisations-
modell pflegen

Pflegen Sie hier das Organisationsmodell wie folgt:

1. Als ersten Schritt legen Sie eine Wurzelorganisationseinheit (z. B. für den Help Desk) an und definieren diese als **Serviceorganisation**. Dieses Kennzeichen finden Sie in der Detailansicht Ihrer Wurzelorganisationseinheit.

2. Legen Sie für jedes Ihrer Support-Teams eine Organisationseinheit an. Kennzeichnen Sie diese Organisationseinheiten als **Servicegruppe**.

5.4 Prozesse im IT-Servicemanagement

> **[«] Support-Team automatisch ermitteln**
>
> Wenn Sie im Detailabschnitt **Ermittlung der Orgeinheit erlauben** zusätzlich das Kennzeichen **Service** auswählen, wird eine automatische Ermittlung des Support-Teams ermöglicht. So können Sie bspw. Ihr Support-Team anhand der SAP-Komponente oder mithilfe einer mehrstufigen Kategorisierung (siehe Abschnitt 5.3.1) automatisch ermitteln lassen. An dieser Stelle ist jedoch eine weitere Konfiguration notwendig.

3. Unterhalb Ihrer Organisationseinheiten legen Sie *Planstellen* an. An dieser Stelle können Sie z. B. eine Leiterplanstelle (Kennzeichen **Leiter der Organisationseinheit**) sowie eine Planstelle für das Team erstellen.
4. Ordnen Sie entweder Benutzer oder Geschäftspartner den zuvor angelegten Planstellen zu.

> **[!] Reihenfolge der Zuweisung**
>
> Beachten Sie, dass die eben geschilderte Reihenfolge eingehalten werden muss. Die Zuordnung eines Mitarbeiters direkt zur Organisationseinheit ist nicht möglich.

Damit haben Sie Ihre Support-Mitarbeiter einem oder mehreren Support-Teams zugeordnet. Wenn Sie nun in der Meldung ein Support-Team auswählen, wird Ihnen automatisch eine Auswahl der zugehörigen Meldungsbearbeiter aus diesem Support-Team angezeigt (siehe Abbildung 5.55).

Meldungsbearbeiter auswählen

Abbildung 5.55 Support-Team und Meldungsbearbeiter verknüpfen

> **Automatische Zuordnung zwischen Meldungsbearbeiter und Support-Team deaktivieren**
>
> Falls Sie diese automatische Zuordnung der Meldungsbearbeiter zum Support-Team und umgekehrt nicht wünschen, können Sie in der Tabelle AGS_WORK_CUSTOM den Parameter IM_SUPP_TEAM_DISABLE = X setzen.

IBase-Komponenten

Damit Sie das Incident-Management-Szenario im SAP Solution Manager 7.2 verwenden können, müssen Sie außerdem die *IBase* (Installed Base) definieren. Im SAP Solution Manager 7.2 müssen sämtliche verwalteten Systeme und Mandanten in Form von IBase-Komponenten dargestellt werden, um die Erstellung von Meldungen an den SAP Solution Manager zu ermöglichen. Die initiale Erstellung der IBase-Komponenten erfolgt bereits in der allgemeinen **SAP-Solution-Manager-Konfiguration**. Innerhalb der **Infrastrukturvorbereitung** können Sie dazu in Konfigurationsschritt **6 CRM-Grundfunktionen konfigurieren** die automatische Aktivität **IBase vorbereiten** ausführen.

Wege zur Meldungseröffnung

Als Meldungsersteller haben Sie grundsätzlich vier Möglichkeiten, selbst eine Meldung zu erstellen. Diese beschreiben wir in diesem Abschnitt.

Über die Hilfe — Wenn Sie sich im SAP GUI aufhalten und mit einer Störung im verwalteten System konfrontiert werden oder wenn eine Störung direkt im SAP Solution Manager auftritt, können Sie direkt über das Menü eine Meldung an den SAP Solution Manager senden. Gehen Sie hierzu auf **Hilfe • Supportmeldung erfassen** und tragen Sie die geforderten Informationen ein, bevor Sie die Meldung abschicken (siehe Abbildung 5.56). Die SAP-Komponente wird automatisch ermittelt. Geben Sie lediglich einen aussagekräftigen Kurztext sowie einen Langtext ein, und priorisieren Sie die Störung. Des Weiteren haben Sie die Möglichkeit, der Meldung einen Anhang (z. B. einen Screenshot, der den Fehler zeigt) mitzugeben.

Sollten Sie über diesen Weg eine Meldung anlegen, werden zusätzliche Systeminformationen an den SAP Solution Manager gesendet und der erstellten Meldung hinzugefügt. Diese Angaben können dem Meldungsbearbeiter bei der Ursachenanalyse und der Störungsbehebung helfen.

5.4 Prozesse im IT-Servicemanagement

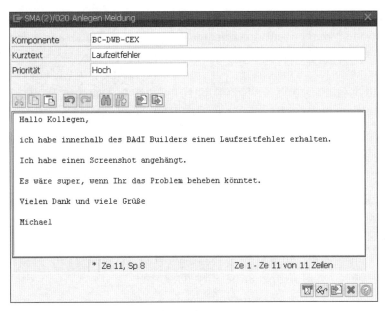

Abbildung 5.56 Support-Meldung erfassen

Als zweite Möglichkeit können Sie Ihre Störung als Meldungsersteller auch per E-Mail an eine zentrale E-Mail-Adresse, die im SAP Solution Manager hinterlegt ist, übermitteln. Diese Funktion wird über das *E-Mail Response Management System* (ERMS), das in Abschnitt 5.3.10 beschrieben wird, realisiert.

Per E-Mail

Auch hier können Sie der E-Mail einen Anhang mitgeben. Dieser wird dann automatisch in der daraus erstellten Meldung im Zuordnungsblock **Anhänge** verknüpft. Anhand Ihrer Absender-E-Mail-Adresse kann der SAP Solution Manager den zugehörigen Geschäftspartner ermitteln und diesen in der Meldung als Meldungsersteller hinterlegen.

Des Weiteren können Sie eine neue Meldung über die SAP-Fiori-Applikation **Meldung anlegen** erstellen. Diese Funktion haben wir in Abschnitt 5.1.2, »SAP-Fiori-Applikationen«, dargestellt.

SAP-Fiori-Applikation

Schließlich haben Sie als Meldungsersteller noch die Option, eine Meldung über das CRM Web UI anzulegen. Über die Navigation gelangen Sie über den direkten Link **Meldung** sehr schnell in die Anlagemaske für eine Meldung (siehe Abbildung 5.57). Geben Sie hier einen aussagekräftigen Kurztext sowie einen Langtext ein, und priorisieren Sie die Meldung. Auch hier haben Sie die Möglichkeit, der Meldung einen Anhang mitzugeben. Falls Ihnen noch weitere Informationen wie Referenzobjekte bekannt sind oder Sie den Fehler über die mehrstufige Kategorisierung genauer einordnen können, können Sie dies an dieser Stelle ergänzen.

CRM Web UI

5 IT-Servicemanagement

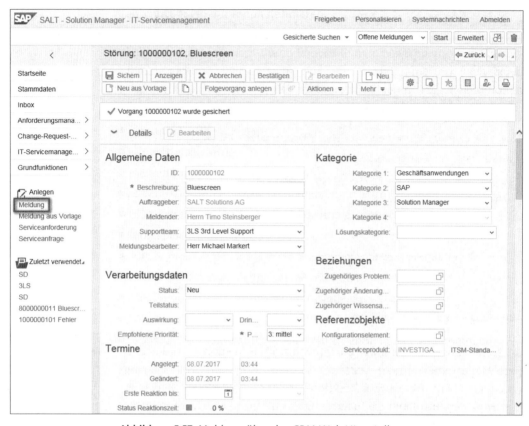

Abbildung 5.57 Meldung über das CRM Web UI erstellen

Prozessbeispiel: Meldungsbearbeitung

Meldung anlegen
In diesem Abschnitt stellen wir den vollständigen Prozess der Meldungsbearbeitung exemplarisch dar. Der Meldungsersteller legt über einen der zuvor beschriebenen Eingangskanäle eine neue Meldung an und beschreibt in dieser Meldung detailliert sein Problem. Bei einer Meldungsanlage über das CRM Web UI kann der Meldungsersteller sein Problem über die mehrstufige Kategorisierung oder die Angabe der SAP-Komponente genauer einordnen. Mithilfe dieser Informationen können durch automatische Ermittlungen Meldungsbearbeiter und/oder Support-Teams ermittelt werden, die auf das geforderte Themengebiet spezialisiert sind. Falls der Meldungsersteller nicht in der Lage sein sollte, diese Informationen zu pflegen, wird die Meldung an den zentralen Help Desk geleitet.

Arbeitsvorrat
Der Meldungsbearbeiter meldet sich mit der Benutzerrolle SOLMANPRO bzw. einer entsprechenden kundeneigenen Benutzerrolle an. Über seine Startseite erhält er über die Meine-Meldungen-Widgets einen Überblick über alle Meldungen, die durch ihn oder sein Support-Team zu bearbeiten sind

(siehe Abschnitt 5.3.7). Alternativ öffnet er seine vordefinierten Suchabfragen. Über diese gesicherten Suchen prüft er bspw. alle Meldungen, die an diesem Tag erstellt wurden und immer noch den Status **Neu** haben (siehe Abschnitt 5.3.4, »Gesicherte Suchen«).

Nachdem der Meldungsbearbeiter eine zur Bearbeitung anstehende Meldung geöffnet hat, sammelt er zunächst alle relevanten Informationen, die ihm helfen, die Störung zu beheben. Dazu prüft er den Langtext, die Systeminformationen sowie andere Referenzen und Anhänge wie Screenshots der Fehlermeldung oder Anleitungen, um den Fehler zu reproduzieren. Mit diesen Informationen kann er die Auswirkung auf den laufenden Betrieb, die Dringlichkeit, diese Störung zu beheben, sowie die Priorität festlegen. Bei Unklarheiten und etwaigen Rückfragen an den Meldungsersteller setzt der Meldungsbearbeiter den Status der Meldung auf **Kundenaktion**. Daraufhin wird der Meldungsersteller per E-Mail informiert und kann noch fehlende Informationen nachliefern, um die Arbeit des Meldungsbearbeiters zu erleichtern.

Meldung bearbeiten

Der Meldungsbearbeiter hat weiterhin die Möglichkeit, mit der mehrstufigen Kategorisierung zugehörige Probleme zu finden und diese direkt zu verknüpfen. In diesem Fall kann die weitere Ursachenanalyse und Fehlerbehebung innerhalb eines *Problems* erfolgen. Falls noch kein Problem existiert, kann der Meldungsbearbeiter an dieser Stelle über einen Folgevorgang ein Problem anlegen, um den Problem-Management-Prozess, der in Abschnitt 5.4.2 beschrieben wird, zu starten.

Integration mit dem Problem Management

Ebenso schlägt das System dem Meldungsbearbeiter basierend auf einer übereinstimmenden Kategorisierung vorhandene Wissensartikel vor. Diese beinhalten dokumentierte Lösungsvorgänge zu spezifischen Störfällen, die den Meldungsbearbeiter bei der Behebung der Störung unterstützen (siehe Abschnitt 5.4.3, »Knowledge Management – Arbeiten mit Wissensartikeln«).

Wissensartikel

Falls der Help-Desk-Mitarbeiter die Störung dennoch nicht beheben kann, leitet er die Meldung an einen Experten weiter. Hierzu ordnet er der Meldung ein passendes Support-Team zu oder passt bspw. die mehrstufige Kategorisierung an, die wiederum eine automatische Support-Team-Ermittlung durchführt (siehe Abschnitt 5.3.1). Die Meldung wird daraufhin an ein Expertenteam weitergeleitet. Ein Mitarbeiter dieses Teams analysiert das Problem und hält eventuell Rücksprache mit dem Meldungsersteller oder dem initialen Meldungsbearbeiter, um Unklarheiten zu beseitigen.

Support-Team-Ermittlung

Bei SAP-spezifischen Problemen können die Support-Mitarbeiter über den Zuordnungsblock **SAP-Hinweise** in das SAP Support Portal abspringen, um an dieser Stelle nach SAP-Hinweisen, die zur Problemlösung beitragen kön-

SAP-Hinweise

nen, zu suchen. In diesem Zuordnungsblock können die gefundenen SAP-Hinweise auch direkt verknüpft werden (siehe Abbildung 5.58).

Abbildung 5.58 Zuordnungsblock »SAP-Hinweise«

SAP Collaboration

Falls die Hinweissuche erfolglos blieb, kann aus der bestehenden Meldung heraus eine neue Meldung an den SAP-Support erstellt werden. Dies erfolgt über den Zuordnungsblock **SAP Collaboration** (siehe Abbildung 5.59). Geben Sie an dieser Stelle alle notwendigen Informationen wie Systemdaten, die betroffene SAP-Komponente, eine Priorisierung und beschreibende Langtexte mit. Der SAP-Support wird daraufhin die Störung bzw. das Problem auf Ihrem System analysieren, mit Ihrem Meldungsbearbeiter innerhalb des Vorgangs kommunizieren und versuchen, die Störung zu beheben.

Abbildung 5.59 Meldung an den SAP-Support anlegen

Lösungsvorschlag

Wurde die Störung behoben bzw. ein Workaround gefunden, wird dieser Lösungsvorschlag als Langtext und/oder mithilfe von Anhängen in der Meldung dokumentiert. Über den Wechsel in den Status **Lösungsvorschlag** wird der Meldungsersteller per E-Mail informiert. An dieser Stelle hat der Meldungsersteller die Möglichkeit, die Meldung zu quittieren, falls der Lösungsvorschlag die Störung wie gewünscht beheben konnte. Wurde die erhoffte Lösung nicht gefunden, kann er die Meldung zurück in den Status **In Bearbeitung** setzen.

5.4 Prozesse im IT-Servicemanagement

Automatisches Quittieren von Meldungen

Oftmals gibt sich der Meldungsersteller mit dem Lösungsvorschlag zufrieden und vergisst dabei, die Meldung zu quittieren. Für diesen Fall können Sie eine Variante des Programms AI_SDK_SP_AUTO_CLOSE einplanen, die Ihre Meldungen im Status **Lösungsvorschlag** nach einer von Ihnen festgelegten Zeit (abhängig von der Priorisierung) automatisch quittiert (siehe Abbildung 5.60).

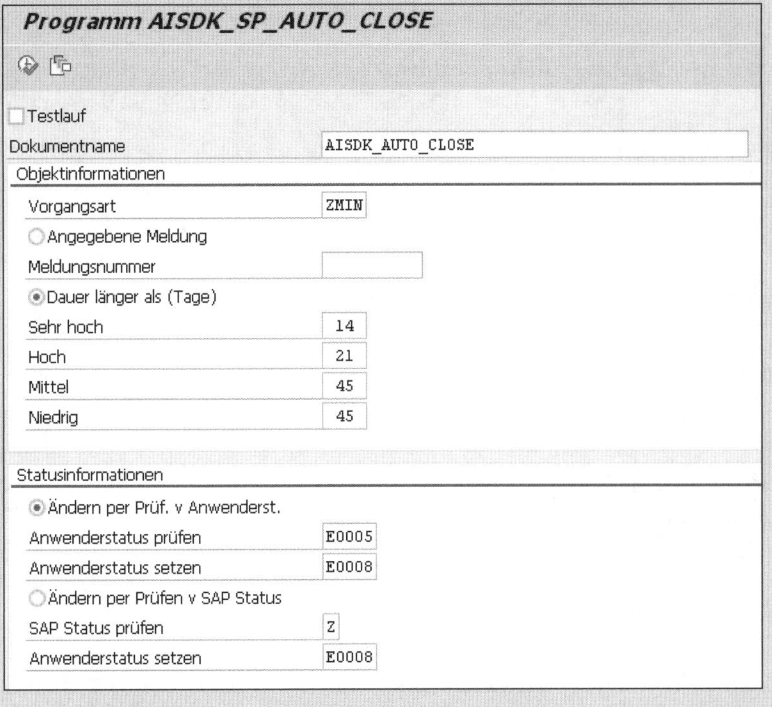

Abbildung 5.60 Programm AI_SDK_SP_AUTO_CLOSE

Integration in das Change Request Management

Falls die Störung nur durch das Einspielen eines SAP-Hinweises oder Konfigurationen bzw. Entwicklungen am betroffenen System gelöst werden kann, kann aus der Meldung ein Änderungsantrag als Folgevorgang angelegt werden. Sämtliche relevanten Informationen aus dem Quellbeleg werden daraufhin in den Änderungsantrag übertragen. Auf dieser Grundlage kann der *Change Manager* – oder bei größeren Änderungen das *Change Advisory Board* – die Durchführung der Systemänderung genehmigen bzw. ablehnen.

Änderungsantrag als Folgevorgang

Die tatsächlichen Systemänderungen erfolgen dann durch einen Berater oder Entwickler über Änderungsdokumente. Ausführliche Informationen zum Change-Request-Management-Prozess finden Sie in Abschnitt 8.3.

Sobald die Änderung durchgeführt und der Änderungsantrag durch den Antragsteller bestätigt wurde, wird dadurch auch automatisch der Vorgängerbeleg (Meldung) quittiert. Abbildung 5.61 veranschaulicht die Integration des Incident-Management-Prozesses in das Change Request Management.

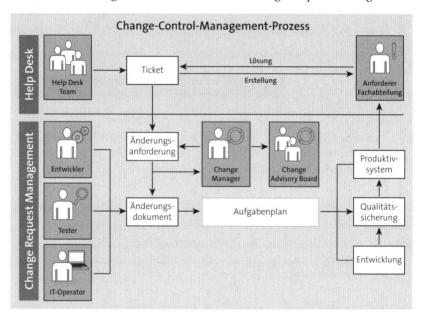

Abbildung 5.61 Integration in das Change Request Management

Einen externen Help-Desk anbinden

Anwendungsfälle

Haben Sie noch ein Help-Desk-System eines Drittanbieters im Einsatz, können Sie dieses an das ITSM im SAP Solution Manager 7.2 anbinden, um Ihre Meldungen und Probleme bidirektional über eine offene Webservice-Schnittstelle zu synchronisieren. Die Integration eines externen Help Desks könnte für Sie interessant sein, wenn Sie Ihr bereits vorhandenes ITSM-Tool nicht ersetzen, aber dennoch von den vielen Integrationsmöglichkeiten, die das ITSM des SAP Solution Managers in Ihrer SAP-Systemlandschaft bietet, profitieren möchten. Ein weiterer Anwendungsfall ist die Anbindung Ihres SAP Solution Managers an den Help Desk Ihres IT-Dienstleisters, um Meldungen und Probleme bidirektional zu synchronisieren.

Durch die bidirektionale Synchronisation können Sie Ihre Vorgänge initial im SAP Solution Manager anlegen und diese an ein Drittanbieter-Tool zur weiteren Bearbeitung weiterleiten. Auch der umgekehrte Fall ist möglich.

Sie haben ebenso die Möglichkeit, Meldungen initial im Drittanbieter-Tool zu erstellen und diese an den SAP Solution Manager zur weiteren Bearbeitung weiterzuleiten. In beiden Anwendungsfällen können die einzelnen Felder der Meldung zwischen den beiden Tools synchronisiert werden. Die Bearbeitung der Meldung findet jedoch lediglich im Zielsystem statt.

Viele Anbieter von Help-Desk-Tools haben sich eine standardisierte Schnittstelle zum SAP Solution Manager durch SAP zertifizieren lassen. Fragen Sie deshalb bei Ihrem Anbieter nach, ob solch eine Schnittstelle existiert, bevor Sie den Aufwand auf sich nehmen, selbst eine eigene API zu entwickeln.

Zertifizierte Anbieter

Im Folgenden beschreiben wir exemplarisch den Ablauf, wenn eine Meldung im externen Help Desk erzeugt wird:

Extern erfasste Meldung

1. Nachdem der Meldungsersteller eine Meldung im externen Help Desk angelegt hat, bearbeitet ein Help-Desk-Mitarbeiter diese im externen Help Desk.
2. Sollte der Bearbeiter feststellen, dass die Störung in einer SAP-Anwendung aufgetreten ist, leitet er die Meldung über die Webserviceschnittstelle an den SAP Solution Manager weiter.
3. Das System erzeugt automatisch eine entsprechende Meldung im SAP Solution Manager inklusive der relevanten Informationen aus dem Ursprungsbeleg.
4. Der SAP-Experte bearbeitet die Meldung im SAP Solution Manager. Falls im externen Help Desk weitere Informationen in der Meldung dokumentiert wurden, werden diese mit dem SAP Solution Manager synchronisiert.
5. Hat der SAP-Experte eine Lösung gefunden, sendet er die Meldung mit einem Lösungsvorschlag an den externen Help Desk zurück.
6. Die Mitarbeiter des externen Help Desks senden den Lösungsvorschlag an den Meldungsersteller.
7. Der Meldungsersteller testet und bestätigt den Lösungsvorschlag.
8. Die Meldung wird im externen Help Desk und somit auch automatisch im SAP Solution Manager quittiert.

Der umgekehrte Prozess, also dass die Meldung im SAP Solution Manager erzeugt wird, sieht wie folgt aus:

Meldung extern bearbeiten

1. Nachdem der Meldungsersteller eine Meldung im SAP Solution Manager angelegt hat, bearbeitet ein SAP-Experte diese Meldung im SAP Solution Manager.
2. Sollte der SAP-Experte feststellen, dass die Störung in einer Nicht-SAP-Anwendung aufgetreten ist, leitet er diese Meldung über die Webserviceschnittstelle an den externen Help Desk weiter.

3. Das System erzeugt automatisch eine entsprechende Meldung im externen Help Desk inklusive der relevanten Informationen aus dem Ursprungsbeleg. Die Meldung im SAP Solution Manager erhält den Status **Extern in Bearbeitung**.

4. Der Meldungsbearbeiter bearbeitet die Meldung im externen Help Desk. Falls im SAP Solution Manager weitere Informationen in der Meldung dokumentiert werden, werden diese mit dem externen Help Desk synchronisiert.

5. Hat der Meldungsbearbeiter im externen Help Desk eine Lösung gefunden, sendet er die Meldung mit einem Lösungsvorschlag an den SAP Solution Manager zurück.

6. Der SAP-Experte im SAP Solution Manager sendet den Lösungsvorschlag an den Meldungsersteller.

7. Der Meldungsersteller testet und bestätigt den Lösungsvorschlag.

8. Die Meldung wird im SAP Solution Manager und somit auch automatisch im externen Help Desk quittiert.

5.4.2 Problem Management

Ursachenanalyse

Der ITIL-Prozess *Problem Management* fokussiert sich auf die Ursachenanalyse von Störungen im laufenden Betrieb. Während im Incident Management viel Wert auf eine schnelle Behebung der Störung gelegt wird, geht es im Problem Management primär darum, nachhaltige Lösungen für Fehler bereitzustellen, sodass derartige Störungen nicht erneut auftreten.

Gewöhnlich wird ein Problem als Folgevorgang aus einer Meldung erstellt, wenn der Meldungsbearbeiter keine Lösung für die Störung finden konnte. Über eine Kopierroutine werden dabei die relevanten Informationen aus der Meldung in das Problem übertragen.

Häufig wird eine Störung auf dem System gleich durch mehrere Mitarbeiter festgestellt, die dann unabhängig voneinander Meldungen erzeugen. Sämtliche zueinander gehörenden Meldungen werden dann in einem übergreifenden Problem verknüpft. Die Ursachenanalyse und Fehlerbehebung erfolgt in diesem Fall nicht mehr in den einzelnen Meldungen, sondern im übergreifenden Problem.

Zugehörige Meldungen

Über den Zuordnungsblock **Zugehörige Meldungen** erhält der Support-Mitarbeiter eine Übersicht über alle verknüpften Meldungen. Er kann diese auch zur weiteren Bearbeitung sperren (siehe Abbildung 5.62). So kann er sicherstellen, dass lediglich am übergeordneten Problem gearbeitet wird.

5.4 Prozesse im IT-Servicemanagement

Aktionen	ID	Beschreibung	Typ	Kategorie	Priorität	Gesperrt	Status
	1000000102	Bluescreen	Störung (IT Servic...	SAP Solution Man...	3	☐	Neu
🗑	8000000020	Test	Störung (IT Servic...		3	☐	Lösungsvorschlag

Zugehörige Meldungen | Liste bearbeiten | Zugehörige Störungen suchen | Sperren | Entsperren

Abbildung 5.62 Zuordnungsblock »Zugehörige Meldungen«

Sollte zu einem bekannten Fehler noch keine Meldung angelegt worden sein, kann der Support-Mitarbeiter ein Problem auch direkt, ohne Vorgängerbeleg, erzeugen. Somit kann er proaktiv Störmeldungen vermeiden.

Wie bei der Vorgangsart Meldung kann über den Zuordnungsblock **SAP Collaboration** der SAP-Support bei der Lösungsfindung eingebunden werden.

SAP Collaboration

Sollte sich bei der Problemanalyse herausstellen, dass Änderungen am betroffenen System vorgenommen werden müssen, können diese durch die Integration mit dem Change Request Management über einen Änderungsantrag genehmigt und über die daraus generierten Änderungsdokumente realisiert, dokumentiert und in der Systemlandschaft verteilt werden.

Integration mit dem Change Request Management

Sobald eine Lösung für das Problem gefunden und der Beleg abgeschlossen wurde, werden die verknüpften Meldungen wieder entsperrt und erhalten automatisch den Status **Lösungsvorschlag**. Die Meldungsersteller der einzelnen Meldungen können nun Ihre jeweilige Meldung quittieren, falls die Lösung zufriedenstellend war.

5.4.3 Knowledge Management – Arbeiten mit Wissensartikeln

Ein wichtiger ITIL-Prozess, der ebenfalls im SAP Solution Manager abgebildet werden kann, ist das Wissensmanagement. Mithilfe von *Wissensartikeln* können Sie im SAP Solution Manager zentral wichtige Informationen wie Lösungsbeschreibungen aus Störungen oder Problemen sowie Benutzerleitfäden oder Antworten zu häufig gestellten Fragen (FAQ) ablegen.

Wenn Sie zu einer Störung oder zu einem Problem eine Problemlösung herbeiführen konnten, haben Sie die Möglichkeit, einen Wissensartikel über das CRM Web UI direkt aus den betreffenden CRM-Vorgängen anzulegen (siehe Abbildung 5.63). Wissensartikel (Vorgangsart KNAR) können aus folgenden CRM-Vorgängen erstellt werden:

Wissensartikel anlegen

- Meldung (Vorgangsart SMIN)
- Problem (Vorgangsart SMPR)
- Änderungsantrag (Vorgangsart SMCR)

5 IT-Servicemanagement

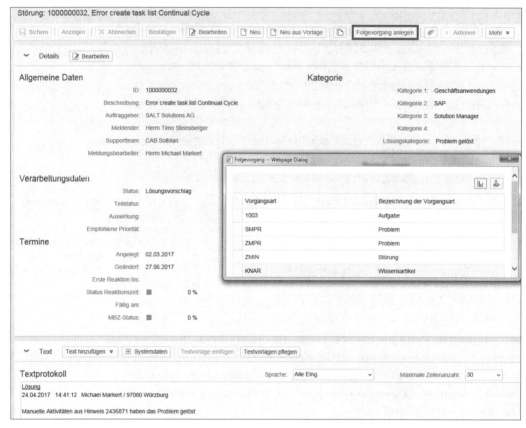

Abbildung 5.63 Wissensartikel über einen Folgevorgang erstellen

Kopiersteuerung Dabei werden anhand der Kopiersteuerung sämtliche Daten aus den Quellbelegen in den Wissensartikel übernommen (siehe Abbildung 5.64). Die Kopiersteuerung können Sie unter folgenden IMG-Pfaden anpassen:

- **Kopiersteuerung definieren**
  Transaktion SPRO • **SAP Solution Manager: Einführungsleitfaden** • **SAP Solution Manager • Capabilities (Optional)** • **IT-Servicemanagement** • **Folgedokument anlegen** • **Kopiersteuerung für Vorgangsarten definieren**

- **Mappingregeln definieren**
  Transaktion SPRO • **SAP Solution Manager: Einführungsleitfaden** • **SAP Solution Manager • Capabilities (Optional)** • **IT-Servicemanagement** • **Folgedokument anlegen** • **Mappingregeln für Kopiersteuerung definieren**

5.4 Prozesse im IT-Servicemanagement

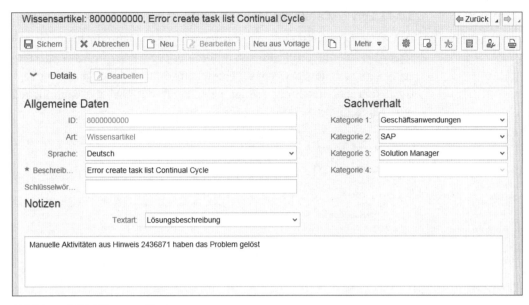

Abbildung 5.64 Wissensartikel

Über den Zuordnungsblock **Zugehörige Vorgänge** können Sie sich den dazugehörigen Quell-CRM-Beleg anzeigen lassen. Darüber hinaus lassen sich über diesen Zuordnungsblock auch Wissensartikel in den jeweiligen CRM-Vorgängen manuell zuordnen. Des Weiteren bestehen folgende Möglichkeiten, Wissensartikel anzulegen:

- aus einer *Wissensartikelvorlage* (Vorgangsart KNAT)
- direkt über den entsprechenden Link im Schnellanlagebereich
- über die Bereichsstartseite **IT-Servicemanagement** im Bereich **Anlegen**
- über den logischen Link **Wissensartikel** im CRM Web UI

Für den schnellen Zugriff auf die Wissensartikel können Sie die Volltextsuche im CRM Web UI nutzen. Voraussetzung hierfür ist die Installation eines TREX-Systems. Informationen zur Volltextsuche finden Sie in Abschnitt 5.3.5. Wenn Sie die mehrstufige Kategorisierung in CRM-Vorgängen und Wissensartikeln verwenden (siehe Abschnitt 5.3.1), kann das System automatisch Systemvorschläge zu Wissensartikeln ermitteln, die der gleichen Kategorisierung zugeordnet sind. Dabei zeigt das System einen Alert an, der auf die entsprechenden Wissensartikel verweist.

Wissensartikel suchen

5.4.4 Service Catalogue Management

Servicekatalog
Der *Servicekatalog* ist eine zentrale Bereichsstartseite für die Benutzerrolle SOLMANREQU (Benutzerrolle für den Anforderer), über den Ihre Anwender einzelne Services oder Servicepakete bestellen können (siehe Abbildung 5.65). Die Servicebereitstellung erfolgt nach einer optionalen Genehmigung durch die Support-Mitarbeiter über Serviceanforderungen.

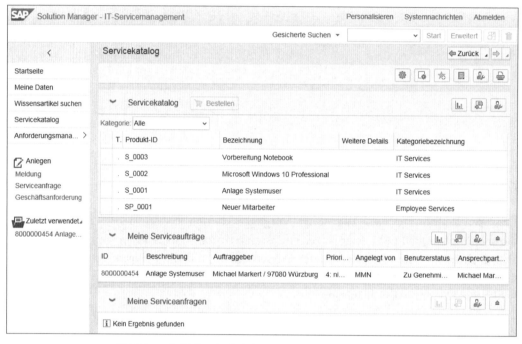

Abbildung 5.65 Servicekatalog

Serviceauftrag
Die bestellten Services werden gewöhnlich in einem *Serviceauftrag* (Vorgangsart SMSO) zusammengefasst und von einem zuständigen Mitarbeiter genehmigt (siehe Abbildung 5.66). Der *Genehmiger* wird dabei automatisch über eine Geschäftspartnerbeziehung zum Auftraggeber gefunden. Sobald der Genehmiger die bestellten Services genehmigt hat, entsteht aus den einzelnen Services automatisch jeweils eine Serviceanforderung. Die Bereitstellung der Services erfolgt im Szenario *Service Request Management* und wird in Abschnitt 5.4.5 erläutert.

Wenn Sie einfache, unkritische Services in Ihrem Servicekatalog anbieten, benötigen Sie für diese nicht immer eine Genehmigung. Sie können derartige Services so konfigurieren, dass aus einer Bestellung direkt eine Serviceanforderung generiert wird. In diesem Fall sparen Sie sich die Genehmigung über den Serviceauftrag.

5.4 Prozesse im IT-Servicemanagement

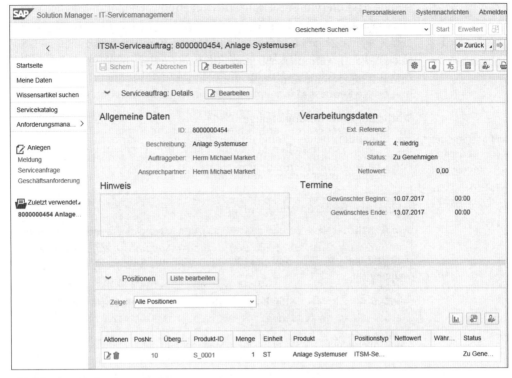

Abbildung 5.66 Serviceanforderung

Genehmigte Services müssen nicht zwangsläufig über die Bearbeitung von Serviceanforderungen bereitgestellt werden. Sie können eine Integration zu Ihrem SAP-ERP-System ebenso über den Serviceauftrag aktivieren. Damit kann ein genehmigter Service z. B. auch in einer Materialbestellung im SAP-ERP-System resultieren. Die Kommunikation zwischen dem SAP Solution Manager 7.2 und dem SAP-ERP-System erfolgt dabei über die CRM Middleware.

Integration mit dem SAP-ERP-System

> **Weiterführende Informationen**
>
> Weiterführende Informationen zur Konfiguration des Service Catalogue Managements finden Sie im ITSM-Wiki unter folgendem Link:
> *http://s-prs.de/v561533*

5.4.5 Service Request Management

Im Rahmen des ITSM fordern Sie mit dem *Service Request Management* zuvor definierte Services an, die anschließend bearbeitet werden. Das Service Request Management ist in zwei verschiedene Prozesse aufgeteilt:

275

1. die Erstellung von Serviceanforderungen
2. die Erfüllung bzw. Bearbeitung der erstellten Serviceanforderungen

Der zweite Prozess wird *Service Request Fulfillment* genannt. Die Funktionen, die Sie bereits aus dem Incident Management kennen, finden Sie auch im Service Request Management wieder. Als Standardvorgangsart wird für die Serviceanforderung die Vorgangsart SMRQ verwendet. Wie auch bei allen anderen Vorgangsarten empfehlen wir hier die Kopie in den Kundennamensraum. Damit stellen Sie sicher, dass Ihre Anpassungen nicht durch von SAP eingespielte Inhalte überschrieben werden.

Serviceanforderung und -anfrage
Innerhalb des CRM Web UI des SAP Solution Managers 7.2 wird die Serviceanforderung auch als *Serviceanfrage* oder *Support-Anfrage* bezeichnet. Sollten Sie diese Bezeichnung ändern wollen, um Verwirrungen zu vermeiden, können Sie die Linktitel problemlos im Benutzerrollen-Customizing anpassen. Dieses können Sie über die Transaktion CRMC_UI_PROFILE erreichen. Im folgenden Beispiel verwenden wir die Bezeichnung *Serviceanforderung*.

Services

In Unternehmen gibt es viele verschiedene *Services*, die mit einer Serviceanforderung beantragt werden können, z. B.:

- Passwort zurücksetzen
- neues Notebook zuteilen
- Installation von neuer Software
- Beratungsdienstleistungen
- Onboarding interner oder externer Mitarbeiter
- Umzug eines Mitarbeiters und der damit verbundene Arbeitsplatzwechsel

Serviceanforderung anlegen

Es gibt zwei Wege, eine Serviceanforderung anzulegen. Entweder erstellen Sie Ihre Serviceanforderung über die Übersichtsseite, oder Sie verwenden eine Guided Procedure. Zunächst beschreiben wir die Anlage der Serviceanforderung über die Übersichtsseite:

1. Öffnen Sie das CRM Web UI mithilfe der Transaktion SM_CRM.
2. Rufen Sie folgenden Pfad auf: **IT-Servicemanagement** • **Anlegen** • **Serviceanforderung**. Alternativ klicken Sie auf der Startseite auf den direkten Link **Anlegen** • **Serviceanforderung**. Die nun geöffnete Pflegemaske ist nahezu identisch mit der Maske zur Erstellung einer Meldung (siehe Abschnitt 5.4.1, »Incident Management«).

3. Beginnen Sie mit der Eingabe eines aussagekräftigen Kurztextes. Pflegen Sie anschließend den **Meldenden** und die **Priorität**. Diese drei Felder müssen Sie im Standard mindestens befüllen, um die Serviceanforderung speichern zu können, da es sich bei diesen um Pflichtfelder handelt.

4. Im Block **Details** können Sie neben den genannten Pflichtfeldern weitere Informationen für Ihre Serviceanforderung erfassen. Pflegen Sie bspw. **Meldungsbearbeiter**, **Status**, **Dringlichkeit** oder **Kategorie**.

5. Wie auch im Incident Management haben Sie im Service Request Management Zuordnungsblöcke mit weiteren Funktionen zur Verfügung. Verwenden Sie z. B. den Zuordnungsblock **Prüflisten**, um Arbeitsabläufe bzw. Prozesse strukturiert und übersichtlich darstellen und bearbeiten zu können.

6. Nachdem Sie alle notwendigen Informationen erfasst haben, speichern Sie Ihre Serviceanforderung mit der Schaltfläche **Sichern**.

Wie bereits erwähnt, gibt es neben dem eben beschriebenen Weg noch eine zweite Variante über eine Guided Procedure. Dieses Vorgehen soll den Erstellungsprozess für die Endanwender vereinfachen (siehe Abbildung 5.67).

Anlage mit Guided Procedure

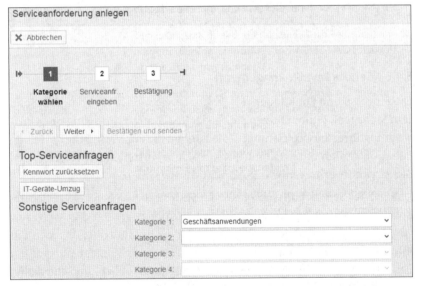

Abbildung 5.67 Guided Procedure zur Erstellung einer Serviceanforderung

Link zur Guided Procedure anlegen

Auf der Startseite des CRM Web UI können Sie im Bereich **Anlegen** den direkten Link für die Anlage mit der Guided Procedure (**SM-SRQ-CRG**) einblenden lassen. Sollten Sie auch im Bereich **IT-Servicemanagement • Anle-**

> gen einen Link für die Erstellung mithilfe der Guided Procedure benötigen, müssen Sie entweder einen vorhandenen Link bearbeiten oder einen neuen erstellen.

Top-Service-anforderungen

Im Rahmen der Guided Procedure für die Anlage einer Serviceanforderung können Sie auch sogenannte **Top-Serviceanfragen** definieren (siehe Abbildung 5.67). Da die richtige Kategorisierung für neue oder fachfremde Anwender oft schwer ist, können Sie die häufigsten Serviceanforderungen anhand der Top-Serviceanforderungen bereits vorkategorisieren. Sie müssen dann während der Erstellung nur noch die entsprechende Anfrage anklicken und die Kategorie wird automatisch gesetzt. Hierdurch können Sie falsche Kategorisierungen bis zu einem gewissen Grad vermeiden und dem Endanwender die Bedienung erleichtern.

Weitere Informationen zur Konfiguration des Service Request Managements

Nähere Informationen zur Konfiguration des Service Request Managements finden Sie im »How to Guide Service Request Management« auf der Wiki-Seite zur Verwaltung und Konfiguration des ITSM im SAP Community Network unter *http://s-prs.de/v561534*.

5.4.6 Service Level Management

Die Prozesse und Funktionen des *Service Level Managements* im SAP Solution Manager 7.2 unterstützen Sie bei der Erstellung, Erbringung und Überwachung Ihrer Serviceleistungen. Sie können die zur Verfügung gestellten Funktionalitäten nutzen, um frühzeitig vor bevorstehenden Verletzungen der *Service Level Agreements* (SLA) gewarnt zu werden.

Bereitschafts-schema

Anhand des *Bereitschaftsschemas* legen Sie fest, zu welchen Zeiten die Support-Organisation verfügbar ist. Hier bestimmen Sie, ob Sie bspw. nur wochentags zu den üblichen Bürozeiten erreichbar sind oder ob Sie Ihrem Kunden einen 24/7-Support bieten. Natürlich sind Sie nicht nur auf ein Bereitschaftsschema beschränkt. Es ist durchaus üblich, verschiedenen Kunden oder Produkten auch unterschiedliche Bereitschaftsschemata zuzuweisen. Legen Sie deshalb für jede im Einsatz befindliche Bereitschaftszeit ein eigenes Schema an:

1. Rufen Sie dazu im Customizing (Transaktion SPRO) folgenden Pfad auf: **SAP Referenz-IMG** • **SAP Solution Manager: Einführungsleitfaden** • **SAP Solution Manager** • **Capabilities (Optional)** • **IT-Servicemanagement** • **SLA-Eskalation** • **Bereitschafts- und Reaktionszeiten bearbeiten**

2. Wählen Sie in der Dialogstruktur den Menüpunkt **Bereitschaftsschema**, und legen Sie über **Neue Einträge** ein neues Schema an.
3. Vergeben Sie einen technischen Namen und eine **Bezeichnung** für das Bereitschaftsschema.
4. Um nun die Bereitschaftszeiten pflegen zu können, müssen Sie auf das Uhrsymbol klicken (siehe Abbildung 5.68).

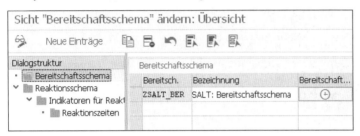

Abbildung 5.68 Bereitschaftsschema bearbeiten

5. Nun können Sie die Zeiten pflegen. Legen Sie hierzu eine oder mehrere Bereitschaftszeiten an.
6. Für jeden gepflegten Zeitraum können Sie **Regeln** auswählen. Eine Regel gibt z. B. an, dass sich die hinterlegten Zeiten wöchentlich wiederholen. Neben der Regel können Sie auch **Abweichungen** angeben, also Tage, an denen keine Bereitschaftszeiten notwendig sind.
7. Wenn Sie alle Zeiten gepflegt haben, klicken Sie auf **Übernehmen** und **Sichern** anschließend das angelegte Bereitschaftsschema.

Neben den Bereitschaftszeiten vereinbaren Sie in den Service Level Agreements auch *Reaktionszeiten*. Hier definieren Sie, wie viel Zeit maximal verstreichen darf, bis eine erste Reaktion auf das betroffene Ticket erfolgen muss. Die sogenannte *Erstreaktionszeit* wird im Vorgang durch das Verlassen des Status **Neu** erreicht.

Im SAP Solution Manager 7.2 pflegen Sie die Erstreaktionszeiten im **Reaktionsschema**. In diesem können Sie noch weitere Zeiten hinterlegen. Ein weiterer Zeitraum, der im Reaktionsschema definiert werden kann, ist die *maximale Bearbeitungszeit*. Damit wird also die Dauer festgelegt, in der der Service erfüllt werden muss. Nur wenn der Erledigungszeitpunkt innerhalb dieses Zeitfensters liegt, gelten die SLAs in Bezug auf die maximale Bearbeitungszeit als eingehalten.

Ein Reaktionsschema erstellen Sie wie im Folgenden beschrieben:

1. Rufen Sie im Customizing (Transaktion SPRO) den folgenden Pfad auf:
   SAP Referenz-IMG • **SAP Solution Manager: Einführungsleitfaden** • **SAP Solution Manager** • **Capabilities (Optional)** • **IT-Servicemanagement** • **SLA-Eskalation** • **Bereitschafts- und Reaktionszeiten bearbeiten**

2. Wählen Sie in der **Dialogstruktur** den Menüpunkt **Reaktionsschema** (siehe Abbildung 5.69).

3. Legen Sie über **Neue Einträge** ein neues Schema an.

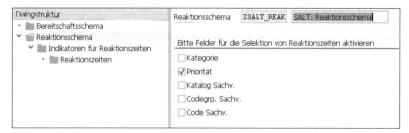

Abbildung 5.69 Reaktionsschema bearbeiten

4. Auch hier müssen Sie einen technischen Namen und eine **Bezeichnung** eingeben.

5. Aktivieren Sie dann die Felder, die für die Reaktionszeiten verfügbar sein sollen.

6. **Sichern** Sie Ihre Eingaben, und navigieren Sie in der **Dialogstruktur** zu **Indikatoren für Reaktionszeiten**.

Indikatoren für das Reaktionsschema

Die richtigen Zeiten aus dem Reaktionsschema werden anhand sogenannter *Indikatoren* gefunden. Folgende Indikatoren sind im Standard verfügbar:

- Kategorie
- Priorität
- Katalog Sachverhalt
- Codegruppe Sachverhalt
- Code Sachverhalt

7. Legen Sie nun die **Indikatoren** und deren Werte fest, für die Sie Reaktionszeiten hinterlegen möchten.

8. Speichern Sie und markieren Sie anschließend den Eintrag, für den Sie Reaktionszeiten einfügen möchten. Wählen Sie im Menü den Punkt **Reaktionszeiten** aus.

9. Definieren Sie für **Name der Dauer** die entsprechenden **Werte der Zeitdauer** und deren **Zeiteinheit**. In unserem Beispiel haben wir die Arten SRV_RF_DURA für die Erstreaktion und SRV_RR_DURA für das Serviceende genutzt.

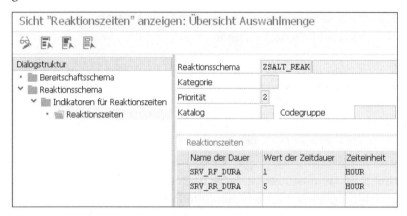

Abbildung 5.70 Reaktionszeiten pflegen

10. Beenden Sie die Bearbeitung Ihres Reaktionsschemas, indem Sie auf **Sichern** klicken.

Nachdem Sie jetzt über einsatzbereite Reaktions- und Bearbeitungsschemata verfügen, können Sie anhand der SLA-Ermittlung eine Zuordnung zum Servicevorgang konfigurieren. In einem *Findungsschema* geben Sie an, in welcher Reihenfolge die Stammdaten, die einem Vorgang zugeordnet sind, durchsucht werden. Beispiele hierfür sind Installationen, Produktpositionen, Geschäftspartner oder Produkte.

SLA-Ermittlung

> **Business Add-in für die SLA-Ermittlung**
>
> Nutzen Sie das BAdI CRM_SLADET_BADI für Ihre SLA-Ermittlung. Mithilfe dieses BAdIs können Sie Ihre eigene Logik für die Ermittlung der richtigen SLAs angeben.

Mit der *Verwaltung von Bearbeitungszeiten* können Sie Ihre Serviceleistungen besser überwachen. Das bedeutet, dass Sie die in den SLAs vereinbarten Reaktions- und Bearbeitungszeiten mit den tatsächlich benötigten Zeiten vergleichen. Durch diese Verwaltungsfunktion können Sie Ihre Abläufe stetig verbessern und die Einhaltung der Serviceleistungen optimieren.

Bearbeitungszeiten

> **Nutzung der Bearbeitungszeiten**
> Um die Funktionalität der Bearbeitungszeiten nutzen zu können, müssen Sie zuerst die Business Function CRM_ITSM_PROCESS_TIMES_MGMT aktivieren. Die Aktivierung erfolgt über Transaktion SFW5.

5.5 Kundenbericht: IT-Servicemanagement bei der ECKART GmbH

ECKART GmbH Die ECKART GmbH ist als Teil der Altana AG ein weltweit führender Hersteller von Metallic- und Perlglanzpigmenten für die Lack- und Farben-, die Druck-, die Kunststoff-, die Porenbeton- sowie die Kosmetikindustrie. Die GmbH mit Hauptsitz im mittelfränkischen Hartenstein wurde 1876 gegründet und hat weltweit ca. 1.750 Mitarbeiter.

SALT Solutions AG Wir von der SALT Solutions AG sind langjähriger Partner der ECKART GmbH und unterstützen diese bei der Implementierung und dem Betrieb verschiedenster Szenarien im SAP Solution Manager.

Thomas Leisner, Head of SAP-Basis Authorization bei der ECKART GmbH, formuliert die Anforderungen, die erfüllt werden sollten, wie folgt:

> *In erster Linie galt es, unseren Support-Prozess zu optimieren. Der Service Desk für den laufenden Betrieb unserer vielfältigen System- und Anwendungslandschaft sollte ein Werkzeug erhalten, mit dem Tickets transparent und zügig bearbeitet werden können. Darüber hinaus ist es uns mit dem SAP Solution Manager möglich, Testfälle detailliert vorzubereiten und alle Schritte zu dokumentieren. Das hilft uns, Störungen in unseren Anwendungssystemen effizient zu beheben und zu testen.*

Support-Struktur Die Support-Struktur der ECKART GmbH ist über ein Key-User-Konzept aufgebaut. Das auslösende Ereignis für den Start des Support-Prozesses ist eine Störung in einem produktiven Prozess auf einem der SAP-Systeme. Der Endbenutzer benötigt bspw. andere oder weitere Berechtigungen, er hat Probleme bei der Durchführung eines Geschäftsprozesses oder wird mit Fehlern (z. B. Laufzeitfehler) konfrontiert.

Key User als Vermittler Zunächst geht der Endbenutzer auf den Key User, der lokal für ihn zuständig ist, zu. Manchmal liegt dem Problem lediglich eine falsche Handhabung des SAP-Prozesses zugrunde. In diesem Fall kann bereits der Key User bei der Problemlösung helfen, ohne im SAP Solution Manager eine Meldung zu erzeugen.

5.5 Kundenbericht: IT-Servicemanagement bei der ECKART GmbH

Identifiziert der lokale Key User eine tatsächliche Störung im laufenden Betrieb, kann dieser über folgende Eingangskanäle eine Meldung im Incident Management erzeugen:

- über eine E-Mail an eine zentrale Support-E-Mail-Adresse; hieraus wird direkt eine Meldung im ITSM erzeugt
- direkt aus dem SAP-System über **Hilfe • Support Meldung erfassen**
- über das CRM Web UI (Benutzerrolle für den Meldenden)

Ein technisches Problem wird gewöhnlich durch die IT-Mitarbeiter der ECKART GmbH bearbeitet. Bei prozessspezifischen Problemen unterstützt der lokale Prozessexperte bei der Meldungsbearbeitung.

Kann die Störung in dieser Instanz wegen fehlenden Know-hows nicht behoben werden oder wird ein Aufwand von mehr als drei Personentagen geschätzt, startet der Änderungsprozess, indem ein Änderungsantrag als Folgevorgang zu der betreffenden Meldung erzeugt wird. Die notwendige Softwareänderung zur Störungsbeseitigung wird über den Change-Request-Management-Prozess genehmigt, implementiert, getestet, in die Zielsysteme verteilt und dokumentiert. Mit dem Abschluss der Änderung und damit auch des Änderungsantrags wird die verknüpfte Meldung quittiert. Abbildung 5.71 veranschaulicht diesen beschriebenen Support-Prozess.

Änderungsprozess

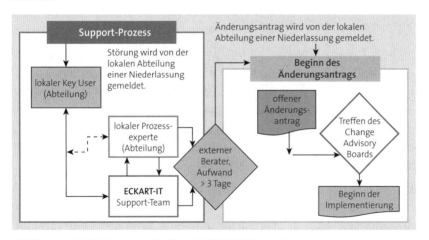

Abbildung 5.71 IT-Support-Struktur bei ECKART GmbH

Die ITSM-Vorgangsarten der ECKART GmbH sind sehr standardnah. Partner- und Statusschemata wurden auf den individuellen Support-Prozess angepasst. Einige im Folgenden beschriebene Eigenheiten wurden jedoch zusätzlich realisiert.

Kundenspezifische Erweiterungen

Berechtigungs-antrag
Sollte der lokale Key User bei einem Problem eines Endbenutzers fehlende Berechtigungen als Ursache identifizieren, erfolgt die Beantragung dieser zusätzlichen Berechtigungen über eine kundeneigene Vorgangsart, den *Berechtigungsantrag* (siehe Abbildung 5.72). Der Berechtigungsantrag ist technisch gesehen eine Kopie der SAP-Standardmeldung (Vorgangsart SMIN).

Abbildung 5.72 Berechtigungsantrag

Statuswechsel
Über eine sechsstufige Kategorisierung wird dabei die benötigte Berechtigungsrolle ausgewählt, falls diese bekannt ist. Eine zweistufige Genehmigung (durch den Abteilungsleiter und den Prozessspezialisten) erfolgt über den Statuswechsel. Dieser wird jedoch nicht über die klassische Dropdown-Liste, sondern über Aktionen (PPF-Aktionen) durchgeführt. Diese Methode wurde von den Änderungsvorgängen adaptiert und verhindert, dass Statuswerte übersprungen werden können.

Langtext bei E-Mail-Benachrichtigung
An verschiedenen Stellen im ITSM-Prozess werden beim Statuswechsel E-Mails an den Meldenden oder den Meldungsbearbeiter versendet, um die zugeordneten Benutzer über durchzuführende Tätigkeiten zu benachrichtigen. Standardmäßig gibt es bei der Pflege von HTML-E-Mail-Formularen nicht die Möglichkeit, die Langtexte der Meldung über Attribute einzubinden. Der Attributkontext wurde daher um diese Option erweitert. So wird bereits über die automatische E-Mail-Benachrichtigung ersichtlich, worum es bei der eingegangenen Meldung im Detail geht.

Thomas Leisner erkennt folgende Vorteile in dieser Herangehensweise:

Vorteile

Der SAP Solution Manager spielt überall seine Vorteile aus, wo wir ihn einsetzen: im Qualitätsmanagement, in der Produktion und im Vertrieb. Grundsätzlich stellen wir allerdings fest, dass die Effizienz der Prozesse insbesondere in den Bereichen steigt, in denen der Faktor Zeit eine wesentliche Rolle spielt. Das trifft auf den Service Desk im SAP Solution Manager ebenso zu wie auf die vereinfachten Genehmigungsverfahren und Änderungsanträge, die sofort den korrekten Bearbeiter finden. Ein weiterer Vorteil ist die Reduzierung der E-Mails. Denn jetzt können Key User Aufgaben direkt an relevante Abteilungen oder Mitarbeiter zuweisen. Das führt zu weniger Nachfragen durch automatisierte Prozesse. Eine echte Arbeitserleichterung.

Ansprechpartner bei der ECKART GmbH

Thomas Leisner arbeitet seit 2011 bei der ECKART GmbH. Er war im SAP-Basis-Umfeld seit 1997 in verschiedenen Funktionen und Projekten tätig.

Kapitel 6
Projektmanagement

In diesem Kapitel erhalten Sie einen Einblick in das SAP-Projektmanagement, das Sie mit Ihrem SAP Solution Manager 7.2 lizenzfrei nutzen können.

Das *SAP-Projektmanagement* bildet zusammen mit dem *SAP-Portfoliomanagement* eine eigenständige Applikation namens *SAP Portfolio and Project Management* (SAP PPM). Diese können Sie unabhängig von anderen SAP-Applikationen einsetzen. Technisch umfasst SAP PPM neben einem SAP NetWeaver Application Server und einigen Grundkomponenten die Softwarekomponente CPRXRPM 610_740, die die Funktionen von SAP PPM in Version 6.1 beinhaltet. Diese Softwarekomponente ist ebenfalls Teil der aktuellen SAP-Solution-Manager-7.2-Installation. Damit haben Sie die Möglichkeit, die Funktionen von SAP PPM direkt über Ihren SAP Solution Manager zu nutzen, um Ihre IT-Projekte zu steuern. In diesem Zusammenhang wird das SAP PPM auch als *IT-Portfolio- und Projektmanagement* (IT-PPM) bezeichnet.

IT-PPM bietet Ihnen den entscheidenden Vorteil, Projekte strategisch und operativ über den SAP Solution Manager steuern zu können. Mit dem SAP-Projektmanagement haben Sie u. a. die Möglichkeit, die Durchführung Ihrer Projekte sowie die dafür benötigten Ressourcen zentral zu planen, zu strukturieren und zu koordinieren. Anhand von Analysen überwachen Sie den Fortschritt Ihrer Projekte und können so gezielt kritische Entwicklungen identifizieren und gegebenenfalls Gegenmaßnahmen einleiten.

Vorteile

Ein weiterer Vorteil bei der Verwendung des SAP-Projektmanagements über den Solution Manager 7.2 (IT-Projektmanagement) ist, dass Sie Projekte mit der Lösungsdokumentation verknüpfen können. Hierdurch lassen sich Integrationsmöglichkeiten in andere Bereiche des SAP Solution Managers nutzen (siehe Abschnitt 6.5). Insgesamt wird so mit der Integration der PPM-Funktionen in den Solution Manager 7.2 ein Werkzeug geschaffen, das den Projektverlauf von Implementierungs- und Wartungsprojekten ganzheitlich unterstützt.

In diesem Kapitel möchten wir Ihnen die Funktionsweise des integrierten IT-PPM näherbringen. Unser Fokus liegt dabei auf dem IT-Projektmanagement. Im ersten Abschnitt erhalten Sie wichtige Informationen zur Komponente IT-PPM und zur Konfiguration des IT-Projektmanagements. Auf die konkrete Durchführung von Projekten mithilfe des IT-Projektmanagements gehen wir im zweiten Abschnitt ein. Hier erhalten Sie Informationen zur integrierten Applikation *IT-Projektmanagement*. Wir zeigen Ihnen, wie Sie das IT-Projektmanagement verwenden, um Projekte anzulegen und zu verwalten. Darüber hinaus geben wir Ihnen einen Einblick in das *Ressourcenmanagement*, mit dem Sie Ihre Ressourcen optimal planen und verwalten. Im dritten Abschnitt des Kapitels stellen wir Ihnen Funktionen zur Projektanalyse vor. Das Kapitel schließt mit einem Überblick über die Integrationsmöglichkeiten des IT-Projektmanagements in andere Bereiche des SAP Solution Managers 7.2 ab.

6.1 Einführung in das IT-Portfolio- und Projektmanagement

IT-Portfolio- und Projektmanagement

Im SAP Solution Manager stehen Ihnen mit dem neuen Release 7.2 die Projektmanagementfunktionen von SAP PPM 6.1 zur Unterstützung Ihrer IT-Projekte zur Verfügung. Das IT-Portfolio- und Projektmanagement (IT-PPM) unterstützt Unternehmen bei der Ausrichtung ihrer IT-Landschaft an den strategischen Zielen des Unternehmens und bei der Planung, Steuerung sowie Umsetzung von IT-Projekten. Im IT-PPM werden Funktionen bereitgestellt, mit denen Sie Ihre Portfolios strategisch und operativ steuern und Ihre IT-Projekte in allen Bereichen Ihres Unternehmens zielgerichtet umsetzen können.

Funktionen und Lizenzen

IT-PPM gliedert sich in die Bereiche IT-Portfoliomanagement und IT-Projektmanagement. Das IT-Projektmanagement können Sie mit Ihrem SAP-Enterprise-Support-Vertrag kostenfrei nutzen. Für die Nutzung des IT-Portfoliomanagements besteht ein kostenpflichtiges Lizenzmodell. Abbildung 6.1 stellt die Lizenzierung von IT-PPM grafisch dar.

IT-Portfoliomanagement

Das IT-Portfoliomanagement betrachtet die Gesamtheit aller Unternehmensprojekte in Bezug auf ihre Chancen und Risiken. Es ist als Lösung für die Verwaltung von Ressourcen (Mitarbeiter, Freelancer etc.) über mehrere Projekte hinweg konzipiert. Durch die Integration von Informationen aus bestehenden Systemen für das Projektmanagement, das Personalwesen und die Finanzverwaltung ermöglicht das IT-Portfoliomanagement einen ganzheitlichen Überblick über das Projektportfolio einer Organisation und über die Ressourcenverfügbarkeit.

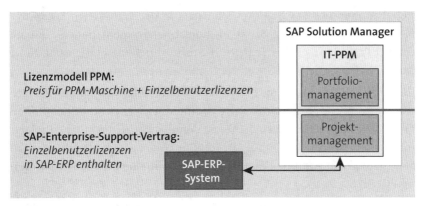

Abbildung 6.1 Lizenzierung von IT-PPM im SAP Solution Manager 7.2

Anhand von Bewertungsmodellen können Sie Ihr gesamtes Projektportfolio im Detail an den Unternehmenszielen ausrichten. Sie schaffen Transparenz bei Projektkosten, Besetzung, Zeitplänen sowie Ergebnissen und können so effektive Übergangsmaßnahmen zwischen Projektphasen etablieren. Darüber hinaus bietet das IT-Portfoliomanagement die Möglichkeit, vorhandene Kenntnisse und Qualifikationen im Unternehmen zu erfassen und zu verwalten. Dies bildet die Basis für eine optimale Zuordnung der Ressourcen zu den Projekten unter Berücksichtigung der Qualifikationen und strategischen Prioritäten.

Das IT-Projektmanagement deckt Projektmanagementfunktionen für alle Projektphasen von der Planung über die Implementierung bis hin zum Projektabschluss ab. Es hilft Ihnen, die Schritte des Projektmanagements korrekt auszuführen. Zudem bildet es die Grundlage dafür, alle Projektaktivitäten im gesamten Unternehmen zentral planen, überwachen und verwalten zu können. Darüber hinaus besteht die Option, die Funktionen des IT-Projektmanagements mit anderen Systemen wie dem Personal- oder Rechnungswesen zu integrieren, um so die Daten dieser Systeme für Analysen oder die Verwaltung von Ressourcen zu nutzen. Das IT-Projektmanagement ist insbesondere für die Verwaltung von phasenorientierten Projekten geeignet. Es unterstützt dabei diverse Projekttypen wie Beratungs-, Entwicklungs- und Verbesserungsprojekte über alle Branchen hinweg.

IT-Projektmanagement

6.2 Voraussetzungen für den Einsatz des IT-Projektmanagements

Die Einrichtung von IT-PPM zur Verwendung des Projektmanagements im SAP Solution Manager 7.2 führen Sie ebenso wie die Konfiguration anderer

Konfiguration

Applikationen des SAP Solution Managers in der Transaktion SOLMAN_SETUP durch. Unter dem Szenario **Projektmanagement** finden Sie eine Guided Procedure, die Sie Schritt für Schritt durch die Einrichtung führt (siehe Abbildung 6.2).

Voraussetzungen prüfen

Im ersten Schritt müssen Sie die Aktivität **Voraussetzungen prüfen** ausführen. Diese prüft, ob die projektmanagementbezogenen Konfigurationen des IT-PPM abgeschlossen sind. Dies ist Voraussetzung, um mit der Projektmanagementintegration im SAP Solution Manager fortzufahren. Den benötigten Konfigurations-Content finden Sie im Anhang des SAP-Hinweises 2026421.

Abbildung 6.2 Guided Procedure zur Konfiguration des Projektmanagements

Projektmanagement konfigurieren

Sind die Voraussetzungen erfüllt, können Sie mit der Konfiguration in Schritt **2 Projektmanagement konfigurieren** fortfahren. In diesem Schritt kopieren Sie das von SAP vordefinierte Customizing für das Projektmanagement. Dieses enthält Projektarten, Phasentypen und Aufgabentypen für IT-PPM sowie Einstellungen für die Integration in die SAP-Solution-Manager-Applikationen Lösungsdokumentation, Change Request Management und Anforderungsmanagement.

Um eine Kopie dieser Customizing-Objekte zu erstellen, wechseln Sie in den Bearbeitungsmodus der Guided Procedure. Starten Sie anschließend die Web-Dynpro-Anwendung zur manuellen Aktivität **Customizing für Projektmanagement kopieren**. In dem sich öffnenden Fenster können Sie die verschiedenen Quellprojektarten in Ihren Kundennamensraum kopieren (siehe Abbildung 6.3). Wählen Sie hierzu eine der zwei Quellprojektarten **IT-Implementierungsprojekt** (OOSAP_SM_IMPL01) oder **IT-Wartungsprojekt** (OSAP_SM_MAINT01) sowie Ihren Kundennamensraum. Klicken Sie auf **Übernehmen**, und füllen Sie die Zielprojektart aus.

Im unteren Bereich des Fensters werden Ihnen darüber hinaus Phasenarten und Aufgabentypen für die Projektart angegeben. Die Aufgabentypen werden den entsprechenden Vorgangsarten aus dem Change Request Management gegenübergestellt. Definieren Sie, ob Sie die angezeigten Phasenarten und Aufgabentypen neu anlegen oder ignorieren bzw. die vorhan-

6.2 Voraussetzungen für den Einsatz des IT-Projektmanagements

denen verwenden möchten. Über die Schaltfläche **Im Testmodus ausführen** können Sie den Kopiervorgang testen, bevor Sie ihn über **Ausführen** final starten.

Abbildung 6.3 Customizing für das Projektmanagement kopieren

Konfiguration des SAP-Projektmanagements über die Transaktion SPRO

Sollte die Kopie einer Projektart über die Web-Dynpro-Anwendung aufgrund von Fehlern nicht möglich sein, können Sie die Kopiervorgänge alternativ manuell im Implementierungsleitfaden (IMG) über die Transaktion SPRO durchführen.

Führen Sie dazu folgende Schritte aus:

1. Kopieren Sie die Quellprojektarten über **Projektarten definieren**.
2. Kopieren Sie die Phasenart **00SAP_SM_NOAP01** über **Phasenarten definieren**.

3. Kopieren Sie die SAP-Standardprojektrollenarten über **Rollenarten definieren**.
4. Kopieren Sie die SAP-Standardaufgabenarten über **Aufgabenarten definieren**.
5. Ersetzen Sie die SAP-Standardphasenart, -projektrollenarten und -aufgabenarten in den kundeneigenen Projektarten durch Ihre kundeneigene Phasenart, Projektrollenarten und Aufgabenarten über **Projektarten definieren**.

Integration mit SAP-Solution-Manager-Applikationen

Manuelle Konfigurationsanpassungen nehmen Sie in Schritt **3 Konfiguration ändern** vor. Hier haben Sie die Möglichkeit, die zuvor kopierte Konfiguration an Ihre Bedürfnisse anzupassen. Führen Sie optional die Aktivitäten **Vorgangsart den Aufgabentypen zuordnen** und **Aufgabenstatus dem Vorgangsstatus zuordnen** aus, die für die Integration mit dem Change Request Management benötigt werden. Dabei wird definiert, welche Vorgangsart aus dem Change Request Management mit welcher Aufgabenart aus dem IT-PPM verknüpft wird und welche Statusänderung im Change Request Management welche Statusänderung im IT-PPM auslöst.

Wenn einer Projektaufgabe nur Vorgangsarten zugeordnet werden dürfen, die einen bestimmten Status haben, können Sie diese Statuswerte über die Aktion **Vorgangszuordnung einschränken** definieren. Für die Integration mit dem Prozessmanagement führen Sie zudem die Aktivität **Integrationsszenarios für Projektarten aktivieren** aus und setzen den Haken bei **SAP-Solution-Manager-Integration**. Sie haben hier des Weiteren die Option, einer Projektart einen Issue-Typ für die Issue-Management-Integration zuzuordnen.

Vorlagenbenutzer anlegen

Der letzte Schritt der Guided Procedure, **Vorlagebenutzer anlegen**, sieht die Anlage von Vorlagenbenutzern vor, die Sie als Vorlage für Ihre individuellen Projektmanagementrollen verwenden können. Sie haben entweder die Möglichkeit, neue Benutzer aus Standardvorlagenbenutzern anzulegen oder vorhandene Benutzer zu aktualisieren.

Markieren Sie dazu den Standardvorlagenbenutzer, den Sie kopieren bzw. dessen Kopie Sie aktualisieren möchten. Im unteren Teil des Bildschirms wählen Sie unter **Aktion**, ob Sie einen neuen Benutzer anlegen oder einen vorhandenen aktualisieren möchten. Geben Sie zudem den Namen des Benutzers an. Die erforderlichen Rollen werden in einer Tabelle angezeigt. Sie können vor der Kopie entscheiden, welche dieser Rollen Sie dem Vorlagenbenutzer zuordnen wollen und ob Sie die SAP-Standardrollen oder eine kundeneigene Kopie dieser Rollen verwenden möchten. Ist die kundeneigene Kopie noch nicht vorhanden, können Sie bestimmen, dass diese während des Kopiervorgangs direkt angelegt wird. Abbildung 6.4 zeigt ein Beispiel für die Neuanlage eines Vorlagenbenutzers.

ITPPM_AM_XXX Dialogbenutzer (im SAP-Solution-Manager-System)						
◇ Benutzer ITPPM_AM_SME ist nicht vorhanden						
Aktion:	Neuen Ben. anlegen ⌄					
	☐ Manuelle Benutzererstellung ohne Prüfung der Rollenzuordnung akzeptieren					
Benutzer:	ITPPM_AM_SME					
Initialkennwort:						
Kennwort wiederholen:						
Erforderliche Rollen						
Manuelle Rollenanpassung						
Automatische Aktion	A...	Von SAP bereitgestellte Quellrolle	Aus SAP-Rolle kopieren	Rollenu...	Transaktion...	Rollenbesc...
SAP-Rolle zuordnen ⌄	☐	SAP_SMWORK_IMPL		ABAP	Anzeigen	Anzeigen
Vorhandenes Ziel mit Quelle überschreiben ⌄	☐	SAP_SM_DSH_DISP	ZSAP_SM_DSH_DISP ⌄	ABAP	Anzeigen	Anzeigen
Neues Ziel aus Quelle anlegen ⌄	☐	SAP_BCV_USER2	ZSAP_BCV_USER2	ABAP	Anzeigen	Anzeigen
Vorhandenes Ziel zuordnen ⌄	☐	SAP_CPR_USER	ZSAP_CPR_USER	ABAP	Anzeigen	Anzeigen
Nichts tun ⌄	☐	SAP_ITCALENDER_DIS	ZSAP_ITCALENDER_DIS	ABAP	Anzeigen	Anzeigen
SAP-Rolle zuordnen ⌄	☐	SAP_SMWORK_CHANGE_MAN		ABAP	Anzeigen	Anzeigen

Abbildung 6.4 Standardvorlagenbenutzer kopieren

SAP stellt zwei Standardvorlagenbenutzer für das Projektmanagement zur Verfügung. Die Rolle `ITPPM_AM` dient als Vorlage für eine Projektleiter- bzw. Projektadministratorenrolle mit Vollzugriff auf die Projekte. Demgegenüber dient die Rolle `ITPPM_TM` als Rollenvorlage für Mitglieder des Projektteams. Ihre Änderungsmöglichkeiten für Projekte sind eingeschränkt. Teammitglieder müssen explizit für ihre jeweiligen Aufgaben im Projekt berechtigt werden.

Verfügbare Vorlagenbenutzer

6.3 Projekte durchführen

Haben Sie das IT-PPM erfolgreich konfiguriert, können Sie aus dem SAP Solution Manager 7.2 heraus Projekte anlegen und verwalten. In diesem Abschnitt erfahren Sie, wie die Projektmanagementanwendung aufgebaut ist und welche Funktionen Ihnen zur Verfügung stehen. Sie lernen, wie Projekte angelegt und verwaltet werden. Darüber hinaus stellen wir Ihnen das Ressourcenmanagement im IT-PPM vor.

6.3.1 In der Projektmanagementanwendung navigieren

Sie erreichen die Applikation, in der die IT-PPM-Funktionen enthalten sind, im SAP Solution Manager Launchpad in der Gruppe **Projekt- und Prozessverwaltung** über die Kachel **Meine Projekte** (siehe Abbildung 6.5).

Applikation aufrufen

6 Projektmanagement

Abbildung 6.5 Anwendung »Meine Projekte« im SAP Solution Manager Launchpad

Registerkarte »Projektmanagement«
Die Applikation ist in mehrere Registerkarten aufgeteilt. Auf der Registerkarte **Projektmanagement** finden Sie den Navigationsbereich zum Projektmanagement. Dieser gliedert sich in die Sichten **Übersicht** und **Berichte**. In der Sicht **Übersicht** sehen Sie alle Elemente zu bereits angelegten Projekten. Über die Navigationsleiste am linken Bildschirmrand können Sie zwischen Projekten, Aufgaben, Checklistenpunkten, Abnahmen, Auswertungen, Versionen und Services navigieren.

Dashboards
Darüber hinaus stehen Ihnen zu jedem Bereich der Navigationsleiste jeweils verschiedene Dashboards im Anzeigebereich zur Verfügung. Unter **Projekte** können Sie bspw. zwischen den Dashboards **Meine Projekte**, **Favoriten**, **Zuletzt verwendete Projekte**, **Stellvertreter** und **Alle Projekte** wählen. Abbildung 6.6 zeigt die Navigation zum **Favoriten**-Dashboard. Möchten Sie hier ein Projekt zu Ihren Favoriten hinzufügen, öffnen Sie zunächst das betreffende Projekt. Über die Schaltfläche **Zu Favoriten hinzufügen** können Sie das Projekt dem Dashboard hinzufügen.

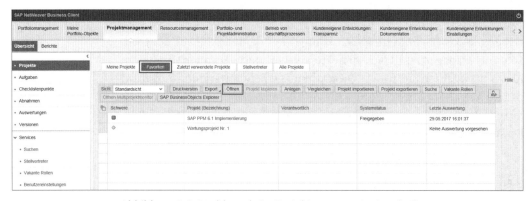

Abbildung 6.6 Dashboards im Projektmanagement aufrufen

6.3 Projekte durchführen

> **Suche nach vakanten Rollen**
>
> Im Bereich **Services** können Sie über die Funktion **Vakante Rollen** nach Rollen in Projekten suchen, die noch nicht durch einen Mitarbeiter besetzt sind. Voraussetzung ist, dass diese Rolle zuvor als vakant markiert wurde (siehe Abschnitt 6.3.3, »Ressourcenmanagement«).

Um ein Projekt zu öffnen, klicken Sie entweder auf die Projektbezeichnung im Anzeigebereich oder Sie wählen über die Schaltfläche **Öffnen** das gewünschte Projekt aus. Das Projekt wird in einem neuen Fenster geöffnet (siehe Abbildung 6.7).

Navigation im Projekt

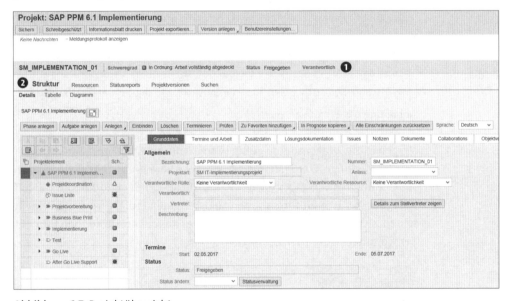

Abbildung 6.7 Projektübersicht

Unterhalb der Meldungszeile sehen Sie den Namen und einige allgemeine Informationen zu Ihrem Projekt ❶. Beim Öffnen eines Projekts wird Ihnen zunächst dessen Struktur in der **Detail**-Sicht angezeigt ❷. Sie können sich das Projekt über die anderen Sichten aber auch in Form einer Tabelle oder eines Gantt-Diagramms darstellen lassen. Auf der Registerkarte **Ressourcen** werden Ihnen alle Rollen und Ressourcen inklusive ihrer Zuordnung zum Projekt in einer Besetzungsübersicht, Ressourcenübersicht und Detailsicht angezeigt. Sie haben hier die Möglichkeit, die Ressourcen zu Ihrem Projekt zentral zu steuern. Auf den Registerkarten **Statusreports** und **Projektversionen** können Sie bei Bedarf Statusberichte bzw. Projektversionen erstellen. Die Suchfunktion im Projektmanagement finden Sie auf der Registerkarte **Suchen**.

6.3.2 Projekte anlegen und verwalten

Projekt anlegen

Um ein neues Projekt anzulegen, navigieren Sie auf der Registerkarte **Projektmanagement** über die Navigationsleiste in den Bereich **Projekte**. Hier können Sie über die Schaltfläche **Anlegen** aus jedem Dashboard heraus ein neues Projekt erstellen. Daraufhin erscheint ein Pop-up-Fenster, in das Sie die erforderlichen Informationen zur Anlage einer neuen *Projektdefinition* eintragen (siehe Abbildung 6.8).

Abbildung 6.8 Projekt anlegen

Vergeben Sie zunächst eine gültige Projektnummer in Form einer beliebigen Zeichenfolge. Das System prüft, ob diese bereits existiert. Legen Sie darüber hinaus die Hauptsprache für das Projekt fest, und klicken Sie auf **Anlegen**. Die Grundinformationen zu dem neuen Projekt werden in einem neuen, sich automatisch öffnenden Fenster angezeigt. Sie können nun mit der weiteren Strukturierung fortfahren.

[!] **Projekt speichern**
Achten Sie bei der Anlage eines Projekts darauf, dass Sie dieses im Anzeigefenster über die Funktion **Sichern** in der Menüleiste explizit speichern. Anderenfalls wird das Projekt nicht angelegt.

[»] **BAdI zur Generierung von Projektnummern**
Durch die Implementierung der Methode GENERATE_PROJECT_ID des Business Add-ins (BAdI) **Prüfen/Ändern von Feldern im Projektmanagement** generiert das System während des Sicherns automatisch eine Projektnummer den benutzerdefinierten Regeln entsprechend. Weitere Informationen hierzu erhalten Sie im SAP-Einführungsleitfaden unter:

SAP Portfolio and Project Management • Projektmanagement • Globale Erweiterungen an Projektelementen • Business Add-Ins (BAdIs) • BAdI: Prüfen/Ändern von Feldern im Projektmanagement

Möchten Sie das neue Projekt auf der Grundlage einer Projektvorlage erstellen, wählen Sie im Feld **Vorlagenart** die Option **Projektvorlage** aus. Durch Angabe einer Projektart und -vorlage wird ein entsprechendes Projekt erstellt.

Projekt aus Vorlage anlegen

Neue Projektvorlagen können Sie über die Registerkarte **Portfolio- und Projektadministration** definieren. Die Vorlagenart **Projekt** ermöglicht es Ihnen, ein neues Projekt auf Basis eines bereits bestehenden Projekts anzulegen. Wählen Sie in diesem Fall das Quellprojekt, das Sie kopieren möchten. Möchten Sie hingegen ein neues Projekt basierend auf einer *Simulation* erstellen, wählen Sie die Vorlagenart **Simulation**. Geben Sie Quellprojekt und Kopierversion der Simulation sowie die Simulationsprojektnummer an. Als Simulation wird eine Projektversion bezeichnet, die Sie im IT-PPM selbst erstellen können. Anhand von Simulationen lässt sich prüfen, welche Auswirkungen auf das Projekt durch Änderungen zu erwarten sind.

Projektvorlage anlegen

BAdIs zur Kopie bestimmter Projektattribute

Aus Performancegründen werden bei einer Projektkopie im Standard einige Projektattribute nicht mitkopiert. Folgende Attribute können anhand von BAdIs zusätzlich bei der Kopie berücksichtigt werden:

- Projektstartdatum (Methode `COPY_PROJECT_START_DATE_FIX` in der Customizing-Aktivität **BAdI: Kopieren von Projekten**)
- Besetzungs- und Verteilungsdaten von Rollen, Objektverknüpfungen, Namen und Verknüpfungen gespiegelter Aufgaben, Dokumente und Kollaborationen (Customizing-Aktivität **BAdI: Prüfen/Ändern von Feldern im Projektmanagement**)
- Notizen (Methode `COPY_NOTES` in der Customizing-Aktivität **BAdI: Kopieren von Projekten**)

Projekt-Roadmaps

Die aus dem SAP Solution Manager 7.1 bekannte Transaktion RMMAIN zum Download der von SAP bereitgestellten Projekt-Roadmaps steht im SAP Solution Manager 7.2 nur noch im Anzeigemodus zur Verfügung. An ihre Stelle tritt der SAP-Fiori-basierte *SAP Roadmap Viewer*, eine cloudbasierte Lösung. Informationen hierzu erhalten Sie in Abschnitt 6.6, »SAP-Roadmaps«.

Projektelemente

Ein Projekt wird anhand von *Projektelementen* strukturiert. Als *Projektdefinition* wird das Projektelement auf oberster Ebene eines Projekts bezeich-

Projektdefinition

net. Die Projektdefinition enthält alle Rahmendaten und übergreifend gültige Informationen zu einem Projekt.

Phasen und Checklisten

Innerhalb der Projektdefinition wird ein Projekt durch *Phasen* gegliedert. Eine Phase ist ein zeitlich abgeschlossener Abschnitt eines Projekts. Sie beginnt immer mit einer Freigabe und endet immer mit einer Abnahme. Einer Phase können zur weiteren Strukturierung *Checklisten* und *Aufgaben* zugeordnet werden. Checklisten sind Kontrolllisten, in denen in *Checklistenpunkten* wichtige Aspekte, die in einem Projekt oder einer Phase abgearbeitet werden müssen, festgehalten werden.

Aufgaben und Meilensteine

Aufgaben bilden die kleinste Einheit eines Projekts. Anhand von Aufgaben werden einzelne Bearbeitungsschritte eines Projekts erfasst, die sowohl einer Projektdefinition als auch einer Phase und einem Checklistenpunkt zugeordnet werden können. Als eine spezielle Aufgabenart werden *Meilensteine* angesehen. Sie definieren spezielle Zeitpunkte in einem Projekt.

Rollen

Rollen in einem Projekt definieren Positionen, die durch Geschäftspartner besetzt werden müssen. Sie haben die Möglichkeit, Rollen mit Aufgaben zu verknüpfen und auf dieser Grundlage eine umfassende Ressourcenplanung durchzuführen. Weitere Informationen zum Ressourcenmanagement in Zusammenhang mit Projekten erhalten Sie in Abschnitt 6.3.3.

Projektelemente anlegen

Haben Sie eine Projektdefinition angelegt und das Projekt zur Bearbeitung geöffnet, können Sie neue Projektelemente zur Projektstruktur hinzufügen. Markieren Sie hierzu im linken Bereich des Fensters in der Strukturtabelle das Element in der Struktur, dem Sie auf derselben oder auf der untergeordneten Ebene ein neues Projektelement zuordnen wollen. Klicken Sie dann auf **Anlegen** (siehe Abbildung 6.9).

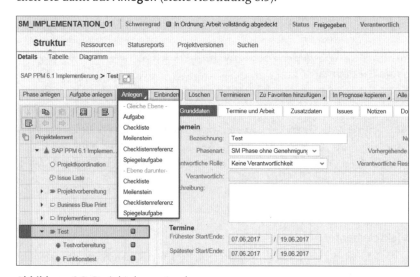

Abbildung 6.9 Projektelement anlegen

Alternativ können Sie über einen Rechtsklick auf das in der Strukturtabelle markierte Projektelement das Kontextmenü öffnen und neue Elemente über die Funktion **Anlegen** hinzufügen (siehe Abbildung 6.10). Abhängig davon, welches Element Sie markiert haben, ergibt sich die Auswahl der verfügbaren Elemente. Die Funktion **Anlegen und einfügen** erstellt ein Projektelement auf derselben Ebene mit demselben Elementtyp wie das selektierte Projektelement. Bauen Sie auf diese Weise Ihre spezifische Projektstruktur auf. Sollten Sie innerhalb Ihrer Projektstruktur die Anordnung der Projektelemente ändern wollen, müssen Sie diese nicht löschen und neu anlegen, sondern können sie über das Scheren-Icon ( ) ausschneiden und an anderer Stelle über das Einfügen-Icon ( ) wieder einfügen. Alternativ wird Drag and Drop unterstützt, d. h. Sie können ein selektiertes Element in der Struktur einfach mit der Maus an eine andere Stelle verschieben. Diese Funktion steht Ihnen in allen Struktursichten (**Details**, **Tabelle** und **Diagramm**) zur Verfügung.

Anlage über das Kontextmenü

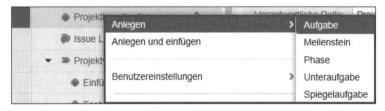

Abbildung 6.10 Projektelemente über das Kontextmenü anlegen

Jedes Projektelement wird durch unterschiedliche Eigenschaften definiert. Diese sind in verschiedenen Registerkarten zusammengefasst. Die ersten drei Registerkarten eines Projektelements sind in der Regel **Grunddaten**, **Termine und Arbeit** sowie **Zusatzdaten**. Lediglich bei Checklisten fehlt die Registerkarte **Termine und Arbeit**.

Eigenschaften von Projektelementen

Auf der Registerkarte **Grunddaten** werden die Bezeichnung und die Verantwortlichkeit des jeweiligen Projektelements sowie elementspezifische Kategorisierungen gepflegt. Abbildung 6.11 zeigt beispielhaft die **Grunddaten**-Registerkarte einer Projektphase.

Grunddaten

Darüber hinaus befindet sich auf dieser Registerkarte im Bereich **Status** die Statusverwaltung der Projektelemente. Allgemein lässt sich anhand von Status steuern, wie ein Projektelement und seine verknüpften Elemente verarbeitet werden können. Jedes Projektelement durchläuft unterschiedliche Status, wobei die Statusauswahl vom Typ des Projektelements abhängig ist.

Statusverwaltung

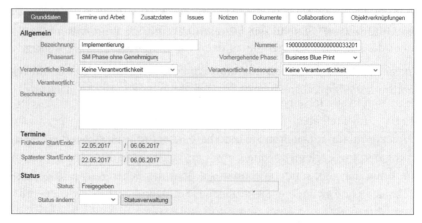

Abbildung 6.11 Registerkarte »Grunddaten einer Phase«

Gemein ist allen Projektelementen der Initialstatus **Angelegt**. In diesem ist eine Bearbeitung des Elements noch nicht möglich. Das heißt, Sie können bspw. Aufgaben und Checklistenpunkte noch nicht rückmelden. Dies wird erst möglich, sobald der Status auf **Freigegeben** geändert wird.

Status ändern

Klicken Sie zum Ändern des Status auf die Schaltfläche **Statusverwaltung**. Daraufhin öffnet sich ein neues Fenster (siehe Abbildung 6.12). Im Feld **Status ändern** können Sie hier über das Dropdown-Menü die Aktion **Freigeben** wählen. Der Status wird geändert, sobald Sie die Aktion mit **OK** bestätigen. Alternativ können Sie auf der Registerkarte **Grunddaten** den Status direkt im Dropdown-Menü des Felds **Status ändern** auswählen und die Änderung speichern. Beide Möglichkeiten stehen Ihnen für jeden Statuswechsel zur Verfügung.

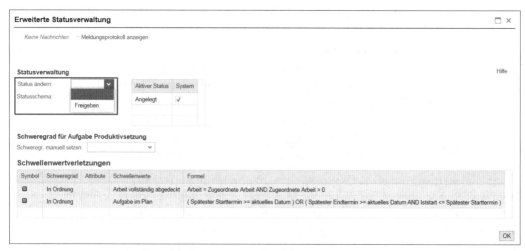

Abbildung 6.12 Statusverwaltung

6.3 Projekte durchführen

Auf der Registerkarte **Termine und Arbeit** nehmen Sie Einstellungen für die Terminierung der Projektelemente vor (siehe Abbildung 6.13). Allgemein pflegen Sie hier Daten für die Terminierung eines Projekts sowie zur Rückmeldung für eine Aufgabe oder einen Checklistenpunkt. Welche Felder zur Pflege zur Verfügung stehen, ist abhängig vom Typ des Projektelements. So haben Sie bspw. bei Projektdefinitionen, Phasen und Aufgaben die Möglichkeit, einen Kalender anzugeben, woraufhin Wochenenden und Feiertage bei der Terminierung des Projekts berücksichtigt werden.

Termine und Arbeit

Abhängig von der Terminierungsart, von Termineinschränkungen sowie von Ihren Benutzereinstellungen berechnet das System automatisch den frühesten und spätesten Starttermin sowie das früheste und späteste Ende des Elements und zugehöriger Elemente. Nähere Informationen zu den Terminierungsarten, zum Customizing der Terminierung und zu Termineinschränkungen finden Sie im Folgeabschnitt. Die Dauer einer Aufgabe oder Phase pflegen Sie im Feld **Dauer**. Sie gibt die Anzahl der Tage an, an denen z. B. eine Aufgabe durchgeführt wird. Im Feld **Arbeit** planen Sie den Aufwand, der für eine Aufgabe benötigt wird. Den Arbeitsaufwand gilt es später durch Ressourcen zu besetzen, damit die Aufgabe planmäßig umgesetzt werden kann.

Terminierung und Arbeitsaufwand

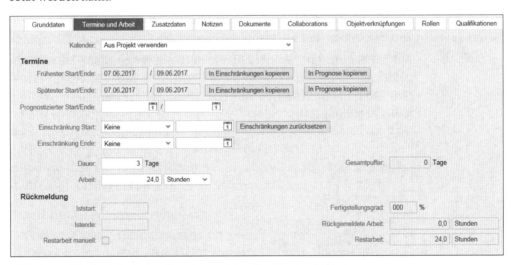

Abbildung 6.13 Registerkarte »Termine und Arbeit« für eine Aufgabe

Die Felder im Bereich **Rückmeldung** sind bei Aufgaben und Checklistenpunkten erst eingabebereit, wenn die Aufgabe bzw. der Checklistenpunkt zur Bearbeitung freigegeben wurde. In diesem Bereich dokumentieren Sie, dass Aufgaben bzw. Checklistenpunkte abgeschlossen wurden. Sie geben an, wann die Bearbeitung begonnen (**Iststart**) und beendet (**Istende**) wurde. Darüber hinaus können Sie einen **Fertigstellungsgrad** angeben. Die Rest-

Rückmeldungen

arbeit wird vom System automatisch berechnet und ist das Ergebnis aus den Einträgen in den Feldern **Arbeit** und **Rückgemeldete Arbeit**. Setzen Sie anschließend auf der Registerkarte **Grunddaten** den Status auf **Abgeschlossen**, um die Rückmeldung für die Aufgabe bzw. den Checklistenpunkt zu finalisieren.

[»]

Automatische Rückmeldung

Neben der manuellen Rückmeldung ist es ebenfalls möglich, eine automatische Rückmeldung zu aktivieren. Mit dieser Funktion können Sie geleistete Arbeit für ein Projekt über das *Arbeitszeitblatt* (Cross-Application Time Sheet, CATS) erfassen. Aufwände, die im Arbeitszeitblatt erfasst, freigegeben und genehmigt wurden, werden automatisch ins Projektmanagement übertragen. Die Finalisierung der Rückmeldung muss jedoch weiterhin manuell durch Setzen des Status **Abgeschlossen** erfolgen.

Haben Sie das Change Request Management mit dem IT-PPM integriert (siehe Abschnitt 6.5, »Integration des Projektmanagements mit anderen SAP-Solution-Manager-Bereichen«), besteht zudem die Möglichkeit, den Abschluss von Aufgaben über den zugeordneten Änderungsvorgang rückzumelden. Die Zeiterfassung, die im Änderungsvorgang erfasst wird, wird anschließend in die Projektaufgabe übertragen.

Zusatzdaten

Auf der Registerkarte **Zusatzdaten** können Sie verschiedene Zusatzdaten definieren. In der Projektdefinition stehen Ihnen bspw. Felder für erweiterte Informationsdaten zu Auftraggebern und Kunden zur Verfügung (siehe Abbildung 6.14).

Abbildung 6.14 Registerkarte »Zusatzdaten« einer Projektdefinition

Auch eine verantwortliche Organisationseinheit können Sie auf dieser Registerkarte im Feld **Verantw. Organis.** pflegen. Wenn Sie im Bereich **Vorschlagswerte für Ressourcen** ein **Gebiet** und einen **Standort** angeben, werden diese bei der Rollenanlage als Vorschlagswerte übernommen; sie können jedoch nachträglich in der Rolle geändert werden.

Bei Checklistenpunkten und Aufgaben finden Sie darüber hinaus die Checkbox **Obligatorisch**. Wenn Sie diese markieren, kennzeichnen Sie den Checklistenpunkt bzw. die Aufgabe als verpflichtend. Die dem Checklistenpunkt bzw. der Aufgabe übergeordnete Phase kann in diesem Fall nur dann beendet werden, wenn der Checklistenpunkt bzw. die Aufgabe abgeschlossen wurde.

Obligatorische Checklistenpunkte und Aufgaben

Je nach Projektelement gibt es neben diesen drei zentralen Registerkarten weitere, in denen unterschiedliche Informationen zum Projekt gepflegt werden können. Wichtig zu erwähnen ist u. a. die Registerkarte **Lösungsdokumentation** in der Projektdefinition. In dieser pflegen Sie die dem Projekt zugeordnete Lösungsdokumentation, d. h. die Verknüpfung des Projektmanagements mit der zentralen Informationsquelle im SAP Solution Manager. Diese Verknüpfung ist Voraussetzung, wenn Sie mit Änderungsvorgängen, die einem Änderungszyklus zugeordnet sind, arbeiten möchten.

Integration

Die zentrale Registerkarte für die Verwaltung von Änderungsdokumenten im Projektmanagement ist die Registerkarte **Transaktion** in einer Aufgabe. Diese wird sichtbar, sobald in den Grunddaten der Aufgabe eine Aufgabenart gepflegt wurde. Nähere Informationen zu Änderungsvorgängen und Änderungszyklen erhalten Sie in Abschnitt 8.3, »Change Request Management«.

In Aufgaben wird Ihnen zudem eine Registerkarte **Rollen** angezeigt. Dort erhalten Sie eine Übersicht über die zugeordneten Rollen zu einer Aufgabe. Sie können hier weitere Rollen zu der gewählten Aufgabe hinzuzufügen.

Rollen

Customizing der Terminierungsarten

Jeder Projektart wird in den Customizing-Einstellungen eine Terminierungsart zugeordnet. Auf deren Basis können Sie ein Projekt über die Schaltfläche **Terminieren** zeitlich einplanen. Das System berechnet dabei Start- und Endtermine der Projektelemente in frühester und spätester Lage:

Terminierungsarten

- Termine frühester Lage werden durch eine *Vorwärtsterminierung* ausgehend vom Starttermin der Projektdefinition ermittelt.
- Termine spätester Lage werden ausgehend vom Endtermin der Projektdefinition ermittelt.

Die berechneten Termine werden in den Projektelementen auf der Registerkarte **Termine und Arbeit** hinterlegt.

In den Customizing-Einstellungen können Sie zwischen der *Top-down-* und der *Bottom-up-Terminierung* wählen (siehe Abbildung 6.15). Sie nehmen diese Einstellung in der Definition der Projektarten vor. Dabei kann jeder Projektart genau eine Terminierungsart zugeordnet werden.

- **Top-down-Terminierung**
  Bei der Top-down-Terminierung werden die Termine der Phasen ausgehend von den Terminen der Projektdefinition berechnet. Dabei werden sowohl Reihenfolge, Dauer als auch festgelegte Termine der Phasen beachtet. Die Termine der Aufgaben werden ausgehend von den Terminen der übergeordneten Phase unter Berücksichtigung ihrer Verknüpfungen, ihrer Dauer sowie fester Termine berechnet. Sollten bereits Ist-Termine in den Aufgaben hinterlegt sein, werden diese ebenfalls bei der Berechnung berücksichtigt.

- **Bottom-up-Terminierung**
  Die Bottom-up-Terminierung berechnet die Termine eines Projektelements aus den Terminen der untergeordneten Projektelemente. Entsprechend bilden die Termine der Aufgaben den Ausgangspunkt für die Terminierung. Dabei werden wie bei der Top-down-Terminierung Verknüpfungen, Dauer, feste Termine sowie Ist-Termine berücksichtigt.

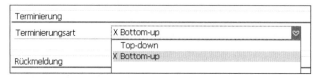

Abbildung 6.15 Terminierungsart wählen

Einstellungen zur Terminierung — Soll eine Terminverschiebung eines Projektelements bei einer erneuten Terminierung verhindert werden, haben Sie auf der Registerkarte **Termine und Arbeit** die Option, den Start- und/oder End-Termin über die Felder **Einschränkung Start** und **Einschränkung Ende** einzuschränken. Feste Termine werden bei der Terminierung vorranging behandelt. Dies gilt ebenfalls für Ist-Termine, die bei der Rückmeldung nach Abschluss einer Aufgabe angegeben werden.

Automatische Terminierung — Neben der manuellen Terminierung über die Schaltfläche **Terminieren** kann die Terminierung abhängig von Ihren Benutzereinstellungen auch automatisch gestartet werden (siehe Abbildung 6.16). Die Benutzereinstellungen rufen Sie oberhalb des Meldungsprotokolls in einem Projekt über die Schaltfläche **Benutzereinstellungen...** auf.

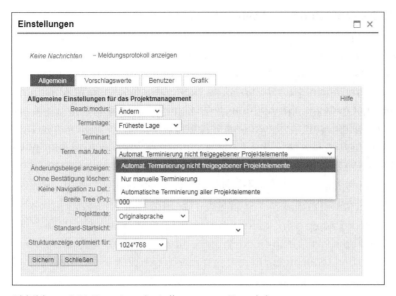

Abbildung 6.16 Benutzereinstellungen zur Terminierung

Sofern Sie die Einstellung **Automat. Terminierung nicht freigegebener Projektelemente** wählen, wird das von Ihnen geänderte Projektelement automatisch neu terminiert. Gleiches gilt für alle zugehörigen Elemente, solange diese noch nicht freigegeben sind. Ist das geänderte Element selbst bereits freigegeben, wird nur dieses neu terminiert. Die Einstellung **Nur manuelle Terminierung** sorgt dafür, dass lediglich im geänderten Element die Termine automatisch neu berechnet werden.

Möchten Sie die Einstellung **Automatische Terminierung aller Projektelemente** verwenden, müssen Sie diese zunächst im Customizing freischalten. Ergänzen Sie hierzu unter **Projektmanagement • Grundeinstellungen • Globale Standardeinstellungen außer Kraft setzen** im IMG im Bereich **0012 Terminierung und Projektstrukturierung** den Eintrag **0001 Automatische Terminierung aller Projektelemente** (siehe Abbildung 6.17). Das System terminiert in diesem Fall sowohl das geänderte Projektelement als auch alle zugehörigen Projektelemente, unabhängig davon, ob die Projektelemente bereits freigegeben sind.

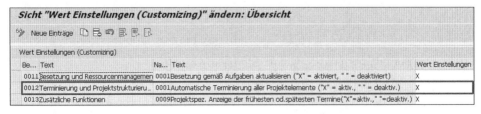

Abbildung 6.17 Automatische Terminierung aller Elemente aktivieren

6.3.3 Ressourcenmanagement

Ressourcenplanung Zur effizienten Planung von Projekten gehört eine ebenso effiziente *Ressourcenplanung*. Sie stellt sicher, dass der richtige Mitarbeiter zur richtigen Zeit am richtigen Ort eingesetzt wird. Das Projektmanagement ermöglicht es Ihnen, den Einsatz Ihrer Projektmitglieder zu optimieren. Mithilfe der integrierten Ressourcenplanung unterstützt das Projektmanagement Sie bei der bedarfsgerechten Zuordnung von Projektmitarbeitern (*Ressourcen*) zu konkreten Projekten oder Aufgaben. Dabei werden neben dem Bedarf auch die Qualifikationen und die Verfügbarkeit der Mitarbeiter berücksichtigt.

Rollen im Projekt Für eine effiziente Ressourcenplanung müssen Sie zunächst alle im Projekt benötigten *Rollen* festlegen. Entscheiden Sie ausgehend von der Projektplanung, welche Arten von Rollen im Projekt benötigt werden. Eine Rolle beschreibt eine Position in einem Projekt, die durch einen *Geschäftspartner* (z. B. einen Berater in einem Beratungsprojekt) besetzt werden muss.

Rollen anlegen Die Funktionen der Ressourcenplanung finden Sie in einem Projekt in der Sicht **Ressourcen**. Navigieren Sie in die Untersicht **Details**, um über die Schaltfläche **Rolle anlegen** eine neue Rolle zu definieren. Die Untersicht **Details** zeigt Ihnen in der Tabelle im linken Bereich alle angelegten Rollen eines Projekts (siehe Abbildung 6.18). Details zu den einzelnen Rollen können Sie auf den verschiedenen Registerkarten im Anzeigebereich daneben einsehen und verwalten.

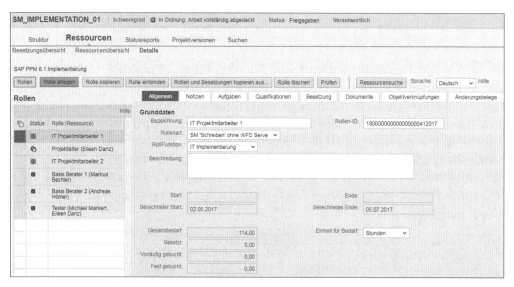

Abbildung 6.18 Rollen anlegen und verwalten

Nachdem Sie die Schaltfläche **Rolle anlegen** gewählt haben, erscheint die neue Rolle ebenfalls in der Tabelle. Markieren Sie die neue Rolle, und geben

Sie auf der Registerkarte **Allgemein** die erforderlichen Daten zur Rollendefinition an. Falls Sie der Projektart im Customizing bereits Rollenarten zugeordnet haben, schlägt das System nur bestimmte Rollenarten vor. Die **Dringlichkeit** ist ein Indiz für die Wichtigkeit der Rolle. Sollte noch keine Ressource für die Rolle feststehen, können Sie zudem die Rolle als vakant markieren, indem Sie den Haken bei der Option **Unbesetzt** setzen. Dadurch stellen Sie sicher, dass die Rolle bei der Suche nach vakanten Rollen (siehe Abschnitt 6.3.1, »In der Projektmanagementanwendung navigieren«) berücksichtigt wird. Sichern Sie anschließend Ihre Änderungen.

Sie können den definierten Rollen Aufgaben sowie benötigte Qualifikationen zur Aufgabenumsetzung zuweisen. Um Aufgaben zu Rollen zuzuordnen, navigieren Sie in der Sicht **Ressourcen** in die Untersicht **Details** und dort auf die Registerkarte **Aufgaben**. Wählen Sie in der Tabelle die gewünschte Rolle aus. Markieren Sie anschließend im Bereich **Aufgaben mit zugeordneten Rollen** eine Aufgabe, die Sie der Rolle zuordnen möchten. Über die Schaltfläche **Rolle zuordnen** fügen Sie die Aufgabe der Rolle zu (siehe Abbildung 6.19).

Aufgaben zuordnen

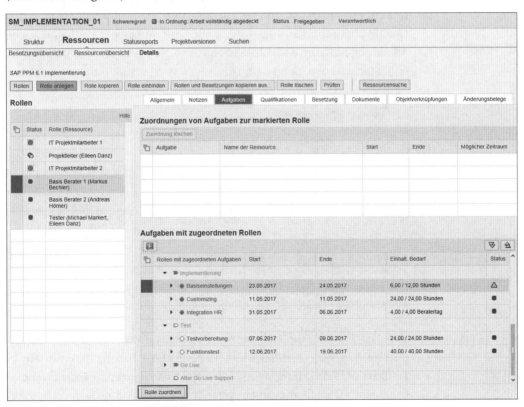

Abbildung 6.19 Aufgabe einer Rolle zuordnen

6 Projektmanagement

Die der Rolle zugeordneten Aufgaben werden Ihnen im Bereich **Zuordnungen von Aufgaben zur markierten Rolle** angezeigt. In diesem Bereich können Sie zudem Start und Ende der Aufgabenzuordnung sowie den Umfang der Arbeit definieren, die die Rolle im Rahmen dieser Aufgabe ausführen soll. Alternativ können Sie Rollen in der Sicht **Struktur** in der Untersicht **Details** auf der Registerkarte **Rollen** zu einer Aufgabe hinzufügen.

Qualifikationen zuordnen

Qualifikationen fügen Sie in der Sicht **Ressourcen** in der Untersicht **Details** auf der Registerkarte **Qualifikationen** zu einer Rolle hinzu. Auf dieser Registerkarte legen Sie fest, welche Qualifikationen die Ressource haben muss, um die Rolle auszuüben. Wenn Sie in der Projektstruktur in der Sicht **Struktur** in der Untersicht **Details** eine Aufgabe markieren, steht Ihnen ebenfalls die Registerkarte **Qualifikationen** zur Verfügung. Entsprechend geben Sie auf dieser die Qualifikationen an, die benötigt werden, um die entsprechende Aufgabe auszuführen. Die angegebenen Qualifikationen dienen später als Selektionskriterien in der Ressourcensuche.

Qualifikationen selektieren

Sie können Qualifikationen anhand der Qualifikations-ID suchen oder direkt aus dem Qualifikationskatalog auswählen. Haben Sie die gewünschte Qualifikation markiert, können Sie diese über die Pfeil-Schaltfläche zu den Qualifikationsanforderungen der Rolle bzw. Aufgabe hinzufügen (siehe Abbildung 6.20). Im Anschluss haben Sie die Option, die Qualifikation als obligatorisch zu markieren und die Ausprägung der Kenntnisse zu definieren.

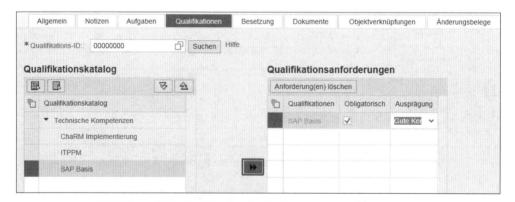

Abbildung 6.20 Qualifikationsanforderungen zuordnen

Qualifikationskatalog pflegen

Voraussetzung für die Zuordnungen von Qualifikationen ist, dass Sie im Customizing den Qualifikationskatalog gepflegt haben. Dies tun Sie in Transaktion SPRO unter dem Pfad **Projektmanagement** • **Ressourcenmanagement** • **Qualifikationsmanagement** über die Aktion **Qualifikationskatalog bearbeiten**. Skalen für die Ausprägungen der Qualifikationen können Sie unter demselben Pfad über die Aktion **Skalen bearbeiten** pflegen.

Mit der Rollendefinition und der Zuordnung von Aufgaben und Qualifikationen ist die Grundlage für die Besetzung von Rollen mit Ressourcen, also den Teammitgliedern, geschaffen. Da Ressourcen anhand von Geschäftspartnern zugeordnet werden, müssen Sie zudem Geschäftspartner für Ihre internen Ressourcen angelegt haben. Wie Sie Geschäftspartner anlegen, beschreiben wir in Abschnitt 8.2.3, »Setup des verwalteten Systems« unter Schritt 7.

Voraussetzung für die Rollenbesetzung

Übertragung von HR-Daten für Geschäftspartner

Sofern Sie SAP ERP Human Capital Management (HCM) nutzen, können Sie auch HR-Daten (Human Ressources) für die Anlage der Geschäftspartner einspielen. Weitere Informationen finden Sie im Customizing für das Projektmanagement unter **Projektmanagement • Ressourcenmanagement • Geschäftspartner • Integration von HR einrichten**.

Um Ressourcen direkt zuzuordnen, markieren Sie eine Rolle in der Sicht **Ressourcen** in der Untersicht **Details** und navigieren zur Registerkarte **Besetzung**. Im Abschnitt **Rollenbesetzung im Zeitraum** werden Ihnen alle bereits zugeordneten Ressourcen zur Rolle angezeigt (siehe Abbildung 6.21).

Ressourcen zuordnen

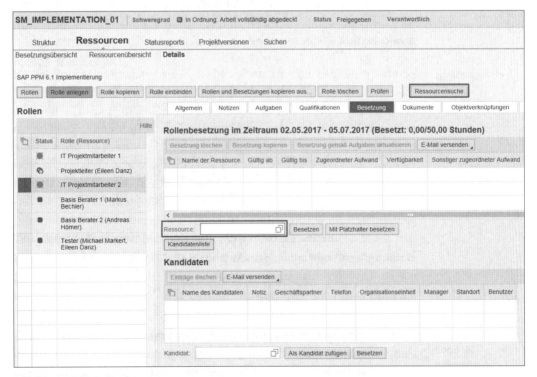

Abbildung 6.21 Rollenbesetzung

Über das Feld **Ressource** können Sie direkt eine Ressource eingeben und über die Schaltfläche **Besetzen** der Rolle zuordnen. Steht die Ressource noch nicht fest und wollen Sie zunächst nach geeigneten Ressourcen suchen, gelangen Sie über die Schaltfläche **Ressourcensuche** in die Suchfunktion (siehe Abbildung 6.22).

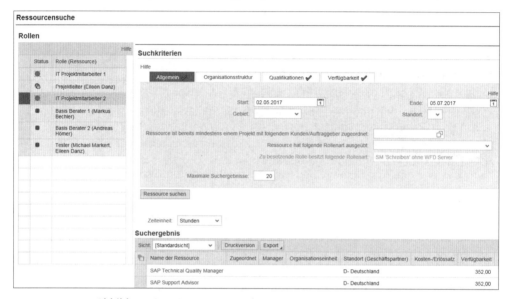

Abbildung 6.22 Ressourcensuche

Ressourcensuche — Bereits vordefinierte Suchkriterien wie der Verfügbarkeitszeitraum und die Qualifikationen aus der Rolle werden direkt in die Suche aufgenommen. Sie können jedoch weitere Suchkriterien ergänzen. Die Ergebnisliste führt alle Ressourcen auf, die mit den Suchkriterien übereinstimmen. Zudem geben Ihnen die letzten Spalten der Suchergebnisliste in Prozent an, wie hoch die Eignung, die Verfügbarkeitsrate, die Standortrate und die Gesamtübereinstimmung der jeweiligen Ressource sind. Anhand dieser Informationen können Sie die optimale Ressource für die Rolle identifizieren. Die Vergleichsdaten, die die Ressourcensuche für jede Ressource heranzieht, können Sie über die Transaktion RPM_EMPDATA einsehen. Eine manuelle Pflege von Verfügbarkeiten und Qualifikationen ist hier ebenfalls möglich.

> **Ressourcensuche anpassen**
>
> Bei Bedarf können Sie die Ressourcensuche individuell Ihren Ansprüchen anpassen. Das Customizing nehmen Sie unter **Projektmanagement • Ressourcenmanagement • Grundeinstellungen für Rollen • BAdI: Ressourcensuche einstellen** vor. SAP-Hinweis 1009131 enthält hierzu weitere Informationen.

Nach der Suche markieren Sie die gewünschte Ressource und wählen **Rolle besetzen**, um die Ressource der Rolle zuzuordnen. Sie können anschließend bestimmen, wie hoch der Aufwand der Arbeit ist, die die Ressource in der Rolle übernimmt, und für welchen Zeitraum die Zuordnung gilt.

Rolle besetzen

> **Ressourcenbesetzung über externe Anwendungen**
>
> Neben der direkten Besetzung durch den Projektleiter können Sie die Ressourcenbesetzung auch über eine externe Anwendung in einem Besetzungsprozess durchführen. Die Art der Besetzung definieren Sie im Customizing der Rollen unter **Projektmanagement • Ressourcenmanagement • Grundeinstellungen für Rollen • Rollenarten definieren**.
>
> Für die externe Besetzung stehen Ihnen die Anwendungen *Resource Planning Application* (RPA) aus der Serviceeinsatzplanung des SAP Customer Relationship Managements sowie das iView *Ressourcen* des SAP NetWeaver Application Servers zur Verfügung. Die Besetzung von Rollen mit externen Ressourcen können Sie im *SAP Supplier Relationship Management* (SAP SRM) durchführen.

6.4 Projektanalyse

Mithilfe von Auswertungen können Sie Ihre dokumentierten Projekte analysieren und kritische Projekte bzw. Projektelemente identifizieren. Standardmäßig stehen Ihnen hierfür bereits verschiedene vordefinierte Analysen zur Verfügung. Diese können Sie durch kundeneigene Auswertungen ergänzen.

Um die Analyse eines Projekts zu starten, navigieren Sie zunächst auf die Registerkarte **Projektmanagement** der IT-PPM-Applikation und dort in den Bereich **Auswertungen**. Im untergeordneten Dashboard **Projekte** werden Ihnen alle als Favoriten definierten Auswertungen angezeigt (siehe Abbildung 6.23).

Projektauswertung

Abbildung 6.23 Projekt-Dashboard im Bereich Auswertungen

Auswertung durchführen

Über die Schaltfläche **Auswertung anlegen/öffnen** starten Sie eine neue Auswertung (siehe Abbildung 6.24). Für Analysen von Projekten wählen Sie im Feld **Auswertungen für** die Option **Operative Projekte**. Das Feld **Auswertung** umfasst eine Dropdown-Liste aller verfügbaren Auswertungen. Selektieren Sie die gewünschte Auswertung und geben Sie im Feld **Projektnummer** die Nummer des Projekts an, das Sie auswerten möchten. Je nachdem, ob Sie abschließend **Aktuelle Daten** oder **Gesicherte Daten** wählen, erstellt das System die Auswertung des Projekts auf Basis aktueller oder zuletzt gespeicherter Daten. Über die Schaltfläche **Zu Favoriten hinzufügen** hinterlegen Sie die Auswertung in den Favoriten.

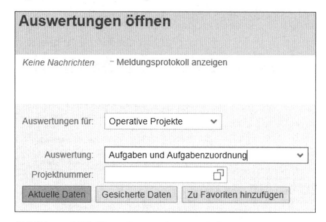

Abbildung 6.24 Neue Auswertung erstellen

Schwellenwertanalysen

Auswertungen sind zudem die Grundlage von *Schwellenwertanalysen*. Deren Ergebnis wird in einem Projekt anhand von *Schweregraden* ausgegeben. Ein Schweregrad kann sowohl auf Ebene der Projektdefinition als auch auf Ebene aller Projektelemente definiert werden. Sie können die zuletzt ermittelten Schweregrade der einzelnen Projektelemente in jeder Untersicht der Sicht **Struktur** einsehen. Der Schweregrad der Projektdefinition wird Ihnen zudem in der oberen Leiste eines Projekts sowie in den Dashboards im Bereich **Projekte** auf der Registerkarte **Projektmanagement** der IT-PPM-Applikation angezeigt. Welche Schwellenwerte nach welchen Regeln überprüft werden, wird im Customizing im Detail definiert. Auch hier bietet SAP bereits vordefinierte Schwellenwerte und Regeln.

Dashboards konfigurieren

Voraussetzung für die Anzeige in den Dashboards ist eine Customizing-Einstellung in den Attributen der Projektart. Führen Sie hierzu die Aktion **Projektarten definieren** im Einführungsleitfaden aus, und setzen Sie in den Attribut-Einstellungen der Projektart im Bereich **Auswertungen und Dashboard** den Haken bei der Option **Dashboard verwenden** (siehe Abbildung 6.25). Über die Option **Schweregrade aggreg.** steuern Sie zudem, ob die Schweregrade im Projekt verdichtet werden oder nicht. Möchten Sie die Prüfung von Schwellenwertverletzungen auch manuell über die Schaltfläche **Prüfen** im Projekt oder beim Sichern des Projekts durchführen, stellen Sie den Eintrag im Feld **Prüfung von Schwellenwertverletzungen** entsprechend um.

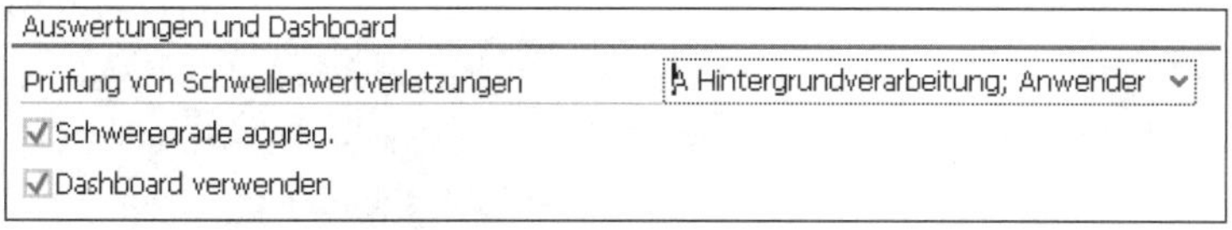

Auswertungen und Dashboard	
Prüfung von Schwellenwertverletzungen	A Hintergrundverarbeitung; Anwender ∨
☑ Schweregrade aggreg.	
☑ Dashboard verwenden	

Abbildung 6.25 Auswertungen und Dashboard anpassen

Neue Auswertungen und Schwellenwertanalysen sowie Definitionen von Schwellenwerten erstellen Sie im Customizing unter **Projektmanagement • Auswertungen**. Haben Sie alle Attribute und Objekttypen für Auswertungen über die Aktion **Attribute und Objekttypen für Auswertungen festlegen** festgelegt, erstellen Sie zunächst über die Aktion **Extraktlayouts definieren** ein *Extraktlayout*. Dieses setzt sich aus Objekten und Attributen zusammen und gibt bei Auswertungen und Schwellenwertanalysen vor, welche Daten aus dem Projekt berücksichtigt werden. Weisen Sie anschließend den Projektarten über die Aktion **Extraktlayouts den Projektarten zuordnen** die Extraktlayouts zu, die bei der Prüfung von Schwellenwerten verwendet werden sollen. Über die Aktion **Auswertungen definieren** wird jeder Auswertung ein Extraktlayout zugeordnet. Dies schränkt die Objekte und Attribute ein, die in der Auswertung verwendet werden. Definieren Sie hier die Objekte und Attribute Ihrer Auswertungen. Für die Schwellenwertanalyse müssen Sie zudem Schwellenwerte und Schweregrade für die einzelnen Auswertungen definieren. Hierfür stehen Ihnen die Aktionen **Schweregrade definieren** und **Schwellenwerte definieren** zur Verfügung.

Neue Auswertungen erstellen

6.5 Integration des Projektmanagements mit anderen SAP-Solution-Manager-Bereichen

Das Projektmanagement kann mit der Lösungsdokumentation und damit in die Bereiche Change Request Management und Anforderungsmanagement des SAP Solution Managers 7.2 integriert werden (siehe Abbildung 6.26).

Sie aktivieren die Integration für jede Projektart einzeln im Customizing über die Aktion **Integrationsszenarios für Projektarten aktivieren**, indem

Integration aktivieren

Sie in der Spalte **SAP-Solution-Manager-Integration** die Checkbox markieren. Wenn Sie in dieser Customizing-Einstellung in der Spalte **Issue-Typ** zusätzlich einen Issue-Typ wählen, aktivieren Sie zudem die Integration mit dem Issue Management im Rahmen der *SAP-Engagement und Servicelieferung*. Weitere Informationen hierzu erhalten Sie in Abschnitt 13.2.

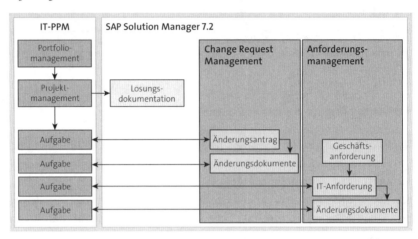

Abbildung 6.26 IT-PPM im SAP Solution Manager 7.2 integrieren

Lösungsdokumentation

Wie bereits in Abschnitt 6.3.2, »Projekte anlegen und verwalten«, unter der Überschrift »Projektelemente« beschrieben, wird über die Registerkarte **Lösungsdokumentation** in der Projektdefinition das IT-PPM mit dem SAP Solution Manager 7.2 verknüpft. Über die Schaltfläche **Lösungsdokumentation zuordnen** blenden Sie die Eingabefelder ein, um dem Projekt Lösung, Branch, Landschaft (hier können Sie zwischen Systemlandschaft und Change-Control-Landschaft der Lösung wählen) und Änderungszyklus aus der Lösungsdokumentation zuzuordnen (siehe Abbildung 6.27).

Abbildung 6.27 Lösungsdokumentation zuordnen

Nur wenn Sie die Zuordnung zur Lösungsdokumentation vollständig pflegen, haben Sie die Möglichkeit, auch die Integration mit dem Change Request Management (siehe Abschnitt 8.3.7) und dem Anforderungsmanagement (siehe Abschnitt 7.3.3) zu nutzen.

Durch die Integration des Projektmanagements mit dem Change Request Management (ChaRM) und dem Anforderungsmanagement können Sie eine Aufgabe im Projekt mit einem Änderungsvorgang verknüpfen. Diese Verknüpfung stellen Sie über die Registerkarte **Transaktion** in einer Aufgabe eines Projekts her. Voraussetzung hierfür ist, dass Sie der Aufgabe auf der Registerkarte **Grunddaten** eine Aufgabenart zugeordnet haben. Ohne zugeordnete Aufgabenart ist die Registerkarte **Transaktion** nicht sichtbar.

ChaRM/ Anforderungsmanagement

Die Aufgabenart steuert darüber hinaus, welche Änderungsvorgänge zugeordnet werden können. Ausschlaggebend sind die Einstellungen in der Customizing-Aktion **Vorgangsarten den Aufgabentypen zuordnen**. Sie bestimmen darüber, welche Aufgabenart mit welchen Vorgangsarten verknüpft werden kann. Zudem können Sie die Wahl der Änderungsvorgänge über die Customizing-Aktion **Transaktionszuordnung auf festgelegte Statuswerte einschränken** beschränken. Hierüber bestimmen Sie, welchen Status ein Änderungsvorgang haben muss, damit dieser einer Projektaufgabe zugeordnet werden kann.

Grundsätzlich existieren zwei Wege, Änderungsvorgänge mit Projektaufgaben zu verknüpfen. Diese stellen wir Ihnen im Folgenden vor. Welcher Weg Ihnen zur Verfügung steht, ist Ihnen nicht freigestellt, denn dieser wird ebenfalls in der Customizing-Aktion **Vorgangsarten den Aufgabentypen zuordnen** hinterlegt. Im SAP-Standard sind die Einstellungen für ein Implementierungsprojekt so gewählt, dass ein Änderungsvorgang aus einer Projektaufgabe heraus angelegt bzw. verknüpft werden kann. Die Erstellung einer Projektaufgabe aus einem Änderungsvorgang ist im SAP-Standard nur für ein Wartungsprojekt möglich, wobei aus einem Wartungsprojekt keine Änderungsvorgänge erstellt oder verknüpft werden können.

Projektaufgabe mit Änderungsvorgang verknüpfen

Befinden Sie sich in einer Projektaufgabe eines Implementierungsprojekts, können Sie standardmäßig auf der Registerkarte **Transaktion** über die Schaltfläche **Transaktion zuordnen** einen bereits vorhandenen Änderungsvorgang verknüpfen (siehe Abbildung 6.28). Ist kein entsprechender Änderungsvorgang verfügbar, können Sie über die Schaltfläche **Transaktion anlegen** einen neuen Änderungsvorgang erstellen, der dem Aufgabentyp der Projektaufgabe entspricht. Die Neuanlage eines Änderungsantrags aus einer Projektaufgabe ist jedoch erst dann möglich, wenn die Projektaufgabe über die Statusverwaltung freigegeben wurde.

Änderungsvorgänge zuordnen/ anlegen

6 Projektmanagement

Abbildung 6.28 Änderungsvorgang anlegen und zuordnen

Verknüpfung automatisieren

Diesen Weg der Verknüpfung können Sie auch automatisieren. Wählen Sie hierzu in der Customizing-Aktion **Vorgangsarten den Aufgabentypen zuordnen** in der Spalte **ErstellMod** den Eintrag **R Vorgang bei Freigabe der Aufgabe automatisch anlegen** (siehe Abbildung 6.29). Hierdurch wird automatisch ein Änderungsvorgang angelegt, sobald die Projektaufgabe zur Bearbeitung freigegeben wird.

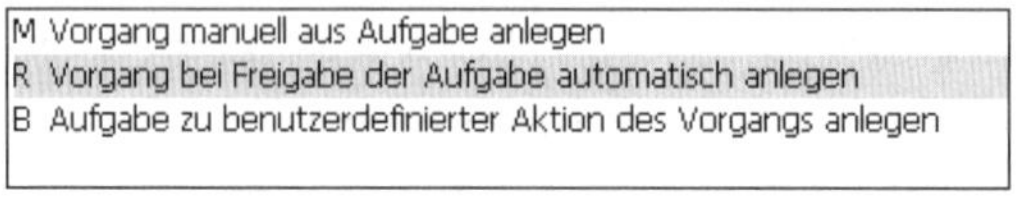

Abbildung 6.29 Erstellungsmodus für Projektaufgabe ändern

Projektaufgaben anlegen

Alternativ können Sie eine Projektaufgabe aus einem Änderungsvorgang heraus anlegen. Eine Zuordnung zu einer Projektaufgabe aus einem Änderungsvorgang heraus ist nicht möglich. Haben Sie die Status von Änderungsvorgängen für die Zuordnung von Projektaufgaben eingeschränkt, muss sich der Änderungsvorgang für die Verknüpfung zum Projektmanagement zudem in dem entsprechenden Status befinden.

Navigieren Sie über die Transaktion SM_CRM in den Änderungsvorgang, zu dem Sie eine Projektaufgabe anlegen möchten. Achten Sie darauf, dass der Änderungsvorgang demselben Änderungszyklus zugeordnet ist wie das Projekt, mit dem Sie ihn verknüpfen wollen. Über die Schaltfläche **Aktionen** und die Funktion **Projekt Management-Aufgabe anlegen** legen Sie eine Aufgabe im SAP-Projektmanagement an (siehe Abbildung 6.30). Sichern Sie die Aktion. Die Aufgabe wird dem Projekt zugeordnet, das mit demselben Änderungszyklus verknüpft ist wie der Änderungsvorgang. Die Aufgabenart entspricht der im Customizing definierten Aufgabenart zur Vorgangsart.

Verknüpfung einsehen

Unabhängig vom Verknüpfungsweg werden Ihnen die bestehenden Verknüpfungen sowohl auf der Registerkarte **Transaktion** in der Projektaufgabe als auch im Änderungsvorgang im Block **Details** unter **Projektplanung** (siehe Abbildung 6.31) angezeigt. Sind Änderungsvorgang und Projektauf-

6.5 Integration des Projektmanagements mit anderen SAP-Solution-Manager-Bereichen

gabe miteinander verknüpft, werden Vorgangs- und Aufgabenstatus miteinander synchronisiert. Grundlage hierfür sind die Statuszuordnungen, die Sie in der Customizing-Aktion **Aufgabenstatus dem Vorgangsstatus zuordnen** pflegen.

Abbildung 6.30 Projektaufgabe anlegen

Projektplanung		
Projekt:	SM_IMPLEMENTATION_01	SAP PPM 6.1 Implementierung
Aufgabe:	00000000000000000297	Basiseinstellungen
Aufgabe: Startdatum:	23.05.2017	
Aufgabe: Endedatum:	24.05.2017	
Dauer der Aufgabe:	2	Tage
Geschätzter Arbeitsaufwand für Aufgabe:	12.00	Stunden
Aufgabe: Gesamtarbeitsaufwand:	2.00	Stunden

Abbildung 6.31 Details zur Verknüpfung einer Projektaufgabe in einem Änderungsvorgang

Insgesamt verschaffen Sie sich und Ihren Projektmitgliedern durch die Integration des Projektmanagements in die aufgeführten Bereiche des SAP Solution Managers einen zeitaktuellen Überblick über den Status von Projektaufgaben und -phasen. Dies ermöglicht Ihnen eine optimale Steuerung Ihrer IT-Projekte über alle Projektphasen hinweg.

> **Weitere Informationen zum Projektmanagement**
>
> Wir möchten Sie darauf hinweisen, dass das SAP-Projektmanagement vielseitiger ist, als in diesem Kapitel beschrieben. Weiterreichende Informationen zu SAP PPM erhalten Sie im SAP Help Portal unter *http://s-prs.de/v561535*.

6.6 SAP-Roadmaps

SAP stellt mit den *Roadmaps* im SAP Solution Manager Methoden bereit, um SAP-Projekte erfolgreich durchzuführen. Die verfügbaren Roadmaps werden auf Basis von Erfahrungswerten vergangener Projekte erstellt und beinhalten alle wichtigen Informationen und Phasen, die für ein erfolgreiches SAP-Implementierungsprojekt nötig sind.

Roadmaps im Cloud-Service

Anders als in früheren SAP-Solution-Manager-Versionen können Sie die Roadmaps des SAP Solution Managers 7.2 nicht mehr direkt im SAP Solution Manager aufrufen, denn diese wurden in einen Cloud-Service ausgelagert. Dies hat den Vorteil, dass immer die neuesten Versionen der verschiedenen Roadmaps verfügbar sind. Früher mussten dazu jeweils die entsprechenden Softwarekomponenten aktualisiert werden.

Projektpläne importieren

Die aus dem SAP Solution Manager 7.1 bekannten Roadmaps können nur noch über die Transaktion RMMAIN angezeigt, jedoch nicht mehr bearbeitet und angepasst werden. Um mit den Projektplänen arbeiten zu können, müssen diese zunächst in das Projektmanagement des SAP Solution Managers 7.2 importiert werden. Dies geschieht auf folgendem Weg:

1. Rufen Sie die gewünschte Roadmap im Roadmap Viewer auf, und klicken Sie auf **Projektplan herunterladen** (siehe Abbildung 6.32).

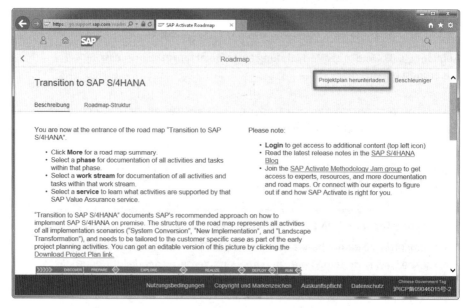

Abbildung 6.32 Projektplan herunterladen

2. Entpacken Sie den heruntergeladenen .zip-Ordner. Die Datei im Ordner **Upload_to_SAP_Solution_Manager** sollte nun ein .xml-Format haben.

3. Öffnen Sie über das SAP Solution Manager Launchpad im Abschnitt **Projekt- und Prozessverwaltung** die Anwendung **Meine Projekte**. Klicken Sie anschließend auf die Schaltfläche **Projekt importieren** (siehe Abbildung 6.33).

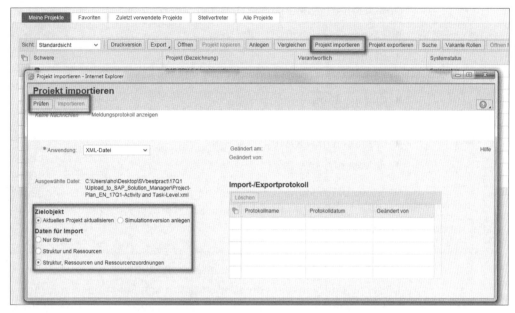

Abbildung 6.33 Projektplan importieren

4. Es öffnet sich ein Fenster für den Projektimport. Wählen Sie hier als Anwendung **XML-Datei**, und geben Sie den Dateipfad zum Dokument im Ordner **Upload_to_SAP_Solution_Manager** an.
5. Klicken Sie auf **Ausgewählte Daten importieren**. Wählen Sie, wie in Abbildung 6.33 zu sehen, das Zielobjekt und die Daten für den Import aus, und klicken Sie anschließend auf **Prüfen** und **Importieren**.
6. Der hochgeladene Projektplan wird Ihnen nach dem erfolgreichen Import unter der Registerkarte **Zuletzt verwendete Projekte** angezeigt. Wenn Sie das entsprechende Projekt auswählen, öffnet sich ein neues Fenster zur Bearbeitung des Projekts (siehe Abbildung 6.34).

> **Sprache der Projektelemente anpassen**
>
> Sollte es vorkommen, dass Ihre Projektelemente trotz erfolgreichen Uploads nicht benannt sind, liegt es in den meisten Fällen an der gewählten Projektsprache. Um die Sprache zu ändern, müssen Sie zunächst das entsprechende Projekt öffnen. Über das Dropdown-Menü **Sprache** können Sie die Sprache des heruntergeladenen Projektplans wählen.

6   Projektmanagement

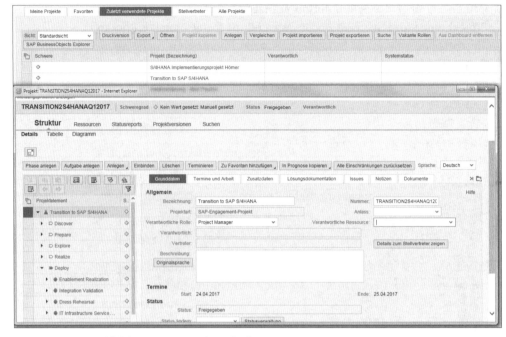

Abbildung 6.34 Projekt aufrufen

SAP Roadmap Viewer — Der *SAP Roadmap Viewer* (siehe Abbildung 6.35) ist eine cloudbasierte Lösung zum Anzeigen der verschiedenen Roadmaps. Eine Anmeldung zum Anzeigen der Inhalte ist nicht erforderlich. Er ist unter folgender Adresse erreichbar: *https://go.support.sap.com/roadmapviewer*

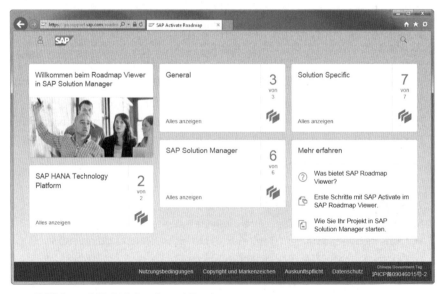

Abbildung 6.35 SAP Roadmap Viewer

Kapitel 7
Anforderungsmanagement

Das Anforderungsmanagement ist ein neuer Standardprozess des SAP Solution Managers. Mit einer sehr engen Integration in das Change Request Management und das Projektmanagement dient diese Funktionalität der Verarbeitung neuer Geschäfts- und IT-Anforderungen.

Die Durchführung eines erfolgreichen IT-Projekts beginnt immer mit einer akkuraten Planung des Projektumfangs und der Projektanforderungen. Unklare, unvollständige oder schlecht verwaltete Softwareanforderungen und Ziele sind die häufigsten Ursachen für einen Projektmisserfolg. Die dadurch entstehenden Korrekturarbeiten können 30 bis 40 % der Gesamtkosten eines IT-Projekts ausmachen. Doch auch bei der Wartung einer bestehenden Softwarelösung ist es enorm wichtig, die Anforderungen der Fachabteilungen effizient zu verwalten und nach genauer Prüfung zu realisieren bzw. abzulehnen.

Dieses Kapitel beschreibt das Anforderungsmanagement (*Requirements Management*), das mit Release 7.2 in das Portfolio des SAP Solution Managers aufgenommen wurde. Sie erhalten in diesem Kapitel detaillierte Informationen über diese neue Funktionalität und die Integrationsmöglichkeiten in das Prozess-, Projekt- und Change Request Management. Eine Beschreibung der transaktionalen SAP-Fiori-Applikation *Meine Geschäftsanforderungen*, die den Benutzer bei der simplen und mobilen Verwaltung seiner Geschäftsanforderungen unterstützt, schließt dieses Kapitel ab.

Anforderungsmanagement bereits ab Release 7.1 verfügbar
Bereits für Release 7.1 des SAP Solution Managers war das Anforderungsmanagement als Add-on verfügbar. Mithilfe dieses Add-ons war es möglich, Anforderungen und funktionale Lücken (*Gaps*) zu erfassen, zu verwalten und auszuwerten.

7.1 Wichtige Begriffe im Kontext des Anforderungsmanagements

Verwendung der Vorgangsarten

Das Anforderungsmanagement beinhaltet zwei neue Vorgangsarten im CRM Web UI:

- Geschäftsanforderung (technischer Name der Vorgangsart: SMBR)
- IT-Anforderung (technischer Name der Vorgangsart: SMIR)

Während die Fachabteilung die Geschäftsanforderung nutzt, um neue Anforderungen an eine Software einzubringen und zu dokumentieren, verwendet die IT-Abteilung die IT-Anforderung, um die Umsetzung dieser gestellten Anforderungen zu bewerten. In den meisten Unternehmen ist die IT-Abteilung strikt von den Fachabteilungen getrennt. Im Extremfall gibt es eine externe IT-Abteilung (Out-Sourcing). Diese fungiert dann als Service Provider für ihr Unternehmen.

Aus diesem Grund wurde der Anforderungsprozess von SAP in zwei Vorgangsarten aufgetrennt. Dies vereinfacht es, Berechtigungen und Funktionalität zu differenzieren.

[+] **Ausschließliche Verwendung der IT-Anforderung**
Falls Ihre Fach- und IT-Abteilung sehr eng zusammenarbeiten oder nicht getrennt sind, ist es sinnvoll, lediglich die IT-Anforderung ohne die Geschäftsanforderung zu verwenden.

Die beiden Anforderungsarten stehen immer in einer direkten 1:1-Beziehung zueinander. Abbildung 7.1 zeigt das Zusammenspiel der Anforderungsarten in den Szenarien IT-Servicemanagement, Change Request Management und Anforderungsmanagement.

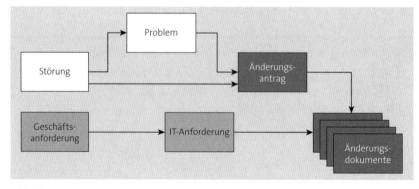

Abbildung 7.1 Beziehungen zwischen Incident Management, Problem Management, Anforderungsmanagement und Change Request Management

Fehler, die im produktiven Betrieb aufkommen, werden über die Vorgangsart *Störung* (SMIN) gemeldet. Aus dieser kann als Folgevorgang direkt ein Änderungsantrag (SMCR) angelegt werden, der die geplante Systemänderung dokumentiert. Falls mehrere gleichartige Störungen zusammengefasst werden, kann auch zunächst ein *Problem* (SMPR) generiert werden, das die Störungen zusammenfasst, bevor der Änderungsantrag erstellt wird. Die tatsächliche Systemänderung findet dann über die Bearbeitung der generierten Änderungsdokumente (SMHF, SMMJ, SMAD und SMCG) statt.

Störung

Neue Funktionen oder gewünschte Anpassungen an vorhandenen Funktionen können im Rahmen des Anforderungsmanagementprozesses über Geschäftsanforderungen gesammelt werden. Anhand der daraus generierten IT-Anforderung entscheiden Sie sich für oder gegen die Realisierung der gestellten Anforderung. Wird eine positive Entscheidung gefällt, werden die Systemänderungen durchgeführt, indem die generierten Änderungsdokumente bearbeitet werden.

Anforderung

Technisch nutzen die Vorgangsarten des Anforderungsmanagements dasselbe Framework wie die Vorgangsarten des Change Request Managements. Viele Funktionen, die Sie aus dem Change Request Management kennen, finden nun auch im Anforderungsmanagement Anwendung. Dazu zählen:

Framework

- Statusweiterschaltung und Generierung von Änderungsdokumenten über PPF-Aktionen
- Genehmigungsverfahren
- vom Vorgänger- oder Folgedokument abhängige Status
- Konsistenzprüfungen zur Wahrung des Vier-Augen-Prinzips

Diese und weitere Begrifflichkeiten werden in Abschnitt 8.3, »Change Request Management«, und Abschnitt 5.2.1, »Grundkonfiguration des IT-Servicemanagements«, erläutert.

7.2 Grundkonfiguration des Anforderungsmanagements

In diesem Abschnitt beschreiben wir die Grundeinrichtung des Anforderungsmanagement-Szenarios. Viele der einzelnen Konfigurationsschritte sind entweder innerhalb der verknüpften Dokumentation sehr gut beschrieben oder identisch mit den Schritten zur Konfiguration des IT-Servicemanagements oder des Change Request Managements. Deshalb weisen wir Sie im Folgenden lediglich auf die Besonderheiten in der Grundkonfiguration des Anforderungsmanagements hin.

7 Anforderungsmanagement

Rufen Sie in der **SAP-Solution-Manager-Konfiguration** (Transaktion SOLMAN_SETUP) das Szenario **Anforderungsmanagement** auf, um das Anforderungsmanagement auf Ihre Bedürfnisse anzupassen. Abbildung 7.2 zeigt die Guided Procedure zur Konfiguration dieses Szenarios.

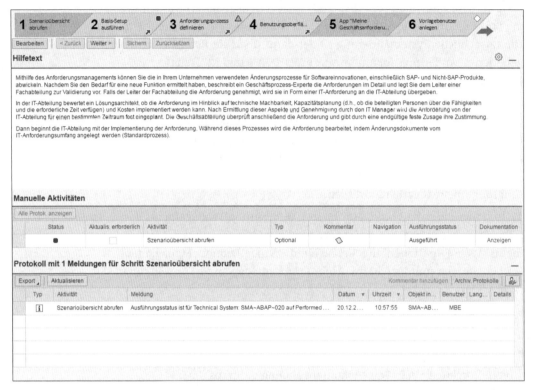

Abbildung 7.2 Anforderungsmanagement in der SAP-Solution-Manager-Konfiguration konfigurieren

Konfigurationsbenutzer — Wenn Sie dieses Szenario aufrufen, fragt das System Sie nach einem bestimmten Konfigurationsbenutzer. Sie können hierfür den Benutzer SMC_RM_*** anlegen oder die vorgeschlagenen Rollen einem anderen Benutzer zuordnen. Für die Konfiguration des Anforderungsmanagements ist die Sammelrolle SAP_RM_CONF_COMP notwendig.

7.2.1 Schritt 1: Szenarioübersicht abrufen

Nachdem Ihnen in **Schritt 1: Szenarioübersicht abrufen** eine Übersicht über das Szenario Anforderungsmanagement gegeben wurde, können Sie in den folgenden Schritten die Konfiguration vornehmen.

7.2.2 Schritt 2: Basis-Setup ausführen

Über eine automatische Prüfung können Sie in diesem Schritt sehr schnell überprüfen, ob die Infrastruktur des Anforderungsmanagements korrekt konfiguriert ist. Stellen Sie zudem sicher, dass in Ihrem SAP Solution Manager für das Anforderungsmanagement immer der Master-Hinweis in der aktuellen Version eingebaut ist.

Voraussetzungen prüfen

> **Master-Hinweise**
>
> Für jedes Support Package des SAP Solution Managers stellt SAP jeweils einen Haupthinweis für die verschiedenen Szenarien zur Verfügung, der mit zusätzlichen SAP-Hinweisen verknüpft ist. Diese sogenannten *Master-Hinweise* gewährleisten die ordnungsgemäße Funktionsfähigkeit der Grundfunktionen des jeweiligen Szenarios. Der Master-Hinweis für das Anforderungsmanagement beinhaltet eine Sammlung von Hinweisen für das Anforderungsmanagement selbst, aber auch für das Change Request Management und das Quality Gate Management.

7.2.3 Schritt 3: Anforderungsprozess definieren

In diesem Schritt können Sie Ihren Anforderungsprozess genau definieren. Viele der Teilschritte sind hier optional. Überlegen Sie sich also, ob Sie bspw. mit dem *Standardstatusschema* bzw. dem *Standardtextschema* zurechtkommen oder ob Sie diese Schemata anpassen möchten. Nähere Informationen zu diesen Schemata finden Sie in Abschnitt 5.2.1, »Schritt 2: Vorgangsarten konfigurieren«. Andere Teilschritte sind dagegen als obligatorisch gekennzeichnet und müssen durchgeführt werden, wenn Sie das Szenario Anforderungsmanagement in Ihrem Unternehmen etablieren möchten.

Optionale und obligatorische Schritte

Die Teilschritte zur Definition des Anforderungsprozesses beschreiben wir im Folgenden etwas ausführlicher, da diese Einstellungen wesentlich für die Nutzung des Szenarios sind.

Teilschritt 1: Vorgangsarten kopieren

Kopieren Sie zunächst die SAP-Standardvorgangsarten SMBR (*Geschäftsanforderung*) und SMIR (*IT-Anforderung*) in Ihren Namensraum. Damit gewährleisten Sie, dass Ihre individuellen, vom SAP-Standard abweichenden Anpassungen durch zukünftige Support Packages nicht überschrieben werden. Weitere Details dazu finden Sie ebenfalls in Abschnitt 5.2.1.

Teilschritt 2: Kopiersteuerung definieren

Von der Quell- zur Zielvorgangsart

Sobald Sie mit Folgevorgängen arbeiten oder die Funktion zum Kopieren von Belegen nutzen möchten, müssen Sie die Kopiersteuerung für die Quell- und die Zielvorgangsart konfigurieren. Nehmen Sie in diesem Schritt die Konfiguration für folgende obligatorische Aktivitäten vor:

- **Kopiersteuerung definieren**
  Im Anforderungsmanagement ist vor allem die Erzeugung von *IT-Anforderungen* (Zielvorgangsart) aus Geschäftsanforderungen (Quellvorgangsart) relevant. Prüfen Sie, ob in der Kopiersteuerung Quell- und Zielvorgangsart entsprechend gepflegt sind.

[zB]
> **Haben Sie Schnittstellen zu anderen Szenarien?**
>
> Möchten Sie bspw. die Schnittstelle zwischen Incident Management und Anforderungsmanagement etablieren, pflegen Sie in der Kopiersteuerung den folgenden Eintrag:
>
> - **Quellvorgangsart**: ZMIN (bzw. Ihre Vorgangsart für die Meldung)
> - **Zielvorgangsart**: ZMBR (bzw. Ihre Vorgangsart für die Geschäftsanforderung)
> - **Kopierroutine**: AIC001

- **Kopiersteuerung definieren (Anforderungsmanagement)**
  Hier pflegen Sie die **Kopiersteuerungsregeln** (bzw. Mapping-Regeln) für die Quell- und Zielvorgangsarten, die Sie im ersten Schritt definiert haben. Bestimmen Sie, welche Inhalte aus dem Quell- in den Folgebeleg übernommen werden. Weitere Details dazu finden Sie in Abschnitt 5.2.1.

- **VorgArt zum Anlegen von IT-Anford. anpassen**
  Die automatische, statusabhängige Erzeugung einer IT-Anforderung aus einer Geschäftsanforderung erfolgt technisch über eine *PPF-Aktion* (Post Processing Framework), die sich im Aktionsprofil Ihrer kundeneigenen Geschäftsanforderung (z. B. ZMBR_ACTIONS) befindet. Die **Aktionsdefinition** ZMBR_CREATE_IT_REQUIREMENT (❶ in Abbildung 7.3) führt dabei die Methode AIC_COPY_DOCUMENT ❷ aus, wie Sie im Ordner **Verarbeitungsarten** ❸ des Aktionsprofils erkennen können. Klicken Sie hier unter **Verarbeitungsparameter** auf die Schaltfläche **Ändern** (❹), um die Vorgangsart für die IT-Anforderung anzupassen. So stellen Sie sicher, dass bei der Generierung der IT-Anforderung auch Ihre kopierte, kundeneigene Vorgangsart gezogen wird. Weitere Informationen zu PPF-Aktionen finden Sie in Abschnitt 5.3.16.

7.2 Grundkonfiguration des Anforderungsmanagements

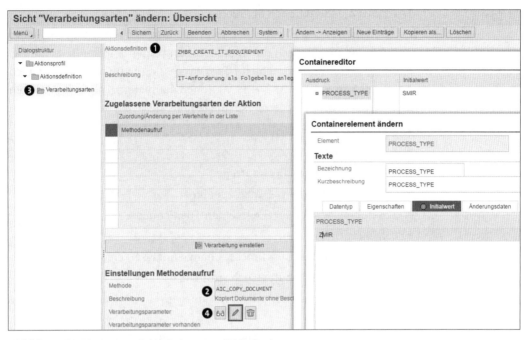

Abbildung 7.3 Vorgangsart zur Anlage von IT-Anforderungen anpassen

Teilschritt 3: Statusverwaltung definieren

Die Aktionen in diesem Schritt sind optional und werden erst dann relevant, wenn die Standardstatusschemata der Vorgangsarten im Anforderungsmanagement nicht zu Ihren Anforderungsmanagementprozessen passen. Für den Fall, dass Sie die vorhandenen Benutzer- bzw. Bearbeitungsstatus Ihrer Vorgangsarten erweitern oder vereinfachen möchten, müssen Sie die zwei folgenden Punkte berücksichtigen:

Statusprofile erweitern

- Der Statuswechsel erfolgt im Anforderungsmanagement genauso wie im Change Request Management über die Ausführung von Aktionen. Erstellen Sie für jeden neuen Status eine separate Aktionsdefinition, und planen Sie diese Aktionen in den relevanten Anwenderstatus ein (*Einplanbedingungen*).

- Manche Statuswechsel lösen weitere Aktionen wie eine Konsistenzprüfung, eine Vorgangserzeugung, einen Statuswechsel im Vorgänger- oder Folgebeleg oder einen Mailversand aus. Diese Aktionen können Sie dann mit einem anderen Status verknüpfen. Sollten Sie solch einen Status löschen wollen, prüfen Sie zuvor, ob diese weiteren Aktionen noch benötigt werden.

Teilschritt 4: PPF-Aktionen definieren

Aktionstypen PPF-Aktionen werden entweder manuell durch die Ausführung einer Aktion oder automatisch durch die Erfüllung einer Einplan- bzw. Startbedingung gestartet. PPF steht für Post Processing Framework (siehe auch Abschnitt 5.2.1, Teilschritt 2, »PPF-Aktionen definieren). Folgende Aktionen können dabei im Anforderungsmanagement ausgelöst werden:

- Statuswechsel im Beleg
- Konsistenzprüfung
- Genehmigungsworkflow starten
- E-Mail-Versand (HTML-E-Mail oder Smart-Forms-E-Mail)
- SLA-Zeiten (Service Level Agreement) berechnen
- Folgebeleg generieren
- BPCA-Analyse (Business Process Change Analyzer) erstellen
- Delta-Update für Langtextsuche mit TREX
- Lösungsdokumentationselemente anlegen
- Alert auslösen
- sonstige Methodenaufrufe (relevant für individuelle Anpassungen)

[»]
> **Business Process Change Analyzer (BPCA)**
>
> Mithilfe des BPCA können Sie prüfen, welche Teile Ihrer Lösungsdokumentation von einer Änderung betroffen sind. Aus dieser Analyse heraus kann anschließend ein Testplan generiert werden, der genau die von der Änderung betroffenen Prozesse testet. Wir kommen in Abschnitt 9.6.1 auf den Business Process Change Analyzer zurück.

Dieser Konfigurationsschritt ist optional. Falls Sie sich also im Anforderungsmanagement nah am SAP-Standard bewegen möchten, sind an dieser Stelle keine bzw. nur geringe Anpassungen notwendig.

Teilschritt 5: E-Mail-Benachrichtigungen einrichten

E-Mail-Einstellungen Die Einrichtung der E-Mail-Benachrichtigungen für das Anforderungsmanagement verläuft genauso wie für das IT-Servicemanagement (siehe Abschnitt 5.2.1, »Grundkonfiguration des IT-Servicemanagements«, Schritt 2, Teilschritt 3). Hierbei sind folgende drei Schritte notwendig:

1. Prüfen Sie, ob in Transaktion SFW5 die Business Functions CRM_IC_CEBP und CRM_SHSVC aktiviert sind (zur Aktivierung von Business Functions siehe auch Abschnitt 5.3.2, »Prüflisten«). Sollte dies nicht der Fall sein, aktivieren Sie diese.

2. Aktivieren Sie die standardmäßig deaktivierten PPF-Aktionen für die E-Mail-Benachrichtigungen in den Aktionsprofilen Ihrer Anforderungsmanagementvorgangsarten, und verknüpfen Sie Ihre E-Mail-Formulare mit den einzelnen Aktionsdefinitionen.
3. Legen Sie Ihre E-Mail-Formulare über das Web UI an.

Teilschritt 6: Geschäftspartner einrichten

Die Vorgangsarten des Anforderungsmanagements bieten standardmäßig eine Reihe von *Partnerfunktionen* wie den *Anforderungsmanager*, den *Lösungsarchitekten* oder den *Geschäftsprozess-Experten* an. Falls weitere Partnerrollen in Ihrem individuellen Anforderungsmanagementprozess eine Rolle spielen, können Sie die fehlenden Partnerfunktionen über diese Konfigurationsaktivität ergänzen und in Ihren Prozess einbinden.

Zusätzliche Partnerfunktionen

Teilschritt 7: Textverwaltung definieren

Innerhalb Ihrer Anforderungsmanagementvorgangsarten können Sie Ihre Langtexte über verschiedene Textarten, die SAP bereits im Standard ausliefert, klassifizieren. Verwenden Sie Langtexte, um Ihre Anforderungsmanagementvorgänge mit erläuternden Informationen anzureichern (bspw. »Beschreibung der IT-Anforderung« oder »Grund der Anforderung«). Sie können die Aktivitäten dieses Konfigurationsschritts durchführen, um Ihren Vorgangsarten kundeneigene *Textarten* hinzuzufügen oder nicht benötigte Textarten zu entfernen.

Textarten

Teilschritt 8: Terminverwaltung definieren

Definieren Sie in Konfigurationsschritt **3.8 Terminverwaltung definieren**, welche Termine in Ihrer Vorgangsart zu verarbeiten sind. Dabei können Sie Termine fest vorgeben. Alternativ kann das System diese Termine durch die Definition von Terminarten, Zeitdauern und Terminregeln berechnen. Innerhalb Ihrer Vorgänge werden diese Termine gewöhnlich im Bereich **Termine** des Detailblocks bzw. im Zuordnungsblock **Termine** dargestellt. **Angelegt am**, **Geändert am**, **Gewünschter Beginn** oder **Fällig am** sind Beispiele für solche Termine. Über das *Terminprofil* steuern Sie dann, welche Terminarten, Zeitdauern und Terminregeln Sie in einer bestimmten Vorgangsart verwenden können. Die in diesem Schritt enthaltenen Konfigurationsaktivitäten sind optional und nur relevant, wenn die Standardtermine nicht zu Ihrem Prozess passen.

Optionales Terminprofil

7 Anforderungsmanagement

Teilschritt 9: Genehmigungsverfahren definieren

Optionales Genehmigungsverfahren

Bevor das in der IT-Anforderung beschriebene Konzept realisiert werden kann, muss dieses zunächst genehmigt werden. Normalerweise wird das *Genehmigungsverfahren* im Anforderungsmanagement nicht verwendet. Genehmigungen laufen hier über Statuswechsel zwischen den beiden Vorgangsarten Geschäfts- und IT-Anforderung ab. Möchten Sie dennoch in der IT-Anforderung ein separates Genehmigungsverfahren aktivieren, wie Sie es aus dem Änderungsantrag im Change Request Management kennen, führen Sie die Konfigurationsaktivitäten in Schritt **3.9 Genehmigungsverfahren definieren** durch. Weitere Informationen zur Konfiguration des Genehmigungsverfahrens finden Sie in Abschnitt 8.2.2, »Grundkonfiguration des Change Request Managements«, Schritt 3, Teilschritt 9.

Teilschritt 10: Change-Request-Management-Aktionen im Anforderungsmanagement definieren

Integration mit Change Request Management

Führen Sie die Konfigurationsaktivitäten dieses Teilschritts durch, um die Ausführungszeiten von Aktionen und Konsistenzprüfungen in Ihrem Änderungsprozess zu definieren. Weiterführende Informationen dazu finden Sie in Abschnitt 8.2.2, »Grundkonfiguration des Change Request Managements«.

Teilschritt 11: Mehrstufige Kategorisierung pflegen

Integration mit IT-Servicemanagement

Wie beim Großteil der Vorgangsarten, die das IT-Servicemanagement und das Change Request Management zu bieten haben, wird die *mehrstufige Kategorisierung* auch in den Vorgangsarten des Anforderungsmanagements verwendet. Diese ermöglicht eine genaue Kategorisierung Ihrer Anforderungen. Weitere Informationen zur Einrichtung und Nutzung der mehrstufigen Kategorisierung finden Sie in Abschnitt 5.3.1.

Teilschritt 12: Prüflisten einrichten

Der Lösungsarchitekt arbeitet bei der Bearbeitung der IT-Anforderung mit der Prüfliste, um die gestellte Anforderung genau zu prüfen. Die Prüflistenfunktion kennen Sie ebenfalls aus dem IT-Servicemanagement. Sie wird dort hauptsächlich innerhalb der Serviceanforderung verwendet. Weitere Informationen zur Einrichtung und Nutzung der Prüfliste finden Sie deshalb in Abschnitt 5.3.2.

Teilschritt 13: Verarbeitungsprotokoll definieren

Definieren Sie in diesem Konfigurationsschritt, welche Änderungen an Ihrem Beleg (IT- und/oder Geschäftsanforderung) im Verarbeitungsprotokoll dokumentiert werden sollen. Ordnen Sie Ihrer Vorgangsart im ersten Schritt die Protokolltypen zu (**Protokolltypen den Vorgangsarten zuordnen**). Hier können Sie bspw. die Protokolltypen **Ausgeführte Aktionen**, **Statusänderungen** oder **Geänderte Felder** verwenden. Legen Sie dann im zweiten Schritt fest, welche Felder in der Änderungshistorie dokumentiert werden sollen (**Änderungshistorie für Verarbeitungsprotokoll definieren**).

Verarbeitungsprotokoll

Änderung der Priorisierung protokollieren

Wenn Sie möchten, dass alle Änderungen der zugeordneten Priorität dokumentiert werden, muss Ihrer Vorgangsart das entsprechende Feld zugeordnet werden. Für die Geschäftsanforderung sähe der entsprechende Eintrag wie in Tabelle 7.1 aus.

VorgArt	Änderungsbelegsegment	Feldname
ZMBR	CRMA_ACTIVITY_H	PRIORITY

Tabelle 7.1 Pflege der Änderungshistorie für das Verarbeitungsprotokoll definieren

Teilschritt 14: Risiken, Auswirkungen, Dringlichkeit und empfohlene Priorität definieren

Innerhalb dieses Konfigurationsschritts können Sie Risiken, Auswirkungen, Dringlichkeiten und Prioritäten übergreifend für Ihre Vorgangsarten im Change Request Management, IT-Servicemanagement und Anforderungsmanagement definieren. Darüber hinaus können Sie über die Aktivität **Auswirkung, Dringlichkeit und Priorität angeben** festlegen, welche empfohlene Priorität aus einer Kombination aus Auswirkung und Dringlichkeit berechnet werden soll. Diese Funktion soll dem Vorgangsersteller dabei helfen, realistisch einzuschätzen, wie kritisch der Vorgang ist.

Szenarienübergreifende Einstellungen

7.2.4 Schritt 4: Benutzeroberfläche konfigurieren

Die Konfiguration der Benutzeroberfläche ist in allen Szenarien, die das CRM Web UI verwenden, identisch. Wir haben sie in Abschnitt 5.1.1, »CRM Web UI«, für das IT-Servicemanagement beschrieben.

7.2.5 Schritt 5: Applikation »Meine Geschäftsanforderungen« einrichten

Vorgangsart für SAP-Fiori-Applikation

Standardmäßig arbeitet die SAP-Fiori-Applikation **Meine Geschäftsanforderungen**, deren Anwendung wir in Abschnitt 7.4 beschreiben, nur mit der Standardvorgangsart für die Geschäftsanforderung (SMBR). Damit Sie die Funktionen der Applikation auch mit Ihrer kopierten kundeneigenen Vorgangsart nutzen können, müssen Sie die manuelle Aktivität **Vorgangsarten für Meine Geschäftsanford. anpassen** ausführen. Wenn Sie diesen Schritt ausführen, springen Sie in Transaktion DNO_CUST04 ab.

Pflegen Sie an dieser Stelle z. B. die in Tabelle 7.2 gezeigten Einträge:

Feldname	Feldwert
BR_IN_APP_USED	ZMBR
TEXT_TYPE_ENABLED	X

Tabelle 7.2 Beispiel: Parameter in Transaktion DNO_CUST04 pflegen

Über den Parameter BR_IN_APP_USED legen Sie dabei Ihre kundeneigene Vorgangsart, die in der Applikation verwendet werden soll, fest. Den Parameter TEXT_TYPE_ENABLED können Sie optional aktivieren. Dieser bewirkt, dass Sie beim Hinzufügen neuer Texte die Textart innerhalb der Applikation auswählen können.

> **Parametertabellen**
>
> Transaktion DNO_CUST04 dient der Pflege der Tabelle DNOC_USERCFG. An dieser Stelle können Sie für die Szenarien IT-Servicemanagement, Change Request Management, IT-Portfolio- und Projektmanagement (IT-PPM) und Anforderungsmanagement verschiedene Parameter einstellen, die das Funktionsverhalten dieser Szenarien beeinflussen.
>
> Zwei weitere wichtige Tabellen dieser Art sind AGS_WORK_CUSTOM und ICT_CUSTOM. Wie Sie die Parameter in diesen Tabellen pflegen können, um Ihren kundenspezifischen Anforderungen gerecht zu werden, erfahren Sie in SAP-Hinweis 1483276.

OData-Service konfigurieren

Falls Ihre SAP-Fiori-Applikation trotz dieser Einstellung noch nicht das gewünschte Verhalten zeigt, können Sie prüfen, ob der OData-Service AI_CRM_GW_MYBUSI_REQUIRE_SRV ordnungsgemäß aktiviert ist. Dieser Service muss aktiv sein, um die Applikation **Meine Geschäftsanforderungen** verwenden zu können. Sie können diese Prüfung über die manuelle Aktivität **OData-Service prüfen** erledigen.

Des Weiteren können Sie für jede Priorität (**Sehr hoch, Hoch, Mittel, Niedrig**), mit der die Geschäftsanforderungen in der Applikation gekennzeichnet werden, eine korrespondierende Farbe definieren. Dadurch wird es für Sie einfacher, Anforderungen hoher Priorität von jenen niedriger Priorität zu unterscheiden. Diese Konfiguration können Sie über die Aktivität **Prioritätsfarben für Fiori-Apps definieren** vornehmen.

Kennzeichnung der Prioritäten

7.2.6 Schritt 6: Vorlagenbenutzer anlegen

Für die verschiedenen Rollen, die am Prozess des Anforderungsmanagements teilnehmen, können Sie in diesem Konfigurationsschritt Vorlagenbenutzer anlegen oder aktualisieren. Die ausgewählten Vorlagenbenutzer erhalten dadurch im Z-Namensraum automatisch eine kundeneigene Kopie der aktuellen SAP-Standardberechtigungsrollen, die für dieses Szenario relevant sind. Passen Sie lediglich die kopierten Berechtigungsrollen an Ihren Anforderungsmanagementprozess an, und weisen Sie diese Ihren Mitarbeitern zu.

Benutzerrollen

SAP stellt auch für die Verwendung des Anforderungsmanagements verschiedene Sammelrollen, die Sie in Ihren Namensraum kopieren und anpassen können, zur Verfügung. Tabelle 7.3 zeigt die verfügbaren Sammelrollen für die unterschiedlichen Rollen innerhalb des Anforderungsmanagements.

Sammelrollen

Rolle im Prozess	Sammelrolle
Business Manager	SAP_RM_BUSINESS_MANAGER_COMP
Geschäftsprozessexperte	SAP_RM_BP_EXPERT_COMP
Geschäftsprozessadministrator	SAP_RM_BR_ADMIN_COMP
Anforderungsmanager	SAP_RM_ITREQ_MANAGER_COMP
Lösungsarchitekt	SAP_RM_SOL_ARCHITECT_COMP
Anforderungsadministrator	SAP_RM_ITREQ_ADMIN_COMP
Anzeigebenutzer	SAP_RM_DISPLAY_COMP

Tabelle 7.3 Sammelrollen für das Anforderungsmanagement

7.2.7 Schritt 7: Suchinfrastruktur konfigurieren

Führen Sie in Schritt 7 die Aktivitäten durch, um die Embedded Search oder TREX für Ihre Suche zu konfigurieren (siehe auch Abschnitt 3.4, »Grundkonfiguration der Embedded Search«).

7.2.8 Schritt 8: Zusatzfunktionen integrieren

Integrative Funktionen In diesem Schritt können Sie Ihr Anforderungsmanagement um folgende Zusatzfunktionen erweitern:

- Projektmanagement
- IT-Kalender
- Change Request Management

Weitere Informationen zur Integration des Projektmanagement und des IT-Kalenders können Sie Abschnitt 6.2, »Voraussetzungen für den Einsatz des IT-Projektmanagements«, und Abschnitt 10.9.3, »IT-Kalender«, entnehmen.

Der Konfigurationsschritt **8.3 Change-Request-Management integrieren** verweist Sie auf die Grundkonfiguration des Change Request Managements und auf das Setup Ihrer verwalteten Systeme. Haben Sie die Szenarien Anforderungsmanagement und Change Request Management erfolgreich konfiguriert, können Sie aus Ihrer IT-Anforderung heraus Änderungsdokumente anlegen. Damit können Sie dann die Systemänderungen, die sich aus Ihren Anforderungen ergeben, mithilfe der zentralen Transportsteuerung in Ihrer Transportlandschaft verteilen.

7.2.9 Schritt 9: Zusätzliche Anwendungsfälle verwenden

Über diesen Konfigurationsschritt können Sie weitere zusätzliche Funktionen für Ihr Anforderungsmanagement einrichten:

- Aktivierung optionaler Umfangselemente
- Zuordnung eines flexiblen Änderungszyklus
- Aktivierung einer Integration der Lösungsdokumentation

Auf diese Funktionen gehen wir in Abschnitt 8.2.2 in Schritt 9 näher ein.

Schritt 10: Abgeschlossen Im letzten Schritt der Anforderungsmanagementkonfiguration können Sie in einer übersichtlichen Zusammenfassung alle durchgeführten Aktivitäten noch einmal überprüfen.

7.3 Funktionen des Anforderungsmanagements

In diesem Abschnitt gehen wir näher auf den Prozessablauf des Anforderungsmanagements ein und zeigen die Integrationsmöglichkeiten in das Prozess- und das Projektmanagement. Die Anpassungs- und Erweiterungsmöglichkeiten, die Sie in diesem Szenario haben, werden am Ende dieses Abschnitts beschrieben.

7.3.1 Geschäfts- und IT-Anforderung im Zusammenspiel

Der folgende Prozessablauf verdeutlicht das Zusammenspiel zwischen Geschäftsanforderung, IT-Anforderung und Änderungsdokument:

Ablauf des Anforderungsprozesses

1. Der *Geschäftsprozessexperte* erstellt eine Geschäftsanforderung, die ihm bspw. per E-Mail oder in einem Meeting mit Mitarbeitern der Fachabteilung zugetragen wurde. Im Vorgang beschreibt er die genaue Anforderung und legt die Zuständigkeiten fest. Abbildung 7.4 zeigt eine Geschäftsanforderung im Status **Definieren**. Der Geschäftsprozessexperte weist im Bereich **Allgemeine Daten** im Zuordnungsblock **Details** die zuständigen Personen zu.

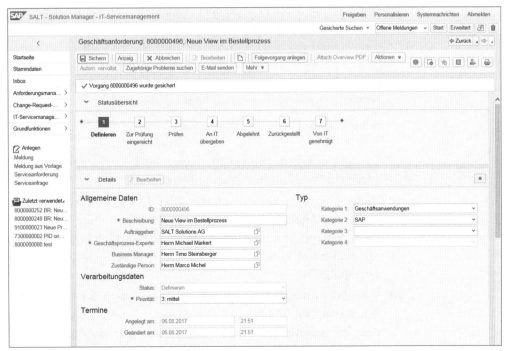

Abbildung 7.4 Geschäftsanforderung im Status »Definieren«

Zentrale Dokumentation in der Lösungsdokumentation
Falls es neben dem Vorgang der Geschäftsanforderung noch ein Anforderungsdokument oder Diagramme gibt, die die Anforderung näher spezifizieren, ist es ratsam, diese Dokumente in der integrierten Lösungsdokumentation zu verknüpfen. Diagramme können dabei über das neue BPMN-2.0-Modellierungswerkzeug abgebildet werden. Dadurch können Sie gewährleisten, dass alle beteiligten Personen, die an den Vorgängen Geschäfts- und IT-Anforderung arbeiten, immer die aktuellen Versionen dieser Dokumente einsehen und bearbeiten.

2. Nachdem die Geschäftsanforderung durch den *Business Manager* geprüft, priorisiert und genehmigt wurde, wird die Anforderung an die IT-Abteilung übergeben (Status **An IT übergeben**). Technisch wird dabei eine IT-Anforderung als Folgevorgang generiert. Abbildung 7.5 zeigt den Zuordnungsblock **Zugehörige Vorgänge** innerhalb der Geschäftsanforderung. Durch das Setzen des Status **An IT übergeben** wird die zugehörige IT-Anforderung angelegt und direkt mit der Geschäftsanforderung verknüpft. Bereits relevante Informationen wie die Beschreibung der Anforderung, deren Priorität oder Zuständigkeiten werden in den neuen Vorgang übernommen.

Abbildung 7.5 IT-Anforderung generieren

3. Der zuständige *Anforderungsmanager* weist der Anforderung einen *Lösungsarchitekten* zu, der sie bearbeiten soll.
4. Dieser Lösungsarchitekt prüft die Anforderung in Bezug auf Kosten, Machbarkeit und verfügbare Ressourcen. In Abbildung 7.6 sehen Sie die IT-Anforderung, die vom Lösungsarchitekten aktuell in Bearbeitung ist. Als Hilfsmittel verwendet der Lösungsarchitekt eine Prüfliste (siehe Abbildung 7.7).
5. Sobald der Anforderungsmanager diese Analyse in der IT-Anforderung genehmigt, aktualisiert sich der Status in der korrespondierenden Geschäftsanforderung (Status **Von IT genehmigt,** siehe Abbildung 7.8). In diesem Status ist ein Statuswechsel in der IT-Anforderung nicht möglich.

7.3 Funktionen des Anforderungsmanagements

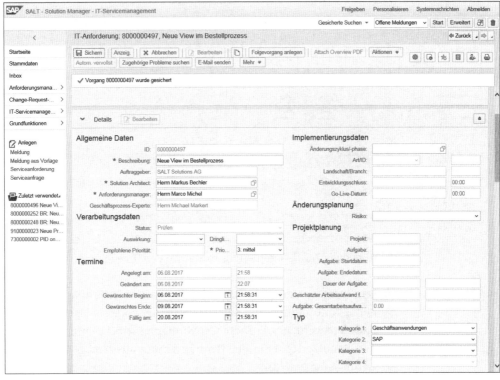

Abbildung 7.6 IT-Anforderung im Status »Prüfen«

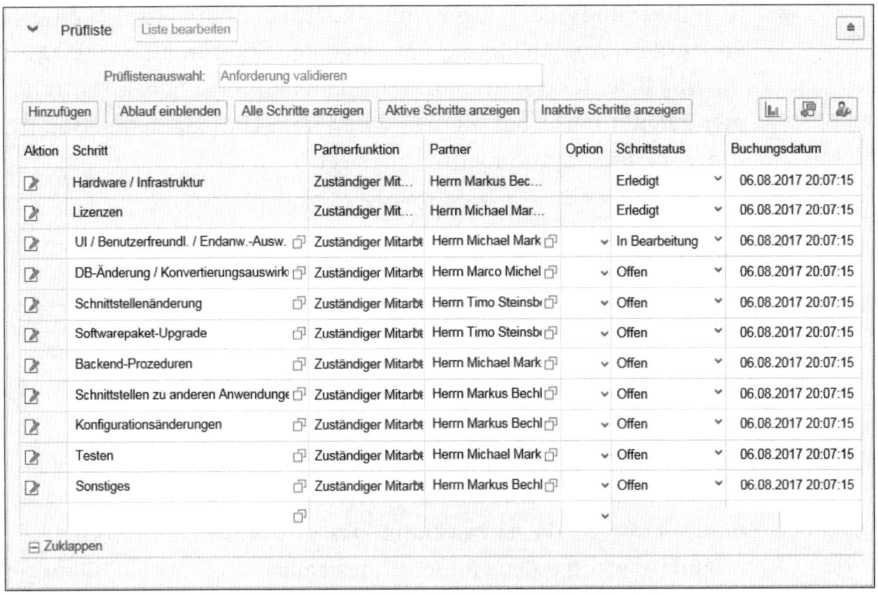

Abbildung 7.7 Prüfliste als Hilfsmittel für den Lösungsarchitekten

7 Anforderungsmanagement

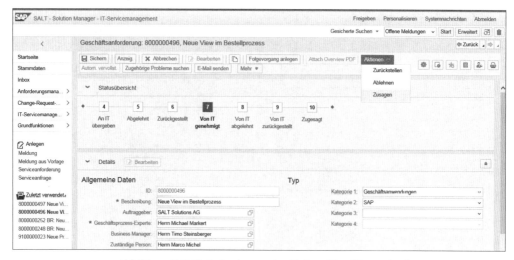

Abbildung 7.8 IT-Anforderung im Status »Von IT genehmigt«.

6. Der Business Manager prüft in der Geschäftsanforderung die Ergebnisse der IT-Anforderung und bestätigt, dass die vorgeschlagene Umsetzung realisiert werden soll. Diese Genehmigung wirkt sich auch wieder auf den Benutzerstatus in der IT-Anforderung aus (Status **Zur Implementierung eingereicht**).

7. Nach dieser Genehmigung beginnt der Lösungsarchitekt mit der Implementierung, erstellt *Änderungsdokumente* (normale, dringende, administrative und/oder allgemeine Änderungen) und weist diese den Entwicklern zu. Abbildung 7.9 zeigt den Zuordnungsblock **Umfang** innerhalb der IT-Anforderung. Nachdem der Vorgang den Status **Implementieren** erreicht hat, werden die in dem Umfang definierten Änderungsdokumente automatisch angelegt.

Abbildung 7.9 Zuordnungsblock »Umfang« in der IT-Anforderung

8. Die Realisierung der Anforderung wird durch die Funktionalitäten des Change Request Managements unterstützt. Über die Änderungsdokumente erfolgen die Entwicklung, das Customizing, der Test und die Produktivsetzung der Anforderungsrealisierung. Sobald diese abgeschlossen sind, werden die Status in den korrespondierenden Vorgängen (IT- und Geschäftsanforderung) aktualisiert.

7.3 Funktionen des Anforderungsmanagements

> **Integration in das Change Request Management** [«]
>
> Die aus der IT-Anforderung generierten Änderungsdokumente sind in das *SAP-Transportmanagement* integriert. Somit wird die zentrale Steuerung und Verwaltung der Änderungen vom SAP Solution Manager übernommen. Die Generierung der Änderungsdokumente aus der IT-Anforderung bildet die Schnittstelle zum Change Request Management.

9. Damit ist die Umsetzung der Anforderung erfolgt; die Anforderungsbelege können nun abgeschlossen werden.

Abbildung 7.10 veranschaulicht diese Prozessbeschreibung.

Prozessdiagramm

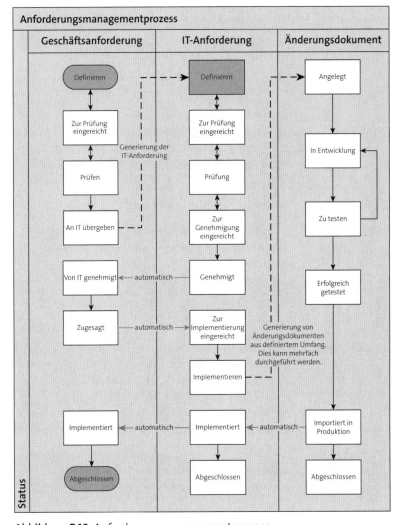

Abbildung 7.10 Anforderungsmanagementprozess

Die Pfeile in diesem Prozessdiagramm symbolisieren grundsätzlich einen Statuswechsel. An zwei Stellen im Anforderungsmanagementprozess werden Folgevorgänge generiert, die durch einen gestrichelten Pfeil gekennzeichnet sind. Automatische Statuswechsel im Vorgänger- bzw. Folgebeleg sind mit hellgrauen Linien gekennzeichnet.

Status der Anforderungsbelege

Standardstatus der Geschäftsanforderung

Die folgenden beiden Tabellen beschreiben die Standardstatus der Vorgangsarten IT- und Geschäftsanforderung. Tabelle 7.4 zeigt die Status, die die Geschäftsanforderung haben kann.

Status	Beschreibung
Definieren	Der Geschäftsprozessexperte beschreibt die Anforderung.
Zur Prüfung eingereicht	Die Anforderung wartet auf Prüfung und Priorisierung.
Prüfen	Der Business Manager prüft und priorisiert die Anforderung.
An IT übergeben	Der Business Manager hält die Anforderung für relevant und entscheidet, dass diese von der IT-Abteilung analysiert werden soll. Dabei wird eine IT-Anforderung generiert.
Abgelehnt	Anforderung wird nicht realisiert.
Zurückgestellt	Die Anforderung ist zwar relevant, die Realisierung wird jedoch auf einen späteren, unbestimmten Zeitpunkt verschoben.
Von IT genehmigt	Die IT-Abteilung bestätigt nach der Anforderungsanalyse, dass die Anforderung zu den vereinbarten Bedingungen realisiert wird.
Von IT abgelehnt	Die IT-Abteilung hat die Anforderung abgelehnt. Die Gründe der Ablehnung können nun noch einmal von dem Lösungsarchitekten und dem Geschäftsprozessexperten diskutiert werden. Möglicherweise führt eine Anpassung der Änderung zu einer Genehmigung. Ansonsten kann die Anforderung abgeschlossen werden.
Von IT zurückgestellt	Die IT-Abteilung möchte die Anforderung umsetzen, die Realisierung wird jedoch auf einen späteren, unbestimmten Zeitpunkt verschoben.

Tabelle 7.4 Status der Geschäftsanforderung

7.3 Funktionen des Anforderungsmanagements

Status	Beschreibung
Zugesagt	Der Business Manager akzeptiert das Angebot des Anforderungsmanagers, die Anforderung auf Basis der Analyseergebnisse zu realisieren.
Implementiert	Die Anforderung ist produktiv.
Abgeschlossen	Der Prozess ist abgeschlossen.

Tabelle 7.4 Status der Geschäftsanforderung (Forts.)

Tabelle 7.5 beschreibt die verschiedenen Status der IT-Anforderung.

Standardstatus der IT-Anforderung

Status	Beschreibung
Definieren	Die Anforderung wurde an die IT-Abteilung übergeben, sodass die Bewertung der Anforderung durch die IT beginnen kann. Der Anforderungsmanager prüft die Anforderung und weist ihr einen Lösungsarchitekten zu.
Zur Prüfung eingereicht	Arbeitsvorrat für den Lösungsarchitekt. Diese Anforderungen stehen für eine Analyse bereit.
Prüfen	Der Lösungsarchitekt arbeitet zu diesem Zeitpunkt an der Anforderung. Er prüft Kosten, Nutzen, Machbarkeit und Ressourcenverfügbarkeit.
Zur Genehmigung eingereicht	Die Anforderungsanalyse ist abgeschlossen. Der Anforderungsmanager muss auf Basis der Analyse eine Genehmigung durchführen.
Zurückgestellt	Die Genehmigung wurde auf einen späteren, unbestimmten Zeitpunkt verschoben.
Genehmigt	Die Anforderung wurde durch den Anforderungsmanager genehmigt. Er hat sich verpflichtet, die Anforderung auf Basis der Analyseergebnisse zu realisieren, sofern auch der Business Manager seine Genehmigung erteilt.
Abgelehnt	Es existieren Gründe, weshalb die Anforderung nicht realisiert wird. In der Geschäftsanforderung wird der Status auf **Von IT abgelehnt** gesetzt. Der Business Manager ist dadurch über die Ablehnung informiert und kann sich nun mit dem Lösungsarchitekten abstimmen.

Tabelle 7.5 Status der IT-Anforderung

Status	Beschreibung
Zur Implementation eingereicht	Der Business Manager stimmt zu, die Anforderung auf Basis der Analyseergebnisse zu realisieren. Die Implementierung ist nun startbereit. Die technischen Informationen wie Änderungszyklus, Systeme und Umfang werden von dem Lösungsarchitekten gepflegt.
Implementieren	Die Anforderung befindet sich in der Realisierungsphase; die Änderungsdokumente wurden erzeugt und neue Änderungsdokumente können sehr einfach durch eine Umfangserweiterung generiert werden. Auf Basis der Änderungsdokumente erfolgt nun die Umsetzung der Anforderung.
Implementiert	Die Realisierung der Anforderung wurde umgesetzt, getestet und produktiv gesetzt. Dementsprechend wird die korrespondierende Geschäftsanforderung auf den gleichen Status gesetzt.
Abgeschlossen	Der Prozess ist abgeschlossen.

Tabelle 7.5 Status der IT-Anforderung (Forts.)

Standardstatus anpassen Die Statusschemata dieser Vorgangsarten passen nicht immer zu dem Anforderungsprozess, der zwischen Ihrer Fach- und Ihrer IT-Abteilung abläuft. Sie haben jedoch die Möglichkeit, diese Statusprofile zu erweitern bzw. zu vereinfachen. Ihr Einstiegspunkt, um die Statusprofile dieser Vorgangsarten zu erweitern, ist die SAP-Solution-Manager-Konfiguration (Transaktion SOLMAN_SETUP). Folgen Sie hier folgendem Pfad:

SAP-Solution-Manager-Konfiguration • **Szenario Anforderungsmanagement** • **3 Anforderungsprozess definieren** • **3.3 Statusverwaltung definieren**

Abbildung 7.11 zeigt das Standardstatusschema der Geschäftsanforderung (Konfigurationsaktivität **Statusprofil für Benutzerstatus definieren**). An dieser Stelle haben Sie die Möglichkeit, Status hinzuzufügen bzw. zu entfernen, um den Anforderungen Ihres Anforderungsmanagementprozesses gerecht zu werden. Über die Ordnungsnummern (niedrigste und höchste Ordnungsnummer) können Sie regeln, welche Folgestatus innerhalb eines bestimmten Status möglich sind.

7.3 Funktionen des Anforderungsmanagements

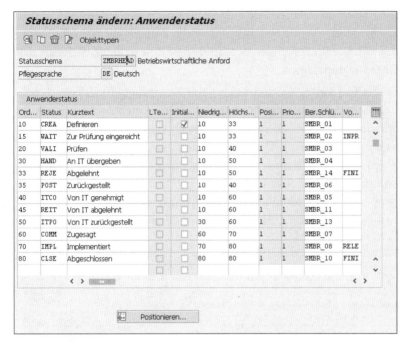

Abbildung 7.11 Statusschema der Geschäftsanforderung anpassen

PPF-Aktionen

Im Anforderungsmanagement erfolgen Statusänderungen mittels PPF-Aktionen. Eine Statusänderung kann Konsistenzprüfungen starten, Folgevorgänge erzeugen, den Status des Vorgänger- oder Folgebelegs beeinflussen oder einfach nur einen Status setzen. Dies muss bei einer Anpassung des Statusschemas unbedingt berücksichtigt und ebenfalls angepasst werden.

IT-Anforderung und Änderungsantrag – die Funktionen im Vergleich

Auf den ersten Blick weist die IT-Anforderung eine starke Ähnlichkeiten zum Änderungsantrag im Change Request Management auf:

- Sowohl aus IT-Anforderungen als auch aus Änderungsanträgen werden Änderungsdokumente erzeugt.
- Die Ausführung einer *BPCA-Analyse* ist aus beiden Vorgängen heraus möglich.
- Die Integration mit IT-PPM ist für beide Szenarien gleichermaßen ausgeprägt.
- Auch die Integration mit der Lösungsdokumentation ist für beide Szenarien gleichermaßen ausgeprägt.

Gleiche Funktion wie Änderungsantrag?

Bei genauerem Betrachten der beiden Vorgangsarten fallen jedoch viele Unterschiede auf, die die Nutzung der neuen Vorgangsart IT-Anforderung rechtfertigt. Die im Folgenden beschriebenen Unterschiede beziehen sich auf die Standardprozesse.

Genehmigungsvorgang

In der IT-Anforderung ist, anders als beim Änderungsantrag, kein Genehmigungsvorgang vorgesehen. Genehmigungen an sich sind zwar Teil des Anforderungsprozesses, diese werden jedoch lediglich über einen Statuswechsel realisiert. Auch bei der Erweiterung des Umfangs der IT-Anforderung um ein oder mehrere Änderungsdokumente ist keine weitere Genehmigung mehr notwendig. Abbildung 7.12 zeigt den Genehmigungsvorgang, der standardmäßig im Änderungsantrag genutzt wird und genauso auch innerhalb der IT-Anforderung verwendet werden kann.

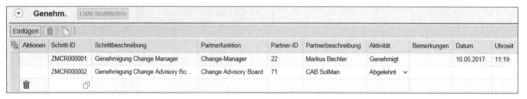

Abbildung 7.12 Zweistufiger Genehmigungsvorgang im Änderungsantrag

 Genehmigungsverfahren im Anforderungsmanagement
Falls Sie in der Geschäfts- bzw. IT-Anforderung dennoch ein Genehmigungsverfahren nutzen möchten, können Sie ein solches Verfahren durch Customizing in den Prozess einbinden. Dadurch können Sie wie im Change Request Management mehrstufige Genehmigungsprozesse abbilden.

Prüfliste

Die IT-Anforderung enthält im Gegensatz zum Änderungsantrag den Zuordnungsblock **Prüfliste** (siehe Abbildung 7.13). Diese unterstützt den Lösungsarchitekten bei der Prüfung der Anforderung.

Eine Prüfliste zeigt alle Schritte an, die zur Bearbeitung eines Vorgangs notwendig sind. Sie wird nicht nur im Anforderungsmanagement, sondern z. B. auch im IT-Servicemanagement verwendet. Hier unterstützt sie den Bearbeiter einer Serviceanforderung bei der Bereitstellung eines Services.

Die Prüfliste kann einen festen Ablauf haben, d. h. die einzelnen Punkte müssen der Reihenfolge nach bearbeitet werden. Dabei sind optionale Schritte und parallele Abläufe realisierbar. Jeder Prüflistenschritt wird einem Bearbeiter oder einer Bearbeitergruppe zugeordnet.

7.3 Funktionen des Anforderungsmanagements

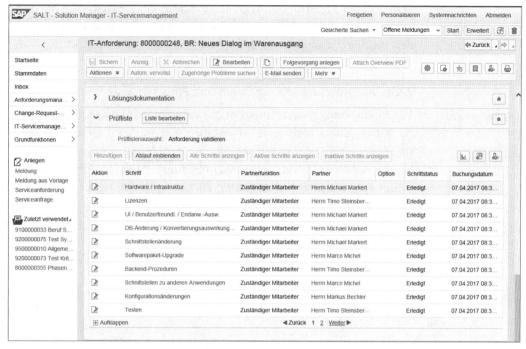

Abbildung 7.13 Prüfliste in der IT-Anforderung

Wenn die Anforderung von der Fachabteilung in der Geschäftsanforderung genehmigt wurde, erreicht die IT-Anforderung den Status **Zur Implementation eingereicht**. Damit ist jede Änderung, die zur Umsetzung der Anforderung führt, ebenfalls bereits genehmigt. Deshalb ist es jederzeit möglich, weitere Änderungsdokumente ohne eine weitere Genehmigung zu generieren, während die IT-Anforderung sich im Status **Implementieren** befindet. Um Änderungsdokumente zu generieren, setzen Sie zunächst den Status **Implementieren** und führen dann die Aktion **Weitere Änderungsdokumente im Umfang generieren** aus (siehe Abbildung 7.14).

Generierung von Änderungsdokumenten

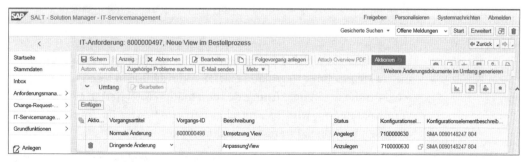

Abbildung 7.14 Weitere Änderungsdokumente im Umfang generieren

7 Anforderungsmanagement

Vorgängerdokument

Während der Änderungsantrag eine Meldung, ein Problem oder auch gar keinen Beleg als Vorgänger haben kann, baut die IT-Anforderung gewöhnlich auf einer Geschäftsanforderung auf.

7.3.2 Anforderungsmanagement und Prozessmanagement

Dokumentationselemente anbinden

Das Anforderungsmanagement ist mit dem *Prozessmanagement* über den Zuordnungsblock **Lösungsdokumentation** verknüpft. An dieser Stelle können Sie einzelne oder mehrere Elemente der Lösungsdokumentation mit einer Anforderung verbinden (siehe Abbildung 7.15). Sobald Sie auf den Link in der Spalte **Elementbeschreibung** klicken, springen Sie in die entsprechende Stelle der Lösungsdokumentation ab.

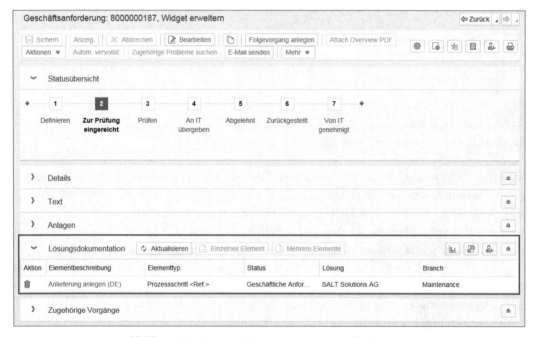

Abbildung 7.15 Lösungsdokumentation im Anforderungsmanagement integrieren

Dokumente zur Anforderung

Hier können Sie jegliche Dokumente (Konzepte, Prozessabläufe, Testdokumente etc.) zu Ihrer Geschäfts- bzw. IT-Anforderung ablegen und bearbeiten. Mithilfe der in der Lösungsdokumentation integrierten *Versionierung* von Dokumenten wird so zentral sichergestellt, dass Sie immer mit den aktuellen Versionen Ihrer Dokumente arbeiten.

Inkonsistenzen vermeiden

Des Weiteren haben Sie innerhalb der Lösungsdokumentation immer den Überblick über die Anforderungen, die gerade aktiv einem Prozess zugeordnet sind. So vermeiden Sie mögliche Inkonsistenzen zwischen Ihren

Anforderungen. Weitere Informationen zu den Funktionen und Möglichkeiten der Lösungsdokumentation finden Sie in Kapitel 4, »Prozessmanagement«.

> **Änderungskontrolle**
>
> Mit dem SAP Solution Manager 7.2 können Sie für Ihre Wartungs- oder Innovations-Branches die Änderungskontrolle aktivieren. Dadurch lassen sich Änderungen an der Lösungsdokumentation lediglich über zugeordnete Änderungsdokumente durchführen. Sobald die entsprechenden Änderungsdokumente abgeschlossen wurden, werden auch die geänderten Elemente der Lösungsdokumentation im Produktiv-Branch aktiviert. Ihre Geschäfts- bzw. IT-Anforderung können Sie jedoch nicht für diese Änderungsaufzeichnung verwenden. Erst mit den zur IT-Anforderung zugeordneten Änderungsdokumenten eröffnet sich Ihnen diese Möglichkeit.

7.3.3 Anforderungsmanagement und Projektmanagement

Das *SAP Portfolio and Project Management* (PPM) wurde bereits mit Servicepack 10 in den SAP Solution Manager 7.1 integriert. Die Nutzung des PPM ist sowohl allein als auch integriert mit dem Change Request Management und seit Release 7.2 auch mit dem Anforderungsmanagement und der Lösungsdokumentation möglich. Wenn Sie diese SAP-Solution-Manager-Szenarien mit den Projektmanagementfunktionen von SAP PPM integrieren, haben Sie ein umfangreiches Werkzeug, mit dem Sie Ihre Projektzeiten und -ressourcen verwalten können.

Die Integration mit dem Projektmanagement konfigurieren Sie in Schritt 8 der Konfiguration des Szenarios Anforderungsmanagement (siehe Abschnitt 7.2.8). Anschließend können Sie im PPM ein neues Projekt anlegen und dieses über die Registerkarte **Lösungsdokumentation** mit Ihrer Lösung sowie einem Änderungszyklus aus dem Change Request Management verknüpfen. Nach der Freigabe des Projekts können Sie Ihre neu angelegten PPM-Aufgaben jeweils mit einer IT-Anforderung verknüpfen. Sobald eine aus der Geschäftsanforderung generierte IT-Anforderung bereit zur Implementierung ist (Status **Zur Implementation eingereicht**), legt der Projektleiter dafür im PPM eine solche Aufgabe an. Er taktet die Realisierung zeitlich ein, definiert den Aufwand und ordnet Ressourcen zu. Über die Registerkarte **Transaktion** ordnen Sie im Projektmanagement der PPM-Aufgabe Ihre vorhandene IT-Anforderung zu, die bereit zur Umsetzung ist (siehe Abbildung 7.16).

Konfiguration und Integration

7 Anforderungsmanagement

Abbildung 7.16 Transaktion in der PPM-Aufgabe zuordnen

Im Detailbereich der IT-Anforderung erhalten Sie nun durch die Verknüpfung zur PPM-Aufgabe Informationen zur Projektplanung und können direkt in die PPM-Aufgabe abspringen (siehe Abbildung 7.17). Über den Zuordnungsblock **Zeiterfassung** innerhalb der IT-Anforderung können die Projektmitglieder ihre Aufwände erfassen. Diese Zeiten werden direkt an das PPM-Projekt kommuniziert, wodurch der Projektleiter einen guten Überblick über den geplanten und den tatsächlichen Aufwand erhält und entsprechend reagieren kann, sobald das Budget fast erschöpft ist.

Projektplanung		
Projekt:	SALT_RM_CHARM_PPM	
Aufgabe:	00000000000000002037	
Aufgabe: Startdatum:	23.06.2017	
Aufgabe: Endedatum:	30.06.2017	
Dauer der Aufgabe:	6	
Geschätzter Arbeitsaufwand für Aufg...	4.00	SALT_RM_CHARM_PPM
Aufgabe: Gesamtarbeitsaufwand:	1.00	WA Dialog neu

Abbildung 7.17 PPM-Informationen innerhalb der IT-Anforderung

Die PPM-Integration in das Anforderungsmanagement ähnelt stark der PPM-Integration in das Change Request Management. Weitere Informationen hierzu finden Sie in Abschnitt 6.5, »Integration des Projektmanagements mit anderen SAP-Solution-Manager-Bereichen«.

7.3.4 Anpassungs- und Erweiterungsmöglichkeiten

Es ist sehr wahrscheinlich, dass das Standardanforderungsmanagement nicht vollständig zu Ihren Prozessen passt. Da Sie Ihre Prozesse und Rollen mitunter nicht anpassen können, gibt es verschiedene Optionen, das Anforderungsmanagement Ihren Bedürfnisse entsprechend einzurichten.

Wie für Schritt 3 der SAP-Solution-Manager-Konfiguration für das Szenario Anforderungsmanagement beschrieben, können Sie den Workflow zur Bearbeitung einer IT- oder Geschäftsanforderung anpassen (siehe Abschnitt 7.2.3). Vor allem durch Änderungen am Statusschema (Schritt 3.3) und am Partnerschema (Schritt 3.6) können Sie die Vorgangsarten des Anforderungsmanagements schon sehr stark auf Ihre Prozesse zuschneiden.

Konfiguration

Im zweiten Schritt können Sie innerhalb Ihrer Benutzerrollen einstellen, welche Oberflächen und Zuordnungsblöcke in Ihren Vorgangsarten jeweils angezeigt werden sollen. Diese Anpassung ähnelt der des IT-Servicemanagements, daher erfahren Sie in Abschnitt 5.1.1, »CRM Web UI«, wie dies genau funktioniert.

Benutzerrollen anpassen

Wenn Sie noch weitere Änderungen am Anforderungsmanagementprozess vornehmen möchten, die nicht durch die Konfiguration zu realisieren sind, müssen Sie auf Eigenentwicklungen ausweichen. An dieser Stelle haben Sie im Wesentlichen die Möglichkeit einer Methodenausführung durch PPF-Aktionen, einer BAdI-Implementierung oder einer Komponentenerweiterung.

Eigenentwicklung

Methodenausführung durch PPF-Aktionen

Wie in Abschnitt 5.3.6, »PPF-Aktionen«, beschrieben, führt das *Post Processing Framework* (PPF) über *Aktionen* bestimmte Aktivitäten innerhalb eines Vorgangs aus. Jede Vorgangsart verfügt dazu über eine Sammlung von definierten *Aktionsdefinitionen*, die entweder manuell oder bei Eintritt eines bestimmten Ereignisses (d. h. einer Bedingung) ausgeführt werden.

PPF-Aktionen

Innerhalb einer PPF-Aktionsdefinition können Sie kundeneigene Methoden ausführen. Legen Sie dafür eine eigene Implementierung in einer BAdI-Definition (*Business Add-in*) an. Verwenden Sie dazu die BAdI-Definition `EXEC_METHODCALL_PPF`. Ordnen Sie die kundeneigene Methode Ihrer Aktionsdefinition zu, wie in Abbildung 7.18 gezeigt. So können Sie bspw. eigene Partnerermittlungen realisieren oder Feldwerte beeinflussen.

Kundeneigene Methode

7 Anforderungsmanagement

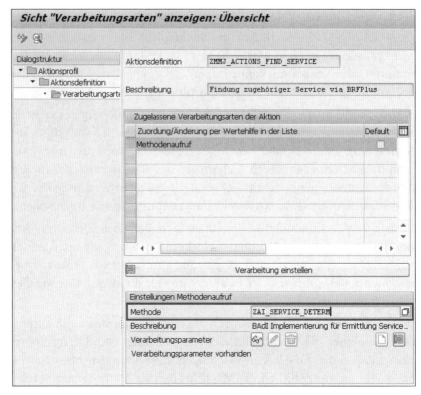

Abbildung 7.18 Methodenausführung durch eine PPF-Aktion

BAdI-Implementierung

Ihnen stehen eine Reihe weiterer Business-Add-ins zur Verfügung, die zu verschiedenen Zeitpunkten im Anforderungsmanagementprozess verwendet werden können, um den Workflow an Ihre Anforderungen anzupassen.

BAdIs für das Anforderungsmanagement

Speziell für das Anforderungsmanagement existieren die in Tabelle 7.6 aufgeführten BadIs zur Implementierung.

BAdI-Definition	Beschreibung
SOCM_PROCESS_ACTION	Aktionen im Anforderungsmanagement implementieren
SOCM_CHECK_CONDITION	Konsistenzprüfungen im Anforderungsmanagement implementieren
AIC_OVERWRITE_APP_PROC_ENHANCE	erweiterte Berechtigungen für Genehmigungsvorgang überschreiben

Tabelle 7.6 BAdIs im Anforderungsmanagement

BAdI-Definition	Beschreibung
AIC_INFLUENCE_SET_SUCCDOC	Steuerungseinstellung für Folgebelege
AIC_POPUP_ON_CLOSE_EVENT	BAdI-Methode für Dialogfenster implementieren
AI_CRM_GW_MYREQ_QUERY_BADI	Suchanfrage zum Lesen der Hauptliste

Tabelle 7.6 BAdIs im Anforderungsmanagement (Forts.)

Zusätzlich gibt es weitere BAdIs, die unabhängig vom Szenario in allen CRM-Belegen verwendet werden können. Mithilfe der folgenden zwei BAdIs können Sie innerhalb Ihrer Anforderungsmanagementvorgangsarten bspw. eine eigene Partnerermittlung realisieren oder eigene Prüfungen durchführen, sobald Ihr Vorgang gesichert wird.

BAdIs in CRM-Belegen

- ORDER_SAVE

  Die Implementierung dieses BAdIs wird bei jedem Sichern eines CRM-Vorgangs durchlaufen. Deshalb können Sie hier den aktuellen Beleg manipulieren oder Prüfungen durchführen, sobald dieser Beleg gesichert wird.

- COM_PARTNER_BADI

  Über dieses BAdI können Sie eigenen Code für die Partnerverarbeitung implementieren. Sie können bspw. prüfen, ob der Ansprechpartner mit dem Auftraggeber übereinstimmt.

Komponentenerweiterung

Die Vorgangsarten des Anforderungsmanagements und der Änderungsantrag im Change Request Management bauen auf der UI-Komponente AIC_CMCR_H auf. Über die *Komponenten-Workbench* (Transaktion BSP_WD_CMPWB) können Sie diese Standard-UI-Komponente modifikationsfrei erweitern. Dabei bleiben die SAP-Standardklassen von Änderungen unberührt, da zur Laufzeit lediglich die Standardklasseninstanzen durch kundeneigene Klasseninstanzen ersetzt werden. Erweiterungen an der Komponente wirken sich dabei auf alle Vorgangsarten aus, die auf dieser Komponente aufbauen.

Komponenten-Workbench

Abbildung 7.19 zeigt eine erweiterte AIC_CMCR_H-Komponente. Bei der Erweiterung wurden entsprechende kundeneigene Z*-Implementierungsklassen generiert. Die Komponentenerweiterung ist einem *Erweiterungsset* zugeordnet.

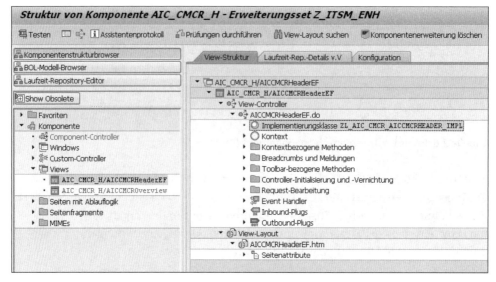

Abbildung 7.19 Komponenten-Workbench

> **Erweiterungsset**
>
> Das Erweiterungsset bildet einen Container für erweiterte Komponenten. Zur Laufzeit des Web-UI-Frameworks kann immer nur ein Erweiterungsset verwendet werden. Über den Pflegeview BSPWDV_EHSET_ASG können Sie mit Transaktion SM30 das aktive Erweiterungsset definieren.

Mithilfe von Komponentenerweiterungen können Sie bspw. Schaltflächen und neue Attribute hinzufügen oder kundenspezifische Wertehilfen implementieren.

7.4 SAP-Fiori-Applikation »Meine Geschäftsanforderungen«

Oberfläche für die Fachabteilungen

Damit die Mitarbeiter in den Fachabteilungen ihre Geschäftsanforderungen über eine einfache und zeitgemäße Benutzeroberfläche verwalten können, stellt SAP die SAP-Fiori-Applikation »Meine Geschäftsanforderungen« (My Business Requirements) zur Verfügung. Sie finden diese Applikation im SAP Solution Manager Launchpad innerhalb der Gruppe **Projekt- und Prozessverwaltung** (siehe Abbildung 7.20).

7.4 SAP-Fiori-Applikation »Meine Geschäftsanforderungen«

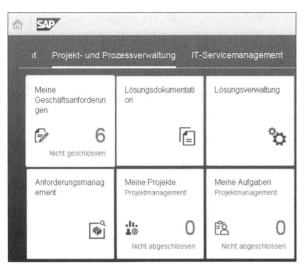

Abbildung 7.20 Kachel »Meine Geschäftsanforderungen« mit Zähler

Mit dieser Anwendung können Sie Ihre angelegten Geschäftsanforderungen einsehen und ändern oder neue Geschäftsanforderungen erstellen. Abbildung 7.21 zeigt die Oberfläche der SAP-Fiori-Applikation nach dem Klick auf die Kachel.

Aufbau der Applikation

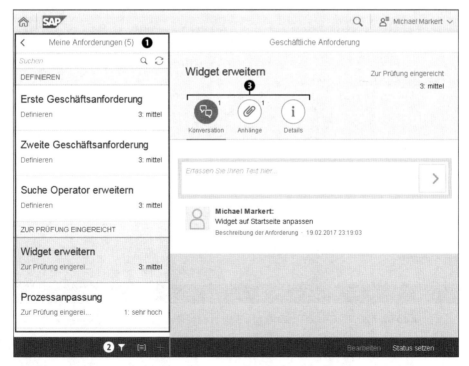

Abbildung 7.21 SAP-Fiori-Applikation »Meine Geschäftsanforderungen«

353

Der Master-Bereich **Meine Anforderungen** (❶ in Abbildung 7.21) auf der linken Seite bietet eine Liste aller offenen Geschäftsanforderungen, die Sie angelegt haben. Über die Icons auf der Statusleiste unten links ❷ können Sie diese Liste nach dem Benutzerstatus filtern (▼) oder die Anforderungen nach der Priorität, dem Status oder der letzten Änderung gruppieren (☰).

Nähere Informationen zu Ihrer ausgewählten Geschäftsanforderung liefert Ihnen der Detailbereich auf der rechten Seite. Über drei Registerkarten ❸ können Sie die bereits vorhandenen Texte einer Geschäftsanforderung ansehen oder einen weiteren Text verfassen (Registerkarte **Konversation**), die bereits vorhandenen Anhänge einer Geschäftsanforderung einsehen oder weitere Anhänge hochladen (Registerkarte **Anhänge**) sowie Detailinformationen wie Objekt-ID, Ansprechpartner, Priorität oder Kategorie einer Geschäftsanforderung ansehen und bearbeiten (Registerkarte **Details**).

Geschäftsanforderung anlegen
Eine neue Geschäftsanforderung können Sie hier über eine sehr übersichtliche Eingabemaske anlegen (siehe Abbildung 7.22).

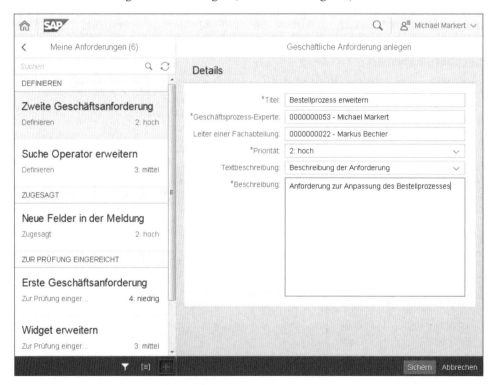

Abbildung 7.22 Geschäftsanforderung anlegen

Status ändern
Über die Applikation können Sie auch den Status der Geschäftsanforderungen setzen (siehe Abbildung 7.23). Dabei stellt die Applikation Ihnen die

jeweils möglichen Folgestatus zur Auswahl. Die Statusänderung erfolgt technisch durch eine PPF-Aktion. Diese Art der Statusänderung kennen Sie bereits von Änderungsanträgen und Änderungsdokumenten. An dieser Stelle findet also auch das Change-Request-Management-Framework Anwendung.

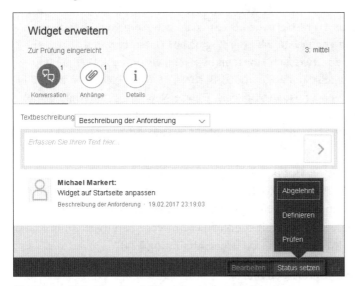

Abbildung 7.23 Eine Geschäftsanforderung ändern

Diese von SAP bereitgestellte SAP-Fiori-Applikation beinhaltet bereits alle notwendigen Funktionen zur Anlage, Ansicht und Bearbeitung von Geschäftsanforderungen. Falls Sie dennoch Funktionen vermissen oder die Oberfläche anpassen möchten (z. B. kundeneigene Felder ergänzen), können Sie die Applikation Ihren Anforderungen entsprechend einrichten.

Erweiterungsmöglichkeiten

Um Anpassungen an der Oberfläche der Applikation vorzunehmen, verwenden Sie ein *Extension Project* in der Entwicklungsumgebung der SAP Web IDE. Hier können Sie die Standard-SAP-Fiori-Applikation auswählen und anschließend erweitern.

> **SAP Web IDE**
>
> Die SAP Web IDE ist ein webbasiertes Entwicklungswerkzeug, um mithilfe von Wizards, Vorlagen und grafischen Editoren Applikationen zu entwickeln, zu testen, zu erweitern und auszuliefern.

Falls Sie weitere Funktionen innerhalb der Applikation implementieren möchten, müssen Sie zusätzlich den OData-Service der Applikation erweitern.

7 Anforderungsmanagement

> **[»] OData-Service**
>
> OData (Open Data Protocol) ist ein HTTP-basiertes Protokoll für den Datenzugriff zwischen kompatiblen Systemen zur Ermöglichung von CRUD-Operationen (Create, Read, Update, Delete). Mit OData können Sie auf den REST-Prinzipien basierende APIs entwickeln, ohne sich dabei über URL-Konventionen, HTTP-Methoden, Statuscodes usw. Sorgen machen zu müssen. Mithilfe von OData wird der Zugriff auf Daten bzw. die allgemeine Kommunikation zwischen Front- und Backend vereinfacht. Weitere Informationen hierzu finden Sie in den Büchern »SAPUI5 – Das umfassende Handbuch« von Christiane Goebels, Denise Nepraunig und Thilo Seidel (SAP PRESS 2017) und »SAP Fiori – Implementierung und Entwicklung« von Michael Englbrecht und Michael Weglin (SAP PRESS 2017).

Im *SAP Gateway Service Builder* (Transaktion SEGW) können Sie dazu das Projekt AI_CRM_GW_MYBUSI_REQUIRE kopieren und bearbeiten. Legen Sie neue Entitätstypen an, um Ihr Datenmodell zu erweitern. Für Ihre eigene Programmierung verwenden Sie die für diese Zwecke bereitgestellten Klasse CL_AI_CRM_GW_MYBUSI_RE_DPC_EXT (siehe Abbildung 7.24).

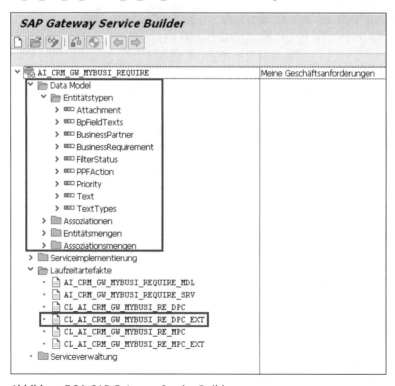

Abbildung 7.24 SAP Gateway Service Builder

Kapitel 8
Change Control Management

In diesem Kapitel erläutern wir sämtliche Teilbereiche des Change Control Managements. Dabei gehen wir insbesondere auf die Konfiguration der einzelnen Bestandteile und auf deren Funktionsweisen ein.

IT-Organisationen stehen vor der Herausforderung, einen Änderungsprozess für ihre IT-Änderungen zu implementieren, der internen und externen Anforderungen gerecht wird. Dabei sind Qualität, Transparenz, Revisionssicherheit, Akzeptanz und die Abbildung von IT-Standards wesentliche Einflussfaktoren. Der SAP Solution Manager stellt mit dem *Change Control Management* (d. h. mit den Funktionen zur Verwaltung der Änderungskontrolle) eine Reihe von Szenarien zur Verfügung, die Ihnen dabei helfen, diese Herausforderungen zu bewältigen.

Mit den Funktionen des Change Control Managements lassen sich IT-Änderungen auswerten, planen und verwalten sowie kontrolliert und konsistent durchführen. Abbildung 8.1 veranschaulicht die einzelnen Bestandteile des Change Control Managements im SAP Solution Manager 7.2. Im Verlauf dieses Kapitels erläutern wir Ihnen all diese Bestandteile.

Bestandteile des Change Control Managements

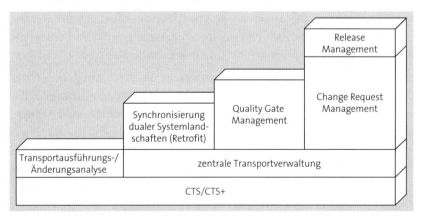

Abbildung 8.1 Bestandteile des Change Control Managements (Quelle SAP SE)

8.1 Grundlagen des Change Request Managements und des Quality Gate Managements

Mithilfe des Change Request Managements (ChaRM) können Sie Änderungen an Ihrer IT-Systemlandschaft zentral verwalten und kontrollieren. Der SAP Solution Manager stellt Ihnen hierfür vordefinierte, ITIL-konforme Prozessabläufe für die Beantragung und Genehmigung sowie für die Durchführung von Änderungen zur Verfügung. Mit diesen Prozessabläufen können Sie den Änderungsprozess von der Beantragung über die Genehmigung und von der Entwicklung bis zum Deployment in die Produktivumgebung lückenlos dokumentieren.

Integration in das SAP-Transportwesen	Ein großer Vorteil dieser Lösung im Vergleich zu den meisten anderen Change-Management-Tools ist die Integration des SAP-Transportwesens, dessen Einrichtung wir in Abschnitt 8.2.3 unter der Überschrift »Schritt 4: Change and Transport System (CTS) konfigurieren« erläutern. Damit besteht eine direkte Anbindung der Änderungsdokumentation an den Rahmen für die technische Umsetzung, den *Transportauftrag*. Transportaufträge werden über ein Änderungsdokument auf dem jeweiligen Entwicklungssystem erzeugt. Standardmäßig werden dabei die Transportaufträge mit der ID und dem Kurztext des Änderungsvorgangs betitelt. So können Transportaufträge, die über das ChaRM angelegt wurden, immer eindeutig dem betreffenden Änderungsvorgang zugeordnet werden.
Änderungen ohne Transportauftrag	Änderungen, die keinen Transportauftrag erfordern, können ebenfalls über das ChaRM beantragt und dokumentiert werden. Das können z. B. Modifizierungen an IT-Geräten wie Druckern oder mobilen Endgeräten sein. Aber auch Änderungen, die direkt auf einem IT-System durchgeführt werden müssen, können innerhalb eines dafür vorgesehenen und vordefinierten Änderungsprozesses durchgeführt und dokumentiert werden.
Release Management	Neben der Integration des Transportwesens in die Lösung bietet das ChaRM den Vorteil, dass Sie mithilfe von *Änderungszyklen* Wartungsszenarien, Einführungsprojekte und ein *Release Management* abbilden können. Um das Projektmanagement und das Release Management zu unterstützen, wurden die Änderungszyklen in verschiedene Phasen unterteilt. Die Änderungszyklen und deren Phasensteuerung beleuchten wir in Abschnitt 8.3.2, »Änderungszyklen«, näher. Mit dem Release Management im SAP Solution Manager 7.2 wurde eine neue Funktionalität entwickelt, die es Ihnen im Zusammenspiel mit dem ChaRM ermöglicht, Major- und Minor-Releases im Vorfeld zu planen und kontrolliert einzuführen.
Change Request Management	Das ChaRM des SAP Solution Managers 7.2 kann direkt eingesetzt werden. SAP berücksichtigt hierbei die Integration aller beteiligten Personengrup-

pen. Durch vorkonfigurierte Prozesse kann die Kommunikation zwischen allen an einer Änderung beteiligten Personen sichergestellt werden. Dabei hat der betroffene Personenkreis jederzeit Zugriff auf sämtliche für die Durchführung relevanten Informationen.

Die Benutzeroberfläche des ChaRM basiert im neuen Release des SAP Solution Managers auf derselben CRM-Web-UI-Technologie wie im vorangegangen Release 7.1, wenn auch mit einer neueren Version. Das bedeutet, dass nach wie vor jeder Anwender, der am ChaRM-Prozess beteiligt ist, zusätzlich zu seinem SAP-Benutzer auch einen *Geschäftspartner* benötigt.

Geschäftspartner

Über das SAP Solution Manager Launchpad (Transaktion SM_WORKCENTER) gelangen Sie im Bereich **Change Management** zu den Administrationsfunktionen innerhalb des **Administrations-Cockpit** des ChaRM. Hier können Sie bspw. neue Änderungszyklen erstellen (siehe Abschnitt 8.3.2) oder Importjobs einplanen (siehe Abschnitt 8.3.5, »Änderungsdokumente«). Im ChaRM werden zur Dokumentation und Verwaltung von Änderungen im Wesentlichen zwei Belegarten unterschieden: der Änderungsantrag und das Änderungsdokument.

Work Center »Change Management«

Mithilfe des *Änderungsantrags* können Änderungen in Ihrer Systemlandschaft beantragt und genehmigt werden. In dieser Belegart werden alle Informationen gesammelt, die für die Genehmigung der Änderung relevant sind. Die Umsetzung der Änderung ist in einem Änderungsantrag allerdings nicht vorgesehen. Hierzu wird ein *Änderungsvorgang* benötigt, der dem Änderungsantrag folgt.

Änderungsantrag

Ein wesentlicher Bestandteil des Änderungsantrags ist daher die Auswahl des Änderungsvorgangs, mit dessen Unterstützung die Änderung durchgeführt werden soll. Dieser wird im SAP Solution Manager auch *Änderungsdokument* genannt. Im Änderungsdokument werden alle Aktivitäten von der Durchführung über den Test bis zur Produktivsetzung der Änderung vermerkt und dokumentiert. SAP stellt Ihnen standardmäßig folgende Änderungsdokumente mit vordefinierten Arbeitsabläufen zur Verfügung:

Änderungsdokumente

- **Normale Änderung**
  Die normale Änderung wird für projektbasierte Änderungen eingesetzt. Dieser Änderungstyp ist in das SAP-Transportmanagement integriert.

- **Dringende Änderung**
  Auch die dringende Änderung ist in das SAP-Transportmanagement integriert. Mithilfe dieses Änderungsvorgangstyps können Änderungen schnell und flexibel implementiert werden. In der Praxis wird dieses Änderungsdokument für dringende Fehlerbehebungen im laufenden Betrieb eingesetzt. Im Vergleich zur normalen Änderung können die

Transportaufträge einer dringenden Änderung schneller in die Produktivumgebung gelangen.

- **Administrative Änderung**
  Die administrative Änderung hat keinen Transportauftragsanschluss. Mit diesem Änderungsdokument können Änderungen dokumentiert werden, die direkt auf einem SAP-System erfolgen und nicht transportiert werden müssen. Darunter fällt z. B. die Änderung an einem Nummernkreisintervall.

- **Allgemeine Änderung**
  Mit diesem Änderungsdokument können Änderungen abgebildet werden, die keinem SAP- oder IT-System zugeordnet werden können. Beispiele hierfür wären Änderungen an Druckern oder mobilen Geräten.

- **Fehlerkorrektur**
  Sollten während der Testphase eines Entwicklungsprojekts (bspw. bei einem Integrationstest auf dem Qualitätssicherungssystem) Fehler auftreten, kann der Entwickler diese Fehler mithilfe der Fehlerkorrektur beheben. Die Fehlerkorrektur ist in das SAP-Transportmanagement integriert.

Diese Änderungsprozesse werden in Abschnitt 8.3.5, »Änderungsdokumente«, umfassender erläutert.

Quality Gate Management

Das Quality Gate Management (QGM) stellt eine vereinfachte und damit auch funktionsärmere Alternative zum ChaRM dar. Mithilfe des QGM steuern Sie über Meilensteine die sogenannten *Quality Gates*, Softwareänderungen in Ihren SAP- und Nicht-SAP-Systemlandschaften. Auf die dem QGM zugehörigen Prozesse gehen wir in Abschnitt 8.4 umfassender ein.

8.2 Grundvoraussetzungen für den Einsatz des Change Control Managements

In diesem Abschnitt beschreiben wir die Grundeinrichtung des Szenarios **Change Control Management**. Innerhalb dieses Szenarios konfigurieren Sie das QGM sowie das ChaRM und führen das Setup Ihrer verwalteten Systeme durch.

8.2.1 Grundkonfiguration des Quality Gate Managements

Wenn Sie sich dazu entschließen, das QGM für Ihre Änderungsprozesse einzusetzen, konfigurieren Sie in der **SAP-Solution-Manager-Konfiguration** (Transaktion SOLMAN_SETUP) das Szenario **Change-Control-Management • Quality Gate Management** (siehe Abbildung 8.2).

8.2 Grundvoraussetzungen für den Einsatz des Change Control Managements

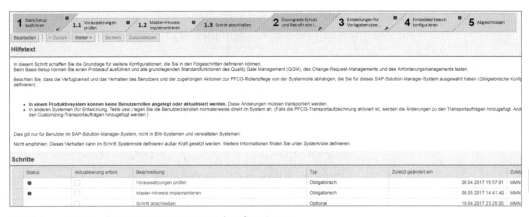

Abbildung 8.2 Quality Gate Management konfigurieren

Umfassende Dokumentationen zu den folgenden, notwendigen Schritten finden Sie wie immer direkt in der Guided Procedure zur Grundkonfiguration in den Hilfetexten.

Schritt 1: Basis-Setup ausführen

Über eine automatische Prüfung können Sie in diesem Schritt sehr schnell feststellen, ob die Infrastruktur für das QGM korrekt konfiguriert ist. Stellen Sie zudem sicher, dass immer der Master-Hinweis für das QGM in der aktuellen Version in Ihrem SAP Solution Manager eingebaut ist.

Infrastruktur prüfen

Nach dem Abschluss des Basis-Setups starten Sie die Guided Procedure **Setup des verwalteten Systems**. Hierüber konfigurieren Sie, für welche verwalteten Systeme das QGM genutzt werden soll (siehe auch Abschnitt 8.2.3, »Setup des verwalteten Systems«).

Schritt 2: Downgrade-Schutz und Retrofit einrichten

Das QGM können Sie an dieser Stelle optional um die Funktionen *systemübergreifende Objektsperre*, *Downgrade-Schutz* und *Retrofit* erweitern. Weitere Informationen zu deren Konfiguration finden Sie in Abschnitt 8.2.2, »Grundkonfiguration des Change Request Managements«. In Abschnitt 8.5, »Wichtige übergreifende Funktionen im Change Request Management und Quality Gate Management«, erläutern wir diese Funktionen näher.

Schritt 3: Einstellungen für Vorlagenbenutzer definieren

In diesem Schritt legen Sie automatisch die Vorlagenbenutzer und deren Berechtigungsrollen an, die für das QGM relevant sind. Sie kennen dieses

Prozedere bereits von der Grundkonfiguration anderer Szenarien (siehe z. B. Abschnitt 5.2.1, »Grundkonfiguration des IT-Servicemanagements«).

Schritt 4: Embedded Search konfigurieren

Die Konfiguration der Embedded Search ist ebenfalls Teil der ChaRM-Konfiguration. Deshalb finden Sie weitere Informationen hierzu im nachfolgenden Abschnitt.

8.2.2 Grundkonfiguration des Change Request Managements

Wenn Sie sich dazu entschließen, das ChaRM für Ihre Änderungsprozesse einzusetzen, konfigurieren Sie in der **SAP-Solution-Manager-Konfiguration** das Szenario **Change-Control-Management – Change-Request-Management** (siehe Abbildung 8.3).

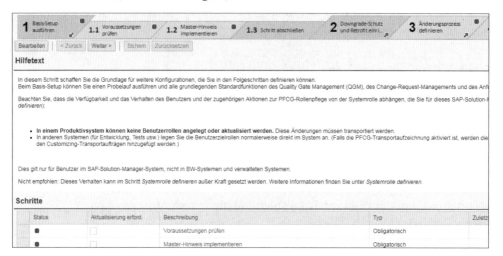

Abbildung 8.3 Change Request Management konfigurieren

Führen Sie hierfür die folgenden Konfigurationsschritte durch:

Schritt 1: Basis-Setup ausführen

Voraussetzungen prüfen

Mithilfe einer automatischen Prüfung können Sie auch in diesem Schritt überprüfen, ob die Infrastruktur des ChaRM korrekt konfiguriert ist. Die automatische Prüfung stellt fest, ob die im Rahmen der Systemvorbereitung und der Basiskonfiguration notwendigen Aktivitäten abgeschlossen wurden. Klicken Sie auf **Alle ausführen**, um sämtliche noch erforderlichen Aktivitäten auszuführen (siehe Abbildung 8.4). Eventuell auftretende Fehler und Lösungshinweise können Sie nach der Prüfung dem Protokoll entnehmen.

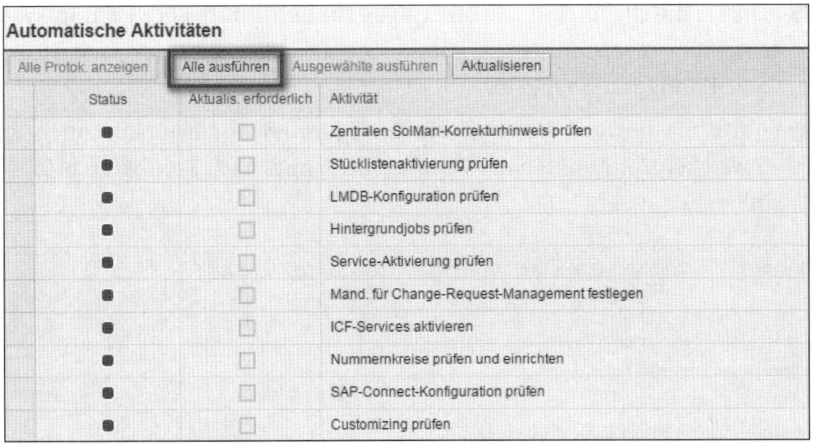

8.2 Grundvoraussetzungen für den Einsatz des Change Control Managements

Abbildung 8.4 Schritt 1.1, Voraussetzungen prüfen

Stellen Sie zudem sicher, dass der Master-Hinweis für das ChaRM in der aktuellen Version in Ihrem SAP Solution Manager eingebaut ist (Schritt **1.2 Masterhinweis implementieren**). Dieser Hinweis beinhaltet eine Sammlung von SAP-Hinweisen für die Anwendungsszenarien ChaRM und QGM sowie für das Anforderungsmanagement.

Master-Hinweis

Über Schritt **1.3 Schritt abschließen** starten Sie die Guided Procedure **Setup des verwalteten Systems** (siehe Abschnitt 8.2.3).

Schritt abschließen

Schritt 2: Downgrade-Schutz und Retrofit einrichten

Führen Sie die Konfigurationsaktivitäten in Schritt **2.1 CSOL und DGS konfigurieren** aus, um die systemübergreifende Objektsperre und den Downgrade-Schutz für Ihre *Change Control Landschaft* zu konfigurieren. Diese Themen werden in Abschnitt 8.5.2 sowie Abschnitt 8.5.3 erläutert.

Objektsperre und Downgrade-Schutz

Über die Aktivität **CSOL und DGS global aktivieren (Stammdaten)** gelangen Sie in die Einstellungen für diese Funktionen. Abbildung 8.5 zeigt die Konfigurationsmöglichkeiten:

❶ Als Erstes aktivieren Sie die systemübergreifende Objektsperre.

❷ Aktivieren Sie auch den Downgrade-Schutz. An dieser Stelle haben Sie die Option, die systemübergreifende Objektsperre über das Standardszenario oder über den Expertenmodus zu konfigurieren.

❸ Haben Sie den Expertenmodus aktiviert, können Sie die systemübergreifende Objektsperre nun Ihren Anforderungen entsprechend definieren. Details zu den einzelnen Konfliktszenarien finden Sie in Abschnitt 8.5.2, »Systemübergreifende Objektsperre«.

❹ Falls Sie die allgemeinen Einstellungen für bestimmte Entwicklungssysteme übersteuern möchten, können Sie dies über die **Track-spezifische CSOL-Konfiguration** regeln.

❺ Führen Sie die **Downgrade-Schutz-Konfiguration** durch, um festzulegen, zu welchen Zeitpunkten der Downgrade-Schutz nach Konflikten prüfen soll.

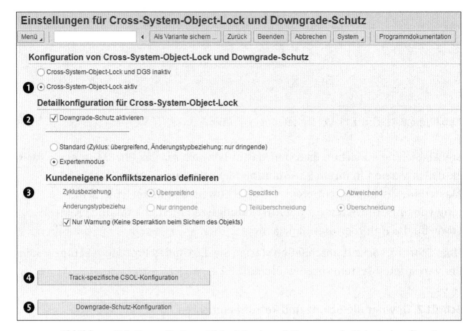

Abbildung 8.5 Cross-System-Object-Lock und Downgrade-Schutz konfigurieren

> [»] **Empfohlene Routineaufgaben für den Downgrade-Schutz**
>
> Sofern Sie den Downgrade-Schutz aktiviert haben, werden laufend Transportinformationen in verschiedenen zentralen Datenbanktabellen abgelegt. Damit diese Tabellen nicht zu groß werden bzw. keine veralteten oder fehlerhaften Inhalte enthalten, sollten Sie die in SAP-Hinweis 2138047 beschriebenen Routinejobs in Ihrem SAP Solution Manager einplanen. Beachten Sie dabei auch SAP-Hinweis 2363546 sowie folgenden Link: *https://blogs.sap.com/2016/03/14/dgp-downgrade-protection-for-cts*

Retrofit   Sollten Sie mit dualen Systemlandschaften (Entwicklungslandschaft und Wartungslandschaft) arbeiten, in denen Sie in verschiedenen Releases gleichzeitig Entwicklungen und Konfigurationen vornehmen, können Sie mithilfe der Funktion *Retrofit* Ihre Systemstände abgleichen. Über die Konfigurationsaktivität **Aktivierung von Retrofit (Stammdaten)** aktivieren Sie

Retrofit entweder für eine bestimmte Auswahl von Benutzern oder für alle Benutzer. Wir empfehlen an dieser Stelle die Eingabe eines Sternchens (*), um Retrofit für alle Benutzer zu aktivieren.

Konfigurieren Sie in der nächsten Aktivität (**Retrofit-Parameter definieren**) die Retrofit-Funktion Ihren Anforderungen entsprechend. Die verknüpfte Dokumentation gibt Ihnen Informationen zu den verschiedenen Parametern, die Sie in der Konfigurationstabelle verwenden können. Sie können bspw. durch die Aktivierung des Parameters SET_ORGSYS das Originalsystem für Objekte im Zielsystem ändern, wenn der Retrofit durchgeführt wird.

Schritt 3: Änderungsprozess definieren

Die Definition des Änderungsprozesses wird in 15 Teilschritten durchgeführt. Wir erläutern Ihnen die einzelnen Konfigurationsschritte in den folgenden Abschnitten.

Teilschritt 1: Vorgangsarten kopieren

Auch bei der Konfiguration des ChaRM kopieren Sie die SAP-Standardvorgangsarten in Ihren kundeneigenen Namensraum und passen sie anschließend an, wie in Abschnitt 5.2.1, »Grundkonfiguration des IT-Servicemanagements«, beschrieben.

Führen Sie innerhalb dieses Konfigurationsschritts auch die Aktivität **Transportbezogene Customizing-Autokorrektur prüfen** durch. Überprüfen Sie mit dem darin beschriebenen Programm /TMWFLOW/FIX_CHK_FRMWK_CUSTMZG, ob das Customizing für Ihre Vorgangsarten mit Transportanschluss aktuell und korrekt ist. Bei veraltetem Customizing können Sie dieses über dasselbe Programm aktualisieren. Führen Sie diesen Teilschritt nach jedem Upgrade Ihres SAP-Solution-Manager-Systems aus, um sicherzustellen, dass die transportbezogenen Prüfungen Ihrer kundeneigenen Änderungsdokumente ordnungsgemäß funktionieren.

Transportbezogene Prüfungen

Teilschritt 2: Kopiersteuerung definieren

Definieren Sie die *Kopiersteuerung* und die *Mappingregeln* für Ihre Vorgangsarten im ChaRM. Details zur Kopiersteuerung finden Sie in Abschnitt 5.2.1, »Grundkonfiguration des IT-Servicemanagements«.

Teilschritt 3: Statusverwaltung definieren

Die Aktionen in diesem Schritt sind optional und werden erst dann relevant, wenn die Standardstatusschemata der Vorgangsarten im ChaRM nicht zu Ihren Prozessen passen. Für den Fall, dass Sie die Statusprofile erweitern oder vereinfachen möchten, müssen Sie die nachfolgenden Punkte berücksichtigen.

Aktionen

Der Statuswechsel erfolgt im ChaRM über die Ausführung von Aktionen. Erstellen Sie für jeden neuen Status eine separate *Aktionsdefinition*, und planen Sie diese Aktionen in den relevanten Anwenderstatus ein (*Einplanbedingungen*). Nähere Informationen hierzu finden Sie im nächsten Konfigurationsschritt.

Aktionen durch Statuswechsel

Manche Statuswechsel lösen weitere Aktionen wie eine *Konsistenzprüfung*, eine Vorgangserzeugung, einen Statuswechsel im Vorgänger- oder Folgebeleg oder einen E-Mail-Versand aus. Innerhalb der Änderungsdokumente können durch einen Statuswechsel auch Importe angestoßen werden. Auch das Genehmigungsverfahren wird standardmäßig mit dem Benutzerstatus **Zu genehmigen** gestartet. Sollten Sie solch einen Status löschen wollen, prüfen Sie, ob diese weiteren Aktionen noch benötigt werden. Diese können Sie dann mit einem anderen Status verknüpfen.

Teilschritt 4: PPF-Aktionen definieren

Das Post Processing Framework (PPF) führt über *Aktionen* bestimmte Aktivitäten innerhalb eines Vorgangs aus, wie in Abschnitt 5.2.1, »Grundkonfiguration des IT-Servicemanagements«, beschrieben. Dieser Konfigurationsschritt ist optional. Falls Sie sich also im ChaRM standardnah bewegen, sind an dieser Stelle keine bzw. nur geringe Anpassungen notwendig.

Beispiele für PPF-Aktionen

Im ChaRM ist die Ausführung von PPF-Aktionen ebenso essentiell wie im Anforderungsmanagement. Konsistenzprüfungen, das Anstoßen von Importen, der Statuswechsel, die E-Mail-Benachrichtigung und die Generierung der Änderungsdokumente erfolgen über PPF-Aktionen.

Teilschritt 5: E-Mail-Benachrichtigungen einrichten

Für gewöhnlich wird eine E-Mail versendet, wenn in Ihrem ChaRM-Beleg ein bestimmter Status erreicht wird. Beispielsweise könnte der Tester in Ihrem ChaRM-Prozess per E-Mail informiert werden, sobald der Entwickler seine Entwicklung abgeschlossen hat und seine Änderung zum Test freigibt. Details zur Einrichtung der E-Mail-Benachrichtigung können Sie in Abschnitt 5.2.1, »Grundkonfiguration des IT-Servicemanagements«, nachschlagen.

Teilschritt 6: Geschäftspartner einrichten

Partnerfunktionen

Die Vorgangsarten des ChaRM bieten im Standard eine Reihe von Partnerfunktionen wie den IT-Operator, den Entwickler oder das Change Advisory Board an. Falls in Ihrem individuellen ChaRM-Prozess weitere Partnerfunktionen eine Rolle spielen, können Sie die fehlenden Partnerfunktionen über diese Konfigurationsaktivitäten ergänzen und in Ihren Prozess einbinden.

Teilschritt 7: Textverwaltung definieren

Innerhalb Ihrer ChaRM-Vorgangsarten können Sie Ihre Langtexte über verschiedene Textarten, die SAP bereits im Standard ausliefert, klassifizieren. Um Ihren Vorgangsarten kundeneigene Textarten hinzuzufügen oder nicht benötigte Textarten zu entfernen, können Sie die Aktivitäten dieses Konfigurationsschritts durchführen.

Textarten

Teilschritt 8: Terminverwaltung definieren

Definieren Sie in diesem Konfigurationsschritt, welche Termine in Ihrer Vorgangsart zu verarbeiten sind (siehe auch Abschnitt 5.2.1, »Grundkonfiguration des IT-Servicemanagements«).

Teilschritt 9: Genehmigungsverfahren definieren

Legen Sie in diesem Teilschritt das Genehmigungsverfahren für Ihren Änderungsantrag fest. Standardmäßig steht Ihnen ein einstufiges Verfahren zur Verfügung, in dem der *Change Manager* für die Genehmigung verantwortlich ist. Definieren Sie für Ihren Prozess einen zweiten Genehmigungsschritt, falls in Ihrem Prozess bspw. ein Change Advisory Board für die Genehmigung größerer Änderungen zuständig ist.

Genehmigung des Änderungsantrags

Weitere Genehmigungsschritte sind an dieser Stelle ebenso denkbar und umsetzbar. Führen Sie hierfür die manuelle Konfigurationsaktivität **Genehmigungseinstellungen definieren** aus. Im Vorgangsarten-Customizing ordnen Sie anschließend Ihrem Änderungsantrag Ihr kundeneigenes Genehmigungsverfahren zu (Aktivität **Genehmigungsverfahren den Vorgangsarten zuordnen**).

Kundeneigenes Genehmigungsverfahren

Die definierten Genehmiger in Ihrem Änderungsprozess werden per Workitem über Ihre zu genehmigenden Änderungsanträge informiert. Führen Sie deshalb das automatische Workflow-Customizing durch, um SAP Business Workflow auf Ihrem System zu aktivieren (Aktivität **SAP Business Workflow aktivieren**). Nachdem die Grundvoraussetzungen für die Verwendung von SAP Business Workflow erfüllt sind, müssen Sie im Workflow-Muster CRM_RFC_APRV das Startereignis REQUESTTOBEAPPROVED aktivieren. Damit wird der Workflow gestartet, sobald eine Genehmigung aussteht (Aktivität **Workflow für Änderungsantragsgenehmigung konfigurieren**).

Workflow-Customizing

> **[«] Genehmigungsverfahren deaktivieren**
>
> Falls in Ihrem ChaRM-Prozess kein Genehmigungsverfahren notwendig ist bzw. die Genehmigung anderweitig durchgeführt wird, können Sie den Genehmigungsvorgang über die manuelle Aktivität **Genehmigungsverfahren deaktivieren** aushebeln.

8 Change Control Management

Regelwerk anpassen

Damit Sie Ihren Genehmigungsvorgang verwenden können, müssen Sie mit der Benutzerrolle SOLMANPRO noch zwei Regelwerke über das CRM Web UI auf der Bereichsstartseite **Grundfunktionen • Regelwerke** anpassen. Folgen Sie hierzu der Anleitung in der Konfigurationsaktivität **Regeln für Genehmigungsvorgang anlegen**. Legen Sie schließlich über die Aktivität **Servicemanagerprofile definieren** Servicemanagerprofile an, und ordnen Sie diesen die IDs Ihrer zuvor angelegten Regelwerke zu.

Teilschritt 10: Change-Request-Management-Aktionen definieren

Standardaktionen

Führen Sie die Konfigurationsaktivitäten dieses Teilschritts durch, um die Ausführungszeiten von Aktionen und Konsistenzprüfungen in Ihrem Änderungsprozess zu definieren. Ihnen stehen standardmäßig diverse Aktionen zur Verfügung, die bspw. die Anlage eines Transportauftrags bzw. eines Transports von Kopien oder eines Aufgabenplans zum Änderungszyklus, aber auch einen Import auslösen können.

Konsistenzprüfungen

Darüber hinaus existieren standardmäßig diverse Konsistenzprüfungen, die u. a. prüfen, ob ein Import in der aktuellen Phase erlaubt ist, ob dem Änderungsantrag ein Zyklus zugeordnet ist oder ob eine RFC-Verbindung zum verwalteten System vorhanden ist.

Falls Sie den ChaRM-Prozess sehr standardnah verwenden bzw. keine wesentlichen Änderungen an den Statusschemata der Änderungsvorgänge vorgenommen haben, ist eine Konfiguration an dieser Stelle nicht notwendig.

Teilschritt 11: Einstellungen für Aufgabenpläne vornehmen

Kundenspezifische Variante

Der Aufgabenplan enthält alle für den ChaRM-Prozess relevanten Aufgaben, z. B. die Transportauftragsanlage oder den Import. Falls die Standardaufgabenpläne, die SAP zur Verfügung stellt, für Ihre Zwecke zu überladen oder nicht vollständig sind, können Sie eine **Kundenspezifische Variante für Aufgabenpläne anlegen**. Hier haben Sie dann die Möglichkeit, zusätzliche Aufgaben zu definieren und Ihrem Aufgabenplan zuzuordnen oder für Sie unnütze Aufgaben zu entfernen.

Teilschritt 12: Mehrstufige Kategorisierung pflegen

Die mehrstufige Kategorisierung ermöglicht eine genaue Einordnung Ihrer Änderungen. Weitere Informationen hierzu finden Sie in Abschnitt 5.3.1.

Teilschritt 13: Bearbeitungsprotokoll definieren

Definieren Sie in diesem Konfigurationsschritt, welche Änderungen an Ihrem ChaRM-Beleg im Verarbeitungsprotokoll dokumentiert werden sollen. Dies funktioniert ähnlich wie in Abschnitt 5.2.1, »Grundkonfiguration des IT-Servicemanagements«, beschrieben.

Teilschritt 14: Risiken/Auswirkung/Dringlichkeit/Empfohlene Priorität definieren

Definieren Sie innerhalb dieses Konfigurationsschritts Risiken, Auswirkungen, Dringlichkeiten und Prioritäten übergreifend für Ihre Vorgangsarten im ChaRM, IT-Servicemanagement und Anforderungsmanagement. Über die Aktivität **Auswirkung, Dringlichkeit und Priorität angeben** können Sie festlegen, welche empfohlene Priorität aus einer Kombination aus Auswirkung und Dringlichkeit berechnet werden soll. Diese Funktion soll dem Vorgangsersteller eine Hilfestellung geben, realistisch einschätzen zu können, wie problematisch ein Vorgang sein kann. Abbildung 8.6 zeigt die Felder im Änderungsvorgang, die durch diesen Konfigurationsschritt konfiguriert werden.

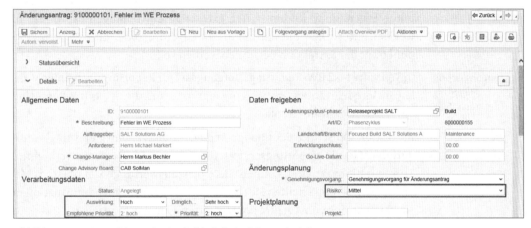

Abbildung 8.6 Auswirkung/Dringlichkeit/Priorität und Risiken

Teilschritt 15: Transportrisiken definieren

In Ihren ChaRM-Vorgängen können Ihnen innerhalb des Zuordnungsblocks **Landschaft** Transportrisiken angezeigt werden, die Sie in diesem Konfigurationsschritt definieren können. Auf Basis der Vorgangsart, der Systemrolle und des Benutzerstatus können Sie festlegen, welche Transportrisiken angezeigt werden sollen. So wird bspw. ein Transportfehler für das betreffende Zielsystem gemeldet, falls beim Import des Transportauftrags ein Fehler aufgetreten ist.

Schritt 4: Benutzeroberfläche konfigurieren

Die Konfiguration der Benutzeroberfläche ist in allen Szenarien, die das CRM Web UI verwenden, identisch. Details hierzu finden Sie in Abschnitt 5.2.1, »Grundkonfiguration des IT-Servicemanagements«.

Schritt 5: Einstellungen für Vorlagenbenutzer definieren

Für die verschiedenen Anwenderrollen, die am Prozess des ChaRM teilnehmen, können Sie in diesem Konfigurationsschritt Vorlagenbenutzer anlegen oder aktualisieren. Auch das funktioniert wie in Abschnitt 5.2.1, »Grundkonfiguration des IT-Servicemanagements«, beschrieben.

Schritt 6: Reporting definieren

In diesem Konfigurationsschritt definieren Sie sowohl das BW- als auch das ChaRM-Reporting.

Extraktionseinstellungen

Aktivieren Sie in Teilschritt **6.1 BW-Reporting: Extraktionseinstellungen definieren** den BI Content für das ChaRM. Damit lösen Sie einen Hintergrundjob aus, der die relevanten BW-Objekte für das BW-Reporting vorbereitet. Legen Sie weiterhin in den **Extraktionseinstellungen** bspw. fest, in welchen Intervallen die Extraktion durchgeführt oder zu welchem Zeitpunkt mit der Extraktion begonnen werden soll.

Vorgangsart für Reporting auswählen

In Teilschritt **6.2 BW-Reporting: Vorgangsart für Reporting auswählen** wählen Sie Ihre relevanten ChaRM-Vorgangsarten aus, die in das BW-Reporting eingeschlossen werden sollen.

Im dritten Teilschritt **6.3 Change-Request-Management-Reporting** konfigurieren Sie die Reportingservices für das ChaRM. Über die verknüpfte Konfigurationsaktivität können Sie Objektauswertungen aktivieren. Mit dieser Aktivierung erhalten Sie in Ihren Auswertungen auch Informationen zu Objekten aus vom ChaRM kontrollierten Transportaufträgen.

Nähere Informationen zum Reporting im SAP Solution Manager finden Sie in Abschnitt 5.3.17, »Reportingfunktionen«.

Schritt 7: Suchinfrastruktur konfigurieren

Embedded Search konfigurieren

Für Ihre Suche innerhalb des ChaRM-Szenarios konfigurieren Sie in Schritt 7 die Embedded Search oder TREX. Die Optionen dazu entsprechen denen des IT-Servicemanagements, wie in Abschnitt 5.3.5, »Volltextsuche«, beschrieben.

Schritt 8: Zusatzfunktionen integrieren

Projektmanagement integrieren

In diesem Schritt können Sie Ihr ChaRM um verschiedene Zusatzfunktionen erweitern. Konfigurieren Sie in der **SAP-Solution-Manager Konfiguration** das Szenario **Projektmanagement**, um die Integration des SAP Portfolio and Project Managements (PPM) mit dem ChaRM oder dem Anforderungsmanagement zu ermöglichen (siehe Abschnitt 6.2, »Voraussetzungen für den Einsatz des IT-Projektmanagements«).

Mithilfe der IT-Kalender-Integration können Sie darüber hinaus die Objekte der Szenarien Anforderungsmanagement, ChaRM sowie QGM übersichtlich in einem Kalender ansehen. Führen Sie Teilschritt 8.2 aus, um Ihr ChaRM um dieses Planungswerkzeug zu erweitern. Nähere Informationen zum IT-Kalender finden Sie in Abschnitt 10.9.3.

IT-Kalender integrieren

Außerdem können Sie die Jobverwaltung in das ChaRM bzw. das IT-Servicemanagement integrieren. Weitere Informationen zur Jobverwaltung und zur Einrichtung finden Sie in Abschnitt 11.5.

Job Scheduling Management integrieren

Schritt 9: Zusätzliche Anwendungsfälle verwenden

Über diesen Konfigurationsschritt können Sie zusätzliche Funktionen für Ihr Change-Control-Management-Szenario einrichten:

Optionale Erweiterungen

- **Optionale Umfangselemente aktivieren**
  Führen Sie diese Konfiguration durch, wenn Sie Ihre Änderungsanträge auch ohne Umfangspositionen verwenden möchten. Diese Funktion richtet sich hauptsächlich an Kunden, die die Durchführung der Änderung mit einem externen Werkzeug vornehmen und mithilfe des Änderungsantrags lediglich die Änderungen verwalten und nachverfolgen möchten.

- **Flexiblen Änderungszyklus zuordnen**
  Standardmäßig muss ein Änderungszyklus spätestens im Änderungsantragsstatus **Zu genehmigen** zugewiesen werden. Über diese Konfigurationsaktivität können Sie diese Vorgabe aushebeln und festlegen, zu welchem Zeitpunkt ein Änderungszyklus dem Änderungsantrag zugewiesen werden muss.

- **Integration der Lösungsdokumentation aktivieren**
  Aktivieren Sie in diesem Schritt die Integration zwischen ChaRM und Lösungsdokumentation (siehe Abschnitt 4.5.2, »Integration mit dem Change Request Management«).

- **Obligatorische Transporte aktivieren**
  Standardmäßig können Sie alle Änderungsdokumente ohne die Zuordnung von Transportaufträgen bearbeiten. Über diese Konfigurationsaktivität können Sie die Verwendung von Transportaufträgen als obligatorisch klassifizieren. Dies ist jedoch lediglich für Änderungsdokumente möglich, die in das Transport Management System (TMS) integriert sind. Diese wären:
  - dringende Änderung
  - normale Änderung
  - Fehlerkorrektur

8 Change Control Management

- **Prozess für normale Änderung verbessern**
  In diesem Teilschritt können Sie die Konsistenzprüfungen `NC_INDEV_OK` und `NC_INTEST_OK` konfigurieren. Mit diesen können Sie innerhalb Ihrer normalen Änderung prüfen, ob der zugeordnete Änderungszyklus den richtigen Status hat.

Schritt 10: Abgeschlossen

Im letzten Schritt der ChaRM-Konfiguration können Sie in einer übersichtlichen Zusammenfassung alle durchgeführten Aktivitäten prüfen.

8.2.3 Setup des verwalteten Systems

Zur Einrichtung des QGM oder des ChaRM gehört auch die Konfiguration der verwalteten Systeme. Konfigurieren Sie dazu in der **SAP-Solution-Manager-Konfiguration** das Szenario **Change-Control-Management • Setup des verwalteten Systems** (siehe Abbildung 8.7).

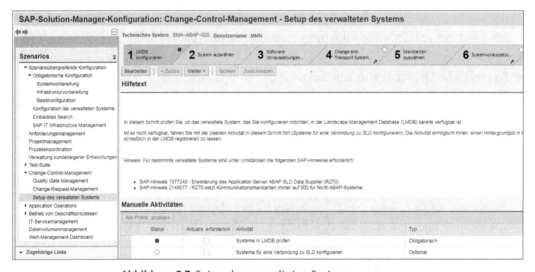

Abbildung 8.7 Setup des verwalteten Systems

Führen Sie hierfür die folgenden Konfigurationsschritte durch:

Schritt 1: LMDB konfigurieren

Prüfen Sie im ersten Schritt (**Systeme in LMDB prüfen**) manuell, ob die verwalteten Systeme, die durch das ChaRM kontrolliert werden sollen, bereits in der *Landscape Management Database* (LMDB) verfügbar sind. Ist dies der Fall, können Sie den Ausführungsstatus **Ausgeführt** setzen. Stellen Sie bei der Prüfung fest, dass Ihre Systeme in der LMDB noch nicht verfügbar sind, können Sie Ihre Systeme, wie in Abschnitt 3.3 beschrieben, am SLD registrieren.

Schritt 2: System auswählen

Im zweiten Schritt wählen Sie die verwalteten Systeme aus, die Sie für die Nutzung im ChaRM konfigurieren wollen.

Schritt 3: Software-Voraussetzungen prüfen

Stellen Sie in diesem Schritt sicher, dass Sie das Plug-in ST-PI, vorzugsweise in der aktuellsten Version, installiert haben. Dieses Plug-in gewährleistet eine reibungslose Integration Ihres SAP Solution Manager mit den zugehörigen verwalteten Systemen.

Über die zweite Aktivität **Allgemeinen Hinweis zu verwaltetem System prüfen** navigieren Sie direkt zu SAP-Hinweis 1703391. Dieser stellt Ihnen Informationen zu den Konfigurationsbedingungen für das ChaRM in den verwalteten Systemen zur Verfügung.

Schritt 4: Change and Transport System (CTS) konfigurieren

Im vierten Schritt der Konfiguration können Sie das *Change and Transport System* (CTS) für Ihre verwalteten Systeme konfigurieren, sofern dies noch nicht geschehen ist.

> **Konfiguration lediglich im Controller der Transportdomäne** [«]
>
> Sie müssen diese Konfigurationsschritte lediglich für alle verwalteten Systeme (Mandant 000) ausführen, die die Rolle des Transportdomänen-Controllers einnehmen. Für gewöhnlich ist dies das Produktivsystem. Eine Wiederholung dieser Konfigurationsschritte für Entwicklungs- und Qualitätsicherungssystem ist daher nicht notwendig.

Teilschritt 1: Transport Management System konfigurieren

Beginnen Sie mit Schritt **4.1: Transport Management Syst. konfigurieren**. Dieser obligatorische Schritt beinhaltet die wichtigsten Aktivitäten, die notwendig sind, um Ihre ABAP-Systeme für die Verwendung des ChaRM und des QGM zu konfigurieren.

In der ersten Aktivität **Transport-Domain-Controller definieren** prüfen Sie, ob Ihre Transportdomäne richtig konfiguriert wurde. Melden Sie sich hierzu an jedem Ihrer Domänen-Controller an. Rufen Sie anschließend

Transportdomänen-Controller definieren

Transaktion STMS für das Transport Management System (TMS) auf. Wenn Sie in diesem Schritt keine Fehlermeldungen erhalten und den Hinweis sehen, dass Sie am Domänen-Controller angemeldet sind (siehe Abbildung 8.8), ist die Prüfung erfolgreich.

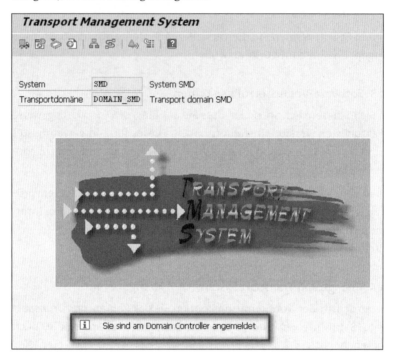

Abbildung 8.8 Konfiguration Ihrer Transportdomänen prüfen

Transportsteuerung definieren

Für die Konfiguration der Transportwege muss in der nächsten Aktivität die *erweiterte Transportsteuerung* eingeschaltet werden. Mit dieser können Sie u. a. Zielgruppen für Konsolidierungen und Belieferungen anlegen. Hierfür muss der Parameter CTC=1 im Transport-Tool gesetzt werden, um mandantenspezifisch transportieren zu können:

1. Melden Sie sich hierzu zunächst auf dem Mandanten 000 Ihres Domänen-Controllers an.
2. Rufen Sie Transaktion **STMS** auf.
3. Navigieren Sie in die Systemübersicht (**Übersicht • Systeme**).
4. Klicken Sie doppelt auf einen Ihrer Domänen-Controller, um in die Detailsicht zu gelangen.
5. Wechseln Sie auf die Registerkarte **Transporttool** (siehe Abbildung 8.9).
6. Prüfen Sie ob, der Parameter CTC den Wert 1 hat. Anderenfalls passen Sie ihn an.

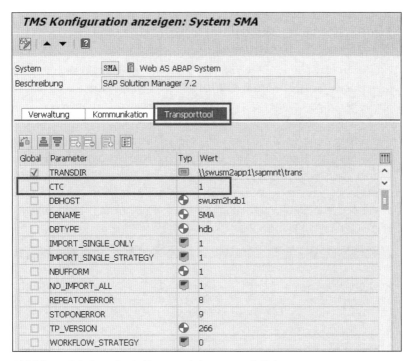

Abbildung 8.9 Erweiterte Transportsteuerung definieren

7. Sichern Sie Ihre Eingaben, falls Sie Änderungen vorgenommen haben.
8. Wechseln Sie zurück in die Systemübersicht.
9. Aktivieren und verteilen Sie die TMS-Konfiguration.

Diese Einstellung ist obligatorisch, um das ChaRM nutzen zu können.

> [!]
> **Parameter CTC bei ABAP- und Nicht-ABAP-Systemen**
>
> Setzen Sie den Wert des Parameters **CTC** auf 1, sofern es sich bei Ihrem zu konfigurierenden System um ein ABAP-Single- oder Dual-Stack-System handelt. Bei Nicht-ABAP-Systemen muss der Wert auf 0 gesetzt werden.

Durch die Aktivierung der erweiterten Transportsteuerung erhält der TMS-Administrator folgende Konfigurationsmöglichkeiten:

Auswirkungen auf Transportsteuerung

- Mandanten zu Transportwegen zuordnen
- Mandantengruppen (Zielgruppen) zu Transportwegen zuordnen
- Mandanten zu Transportschichten zuordnen

8 Change Control Management

[!] **Kein Import von Transportaufträgen nach Aktivierung der erweiterten Transportsteuerung**

Falls beim Aktivieren der erweiterten Transportsteuerung in einer Importqueue noch Transportaufträge vorhanden sind, werden diese in der neuen Spalte der Importqueue MANDANT rot hervorgehoben und können erst dann transportiert werden, wenn dafür ein Mandant angegeben wird. Sobald ein Auftrag ohne Zielmandant in der Importqueue existiert, verschwindet das kleine LKW-Symbol. Ein Transport über die Transaktion STMS wäre erst wieder nach einer manuellen Zuordnung des Zielmandanten möglich. Markieren Sie hierzu in Ihrer Importqueue den Transportauftrag mit der fehlenden Mandantenzuordnung, und wählen Sie **Auftrag • Zielmandant • setzen** (siehe Abbildung 8.10).

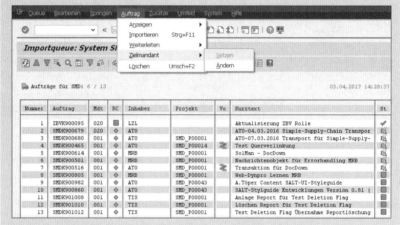

Abbildung 8.10 Einen Zielmandanten für einen Transportauftrag setzen

Transportwege definieren Auch die nächste Konfigurationsaktivität (**Transportwege definieren**) ist ein obligatorischer Schritt. Hierüber definieren Sie die Transportwege zwischen den Systemen Ihrer Systemlandschaft.

 Unterstützung der Standardtransportschicht

Das ChaRM und das QGM berücksichtigen für die Transportsteuerung lediglich die Konsolidierungswege, die der Standardtransportschicht des exportierenden Mandanten zugeordnet sind.

RFC-Verbindungen Der SAP Solution Manager kommuniziert mit dem Domänen-Controller der verwalteten Systeme, um z. B. die Zielsysteminformationen abzurufen, die Transportschienen anzuzeigen oder das CTS-Mandanten-Plug-in an das verwaltete System zu verteilen. Hierfür müssen Domain Links von der SAP-Solution-Manager-Domäne zu allen anderen Domänen-Controllern der ChaRM-Systemlandschaft angelegt werden. Legen Sie diese RFC-Verbindungen über die manuelle Aktivität **RFC-Destinationen zu Domänen-Controller anlegen** an. Dies können Sie ebenfalls in Transaktion STMS über folgenden Pfad durchführen: **Systemübersicht • SAP-System • Anlegen • Domain Link**.

In den Transportschienen, in denen die Softwareverteilung über das ChaRM gesteuert wird, muss das Genehmigungsverfahren im TMS deaktiviert werden, da dieses Verfahren mit dem ChaRM nicht kompatibel ist.

Genehmigungsverfahren

Des Weiteren muss die Strategie **Einzeltransporte** aktiviert werden. Durch diese Einstellung wird verhindert, dass versehentlich die Funktion **Alle importieren** ausgeführt wird. Alle Transporte innerhalb der Systemlandschaft im ChaRM werden dann über Projektimporte verarbeitet. Führen Sie die Konfigurationsaktivität **Transportstrategie konfigurieren** aus, um diese Einstellungen vorzunehmen. Sie erreichen diese Einstellungen in Transaktion **STMS** über **Transportwege** und einen Doppelklick auf die einzelnen Systeme im Transportweg (siehe Abbildung 8.11).

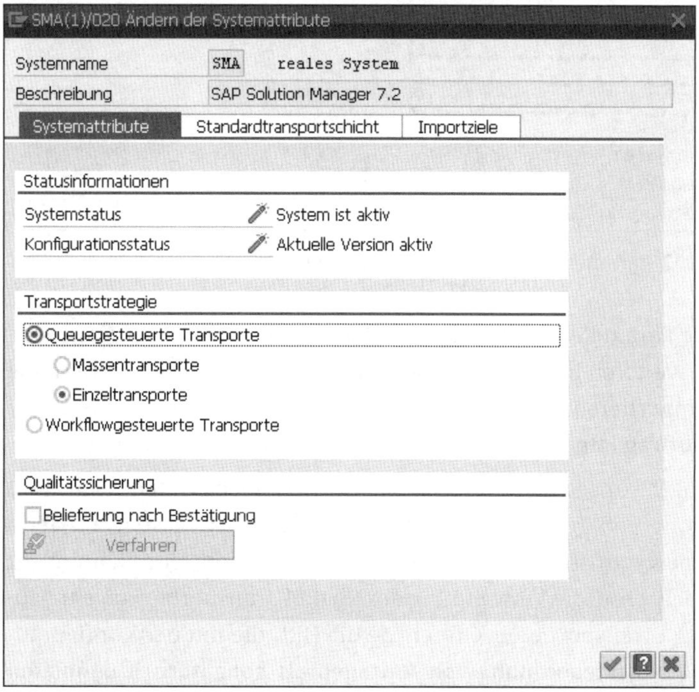

Transportstrategie

Abbildung 8.11 Transportstrategie konfigurieren

Durch die Aktivierung der Einzeltransportstrategie werden folgende Parameter gesetzt (siehe Abbildung 8.12):

- IMPORT_SINGLE_ONLY = 1
- IMPORT_SINGLE_STRATEGY = 1
- NO_IMPORT_ALL = 1

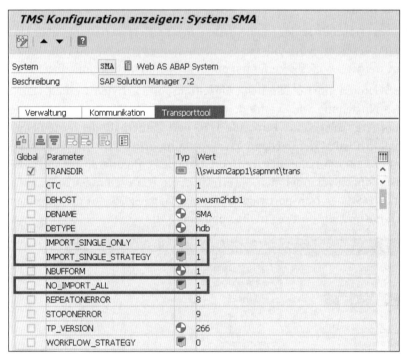

Abbildung 8.12 Parameter durch Einzeltransportstrategie

Durch diese Parametereinstellungen werden die Importoption **Transportauftrag für weiteren Import in Queue stehen lassen** und die Funktion **Alle Aufträge importieren** (der große LKW) standardmäßig deaktiviert. Die Funktion **Auftrag importieren** (der kleine LKW) bleibt davon unberührt.

Projektzuordnung von Transportaufträgen

Um das ChaRM konsequent und lückenlos zu betreiben, sollten Sie die Projektzuordnung von Transportaufträgen als obligatorisch festlegen. Wenn die CTS-Projektstatusschalter entsprechend gesetzt sind, ist es dann nicht mehr möglich, ohne die Verwendung des ChaRM Transportaufträge freizugeben bzw. zu transportieren. Öffnen Sie die URL, die mit der Konfigurationsaktivität **Projektzuordnung von Anträgen als obligatorisch definieren** verknüpft ist. Über das Administrations-Cockpit des Change Control Managements stellen Sie dann in der **Landschaftsübersicht** für Ihre verwalteten Systeme die **CTS-Zuordnung** als obligatorisch ein.

8.2 Grundvoraussetzungen für den Einsatz des Change Control Managements

Aktivieren Sie die CTS-Projektpflicht entweder für einzelne oder für alle Mandanten Ihres verwalteten Systems (siehe Abbildung 8.13).

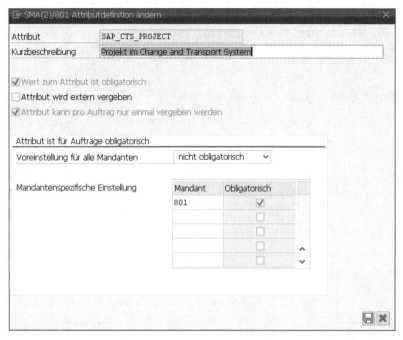

Abbildung 8.13 CTS-Zuordnung festlegen

Sobald Sie einen Änderungszyklus anlegen, werden automatisch CTS-Projekte für alle betreffenden Entwicklungssysteme erstellt. Über die *CTS-Projektstatusschalter* kann gesteuert werden, welche Aktionen bzgl. der dem Projekt zugeordneten Transportaufträge außerhalb des ChaRM zulässig sind. Standardmäßig sind diese Statusschalter geschlossen, um den Benutzern keine Möglichkeit zu geben, Systemänderungen ohne die Verwendung des ChaRM durchzuführen. Über die in der Aktivität **CTS-Statusschalter konfigurieren** verknüpfte URL gelangen Sie in das Administrations-Cockpit des Change Control Managements. Dort können Sie über die Schaltfläche **CTS-Statusschalter ändern** die CTS-Projektstatusschalter für einen ausgewählten Aufgabenplan bzw. Änderungszyklus konfigurieren.

CTS-Projekte

Was ist zu tun, wenn der SAP Solution Manager nicht verfügbar ist?

Damit Sie im Notfall Ihre Systemänderungen transportieren können, wenn Ihr SAP Solution Manager einmal nicht verfügbar ist, müssen Sie auf dem betreffenden Entwicklungssystem die CTS-Statusschalter im entsprechenden CTS-Projekt öffnen. Markieren Sie innerhalb Ihres *Transport Organ-*

8 Change Control Management

izers (Transaktion SE10) einen zu transportierenden Transportauftrag, und wählen Sie **Springen** • **Projekt bearbeiten** • **Projektstatusschalter** • **Alle konfigurierten Transportziele**.

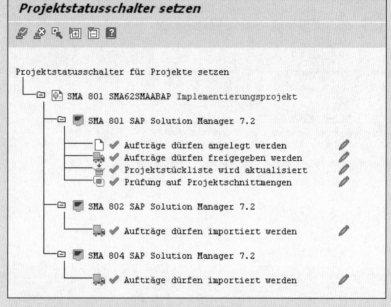

Abbildung 8.14 CTS-Projektstatusschalter öffnen

Öffnen Sie an dieser Stelle die CTS-Projektstatusschalter, um im Notfall Transporte auch ohne die Verwendung des ChaRM, also klassisch über die Transaktion **STMS**, durchzuführen (siehe Abbildung 8.14).

CTS-Plug-ins verteilen

Führen Sie die Konfigurationsaktivität **CTS-Plugins an verwaltete Systeme verteilen** durch, um sämtliche Change-and-Transport-System-Funktionalitäten (CTS) auf Ihren verwalteten Systemen im Rahmen des ChaRM nutzen zu können. Weitere Informationen zu den verfügbaren Transport-Management-Tools erhalten Sie in Abschnitt 8.6. Um die CTS-Plug-ins in die verwalteten Systeme zu verteilen, können Sie die Konfigurationsweboberfläche **Change and Transport System** • **Plug-In-Management** (Transaktion SZENPLUGIN) verwenden.

Das CTS Plug-in besteht aus den folgenden Plug-ins:

- **CTS Server Plug-in**
  Das CTS Server Plug-in enthält die CTS- bzw. cCTS-Funktionalitäten (Central Change and Transport System), die auf dem CTS-Server benötigt werden.

- **CTS Service Plug-in**
  Dieses Plug-in enthält die CTS- bzw. cCTS-Funktionalitäten, die auf den verwalteten Systemen notwendig sind.
- **CTS Bootstrapper Plug-in**
  Für die Aktivierung des CTS Server Plug-ins bzw. des CTS Service Plug-ins werden die Funktionen dieses Plug-ins benötigt.

Über die Konfigurationsoberfläche werden lediglich das CTS Service Plug-in und das CTS Bootstrapper Plug-in verteilt, da das CTS Server Plug-in nur für den SAP Solution Manager relevant ist.

Teilschritt 2: Erweitertes CTS konfigurieren

Das *erweiterte Änderungs- und Transportsystem* (CTS+) erweitert die CTS-Funktionalitäten um die Möglichkeit, Java- sowie SAP-Objekte zusammen mit spezifischen Nicht-ABAP-Objekten in Ihrer Systemlandschaft zu transportieren. Führen Sie die Konfigurationsschritte in Teilschritt **4.2 Enhanced CTS (nicht-ABAP) konfigurieren** aus, um die erforderlichen Einstellungen vorzunehmen. Weitere Informationen hierzu finden Sie in Abschnitt 8.6.2, »Transport von Nicht-ABAP-Objekten«.

Teilschritt 3: cCTS konfigurieren

Teilschritt **4.3 cCTS konfigurieren** gibt Ihnen einen Einstieg in die Konfiguration der cCTS-Infrastruktur. Abschnitt 8.6.3, »Central Change and Transport System«, liefert Ihnen hierzu nähere Informationen.

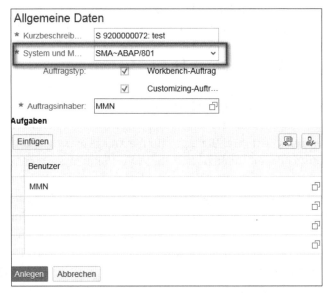

Abbildung 8.15 Dialogfenster zur Anlage von Transportaufträgen über das Change Request Management

BAdIs implementieren

In Teilschritt **4.4 BAdIs implementieren** werden Ihnen zwei Business-Add-ins (BAdI) zur Verfügung gestellt, mit denen Sie folgende Möglichkeiten haben:

- Durch die Implementierung des BAdI `/TMWFLOW/SCMA_TRANS_REQ_DESC` können Sie den Kurztext der Transportaufträge, die über Ihren ChaRM- bzw. QGM-Prozess erstellt werden, konfigurieren. Standardmäßig wird der Kurztext dieser Transportaufträge wie folgt aufgebaut:
  »S (Änderungsdokument-ID): (Beschreibung des Änderungsdokuments)«.

- Mithilfe des BAdI `AIC_CREATE_TRANSPORT_WINDOW` können Sie die Liste der angezeigten Systeme im Dialogfenster der Transportauftragsanlage filtern bzw. ändern (siehe Abbildung 8.15).

Schritt 5: Mandanten auswählen

Wählen Sie in diesem Konfigurationsschritt die relevanten Mandanten Ihrer verwalteten Systeme aus, für die Sie im Nachgang Benutzer anlegen möchten.

Schritt 6: Systemvoraussetzungen prüfen

Prüfen Sie in Teilschritt 6.1 zunächst, ob die für das ChaRM relevanten RFC-Verbindungen generiert wurden (siehe Abschnitt 3.3, »Verwaltete Systeme konfigurieren«).

Konfigurationselemente prüfen

Ihre verwalteten Systeme werden in Ihrem ChaRM-Prozess als Konfigurationselemente abgebildet. Überprüfen Sie in Teilschritt 6.2, ob diese Konfigurationselemente in Ihrem SAP-Solution-Manager-System existieren.

Schritt 7: Benutzerstammdaten anlegen

In den Teilschritten dieses Konfigurationsschritts legen Sie zunächst Vorlagenbenutzer in Ihren verwalteten Systemen inklusive der benötigten Standardberechtigungsrollen an (Teilschritt 7.1). Diese Vorlagenbenutzer können Sie dann in Teilschritt 7.2 als Referenz für die Anlage bzw. die Aktualisierung Ihrer tatsächlichen Benutzer auf Ihren verwalteten Systemen verwenden. Schließlich unterstützen Sie die Aktivitäten des Teilschritts 7.3 bei der Anlage bzw. der Aktualisierung Ihrer Geschäftspartner und Benutzer auf dem SAP Solution Manager. Die Vorlagenbenutzer, die Sie im ChaRM-Szenario im Konfigurationsschritt **5 Einstellungen für Vorlagenbenutzer definieren** generiert haben (siehe Abschnitt 8.2.2), können Sie an dieser Stelle als Referenz verwenden.

Anlage von Geschäftspartnern und Benutzern auf dem SAP Solution Manager

Die Anlage bzw. die Aktualisierung von Geschäftspartnern und Benutzern auf dem SAP Solution Manager können Sie über Transaktion BP_USER_GEN durchführen (siehe Abbildung 8.16).

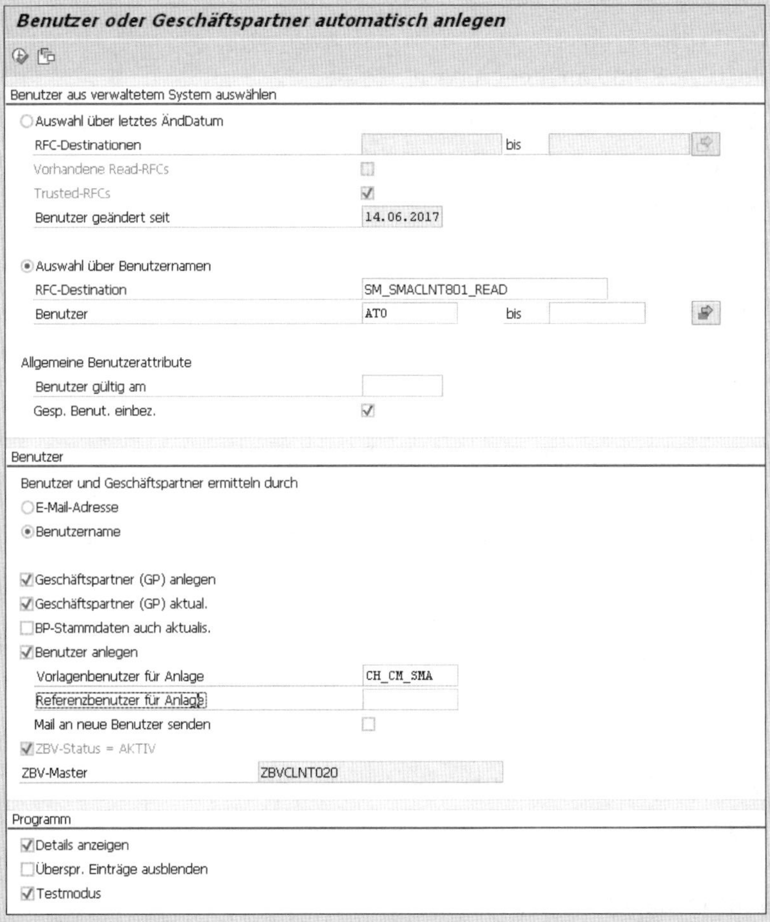

Abbildung 8.16 Benutzer und Geschäftspartner automatisch anlegen

Über dieses Programm können Sie über eine RFC-Destination auf Benutzerdaten in Ihren verwalteten Systemen zugreifen, um daraus Geschäftspartner und Benutzer auf den SAP Solution Manager zu übertragen bzw. diese dort anzulegen. Des Weiteren können Sie bei der Benutzererstellung auch Vorlagen- bzw. Referenzbenutzer hinterlegen, damit Ihre neu angelegten Benutzer bereits die korrekten Berechtigungsrollen erhalten.

Schritt 8: Landschaft und Änderungszyklus anlegen

Voraussetzung, um das ChaRM oder das QGM verwenden zu können, ist eine *Lösung*, die mit Ihrem Änderungszyklus verknüpft ist (siehe Abschnitt 4.1.1, »Eine Lösung als Single Source of Truth«). Innerhalb dieses Konfigurationsschritts bekommen Sie Hilfestellungen zur Pflege folgender Objekte:

- Lösungslandschaft
- Branches
- logische Komponentengruppen
- Change-Control-Landschaft
- Änderungszyklen (im Change Request Management)
- Szenarien (im QGM)
- Releases

Weitere Informationen hierzu finden Sie in Abschnitt 8.3.2, »Änderungszyklen«, und Abschnitt Abschnitt 8.4.3, »Mit dem Quality Gate Management arbeiten«.

Schritt 9: Erweiterte Funktionen (lokal) konfigurieren

Dieser Schritt beinhaltet die Konfiguration von Funktionen, die entweder bereits in der Konfiguration des ChaRM-Szenarios behandelt wurden oder in den folgenden Abschnitten näher erläutert werden:

- **9.1 CSOL und DGS konfigurieren** (siehe Abschnitt 8.2.2)
- **9.2 Retrofit konfigurieren** (siehe Abschnitt 8.2.2)
- **9.3 Selektiven und statusabhängigen Import definieren** (siehe Abschnitt 8.3.6)
- **9.4 Kritische Objekte definieren** (siehe Abschnitt 8.5.4)
- **9.5 Transportbezogene Prüfungen einrichten** (siehe Abschnitt 8.5.1)

Schritt 10: Abgeschlossen

Im letzten Schritt des Setups des verwalteten Systems können Sie in einer übersichtlichen Zusammenfassung alle durchgeführten Aktivitäten prüfen.

8.2.4 Berechtigungen

Im Rahmen des Change Control Managements werden Informationen zwischen dem SAP Solution Manager und den verwalteten Systemen über Trusted-RFC-Verbindungen ausgetauscht. Für diese Zwecke benötigen die ChaRM- und QGM-Benutzer entsprechende Berechtigungen auf dem SAP

Solution Manager und auf den verwalteten Systemen (Berechtigungsobjekt S_RFCACL).

Das ChaRM bzw. das QGM arbeiten mit verschiedenen Anwendergruppen wie dem *Antragsteller*, dem *Change Manager* oder dem *Entwickler*. Die Benutzer nehmen innerhalb des ChaRM- bzw. QGM-Prozesses eine oder mehrere Rollen ein und können so mit anderen Benutzern interagieren. Mit den verschiedenen Anwendergruppen gehen auch unterschiedliche Verantwortlichkeiten einher. SAP stellt für jede dieser Anwendergruppen eine Berechtigungsrolle zur Verfügung. Die im Folgenden beschriebenen Berechtigungsrollen können Sie in Ihren Kundennamensraum kopieren und an Ihre Prozesse anpassen.

Der Antragsteller erstellt Änderungsanträge direkt oder als Folgevorgang aus einer Meldung oder einem Problem. Seine Berechtigungen im SAP Solution Manager werden in der Sammelrolle SAP_CM_REQUESTER_COMP zusammengefasst. Für die verwalteten Systeme benötigt der Antragssteller keine Berechtigungen, da er lediglich über das CRM Web UI agiert. **Antragsteller**

Mit dem Change Manager werden Änderungsanträge kategorisiert, priorisiert, genehmigt und überwacht. Außerdem definiert er Änderungsdokumente. Seine Berechtigungen auf dem SAP Solution Manager sind in der Sammelrolle SAP_CM_CHANGE_MANAGER_COMP zusammengefasst. Für die verwalteten Systeme benötigt er folgende Rollen: **Change Manager**

- SAP_CM_MANAGED_CHANGE_MANAGER
- SAP_CM_MANAGED_IMPORT
- SAP_BC_CCTS_CHARM_CH_MGR_TMPL

Der Entwickler setzt die Änderungen um und übergibt diese an den Tester. Seine Berechtigungen auf dem SAP Solution Manager sind in der Sammelrolle SAP_CM_DEVELOPER_COMP zusammengefasst. Er benötigt für die Berechtigungen auf den verwalteten Systemen folgende Sammelrollen: **Entwickler**

- SAP_CM_MANAGED_DEVELOPER
- SAP_CM_MANAGED_DEVELOPER_RETRO
- SAP_CM_MANAGED_IMPORT
- SAP_CM_MANAGED_CTS_DEV
- SAP_BC_CCTS_CHARM_DEVELOP_TMPL

Anschließend werden die Änderungen vom Tester überprüft, der daraufhin den entsprechenden Status im Änderungsdokument setzt. Seine Berechtigungen auf dem SAP Solution Manager sind in der Sammelrolle SAP_CM_TESTER_COMP zusammengefasst. Für die Berechtigungen auf den verwalteten Systemen benötigt er folgende Sammelrollen: **Tester**

8 Change Control Management

- SAP_CM_MANAGED_TESTER
- SAP_CM_MANAGED_IMPORT
- SAP_BC_CCTS_CHARM_TESTER_TMPL

Administrator   Der Administrator ist für die Phasenweiterschaltung der Änderungszyklen sowie für den Import von projektbezogenen Änderungen verantwortlich. Seine Berechtigungen auf dem SAP Solution Manager sind in der Sammelrolle SAP_CM_ADMINISTRATOR_COMP zusammengefasst. Für die verwalteten Systeme benötigt er erfolgende Berechtigungen:

- SAP_CM_MANAGED_ADMIN
- SAP_CM_MANAGED_CTS_ADOP
- SAP_BC_CCTS_CHARM_ADMIN_TMPL

IT-Operator   Das Anstoßen von Importen ist Aufgabe des IT-Operators. Seine Berechtigungen auf dem SAP Solution Manager sind in der Sammelrolle SAP_CM_OPERATOR_COMP zusammengefasst. Er benötigt für die verwalteten Systeme folgende Berechtigungen:

- SAP_CM_MANAGED_OPERATOR
- SAP_CM_MANAGED_CTS_ADOP
- SAP_BC_CCTS_CHARM_OPERAT_TMPL

Release Manager   Der Release Manager definiert Release-Zyklen. Er entscheidet innerhalb eines Releases, welche Änderungen in welchem Zeitraum durchgeführt werden und stößt den Import der Änderungen an. Seine Berechtigungen auf dem SAP Solution Manager sind in der Sammelrolle SAP_CM_RELEASE_MANAGER_COMP zusammengefasst. Auf den verwalteten Systemen benötigt er folgende Berechtigungen:

- SAP_CM_MANAGED_RELEASEMAN
- SAP_CM_MANAGED_IMPORT

> **[»]** **Berechtigungen für das Quality Gate Management**
>
> Weiterführende Informationen zu den benötigten Berechtigungsrollen und -objekten finden Sie im applikationsspezifischen Security Guide für den SAP Solution Manager. Neben den Sicherheits- und Berechtigungsaspekten für das ChaRM finden Sie an dieser Stelle auch die relevanten Informationen für das QGM und für alle weiteren SAP-Solution-Manager-Szenarien. Laden Sie sich den SAP Security Guide im SAP Service Marketplace herunter. Innerhalb der **Installation & Upgrade Guides** (http://service.sap.com/instguides) navigieren Sie dazu auf **SAP Components** • **SAP Solution Manager** • **Release 7.2** • **Operation**.

8.3 Change Request Management

Nach der Beschreibung der Grundkonfiguration möchten wir Ihnen in den folgenden Abschnitten die Funktionsweise und Handhabung des Change Request Managements (ChaRM) im SAP Solution Manager 7.2 näherbringen.

8.3.1 Architektur

Die Architektur des ChaRM besteht aus mehreren Komponenten. Diese erläutern wir in diesem Abschnitt.

Einen Bestandteil der ChaRM-Architektur stellt die *Lösung* dar. Sie umfasst sämtliche Systeme, Applikationen sowie Prozesse und Dokumentationen eines Unternehmens. Innerhalb einer Lösung werden *logische Komponentengruppen* definiert. Grundsätzlich fasst eine logische Komponentengruppe alle Systeme desselben Produkttyps zusammen, die dasselbe Produktivsystem haben. Eine logische Komponentengruppe wiederum besteht aus *logischen Komponenten*. Diese bilden die einzelnen Transportschienen ihrer Landschaft ab (bspw. eine Dreisystemlandschaft bestehend aus Entwicklungs-, Qualitätssicherungs- und Produktivsystem).

Lösung und logische Komponentengruppen

Ein weiterer wichtiger Bestandteil im ChaRM ist die *Change-Control-Landschaft*, die eine oder mehrere logische Komponentengruppen beinhaltet. Change-Control-Landschaften werden für die Anlage von Änderungszyklen benötigt. Durch die Verwendung von Change-Control-Landschaften anstelle der Lösung ist es möglich, Änderungszyklen nur für bestimmte Komponentengruppen einer Lösung zur Verfügung zu stellen. So können Sie bspw. unabhängige Änderungszyklen für Ihre HCM- und Ihre CRM-Landschaft bereitstellen. Lösung, logische Komponentengruppen und Change-Control-Landschaften werden in Abschnitt 4.3.2, »System- und Change-Control-Landschaft«, ausführlich beschrieben.

Change-Control-Landschaft

Eine Change-Control-Landschaft wird durch den *Aufgabenplan* mit einem Änderungszyklus verknüpft (siehe auch Abschnitt 8.3.3 bzw. Abschnitt 8.3.2). Durch die Zuweisung des *Änderungszyklus* in einem Änderungsantrag können Sie definieren, auf welcher Systemlandschaft die Änderung entwickelt, getestet und letztlich produktiv gesetzt werden soll. Abhängig von der Art des Zyklus umfasst dieser bestimmte, vordefinierte Phasen. Dadurch können bestimmte Änderungsaktivitäten wie die Freigabe oder der Import von Transportaufträgen phasenabhängig gesteuert werden.

Aufgabenplan und Änderungszyklus

Zu jedem Änderungszyklus existiert ein Aufgabenplan. Über diesen können verschiedene Aktivitäten wie der Import von Transportaufträgen in

Folgesysteme ausgeführt werden. Dabei muss der Aufgabenplan die Phasen des zugeordneten Änderungszyklus in einer vorgegebenen Reihenfolge durchlaufen.

CTS-Projekt Bei der Anlage des Aufgabenplans erzeugt das System für jedes zugeordnete Entwicklungssystem ein *CTS-Projekt*. Einem CTS-Projekt werden alle Transportaufträge eines Änderungszyklus zugewiesen. Somit bildet das CTS-Projekt eine Klammer um alle Transportaufträge des Änderungszyklus und wird als Attribut jedem dieser Transportaufträge zugeordnet. Über *CTS-Projektstatusschalter* kann gesteuert werden, welche Aktionen bzgl. der dem Projekt zugeordneten Transportaufträge außerhalb des ChaRM zulässig sind (bspw. die Transportauftragsfreigabe oder der Import in die jeweiligen Systeme). Abbildung 8.17 zeigt die Architektur im Überblick.

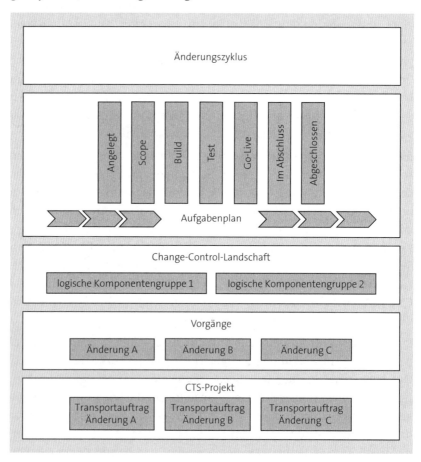

Abbildung 8.17 Architektur des Change Request Managements

8.3.2 Änderungszyklen

Wie im vorangehenden Abschnitt bereits beschrieben, bedient sich das ChaRM der Funktionen von Änderungszyklen und Aufgabenplänen. Der Änderungszyklus mit seinen Phasen kann als operative Erweiterung zum Projektplan eingesetzt werden. Ein Änderungszyklus umfasst bspw. alle Änderungen zu einem Entwicklungsprojekt. Das bedeutet, dass einem Änderungszyklus alle zu einem Projekt gehörenden Änderungsanträge und -dokumente sowie Transportaufträge zugeordnet werden. Des Weiteren können Sie mithilfe eines Änderungszyklus während der Projektlaufzeit in Abhängigkeit der einzelnen Zyklusphasen die komplette Änderungslogistik wie den Import in Folgesysteme oder die Freigabe von Transportaufträgen steuern.

Der SAP Solution Manager stellt in Version 7.2 drei verschiedene Änderungszyklen zur Verfügung:

Typen von Änderungszyklen

- Phasenzyklus (Vorgangsart SMIM)
- kontinuierlicher Zyklus (Vorgangsart SMAI)
- Release-Zyklus (Vorgangsart SMRE)

Die aus dem SAP Solution Manager 7.1 bekannten Änderungszyklen *Wartungszyklus mit Aufgabenplanvariante SAP0* (Vorgangsart SMMN) und *Wartungszyklus mit Aufgabenplanvariante SAP1* (Vorgangsart SMMM) sowie der *Projektzyklus* (Vorgangsart SMDV) werden durch die neuen Zyklusvorgangsarten abgelöst.

> **Wechsel der Zyklusvorgangsarten beim Upgrade auf den SAP Solution Manager 7.2**
>
> Haben Sie im SAP Solution Manager 7.1 noch offene Änderungszyklen bzw. -projekte, werden diese beim Upgrade durch die Content-Aktivierung automatisch in die neuen Vorgangsarten überführt. Daher ist es nicht erforderlich, Ihre Änderungszyklen bzw. -projekte vor dem Upgrade auf Version 7.2 abzuschließen.

Phasenzyklus

Der Phasenzyklus (Vorgangsart SMIM) im SAP Solution Manager 7.2 wurde in Release 7.1 in seiner Art in Wartungs- und Einführungsprojekten verwendet. Während im SAP Solution Manager 7.1 in Einführungsprojekten (verfügbare Zyklusvorgangsart: SMDV) keine dringenden Änderungen verwendet werden konnten, können innerhalb eines Phasenzyklus alle Änderungsdokumenttypen eingesetzt werden. Daher wird diese Zyklusvariante in der Praxis wohl am häufigsten Anwendung finden.

Änderungsdokumenttypen

Damit können folgende Änderungsdokumenttypen verwendet werden (siehe Abbildung 8.18):

- normale Änderung
- dringende Änderung
- administrative Änderung
- allgemeine Änderung
- Fehlerkorrektur

	Scope	Build	Test	Go-Live
Normale Änderung	×	×		
Fehlerkorrektur			×	
Dringende Änderung	×	×	×	
Administrative Änderung	×	×	×	×
Allgemeine Änderung	×	×	×	×

Abbildung 8.18 Phasenabhängige Anlage von Änderungsdokumenttypen

Phasen

Welche Änderungsdokumenttypen im Detail angelegt bzw. bearbeitet werden können, hängt jedoch von der aktuellen Phase des Phasenzyklus ab (siehe auch Abschnitt 8.3.5). Allgemein umfasst der Phasenzyklus folgende Phasen:

- Angelegt
- Scope
- Build
- Test
- Go-Live
- Im Abschluss
- Abgeschlossen
- Zurückgezogen

8.3 Change Request Management

Die Anlage eines Phasenzyklus erfolgt im SAP Solution Manager Launchpad im Bereich **Change Management** über die Kachel **Administrations-Cockpit**:

Phasenzyklus anlegen

1. Wechseln Sie hier unter **Aufgabenpläne** in den Bereich **Phasenzyklen**, und klicken Sie auf die Schaltfläche **Zyklus anlegen** (siehe Abbildung 8.19).

Abbildung 8.19 Phasenzyklus anlegen

2. Anschließend wählen Sie im sich öffnenden Pop-up-Fenster **SMIM** und **Phasenzyklus** aus (siehe Abbildung 8.20).

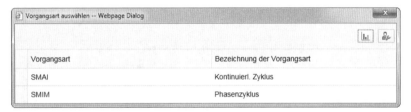

Abbildung 8.20 Phasenzyklus auswählen

3. Pflegen Sie die Pflichtfelder **Beschreibung**, **Landschaft** sowie **Branch** und optional weitere Felder. Klicken Sie anschließend auf **Sichern**, um den Phasenzyklus zu erstellen (siehe Abbildung 8.21). Wie in Abschnitt 8.3.1 erläutert, entspricht der Inhalt des Felds **Landschaft** Ihrer Change-Control-Landschaft.

4. Der Phasenzyklus befindet sich nun in der Phase **Angelegt**. In dieser Phase kann der Änderungszyklus noch nicht im ChaRM verwendet werden.

Um Transporttätigkeiten durchführen zu können, ist jedem Änderungszyklus ein Aufgabenplan zugeordnet. In einem Phasenzyklus können Sie den Aufgabenplan beim Übergang von der Phase **Angelegt** in die Phase **Scope** erzeugen:

Aufgabenplan anlegen

1. Dazu klicken Sie im Menü **Aktionen** auf die Aktion **In Phase »Scope« wechseln** (siehe Abbildung 8.22).

8 Change Control Management

Abbildung 8.21 Phasenzyklus erstellen

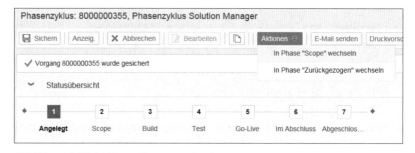

Abbildung 8.22 In Phase Scope wechseln

2. Anschließend werden Sie vom System gefragt, ob Sie einen Aufgabenplan anlegen möchten (siehe Abbildung 8.23). Klicken Sie auf **Ja**.

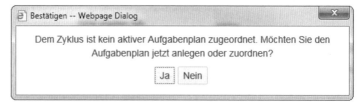

Abbildung 8.23 Einen Aufgabenplan für einen Phasenzyklus anlegen

3. Die Anlage des Aufgabenplans erfolgt in vier Schritten. Im Schritt **Voraussetzungen prüfen** überprüft das System die TMS-Konfiguration der ausgewählten Landschaft, die relevanten RFC-Verbindungen und das

Vorhandensein eines Nummernkreisobjekts für den Aufgabenplan (siehe Abbildung 8.24).

Abbildung 8.24 Voraussetzungen prüfen

4. Ein grünes Ampelsymbol signalisiert eine erfolgreiche Prüfung. Klicken Sie nur dann auf **Weiter**, wenn alle Prüfungen erfolgreich waren. Sollte die Prüfung negativ ausfallen, brechen Sie die Erstellung des Aufgabenplans ab, bereinigen die fehlerhafte Konfiguration und führen die Anlage des Zyklus erneut durch.

5. Im Schritt **Umfang definieren** haben Sie die Möglichkeit, die cCTS-Infrastruktur zuzuordnen. Darüber hinaus können Sie hier ein Retrofit-System zuweisen. Diese Themengebiete werden in Abschnitt 8.6.3, »Central Change and Transport System«, und Abschnitt 8.5.5, »Synchronisierung von Entwicklungssystemen mit Retrofit«, näher beschrieben.

6. Außerdem müssen Sie sich entscheiden, welche Aufgabenplanvariante Sie verwenden möchten. Wenn Sie diesbezüglich keine Einstellungen vornehmen möchten, wählen Sie **SAP 0 Standardvariante für Aufgabenplan** (siehe Abbildung 8.25) und klicken auf **Weiter**.

8 Change Control Management

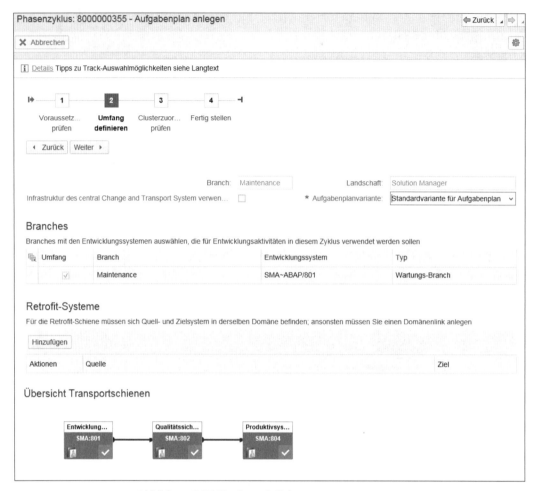

Abbildung 8.25 Umfang definieren

Kundeneigene Varianten für Aufgabenpläne

In einem Phasenzyklus können Sie im SAP-Standard lediglich die Aufgabenplanvariante **SAP0** zuordnen. Sie können jedoch auch kundeneigene Varianten anlegen. Das kann sinnvoll sein, wenn Sie eine bestimmte Aufgabe aus einer Aufgabengruppe entfernen oder eine kundeneigene Aufgabe hinzufügen möchten. Kundeneigene Aufgabenplanvarianten können in Schritt **2 Umfang definieren** zugeordnet werden. Informationen zur Anlage von kundeneigenen Varianten finden Sie in Schritt 3 des Abschnitt 8.2.2, »Grundkonfiguration des Change Request Managements«.

7. Schritt drei **Clusterzuordnung prüfen** wird automatisch übersprungen, wenn Sie in Schritt **2 Infrastruktur des central Change and Transport System verwenden** nicht ausgewählt haben.

8. Im Schritt **Fertig stellen** können Sie Ihre Einstellungen nochmals überprüfen. Falls Sie versehentlich falsche Einstellungen getätigt haben, klicken Sie auf **Zurück**. Sofern die Einstellungen richtig sind, klicken Sie auf **Anlegen**.

9. Wenn die Anlage funktioniert hat, erhalten Sie eine Erfolgsmeldung im Kopfbereich des Phasenzyklusbelegs (siehe Abbildung 8.26).

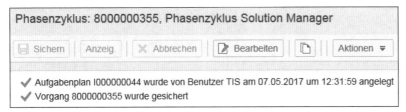

Abbildung 8.26 Erfolgsmeldung bei der Anlage eines Aufgabenplans

---

Phasen »Scope« und »Build«

In der Phase **Scope** können Transportaufträge angelegt, aber noch nicht freigegeben werden. Diese Phase spiegelt in einem Projekt die Spezifikations- und Planungsphase für die anstehenden Projektänderungen wieder. Wir empfehlen Ihnen, den Zyklus gleich nach der Anlage des Aufgabenplans auf die Phase **Build** umzustellen (es sei denn, die Freigabe von Transportaufträgen soll projektbedingt vorerst nicht erfolgen).

Wechseln Sie in die Phase **Build**, indem Sie im Menü **Aktionen** die Aktion **In Phase »Build« wechseln** auswählen und danach sichern.

Navigieren Sie aus dem Phasenzyklus über **Mehr • Aufgabenplan öffnen** zum Aufgabenplan. Um nun systemspezifische Aufgaben wie bspw. die Anlage eines Transportauftrags im Entwicklungssystem oder den Import eines Transportauftrags im Qualitätssicherungs- oder Produktivsystem ausführen zu können, müssen Sie die relevanten Transportschienen entsperren:

Transportschienen entsperren

1. Navigieren Sie hierzu zum Aufgabenplan, und führen Sie die Aufgabe **Sperren/Freigeben von Transporttracks inkl. Rollentypen** im Aufgabenblock **Allgemeine Aufgaben** aus. Dazu markieren Sie die Aufgabe und klicken im oberen Bildbereich auf **Ausführen** (siehe Abbildung 8.27).

8 Change Control Management

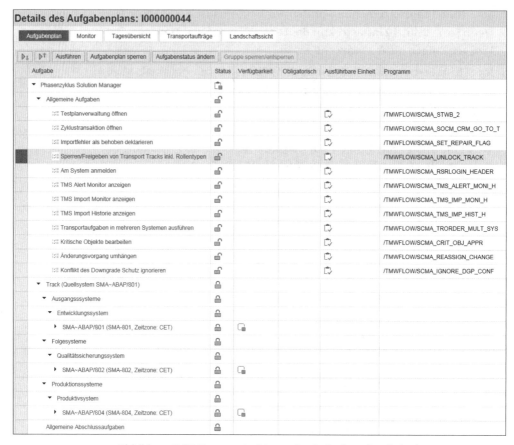

Abbildung 8.27 Transportschienen im Aufgabenplan freigeben

2. In dem sich öffnenden Pop-up-Fenster wählen Sie **Entsperren** und klicken anschließend auf **OK**.

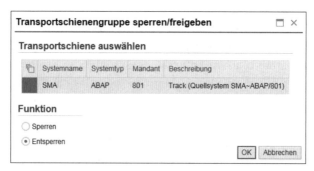

Abbildung 8.28 Transportschienengruppe entsperren

Nun sind der Phasenzyklus und der dazugehörige Aufgabenplan erstellt. Wie Sie beide Entitäten in den Änderungsprozessen einsetzen können, erfahren Sie in Abschnitt 8.3.2, »Änderungszyklen«, und Abschnitt 8.3.3, »Aufgabenpläne«.

Damit ein Funktionstest in der Testumgebung durchgeführt werden kann, muss es möglich sein, Transportaufträge freizugeben und in die Testumgebung zu importieren. Dies wird in der Phase **Build** des Phasenzyklus ermöglicht.

Weitere Phasen des Phasenzyklus

Nachdem die Funktionstests der Änderungen erfolgreich durchgeführt wurden, kann der Integrationstest stattfinden. Um einen aussagekräftigen Integrationstest durchzuführen, sollten innerhalb der Testlaufzeit keine neuen Änderungen mehr in die Testumgebung gelangen. Das wird in der Phase **Test** sichergestellt. In dieser Phase ist es nicht möglich, neue Änderungsanträge anzulegen und Transportaufträge aus normalen Änderungen in das Qualitätssicherungssystem zu importieren. Damit Fehler aus dem Integrationstest beseitigt werden können, müssen daher in der Zyklusphase **Test** Änderungsdokumente vom Typ Fehlerkorrektur angelegt werden.

Erst in der Phase **Go-Live** können die Transporte aus den Projektänderungen in das Produktivsystem importiert werden. In dieser Phase ist es nicht möglich, noch änderbare Transportaufträge aus dringenden Änderungen freizugeben und somit in die Produktivumgebung zu importieren.

Bevor Sie den Phasenzyklus finalisieren, sollten Sie alle relevanten Projektänderungen in das Produktivsystem importieren und die in diesem Zusammenhang stehenden Änderungsdokumente sowie Änderungsanträge abschließen. Sollten noch offene Änderungsdokumente und noch nicht in das Produktivsystem importierte Transportaufträge zu einem Phasenzyklus existieren, werden diese dem nächsten Phasenzyklus zugeordnet. Dabei wird der zugehörige Aufgabenplan – anders als im SAP Solution Manager 7.1 – wiederverwendet, wenn das System mindestens ein offenes Änderungsdokument oder einen offenen Transportauftrag ermittelt.

Abschluss des Phasenzyklus

Wechseln Sie über das Aktionsmenü mit der Aktion **In Phase »Im Abschluss« wechseln** in die Phase **Im Abschluss**. In dieser Phase können Sie den Änderungszyklus nicht mehr in die vorangegangen Phasen zurücksetzen. Schließen Sie den Änderungszyklus ab, indem Sie über das Aktionsmenü die Aktion **Phasenzyklus abschließen** ausführen. Nach dem Abschluss befindet sich der Änderungszyklus in der Phase **Abgeschlossen**. In dieser Phase sind keine Änderungen im Beleg mehr möglich.

Kontinuierlicher Zyklus

Möchten Sie Änderungen und Entwicklungen ohne Phasensteuerung verwalten und mit Einzel- und nicht mit Projektimporten von Transportaufträgen arbeiten, können Sie hierfür den kontinuierlichen Zyklus einsetzen.

Der kontinuierliche Zyklus kann daher sehr gut im Rahmen von einzelnen Wartungsänderungen, die möglichst schnell in das Produktivsystem gelangen müssen, genutzt werden.

Änderungs-dokumenttypen

Der kontinuierliche Zyklus kann mit folgenden Änderungsdokumenttypen verwendet werden:

- dringende Änderung
- administrative Änderung
- allgemeine Änderung

Phasen in einem kontinuierlichen Zyklus

Welche Änderungsdokumenttypen im Detail angelegt bzw. bearbeitet werden können, hängt jedoch von der aktuellen Phase des kontinuierlichen Zyklus ab (siehe Abschnitt 8.3.5). Der kontinuierliche Zyklus umfasst folgende Phasen:

- Angelegt
- Wartung
- Zurückgezogen
- Abgeschlossen

Kontinuierlichen Zyklus anlegen

Die Anlage eines kontinuierlichen Zyklus erfolgt ebenfalls im SAP Solution Manager Launchpad im Bereich **Change Management** über die Kachel **Administrations-Cockpit**. Wechseln Sie hier in den Bereich **Kontinuierliche Zyklen**, und klicken Sie auf die Schaltfläche **Zyklus anlegen**. Anschließend wählen Sie im Pop-up-Fenster **SMAI Kontinuierl. Zyklus** aus. Gehen Sie dann weiter vor wie bei der Anlage eines Phasenzyklus.

> **[»] Phase »Angelegt«**
>
> Nach der Anlage des Phasenzyklus befindet sich dieser in der Phase **Angelegt**. In dieser Phase kann der Änderungszyklus noch nicht im ChaRM verwendet werden.

Aufgabenplan anlegen

Der Aufgabenplan kann beim Phasenwechsel von **Angelegt** in **Wartung** erstellt werden. Wählen Sie hierzu im Aktionsmenü die Aktion **In Phase »Aktiv« wechseln** aus, und klicken Sie anschließend auf **Sichern**. Bestätigen Sie die Nachfrage, ob Sie einen Aufgabenplan anlegen möchten, mit **Ja**. Die Anlage des Aufgabenplans eines kontinuierlichen Zyklus erfolgt wie beim Phasenzyklus. Der einzige Unterschied liegt in Schritt zwei: Hier wählen Sie die Aufgabenplanvariante **SAP1 Variante mit Löschung des Import-Puffers** aus. Diese Aufgabenplanvariante kann nicht mit normalen Änderungen umgehen. Das bedeutet, dass Änderungen, die einen Transportauftrag benötigen, nur durch dringende Änderungen umgesetzt werden können.

> **Phase »Wartung«**
>
> Die Phase **Wartung** ist die Hauptphase des kontinuierlichen Zyklus und wird für sämtliche Arten von Änderungen und Entwicklungen eingesetzt.

Öffnen Sie den Aufgabenplan über **Mehr • Aufgabenplan**. Entsperren Sie, wie für den Aufgabenplan des Phasenzyklus gezeigt, die Transportschienen. Nun sind der kontinuierliche Zyklus und der dazugehörige Aufgabenplan erstellt.

Sie können einen kontinuierlichen Zyklus durch das Ausführen der Aktion **Kontinuierlichen Zyklus abschließen** finalisieren. Danach befindet sich der Zyklus in der Phase **Abgeschlossen**. In dieser Phase sind keine Änderungen am Beleg mehr möglich. Wenn Sie einen kontinuierlichen Zyklus schließen, wird das zugeordnete CTS-Projekt freigegeben, der dazugehörige Aufgabenplan wird geschlossen.

Abschluss des kontinuierlichen Zyklus

> **Abschluss des kontinuierlichen Zyklus**
>
> Ein kontinuierlicher Zyklus kann nicht abgeschlossen werden, wenn diesem noch offene Vorgänge und Transportaufträge zugeordnet sind. Beim Abschluss weist Sie ein Pop-up-Fenster darauf hin und zeigt Ihnen die offenen Änderungsdokumente und Transportaufträge an. Wenn Sie einen kontinuierlichen Zyklus auf die Phase **Zurückgezogen** setzen, gilt das gleiche Systemverhalten.

Release-Zyklus

Im SAP Solution Manager 7.1 war es nicht möglich, eine Release-Planung durchzuführen, da es zu jedem Projekt lediglich einen aktiven Änderungszyklus gab. Somit konnte eine geplante Änderung nie einem zukünftigen Änderungszyklus zugeordnet werden. In Version 7.2 des SAP Solution Managers ist es jetzt möglich, eine Kette von Release-Zyklen zu planen. Innerhalb eines Release-Zyklus können alle bekannten Änderungsdokumenttypen verwendet werden.

Release-Zyklus

Ein Release-Zyklus (Vorgangsart SMRE) kann ähnlich wie ein Phasenzyklus für phasengesteuerte Änderungen eingesetzt werden. Dabei sind die Änderungen abhängig von einem Release-Plan. Welche Änderungsdokumenttypen im Detail angelegt bzw. bearbeitet werden können, hängt jedoch von der aktuellen Phase des Release-Zyklus ab (siehe Abschnitt 8.3.5, »Änderungsdokumente«). Ein Release-Zyklus besteht im Wesentlichen aus folgenden Phasen:

Phasen eines Release-Zyklus

- Angelegt
- Vorbereiten
- Build
- Test
- Bereitstellungsvorbereitung
- Bereitstellen
- Hypercare
- Ausführen/abgeschlossen

Vorgänger-Nachfolger-Beziehung im Release Management

Das Release-Management basiert auf einer Vorgänger-Nachfolger-Beziehung. Sie können erst dann Transportaufträge eines Folge-Releases importieren, wenn Sie die Transportaufträge des Vorgänger-Releases bereits importiert haben. Somit können Sie bspw. das Folge-Release erst dann in die Zyklusphase **Test** verschieben, nachdem die Phase **Bereitstellen** des Vorgänger-Releases beendet wurde.

Aufruf der Release-Planung

Sie können einen Release-Zyklus über das CRM Web UI erstellen. Geben Sie den Transaktionscode SM_CRM ein, und wählen Sie die Benutzerrolle SOLMANPRO. Navigieren Sie in den Bereich **Change Request Management**, und klicken Sie anschließend auf **Release-Planung** (siehe Abbildung 8.29).

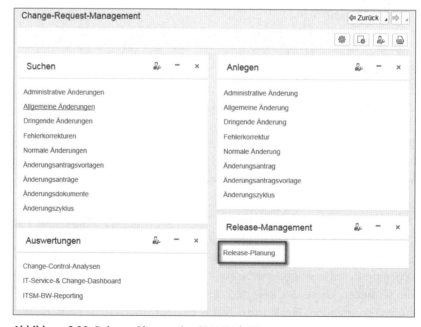

Abbildung 8.29 Release-Planung im CRM Web UI

8.3 Change Request Management

Um einen Release-Zyklus anlegen zu können, müssen Sie zuerst zumindest ein Major-Release erstellen. Zu einem Major-Release können Sie noch zusätzliche Minor-Releases anlegen. Klicken Sie hierzu auf **Anlegen • Major- und Minor-Releases**. Füllen Sie hier die Pflichtfelder mit den entsprechenden Daten (siehe Abbildung 8.30), und klicken Sie anschließend auf **Anlegen**.

Major- und Minor-Releases anlegen

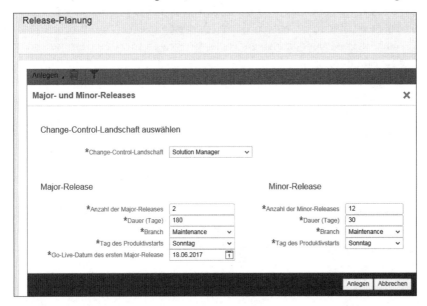

Abbildung 8.30 Major- und Minor-Releases anlegen

Nun werden die Major- und Minor-Releases in einer kalendarischen Übersicht dargestellt (siehe Abbildung 8.31).

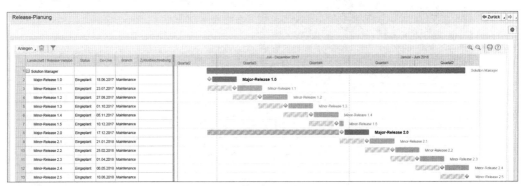

Abbildung 8.31 Übersicht der Major- und Minor-Releases

401

> **Unterschied zwischen Major- und Minor-Releases**
>
> Ein *Major-Release* hat eine Laufzeit von drei bis sechs Monaten. Diese Releases enthalten größere Änderungen an Geschäftsprozessen. Hierzu zählen bspw. auch Änderungen im Rahmen eines technischen Upgrades auf neuere Support Packages oder Softwareversionen. Ein *Minor-Release* dagegen hat eine wesentlich kürzere Laufzeit von ein bis vier Wochen. Ein Minor-Release bündelt kleinere Fehlerkorrekturen sowie kleinere funktionale Erweiterungen.
>
> Während bei einem Major-Release ein kompletter Regressionstest erfolgen sollte, ist der Testumfang eines Minor-Releases wesentlich geringer. Der Test lässt sich in der Regel auf die Kerngeschäftsprozesse und auf eine Überprüfung der funktionalen Erweiterungen beschränken. Major- und Minor-Releases werden in der Praxis häufig gleichzeitig durchgeführt.

Release-Zyklus anlegen

Nachdem Sie die Release-Planung durchgeführt haben, können Sie nun einen Release-Zyklus anlegen. Markieren Sie hierzu die Releases, für die ein Release-Zyklus angelegt werden soll. Klicken Sie anschließend auf **Anlegen** • **Release-Zyklus anlegen** und im Pop-up-Fenster auf **Ja** (siehe Abbildung 8.32).

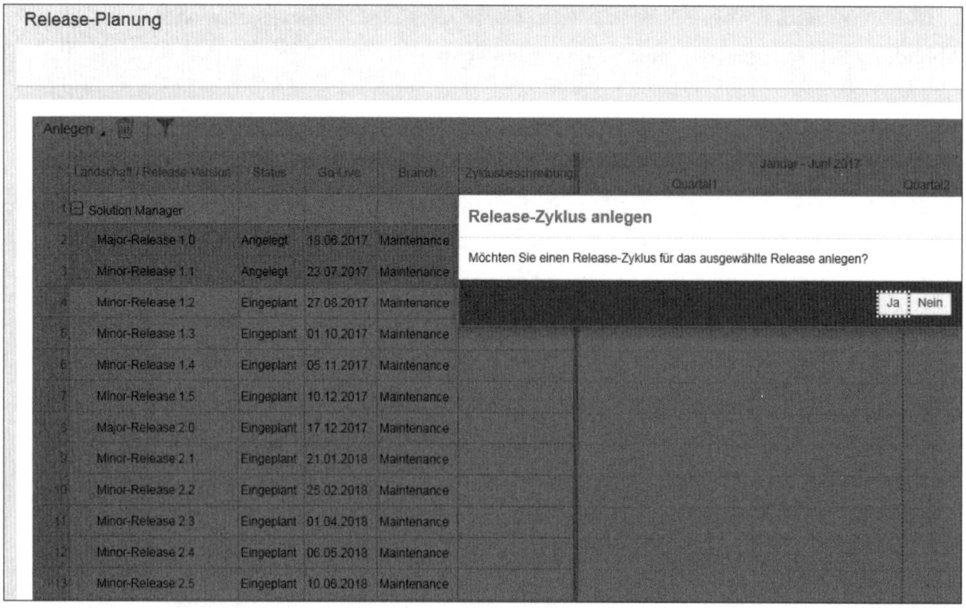

Abbildung 8.32 Release-Zyklus anlegen

Nach der Anlage des Release-Zyklus befindet sich dieser in der Phase **Angelegt**. In der Spalte **Zyklusbeschreibung** finden Sie die angelegten Release-Zyklen. Um den Release-Zyklus einzusehen und einen Aufgabenplan anzulegen, klicken Sie in dieser Spalte auf den entsprechenden Release-Zyklus. Legen Sie den Aufgabenplan an, indem Sie die Aktion **Zur Phase »Vorbereiten« wechseln** ausführen. Klicken Sie anschließend im Pop-up-Fenster auf **Ja**.

Aufgabenplan anlegen

> **Phase »Vorbereiten«**
>
> In der Phase **Vorbereiten** können Transportaufträge angelegt, aber noch nicht freigegeben werden. Ordnen Sie dem Release-Zyklus in dieser Phase die entsprechenden Änderungsanträge und -dokumente zu.

Die Anlage des Aufgabenplans erfolgt wie bei der Erstellung eines Phasenzyklus.

> **Wiederverwendung von Aufgabenplänen**
>
> Aufgabenpläne des Vorgängerzyklus können für den Nachfolgerzyklus (des gleichen Branches) wiederverwendet werden.

Wechseln Sie von der Phase **Vorbereiten** in die Phase **Build**, um mit den Entwicklungstätigkeiten zu beginnen. Führen Sie hierzu die Aktion **Zur Phase »Erstellen« wechseln** aus. Navigieren Sie anschließend über **Mehr • Aufgabenplan öffnen** zum Aufgabenplan. Entsperren Sie die Transportschienen, indem Sie die Aufgabengruppe **Track** markieren und auf die Schaltfläche **Gruppe sperren/entsperren** klicken.

Phase Build

Nun ist der Aufgabenplan zur Ausführung transportbezogener Aufgaben freigegeben. Wenn Sie von der **Build**- in die **Test**-Phase wechseln möchten, müssen alle Änderungsdokumente des zugeordneten Release-Zyklus den Status **Erfolgreich Getestet** aufweisen. Ist dies nicht der Fall, wird der Phasenwechsel nicht ausgeführt.

Weitere Phasen des Release-Zyklus

Sollten Entwicklungen zum Phasenwechsel noch nicht erledigt sein, können Sie die nicht erledigten Änderungsdokumente durch die Funktion **Zykluszuordnung ändern** bspw. einem Folge-Release zuordnen. Die Neuzuordnung erfolgt für jedes Änderungsdokument separat.

In der Phase **Bereitstellen** werden nur die Transportaufträge der Änderungsdokumente statusabhängig in das Produktivsystem transportiert, die erfolgreich getestet wurden. Nicht finalisierte Änderungsdokumente werden beim Übergang von der Phase **Bereitstellen** in die Phase **Hypercare** dem Zyklus des Folge-Releases zugeordnet.

8.3.3 Aufgabenpläne

Der Aufgabenplan wird als eine Art Strukturbaum mit einzelnen Aufgabengruppen angezeigt und enthält alle für den ChaRM-Prozess relevanten Aufgaben (siehe Abbildung 8.33). Dabei wird die Relevanz der Aufgaben durch den zugeordneten Änderungszyklus bestimmt.

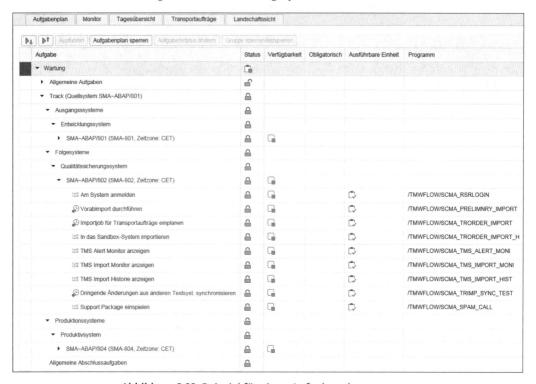

Abbildung 8.33 Beispiel für einen Aufgabenplan

Verwendung von Aufgabenplänen

Ein Aufgabenplan wird im ChaRM vorwiegend zur Ausführung von Transportaufgaben verwendet. Er bestimmt in Abhängigkeit vom Änderungszyklus, welche Aufgaben ausgeführt werden dürfen. Im SAP Solution Manager 7.2 erfolgt die Anlage eines Aufgabenplans immer über den entsprechenden Änderungszyklus. Administratoren erlangen hier einen Überblick über erfolgte Aktionen im ChaRM. So werden bspw. die Anlage oder der Import eines Transportauftrags protokolliert und im Aufgabenplan angezeigt.

Aufbau eines Aufgabenplans

Grundsätzlich besteht ein Aufgabenplan im ChaRM aus folgenden Teilbereichen, die als Registerstruktur im Aufgabenplan abgebildet sind:

- **Aufgabenplan**
  Der Bereich Aufgabenplan besteht aus einer vordefinierten Grundstruktur. Diese Struktur unterteilt sich in die Strukturblöcke **Allgemeine Aufgaben**, **Track** sowie **Allgemeine Abschlussaufgaben**.

- **Monitor**
  Im Monitor werden die Anwendungsprotokolle zu bestimmten Aufgaben angezeigt. Diese Informationen können Sie auch aus dem Zuordnungsblock **Anwendungsprotokoll** des zugehörigen Änderungszyklus entnehmen.

- **Tagesübersicht**
  Hier werden auf Tagesbasis alle ausgeführten oder eingeplanten Aufgaben angezeigt.

- **Transportaufträge**
  In diesem Bereich erhalten Sie eine Übersicht über alle Transportaufträge zu einem Aufgabenplan.

- **Landschaftssicht**
  Hier werden alle zum Aufgabenplan zugeordneten System-Landschaften angezeigt.

> **Aufgabenpläne von Änderungszyklen und dringenden Änderungen**
>
> Die dringende Änderung hat im ChaRM-Prozess eine Sonderstellung. Dieser Änderungstyp ist durch einen eigenen Aufgabenplan charakterisiert, während alle anderen Änderungsvorgänge dem Aufgabenplan des jeweiligen Änderungszyklus zugeordnet werden. Dies ist dadurch begründet, dass dringende Änderungen von den Phasen eines Änderungszyklus unabhängig sein müssen, um einen schnellen Transport in das Produktivsystem zu ermöglichen und somit schnelle Fehlerbehebungen herbeiführen zu können. Zur technischen Unterscheidung beginnt der Aufgabenplan einer dringenden Änderung mit einem H, der Aufgabenplan eines kontinuierlichen Zyklus mit einem M. Aufgabenpläne von Phasen- und Release-Zyklen beginnen mit einem I bzw. mit einem R.

8.3.4 Änderungsantrag

Der Änderungsantrag (Vorgangsart SMCR) ist ein vorkonfigurierter Vorgang zur Genehmigung von Änderungen. Er beinhaltet im SAP-Standard wesentliche Informationen, die für die Genehmigung einer Änderung relevant sind.

Im Wesentlichen können die folgenden Informationen im Änderungsantrag hinterlegt werden:

Informationen im Änderungsantrag

- Beschreibung der Änderung
- Angaben zu den im Änderungsprozess beteiligten Personen (Anforderer, Auftraggeber, Change Manager, Change Advisory Board)

- an der Genehmigung beteiligte Person(en)
- Änderungszyklus
- betroffene Systemlandschaft
- Auswirkung der Änderung auf produktive Prozesse
- Priorität
- Kategorisierung der Änderung
- Genehmigungsvorgang (ein- oder mehrstufig)

Verfügbare Statuswerte im Änderungsantrag

Um Aussagen zum Arbeitsfortschritt in IT-Projekten treffen zu können, ist es u. a. erforderlich, den Status einzelner Änderungen auswerten zu können. Im Änderungsantrag werden standardmäßig folgende Statuswerte ausgeliefert:

- Angelegt
- Validierung
- Zu genehmigen
- Genehmigt
- Abgelehnt
- Wird implementiert
- Implementiert
- Umfang erweitern
- Quittiert

Prozessbeispiel

Das folgende Beispiel soll Ihnen die Beantragung einer Änderung im SAP Solution Manager 7.2 verdeutlichen. Die einzelnen Schritte sind in Abbildung 8.34 skizziert.

Änderungsantrag anlegen

Ein Key-User, der in einem SAP-System arbeitet, erkennt einen Änderungsbedarf. Hierzu legt er im SAP Solution Manager einen Änderungsantrag an und beschreibt seine Anforderung. In unserem Beispiel wird ein neuer Beruf »SAP Consultant« in der Stammdatenpflege von Geschäftspartnern benötigt. Diesen Änderungsantrag können Sie wie folgt erstellen:

1. Rufen Sie Transaktion SM_CRM auf, wählen Sie in der Navigationsleiste **Change Request Management** und klicken Sie anschließend im Fenster **Anlegen** auf **Änderungsantrag**.

2. Beschreiben Sie Ihre Änderung, und füllen Sie die Felder **Priorität**, **Auftraggeber** und **Change Manager**. Klicken Sie anschließend auf **Sichern**.

3. Der Änderungsantrag wird im Arbeitsvorrat des zuständigen Change Managers angezeigt.

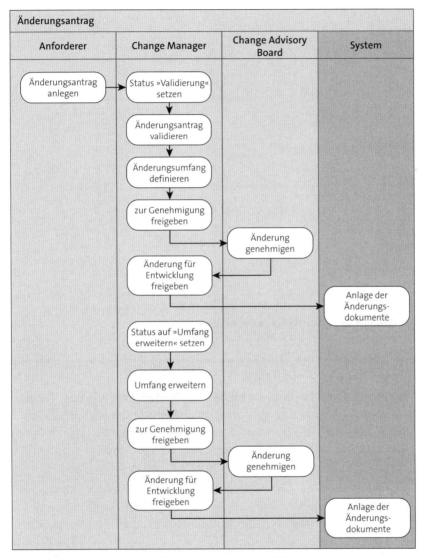

Abbildung 8.34 Prozess eines Änderungsantrags im Überblick

Der Change Manager setzt den Status des Änderungsantrags auf **In Validierung**. Anschließend bestimmt er die für die Änderung relevante Systemlandschaft, indem er den entsprechenden **Änderungszyklus** auswählt (siehe Abbildung 8.35).

Änderungsantrag validieren

Den Änderungstyp bestimmt der Change Manager im Zuordnungsblock **Umfang**.

Umfang definieren

8 Change Control Management

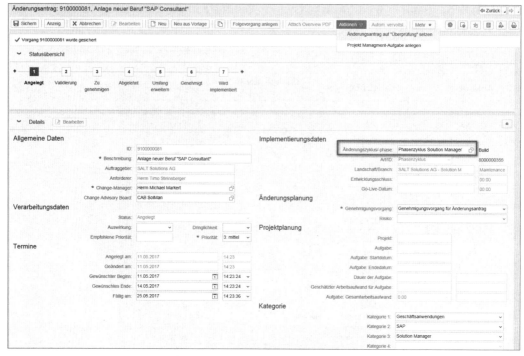

Abbildung 8.35 Änderungsantrag validieren

Zuordnungsblock »Umfang«

Im Zuordnungsblock **Umfang** können Sie festlegen, mit welchem Änderungsvorgang die Änderung umgesetzt werden soll. Generell ist es auch möglich, eine Änderung in mehrere Änderungsvorgänge aufzuteilen. Das kann sinnvoll sein, wenn einzelne Bestandteile der Änderung getrennt voneinander in die Folgesysteme transportiert werden sollen.

In Abhängigkeit vom zugeordneten Änderungszyklustyp (eine Ausnahme stellt der kontinuierliche Zyklus dar, siehe Abschnitt 8.3.2) stehen Ihnen im Zuordnungsblock **Umfang** folgende Änderungsdokumente zur Verfügung:

- administrative Änderung
- allgemeine Änderung
- dringende Änderung
- normale Änderung

Da es sich bei der Fehlerkorrektur um eine Korrektur einer bereits genehmigten Änderung handelt, wird dieser Änderungsvorgangstyp ohne Bezug zum Änderungsantrag angelegt und kann somit auch nicht im Zuordnungsblock **Umfang** ausgewählt werden (siehe Abbildung 8.36).

8.3 Change Request Management

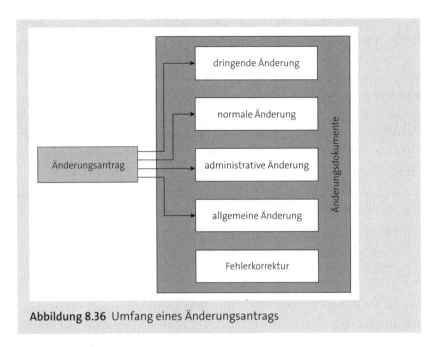

Abbildung 8.36 Umfang eines Änderungsantrags

In unserem Beispiel wird für die Änderung ein Transportauftrag benötigt. Zudem soll Änderung im Rahmen eines kleineren Entwicklungsprojekts umgesetzt werden. Daher ist hier das Mittel der Wahl die **Normale Änderung** (siehe Abbildung 8.37).

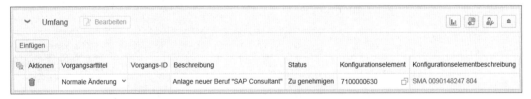

Abbildung 8.37 Den Dokumententyp im Zuordnungsblock »Umfang« auswählen

Änderungsantrag ohne definierten Umfang

Die Zuordnung von Änderungsdokumenten im Zuordnungsblock **Umfang** ist ab SAP Solution Manager 7.2 SPS03 optional. Da die Umfangspositionen in einem Änderungsantrag angeben, welche Änderungsdokumente zu einer Änderung angelegt werden sollen, impliziert die Verwendung des Änderungsantrags ohne Umfangspositionen, dass keine Änderungsdokumente erstellt werden. Dieses Szenario können Sie bspw. einsetzen, wenn Sie Ihre Änderungen in den Änderungsanträgen verwalten oder lediglich die Genehmigung, aber nicht die Durchführung der Änderungen mit Änderungsdokumenten im SAP Solution Manager abbilden möchten.

Genehmigungsvorgänge

Standardmäßig muss der Änderungsantrag eine Genehmigung durchlaufen. Der Change Manager hinterlegt im Änderungsantrag die für die Genehmigung der Änderung relevanten Personen und wählt einen Genehmigungsvorgang aus. Der SAP-Standard sieht einen einstufigen Genehmigungsvorgang mit dem Change Manager als Genehmiger vor. Dieser Genehmigungsvorgang wird standardmäßig in einem Änderungsantrag als Default-Wert gesetzt. In unserem Prozessbeispiel ist jedoch das *Change Advisory Board*, das sich in der Regel aus Vertretern der IT- und Fachabteilungen zusammensetzt, für die Genehmigung verantwortlich.

[»] **Kundeneigene Genehmigungsvorgänge anlegen**
Genehmigungsvorgänge können schnell kundenindividuell angelegt werden. Details hierzu finden Sie in Schritt 3 des Abschnitt 8.2.2, »Grundkonfiguration des Change Request Managements«.

Änderungsantrag genehmigen

Sobald der Change Manager alle relevanten Informationen im Änderungsantrag hinterlegt hat, setzt er diesen mit der Aktion **Freigabe zur Genehmigung** auf den Status **Zu Genehmigen**. Das Change Advisory Board entscheidet jetzt darüber, ob die Genehmigung durchgeführt werden soll. Über den Zuordnungsblock **Genehmigung** setzen die Mitglieder den Genehmigungsstatus auf **Genehmigt** (siehe Abbildung 8.38). In unserem Beispiel entscheidet sich das Change Advisory Board also für die Umsetzung der Änderung.

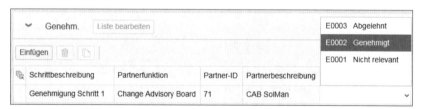

Abbildung 8.38 Zuordnungsblock »Genehmigung«

[»] **Ablehnung des Änderungsantrags**
Bei der Ablehnung eines Änderungsantrags wird der Status **Abgelehnt** gesetzt. Dieser Status ist ein Finalstatus. Das bedeutet, dass Sie keine weiteren Änderungen am Beleg durchführen können. Soll die Änderung zu einem späteren Zeitpunkt umgesetzt werden, empfehlen wir Ihnen, den Status **zurückgestellt** zu implementieren, der mit einer entsprechenden Aktion gesetzt werden kann.

Nachdem der Änderungsantrag genehmigt wurde, gibt der Change Manager die Änderung mit der Aktion **Freigabe für Entwicklung** zur Entwicklung frei (siehe Abbildung 8.39). Dadurch wird der Änderungsantrag auf den Status **Wird implementiert** gesetzt, und die im **Umfang** definierten Änderungsdokumente werden automatisch erzeugt.

Änderung zur Entwicklung freigeben

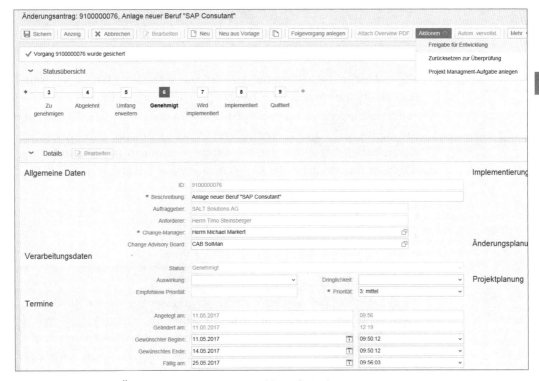

Abbildung 8.39 Den Änderungsantrag zur Entwicklung freigeben

In der Spalte **Vorgangs-ID** im Zuordnungsblock **Umfang** wird jetzt die ID des erzeugten Änderungsdokuments angezeigt (siehe Abbildung 8.40). Mit einem Klick auf die Vorgangs-ID gelangen Sie in das betreffende Änderungsdokument. Die Durchführung der durch die Entwicklungsfreigabe erzeugten normalen Änderung zeigen wir Ihnen in Abschnitt 8.3.5. Der Änderungsantrag wird durch das System automatisch auf den Status **Implementiert** gesetzt, wenn das letzte zugeordnete Änderungsdokument einen Endstatus erreicht.

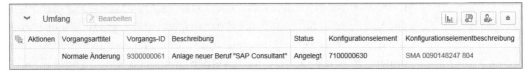

Abbildung 8.40 Vorgangs-ID des erzeugten Änderungsdokuments

Umfang erweitern Falls nach der Freigabe der Änderung noch weitere Änderungsdokumente benötigt werden, kann der **Umfang** des Änderungsantrags erweitert werden. Führen Sie hierzu im Änderungsantrag die Aktion **Umfang erweitern** aus. Anschließend muss, wie bereits beschrieben, im SAP-Standard eine weitere Genehmigung und Entwicklungsfreigabe erfolgen, um zusätzliche Änderungsdokumente zu erzeugen.

8.3.5 Änderungsdokumente

Wie in Abschnitt 8.1, »Grundlagen des Change Request Managements und des Quality Gate Managements«, erwähnt, umfasst das ChaRM eine Reihe von verschiedenen Änderungsprozessen. In diesem Abschnitt erläutern wir die im SAP-Standard verfügbaren Änderungsdokumente und stellen die Prozesse beispielhaft dar. Wir beschreiben Ihnen zunächst die Änderungsdokumente, die in das SAP-Transportwesen integriert sind:

- normale Änderung (Vorgangsart SMMJ)
- dringende Änderung (Vorgangsart SMHF)
- Fehlerkorrektur (Vorgangsart SMTM)

[»] **Obligatorische Transporte**

Die Zuordnung von Transportaufträgen zu einer dringenden Änderung, einer normalen Änderung und einer Fehlerkorrektur ist ab dem SAP Solution Manager 7.2 SPS03 optional. Wenn die Zuordnung von Transportaufträgen obligatorisch sein soll, können Sie dies über Transaktion SOLMAN_SETUP im Bereich **Change-Control-Management** • **Change Request Management** • **Zusätzliche Anwendungsfälle verwenden** • **Obligatorische Transporte aktivieren** konfigurieren (siehe »Schritt 9: Zusätzliche Anwendungsfälle verwenden« in Abschnitt 8.2.2, »Grundkonfiguration des Change Request Managements«).

Normale Änderung

Eine normale Änderung ist dafür vorgesehen, projektbasierte Änderungen im Rahmen einer Systemwartung oder der Entwicklung von Major- und Minor-Releases durchzuführen. Dieser Änderungstyp ist an die Release-Strategie eines IT-Projekts für eine oder mehrere Systemlandschaften gebunden und in das SAP-Transportmanagement integriert. Das bedeutet u. a., dass normalen Änderungen Transportaufträge zugeordnet werden können. Normale Änderungen werden innerhalb eines Phasen- oder

Release-Zyklus mithilfe des Aufgabenplans gebündelt und mit einem Projektimport in die Folgesysteme (Test- und Produktivsysteme) importiert.

> **Projektimport**
>
> Der Projektimport ist ein IMPORT_ALL-Verfahren, in dem alle Transportaufträge des CTS-Projekts gemeinsam transportiert werden. Dadurch kann sichergestellt werden, dass die Transportaufträge entsprechend der Freigabereihenfolge importiert werden und somit die Transportreihenfolge eingehalten wird. Weitere Importstrategien im ChaRM werden in Abschnitt 8.3.6 beschrieben.

Die normale Änderung (Vorgangsart SMMJ) verfügt im SAP-Standard über folgendes Statusschema: — **Statusschema**

- Angelegt
- In Entwicklung
- Zu testen
- Erfolgreich getestet
- Freigegeben für Import
- Vorabimport beantragt
- Test für Vorabimport
- Getestet für Produktionsimport
- Importiert in Produktion
- Zurückgezogen

Zur Durchführung der Änderung sind im SAP-Standard folgende Anwenderrollen vorgesehen:

- Change Manager
- Entwickler
- Tester
- IT-Operator

Das Rollenkonzept lässt sich problemlos Ihren Anforderungen anpassen. Abbildung 8.41 soll Ihnen einen möglichen Prozessablauf einer normalen Änderung veranschaulichen. Zur Durchführung dieses Beispiels wurden ein Phasenzyklus sowie der dazugehörige Aufgabenplan angelegt. Der Zyklus befindet sich in diesem Beispiel initial im Status **Build**. — **Prozessbeispiel**

8 Change Control Management

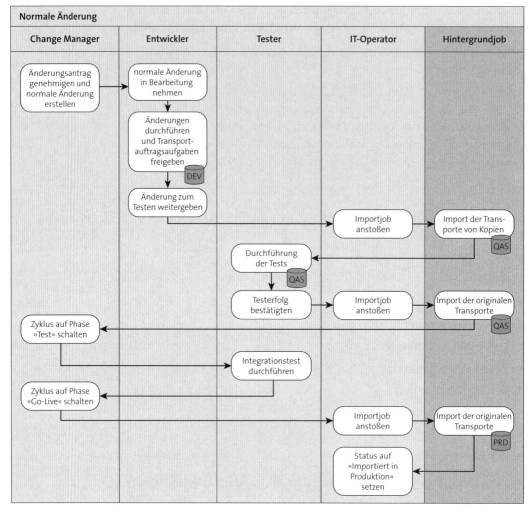

Abbildung 8.41 Überblick des Prozesses einer normalen Änderung

Normale Änderung anlegen

Eine normale Änderung wird grundsätzlich über einen genehmigten Änderungsantrag erstellt. Anschließend befindet sie sich im Status **Angelegt**. Dabei enthält die normale Änderung initial alle relevanten Informationen wie die Änderungsbeschreibung, den Änderungszyklus, das Konfigurationselement und die Referenz zum dazugehörigen Änderungsantrag. Zunächst reicht der Ersteller der Änderung, in unserem Prozessbeispiel der Change Manager, das neu erstellte Änderungsdokument mit weiteren Informationen wie den an der Änderung beteiligten Personen an.

Normale Änderung in Entwicklung nehmen

Der verantwortliche Entwickler findet das Änderungsdokument, nachdem er diesem zugeordnet wurde, in seinem Arbeitsvorrat. Er setzt den Status des Änderungsdokuments auf **In Entwicklung**.

Anschließend legt er über den Zuordnungsblock **Transportverwaltung** im betreffenden Entwicklungssystem die benötigten Transportaufträge und -aufgaben an. Dazu klickt er auf die Schaltfläche **Transportauftrag** (siehe Abbildung 8.42).

Transportaufträge anlegen

Abbildung 8.42 Zuordnungsblock »Transportverwaltung«

Im Dialogfenster kann er zwischen Workbench- und Customizing-Aufträgen wählen und die Beschreibung der Transportaufträge anpassen (siehe Abbildung 8.43). Darüber hinaus kann er für alle an der Änderung mitwirkenden Entwickler Aufgaben zu den Transportaufträgen anlegen. Mit einem Klick auf die Schaltfläche **Anlegen** werden die Transportaufträge und -aufgaben im Entwicklungssystem erstellt.

Abbildung 8.43 Transportauftrag anlegen

Der Entwickler meldet sich nun über den Zuordnungsblock **Landschaft** mit einem Klick auf die grüne Schaltfläche in der Spalte **Aktionen** am Entwicklungssystem an, um die gewünschten Änderungen zu implementieren (siehe Abbildung 8.44).

Änderung durchführen

8   Change Control Management

Abbildung 8.44 Zuordnungsblock »Landschaft«

Hier legt er den neuen Beruf »SAP Consultant« an und speichert seine Änderung im entsprechenden Transportauftrag (siehe Abbildung 8.45).

Abbildung 8.45 Änderung in Transportauftrag übernehmen

Aufgabe freigeben

Anschließend gibt er die relevanten Aufgaben des Transportauftrags im Entwicklungssystem im Transport Organizer (Transaktion SE10, alternativ SE09) frei (siehe Abbildung 8.46).

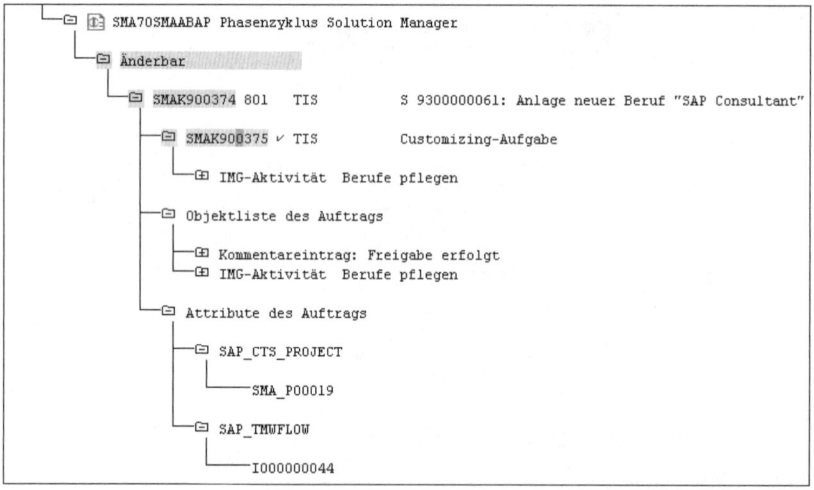

```
└─ 🗎 SMA70SMAABAP Phasenzyklus Solution Manager
    └─ 🗀 Änderbar
        └─ 🗀 SMAK900374  801    TIS         S 9300000061: Anlage neuer Beruf "SAP Consultant"
            └─ 🗀 SMAK900375 ✓ TIS            Customizing-Aufgabe
                └─ ⊞ IMG-Aktivität  Berufe pflegen
            └─ 🗀 Objektliste des Auftrags
                ├─ ⊞ Kommentareintrag: Freigabe erfolgt
                └─ ⊞ IMG-Aktivität  Berufe pflegen
            └─ 🗀 Attribute des Auftrags
                ├─ 🗀 SAP_CTS_PROJECT
                │     └─ SMA_P00019
                └─ 🗀 SAP_TMWFLOW
                      └─ I000000044
```

Abbildung 8.46 Aufgaben freigeben

Änderung zum Testen übergeben

Für die Übergabe der Änderung zum Testen setzt der Entwickler mithilfe der Aktion **Normale Änderung zum Testen weitergeben** den Status auf **Zu testen**. Durch diese Aktion wird automatisch ein **Transport von Kopien** mit dem Inhalt der originalen Transportaufträge erstellt und direkt freigegeben. Dabei werden die Aufträge automatisch dem Importpuffer des Testsystems hinzugefügt.

> **Transport von Kopien in normalen Änderungen**
>
> In großen Implementierungs- und Release-Projekten entsteht oft eine Vielzahl von Transportaufträgen. Um die Anzahl von Transportaufträgen zu verringern, können Sie sich im ChaRM die Vorteile normaler Änderungen zunutze machen. Nur die normale Änderung hat standardmäßig die Möglichkeit, mit Transporten von Kopien zu arbeiten. Hierbei werden Kopien von den originalen Transportaufträgen erstellt und in das Testsystem transportiert, jedoch nicht in den Importpuffer des Produktivsystems weitergeleitet. Die originalen Transportaufträge bleiben so änderbar.
>
> Falls der Unit-Test einer Änderung nicht erfolgreich war, können Sie die erforderlichen Korrekturen den originalen Transportaufträgen zuordnen. Die originalen Transportaufträge bleiben änderbar, solange der Unit-Test der Änderung nicht erfolgreich war. Dadurch kann sichergestellt werden, dass nur fehlerfrei getestete Änderungen beim Projektimport in das Produktivsystem importiert werden. Es werden dann lediglich die originalen Transportaufträge importiert.

Der IT-Operator importiert die automatisch erstellten Transporte von Kopien mithilfe des Aufgabenplans in das Testsystem. Hier ist zu beachten, dass an dieser Stelle grundsätzlich ein Projektimport stattfindet. Das bedeutet, dass alle freigegebenen Transportaufträge des Projekts importiert werden.

Transporte von Kopien importieren

Für den Import der Transportaufträge in das Testsystem haben Sie mehrere Möglichkeiten. Zum einem kann der IT-Operator den Import manuell über den Aufgabenplan durch das Ausführen der Aufgabe **Importjob für Transportaufträge einplanen** anstoßen. Zum anderen können Sie den Import automatisiert im Hintergrund via Job ausführen lassen. Wir empfehlen Ihnen die letztere Variante, da der manuelle Import auf Dauer sehr aufwendig sein kann.

Planen Sie über das Administrations-Cockpit einen periodischen Importjob für das entsprechende Testsystem ein. So entfällt der manuelle Projektimport über den Aufgabenplan. Gehen Sie dazu wie folgt vor:

Importjob einplanen

1. Rufen Sie Transaktion SM_WORKCENTER auf, und wählen Sie **Change Management • Administrationscockpit**. Wählen Sie über den Zyklus den dazugehörigen Aufgabenplan aus.
2. Navigieren Sie im Aufgabenplan im Abschnitt **Folgesysteme** zum entsprechenden Testsystem, und führen Sie die Aufgabe **Importjob für Transportaufträge einplanen** aus.

8 Change Control Management

3. Im angezeigten Pop-up-Fenster gehen Sie auf die Registerkarte **Datum** und markieren dort **Zur Startzeit** (siehe Abbildung 8.47).

4. Hinterlegen Sie die entsprechenden Zeitangaben, die Periodizität und den ausführenden Hintergrundbenutzer. Optional können Sie auch angeben, ob nur die Transporte von Kopien via Job importiert werden sollen. Hierzu markieren Sie im oberen Bereich des Pop-up-Fensters **Nur Transport von Kopie**.

5. Darüber hinaus können Sie an dieser Stelle die Importoptionen und die Ausführung definieren. Klicken Sie auf **OK**.

Die über den Aufgabenplan eingeplanten Importjobs können Sie sich im Administrations-Cockpit im Bereich **Eingeplante Importjobs** anzeigen lassen.

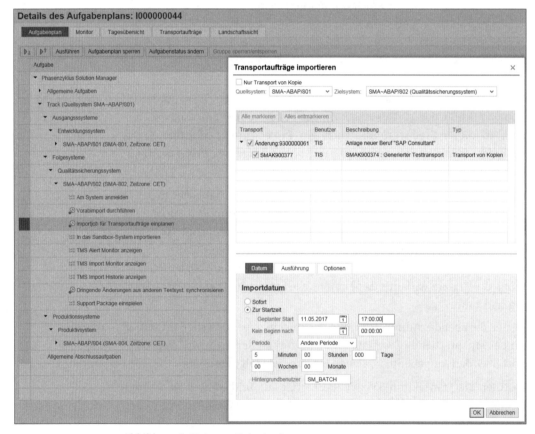

Abbildung 8.47 Importjob einplanen

> **Transport von Kopien direkt mit dem Statuswechsel importieren** [+]
>
> Mit Release 7.2 SPS03 des SAP Solution Managers wurde die Aktion COPY_ALL_ENH ausgeliefert. Diese bietet eine Alternative für den automatischen Import von Transporten von Kopien via Jobeinplanung.
>
> Wenn Sie diese Aktion im Customizing hinterlegt haben, werden beim Übergang vom Status **In Entwicklung** in den Status **Zu testen** die Transporte von Kopien erstellt, freigegeben und sogleich importiert. Das hat den Vorteil, dass der Funktionstest der Änderung direkt nach dem Statuswechsel auf dem Testsystem ausgeführt werden kann. Sie können die Aktion in Transaktion SOLMAN_SETUP über **Change-Control-Management** • **Change-Request-Management** • **Änderungsprozess definieren** • **Change-Request-Management-Aktionen definieren** • **Aktionen definieren** konfigurieren.

Der zugeordnete Tester findet die normale Änderung in seinem Arbeitsvorrat. Über den Zuordnungsblock **Landschaft** kann er sich anschließend am Testsystem anmelden und den Funktionstest durchführen. Wenn der Test nicht erfolgreich verlaufen ist, setzt der Tester den Status auf **In Entwicklung** zurück.

Normale Änderung testen

Daraufhin führt der Entwickler seine Korrekturen durch und speichert diese in den originalen Transportaufträgen. Anschließend erfolgt wieder der Import der Transporte von Kopien. Diese Aktionen werden so lange durchlaufen, bis der Test erfolgreich war. Über die Aktion **Erfolgreichen Test bestätigen** setzt der Tester dann den Status des Änderungsdokuments auf **Erfolgreich getestet**. Durch diese Aktion werden alle originalen Transportaufträge der Änderung automatisch freigegeben und dem Importpuffer des Testsystems hinzugefügt.

Der IT-Operator importiert die Transportaufträge des Projekts – wie bereits zuvor die Transporte von Kopien – mithilfe des Aufgabenplans der Aufgabe **Importjob für Transportaufträge einplanen** in das Testsystem. Bei einem definierten Importjob entfällt diese manuelle Aktion.

Import in Originaltransporte

Um einen Integrationstest aller Projektänderungen durchführen zu können, wechselt der Change Manager oder Projektleiter von der Zyklusphase **Build** zur Phase **Test**.

Integrationstest durchführen

Damit ein aussagekräftiger Integrationstest durchgeführt werden kann, sollten innerhalb der Testlaufzeit keine neuen Änderungen mehr in die Testumgebung gelangen. Das wird in der Phase **Test** sichergestellt. In dieser Phase ist es nicht möglich, neue Änderungsanträge anzulegen und Transportaufträge aus normalen Änderungen in das Qualitätssicherungssystem zu importieren.

Transportstatus im Zuordnungsblock »Landschaft« einsehen

Sie können jederzeit den Importstatus der Transportaufträge über den Zuordnungsblock **Landschaft** in der Spalte **Transportstatus** einsehen (siehe Abbildung 8.48).

Abbildung 8.48 Transportstatus

Fehlerkorrektur

Zur Beseitigung von Fehlern aus dem Integrationstest müssen in der Zyklusphase **Test** Änderungsdokumente vom Typ **Fehlerkorrektur** erstellt werden. Für den weiteren Prozessablauf gibt es zwei Optionen. Zum einen ist ein Vorabimport der Änderung möglich, was den Importprozess beschleunigt und die Transportaufträge der einzelnen Änderung produktiv setzt. Zum anderen kann ein gebündelter Transport aller Änderungen des Entwicklungsprojekts in das Produktionssystems durchgeführt werden. Im Folgenden gehen wir noch nicht auf den Vorabimport-Prozess ein; dieser wird in Abschnitt 8.3.6 beschrieben.

Import in Produktivsystem

Für den gemeinsamen Transport aller erfolgreich getesteten Änderungen schaltet der Change Manager oder der Projektleiter zunächst die Zyklusphase des Änderungszyklus auf Zyklusphase **Go-Live**. Anschließend kann der IT-Operator die Transportaufträge des Projekts mithilfe des Aufgabenplans und der Aufgabe **Importjob für Transportaufträge einplanen** (diese ist unter der Gruppe **Produktivsysteme** zu finden) in das Produktivsystem importieren (siehe Abbildung 8.49).

Nach dem erfolgreichen Import der Änderungen können die entsprechenden Änderungsdokumente abgeschlossen werden. Der Abschluss einer normalen Änderung erfolgt durch die Ausführung der Aktion **Produktivstatus setzen** mit dem Status **Importiert in Produktion**.

Aktionen der normalen Änderung

Abbildung 8.50 und Abbildung 8.51 zeigen Ihnen, welche Aktionen status-, phasen- und zyklusabhängig in einer normalen Änderung ausgeführt werden können.

8.3 Change Request Management

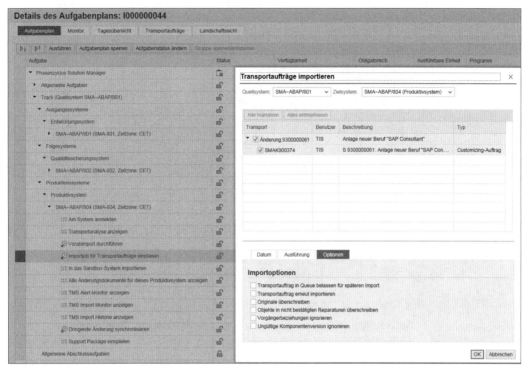

Abbildung 8.49 Projektimport ins Produktivsystem ausführen

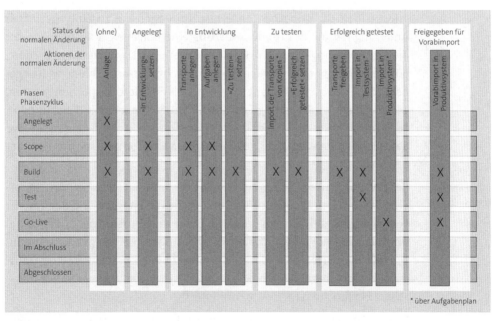

Abbildung 8.50 Status- und phasenabhängige Aktionen einer normalen Änderung innerhalb des Phasenzyklus

8   Change Control Management

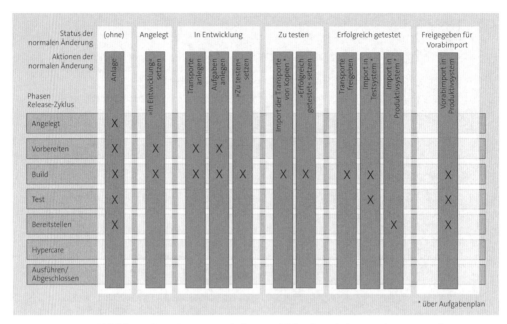

Abbildung 8.51 Status- und phasenabhängige Aktionen einer normalen Änderung innerhalb des Release-Zyklus

Dringende Änderung

Ein weiteres Änderungsdokument, das in das SAP-Transportwesen integriert ist, ist die *dringende Änderung*. Im Gegensatz zu einer normalen Änderung hat die dringende Änderung einen eigenen Aufgabenplan, der diesem Änderungstyp mehr Flexibilität verleiht. Dadurch können Transportaufträge einer dringenden Änderung schnellstmöglich und weitestgehend zyklusphasenunabhängig in die Zielsysteme transportiert werden. Die dringende Änderung eignet sich sehr gut für die schnelle Behebung von Fehlern im Produktivsystem (*Notfalltransporte*), die nicht auf den Go-Live des nächsten Releases oder auf das nächste Transportfenster warten können.

In einem Phasen- oder Release-Zyklus

Bei der dringenden Änderung werden die meisten Aktionen im Hintergrund ausgeführt. Das betrifft insbesondere die Freigabe und den Import von Transportaufträgen Diese Aktionen werden durch den Statuswechsel im Änderungsvorgang automatisch angestoßen. Da dringende Änderungen durch Ihre Flexibilität innerhalb eines Änderungszyklus andere Transportaufträge überholen können, empfehlen wir Ihnen, einen *Downgrade-Schutz* einzurichten (siehe Abschnitt 8.5.3).

Des Weiteren bleiben die Aufträge einer dringenden Änderung zum Schutz vor Downgrades nach Ihrem Import im Importpuffer der Zielsysteme mit dem Status **Auftrag steht nochmals zum Import an** stehen. Dadurch können die Aufträge mit dem Projektimport aller Aufträge des Änderungszyklus nochmals in die Zielsysteme importiert werden. So kann die Transportreihenfolge änderungstypenübergreifend gewährleistet werden.

In einem kontinuierlichen Zyklus bleiben die Transportaufträge nicht in der Importqueue stehen, da diese Zyklusvariante ausschließlich mit Transportaufträgen aus dringenden Änderungen arbeitet. Die Anlage von normalen Änderungen wird in einem kontinuierlichen Zyklus unterbunden. Dadurch findet auch kein Projektimport, sondern lediglich der Einzelimport der Transportaufträge einer dringenden Änderung statt. Für dieses Szenario setzt SAP die Aufgabenplanvariante **SAP1** in einem kontinuierlichen Zyklus ein.

In einem kontinuierlichen Zyklus

Die dringende Änderung (Vorgangsart SMHF) verfügt über folgendes Statusschema:

Statusschema

- Angelegt
- In Entwicklung
- Zu testen
- Erfolgreich getestet
- Freigegeben für Produktion
- Importiert in Produktion
- Bestätigt
- Abgeschlossen
- Zurückgezogen

Zur Durchführung einer dringenden Änderung sind im SAP-Standard folgende Anwenderrollen vorgesehen:

Anwenderrollen

- Change Manager
- Entwickler
- Tester
- IT-Operator

Das Rollenkonzept lässt sich problemlos Ihren Anforderungen anpassen. Abbildung 8.52 soll einen möglichen Prozessablauf einer dringenden Änderung veranschaulichen. Zur Durchführung dieses Beispiels wurden ein Phasenzyklus sowie der dazugehörige Aufgabenplan angelegt. Der Zyklus befindet sich initial in der Phase **Build**.

Prozessbeispiel

8   Change Control Management

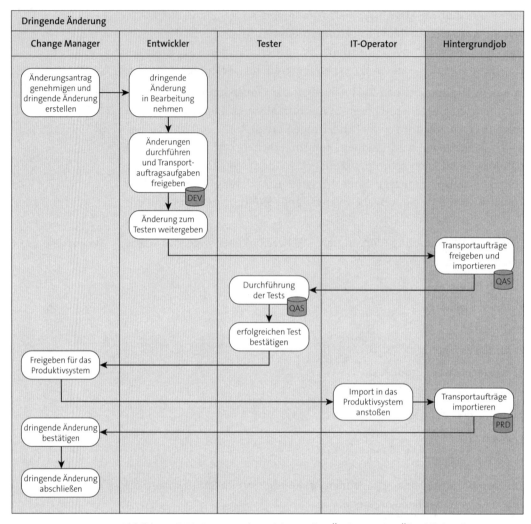

Abbildung 8.52 Prozess einer dringenden Änderung im Überblick

Dringende Änderung im Status »Angelegt«   Eine dringende Änderung wird grundsätzlich über einen genehmigten Änderungsantrag erstellt. Sie befindet sich dann im Status **Angelegt**. Dabei enthält sie alle relevanten Informationen aus dem Änderungsantrag wie die Änderungsbeschreibung, den Änderungszyklus, das Konfigurationselement und die Referenz zum dazugehörigen Änderungsantrag (siehe Abbildung 8.53). Der Ersteller der Änderung, in unserem Prozessbeispiel der Change Manager, reichert das Änderungsdokument mit weiteren Informationen wie den an der Änderung beteiligten Personen an.

8.3 Change Request Management

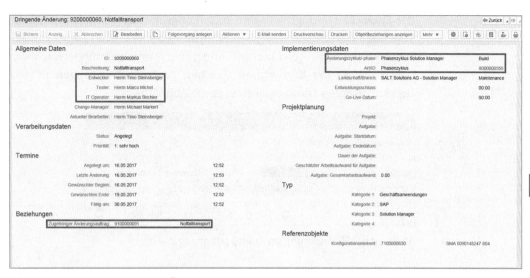

Abbildung 8.53 Eine dringende Änderung anlegen

Der zugeordnete verantwortliche Entwickler findet das Änderungsdokument in seinem Arbeitsvorrat. Er setzt den Status auf **In Entwicklung**. Im Gegensatz zur normalen Änderung wird hier aus Gründen der Dringlichkeit direkt das Pop-up-Fenster für die Anlage eines Transportauftrags angezeigt (siehe Abbildung 8.54).

Entwicklung durchführen

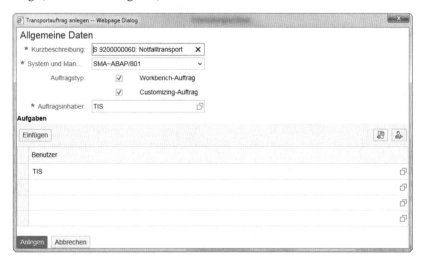

Abbildung 8.54 Transportauftrag für eine dringende Änderung anlegen

Mit einem Klick auf die Schaltfläche **Anlegen** werden die entsprechenden Transportaufträge und -aufgaben im Entwicklungssystem angelegt. Die Nummer des Transportauftrags können Sie anschließend im Zuordnungsblock **Transportverwaltung** einsehen.

425

Der Entwickler springt über den Zuordnungsblock **Landschaft** mit einem Klick auf die grüne Schaltfläche in der Spalte **Aktionen** in das Entwicklungssystem ab, um die gewünschten Änderungen durchzuführen. Nach der Durchführung der Korrekturen speichert er seine Änderungen in den zuvor angelegten Transportauftrag (siehe Abbildung 8.55).

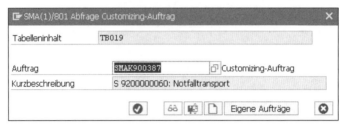

Abbildung 8.55 Änderung im Transportauftrag speichern

Aufgabe freigeben

Anschließend gibt er die relevanten Aufgaben des Transportauftrags im Transport Organizer im Entwicklungssystem frei. Wie in Abbildung 8.56 zu erkennen ist, sind dem Transportauftrag die Attribute SMA_P00019 und H000000052 zugeordnet. Hierbei handelt sich um die dem Änderungszyklus zugeordnete CTS-Projektstückliste und die technische Nummer des Aufgabenplans der dringenden Änderung.

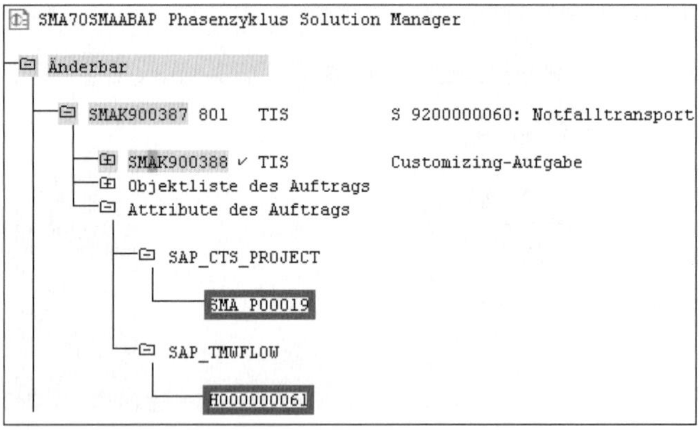

Abbildung 8.56 Attribute des Transportauftrags

Änderung zum Test übergeben

Um die Änderung zum Testen zu übergeben, setzt der Entwickler den Status auf **Zu testen**. Durch das Ausführen dieser Aktion werden im Hintergrund die originalen Transportaufträge direkt freigegeben und in das Qualitätssicherungssystem importiert. Der Status **Zu testen** wird nur im Falle einer erfolgreichen Freigabe und eines erfolgreichen Imports in das Qualitätssicherungssystem gesetzt.

Änderung testen

Nun findet der zugeordnete Tester die dringende Änderung ebenfalls in seinem Arbeitsvorrat. Über den Zuordnungsblock **Landschaft** kann er sich am Testsystem anmelden und den Funktionstest durchführen.

Wenn der Test nicht erfolgreich verlaufen ist, setzt der Tester den Status auf **In Entwicklung**. Anschließend legt der Entwickler neue Transportaufträge an, da die originalen Transportaufträge bereits freigegeben wurden. Danach führt er seine Korrekturen durch und speichert diese in den entsprechenden Transportaufträgen. Diese Aktionen werden solange durchlaufen, bis der Test erfolgreich war.

> **[+] Arbeiten mit normalen Änderungen und der Vorabimport-Funktion**
>
> Viele SAP-Kunden arbeiten verstärkt mit dringenden Änderungen, da der Import der Transportaufträge durch das Ausführen der entsprechenden PPF-Aktion im Änderungsdokument automatisiert und sofort erfolgt. So müssen die Beteiligten nicht auf das nächste Transportfenster oder die Ausführung des Importjobs warten. Der große Nachteil ergibt sich aber aus der hohen Anzahl an Transportaufträgen, die durch diese Arbeitsweise entstehen.
>
> Wir empfehlen Ihnen daher, verstärkt die normale Änderung mit der *Vorabimport-Funktion* einzusetzen. Wie bereits erwähnt, arbeitet die normale Änderung mit Transporten von Kopien. Dadurch ist es möglich, die originalen Transportaufträge nach einem nicht erfolgreichen Test auf dem Qualitätssicherungssystem weiterzuverwenden. Das reduziert die Anzahl der zu importierenden Aufträge für das Produktivsystem.
>
> Durch die Erweiterung COPY_ALL_ENH können Sie den Prozess für normale Änderungen so konfigurieren, dass Transporte von Kopien bei der Übergabe von der Entwicklung zum Testen sofort importiert werden. Mithilfe der Vorabimport-Funktion (siehe Abschnitt 8.3.6, »Importstrategien«) können Sie die Änderungen – unabhängig von dem Go-Live eines Releases – einzeln importieren, ohne einen Projektimport durchführen zu müssen.

Ist der Test wie vorgesehen verlaufen, setzt der Tester mit der Aktion **Erfolgreichen Test bestätigen** den Status des Änderungsdokuments auf **Erfolgreich getestet**.

Import in das Produktivsystem

Nun kann der Change Manager die dringende Änderung für die Produktivsetzung freigeben. Er führt die Aktion **Dringende Änderung für Produktion freigeben** aus und setzt somit den Status des Änderungsdokuments auf **Freigegeben für Produktion**. Der zugeordnete IT-Operator findet die dringende Änderung in seinem Arbeitsvorrat. Er löst den Import der dringenden Änderung mit der Aktion **Dringende Änderung in Produktivsystem** importieren aus. Im Falle eines erfolgreichen Imports wird der Status des Änderungsdokuments auf **Importiert in Produktion** gesetzt.

Änderung in Produktivsystem überprüfen

Anschließend überprüft der Change Manager, ob die Störung im Produktivsystem durch die Änderung behoben wurde. Konnte der Fehler nicht behoben werden, hat der Change Manager an dieser Stelle erneut die Möglichkeit, das Änderungsdokument mit der Aktion **Status auf »In Entwicklung« zurücksetzen** wieder zurück an die Entwicklung zu geben. Somit beginnt der Korrektur- und Testprozess von neuem. Der Entwickler legt erneut Transportaufträge an, führt die Änderungen durch und gibt das Änderungsdokument erneut zum Testen weiter. Wenn der Fehler behoben werden konnte, setzt er den Status des Änderungsdokuments durch das Ausführen der Aktion **Dringende Änderung bestätigten** auf **Bestätigt**.

Änderung bestätigen und abschließen

Im Anschluss kann die Änderung finalisiert werden. Der Change Manager schließt die dringende Änderung ab, indem er die Aktion **Dringende Änderung abschließen** ausführt und damit den Status auf **Abgeschlossen** setzt. In diesem Status sind keinerlei Änderungen am Änderungsdokument mehr möglich.

Aktionen einer dringenden Änderung

Abbildung 8.57, Abbildung 8.58 und Abbildung 8.59 zeigen Ihnen, welche Aktionen status-, phasen- und zyklusabhängig in einer dringenden Änderung ausgeführt werden können.

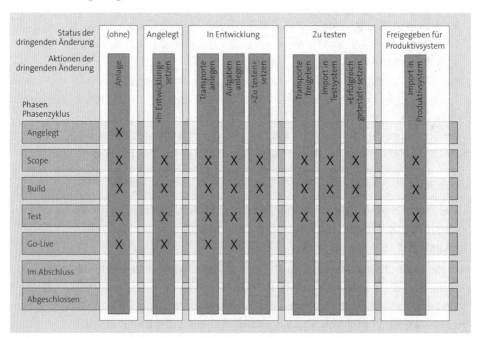

Abbildung 8.57 Status- und phasenabhängige Aktionen einer dringenden Änderung innerhalb des Phasenzyklus

8.3 Change Request Management

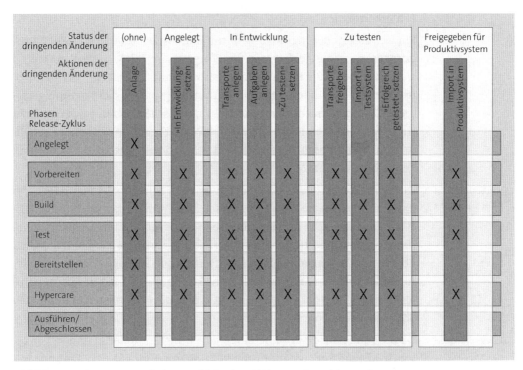

Abbildung 8.58 Status- und phasenabhängige Aktionen einer dringenden Änderung innerhalb des Release-Zyklus

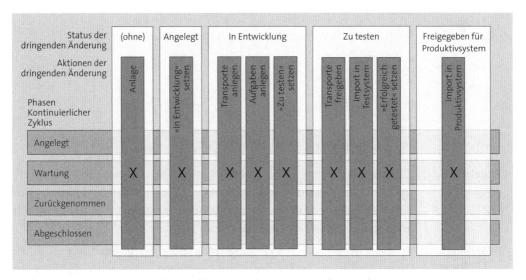

Abbildung 8.59 Status- und phasenabhängige Aktionen einer dringenden Änderung innerhalb des kontinuierlichen Zyklus

Fehlerkorrektur

Ein weiteres Änderungsdokument mit einer Integration in das SAP-Transportwesen ist die *Fehlerkorrektur* (Vorgangsart SMTM). Fehlerkorrekturen werden ausschließlich in Integrationstests genutzt. Bei einem Integrationstest werden alle Änderungen des Entwicklungsprojekts gemeinsam getestet, sodass Fehler nicht zwingend einer spezifischen Änderung zuzuordnen sind. Daher werden Fehlerkorrekturen ohne Zuordnung zu einem genehmigten Änderungsantrag erstellt und nehmen aus diesem Grund eine Sonderstellung im ChaRM ein.

Fehlerkorrektur in der Testphase

Die Fehlerkorrektur dient der Behebung von Fehlern in der Phase **Test** von Phasen- und Release-Zyklen. In dieser Phase dürfen keine Transportaufträge aus normalen Änderungen freigegeben und in das Qualitätssicherungssystem importiert werden. Korrekturmaßnahmen können lediglich über direkt im Aufgabenplan erstellte Transportaufträge oder über Änderungsdokumente vom Typ Fehlerkorrektur erfolgen. Letzteres ist zu empfehlen, da Sie mithilfe von Fehlerkorrekturen die Änderungen umfangreich dokumentieren können.

Anwenderrollen

Da die Fehlerkorrektur ohne einen genehmigten Änderungsantrag angelegt wird, sind zur Durchführung der Änderung im SAP-Standard nur folgende Anwenderrollen vorgesehen:

- Tester
- Entwickler

Statusschema

Die Fehlerkorrektur verfügt über folgendes Statusschema:

- Angelegt
- In Korrektur
- Zum Nachtesten
- Quittiert
- Zurückgezogen

Prozessbeispiel

Abbildung 8.60 veranschaulicht einen möglichen Prozessablauf einer Fehlerkorrektur. Zur Durchführung dieses Beispiels wurden ein Phasenzyklus sowie der dazugehörige Aufgabenplan angelegt. Der Änderungszyklus befindet sich diesmal in der Phase **Test**.

Fehlerkorrektur anlegen

Nehmen wir an, der Tester findet während eines Integrationstest einen Fehler. Damit der Entwickler die notwendigen Korrekturen durchführen kann, legt der Tester eine Fehlerkorrektur im CRM Web UI an. Eine Fehlerkorrektur lässt sich am einfachsten über den Schnellanlage-Link **Fehlerkorrektur** in Ihrer CRM-Benutzerrolle erstellen (siehe Abbildung 8.61).

8.3 Change Request Management

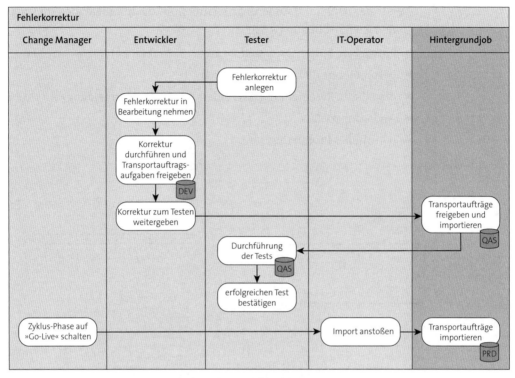

Abbildung 8.60 Prozess einer Fehlerkorrektur im Überblick

Abbildung 8.61 Schnellanlage-Link »Fehlerkorrektur«

Der Tester befüllt das Änderungsdokument initial mit folgenden Informationen (siehe Abbildung 8.62):

- Entwickler, Tester sowie weitere an der Korrektur beteiligte Personen
- Beschreibung des Fehlers (Kurztext)
- detaillierte Beschreibung des Fehlers (Textart **Fehlermeldung**)
- Änderungszyklus
- betroffenes Produktivsystem

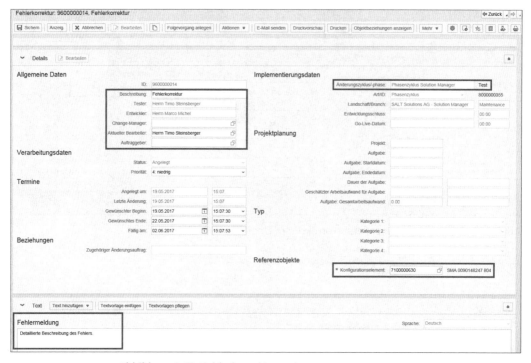

Abbildung 8.62 Fehlerkorrektur anlegen

Änderungszyklus muss sich in Phase »Test« befinden

Innerhalb einer Fehlerkorrektur können nur Änderungszyklen vom Typ Phasen- und Release-Zyklus ausgewählt werden, die sich in der Phase **Test** befinden.

Fehlerkorrektur durchführen

Der zugeordnete Entwickler findet das Änderungsdokument in seinem Arbeitsvorrat und setzt den Status der Fehlerkorrektur auf **In Korrektur** (siehe Abbildung 8.63).

8.3 Change Request Management

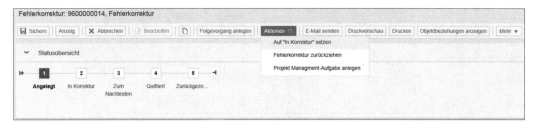

Abbildung 8.63 Fehlerkorrektur auf »In Korrektur« setzen

Anschließend legt der Entwickler die für die Korrektur benötigten Transportaufträge an. Hierzu klickt er im Zuordnungsblock **Transportverwaltung** auf die Schaltfläche **Transportauftrag** (siehe Abbildung 8.64).

Transportauftrag anlegen

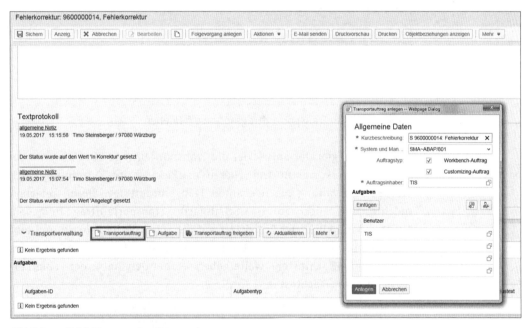

Abbildung 8.64 Transportauftrag anlegen

Der Entwickler springt über den Zuordnungsblock **Landschaft** mit einem Klick auf die grüne Schaltfläche in der Spalte **Aktionen** in das Entwicklungssystem ab, um die gewünschten Korrekturen durchzuführen. Nachdem er die Korrekturen durchgeführt hat, legt er seine Änderungen in dem vorher angelegten Transportauftrag ab (siehe Abbildung 8.65).

Anschließend gibt er die relevanten Aufgaben des Transportauftrags im Transport Organizer im Entwicklungssystem frei (siehe Abbildung 8.66).

8 Change Control Management

Abbildung 8.65 Korrekturen in Transportauftrag speichern

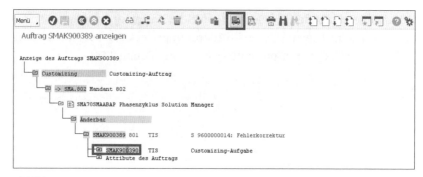

Abbildung 8.66 Transportauftragsaufgabe freigeben

Als Nächstes gibt der Entwickler die Transportaufträge über die entsprechende Fehlerkorrektur frei. Hierzu markiert er im Zuordnungsblock **Transportverwaltung** die relevanten Transportaufträge, die er freigeben möchte, und klickt auf die Schaltfläche **Transportauftrag freigeben**. Anschließend klickt der Entwickler auf die Schaltfläche **Release** und gibt den entsprechenden Transportauftrag frei (siehe Abbildung 8.67). Mit der Aktion **Zum »Nachtesten« weitergeben** setzt er den Status der Fehlerkorrektur auf **Zum Nachtesten**.

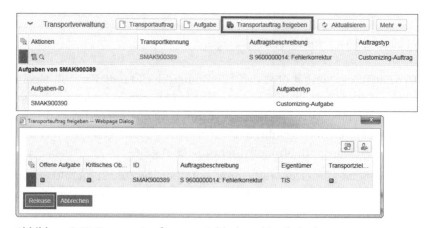

Abbildung 8.67 Transportauftrag zur Fehlerkorrektur freigeben

Der Import der Transportaufträge erfolgt wie bei einer normalen Änderung über den Aufgabenplan. Hier haben Sie analog zur normalen Änderung die Möglichkeit, einen Importjob einzuplanen oder den Import manuell durchzuführen. In unserem Beispiel wurde unserer Empfehlung entsprochen und ein Importjob eingeplant. Für die manuelle Ausführung klicken Sie in der Fehlerkorrektur auf **Mehr • Aufgabenplan öffnen** und führen im Bereich **Qualitätssicherungssystem** die Aufgabe **Importjob für Transportaufträge einplanen** aus. Anschließend führen Sie den Projektimport in das Qualitätssicherungssystem durch.

Import in das Qualitätssicherungssystem

Der Tester findet das Änderungsdokument nun in seinem Arbeitsvorrat. Mit einem Klick auf die grüne Schaltfläche in der Spalte **Aktionen** des Zuordnungsblocks **Landschaft** springt er in das Qualitätssicherungssystem ab und führt den Nachtest durch (siehe Abbildung 8.68).

Test durchführen

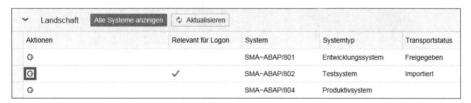

Abbildung 8.68 In das Testsystem abspringen

Ist der Nachtest erfolgreich verlaufen, führt der Entwickler die Aktion **Fehlerkorrektur bestätigen** aus und setzt so den Status der Fehlerkorrektur auf **Quittiert**. In diesem Status können keine Änderung mehr am Änderungsdokument durchgeführt werden.

Fehlerkorrektur abschließen

War der Test nicht erfolgreich, wählt der Entwickler die Aktion **Zurücksetzen auf »In Entwicklung«** und setzt damit den Status wieder auf **In Korrektur** zurück. Die beschriebenen Aktionen werden so lange erneut durchlaufen, bis der Test erfolgreich durchgeführt wurde.

Der Import von Fehlerkorrekturen in das Produktivsystem erfolgt zum Go-Live des Entwicklungsprojekts. Das bedeutet, dass die Fehlerkorrekturen zusammen mit allen dringenden und normalen Änderungen des Änderungszyklus im Rahmen eines Projektimports in das Produktivsystem importiert werden.

Import in Produktivsystem

Abbildung 8.69 und Abbildung 8.70 zeigen die verschiedenen status-, phasen- und zyklusabhängigen Aktionen einer Fehlerkorrektur.

Aktionen in der Fehlerkorrektur

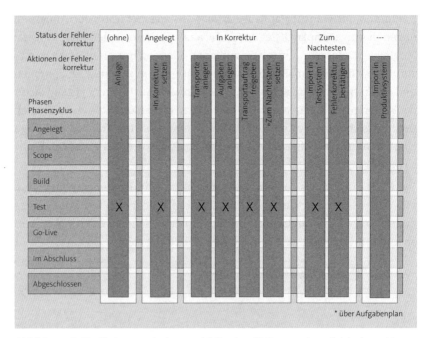

Abbildung 8.69 Status- und phasenabhängige Aktionen einer Fehlerkorrektur innerhalb des Phasenzyklus

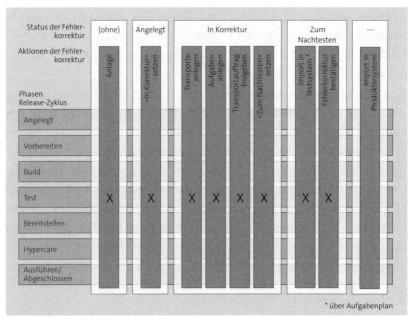

Abbildung 8.70 Status- und phasenabhängige Aktionen einer Fehlerkorrektur innerhalb des Release-Zyklus

In den folgenden Abschnitten erläutern wir Ihnen die Änderungsdokumente ohne Integration in das SAP-Transportwesen:

- administrative Änderung (Vorgangsart SMAD)
- allgemeine Änderung (Vorgangsart SMCG)

Administrative Änderung

Die administrative Änderung (Vorgangsart SMAD) ist ein Änderungsvorgang, der für systemspezifische Änderungen, die keinen Transportauftrag erfordern, eingesetzt werden kann. Ein Beispiel hierfür wäre die Pflege von Nummernkreisen oder Stammdaten. Mithilfe dieses Änderungsprozesses können Sie auch Änderungen, die innerhalb der SAP-Basis-Abteilung vorgenommen werden wie die Pflege von Profilparametern, abbilden.

Zur Durchführung einer administrativen Änderung sind im SAP-Standard folgende Anwenderrollen vorgesehen:

Anwenderrollen

- Change Manager
- IT-Operator

Die administrative Änderung verfügt über folgendes Statusschema:

Statusschema

- Angelegt
- In Bearbeitung
- Abgeschlossen
- Bestätigt
- Zurückgezogen

Abbildung 8.71 veranschaulicht einen möglichen Prozessablauf.

Eine administrative Änderung wird grundsätzlich über einen genehmigten Änderungsantrag erstellt und befindet sich dann im Status **Angelegt**. Dabei enthält sie alle relevanten Informationen aus dem Änderungsantrag wie die Änderungsbeschreibung, den relevanten Änderungszyklus, das betroffene System und die Referenz zum zugehörigen Änderungsantrag. Der Ersteller der Änderung, in unserem Prozessbeispiel der Change Manager, reichert das Änderungsdokument mit weiteren Informationen wie die durchführende Person (in diesem Fall nur der IT-Operator, siehe Abbildung 8.72) an.

Administrative Änderung anlegen

8 Change Control Management

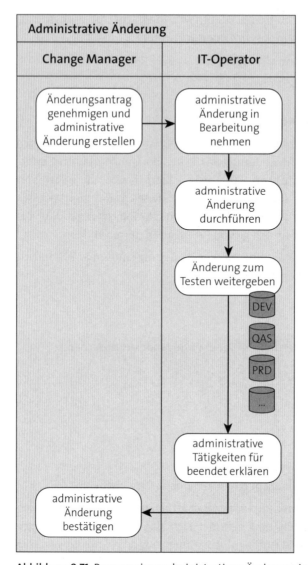

Abbildung 8.71 Prozess einer administrativen Änderung im Überblick

> **[»] Systemauswahl im Änderungsantrag**
>
> Da sich eine administrative Änderung immer nur auf ein bestimmtes System bezieht und dieses nicht zwingend das Produktivsystem sein muss, werden die Komponente und das Konfigurationselement im Zuordnungsblock **Umfang** des Änderungsantrags nicht automatisch befüllt. Wählen Sie an dieser Stelle die richtige IBase-Komponente für das betroffene änderungsrelevante System aus (siehe auch SAP-Hinweis 1974305).

8.3 Change Request Management

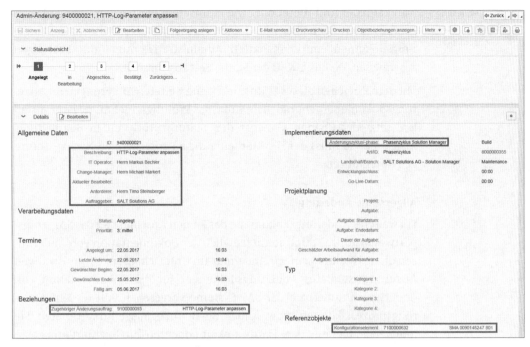

Abbildung 8.72 Eine administrative Änderung anlegen

In unserem Prozessbeispiel soll der Basisadministrator den HTTP-Log-Parameter auf dem System SMA anpassen. Der Basis-Administrator (Rolle IT-Operator) findet die administrative Änderung in seinem Arbeitsvorrat. Er setzt den Status des Änderungsdokuments auf **In Bearbeitung**.

Anschließend springt der Basisadministrator über den Zuordnungsblock **Landschaft** mit einem Klick auf die grüne Schaltfläche in der Spalte **Aktionen** in das änderungsrelevante System ab, um die gewünschte Änderung durchzuführen (siehe Abbildung 8.73).

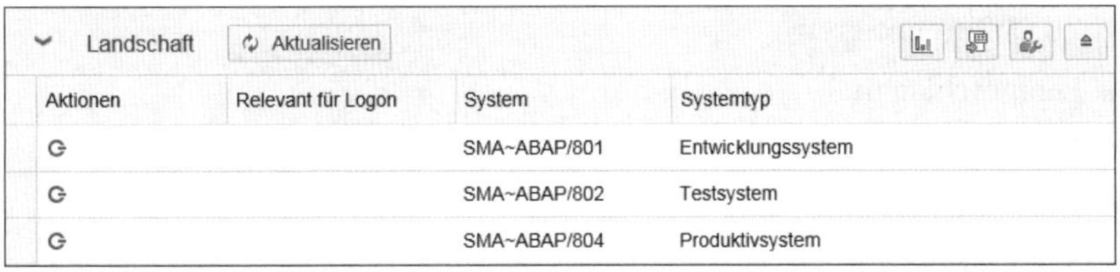

Änderung durchführen

Aktionen	Relevant für Logon	System	Systemtyp
G		SMA~ABAP/801	Entwicklungssystem
G		SMA~ABAP/802	Testsystem
G		SMA~ABAP/804	Produktivsystem

Abbildung 8.73 In das änderungsrelevante System abspringen

Der Basisadministrator führt die Parameteranpassung durch und dokumentiert seine Tätigkeiten im Änderungsdokument im Zuordnungsblock **Text**. Um den Abschluss seiner Tätigkeiten zu signalisieren, setzt er den Status des Änderungsdokuments auf **Abgeschlossen**.

8 Change Control Management

Änderung überprüfen und abschließen

Nun kann der Anforderer oder wie in unserem Beispiel der Change Manager die Änderungen überprüfen und bei einer positiven Prüfung das Änderungsdokument mit der Aktion **Administrative Änderung bestätigen** abschließen. Dadurch wird der Status **Bestätigt** gesetzt.

Mit dem Erreichen dieses Status sind keine weiteren Änderungen im Änderungsdokument mehr möglich. Sollte das Prüfungsergebnis negativ ausfallen, setzt der Change Manager den Status zurück auf **In Bearbeitung**. Anschließend muss der IT-Mitarbeiter die entsprechenden Nachbesserungen durchführen.

Allgemeine Änderung

Ein weiteres Änderungsdokument, das keinen Anschluss an das SAP-Transportwesen aufweist und somit lediglich der Dokumentation von Änderungen dient, ist die *allgemeine Änderung*. Im Unterschied zur administrativen Änderung ist dieses Änderungsdokument für die Dokumentation von Änderungen außerhalb der SAP-Systeme vorgesehen. Mit diesem Änderungsprozess können bspw. Änderungen an IT-Anlagen und Geräten wie mobilen Endgeräten oder Hardwarekomponenten durchgeführt und nachvollziehbar dokumentiert werden.

Anwenderrollen

Zur Durchführung einer administrativen Änderung sind im SAP-Standard folgende Anwenderrollen vorgesehen:

- Change Manager
- IT-Mitarbeiter
- Tester

Statusschema

Die allgemeine Änderung (Vorgangsart SMCG) verfügt über folgendes Statusschema:

- Angelegt
- Zu Dokumentieren
- Fehlgeschlagen
- Bestätigt
- Abgebrochen
- Änderungsauswertung
- Zu testen
- In Bearbeitung
- Ursprung wiederherstellen
- Zurückgezogen

Abbildung 8.74 veranschaulicht einen möglichen Prozessablauf.

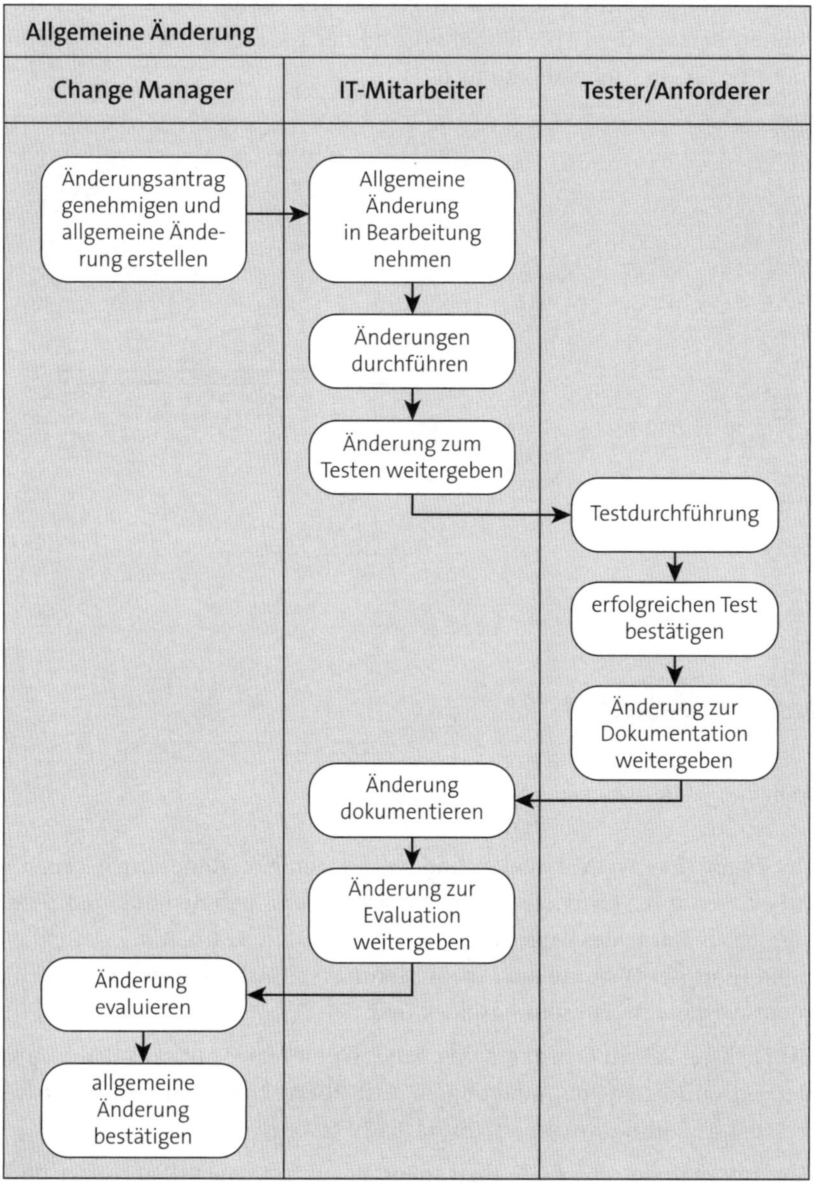

Allgemeine Änderung		
Change Manager	**IT-Mitarbeiter**	**Tester/Anforderer**
Änderungsantrag genehmigen und allgemeine Änderung erstellen	Allgemeine Änderung in Bearbeitung nehmen	
	Änderungen durchführen	
	Änderung zum Testen weitergeben	
		Testdurchführung
		erfolgreichen Test bestätigen
		Änderung zur Dokumentation weitergeben
	Änderung dokumentieren	
	Änderung zur Evaluation weitergeben	
Änderung evaluieren		
allgemeine Änderung bestätigen		

Abbildung 8.74 Prozess einer allgemeinen Änderung im Überblick

Eine allgemeine Änderung wird grundsätzlich über einen genehmigten Änderungsantrag erstellt und befindet sich dann im Status **Angelegt**. Dabei enthält sie alle relevanten Informationen aus dem Änderungsantrag wie die Änderungsbeschreibung, den Änderungszyklus, das Konfigurationselement und die Referenz zum dazugehörigen Änderungsantrag. Der Ersteller

Allgemeine Änderung anlegen

der Änderung, in unserem Prozessbeispiel der Change Manager, reichert das Änderungsdokument mit weiteren Informationen wie der durchführenden Person (dem IT-Mitarbeiter) und der qualitätssichernden Person (dem Tester) an (siehe Abbildung 8.75).

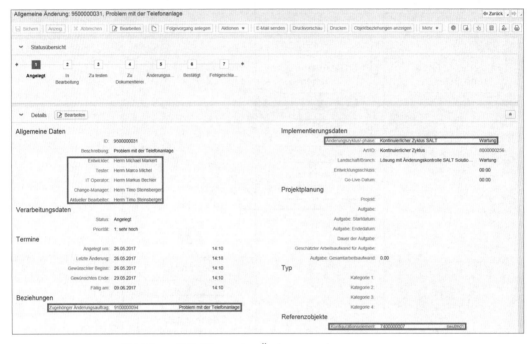

Abbildung 8.75 Allgemeine Änderung anlegen

Der zugeordnete IT-Mitarbeiter findet die allgemeine Änderung in seinem Arbeitsvorrat. Er führt die Aktion **In Bearbeitung nehmen** aus und setzt somit den Status des Änderungsdokuments auf **In Bearbeitung**. Anschließend führt der IT-Mitarbeiter die Änderungsmaßnahme durch und dokumentiert diese im Zuordnungsblock **Text**.

Allgemeine Änderung zum Testen übergeben
Als nächster Schritt erfolgt die Übergabe an den Tester mit der Ausführung der Aktion **Allgemeine Änderung an Test übergeben**. Daraufhin befindet sich das Änderungsdokument im Status **Zu testen**.

Änderung testen
Der Tester findet das Änderungsdokument in seinem Arbeitsvorrat und überprüft anschließend, ob die Änderung erfolgreich durchgeführt wurde. Er dokumentiert seine Testaktivitäten im Zuordnungsblock **Text** in der Textart **Testbericht**. Im Falle eines negativen Testergebnisses setzt der Tester den Status des Änderungsdokuments auf **In Bearbeitung** zurück. Ist der Test positiv verlaufen, führt er die Aktion **Auf »Zu dokumentieren« setzen** aus.

Der Bearbeiter findet die allgemeine Änderung erneut in seinem Arbeitsvorrat und dokumentiert anschließend detailliert die Änderungsaktivitäten, die zur Problemlösung beigetragen haben. Nach der Durchführung der Dokumentation ändert er den Status des Änderungsdokuments auf **Änderungsauswertung**.

Der Change Manager verifiziert das Änderungsdokument hinsichtlich der Vollständigkeit und Qualität der Informationen und schließt die allgemeine Änderung nach einer erfolgreichen Prüfung ab. Dazu setzt er den Status **Bestätigt**. In diesem Status sind keine Änderungen am Änderungsbeleg mehr möglich.

Änderung überprüfen und abschließen

Abbildung 8.76, Abbildung 8.77 und Abbildung 8.78 zeigen, welche Aktionen phasen- und zyklusabhängig in administrativen und allgemeinen Änderungen ausgeführt werden können.

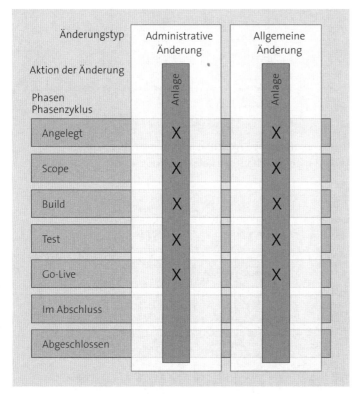

Abbildung 8.76 Phasenabhängige Aktionen in administrativen und allgemeinen Änderungen innerhalb des Phasenzyklus

8 Change Control Management

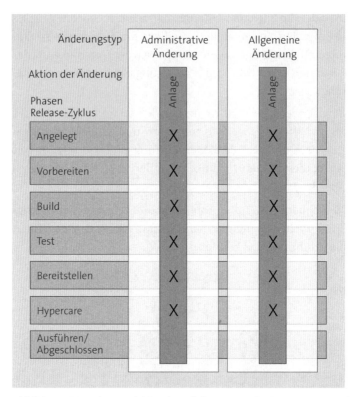

Abbildung 8.77 Phasenabhängige Aktionen in administrativen und allgemeinen Änderungen innerhalb des Release-Zyklus

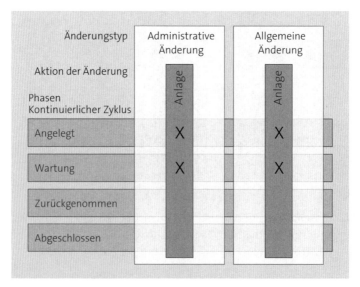

Abbildung 8.78 Phasenabhängige Aktionen in administrativen und allgemeinen Änderungen innerhalb des kontinuierlichen Zyklus

Standardänderung

Eine *Standardänderung* ist laut IT Infrastructure Library (ITIL) eine wiederkehrende Änderung mit geringem Risiko, die keiner gesonderten Genehmigung bedarf. Ab Solution Manager 7.2 SPS05 ist dieser Änderungsprozess im Standard verfügbar. Wir gehen hier nicht näher auf diesen Änderungsprozess ein. Informationen zu diesem Prozess sowie zur Konfiguration dieser Änderungsart finden Sie im SAP Community Wiki unter folgender URL: *http://s-prs.de/v561559*

Ausblick

8.3.6 Importstrategien

Wie in Abschnitt 8.3.5 bereits erläutert, haben Sie bei einer erfolgreich getesteten normalen Änderung im Status **Erfolgreich getestet** zwei Möglichkeiten, die Transportaufträge in das Produktivsystem zu importieren: den Projekt- und den Vorabimport. Der Unterschied liegt darin, dass bei einem Projektimport alle Transportaufträge des CTS-Projekts importiert werden, während bei einem Vorabimport alle Transportaufträge der normalen Änderung unabhängig von anderen Transportaufträgen des CTS-Projekts importiert werden.

Vorabimport-Funktion innerhalb einer normalen Änderung

Durch die Vorabimport-Option lässt sich der Importprozess der Transportaufträge einer einzelnen normalen Änderung beschleunigen. Wir empfehlen Ihnen, diese Funktion zusammen mit der systemübergreifenden Objektsperre und dem Downgrade-Schutz einzusetzen, um Transport-Überholer zu vermeiden.

In diesem Abschnitt erläutern wir die Aktivitäten, die Sie für einen Vorabimport einer normalen Änderung durchführen müssen. Ausgangssituation ist eine normale Änderung im Status **Erfolgreich getestet** und die damit verbundene Freigabe der Transportaufträge.

Prozessbeispiel

Der Anforderer beantragt den Vorabimport der Änderung mit dem Ausführen der Aktion **Vorabimport beantragen** und setzt somit den Status des Änderungsdokuments auf **Vorabimport beantragt** (siehe Abbildung 8.79). Der Change Manager genehmigt den Vorabimport, indem er die Aktion **Vorabimport Genehmigen** ausführt.

Vorabimport beantragen

Daraufhin werden die Transportaufträge der normalen Änderung automatisch in das Folgesystem transportiert. Im Falle eines erfolgreichen Imports wird der Status des Änderungsdokuments auf **Test für Vorabimport** gesetzt.

Import von Originaltransporten

Nun wird überprüft, ob die Transportaufträge der normalen Änderung separat importiert werden können und keine Abhängigkeiten zu anderen

Änderungen aufweisen. Sollte sich die Prüfung negativ auf einen Vorabimport auswirken, kann dieser mit der Aktion **Vorabimport abbrechen** abgebrochen werden. Der Status des Änderungsdokuments befindet sich nach dem Ausführen der Aktion wieder auf **Erfolgreich getestet**.

Abbildung 8.79 Vorabimport beantragen

Kann ein Vorabimport der normalen Änderung durchgeführt werden, führt die verantwortliche Person, zumeist der Entwickler, die Aktion **Erfolgreichen Test bestätigen** aus. Der Status des Änderungsdokuments nach der Ausführung der Aktion lautet **Getestet für Produktionsimport**.

Vorimport freigeben

Der Change Manager kann nun die Änderung über die Aktion **Freigeben zum Import** für den Import ins Produktivsystem freigegeben.

Import in Produktivsystem

Nun kann der IT-Operator, zumeist ein Mitarbeiter aus dem SAP-Basis-Team, den Produktivimport durchführen. Er führt hierzu die Aktion **Normale Änderung in Produktion importieren** aus.

Mit dem Ausführen der Aktion werden automatisch die Transportaufträge des Änderungsdokuments in das Produktivsystem importiert. Bei einem erfolgreichen Import der Transportaufträge wird der Status des Änderungsdokuments auf den Finalstatus **Importiert in Produktion** gesetzt. Änderungen an dem Änderungsdokument sind nun nicht mehr möglich. Durch den Vorabimport einer normalen Änderung bleiben die der Änderung zugeordneten Transportaufträge in der Importqueue des Qualitätssicherungs- und Produktivsystems stehen, da diese mit dem Projektimport aller Transportaufträge des Änderungszyklus erneut importiert werden. Dadurch bleiben auch die Sperreinträge der systemübergreifenden Objektsperre erhalten; sie werden erst nach dem Projektimport gelöscht. Dieses Systemverhalten wird auch in SAP-Hinweis 1826789 beschrieben.

Selektiver und statusabhängiger Import

Weitere Importstrategien

Neben der Vorabimport-Funktion stehen Ihnen im Change Request Management noch weitere Importstrategien zur Verfügung.

- **Statusabhängige Importstrategie**
  Mit dieser Importstrategie können Sie Transportaufträge in Abhängigkeit vom Status des Änderungsdokuments importieren. Das bedeutet,

dass Sie bei einem Projektimport nur die Transportaufträge importieren, bei denen das zugehörige Änderungsdokument auch den konfigurierten Status aufweist.

- **Selektive Importstrategie**
Beim Ausführen der Importaufgabe aus dem Aufgabenplan heraus erscheint ein Pop-up-Fenster, in dem Sie die zu importierenden Transportaufträge für den Import auswählen können.

> **Einsatz der Downgrade-Schutz-Funktion**
>
> Der Einsatz dieser Importstrategien erhöht die Flexibilität beim Import von Transportaufträgen, aber zugleich auch das Risiko. Daher empfehlen wir Ihnen, die Strategien des statusabhängigen und selektiven Imports nur in Kombination mit dem Downgrade-Schutz einzusetzen, um Transport-Überholer zu vermeiden.

Sie können die Konfiguration der Importstrategien über folgenden IMG-Pfad in Transaktion SPRO durchführen:

Importstrategien konfigurieren

SAP Solution Manager • Capabilities (Optional) • Change-Control-Management • Transport Management System • Importstrategie für Transportaufträge definieren

Hier stehen Ihnen die in Abbildung 8.80 erkenntlichen Importstrategien zur Verfügung:

Abbildung 8.80 Importstrategie für Transportaufträge definieren

- `IMPORT_ALL`: Standardimport (alle oder keine Transportaufträge)
- `IMPORT_SEL`: selektiver Import mit Auswahlfenster im Aufgabenplan
- `IMPORT_STA`: statusabhängiger Import
- `IM_STA_SEL`: Kombination aus selektivem und statusabhängigem Import. Bei dieser Option werden im Pop-up-Fenster beim Ausführen der Importaufgabe im Aufgabenplan nur die Transportaufträge angezeigt, bei denen das zugeordnete Änderungsdokument einen konfigurierten Status aufweist.

Über den Unterpunkt **Statusabhängiger Import** können Sie die entsprechenden Statuswerte zu Ihrer Importstrategie definieren (siehe Abbildung 8.81).

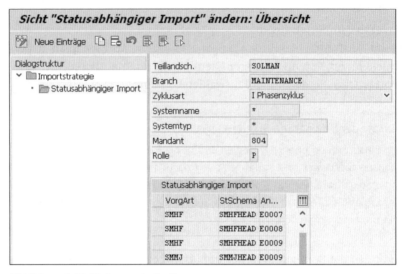

Abbildung 8.81 Statuswerte festlegen

Pflegen Sie bei der Konfiguration die entsprechenden Statuswerte aller relevanten Vorgangsarten, damit die Transportaufträge dieser Vorgangsarten auch importiert werden können. Wenn Sie bspw. bei der dringenden Änderung den Finalstatus **Abgeschlossen** nicht konfiguriert haben, können bei einem Projektimport die Transportaufträge der dringenden Änderungen, die diesen Status aufweisen, nicht erneut importiert werden.

8.3.7 Integration des Change Request Managements mit anderen SAP-Solution-Manager-Szenarien

In diesem Abschnitt beschreiben wir, wie das ChaRM mit anderen Szenarien des SAP Solution Managers integriert ist.

Integration mit Funktionen der Test Suite

Der SAP Solution Manager stellt mit dem ChaRM vordefinierte Änderungsprozesse und mit der Test Suite Funktionen zur systematischen Durchführung von Testaktivitäten zur Verfügung. Da Softwareänderungen auch getestet werden müssen, ist es nur konsequent, beide Szenarien integriert in Ihrem Unternehmen einzusetzen. Standardmäßig haben Sie folgende Möglichkeiten, um Testfunktionalitäten in Ihren Änderungsprozess zu integrieren:

8.3 Change Request Management

- Zuweisung von Testpaketen zu Änderungsdokumenten
- Durchführung einer BPCA-Analyse

Testpläne und -pakete können über den Zuordnungsblock **Testmanagement** einem Änderungsdokument zugewiesen werden:

Testpakete für Änderungsdokumente

1. Klicken Sie in diesem Zuordnungsblock auf die Schaltfläche **Hinzufügen**.
2. Wählen Sie beim Suchkriterium **Typ** entsprechend **Testplan** oder **Testpaket** aus, und ordnen Sie anschließend das entsprechende Element zu.

Darüber hinaus können Sie jederzeit über die Schaltfläche **Statusinfosystem** den Teststatus der Testfälle des entsprechenden Testpakets und Testplans einsehen. Zusätzlich können Sie über die Schaltfläche **Testreport** einen Bericht zum entsprechenden Testplan erstellen (siehe Abbildung 8.82).

Abbildung 8.82 Zuordnungsblock »Testmanagement«

Mit Transaktion SM34 können Sie das Viewcluster `AIC_SETTINGS` aufrufen. Über die Schaltfläche **Pflegen** können Sie eine Konsistenzprüfung bspw. einer dringenden Änderung zuordnen, die beim Setzen des Status **Erfolgreich getestet** (Anwenderstatus E0009) in einer dringenden Änderung überprüft, ob alle Testfälle des zugewiesenen Testpakets erfolgreich getestet wurden.

Konsistenzprüfung zuordnen

Abbildung 8.83 Konsistenzprüfung zuordnen

Ist das nicht der Fall, wird der Status des Änderungsdokuments auf **Zu testen** (Status E0004) zurückgesetzt (siehe Abbildung 8.83). In diesem Fall erscheint eine Warnmeldung (siehe Abbildung 8.84).

> ⚠ Nicht alle zugeordneten Test-Workbench-Objekte haben den Status "Grün"

Abbildung 8.84 Warnmeldung aus Konsistenzprüfung

449

Business Process Change Analyzer

Der *Business Process Change Analyzer* (BPCA) ist die zweite Funktionalität aus dem Bereich der Test Suite, die in das ChaRM integriert ist. Mithilfe dieses Werkzeugs können Sie eine BPCA-Analyse durchführen. Diese kann Ihnen Auskunft darüber geben, welche Geschäftsprozesse bspw. durch Kundenentwicklungen, Support Packages, Add-ons usw. betroffenen sind und folglich nach der Änderung getestet werden müssen. Die Integration in das ChaRM ergibt durchaus Sinn, da die Auswirkung der Änderung auf die Geschäftsprozesse für die Genehmigung von Änderungen sowie die Identifizierung der zu testenden Testfälle relevant ist.

Aufruf des BPCA

Sie können den BPCA mit der Aktion **BPCA Analyse starten** aus Änderungsanträgen und Änderungsdokumenten aufrufen (siehe Abbildung 8.85).

Abbildung 8.85 Eine BPCA-Analyse aus einer normalen Änderung aufrufen

Verfügbarkeit

Diese Aktion ist standardmäßig in bestimmten Status verfügbar. Im Änderungsantrag (Vorgangsart SMCR) können Sie diese Aktion in folgenden Status nutzen:

- Validierung
- Zu genehmigen
- Wird implementiert
- Implementiert

In einer dringenden Änderung (Vorgangsart SMHF) kann diese Aktion in folgenden Status aufgerufen werden:

- In Entwicklung
- Zu testen

Auch in einer normalen Änderung (Vorgangsart SMMJ) kann diese Aktion genutzt werden. Sie können sie in folgenden Status aufrufen:

- In Entwicklung
- Zu testen
- Test für Vorabimport

Der BPCA kann auch Transportaufträge aus Änderungsdokumenten analysieren. Wenn Sie diese Funktionalität aus einem Änderungsdokument heraus aufrufen, wird dieses automatisch für eine Analyse vorselektiert (siehe Abbildung 8.86).

Transportaufträge analysieren

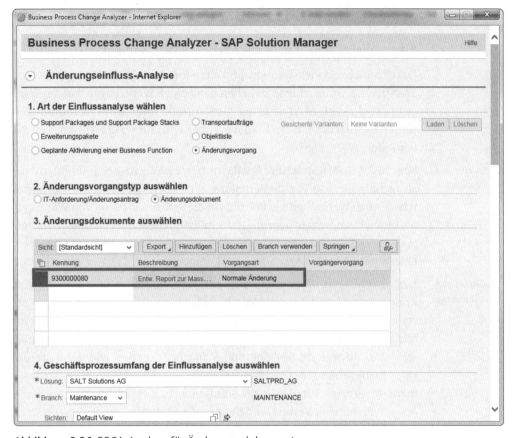

Abbildung 8.86 BPCA-Analyse für Änderungsdokumente

Weitere Informationen zum BPCA finden Sie in Abschnitt 9.6.1, »Business Process Change Analyzer (BPCA)«.

Integration mit IT-Portfolio- und Projektmanagement

Das SAP Portfolio and Project Management (SAP PPM) ist als eigenständige Applikation vollständig in den SAP Solution Manager 7.2 integriert. Wenn Sie das ChaRM mit den Projektmanagementfunktionen des SAP PPM integrieren, haben Sie umfangreiche Möglichkeiten, Zeit und Ressourcen Ihrer Änderungsprojekte zu verwalten. Weitere Informationen hierzu finden Sie in Abschnitt 6.5, »Integration des Projektmanagements mit anderen SAP-Solution-Manager-Bereichen«.

8.4 Quality Gate Management

Mithilfe von *Quality Gates* kann das *Quality Gate Management* (QGM) die Durchführung und den Ablauf von Softwareänderungen aus projekt- und Release-basierter Sicht steuern.

8.4.1 Quality Gate und Change Request Management im Vergleich

Das ChaRM weist viele Gemeinsamkeiten mit dem QGM auf, es gibt jedoch auch diverse Unterschiede zwischen den beiden Werkzeugen. Bei der Wahl des für Sie richtigen Werkzeugs zur Kontrolle Ihrer Softwareänderungen sollten Sie sich deshalb im Klaren darüber sein, auf welche Funktionen Sie besonders Wert legen.

Infrastruktur und Werkzeuge	Sowohl das QGM als auch das ChaRM nutzen die CTS- bzw. cCTS-Infrastruktur als technische Basis für die Verteilung der Änderungen in der Systemlandschaft. Auch Werkzeuge wie Retrofit für die Synchro,nisation von Wartungs- und Projektlandschaft oder die systemübergreifende Objektsperre in Verbindung mit dem Downgrade-Schutz zur Vermeidung von Transport-Überholern stehen beiden Szenarien zur Verfügung.
Workflows und Prozesse	Das ChaRM setzt den Fokus auf die Dokumentation und Steuerung von Änderungen über definierte Workflows und Prozesse, in denen der Benutzer eine bestimmte Rolle (Entwickler, Tester, Change Manager usw.) einnimmt und mit anderen Benutzern interagiert. Des Weiteren ist das ChaRM sehr stark in weitere SAP-Solution-Manager-Szenarien wie das Anforderungsmanagement, das Incident Management oder das Problem Management integriert. Mit dem SAP Solution Manager 7.2 ist nun auch die Release-Planung in Verbindung mit dem ChaRM möglich. Demgegenüber verzichtet das QGM auf diese Workflows und Prozesse und fokussiert sich auf die zentrale Steuerung von Transporten in Ihrer Systemlandschaft. Dabei vereint das QGM Funktionen für das Projektmanagement und die Release-Planung.
Zielgruppe	Das QGM richtet sich vor allem an Kunden, die bereits ein Change-Management-Werkzeug eines Drittanbieters im Einsatz haben und lediglich ein Transportmanagementwerkzeug benötigen, um die Softwareänderungen in Ihrer Systemlandschaft zu steuern.

8.4.2 Änderungsverwaltung mit dem Quality Gate Management

Mithilfe des QGM können Sie eine kontrollierte Verteilung Ihrer Transporte innerhalb Ihrer Transportlandschaft erreichen.

Im Wesentlichen setzt sich das QGM aus folgenden Elementen zusammen: **Bestandteile**

- **Szenario**
  Das Szenario ist die zentrale Komponente für alle Transporte und Funktionen innerhalb des QGM. Ein Szenario kann z. B. ein Implementierungsprojekt, aber auch Releases in einer Wartung unterstützen.

- **Änderungszyklen**
  Im Rahmen eines Szenarios richten Sie ein oder mehrere Änderungszyklen ein. Ein Zyklus wird dabei definiert durch *Quality Gates* und eine *terminliche Einplanung*. Folgende Anwendungsfälle lassen sich mithilfe von Änderungszyklen abbilden:
  - *Einführungsprojekt*
    Sie können einen Änderungszyklus einrichten, um lediglich Ihre Änderungen innerhalb eines Einführungsprojektes zu steuern. Nach einem erfolgreichen Abschluss dieses Zyklus sind auch das Projekt und das Szenario beendet.
  - *Wartung*
    Mithilfe des QGM können Sie auch in Ihrer Wartungslandschaft Bugfixes und Änderungen release-gesteuert verteilen. Richten Sie hierfür einfach mehrere Änderungszyklen ein. Ein Zyklus repräsentiert hierbei ein Release.

- **Änderungen**
  Eine Änderung bündelt ein oder mehrere Transportaufträge für eine oder mehrere Systemschienen.

- **Transportaufträge**
  Dieser Bereich beinhaltet Informationen über alle Transportaufträge Ihres QGM-Szenarios.

- **CTS-Projekt**
  Das CTS-Projekt bildet eine Klammer um alle Transportaufträge des Änderungszyklus.

- **Phasen und Quality Gates**
  Standardmäßig besteht ein Szenario aus den vier Phasen **Scope**, **Build**, **Test** und **Deploy**. Quality Gates trennen diese einzelnen Phasen voneinander ab. Mit der Genehmigung eines Quality Gates durch den Qualitätsmanager und den Qualitätsausschuss (nach dem Vier-Augen-Prinzip) wird die nächste Phase erreicht.

  Innerhalb einer Phase wird geregelt, ob bspw. eine Transportfreigabe oder ein Import erlaubt ist. Ein Quality Gate sichert also immer einen bestimmten Teil der zu kontrollierenden Change-Control-Landschaft ab. So kann bspw. erst ein Import in das Qualitätssicherungssystem erfolgen, nachdem das Quality Gate **Build to Test** genehmigt und damit die Phase **Test** erreicht wurde.

> **Dringende Änderungen im Quality Gate Management**
> Dringende Änderungen können immer unabhängig von der aktuellen QGM-Phase importiert werden. Die Quality Gates haben lediglich Auswirkungen auf normale Änderungen.

CTS-Projekt
Bei der Anlage eines Änderungszyklus erzeugt das System für jedes zugeordnete Entwicklungssystem ein CTS-Projekt. Dieses CTS-Projekt bildet eine Klammer um alle Transportaufträge, die in einem Entwicklungssystem im Rahmen des QGM-Prozesses angelegt werden. Über CTS-Projektstatusschalter kann gesteuert werden, welche Aktionen der dem CTS-Projekt zugeordneten Transportaufträge außerhalb des QGM zulässig sind. Dazu gehören bspw. die Transportauftragsfreigabe oder der Import in die jeweiligen Systeme.

8.4.3 Mit dem Quality Gate Management arbeiten

Voraussetzungen
Wenn Sie das QGM auf Ihrem produktiven SAP-Solution-Manager-System verwenden möchten, um die Softwareänderungen Ihrer Systemlandschaft zu kontrollieren, stellen Sie zunächst sicher, dass folgende Voraussetzungen erfüllt sind:

- Sie haben die Konfiguration des QGM-Szenarios sowie das Setup der verwalteten Systeme, die durch das QGM kontrolliert werden sollen, erfolgreich abgeschlossen (siehe Abschnitt 8.2.1, »Grundkonfiguration des Quality Gate Managements«).
- Zudem haben Sie sichergestellt, dass die Benutzer, die mit dem QGM arbeiten, die entsprechenden Berechtigungen besitzen.
- Sie haben in der Lösungsverwaltung eine Lösung angelegt und Ihre verwalteten Systeme über eine logische Komponentengruppe zu Ihren Branches (mindestens Wartungs- und Produktiv-Branch) zugeordnet.

Übersichtsseite
Sobald diese Voraussetzungen erfüllt sind, können Sie im SAP Solution Manager Launchpad (Transaktion SM_WORKCENTER) unterhalb der Gruppe **Change Management** auf die Kachel **Quality Gate Management** klicken, um Ihre QGM-Szenarien zu verwalten. Abbildung 8.87 zeigt das Übersichtsbild des QGM.

8.4 Quality Gate Management

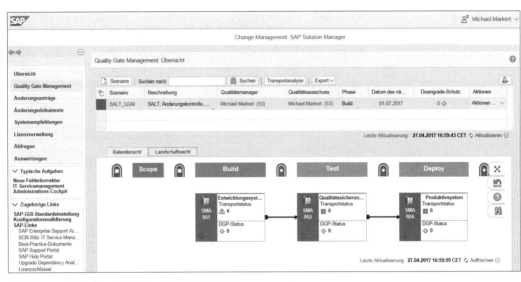

Abbildung 8.87 Übersicht des Quality Gate Managements

Über die Schaltfläche **Szenario** starten Sie eine Guided Procedure zur Konfiguration eines neuen Szenarios (siehe Abbildung 8.88). Führen Sie dabei folgende Schritte durch:

Szenario konfigurieren

1. **Kopfdaten und Meilensteine definieren**

   Legen Sie im ersten Schritt zunächst einen Szenarionamen fest und ordnen Sie dem Szenario verantwortliche Rollen zu. Standardmäßig ist die Aufgabenteilung zwischen *Qualitätsausschuss* und *Qualitätsmanager* aktiv. Diese können Sie jedoch deaktivieren. Bei aktiver Aufgabenteilung müssen beide Verantwortlichen eine Genehmigung durchführen, um ein Quality Gate als erfolgreich abgeschlossen zu definieren.

   Neben den vorhandenen Quality Gates können Sie noch weitere, eigene Meilensteine anlegen. Über das Ankreuzfeld **Quality-Gate** können Sie Ihren Meilenstein als Quality Gate klassifizieren.

   Geben Sie außerdem die Termine für Ihre jeweiligen Quality Gates an. Ergänzend können Sie zu jedem Ihrer Quality Gates Dokumentvorlagen verknüpfen. Damit können Ihre Benutzer diese Vorlagen verwenden.

2. **Systemlandschaft definieren**

   Ordnen Sie im zweiten Schritt einer Change-Control-Landschaft einen Branch (z. B. Wartungs-Branch) zu. Branch und Landschaft müssen zuvor in der Lösungsverwaltung definiert werden.

8 Change Control Management

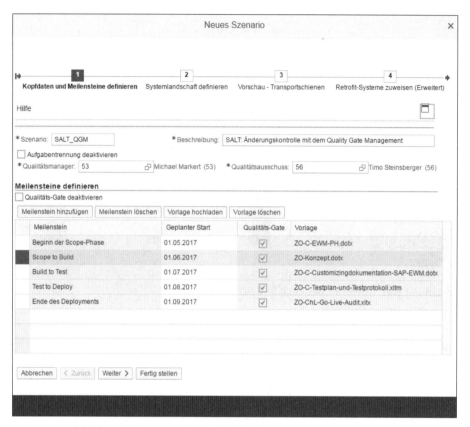

Abbildung 8.88 Neues Szenario definieren

3. **Vorschau – Transportschienen**
   Die dem Branch und der Change-Control-Landschaft zugeordnete Transportschiene wird in einer Übersicht dargestellt. Sie haben an dieser Stelle die Option, die Auswahl der zugeordneten Systeme zu verändern, indem Sie die Markierung für ein oder mehrere Systeme aufheben.

4. **Retrofit-Systeme zuweisen (Erweitert)**
   Wenn Sie die Retrofit-Funktion innerhalb Ihres QGM-Szenarios verwenden möchten, können Sie hier eine Nachbereitungssystembeziehung definieren. Diese Beziehung besteht immer aus dem Quellentwicklungssystem Ihrer Wartungslandschaft und dem Zielentwicklungssystem der Entwicklungslandschaft.

5. **cCTS-Cluster zuordnen (Erweitert)**
   In diesem Schritt können Sie für Ihr QGM-Szenario die Infrastruktur des *Central Change and Transport Systems* (cCTS) aktivieren bzw. deaktivieren (siehe auch Abschnitt 8.6.3). Möchten Sie cCTS nutzen, müssen Sie an dieser Stelle Ihre verwalteten Systeme zu Clustern zuordnen.

6. **Quality Gates zu Systemrollen zuordnen**
   Legen Sie in diesem Schritt die Zuordnung zwischen Systemrolle und Quality Gate fest. Damit können Sie definieren, welches Quality Gate genehmigt werden muss, bevor ein Transport in die entsprechenden Systeme erlaubt wird.

   Weiterhin können Sie den Import von Transporten von Kopien in das Testsystem erlauben, auch wenn Sie sich in Ihrem Szenario gerade in der **Build**-Phase befinden. Markieren Sie hierzu das Ankreuzfeld **Import des Transports von Kopien in Build-Phase aktivieren**. Durch die Aktivierung des Felds **Transportfreigabe in Scope-Phase deaktivieren** können Sie die Transportfreigabe während der **Scope**-Phase verhindern.

7. **Daten bestätigen**
   Prüfen Sie im letzten Schritt der Szenariodefinition Ihre eingegebenen Daten.

8.4.4 Der Quality-Gate-Management-Prozess

In diesem Abschnitt beschreiben wir den typischen Ablauf eines QGM-Prozesses.

Durch die Genehmigung des Quality Gates **Beginn der Scope-Phase** wird die Phase **Scope** eingeleitet. In dieser Phase planen Sie alle notwendigen Aufgaben, die zur erfolgreichen Durchführung Ihres Szenarios beitragen. Sie dokumentieren Anforderungen und prüfen die Realisierbarkeit Ihres Szenarios. *Phase »Scope«*

Mit der Genehmigung des Quality Gates **Scope to Build** startet die Phase **Build**. In dieser realisiert das Entwicklungsteam die in der initialen Phase definierten Anforderungen. Hierfür werden Transportaufträge angelegt (siehe Abbildung 8.89). Die Änderungen können für Unit-Tests bereits mittels Transporten von Kopien in das Qualitätssicherungssystem transportiert werden, nachdem der Entwickler seine Transportaufgaben freigegeben hat. Sollte der Unit-Test im Qualitätssicherungssystem nicht erfolgreich sein, kann der Entwickler die Korrekturen weiterhin am ursprünglichen Transportauftrag vornehmen. *Phase »Build«*

Durch die Genehmigung des Quality Gates **Build to Test** wird die Phase **Test** eingeleitet. Abbildung 8.90 zeigt diese Genehmigung, die Sie durch einen Klick auf das Quality Gate in der Kalendersicht durchführen können. In der Test-Phase werden die Originaltransportaufträge in das Qualitätssicherungssystem transportiert. Sollte das Qualitätssicherungsteam im Rahmen des Integrationstests Fehler identifizieren, muss der zuständige Entwickler *Phase »Test«*

anhand eines neuen Transportauftrags die Korrekturen durchführen und erneut zum Testen übergeben.

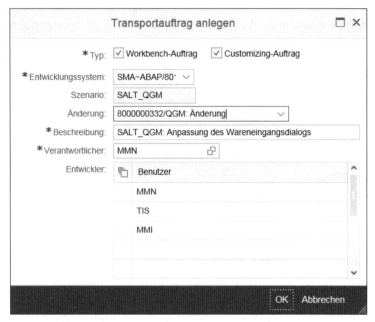

Abbildung 8.89 Transportauftrag anlegen

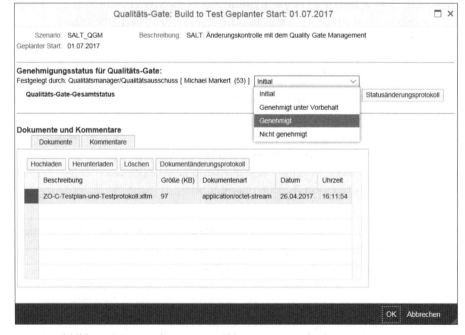

Abbildung 8.90 Quality Gate »Build to Test« genehmigen

Wird das Quality Gate **Test to Deploy** genehmigt, leitet dieses die Phase Deploy ein. In dieser findet der Import aller Änderungen in das Produktivsystem statt. Dabei werden die Transportaufträge entsprechend der Freigabereihenfolge importiert. Transport-Überholer werden durch den Downgrade-Schutz vermieden.

Phase »Deploy«

Damit ist der Änderungszyklus abgeschlossen. Sollte es im Falle eines Einführungsprojekts keinen weiteren Änderungszyklus geben, stellt diese Phase die letzte des Szenarios dar. Falls Sie jedoch in Ihrer Wartungslandschaft mit Releases arbeiten, können Sie nun in das nächste Release wechseln, das durch einen neuen Änderungszyklus abgebildet wird. Durch die Genehmigung des Quality Gates **Deploy to Scope** wird erneut die **Scope**-Phase eingeleitet. Der Prozess beginnt an dieser Stelle von vorn.

8.5 Wichtige übergreifende Funktionen im Change Request Management und Quality Gate Management

Im Folgenden erläutern wir Ihnen wichtige Funktionen, die Sie bei der Verteilung Ihrer Software innerhalb der Systeme Ihrer Systemlandschaften maßgeblich unterstützen können. Diese Funktionen können Sie sowohl im ChaRM als auch im QGM einsetzen. Sie ermöglichen folgende Aufgaben:

- Transportbezogene Prüfungen können automatisiert durchgeführt und in den Change-Management-Prozess integriert werden.
- Transport-Überholer werden bei der parallelen Entwicklung an gleichen Objekten vermieden.
- Ein kontrollierter Abgleich von Objekten zwischen dualen Systemlandschaften kann durchgeführt werden.

In den nachfolgenden Abschnitten schildern wir die einzelnen Funktionen aus der Sicht des ChaRM.

8.5.1 Transportbezogene Prüfungen

Bei der Sicherung von Objekten in einem Transportauftrag können folgende *transportbezogene Prüfungen* ausgeführt werden:

Arten von Prüfungen

- Cross-System-Object-Lock-Prüfung (CSOL-Prüfung)
- Downgrade-Schutz-Prüfung
- Prüfung kritischer Objekte
- ABAP-Test-Cockpit-Prüfung (ATC-Prüfung)

8 Change Control Management

- Code-Inspector-Prüfung
- kundeneigene Prüfung (BAdI-Implementierung)

Wenn Sie eine transportbezogene Aktion wie die Freigabe eines Transportauftrags oder einen Import durchführen, werden diese Prüfungen ausgeführt und innerhalb eines übersichtlichen Zuordnungsblocks in den Änderungsdokumenten mit Transportsteuerung sowie in den Änderungszyklen angezeigt (siehe Abbildung 8.91).

Abbildung 8.91 Transportbezogene Prüfungen

Kundeneigene Prüfungen

Sie können auch kundeneigene Prüfungen implementieren und diese auf der Registerkarte **Kundeneigene Prüfung** integrieren. Implementieren Sie hierfür Ihre eigene Prüfungslogik über das BAdI /TMWFLOW/TRANS_DEFINED_CHECK.

Die transportbezogenen Prüfungen unterstützen Sie bei der Identifizierung und Lösung von Konflikten und sind ein wesentlicher Faktor, um die Qualität, Sicherheit und Transparenz Ihrer Änderungen zu erhöhen.

8.5.2 Systemübergreifende Objektsperre

CSOL

In diesem Abschnitt stellen wir Ihnen die Funktionalität der *systemübergreifenden Objektsperre* (Cross System Object Lock = CSOL) vor. Der Einsatz dieser Funktionalität ist sinnvoll, sofern Sie neben normalen Wartungsaktivitäten parallel auch neue Funktionalität in einem oder mehreren Entwicklungsprojekten entwickeln. Wenn Entwicklungen aus verschiedenen Projekten in das gleiche Produktivsystem importiert werden sollen, muss – um Inkonsistenzen zu vermeiden – darauf geachtet werden, dass die verschiedenen Entwicklungsteams nicht an denselben Objekten arbeiten. Daher müssen Objekte so lange gesperrt bleiben, bis diese in das Produktivsystem importiert wurden.

8.5 Wichtige übergreifende Funktionen

Die systemübergreifende Objektsperre gewährleistet nach ihrer Aktivierung, dass für Objektänderungen im verwalteten System für diese Objekte *Sperreinträge* im zentralen SAP-Solution-Manager-System erstellt werden. Abhängig vom konfigurierten Konfliktszenario verhindert der Sperreintrag die erneute Aufnahme desselben Objekts in einen weiteren Transportauftrag, vorausgesetzt das Transportziel des Transportauftrags ist derselbe Mandant in demselben Produktivsystem. Der Sperreintrag wird automatisch aus dem zentralen Sperrverwaltungssystem entfernt, sobald das gesperrte Objekt in das Produktivsystem importiert wurde.

Im SAP Solution Manager 7.2 wird Transaktion /TMWFLOW/LOCKMON zur Anzeige und zum Löschen der Sperreinträge nicht mehr verwendet. Die Sperreinträge können Sie stattdessen im SAP Solution Manager Launchpad (Transaktion SM_WORKCENTER) über **Change Management • Administrationscockpit • Systemübergreifende Objektsperren** einsehen.

Sperreinträge verwalten

Hier haben Sie u. a. noch die Möglichkeit, Objekte aus Transportaufträgen manuell zu registrieren (siehe Abbildung 8.92). Das ist bei Transportaufträgen sinnvoll, die vor der Aktivierung der systemübergreifenden Objektsperre entstanden sind und noch nicht in das Produktivsystem importiert wurden.

Manuelle Registriegung

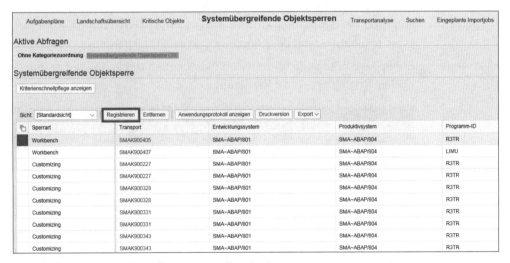

Abbildung 8.92 Transportaufträge manuell registrieren

Eine Konfliktmeldung enthält die folgenden Informationen (siehe Abbildung 8.93):

Konfliktmeldung

- Art des Konflikts (Warnung oder Fehler)
- betroffene Transportaufträge
- Inhaber der Transportaufträge

- betroffene Objekte
- betroffene Änderungsbelege (nur wenn das ChaRM eingesetzt wird)

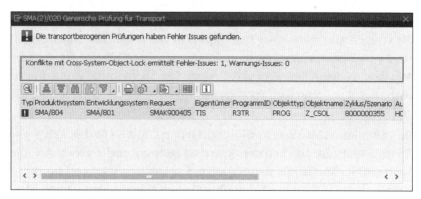

Abbildung 8.93 Konfliktmeldung vom Typ Fehler

Voraussetzungen
: Die Konflikterkennung funktioniert jedoch nur, wenn die betreffenden Transportaufträge aus dem ChaRM oder dem QGM heraus angelegt wurden.

Konfiguration
: Bei der Konfiguration der systemübergreifenden Objektsperre müssen Sie sich entscheiden, welches *Konfliktszenario* Sie konfigurieren möchten. In Abhängigkeit von diesem wird ein Konflikt vom System gemeldet. Wird aufgrund der Einstellung des Konfliktszenarios kein Konflikt gemeldet, kann der Benutzer mit der Änderung des Objekts fortfahren.

Konfliktszenarien
: Die in Tabelle 8.1 aufgeführten Konfliktszenarien stehen Ihnen zur individuellen Konfiguration zur Verfügung.

Zyklus-beziehung	Änderungstyp-beziehung	Ausprägung Konfliktmeldungen
übergreifend	nur dringende Änderungen	Es werden Konflikte zwischen Transportaufträgen gemeldet, die demselben Änderungszyklus oder unterschiedlichen Änderungszyklen angehören. Die Transportaufträge sind jeweils einer dringenden Änderung zugeordnet.
übergreifend	Teilüberschneidung	Es werden Konflikte zwischen Transportaufträgen gemeldet, die demselben Änderungszyklus oder unterschiedlichen Änderungszyklen angehören. Mindestens einer der Transportaufträge ist dabei einer dringenden Änderung zugeordnet.

Tabelle 8.1 Konfliktszenarien der systemübergreifenden Objektsperre

Zyklus-beziehung	Änderungstyp-beziehung	Ausprägung Konfliktmeldungen
übergreifend	Überschneidung	Es werden Konflikte zwischen Transportaufträgen gemeldet, die demselben Änderungszyklus oder unterschiedlichen Änderungszyklen angehören. Dabei ist die Änderungsvorgangsverknüpfung der Transportaufträge typenunabhängig.
spezifisch	nur dringende Änderungen	Es werden Konflikte zwischen Transportaufträgen gemeldet, die demselben Änderungszyklus angehören. Die Transportaufträge sind jeweils einer dringenden Änderung zugeordnet.
spezifisch	Teilüberschneidung	Es werden Konflikte zwischen Transportaufträgen gemeldet, die demselben Änderungszyklus angehören. Mindestens einer der Transportaufträge ist dabei einer dringenden Änderung zugeordnet.
spezifisch	Überschneidung	Es werden Konflikte zwischen Transportaufträgen gemeldet, die demselben Änderungszyklus angehören. Dabei ist die Änderungsvorgangsverknüpfung der Transportaufträge typenunabhängig.
abweichend	nur dringende Änderungen	Es werden Konflikte zwischen Transportaufträgen gemeldet, die unterschiedlichen Änderungszyklen angehören. Die Transportaufträge sind jeweils einer dringenden Änderung zugeordnet.
abweichend	Teilüberschneidung	Es werden Konflikte zwischen Transportaufträgen gemeldet, die unterschiedlichen Änderungszyklen angehören. Mindestens einer der Transportaufträge ist dabei einer dringenden Änderung zugeordnet.
abweichend	Überschneidung	Es werden Konflikte zwischen Transportaufträgen gemeldet, die unterschiedlichen Änderungszyklen angehören. Dabei ist die Änderungsvorgangsverknüpfung der Transportaufträge typenunabhängig.

Tabelle 8.1 Konfliktszenarien der systemübergreifenden Objektsperre (Forts.)

Konfliktszenario »Nur Warnung« Wenn Sie bei der Konfiguration die Option **Nur Warnung** markieren (siehe Abbildung 8.94), wird dem Entwickler im Konfliktfall – bei der Aufnahme des Objekts in einen Transportauftrag – lediglich eine Warnung anstatt einer Fehlermeldung angezeigt (siehe Abbildung 8.95). Diese kann durch den Entwickler ignoriert werden. Dadurch wird das Objekt in einem weiteren Transportauftrag gespeichert. Sollten Sie diese Option wählen, müssen Sie sich des Downgrade-Risikos bewusst sein, wenn neuere Transportaufträge ältere überschreiben, die die gleichen Objekte enthalten.

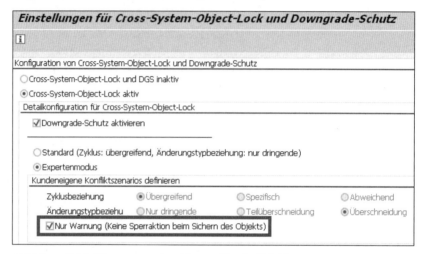

Abbildung 8.94 Warnung systemübergreifende Objektsperre

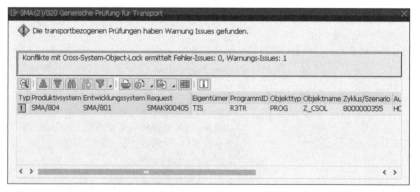

Abbildung 8.95 Konfliktmeldung vom Typ Warnung

[»] **Track-spezifische CSOL-Konfiguration**

Im SAP Solution Manager 7.2 ist es jetzt auch möglich, mithilfe der **Track-spezifischen CSOL-Konfiguration** die Einrichtung der systemübergreifenden Objektsperre für jedes verwaltete Entwicklungssystem oder für jede

8.5 Wichtige übergreifende Funktionen

Change-Control-Landschaft separat vorzunehmen. Dabei übersteuern diese Einstellungen die der globalen Konfiguration.

Eine Konfigurationszeile enthält Angaben zu folgenden Kategorien:

- Landschaft
- Branch
- Zyklustyp
- Name des verwalteten Entwicklungssystems
- Typ des verwalteten Entwicklungssystems
- Mandant des verwalteten Entwicklungssystems

Sie können als Wert für einzelne Kategorien auch mit einem Sternchen (*) arbeiten, damit der Kategorienwert allen möglichen Werten entspricht. Weitere Informationen hierzu finden Sie im SAP Help Portal unter folgendem Link: *http://s-prs.de/v561560*

Nachdem Sie die Konfiguration der systemübergreifenden Objektsperre durchgeführt haben, müssen Sie die Funktionalität für Ihre Entwicklungssysteme aktivieren. Die Aktivierung erfolgt über das Administrations-Cockpit im Work Center **Change Management** im Bereich **Landschaftsübersicht** für das entsprechende Entwicklungssystem (siehe Abbildung 8.96).

Aktivierung

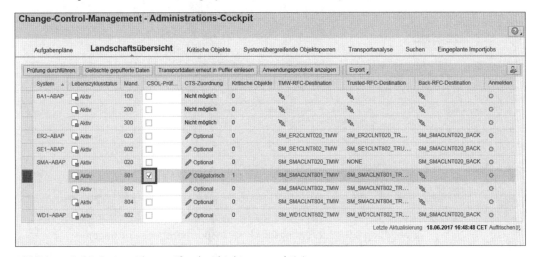

Abbildung 8.96 Systemübergreifende Objektsperre aktivieren

In der Praxis ist es jedoch oft nicht möglich, Objekte so lange zu sperren, bis das zugehörige Release oder das Entwicklungsprojekt live geht, da parallel schon weitere Entwicklungstätigkeiten an denselben Objekten durchgeführt werden müssen. Folglich ist es für viele Kunden unabdingbar, bei der systemübergreifenden Objektsperre die Warn- anstatt der Fehlermeldung einzustellen. Um Software-Downgrades in diesen Fällen weitestgehend zu vermeiden, hat SAP eine weitere SAP-Solution-Manager-Funktionalität entwickelt: den *Downgrade-Schutz*. Diese Funktion stellen wir Ihnen im folgenden Abschnitt vor.

8.5.3 Downgrade-Schutz

Mit der Funktionalität *Downgrade-Schutz* (DGS) werden im SAP Solution Manager Transportaufträge nachverfolgt, die die gleichen Transportobjekte beinhalten und dasselbe Produktivsystem als Transportziel haben.

Die Funktion baut auf der systemübergreifenden Objektsperre auf und ermöglicht es Entwicklern und Administratoren durch entsprechende Warnungen, Risiken und Gefahren für das Qualitätssicherungs- und das Produktivsystem rechtzeitig zu erkennen. Eine Downgrade-Prüfung können Sie manuell im Zuordnungsblock **Downgrade-Schutz** oder im mit dem Release 7.2 neu zur Verfügung stehenden Zuordnungsblock **Transportbezogene Prüfungen** anstoßen (siehe Abbildung 8.97). Die Prüfung erfolgt in der Regel automatisch durch das System. Konflikte, die in der Prüfung erkannt werden, werden ebenfalls im ChaRM in Änderungsdokumenten und Änderungszyklen angezeigt und können dort auch ignoriert werden.

Abbildung 8.97 Zuordnungsblock »Transportbezogene Prüfungen«

Prüfarten   Innerhalb der Downgrade-Schutz-Funktion werden folgende verschiedene Prüfungen durchlaufen und entsprechende Konflikte durch das System gemeldet:

- **Prüfung bei Freigabe**
  Die Downgrade-Prüfung wird vom System automatisch bei der Freigabe von Transportaufträgen ausgeführt. Ein Downgrade tritt auf, wenn

zuerst freigegebene Transportaufträge als zweites importiert werden würden. Dies kann mit der Freigabeprüfung frühzeitig verhindert werden.

- **Prüfung bei Neuzuordnung**
  Das System führt diese Prüfung aus, wenn ein Transportauftrag einem entsprechenden Aufgabenplan oder einem Änderungsdokument neu zugeordnet oder entkoppelt wird. Da die Transportaufträge nach einer Neuzuordnung zu anderen Änderungszyklen gehören können, kann sich die Reihenfolge der Freigaben und Importe ändern. Verifizieren Sie vor der Ausführung einer Neuzuordnung oder Entkopplung die technische Notwendigkeit einer solchen Aktion.

- **Prüfung von Vorgängern**
  Das System kann Vorgänger, d. h. vorausgegangene Transportaufträge mit Konflikten, während des Imports von Transportaufträgen oder des Transports von Kopien in das Produktiv- oder Qualitätssicherungssystem feststellen. Ein Downgrade würde dann auftreten, wenn ein Vorgängertransportauftrag nach dem bereits erfolgten Import des Nachfolgertransportauftrags importiert werden würde. Beim Import des Nachfolgertransportauftrags wurden bereits Downgrade-Konflikte gemeldet und ignoriert. Diesen Sachverhalt erkennt das System und meldet beim Import des Vorgängers einen Konflikt.

- **Prüfung drohender Konflikte**
  Das System kann während des Imports von Transportaufträgen Konflikte feststellen, die zu einem Downgrade führen würden. Würden Sie diese Konflikte ignorieren und den Transportauftrag importieren, hätte dies einen Downgrade der entsprechenden Objekte zur Folge.

Den Downgrade-Schutz können Sie in Transaktion SPRO über folgenden IMG-Pfad konfigurieren:

Konfiguration

SAP Solution Manager: Einführungsleitfaden • SAP Solution Manager • Capabilities (Optional) • Change-Control-Management • Systemübergreifende Objektsperre und Downgrade-Schutz • Downgrade-Schutz konfigurieren

Hier haben Sie die Möglichkeit, den einzelnen Downgrade-Prüfarten Downgrade-Konfliktarten sowie Symbole zuzuweisen (siehe Abbildung 8.98).

Darüber hinaus können Sie hier eine systemspezifische Downgrade-Konfiguration durchführen. SAP empfiehlt, die Standardeinstellungen beizubehalten, da diese den Best Practices entsprechen.

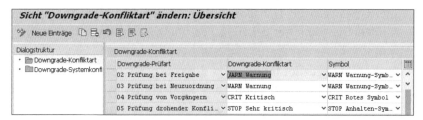

Abbildung 8.98 Konfiguration des Downgrade-Schutzes

Voraussetzungen

Für den Einsatz der Downgrade-Schutz-Funktion sollten folgende Grundvoraussetzungen erfüllt sein:

- Sie haben ein aktuelles CTS-Plug-in für Ihr SAP-Solution-Manager-System installiert. In SAP-Hinweis 1665940 finden Sie hierzu weitere Informationen.
- Sie müssen das CTS-Plug-in an alle verwalteten Systeme verteilen, in denen Sie die Downgrade-Schutz-Funktionalität aktivieren möchten (siehe SAP-Hinweis 1688276).
- Sie haben die systemübergreifende Objektsperre konfiguriert und in Ihren verwalteten Entwicklungssystemen aktiviert (siehe Abschnitt 8.5.2).
- Sie haben die Konfiguration, wie in Schritt 8 in Abschnitt 8.2.3 beschrieben, Ihren Anforderungen entsprechend durchgeführt.

8.5.4 Kritische Transportobjekte

Im SAP Solution Manager können Sie eine Prüfung für kritische Objekte innerhalb Ihrer Kerngeschäftsprozesse aktivieren. Mithilfe dieser Funktionalität sollen unkontrollierte Änderungen an diesen Objekten vermieden werden.

Konfiguration

Kritische Transportobjekte können Sie über folgenden IMG-Pfad in Transaktion SPRO anlegen:

SAP Solution Manager: Einführungsleitfaden • **SAP Solution Manager** • **Capabilities (Optional)** • **Change-Control-Management** • **Transport Management System** • **Kritische Transportobjekte anlegen**, Bereich **Kritische Objekte**

Alternativ können Sie das Administrations-Cockpit über Transaktion SM_WORKCENTER öffnen. Wählen Sie dort den Bereich **Change Management** • **Administrationscockpit** • **Kritische Objekte**. Hier können Sie die kritischen Workbench- und Customizing-Objekte, die beim Export des Transportauftrags überprüft werden sollen, hinterlegen. Die entsprechenden Schaltflächen sehen Sie in Abbildung 8.99.

8.5 Wichtige übergreifende Funktionen

Abbildung 8.99 Kritische Objekte anlegen

Als Beispiel zeigen wir Ihnen in Abbildung 8.100 die Anlage eines kritischen Workbench-Objekts.

Abbildung 8.100 Kritisches Workbench-Objekt anlegen

Die Aktivierung der Prüfung auf kritische Objekte erfolgt pro Mandant. Klicken Sie im rechten oberen Bildabschnitt auf die Schaltfläche **Schalter setzen**. Hier können Sie die Prüfung mit einem Klick auf die Schaltfläche **Globalen Schalter aktivieren** für alle verwalteten Systeme aktivieren. Alternativ können Sie die Prüfung für einzelne Systeme aktivieren, indem Sie den Haken in der Spalte **Status** setzen (siehe Abbildung 8.101).

Prüfung aktivieren

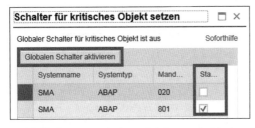

Abbildung 8.101 Schalter Aktivierung kritisches Objekt

Die Prüfung auf kritische Objekte wird während des Exports eines Transportauftrags ausgeführt. Sollte ein Transportauftrag kritische Objekte enthalten, wird der Transportauftrag nicht freigegeben. Im Änderungsdokument

Prüfung auf kritische Objekte

erscheint dann ein Pop-up-Fenster mit dem Prüfungsergebnis (siehe Abbildung 8.102).

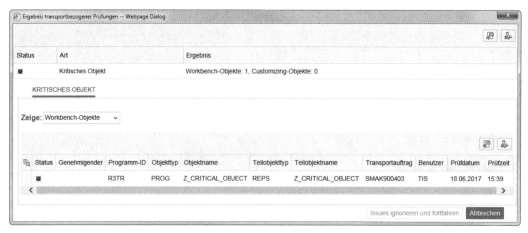

Abbildung 8.102 Ergebnis transportbezogener Prüfungen

Der Transportauftrag kann dann nur noch freigegeben werden, wenn die Änderung der kritischen Objekte von einer verantwortlichen Person wie dem Change Manager genehmigt wurde. Die Genehmigung erfolgt über den Zuordnungsblock **Transportbezogene Prüfungen** im Änderungsdokument (siehe Abbildung 8.103).

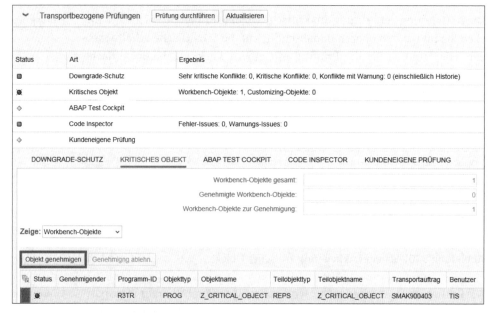

Abbildung 8.103 Transport eines kritischen Objekts genehmigen

8.5.5 Synchronisierung von Entwicklungssystemen mit Retrofit

Die Retrofit-Funktionalität dient dem kontrollierten Abgleich von Änderungen aus einer Wartungs- in eine Entwicklungslandschaft. Eine *duale Systemlandschaft* besteht häufig aus einer üblichen Drei-Systemlandschaft für die Wartung und einer zusätzlichen Zwei-Systemlandschaft für Entwicklungs- und Testaktivitäten (siehe Abbildung 8.104).

Duale Systemlandschaften

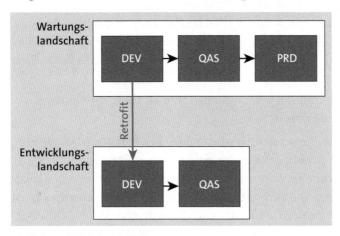

Abbildung 8.104 Retrofit-Prozess

Mit dualen Systemlandschaften zu arbeiten, ist für folgende Szenarien sinnvoll:

Einsatzszenarien

- Neben fortlaufenden Wartungsaktivitäten für Ihren Produktivbetrieb finden innerhalb eines Entwicklungsprojekts über einen längeren Zeitraum hinweg Tätigkeiten zur Entwicklung neuer Funktionalität statt. Nach dem Go-Live des Projekts startet das nächste Entwicklungsprojekt. Dies erfordert eine permanente duale Systemlandschaft.

- Für ein einzelnes Entwicklungsprojekt oder bei einem Upgrade wird eine duale Systemlandschaft für Entwicklungs- und Testaktivitäten aufgebaut. Die Wartungsaktivitäten wie Fehlerbehebungen für das Produktivsystem finden in der Wartungslandschaft statt.

In solchen komplexen Systemlandschaften ist es jedoch erforderlich, Änderungen, die innerhalb der Wartungslandschaft vorgenommen wurden, auch in der Projektlandschaft zu wiederholen, um den gleichen SAP-Softwarestand in beiden Systemlandschaften zu gewährleisten. Das bedeutet, dass die Fehlerkorrekturen aus der Wartungslandschaft beim Go-Live des Entwicklungsprojekts noch verfügbar sein müssen.

Der manuelle Abgleich ist sehr aufwendig und riskant. In der Praxis kann es oft vorkommen, dass Fehlerbehebungen in der Wartungslandschaft erforderlich sind und deswegen Objekte geändert werden müssen, die gleichzeitig in der Projektlandschaft weiterentwickelt werden. In diesem Fall muss verhindert werden, dass weiterentwickelte Softwarestände in der Projektlandschaft mit den Änderungen aus der Wartungslandschaft überschrieben werden und Inkonsistenzen entstehen. Der SAP Solution Manager hilft Ihnen mit der Retrofit-Funktionalität und der systemübergreifenden Objektsperre dabei, potenzielle Konflikte automatisch zu identifizieren und den Abgleich zwischen beiden Systemlandschaften kontrolliert durchzuführen. Um Konflikte aufzulösen, ist es darüber hinaus erforderlich, dass sich die Entwicklerteams abstimmen und den Retrofit-Prozess kontrolliert durchführen.

Voraussetzungen Damit Sie den Retrofit-Prozess anwenden können, sind folgende Grundvoraussetzungen zu erfüllen:

- Die technische Voraussetzung wird durch eine ChaRM-kompatible Konfiguration des Transport Management Systems (TMS) geschaffen. Das ChaRM wird für eine Wartungslandschaft und diverse Projektlandschaften konfiguriert. Die TMS-Aktivitäten werden jeweils in den verwalteten Systemen (d. h. in den Domänen-Controllern) im Mandanten 000 ausgeführt. Wenn sich die Systeme in verschiedenen Transportdomänen befinden, müssen Domain Links zwischen beiden Domänen erstellt werden.

- Alle prozessrelevanten Systeme und Mandanten der dualen Systemlandschaft müssen über Transaktion SOLMAN_SETUP (**Change-Control-Management • Setup des verwalteten Systems**) an den SAP Solution Manager angebunden sein.

- Die systemübergreifende Objektsperre muss für die Wartungs- und Entwicklungslandschaft konfiguriert sein (siehe Abschnitt 8.5.2).

[!] **Retrofit ohne systemübergreifende Objektsperre**
Sie können die Retrofit-Funktionalität grundsätzlich auch ohne den Einsatz der systemübergreifenden Objektsperre nutzen. Die automatische Konflikterkennung ist jedoch damit nicht aktiv. Dadurch kann es passieren, dass Änderungen in der Entwicklungslandschaft durch Änderungen aus der Wartungslandschaft überschrieben werden.

- Entwicklungs- und Qualitätssicherungssystem der Wartungslandschaft werden in der Regel dem Wartungs-Branch, das Produktivsystem dem Produktiv-Branch zugeordnet. Die Systeme der Entwicklungslandschaft werden dem Entwicklungs-Branch zugewiesen. Sie können diese logischen Komponentengruppen über Transaktion SM_WORKCENTER im

8.5 Wichtige übergreifende Funktionen

Bereich **Projekt- und Prozessverwaltung** • **Lösungsverwaltung** • **Systemlandschaft** anlegen und bearbeiten.

- Die Änderungszyklen und deren Aufgabenpläne müssen für die Wartungs- und Entwicklungslandschaft angelegt werden. Bei der Anlage des Aufgabenplans für den Änderungszyklus der Wartungslandschaft muss in Schritt **2 Umfang definieren** das Retrofit-System (Entwicklungssystem der Entwicklungslandschaft) zugeordnet werden (siehe Abbildung 8.105). Wie Sie Änderungszyklen und Aufgabenpläne anlegen, erfahren Sie in Abschnitt 8.3.2 und Abschnitt 8.3.3.

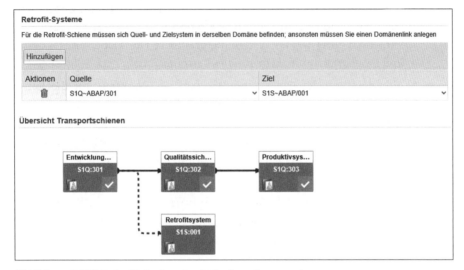

Abbildung 8.105 Retrofit-System im Aufgabenplan zuordnen

- Die speziellen Retrofit-Customizing-Aktivitäten aus Schritt 2 des Abschnitt 8.2.2, »Grundkonfiguration des Change Request Managements«, müssen durchgeführt werden.

> **Eigenständiges Retrofit** [«]
>
> *Retrofit Standalone* ist eine neue Funktionalität, die mit Release 7.2 des SAP Solution Managers ausgeliefert wird. Damit können Sie die Retrofit-Funktionen auch verwenden, wenn Sie kein ChaRM oder QGM eingerichtet haben. Aktivieren Sie dazu den Retrofit-Parameter STANDALONE, um das Retrofit-Szenario ohne die Funktionen der Änderungsverwaltung zu nutzen.
>
> Die Voraussetzungen für die eigenständige Nutzung der Retrofit-Funktionen sind der erfolgreiche Abschluss des Konfigurationsschritts **9.2 Retrofit konfigurieren** im **Setup des verwalteten Systems** und die Verwendung eines Aufgabenplans zur Anlage und Freigabe von Transportaufträgen.

8 Change Control Management

> **[»] Retrofit mit ChaRM oder QGM**
>
> Im Falle des Einsatzes von ChaRM oder QGM müssen Transportaufträge aus diesen heraus freigegeben und importiert werden. Nutzen Sie hierzu den Aufgabenplan oder die entsprechende Aktion in Ihrem Änderungsdokument. Für den Retrofit-Prozess ist die Nutzung Workflow-basierter Änderungsdokumente nicht zwingend erforderlich.

Die Retrofit-Funktionalität zeichnet automatisch alle Änderungen an transportfähigen Objekten in der Wartungslandschaft auf. Dabei werden alle Objekte eines Transportauftrags einzeln kategorisiert. Die Basis für die Kategorisierung ist die systemübergreifende Objektsperre. Es existieren drei Kategorien (grün, gelb, rot) des Retrofits.

Retrofit-Werkzeuge Abhängig von der Objektkategorie wird das Werkzeug für die Retrofit-Durchführung bestimmt. Die Retrofit-Kategorie wird bei der Freigabe des Transportauftrags im Entwicklungssystem der Wartungslandschaft ermittelt und wird spätestens bei der Durchführung des Retrofits erneut berechnet. Um den Objektabgleich durchzuführen, stehen drei Werkzeuge zur Verfügung:

- *Auto Import* (Unterstützung aller transportierbaren Objekte)
- semi-automatischer Import über die *Correction Workbench* (CWB) oder *Business Configuration Sets* (BC-Sets, Customizing)
- manueller Import

Welches Werkzeug für welche Kategorisierung zu wählen ist, veranschaulicht Abbildung 8.106.

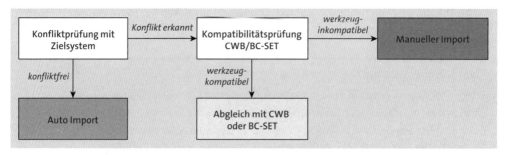

Abbildung 8.106 Retrofit-Kategorien und Werkzeuge

- **Grüne Kategorie: Auto Import (automatisches Retrofit)**
  Eine grüne Kategorisierung gibt an, dass alle Objekte des Transportauftrags konfliktfrei sind. Das bedeutet, dass Objekte nur im Entwicklungssystem der Wartungslandschaft geändert wurden. Im Falle einer grünen

Kategorisierung kann der Retrofit automatisch erfolgen. Technisch wird nach der Freigabe des Transportauftrags im Entwicklungssystem der Wartungslandschaft vom System automatisch ein Transport von Kopien erzeugt, der nur konfliktfreie Objekt enthält. Dieser Transportauftrag wird vom System automatisch freigegeben und hat als Transportziel das Entwicklungssystem der Entwicklungslandschaft. Die alte Objektversion wird beim Import der Objekte überschrieben. Nach dem erfolgreichen Abgleich wird der Retrofit-Status **Retrofit erfolgt** automatisch gesetzt.

- **Gelbe Kategorie: CWB/BC-Set (semiautomatischer Retrofit)**
  Eine gelbe Kategorisierung gibt an, dass Objekte innerhalb des Transportauftrags Konflikte aufweisen. Das bedeutet, dass die betreffenden Entwicklungsobjekte in beiden Entwicklungssystemen gleichzeitig geändert wurden. Daher muss ein halbautomatischer Abgleich werkzeugbasiert erfolgen. Für Customizing-Objekte sollten Sie BC-Sets als Werkzeug wählen, für Workbench-Objekte steht die CWB zur Verfügung. Nach dem erfolgreichen Abgleich wird der Retrofit-Status **Retrofit erfolgt** automatisch gesetzt.

Löschvermerke in BC-Sets übernehmen

Damit Löscheinträge in das BC-Set übernommen werden können, muss jeder Benutzer in den Entwicklungssystemen die Löschfunktion aktivieren. Dies erfolgt in Transaktion SCPR20 über den Pfad **Hilfsmittel • Benutzereinstellungen • Pflegetransaktionen • Löschfunktionalität • Einschalten** (siehe Abbildung 8.107).

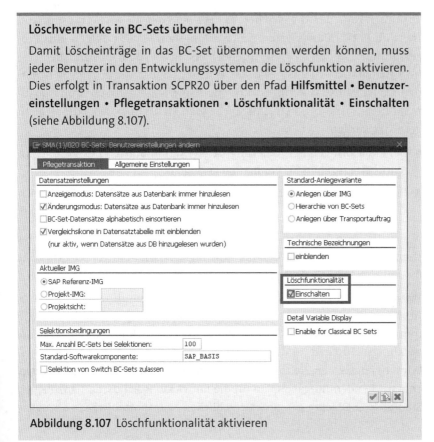

Abbildung 8.107 Löschfunktionalität aktivieren

- **Rote Kategorie: manueller Retrofit**
  Eine rote Kategorisierung gibt an, dass Objekte nicht mit den erwähnten Retrofit-Werkzeugen abgeglichen werden können. Das bedeutet, dass ein manueller Abgleich erfolgen muss. Dies ist bspw. bei SAP-Hinweisen der Fall. Nach dem erfolgten manuellen Abgleich muss der Retrofit-Status **Retrofit erfolgt** manuell gesetzt werden.

Unterschiedliche Objektkategorisierungen

Da die Kategorisierung objektbasiert erfolgt, kann ein Transportauftrag Objekte verschiedenster Kategorien enthalten. Ein Transportauftrag mit fünf Objekten kann bspw. nur ein Objekt enthalten, das manuell abgeglichen werden muss. Die restlichen vier Objekte können, wenn Sie konfliktfrei sind, automatisch oder – im Falle von Konflikten – mit der CWB und den BC-Sets abgeglichen werden.

Liegt eine unterschiedliche Objektkategorisierung innerhalb eines Transportauftrags vor, führen Sie den Abgleich mit einem Klick auf die Schaltfläche **Retrofit für alle Kategorien** durch. Die beschriebenen Tools werden dann nacheinander für den Objektabgleich der Objektkategorisierung und dem Objekttyp entsprechend aufgerufen.

Retrofit durchführen

Technisch kann der Abgleich bereits nach der Freigabe eines Transportauftrags im Entwicklungssystem der Wartungslandschaft erfolgen. Aus Prozessgründen sollten die Objekte jedoch erst nach einem erfolgreichen Test im Qualitätssicherungssystem der Wartungslandschaft abgeglichen werden. Daher kann das Retrofit-Werkzeug, bspw. aus einem Änderungsdokument heraus, erst in einem entsprechenden Status über das Aktionsmenü gestartet werden:

- Bei einer dringenden Änderung ist die Aktion **Starten des Retrofit** im Status **Freigegeben für Produktion** verfügbar.
- Bei einer normalen Änderung ist diese Aktion im Status **Erfolgreich Getestet** verfügbar.

Alternativ kann die Retrofit-Funktion aus dem Aufgabenplan des entsprechenden Änderungszyklus für die Wartungslandschaft mit einem Klick auf die Aufgabe **Retrofit starten** gestartet werden.

Retrofit-Arbeitsvorrat

Wenn Sie die entsprechende Aktion ausgeführt haben, öffnet sich Ihr Retrofit-Arbeitsvorrat (siehe Abbildung 8.108). Für den Abgleich benötigen Sie immer einen änderbaren Zielauftrag ❶ im Entwicklungssystem der Entwicklungslandschaft, in dem die Objekte aufgenommen werden können. Wir empfehlen, den Zielauftrag direkt über das ChaRM, das QGM oder den entsprechenden Aufgabenplan für die Entwicklungslandschaft anzulegen. Sind gleiche Objekte aus unterschiedlichen Transportaufträgen abzugleichen, können Sie das in der Spalte **Sequenz-Abhängigkeit anzeigen** ❷ erkennen. Lassen Sie sich die Sequenzabhängigkeit anzeigen ❸, und führen Sie anschließend den Abgleich der Objekte in der entsprechenden Reihenfolge mit dem jeweiligen Retrofit-Werkzeug durch. Sobald der Abgleich durch eines der Tools durchgeführt wurde, wird automatisch der Status **Retrofit erfolgt** ❹ gesetzt. Nach einem manuellen Abgleich muss dieser Status manuell vergeben werden. Über Filter können Sie die bereits abgeglichenen Transportaufträge ausblenden.

Abbildung 8.108 Retrofit-Arbeitsvorrat

8.6 Verfügbare Transport-Management-Tools

Mithilfe des *Change and Transport Systems* (CTS), des *Enhanced Change and Transport Systems* (CTS+) sowie des *Central Change and Transport Systems* (cCTS) können Softwareänderungen für ABAP- und Nicht-ABAP-Objekte in einer Systemlandschaft verteilt werden. Das zentrale Transportmanagement des SAP Solution Managers bedient sich dieser Transportsysteme, um Änderungen zentral verwalten und verteilen zu können.

8.6.1 Change and Transport System

Das CTS beinhaltet folgende Werkzeuge, die zur Unterstützung der Änderungsverwaltung dienen – allerdings nur bei ABAP-basierten Produkten: **Werkzeuge**

- Der *Change and Transport Organizer* (CTO) ermöglicht die Anlage, Dokumentation und Freigabe von Transportaufträgen für Customizing (*Customizing Organizer*) bzw. Entwicklung (*Workbench Organizer*). Für die Transportaufträge, die dadurch nicht unterstützt werden, ist der *Transport Organizer* zuständig.

- Mithilfe des *Transport Management Systems* (TMS) können Sie Ihre Transportaufträge organisieren, in Ihre SAP-Systeme transportieren und überwachen. Des Weiteren führen Sie über das TMS die Konfiguration Ihrer Transportumgebung durch.

- Die ausführbaren Programme *tp* und *R3trans* laufen auf Betriebssystemebene und dienen der Kommunikation mit dem SAP-System und der Datenbank. Auch bei der Freigabe bzw. beim Import von Transportaufträgen arbeiten diese Programme mit den Transportdateien im Transportverzeichnis.

8.6.2 Transport von Nicht-ABAP-Objekten

Das CTS+ erweitert die Funktionalitäten des CTS um die Möglichkeit, Java-Objekte sowie spezifische Nicht-ABAP-Objekte in Ihrer Systemlandschaft zu transportieren. Damit können Sie ABAP- und Nicht-ABAP-Objekte zusammen in einem Transportauftrag in Ihrer Systemlandschaft verteilen.

Voraussetzungen Ab SAP NetWeaver 7.0 SPS12 (besser SPS14) können Sie CTS+ verwenden. Der Domänen-Controller sowie das ABAP-Kommunikationssystem müssen dabei diesen Stand haben. Spielen Sie zusätzlich Sammelhinweis 1003674 ein.

Transportierbare Objekte Mit CTS+ können Sie neben den ABAP-Objekten folgende weitere Objekte transportieren:

- Java- und J2EE-basierte Objekte
  - Software Component Archives (SCA)
  - Enterprise Application Archives (EAR)
  - Software Deployment Archives (SDA)
- Objekte aus dem SAP Enterprise Portal
  - Enterprise Portal Archives (EPA)
  - Enterprise Portal Applications (PAR)
  - Knowledge-Management-Objekte
- Objekte aus SAP Process Integration (PI)
  - Integration-Builder-Objekte (TPZ)
- Content-Objekte aus dem System Landscape Directory (SLD)

Komponenten Sie müssen die folgenden Komponenten konfigurieren, um CTS+ verwenden zu können:

- **CTS-Deploy-Webservice**
  Dieser Java-Webservice dient der Kommunikation mit den Deployment-Tools von Nicht-ABAP-Systemen.

- **CTS-Deploy-Proxy**
  Auf der ABAP-Seite ist das CTS-Deploy-Proxy notwendig, damit das Transportsteuerungsprogramm (tp) mit dem CTS-Deploy-Webservice kommunizieren kann.

- **Transport Organizer Web UI**
  Diese Web-Dynpro-Anwendung erlaubt Ihnen die Anlage und Bearbeitung von Transportaufträgen für Nicht-ABAP-Systeme.

- **Transportverzeichnis**
  Der ABAP-Stack schreibt die Dateien bei der Freigabe des Transportauftrags in das Transportverzeichnis und liest diese beim Import in das Folgesystem wieder aus.

Abbildung 8.109 veranschaulicht das Zusammenspiel dieser Komponenten mit dem Java-Quell- und dem Java-Zielsystem.

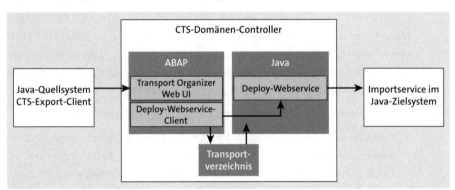

Abbildung 8.109 Komponenten im CTS+

Einrichtung von CTS+

Informationen zur Konfiguration von CTS+ im SAP Solution Manager 7.2 finden Sie auf der Wiki-Seite der SAP Community **Configuring CTS+ in SAP Solution Manager 7.1 and 7.2** unter dem Link *http://s-prs.de/v561561*.

8.6.3 Central Change and Transport System

Im SAP Solution Manager 7.2 haben Sie bei der Erstellung von Änderungszyklen die Option, die cCTS-Infrastruktur zu verwenden. Mit cCTS stehen

Funktionen

Ihnen im Vergleich zum klassischen CTS weitere Funktionen zur Verfügung, die Ihre Flexibilität im ChaRM und im QGM erhöhen:

- Neuzuordnung von Änderungen zu anderen Zyklen, auch wenn bereits freigegebene Transportaufträge enthalten sind
- Zuordnung externer Transportaufträge
- Erkennung von Konflikten zwischen der zentralen Änderungskontrolle (ChaRM) und dem lokalen Transportmanagement (Transaktion STMS)

Verfügbarkeit

Die cCTS-Funktionalitäten sind bereits mit dem Support Package 10 des SAP Solution Manager 7.1 verfügbar und im ChaRM anwendbar. Mit Release 7.2 wurden einige Funktionen verändert bzw. erweitert. So ist es nun möglich, mit einer ungleichen Anzahl von Systemen in den einzelnen Systemstrecken zu arbeiten. Auch die Domain Links vom SAP Solution Manager zu den verwalteten Systemen werden nicht mehr benötigt.

Die Funktionen des cCTS sind im SAP Solution Manager 7.2 als Bestandteil von SAP NetWeaver verfügbar. Durch das Einspielen von Support Packages für die Softwarekomponenten SAP_BASIS und CTS_PLUG können Sie die Funktionen des cCTS aktualisieren. Das CTS-Plug-in, das im SAP Solution Manager installiert ist, klassifiziert diesen als zentralen CTS-Server. Damit verteilt der SAP Solution Manager einerseits die cCTS-Funktionen an die verwalteten Systeme und ist andererseits für die Steuerung der Transporte in den angebundenen Systemstrecken verantwortlich.

Mit cCTS werden Systemcluster und Transport Collections eingeführt:

- Mithilfe von *Systemclustern* werden Systeme gleicher Rolle, jedoch unterschiedlicher Landschaften zusammengefasst. Beispielsweise wird so ein Entwicklungscluster aus den Entwicklungssystemen der ERP-, BW-, CRM-, EWM- und Nicht-SAP-Landschaften gebildet. Das Qualitätssicherungscluster würde die entsprechenden Qualitätssicherungssysteme beinhalten, während das Produktivcluster die Produktivsysteme enthält. Neben diesen drei klassischen Clustern von drei Systemlandschaften sind noch weitere Cluster wie das für die Vorproduktivsysteme denkbar.
- Eine *Transport Collections* ist eine Bündelung von mehreren Transportaufträgen. Dabei können die Transportaufträge aus unterschiedlichen Systemen eines Clustern stammen. Eine Collection wird innerhalb des ChaRM über ein Änderungsdokument in Ihrer Systemlandschaft verteilt. Abbildung 8.110 veranschaulicht die Verteilung von der Transport Collections über die Systemcluster hinweg.

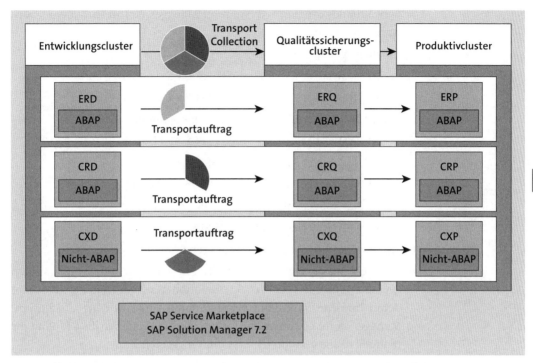

Abbildung 8.110 cCTS-Landschaft mit Systemclustern

Wenn Sie das ChaRM oder das QGM mit cCTS verwenden möchten, benötigen Sie ein verwaltendes System und die verwalteten Systeme:

- **Verwaltendes System**
  Der SAP Solution Manager 7.2, auf dem das ChaRM oder das QGM eingerichtet ist, nimmt die Rolle des verwaltenden Systems ein. Er übernimmt folgende Aufgaben:
    - Verteilung der CTS-Plug-ins an die verwalteten Systeme
    - Anlage von Systemclustern
    - Verwaltung der verwalteten Systeme
    - Anlage von Transport Collections und Transportaufträgen
    - Steuerung von Transporten in den verwalteten Systemen
- **Verwaltete Systeme**
  Die verwalteten Systeme sind an dieser Stelle die einzelnen Systeme der verschiedenen Systemcluster.

Folgende Voraussetzungen müssen für die Verwendung von cCTS erfüllt sein: *Voraussetzungen*

- verwaltendes System: SAP Solution Manager 7.2 mit installierter Softwarekomponente CTS_PLUG
- mögliche verwaltete Systeme:
  - SAP NetWeaver 7.50 SAP_BASIS SP00 oder höher
  - SAP NetWeaver 7.40 SAP_BASIS SP02 oder höher
  - SAP NetWeaver 7.31 SAP_BASIS SP01 oder höher
  - SAP NetWeaver 7.30 SAP_BASIS SP01 oder höher
  - SAP NetWeaver 7.11 SAP_BASIS SP09 oder höher
  - SAP NetWeaver 7.02 SAP_BASIS SP06 oder höher
  - SAP NetWeaver 7.01 SAP_BASIS SP07 oder höher
  - SAP NetWeaver 7.00 SAP_BASIS SP14 oder höher
- TMS-Landschaft ist für alle verwalteten Systeme konfiguriert.
- Für die zentrale Verteilung der CTS-Plug-ins müssen alle verwalteten Systeme entweder Teil der SAP-Solution-Manager-Domäne sein oder deren Domäne muss über einen Domain Link mit der SAP-Solution-Manager-Domäne verbunden sein. Andernfalls müssen die CTS-Plug-ins manuell in alle verwalteten Systeme eingespielt werden.
- Der SAP Solution Manager ist der Domänen-Controller für die Domäne, der er angehört.
- ChaRM oder QGM ist auf dem SAP Solution Manager konfiguriert.
- tp 380.10.14 oder höher ist auf dem SAP Solution Manager verfügbar.
- R3trans 29.05.13 oder höher ist auf dem SAP Solution Manager verfügbar.
- tp 380.13.49 oder höher ist auf den verwalteten Systemen verfügbar.
- R3trans 12.11.11 oder höher ist auf den verwalteten Systemen verfügbar.
- Alle verwalteten Systeme mussen für die Nutzung des ChaRM oder QGM konfiguriert sein. Im Wesentlichen muss in der Solution-Manager-Konfiguration die Konfiguration der verwalteten Systeme durchgeführt werden.
- Alle verwalteten Systeme müssen eine Vertrauensbeziehung zum SAP Solution Manager haben. Weitere Information dazu finden Sie in SAP-Hinweis 128447.
- Ihr SAP Business Client ist konfiguriert.
- Die in Sammelhinweis 2231041 verknüpften Hinweise sollten Sie in Ihrem SAP Solution Manager 7.2 einspielen, bevor Sie beginnen, das cCTS zu verwenden.

> **Nicht-ABAP-Systeme integrieren**
>
> Falls Sie auch Ihre Nicht-ABAP-Systeme in die cCTS-Infrastruktur integrieren möchten, müssen Sie auch die Kommunikationssysteme für Ihre Nicht-ABAP-Systeme in der SAP-Solution-Manager-Konfiguration konfigurieren.

> **Weitere Informationen zur Einrichtung von cCTS für ChaRM und QGM**
>
> Informationen zur Konfiguration von cCTS im SAP Solution Manager 7.2 finden Sie im Konfigurationsleitfaden »How To... Set Up cCTS for ChaRM and QGM« unter dem Link *http://s-prs.de/v561562*.

8.7 Transportanalyse und Änderungsdiagnose

Mithilfe der Änderungsdiagnose-Funktionen im SAP Solution Manager können Sie Änderungen Ihrer verwalteten Systeme nachverfolgen und überprüfen. Zu den Analysewerkzeugen der Änderungsdiagnose gehören folgende Funktionen:

- Änderungsanalyse
- Änderungsauswertungen
- Konfigurationsvalidierung

Diese Funktionen stehen Ihnen zur Verfügung, sobald Sie die SAP-Solution-Manager-Konfiguration für Ihre verwalteten Systeme durchgeführt haben.

Ein weiteres Werkzeug, um das Transportverhalten in einem Kundensystem zu analysieren, ist die *Transportausführungsanalyse*. Als Qualitätsmanager identifizieren Sie damit Schwachstellen und Probleme im Änderungsprozess und leiten dadurch Gegenmaßnahmen ein. In den folgenden Abschnitten beschreiben wir die einzelnen Werkzeuge der Transportanalyse und Änderungsdiagnose.

Transportausführungsanalyse

8.7.1 Änderungsanalyse

Die Änderungsanalyse ist Teil der **End-to-End-Analyse** im Work Center **Ursachenanalyse** des SAP Solution Managers. Dieses Work Center können Sie mit den entsprechenden Berechtigungen über die Transaktion SM_WORKCENTER erreichen.

Zugriff

8 Change Control Management

Änderungen nachverfolgen
Mithilfe dieser Funktionalität können Sie Änderungen in Ihrer Systemlandschaft nachverfolgen und sich einen Überblick über die Änderungen in Ihren verwalteten Systemen verschaffen. Die Analyseergebnisse werden nach System, Änderungstypen, Tag sowie Anzahl der Änderungen pro Änderungstyp dargestellt (siehe Abbildung 8.111).

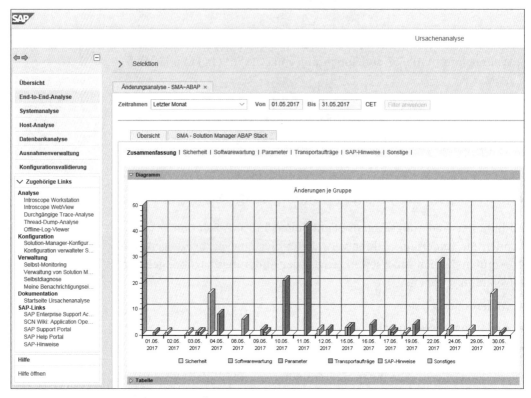

Abbildung 8.111 Änderungsanalyse

Änderungsdatenbank
Die Änderungsanalyse greift auf die Daten der *Configuration and Change Database* (CCDB), also der Änderungsdatenbank, im SAP Solution Manager zu. Die Änderungsdatenbank enthält Konfigurationsspeicher (*Config Store*), die die Konfigurationseinstellungen der verwalteten Systeme beinhalten. Von den Konfigurationseinstellungen werden regelmäßig Momentaufnahmen erstellt und in der Änderungsdatenbank abgelegt. Die Historie sowie die Details einer Änderung werden innerhalb der Änderungsanalyse über den *Data Viewer* angezeigt

Wenn sich Systeme Ihrer Systemlandschaft unterschiedlich verhalten, kann der Grund dafür sein, dass in einem System Änderungen durchgeführt wurden, die in einem anderen System fehlen. Mithilfe der Änderungsanalyse können Sie die genaue Ursache des Problems herausfinden.

8.7 Transportanalyse und Änderungsdiagnose

> **Weitere Informationen zur Änderungsanalyse**
>
> Weitere Informationen zur Änderungsanalyse finden Sie unter folgendem Link: *http://s-prs.de/v561563*

8.7.2 Änderungsauswertung

Die Änderungsauswertung ist Teil der **Systemanalyse** im Work Center **Ursachenanalyse**.

Obwohl die Änderungsauswertung an sich eine eigenständige Funktionalität ist, kann sie auch als Bestandteil der Änderungsanalyse bei der Anzeige von Änderungsdetails genutzt werden. Mit der Änderungsauswertung können Sie Änderungen von Softwareanwendungen über den Applikationslebenszyklus überwachen. Sie können analysieren, welche Änderungen zu einem bestimmten Zeitpunkt in Ihrer Systemlandschaft durchgeführt wurden. Dabei kann es sich um aktuelle und historische Daten handeln. Darüber hinaus können Sie Konfigurationen zwischen zwei verschiedenen Systemen zu einem bestimmten Zeitpunkt vergleichen (siehe Abbildung 8.112).

Applikationslebenszyklus überwachen

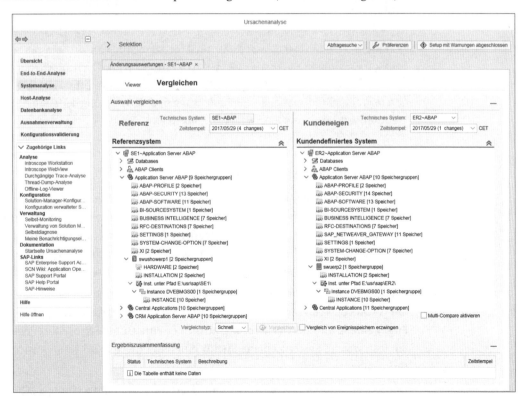

Abbildung 8.112 Vergleich innerhalb der Änderungsauswertung

Die Änderungsauswertung greift ebenso wie die Änderungsanalyse auf die Daten der Änderungsdatenbank zu. Dabei wird jede Änderung innerhalb der verwalteten Systeme in den Konfigurationsspeichern der Änderungsdatenbank abgelegt. Änderungsstatistiken werden auf Basis von SAP Business Warehouse (BW) zur Verfügung gestellt.

> **Weitere Informationen zur Änderungsauswertung**
>
> Weitere Informationen zur Änderungsauswertung finden Sie unter folgendem Link: *http://s-prs.de/v561564*

> **Konfigurationsvalidierung**
>
> Mithilfe der *Konfigurationsvalidierung* können Sie prüfen, ob die Systeme in Ihrer Landschaft konsistent konfiguriert sind. Sie haben dabei als Referenz einen definierten Soll-Zustand bzw. ein existierendes System, gegen das Sie einen Abgleich Ihrer Systemkonfiguration durchführen können. Die Konfigurationsvalidierung stellt Ihnen Reports bzw. Prüfungen zur Verfügung, mit denen Sie nachvollziehen können, wie homogen die Konfiguration Ihrer Systeme ist.
>
> Sie können die Konfigurationsvalidierung über das Work Center **Ursachenanalyse** aufrufen. Mit dieser Funktionalität können Sie bspw. Transportreports ausführen. Sie können hier z. B. Auswertungen über Transportzeiten, Transportstände oder offene bzw. fehlgeschlagene Transporte durchführen. Weitere Informationen zur Einrichtung und Verwendung der Konfigurationsvalidierung finden Sie in Abschnitt 10.10.

8.7.3 Transportausführungsanalyse

Der SAP Solution Manager bietet Ihnen über die Guided Self-Services *Transportausführungsanalyse* (TAA) und *Transportausführungsanalyse für Projekte* die Möglichkeit, das Transportverhalten in einem Kundensystem zu analysieren. Als Qualitätsmanager identifizieren Sie so Schwachstellen und Probleme im Änderungsprozess und können Gegenmaßnahmen einleiten.

Analyse anlegen — Um Transportausführungsanalysen anzulegen, wählen Sie in Transaktion SM_WORKCENTER die Kachel **Aktive Sitzungen** innerhalb der Gruppe **SAP-Engagement und Servicelieferung** aus. Über eine Guided Procedure legen Sie fest, welche Systemschiene Sie für einen definierten Zeitraum auswerten wollen.

Auswertungsreport — Der SAP Solution Manager wertet dann Daten aus dem Entwicklungs-, Qualitätssicherungs- und Produktivsystem aus und generiert daraus einen

Report. In diesem erhalten Sie Informationen zur Qualität Ihrer Softwareänderungen und auch Handlungsempfehlungen, wie Sie die Qualität und das Transportverhalten künftig verbessern können. Folgende Themen werden in dem Report berücksichtigt:

- Custom Code Maintainability
- SAP Software Maintenance
- Systemlandschaft- und TMS-Einstellungen
- Transporte
- Laufzeitfehler
- Konsistenz der Transportlandschaft

Abbildung 8.113 zeigt die Zusammenfassung der einzelnen Auswertungsbereiche. Auf den ersten Blick können Sie erkennen, dass Fehler in der geprüften Systemlandschaft sowie Warnungen bei den Software- Transporten existieren. Details und Best Practices zu diesen Vorkommnissen werden in den einzelnen Abschnitten des Auswertungsreports beschrieben.

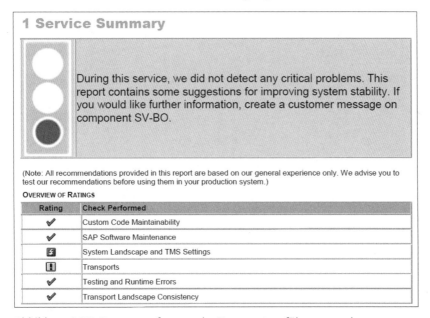

Abbildung 8.113 Zusammenfassung der Transportausführungsanalyse

Die Transportausführungsanalyse für Projekte ist dagegen eine proaktive Analyse. Dabei analysieren Sie Transportaufträge noch vor einem Import, um Probleme aufzuzeigen, die während eines späteren Imports auftreten können. Sie erhalten an dieser Stelle Empfehlungen, wie Sie mit diesen Problemen umgehen sollten und wie Sie diese vermeiden können. Im Gegen-

Transportausführungsanalyse für Projekte

satz zur zuvor beschriebenen Transportausführungsanalyse ohne Projektbezug prüfen Sie einen oder mehrere Transportaufträge. Zudem können Sie hier sämtliche Transportaufträge aus der Importqueue auswählen. Die ausgewählten Transportaufträge können Sie weiter eingrenzen, indem Sie die Auswertung nur auf bestimmte CTS-Projekte beschränken.

Im Auswertungsreport erhalten Sie in einem Microsoft-Word-Dokument Indikatoren und Handlungsempfehlungen zu folgenden Themen:

- Transportaufträge (Anzahl, Typ, Quellsystem und Testdauer)
- zu transportierende Objekte (doppelte und kritische Objekte sowie obsolete Transportaufträge)
- Transportreihenfolge (Downgrade-Schutz)
- Importanalyse in ein Referenzsystem
- Transport zwischen unterschiedlichen Softwarekomponentenständen (Konsistenz von SAP Support Packages sowie Business Functions)

Kapitel 9
Test Suite

In diesem Kapitel lernen Sie das neue Testmanagement im SAP Solution Manager 7.2 kennen, die sogenannte Test Suite. Basierend auf eigenen sowie Kundenerfahrungen erhalten Sie wertvolle Tipps und Best Practices für den Umgang mit der Suite.

Die Technik wird stetig weiterentwickelt, die Systemlandschaften von Unternehmen werden von Jahr zu Jahr komplexer. Dieser Wandel ist im Normalfall nichts schlechtes, doch gilt es aufmerksam zu sein. Sie müssen Ihre Software anpassen, um nicht den Anschluss an den aktuellen Technologiestand zu verlieren. Aber Sie sollten Ihre angepasste Software nicht ungetestet in Betrieb nehmen. Das Testen ist im Lebenszyklus einer Software – wegen des damit verbundenen Zeit- und Kostenaufwands – meist ein nicht unbedingt priorisiert betrachteter Prozess. Doch Sie brauchen keine Scheu vor dem Testmanagement zu haben. Zwar brauchen Sie initial etwas Zeit, um es einzurichten, und Sie müssen auch mit ein paar Kosten rechnen, doch am Ende wird sich diese Investition auszahlen.

Der SAP Solution Manager bietet Ihnen mit der *Test Suite* eine Vielzahl von Werkzeugen, die Sie im Testprozess unterstützen. Auf die wichtigsten Werkzeuge, die Sie im SAP-Umfeld benötigen, werden wir in diesem Kapitel eingehen. Wie schon in Abschnitt 1.3.2 angesprochen, heißt das Testmanagement im SAP Solution Manager 7.2 nun Test Suite. Aber nicht nur der Name hat sich geändert. Neben der Lösungsdokumentation und dem Change Control Management handelt es sich hierbei um den Bereich mit den meisten Neuerungen und Veränderungen. In diesem Kapitel erfahren Sie, wie Sie die Test Suite für Ihren Testprozess anwenden können. Sollten Sie sich für den Einsatz von Drittanbietersoftware im Rahmen des Testmanagements interessieren, finden Sie in Abschnitt 9.4, »Testoptionen im Überblick«, Informationen über die Optionen. Anhand von konkreten Fallbeispielen erhalten Sie nützliche Tipps, um Ihren Testprozess optimal mit dem SAP Solution Manager durchführen zu können.

9.1 Ihre Strategie für das SAP-Testmanagement

Bevor Sie mit dem Testen anfangen, ist es ratsam sich Gedanken über Ihre Strategie zu machen. Auf folgende Fragen sollten Sie mit Ihrer Teststrategie eine Antwort finden:

- Was soll getestet werden?
- Wie soll getestet werden?
- Warum soll getestet werden?
- Wer soll die Tests durchführen?
- Wann soll getestet werden?
- Wie lange soll getestet werden?

Nachdem Sie diese Fragen mithilfe der Informationen in diesem Kapitel beantwortet haben, können Sie beginnen, Ihre Strategie umzusetzen. In den folgenden Abschnitten klären wir zunächst die organisatorischen und technischen Voraussetzungen für die Nutzung der Test Suite.

9.1.1 Nutzungsrechte

Funktionen für SAP-Enterprise-Support-Kunden

In Abschnitt 1.8, »Neue Nutzungsrechte für Kunden«, sind wir bereits auf die Nutzungsrechte im SAP Solution Manager 7.2 eingegangen. Wie in diesem Abschnitt beschrieben, gibt es Funktionen im SAP Solution Manager, die Sie nur nutzen dürfen, wenn Sie SAP-Enterprise-Support-Kunde sind. Abbildung 9.1 können Sie die Funktionen der Test Suite (dunkel hervorgehoben) entnehmen, für die Sie den SAP Enterprise Support benötigen.

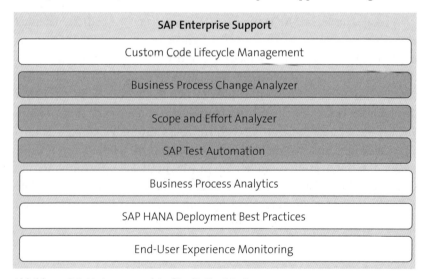

Abbildung 9.1 Nutzungsrechte für die Test Suite

Einige dieser Funktionen benötigen eine gewisse Vorlaufzeit bzw. vorbereitende Konfigurationen, um vollumfänglich und sinnvoll genutzt werden zu können. Ein Beispiel hierfür ist die Änderungseinflussanalyse (siehe Abschnitt 9.6, »Change Impact Analysis«), für die Sie mit der dafür nötigen Datensammlung schon einige Monate vor der Nutzung beginnen sollten. Aus diesen Gründen sollten Sie sich frühzeitig Gedanken machen, ob Ihr aktueller Support-Vertrag alle Funktionen bietet, die Sie benötigen.

9.1.2 Lösungsdokumentation

Um das Testmanagement einsetzen zu können, müssen Sie alle relevanten Geschäftsprozesse in einer *Lösung* dokumentiert haben. Im SAP Solution Manager 7.2 greifen Sie nicht mehr auf Ihre Projekte zu, sondern auf die in Abschnitt 4.1.1, »Eine Lösung als Single Source of Truth«, beschriebenen Lösungen. Für den Einsatz der Test Suite ist der sogenannte Wartungs-Branch relevant, der daher zwingend eingerichtet werden muss (siehe Abschnitt 4.1.2, »Umsetzung des Lebenszykluskonzepts mit Branches«). In diesem werden alle benötigten *Testfälle* angelegt und zugeordnet. Ein Testfall enthält alle notwendigen Informationen und Parameter, um ein Szenario erfolgreich testen zu können.

Lösung und Wartungs-Branch

Sie können die Testfälle direkt an die Geschäftsprozesse anhängen oder dem entsprechenden Eintrag in der Prozessschrittbibliothek zuordnen (siehe auch Abschnitt 4.4.2, »Bibliotheken«). Wenn Sie letzteres Vorgehen wählen, sind die Testfälle einmalig in der Bibliothek als Original gepflegt. Soll der getestete Geschäftsprozess in einem Szenario verwendet werden, ist der Testfall nur verlinkt. Gerade für die Wartbarkeit ist dies ein enormer Vorteil. Sie müssen den Testfall bei Neuerungen bzw. Anpassungen nicht an jeder Stelle, sondern lediglich einmal zentral in der Bibliothek ändern.

Bibliothek

Wenn Sie in der Lösungsdokumentation auf einen Geschäftsprozess klicken, haben Sie die Möglichkeit, die Art der Testfallzuordnung festzulegen. Sie können sich zwischen **Zusätzlich** und **Ausschließlich** entscheiden:

Art der Testfallzuordnung

- Mit dem Kennzeichen **Zusätzlich** werden die Testfälle von niedrigeren Knoten an den ausgewählten Knoten vererbt.
- Durch das Kennzeichen **Ausschließlich** legen Sie fest, dass dem Knoten zugeordnete Testfälle auch nur für diesen Knoten verfügbar sind.

Abbildung 9.2 zeigt den Zugriff auf die Geschäftsprozesse in der Lösungsdokumentation.

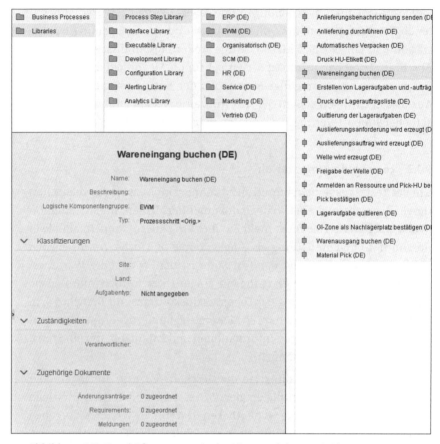

Abbildung 9.2 Geschäftsprozesse in der Lösungsdokumentation

9.2 Der Testprozess im Überblick

Der Prozess des Testens ist in mehrere Phasen untergliedert: Planung, Ausführung und Auswertung. Auf jede dieser Phasen gehen wir in den folgenden Abschnitten detailliert ein.

9.2.1 Testplanung

In der Phase der Testplanung erfassen Sie manuelle und automatische Testfälle. Außerdem legen Sie Testpläne, -pakete und -sequenzen an und ordnen diesen Tester zu.

Testvorbereitung

Testfall anlegen   Nachdem Sie sich im Rahmen Ihrer Teststrategie das Vorgehen überlegt haben, können Sie damit beginnen, die Testfälle zu erstellen.

1. Rufen Sie hierfür die Transaktion SOLMAN_WORKCENTER auf, und navigieren Sie zum Bereich **Test-Suite**.
2. Nun sehen Sie alle für das Testmanagement relevanten Kacheln. Starten Sie die **Testvorbereitung** (siehe Abbildung 9.3).

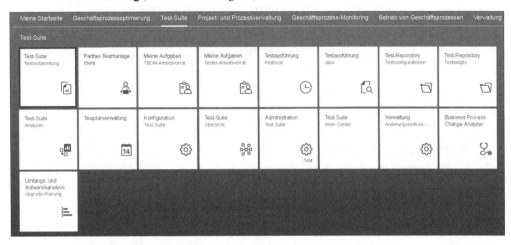

Abbildung 9.3 Test-Suite im SAP Solution Manager Launchpad aufrufen

3. Als Nächstes wählen Sie Ihre Lösung aus und öffnen den **Maintenance-Branch**. Sie befinden sich nun in der Anwendung **Lösungsdokumentation**.
4. Um die Testfälle anzulegen, haben Sie zwei verschiedene Möglichkeiten:
   - Wenn Sie die Testfälle über die Prozessschrittbibliothek anlegen, sind die Testfälle fest mit dem Geschäftsprozess verknüpft. Das heißt, dass die in der Bibliothek zugeordneten Testfälle als Originale dienen. Sollten Sie den Prozessschritt in Ihrer Modellierung verwenden, können alle Testfälle als Verlinkung übernommen werden.
   - Bei der zweiten Möglichkeit erstellen Sie die Testfälle direkt im End-to-End-Prozess. Das Vorgehen für diese Variante wird in Abschnitt 9.5.1, »Manuelles Testen«, beschrieben.

Nachdem Sie alle benötigten Testfälle angelegt haben, können Sie die Testvorbereitung schließen und mit der nächsten Phase beginnen.

Testplanverwaltung

In der Testplanverwaltung erstellen Sie Testpläne, -sequenzen und -pakete. In einem *Testplan* sind alle Testfälle enthalten, die Sie für Ihre Testphase benötigen. Diese werden anschließend zu thematisch sinnvollen Testpaketen zusammengeschnürt. Zur Testplanverwaltung gelangen Sie, indem Sie

Testplanverwaltung aufrufen

9 Test Suite

im Bereich **Test-Suite** des SAP Solution Manager Launchpads die Applikation **Testplanverwaltung** öffnen. Sie befinden sich dann auf der Übersichtsseite Ihrer Testpläne. Der Block **Aktive Abfragen** zeigt alle für die Testpläne verfügbaren Suchabfragen an. Hier wurden von SAP bereits vordefinierte Suchen für Testpläne zur Verfügung gestellt.

Testplan anlegen

Beginnen Sie mit dem Anlegen eines Testplans:

1. Klicken Sie dazu im Block **Testpläne** auf **Testplan • Anlegen** (siehe Abbildung 9.4).

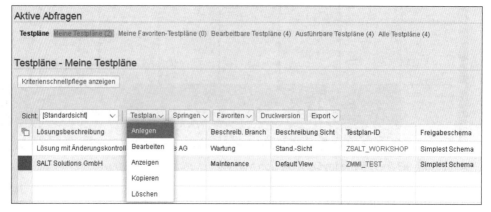

Abbildung 9.4 Testplan anlegen

2. In einem neuen Fenster wird die Pflegemaske für Testpläne, -sequenzen und -pakete geöffnet. Für Ihren Testplan müssen Sie die Registerkarten **Allgemeine Daten** und **Einstellungen** pflegen.

3. Zuerst legen Sie eine Testplan-ID fest, damit Sie den Testplan eindeutig identifizieren können. Den Titel des Testplans ergänzen Sie im Feld **Beschreibung**.

4. Anschließend wählen Sie die betroffene Lösung inklusive des Branches aus. Im Normalfall wird hier der Wartungs-Branch verwendet.

> **ID und Beschreibung für Testpläne, -sequenzen und -pakete**
>
> Achten Sie darauf, dass die ID und die Beschreibungen Ihres Testplans sprechend sind. Sie können zwar jede ID pro Gebiet (z. B. die Testplan-ID oder Testsequenz-ID) nur einmal nutzen, doch sollten diese trotzdem sinnvoll vergeben werden. Reicht die Testplan-ID allein nicht als Erkennungsmerkmal aus, verwenden Sie eine passende Beschreibung. Ein Benutzer sollte anhand von ID und Beschreibung sofort erkennen, um was für einen Testplan es sich handelt. Dies gilt ebenso für die Testsequenzen und -pakete.

5. Öffnen Sie die Registerkarte **Einstellungen** (siehe Abbildung 9.5). Auf dieser Maske pflegen Sie als erstes das *Freigabeschema*. Anhand dieses Schemas legen Sie fest, welche Statuswerte für diesen Testplan zur Auswahl stehen (siehe Abschnitt 9.2.4, »Zentrale Einstellungen«).

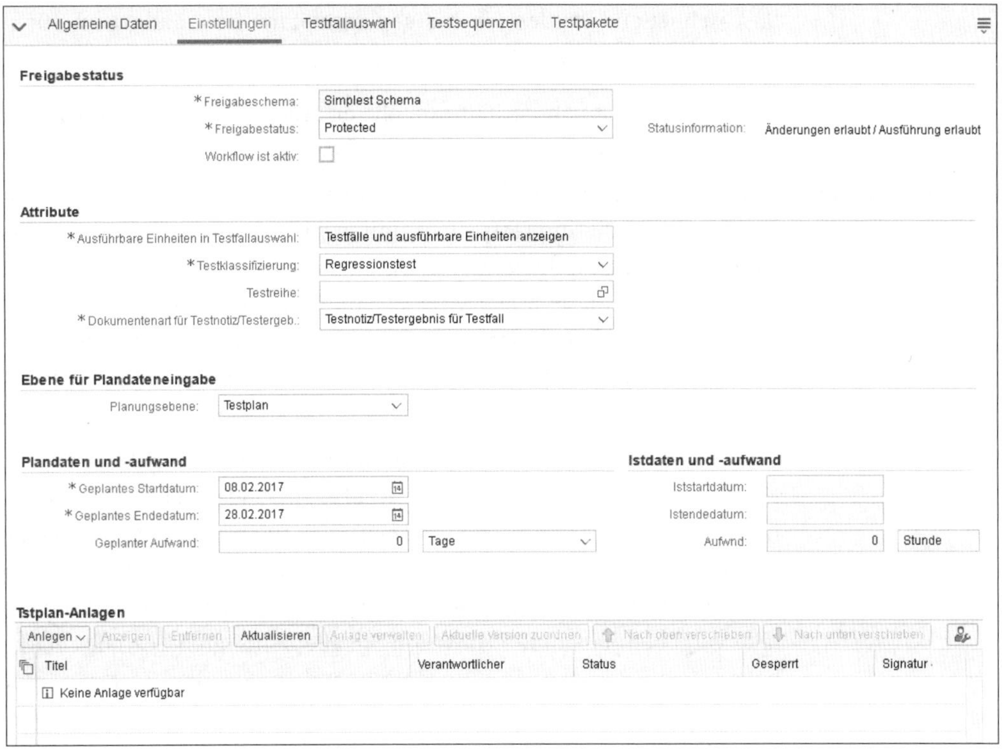

Abbildung 9.5 Einstellungen für den Testplan vornehmen

6. Im nächsten Schritt müssen die Attribute des Testplans gefüllt werden. Entscheiden Sie sich im Feld **Ausführbare Einheiten in Testfallauswahl**, welche ausführbaren Einheiten in der Testfallauswahl berücksichtigt werden sollen.

> **Ausführbare Einheiten in der Testfallauswahl**
>
> Nach dem Speichern des Testplans ist diese Einstellung gegen Änderungen gesperrt. Die folgenden Einstellungen stehen zur Verfügung:
> - nur Testfälle anzeigen
> - ausführbare Einheiten anzeigen, wenn der Testfall fehlt
> - Testfälle und ausführbare Einheiten anzeigen

7. Außerdem muss hier eine Testklassifizierung, d. h. eine Bestimmung der Testart, vorgenommen werden (siehe ebenfalls Abschnitt 9.2.4).
8. Wählen Sie als nächstes die Dokumentenart für die Testnotiz bzw. das Testergebnis aus.
9. Abschließend wählen Sie das geplante Start- bzw. Enddatum aus und sichern den Testplan.

Der erstellte Testplan enthält nun alle erforderlichen Daten und steht zur weiteren Bearbeitung bereit.

Testfälle zuordnen

Nachdem Sie einen Testplan erstellt haben, können Sie mit der Zuordnung der Testfälle zu diesem Testplan beginnen. Auf der Registerkarte **Testfallauswahl** sehen Sie eine Übersicht der Geschäftsprozesse, die in der Lösung enthalten sind. An dieser Stelle wirkt sich die Einstellung im Feld **Ausführbare Einheiten in Testfallauswahl** aus. Demzufolge werden nur die Geschäftsprozesse angezeigt, die mindestens eine der zuvor ausgewählten Einheiten beinhalten.

Wählen Sie nun alle relevanten Testfälle, wie in Abbildung 9.6 gezeigt, aus. Hierfür können Sie die Filterfunktion **Filter anwenden** verwenden. Diese ist hilfreich, wenn Sie sehr umfangreiche Geschäftsprozesse im Einsatz haben. Mit dieser Funktion können Sie u. a. nach dem Testfalltyp, dem Testdokumentstatus oder nach Suchbegriffen, die Sie zuvor bei der Anlage der Testfälle vergeben haben, filtern. Wenn Sie alle benötigten Testfälle markiert haben, schließen Sie die Zuordnung, indem Sie den Testplan erneut sichern.

Abbildung 9.6 Testfallauswahl

Testsequenz anlegen

Bei aufeinander aufbauenden Tests ist die Reihenfolge der Testausführung von elementarer Bedeutung. Sie können bspw. den Änderungsprozess einer Bestellung erst dann testen, wenn diese angelegt wurde. In der *Testsequenz* legen Sie genau diese Reihenfolge fest.

1. Unter der Registerkarte **Testsequenz** können Sie eine neue Testsequenz anlegen. Die Informationen **Testsequenz-ID** und **Beschreibung** müssen hier ebenfalls gepflegt werden.
2. Anschließend müssen Sie, wie bei der Anlage des Testplans, die Testfälle auswählen (siehe Abbildung 9.7). Die Reihenfolge, in der Sie die Testfälle markieren, legt auch die Sequenz fest. Das bedeutet, dass der erste markierte Testfall auch als erstes ausgeführt wird.

Da die Reihenfolge nicht für alle Tests eine elementare Rolle spielt, ist die Erstellung einer Testsequenz ein optionaler Schritt.

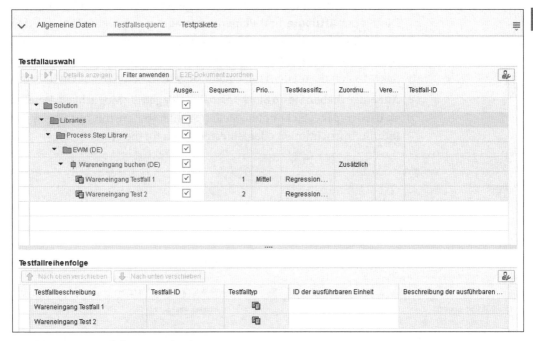

Abbildung 9.7 Testfallsequenz festlegen

Die Hauptaufgaben eines *Testpakets* sind, die Testfälle inhaltlich zu strukturieren und die Tests mit Testern zu verknüpfen. Ein Testpaket kann auf Basis einer Testsequenz erstellt werden. Das ist aber nur möglich, wenn zuvor eine Sequenz angelegt wurde, also die Reihenfolge in der Testausführung beachtet werden muss. Um im anderen Fall ein Testpaket ohne Verknüpfung zu einer Testsequenz anzulegen, gehen Sie wie folgt vor:

Testpaket anlegen

1. Öffnen Sie die **Testplanverwaltung**, und markieren Sie Ihren Testplan.
2. Wählen Sie den Block **Testpaketliste** aus.
3. Anschließend klicken Sie im Dropdown-Menü **Testpaket** auf **Anlegen**. Daraufhin öffnet sich in einem neuen Fenster die Pflegemaske.

4. Vergeben Sie in den Kopfdaten eine **Testpaket-ID** und eine **Beschreibung**. Die ID für das Testpaket muss eindeutig sein, wobei die Beschreibung frei wählbar ist. Es gilt derselbe Tipp wie beim Anlegen eines Testplans.

5. Weiterhin können Sie in den Kopfdaten einen **Verantwortlichen** sowie eine **Priorität** für das Testpaket angeben.

6. In den Blöcken **Prozessdokumentation** und **Systemlandschaft** werden die Daten aus dem Testplan übernommen. Kontrollieren Sie hier, ob alle Informationen korrekt sind.

7. Gehen Sie weiter auf die Registerkarte **Einstellungen** (siehe Abbildung 9.8). Die Blöcke **Attribute** und **Planungszeitraum** werden ebenfalls aus den Testplandaten generiert. In der Planungsebene sehen Sie, auf welcher Basis das Testpaket erstellt wird. Vergewissern Sie sich, ob Sie das Testpaket basierend auf der Testsequenz oder dem Testplan erstellt haben.

8. Außerdem haben Sie im Block **Testpaketanlagen** die Möglichkeit, Dateien an das Testpaket zu knüpfen. Stellen Sie hier weitere Informationen wie interne Testrichtlinien oder Hilfestellungen für die Tester bereit.

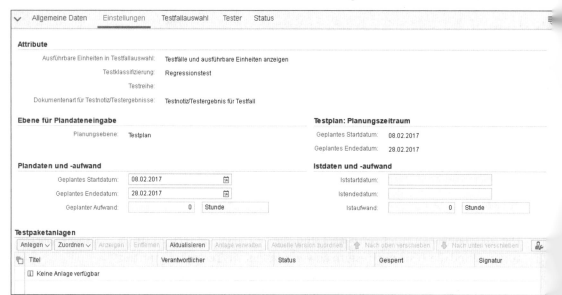

Abbildung 9.8 Einstellungen für das Testpaket vornehmen

9. Wie bei der Testplanerstellung gibt es auch hier die Registerkarte **Testfallauswahl**. Im Fall der Testpaketerstellung sind aber nicht alle Testfälle verfügbar, sondern nur jene, die zuvor für den Testplan ausgewählt wurden. Markieren Sie alle Testfälle, die für Ihr Testpaket relevant sind, und sichern Sie Ihre bisherigen Eingaben.

10. Wechseln Sie auf die Registerkarte **Tester** (siehe Abbildung 9.9). Klicken Sie auf **Tester zuordnen**. Über die Benutzersuche können Sie nun den relevanten Tester suchen und mit **OK** dem Testpaket zuordnen. Wenn Sie in der Testerliste einen Tester markieren, sehen Sie in der **Testfall-Liste** alle Testfälle, die diesem Benutzer zugeordnet sind.

Abbildung 9.9 Einem Testpaket Tester zuordnen

11. Abschließend klicken Sie auf **Status**. Diese Registerkarte gibt Ihnen einen Überblick über alle Testfälle, die dem Testpaket zugeordnet sind. Sie erhalten wichtige Informationen über den aktuellen Status, eventuelle Fehler und Hinweise und darüber, welcher Tester für den Testfall verantwortlich ist. Überprüfen Sie Ihre Angaben, und sichern Sie.

> **[+] Geschäftspartner für die Tester rechtzeitig einrichten**
>
> Machen Sie sich frühzeitig Gedanken, welche Tester zur Verfügung stehen müssen. Da das Anlegen der entsprechenden Geschäftspartner unter Umständen viel Zeit in Anspruch nehmen kann, sollten Sie möglichst bald dafür sorgen, dass jeder Tester einen Geschäftspartner für den SAP Solution Manager hat.

Das Testpaket ist nun vollständig angelegt und bereit zum Testen. Alle wichtigen Schritte zur Testplanung sind damit erledigt. Sie sind nun bereit, um mit der Testausführung zu starten.

9.2.2 Testausführung

In der nächsten Phase geht es um das Ausführen der Testfälle. Sie erfahren in diesem Abschnitt, wie der Ausführungsprozess grundsätzlich abläuft.

9 Test Suite

Das detaillierte Vorgehen beim manuellen oder automatisierten Testen von SAP-Lösungen beschreiben wir in den Abschnitt 9.5.1 und Abschnitt 9.5.2. Voraussetzung für den Start der Testausführung ist der Abschluss der Testplanung. Haben Sie das, wie in Abschnitt 9.2.1 beschrieben, erledigt, steht dem nächsten Schritt nichts mehr im Weg.

Tester-Arbeitsvorrat

Die gängigste Methode, um mit der Testausführung zu starten, ist der Einstieg über den Tester-Arbeitsvorrat. Sie erreichen ihn über die Transaktion SM_WORKCENTER. Wählen Sie hier die Kachel **Test-Suite • Meine Aufgaben**. Alternativ können Sie den Arbeitsvorrat im Work Center Test-Suite öffnen. Wählen Sie dazu in Transaktion SM_WORKCENTER **Test-Suite • Test-Suite (Work Center)**.

Im Arbeitsvorrat erhalten Sie einen Überblick aller Testpakete, die Ihnen als Tester zugeordnet sind (siehe Abbildung 9.10). Sie finden in dieser Liste das geplante Start- und Enddatum, um Ihre Tests besser koordinieren zu können. Außerdem sehen Sie genau, wie viele Testfälle noch offen sind oder bereits abgeschlossen wurden. Falls vorhanden, können Sie in dieser Übersicht auch die zugeordneten Testfallfehler einsehen.

Abbildung 9.10 Tester-Arbeitsvorrat

> **Tester-Arbeitsvorrat im SAP Solution Manager 7.1**
>
> Falls Sie das Testmanagement schon im SAP Solution Manager 7.1 genutzt haben, wird Ihnen der Tester-Arbeitsvorrat bekannt vorkommen. Sie konnten den Vorrat über die Transaktion STWB_WORK oder über das Work Center **Testmanagement** erreichen.

Nicht immer laufen die Tests einwandfrei und ohne Fehler ab. Für diese Fälle gibt es in der Test Suite eine Integration mit dem Incident Management. Grundsätzlich wird zwischen *Anwendungs-* und *Testfallfehlern* unterschieden:

Testfallfehler

- Haben Sie bspw. bei der Testausführung zu wenige Berechtigungen, um eine Transaktion zu öffnen, handelt es sich um einen Anwendungsfehler. Diese Fehler, zu denen auch Laufzeitfehler gezählt werden, werden in der Vorgangsart SMIN gemeldet.
- Sind in einer Testfallbeschreibung nicht alle benötigten Informationen enthalten oder ist beim automatischen Testen das falsche Zielsystem eingegeben, zählt man das als Testfallfehler. Verwenden Sie als Vorgangsart für Testfallfehler SMDT.

9.2.3 Testauswertung und Reporting

Gerade für die Testverantwortlichen ist es enorm wichtig, zu jedem Zeitpunkt den Überblick über das Testgeschehen zu behalten. Hierfür bietet der SAP Solution Manager verschiedene Hilfsmittel. Auch in dieser Hinsicht beschreiben wir nur grob die wesentlichen Komponenten dieser Phase. Eine ausführliche Beschreibung finden Sie in Abschnitt 9.5.3, »Testauswertung«.

Sie können für Ihre Testpläne einen *Testbericht* generieren, der Ihnen Auskunft über den Testfortschritt gibt. Dieser Testbericht enthält Informationen über den aktuellen Status der Testpakete und -fälle, die dem Testplan zugeordnet sind.

Testbericht

> **Testbericht einfach generieren**
>
> Anders als im SAP Solution Manager 7.1 muss nun kein Makro mehr ausgeführt werden, um den Testbericht zu füllen.

Neben den Testberichten stehen Ihnen auch einige Analysen zur Verfügung. Diese helfen Ihnen dabei, zu jedem Zeitpunkt Aussagen zum jeweiligen Zustand der Tests treffen zu können. Der SAP-Standard liefert Ihnen z. B. *Vollständigkeits-* und *Lückenreports* (siehe Abbildung 9.11). Überprüfen

Analysen

Sie hiermit, ob Sie alles richtig gepflegt und angelegt haben. Der Report **Testfall nicht in Testplan eingeschlossen** zeigt bspw. alle Testfälle, die keinem Testplan zugeteilt sind. Mit diesem Report können Sie sichergehen, ob alle Testfälle zugeordnet worden sind. In Abschnitt 9.5.3, »Testauswertung«, gehen wir ausführlicher auf diese Analysen ein.

Abbildung 9.11 Analysen in der Test Suite

Außerdem liefern die Reports unter **Testausführungsanalysen** Informationen über den Bearbeitungsstand von Testplänen, -paketen und -fällen. Wenn Sie wissen möchten, welche Testpläne Ihrer Lösung noch offene Testfälle beinhalten, hilft Ihnen der Bericht **Mehrfachtestplan-Status**. Die **Status- und Fortschrittsanalyse** bietet neben den Statusanalysen auch Auswertungen der Fehler und des Testaufwands.

> **Mit Analysen vertraut machen**
> Nehmen Sie sich Zeit und betrachten Sie alle Analysen, um die geeignetsten für Ihre Anforderungen zu finden.

9.2.4 Zentrale Einstellungen

Im SAP Solution Manager Launchpad finden Sie die Einstellungen zum Testmanagement in der Anwendung **Verwaltung (Test Suite)** (siehe Abbildung 9.12). Die wichtigsten Konfigurationen werden in diesem Abschnitt behandelt.

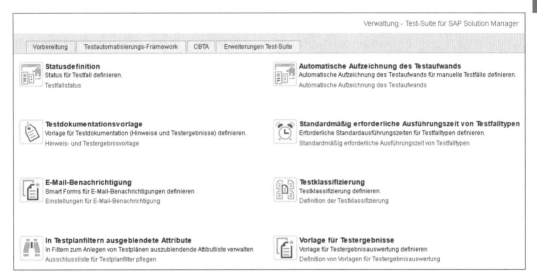

Abbildung 9.12 Zentrale Einstellungen für die Test Suite

Mithilfe der *Testklassifikationen* können Sie Ihre Testfälle und -pläne kategorisieren. Die Werte für die Klassifizierung müssen Sie vor der Verwendung definieren, da diese nicht im SAP-Standard mitgeliefert werden. Dies bedeutet gleichzeitig, dass Sie komplett frei in der Auswahl Ihrer Testfallklassifizierung sind. Eine Möglichkeit ist die Unterteilung der Testfälle und -pläne in die verschiedenen Teststufen. Beispiele hierfür sind:

Testklassifikation

- **Komponententest**
  Mit diesem Test werden einzelne Bestandteile einer Software überprüft.
- **Integrationstest**
  Mithilfe eines Integrationstests testen Sie das Zusammenspiel der einzelnen Komponenten miteinander. Dabei werden Schnittstellen und die Kommunikation getestet.

- **Systemtest**
  Bei einem Systemtest wird das gesamte System getestet und überprüft, ob die Anforderungen erfüllt werden.

- **Abnahmetest**
  Anhand eines Abnahmetests können Sie testen, ob die vereinbarten Leistungen erbracht wurden. Danach kann der Verantwortliche entscheiden, ob das System abgenommen werden kann.

Freigabeschema Sie können Ihren Testplänen ein eigenes Statusschema, das sogenannte Freigabestatusschema (siehe Abbildung 9.13), zuordnen. Der Freigabestatus steuert den aktuellen Zustand des Testplans. Möchten Sie Ihren Testplan gegen Änderungen sperren, können Sie den Status **Released for Test** aus dem Statusschema **Default Release Schema** verwenden. Hierdurch ist der Testplan gesperrt und kann erst wieder im Status **Adjusting Test (Urgent)** bearbeitet werden.

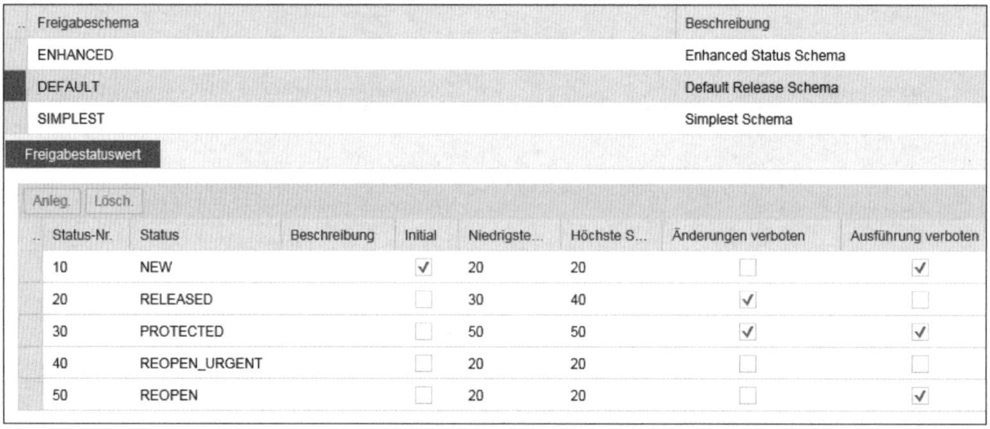

Freigabeschema	Beschreibung
ENHANCED	Enhanced Status Schema
DEFAULT	Default Release Schema
SIMPLEST	Simplest Schema

Freigabestatuswert

Anleg. | Lösch.

Status-Nr.	Status	Beschreibung	Initial	Niedrigste...	Höchste S...	Änderungen verboten	Ausführung verboten
10	NEW		✓	20	20	☐	✓
20	RELEASED		☐	30	40	✓	☐
30	PROTECTED		☐	50	50	✓	✓
40	REOPEN_URGENT		☐	20	20	☐	☐
50	REOPEN		☐	20	20	☐	✓

Abbildung 9.13 Freigabestatusschema definieren

Testfallstatus Neben dem Status für die Testpläne wird auch für die Testfälle ein eigenes Statusschema verwendet. Die Testfallstatus pflegen Sie in der **Statusdefinition** der Test Suite. Hier legen Sie auch die Bewertung der einzelnen Status fest, also ob für einen Status die Farbe rot, gelb oder grün angezeigt wird. Soll ein Status den Test finalisieren, müssen Sie für diesen Status den Haken bei **Test beendet** setzen (siehe Abbildung 9.14).

Dokumentationsarten Unter **Testdokumentationsvorlage** finden Sie das Customizing für die Dokumentationsarten. SAP liefert im Standard einige Dokumentationsarten aus. Die hier gepflegten Werte sind für die Testfälle und -pläne verfügbar. In den Testfällen wird die Dokumentationsart für die Vorlage der Testdokumentation verwendet, in den Testplänen ist sie für die Testnotizen auswählbar.

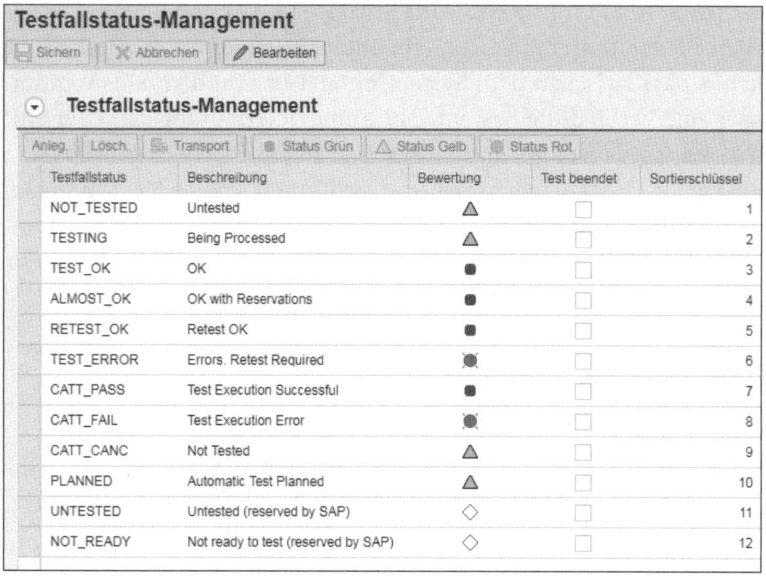

Testfallstatus-Management

Sichern | Abbrechen | Bearbeiten

Testfallstatus-Management

Anleg. | Lösch. | Transport | Status Grün | Status Gelb | Status Rot

Testfallstatus	Beschreibung	Bewertung	Test beendet	Sortierschlüssel
NOT_TESTED	Untested	△	☐	1
TESTING	Being Processed	△	☐	2
TEST_OK	OK	●	☐	3
ALMOST_OK	OK with Reservations	●	☐	4
RETEST_OK	Retest OK	●	☐	5
TEST_ERROR	Errors. Retest Required	●	☐	6
CATT_PASS	Test Execution Successful	●	☐	7
CATT_FAIL	Test Execution Error	●	☐	8
CATT_CANC	Not Tested	△	☐	9
PLANNED	Automatic Test Planned	△	☐	10
UNTESTED	Untested (reserved by SAP)	◇	☐	11
NOT_READY	Not ready to test (reserved by SAP)	◇	☐	12

Abbildung 9.14 Statusdefinition

9.3 Grundvoraussetzungen für den Einsatz der Test Suite

Damit Sie die Test Suite des SAP Solution Managers vollumfänglich nutzen können, müssen Sie verschiedene Tätigkeiten durchführen. Neben der Grundkonfiguration in Transaktion SOLMAN_SETUP müssen Sie sich auch Gedanken über die jeweiligen Berechtigungen machen. Im folgenden Abschnitt beschreiben wir diese beiden Punkte.

[«]

Sammelhinweis für die Test Suite

Darüber hinaus empfehlen wir Ihnen, vor der Nutzung der Test Suite den SAP-Sammelhinweis 2394471 für diese einzuspielen. Da in Sammelhinweisen die wichtigen Korrekturen für Ihr aktuelles Service Package enthalten sind, ist dessen Einspielen aus unserer Sicht ebenfalls eine grundlegende Voraussetzung.

9.3.1 Grundkonfiguration

Wie auch bei den anderen Anwendungsszenarien ist die Grundvoraussetzung für eine reibungslose Nutzung des Testmanagements die richtige Konfiguration des SAP Solution Managers. Vergewissern Sie sich daher, ob alle obligatorischen Einstellungen in Transaktion SOLMAN_SETUP richtig durchgeführt worden sind.

Konfiguration der verwalteten Systeme

Im Testmanagement möchten Sie die Prozesse und Änderungen im jeweiligen betroffenen System (dem *System unter Test*) überprüfen. Deshalb ist es wichtig, dass zwischen dem System unter Test und dem SAP Solution Manager eine Verbindung besteht. Ohne eine Verknüpfung kann der SAP Solution Manager nicht auf andere Systeme zugreifen; im Gegenzug dazu können Sie ihre Testfälle nicht richtig durchführen. Stellen Sie also sicher, dass das Setup **Konfiguration der verwalteten Systeme** ordnungsgemäß und fehlerfrei abgeschlossen wurde. In Abschnitt 3.3 erfahren Sie mehr über die Durchführung dieser Konfiguration.

> [!] **Einrichtung der Embedded Search**
>
> Sollten Sie die Embedded Search in Ihrem SAP Solution Manager 7.2 bisher noch nicht eingerichtet haben, empfehlen wir dringend, es spätestens während der Konfiguration der Test Suite nachzuholen (siehe Abschnitt 13.4.4). Viele Teilbereiche des Testmanagements setzen eine korrekt eingerichtete Embedded Search voraus. Ohne diese können Sie z. B. in der Testplanverwaltung keine Testfälle auswählen oder bei der Testautomatisierung keine ausführbaren Einheiten zu Ihrem Testskript zuordnen. Richten Sie die Embedded Search deshalb so früh wie möglich auf ihrem SAP Solution Manager ein. Hierdurch ersparen Sie sich Komplikationen während des Testprozesses.

Konfiguration der Test Suite

Nachdem Sie sichergestellt haben, dass die szenarioübergreifenden Einstellungen erfolgreich vorgenommen wurden, können Sie mit der Konfiguration der Test Suite beginnen. Im Folgenden gehen wir kurz auf das Setup der *komponentenbasierten Testautomatisierung* (Component-Based Test Automation, CBTA) und die Konfiguration des *Business Process Change Analyzers* (BPCA) ein.

Komponentenbasierte Testautomatisierung

Genau wie die anderen szenariospezifischen Konfigurationen erreichen Sie die Einstellungen der komponentenbasierten Testautomatisierung über die Transaktion SOLMAN_SETUP. Die Guided Procedures in dieser Transaktion helfen Ihnen bei der Einrichtung der verschiedenen Szenarien. Rufen Sie **Test-Suite** • **SAP Solution Manager** • **Komponentenbasierte Testautomatisierung** auf. Arbeiten Sie die angezeigten Schritte nacheinander ab (siehe Abbildung 9.15).

Abbildung 9.15 Guided Procedure zur Konfiguration der komponentenbasierten Testautomatisierung

Kein Add-on mehr notwendig

Ab dem SAP Solution Manager 7.2 müssen Sie für diesen kein extra Add-on mehr installieren, um die komponentenbasierte Testautomatisierung zu nutzen, da dieses schon integriert ist. Somit müssen Sie lediglich die Frontend-Komponente installieren und konfigurieren. Nutzen Sie SAP-Hinweis 1763697, um alle relevanten Informationen über die Installation und Einrichtung der CBTA-Frontend-Komponente zu erhalten. Dieser Hinweis verweist auf weitere wichtige SAP-Hinweise.

Schritt 1: Voraussetzungen prüfen

Im Schritt **Voraussetzungen prüfen** stellen Sie sicher, dass die beiden obligatorischen Konfigurationen **Systemvorbereitung prüfen** und **Basiskonfiguration prüfen** richtig abgeschlossen worden sind. Hierzu wechseln Sie über **Bearbeiten** in den Änderungsmodus und klicken entweder auf **Alle ausführen** oder, falls Sie nur die markierte Aktivität prüfen wollen, auf **Ausgewählte ausführen** (siehe Abbildung 9.16).

Erst wenn diese beiden Prüfungen einen grünen Status erhalten, sollten Sie mit der Konfiguration fortfahren. Falls Sie hier ein gelbes oder rotes Statussymbol sehen, gehen Sie den betroffenen Schritt der Grundkonfiguration nochmals, wie in Abschnitt 3.2, »Obligatorische Konfigurationsaufgaben«, beschrieben, durch. Anschließend führen Sie die automatische Aktivität erneut durch.

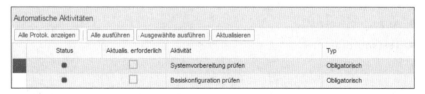

Abbildung 9.16 Voraussetzungen prüfen

Schritt 2: SAP Solution Manager konfigurieren

Der Schritt SAP Solution Manager konfigurieren beinhaltet die Aktivitäten **Testwerkzeug registrieren** und **eCATT-Benutzer generieren**. Um für die Testautomatisierung ein externes Werkzeug, in unserem Fall CBTA, verwenden zu können, muss dieses zuerst registriert werden (siehe Abbildung 9.17). Sie müssen sozusagen das Testautomatisierungswerkzeug mit dem SAP Solution Manager bekannt machen.

Damit das Tool anschließend mit dem SAP Solution Manager kommunizieren kann, müssen Sie einen eCATT-Benutzer anlegen. Für diesen zu generierenden Servicebenutzer wird in der hier zur Verfügung gestellten

Transaktion bereits ein Name vorgeschlagen. Haben Sie beide Aktivitäten durchgeführt, können Sie den Status auf **Ausgeführt** setzen und mit dem nächsten Schritt beginnen.

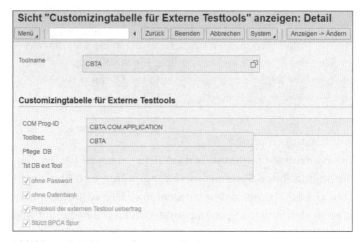

Abbildung 9.17 Testwerkzeug registrieren

Schritt 3: Vorlagenbenutzer anlegen

CBTA-Vorlagenbenutzer

Unter **Vorlagenbenutzer anlegen** erstellen Sie verschiedene CBTA-Vorlagenbenutzer im SAP Solution Manager. Den Benutzern werden SAP-Standardrollen zugeordnet, die in den Kundennamensraum kopiert werden. Folgende Vorlagenbenutzer werden angelegt:

- allgemeiner CBTA-Vorlagenbenutzer
- Anzeigebenutzer
- Testkoordinator
- Testingenieur

Diese Benutzer erhalten verschiedene Berechtigungen, um z. B. Projekte anzeigen zu können oder die Testautomatisierung verwenden zu dürfen.

[!] **Passwörter sinnvoll vergeben und speichern**

Achten Sie bei der Anlage der Vorlagenbenutzer und des eCATT-Benutzers darauf, die Passwörter sinnvoll zu vergeben. Außerdem sollten Sie diese an geeigneter Stelle (z. B. in einem Programm zur Passwortspeicherung) hinterlegen, damit sie zu einem späteren Zeitpunkt greifbar sind.

Schritt 4 und 5: System unter Test und Mandant auswählen

System unter Test auswählen

Nun müssen Sie das **System unter Test auswählen** und anschließend den betroffenen **Mandanten auswählen**. Beginnen Sie zunächst mit der Auswahl des Systems. Suchen Sie in der Liste der verbundenen Systemlandschaften nach dem richtigen System. Sie erhalten neben der Systemkennung und dem Anzeigenamen auch Informationen über die vorhandene Konfiguration des jeweiligen Systems.

> **[«]**
>
> **Fehlerhafte Konfiguration des Systems unter Test**
>
> Sollten Sie hier auf ein gelbes bzw. rotes Statussymbol stoßen, raten wir Ihnen, die **Szenarioübergreifende Konfigurationen** zu überprüfen.

Markieren Sie die Zeile, die das System unter Test beinhaltet, und wählen Sie im Schritt **Mandanten auswählen** den richtigen Mandanten aus. Diese Aktivität schließen Sie ab, indem Sie in der Guided Procedure nach der Mandantenauswahl auf **UI-Technologien auswählen** klicken.

Mandanten auswählen

Schritt 6: UI-Technologien auswählen

Die Systeme unter Test lassen sich nicht nur anhand Ihrer Art (SAP ERP, SAP EWM etc.), sondern auch an den im Einsatz befindlichen UI-Technologien (User Interface) unterscheiden. Mit der komponentenbasierten Testautomatisierung können Sie so gut wie alle gängigen UI-Technologien testen. Um diese voll funktionsfähig überprüfen zu können, wählen Sie in diesem Schritt die verwendeten UI-Technologien des Systems unter Test aus.

> **[!]**
>
> **Nur relevante UI-Technologie auswählen**
>
> Der SAP Solution Manager führt anhand der getroffen Auswahl Tests durch. Vermeiden Sie unnötige Prüfungen, indem Sie nur die UI-Technologien auswählen, die im System unter Test auch zum Einsatz kommen.

Schritt 7 und 8: System unter Test und TBOM konfigurieren

Nachdem Sie nun das System unter Test ausgewählt und die im Einsatz befindlichen UI-Technologien angegeben haben, können Sie mit der Konfiguration des Systems fortfahren. In der ersten Aktivität prüfen Sie, ob die installierten SAP-Solution-Manager-Plug-ins auf dem aktuellen Stand sind. Es handelt sich um die beiden Plug-ins ST-PI und ST-A/PI. Während ST-PI zwingend erforderlich ist, können Sie auf ST-A/PI verzichten, sollten Sie keine Tests des CRM Web UI durchführen wollen. Es handelt sich bei dieser Aktivität um eine automatisch durchführbare.

Plug-ins prüfen

Die Konfiguration der TBOMs in Schritt 8 muss nur ausgeführt werden, wenn Sie TBOMs verwenden. Mehr Informationen hierzu finden Sie in Abschnitt 9.6.1.

Technischer Benutzer   Im zweiten Schritt der Konfiguration legen Sie auf dem System unter Test einen technischen Benutzer an. Mit diesem ermöglichen Sie die Kommunikation zwischen dem SAP Solution Manager und dem verwalteten System. Dies ist für die Testautomatisierung unabdingbar.

Schritt 9: Self Checks

Nachdem Sie alle nötigen Einstellungen getätigt haben, gehen Sie zum Schritt **Self Checks** über. Nutzen Sie die Funktion der Selbstdiagnose, um den SAP Solution Manager, das System unter Test und die CBTA-Anwendung zu analysieren. Neben der richtigen CBTA-Installation wird auch die ordnungsgemäße CBTA-Konfiguration überprüft (siehe Abbildung 9.18).

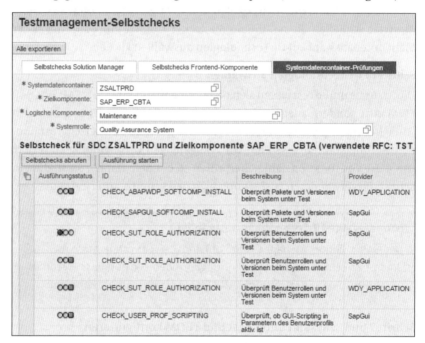

Abbildung 9.18 Selbstdiagnose für die komponentenbasierte Testautomatisierung

Business Process Change Analyzer

Um den BPCA, wie in Abschnitt 9.6.1 beschrieben, nutzen zu können, müssen Sie auch hier die geführte Konfiguration durchführen. Diese finden Sie in der Transaktion SOLMAN_SETUP unter **Test-Suite • Business Process Change Analyzer**. Wie jede Guided Procedure im Setup des SAP Solution Managers beinhaltet diese verschiedene Schritte, die durchlaufen werden müssen. Auch in diesem Teilgebiet muss die szenarioübergreifende Konfiguration ordnungsgemäß abgeschlossen sein.

9.3 Grundvoraussetzungen für den Einsatz der Test Suite

Abbildung 9.19 Guided Procedure zur Konfiguration des Business Process Change Analyzers

Schritt 1: BPCA-Vorlagenbenutzer anlegen

In diesem ersten Schritt legen Sie Vorlagenbenutzer im SAP Solution Manager an. Neben einem Qualitäts- und einem Geschäftsprozessexperten erstellen Sie einen Anzeigebenutzer und einen eCATT-Vorlagenbenutzer. Diese Benutzer lassen sich anhand ihrer Berechtigungen unterscheiden. Die aus den SAP-Standardrollen kopierten Rollen berechtigen die Benutzer, die nötigen Aktionen im Rahmen des BPCAs auszuführen. Während der Qualitätsexperte bspw. dazu berechtigt ist, TBOM-Workitems (Technical Bill of Materials; siehe Abschnitt 9.6.1, »Business Process Change Analyzer (BPCA)«) zu erstellen und Prozesse anzulegen bzw. zu ändern, hat der Anzeigebenutzer lediglich Anzeigeberechtigungen.

Benutzer und Berechtigungen

Schritt 2: Benutzer im verwalteten System pflegen

Während der Arbeit mit dem BPCA greifen Sie auf die verschiedenen Systeme zu, auf denen Sie auch testen möchten. Legen Sie deshalb die Vorlagenbenutzer ebenfalls auf dem verwalteten System an. Wie im SAP Solution Manager werden für folgende Benutzer Vorlagen erstellt:

- Qualitätsexperte
- Geschäftsprozessexperte
- Anzeigebenutzer
- eCATT-Vorlagenbenutzer

Wählen Sie hierzu das verwaltete System aus, auf dem die Vorlagenbenutzer angelegt werden sollen. Anschließend müssen Sie den Mandanten des überwachten Systems auswählen. Nachdem Sie das erledigt haben, werden Sie dazu aufgefordert, die Vorlagenbenutzer zu generieren. Wechseln Sie in

Vorlagenbenutzer anlegen

den Bearbeitungsmodus, und führen Sie die Aktivität zum Erstellen der Benutzer aus. Dieser Schritt ist vergleichbar mit der Erstellung der Vorlagenbenutzer im SAP Solution Manager (siehe Schritt 1 der Konfiguration des Business Process Change Analyzers).

Schritt 3: BPCA-Vorbereitung

Nachdem Sie in den vorangehenden Schritten die Voraussetzungen geschaffen haben, können Sie nun mit der eigentlichen Vorbereitung des BPCA beginnen. Konfigurieren Sie in den folgenden Teilschritten das BPCA-Szenario für eine korrekte Nutzbarkeit (siehe Abbildung 9.20):

1. allgemeine Konfiguration
2. TBOM-Einrichtung (d. h. Einrichtung der technischen Stücklisten, siehe auch Abschnitt 9.6.1, »Business Process Change Analyzer (BPCA)«)
3. Setup semidynamischer TBOMs
4. TBOM-Workitems

Abbildung 9.20 Guided Procedure zur BPCA-Vorbereitung

Allgemeine Konfiguration — Aktivieren Sie in der **Allgemeinen Konfiguration** die BPCA-Services, um die Web-Dynpro-Anwendungen des BPCA verwenden zu können. Nutzen Sie hierfür die Transaktion der manuellen Aktivität.

TBOM-Einrichtung — Während der **TBOM-Einrichtung** müssen Sie einen Prüfungsjob für die TBOMs einplanen. Dieser überprüft periodisch, ob die generierten technischen Stücklisten auf dem neuesten Stand sind. Des Weiteren definieren Sie in diesem Teilschritt die jeweilige Servergruppe. Dies hilft Ihnen, die Performance während der Generierung der statischen und semidynamischen TBOMs zu verbessern, da diese in einem Massenvorgang generiert werden. Über die Servergruppe vergeben Sie die Systemressourcen, die für die Generierung zur Verfügung stehen sollen.

Setup semidynamischer TBOMs — Beim **Setup semidynamischer TBOMs** müssen Sie initial das *Usage and Procedure Logging* (UPL) oder den *ABAP Call Monitor* (Transaktion SCMON) im verwalteten System aktivieren und einrichten. Auf diese beiden Werkzeuge für die Datensammlung gehen wir in Abschnitt 9.6, »Change Impact Analysis«, näher ein. Ihre BPCA-Konfiguration und UPL-Extraktoren können Sie ebenfalls in diesem Teilschritt überprüfen. Außerdem können Sie mithilfe der letzten manuellen Aktivität **semidynamische TBOMs generieren**.

Möchtein Sie in Ihren Systemen unter Test auch dynamische TBOMs generieren, müssen Sie die **TBOM-Workitems** konfigurieren. Damit ein Geschäftsprozessexperte eine dynamische TBOM aufzeichnen kann, müssen Sie für diesen einen Geschäftspartner anlegen. Die hinterlegte Transaktion hilft Ihnen bei der Generierung des Geschäftspartners zum jeweiligen Benutzer.

TBOM-Workitems

Schritt 4: BPCA-Integration konfigurieren

Sofern Sie in Ihrem Unternehmen ein Drittanbieterwerkzeug für die Testverwaltung verwenden, haben Sie die Möglichkeit, dieses mit dem BPCA zu verknüpfen. Nutzen Sie hierfür den Schritt **BPCA-Integration konfigurieren**.

Drittanbieterwerkzeug verknüpfen

Schritt 5: Abgeschlossen

Wenn Sie alle Einstellungen für die Einrichtung des Business BPCAs abgeschlossen haben, können Sie sich zum letzten Schritt **Abgeschlossen** begeben. Hier erhalten Sie eine komplette Übersicht der durchgeführten Aktivitäten im Rahmen der BPCA-Konfiguration (siehe Abbildung 9.21).

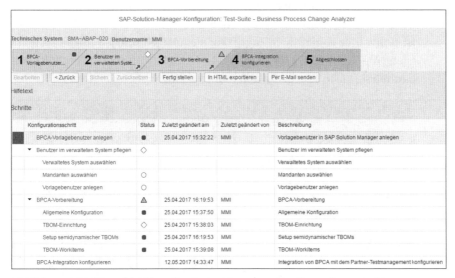

Abbildung 9.21 Übersicht über die abgeschlossenen Konfigurationsschritte

9.3.2 Berechtigungen

Wie in den anderen Szenarien des SAP Solution Managers ist es auch in der Test Suite notwendig, ein Berechtigungskonzept zu erstellen. Jeder Benutzer, der das Testmanagement nutzen soll, muss mit den entsprechenden Berechtigungen ausgestattet sein. Andernfalls kann dieser weder einen Testplan bzw. -fall anlegen noch seinen eigenen Arbeitsvorrat einsehen und bearbeiten.

9 Test Suite

Sammelrollen Um Ihnen dabei zu helfen, hat SAP bereits vordefinierte Sammelrollen erstellt (siehe Tabelle 9.1). Diese repräsentieren die durchschnittlichen Benutzer, die in einem Unternehmen im Rahmen des Testmanagements aktiv sind. Sie können diese Standardrollen entweder direkt einem Benutzer zuordnen oder diese in den kundeneigenen Namensraum kopieren.

Bezeichnung	Technischer Rollenname
Tester	SAP_TEST_TESTER_COMP
Project Manager/Test Organizer	SAP_TEST_PM_COMP
Basis Development Consultant	SAP_TEST_BC_COMP
Display User	SAP_TEST_RO_COMP

Tabelle 9.1 Standardsammelrollen für Test Suite

Tester In der Sammelrolle SAP_TEST_TESTER_COMP sind alle benötigten Berechtigungen enthalten, damit der jeweilige Benutzer die Tests durchführen kann. Daneben kann er u. a. auch die Testpläne im Ansichtsmodus einsehen. Dies ist sinnvoll, da er hierdurch Zugriff auf die Anlagen zum jeweiligen Testplan (siehe Abschnitt 9.2.1, »Testplanung«) erhält. Die Sammelrolle enthält standardmäßig die in Tabelle 9.2 aufgeführten Einzelrollen.

Rollenname	Bezeichnung
SAP_SMWORK_ITEST	Work Center: Test Suite
SAP_SM_FIORI_LP_EMBEDDED	SAP Solution Manager Launchpad
SAP_SM_KW_ALL	Knowledge Warehouse (volle Berechtigung)
SAP_SM_SL_DISPLAY	Lösungsdokumentationsanzeige
SAP_STCE_EXE	Testautomatisierung Ausführungsberechtigung
SAP_STWB_2_DIS	Testplanverwaltung und Testauswertung (Anzeige)
SAP_STWB_INFO_DIS	Test-Workbench-Infosystem
SAP_STWB_WORK_ALL	Tester-Arbeitsvorrat
SAP_SUPPDESK_CREATE	Rolle für Help Desk – Ersteller
SAP_SYSTEM_REPOSITORY_DIS	Anzeige System-Repository-Objekt

Tabelle 9.2 Einzelrollen in der Sammelrolle »Tester«

9.3 Grundvoraussetzungen für den Einsatz der Test Suite

Die Berechtigungen, die Sie einem Projektmanager für das Testmanagement mindestens geben sollten, finden Sie in der Sammelrolle SAP_TEST_PM_COMP. Da der Projektmanager aktiv in Projekte eingreifen und die Attribute an die aktuelle Situation anpassen muss, sind hier ausreichende Rechte zwingend erforderlich. Im Rahmen des Testmanagements ist der Projektmanager in Besitz der in Tabelle 9.3 aufgeführten Einzelrollen.

Projektmanager

Rollenname	Bezeichnung
SAP_SM_WORK_ITEST	Work Center: Test Suite
SAP_SM_FIORI_LP_EMBEDDED	SAP Solution Manager Launchpad
SAP_SM_KW_ALL	Knowledge Warehouse (volle Berechtigung)
SAP_SM_SL_ADMIN	Prozessmanagementverwaltung
SAP_STWB_2_ALL	Testplanverwaltung und Testauswertung
SAP_STWB_INFO_ALL	Test-Workbench-Infosystem
SAP_STWB_SET_ALL	Zentrale Test-Workbench-Einstellungen
SAP_SUPPDESK_CREATE	Help Desk – Ersteller
SAP_SYSTEM_REPOSITORY_ALL	Solution-Manager-System-Repository – volle Berechtigung

Tabelle 9.3 Einzelrollen in der Sammelrolle »Project Manager/Test Organizer«

Ihre Basis- und Entwicklungsberater statten Sie mit der Sammelrolle SAP_TEST_BC_COMP aus. Diese Benutzer kümmern sich u. a. um Fehler, die im Rahmen des Testmanagements auftreten. Sie können Tabelle 9.4 entnehmen, aus welchen Einzelrollen die Sammelrolle SAP_TEST_BC_COMP besteht.

Basis-/Entwicklungsberater

Rollenname	Bezeichnung
SAP_RMMAIN_EXE	obsolet ab Release 7.2
SAP_SMWORK_ITEST	Work Center: Test Suite
SAP_SM_CBTA_TRANSPORT	Transportberechtigung für CBTA
SAP_SM_FIORI_LP_EMBEDDED	SAP Solution Manager Launchpad
SAP_SM_KW_ALL	Knowledge Warehouse (volle Berechtigung)
SAP_SM_SL_EDIT	Lösungsdokumentationsbearbeitung

Tabelle 9.4 Einzelrollen in der Sammelrolle »Basis-/Entwicklungsberater«

Rollenname	Bezeichnung
SAP_STWB_INFO_ALL	Test-Workbench-Infosystem
SAP_SUPPDESK_CREATE	Help Desk – Ersteller
SAP_SYSTEM_REPOSITORY_DIS	Anzeige System-Repository-Objekt

Tabelle 9.4 Einzelrollen in der Sammelrolle »Basis-/Entwicklungsberater« (Forts.)

Anzeigebenutzer Verwenden Sie für Anzeigebenutzer die Sammelrolle SAP_TEST_RO_COMP. Wie der Name schon sagt, hat dieser Benutzer lediglich Anzeigeberechtigungen für die einzelnen Funktionen. Die in Tabelle 9.5 aufgeführten Einzelrollen sind Bestandteile der Sammelrolle SAP_TEST_RO_COMP.

Rollenname	Bezeichnung
SAP_SM_WORK_ITEST	Work Center: Test Suite
SAP_SM_FIORI_LP_EMBEDDED	SAP Solution Manager Launchpad
SAP_SM_KW_DIS	Knowledge Warehouse (Anzeigeberechtigung)
SAP_SM_SL_DISPLAY	Lösungsdokumentationsanzeige
SAP_STCE_DIS	Testautomatisierung – Anzeigeberechtigung
SAP_STWB_2_DIS	Testplanverwaltung und Testauswertung (Anzeige)
SAP_STWB_INFO_DIS	Test-Workbench-Infosystem
SAP_SYSTEM_REPOSITORY_DIS	Anzeige System-Repository-Objekt

Tabelle 9.5 Einzelrollen in der Sammelrolle »Anzeigebenutzer«

[!] **Trusted-RFC-Berechtigung vergeben**

Sollten Sie eine Trusted-RFC-Destination verwenden, um auf Ihre verwalteten Systeme zuzugreifen, können Sie gegebenenfalls auf einen Berechtigungsfehler stoßen. Das benötigte Berechtigungsobjekt für diese RFC-Verbindungen, S_RFCACL, ist nicht im Profil SAPALL enthalten. Sie müssen das Objekt zuerst den jeweiligen Benutzern zuordnen, bevor Sie die RFC-Verbindung nutzen können.

9.4 Testoptionen im Überblick

Nicht alle Unternehmen sind gleich, weshalb es wichtig ist, zu differenzieren. Das betrifft nicht nur die Themengebiete Change Management, IT-Servicemanagement oder Monitoring, sondern auch das Testmanagement. Deshalb hat SAP die sogenannten *Testoptionen* entwickelt und eingeführt. Es gibt insgesamt drei Testoptionen, die sich u. a. anhand der überwachten Systeme und der eingesetzten Werkzeuge unterscheiden lassen:

- Testoption 1: SAP-zentrische Softwarelösungen
- Testoption 2: SAP Quality Center by HP
- Testoption 3: IBM Rational

In diesem Abschnitt stellen wir diese drei Testoptionen dar. Das Hauptaugenmerk liegt jedoch auf Testoption 1. Mit Version 7.2 des SAP Solution Managers wird die damit gemeinte Test Suite als Werkzeug der Wahl für SAP-Kunden vermarktet. Die in Testoption 2 und 3 verwendeten Partnertools können weiterhin integriert werden bzw. sind teilweise schon in die Test Suite eingebunden. Mit jedem neuen Release müssen die Partner jedoch beweisen, dass Sie noch in der Lage sind, den Anforderungen zu entsprechen. Dazu vergibt SAP eine Zertifizierung.

Abbildung 9.22 zeigt die in den einzelnen Testphasen innerhalb der verschiedenen Testoptionen verwendeten Werkzeuge.

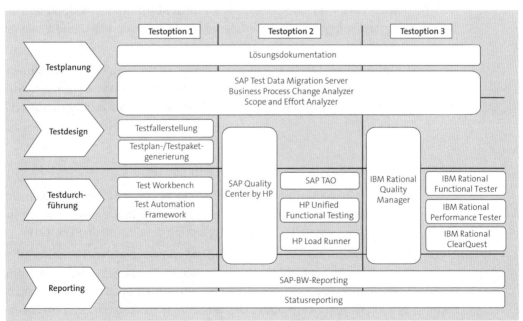

Abbildung 9.22 Testoptionen und verwendete Werkzeuge

> **SAP Test Acceleration and Optimization und
> SAP Solution Manager Adapter for HP ALM**
>
> Die Produkte *SAP Test Acceleration and Optimization* (TAO) und *SAP Solution Manager Adapter for HP ALM* wurden offiziell aus dem Portfolio von SAP genommen. Falls Sie Lizenzen oder einen Wartungsvertrag für diese Produkte haben, können Sie sich kompatible Versionen für den SAP Solution Manager 7.2 herunterladen. Mehr erfahren Sie auf der Seite der SAP Digital Business Services unter *www.sapsupport.info/sap-digital-business-services*.

9.4.1 Testoption 1: SAP-zentrische Softwarelösungen

Wie der Name schon sagt, geht es in diesem Ansatz um SAP-Lösungen. Wenn Sie die meisten Ihrer Geschäftsprozesse in SAP-Systemen abwickeln und sich Ihre IT-Strategie an SAP orientiert, sollten Sie Testoption 1 verwenden.

Lösungsdokumentation

Die Test Suite des SAP Solution Managers basiert hauptsächlich auf der Lösungsdokumentation und den darin enthaltenen Geschäftsprozessen. Sie können mit den integrierten Werkzeugen alle Schritte des Testprozesses zentral verwalten, ausführen und überwachen. Abbildung 9.22 können Sie entnehmen, dass in Testoption 1 hauptsächlich Werkzeuge aus dem SAP Solution Manager zum Einsatz kommen. In Abschnitt 9.5, »SAP-zentrische Softwarelösungen testen«, erfahren Sie mehr über den Einsatz dieser Option.

Unter Zuhilfenahme von SAP-zertifizierten Drittanbieterlösungen können Sie Geschäftsprozesse anderer Technologien in Ihr Testmanagement einbinden. Testoption 2 und Testoption 3 beinhalten zwei dieser Drittanbieterlösungen.

9.4.2 Testoption 2: SAP Quality Center by HP

Die zweite Testoption baut auf dem SAP Quality Center by HP auf. Sollte die SAP-Software nur einen kleinen Teil der zu testenden Anwendungen in Ihrem Betrieb darstellen, ist diese Testoption definitiv einen Blick wert.

HP-Werkzeuge

Für die Testautomatisierung verwenden Sie im Umfeld der Testoption 2 die Werkzeuge *HP Unified Functional Testing* (UFT) und *HP LoadRunner*. Ihre Performance- und Lasttests können Sie mit dem HP Load Runner verwalten und ausführen. Das Produkt UFT enthält die Funktionen der Vorgängerlösung *HP Quick Test Professional* (HP QTP) und zusätzlich der Lösung

HP Service Test (HP ST). Sie können damit neben Windows- und webbasierten Applikationen auch SAP-Anwendungen testen. Auch wenn der Funktionsumfang um einiges größer ist als der des in Testoption 1 beschriebenen Testwerkzeugs CBTA dürfen Sie bei Ihrer Entscheidung für eine Option die zusätzlichen Lizenz- und Wartungskosten nicht außen vor lassen.

Sollten Sie während der Tests auf Fehler stoßen, können Sie diese an den SAP Solution Manager melden. Die Bearbeitung erfolgt im CRM Web UI. Anschließend wird das bearbeitete Ticket zurück an das SAP Quality Center geschickt; der Tester wird somit über den aktuellen Status informiert.

Fehlermeldung

> **Lizenzen für Werkzeuge in Testoption 2**
>
> Die in Testoption 2 vorgesehenen Hilfsmittel kosten extra und werden von SAP verkauft. Weitere Informationen hierzu finden Sie im Bereich **Integration with Partner Test Management** auf folgender SAP-Wiki-Seite: *http://s-prs.de/v561508*

9.4.3 Testoption 3: IBM Rational

Bei Testoption 3 handelt es sich ebenfalls um einen Ansatz zum Testen von Systemlandschaften, in denen SAP-Systeme nicht den größten Anteil ausmachen. Als Partnertools werden hier die Werkzeuge von IBM Rational verwendet. Auch für diese fallen entsprechende Lizenzkosten an. Wie bei den anderen beiden Testoptionen wird hier auf die Geschäftsprozesse der Lösungsdokumentation zugegriffen. IBM Rational unterstützt Sie bei der Planung und Durchführung Ihrer Tests. Mit den enthaltenen Best-Practice-Vorlagen werden Sie optimal unterstützt und geleitet.

9.5 SAP-zentrische Softwarelösungen testen

Für die Planung, Verwaltung und Ausführung der manuellen und automatischen Tests hat sich Testoption 1 als die am häufigsten verwendete herauskristallisiert. Das liegt nicht zuletzt daran, dass die Möglichkeiten des SAP Solution Managers, Ihre komplette SAP-Systemlandschaft zu testen, bei dieser Option am tiefgreifendsten sind. Mit dem SAP Solution Manager 7.2 und der Test Suite wird diese Option als Standardtestverwaltungstool etabliert. In der Test Suite sind alle benötigten Werkzeuge integriert, um Ihre SAP- und Nicht-SAP-Anwendungen funktional testen zu können.

9.5.1 Manuelles Testen

Das manuelle Testen ist wohl die am meisten verbreitete Testfallart. Der Grund hierfür ist simpel: Mit relativ wenig Aufwand können Sie Ihre Testfälle erstellen und ausführen. Wie das im Einzelnen aussieht, zeigen wir Ihnen in diesem Abschnitt.

Manuellen Testfall anlegen

Gehen Sie wie folgt vor, um manuelle Testfälle anzulegen:

1. Rufen Sie die **Testvorbereitung** in der Test Suite auf, wie in Abschnitt 9.2.1, »Testplanung«, beschrieben, und öffnen Sie den Wartungs-Branch Ihrer Lösung.
2. Nun können Sie zwischen den Geschäftsprozessen und der Bibliothek navigieren. Überlegen Sie, an welcher Stelle Sie ihre Testfälle erstellen wollen.
3. Mit einem Rechtsklick im Bereich **Elemente** öffnen Sie das Kontextmenü. Wählen Sie **Neu** • **Testfälle** • **Testdokument (aus Vorlage)** aus (siehe Abbildung 9.23).

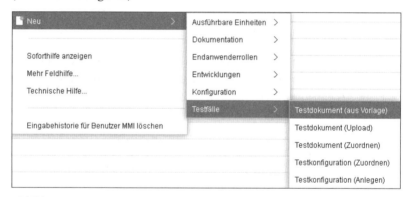

Abbildung 9.23 Testdokument aus Vorlage anlegen

4. Ein neues Fenster zum Anlegen eines manuellen Testfalls wird geöffnet. Vergeben Sie einen geeigneten Namen und, falls benötigt, eine Beschreibung.
5. Im Block **Klassifizierung** müssen Sie den Dokumentationstyp auswählen. Entweder nehmen Sie einen Standarddokumentationstyp, oder Sie verwenden einen eigenen. Das Anlegen eines eigenen Dokumentationstyps wird in Abschnitt 9.2.4, »Zentrale Einstellungen«, erläutert.
6. Anschließend wählen Sie den Status und die Sprache aus. Bestätigen Sie Ihre Eingaben mit **OK**. Der Testfall ist nun angelegt; nach Bedarf können Sie weitere Attribute ergänzen.

9.5 SAP-zentrische Softwarelösungen testen

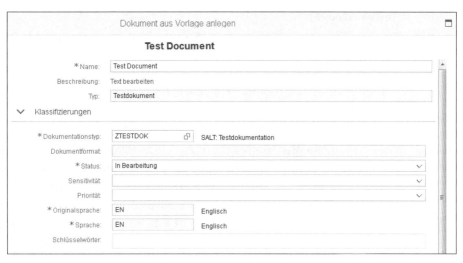

Abbildung 9.24 Pflegemaske für ein Testdokument

7. Beginnen Sie nun, Ihre Testfalldokumentation mit den nötigen Informationen zu befüllen. Mit einem Rechtsklick auf den Testfall öffnet sich das Kontextmenü. Sie können die Funktionen **Auschecken** oder **Neue Version hochladen** verwenden, um die Testfalldokumentation auszufüllen. Während Sie beim Auschecken das vorhandene Dokument überarbeiten, laden Sie bei **Neue Version hochladen** ein komplett neues Dokument.

8. Weitere Attribute sind Zuständigkeiten, Testfallklassifizierung, Schlüsselwörter, Sensitivität und Priorität.

Nachdem Sie Ihre Testfälle erstellt haben, können Sie in die Phase der Testplanung übergehen. Diese wird in Abschnitt 9.2.1 näher erläutert.

9.5.2 Testautomatisierung

Bevor Sie mit der Testautomatisierung beginnen, sollten Sie sich die Frage stellen, ab wann Sie Ihre Testfälle automatisieren und wann manuelle Testfälle sinnvoller sind. Lassen Sie sich hierbei nicht in die Irre führen. Nur weil Sie einen Test automatisieren, bedeutet das nicht immer, dass Sie zukünftig damit Geld und Zeit sparen. Für viele Testfälle ist der manuelle Test weiterhin sinnvoller. In diesem Abschnitt werden wir näher auf die Testautomatisierung eingehen und Ihnen die grundlegende Theorie, die zur Verfügung stehenden Werkzeuge sowie das Vorgehen näherbringen. Diese Ausführungen sollten Ihnen bei der Entscheidung für oder gegen die Testautomatisierung helfen.

Manuelles oder automatisches Testen

Testwerkzeuge

Test Automation Framework

Das Test Automation Framework stellt verschiedene Werkzeuge zur Testautomatisierung zur Verfügung. Neben den SAP-eigenen Werkzeugen *extended Computer Aided Test Tool* (eCATT) und der *komponentenbasierten Testautomatisierung* (Component Based Test Automation, CBTA) besteht die Möglichkeit, Lösungen von HP in den SAP Solution Manager 7.2 zu integrieren. In diesem Abschnitt stellen wir Ihnen die SAP-Produkte kurz vor.

Komponentenbasierte Testautomatisierung

Die komponentenbasierte Testautomatisierung wurde bereits im SAP Solution Manager 7.1 als Neuentwicklung für die Testautomatisierung eingeführt. In der alten Version des SAP Solution Managers mussten Sie noch jeweils eine Komponente auf dem Frontend und dem SAP Solution Manager installieren. Mit der neuen Version ist lediglich die Installation auf dem Frontend notwendig, da die SAP-Solution-Manager-Komponente standardmäßig mit ausgeliefert wird.

Unterstützte Oberflächentechnologien

Mithilfe von CBTA können Sie viele der gängigen Oberflächentechnologien, die Sie im Einsatz haben, automatisiert testen. Gerade wegen der Vielzahl der unterstützten Anwendungsarten ist die komponentenbasierten Testautomatisierung das Mittel der Wahl in Testoption 1. Folgende Oberflächentechnologien werden unterstützt:

- SAP GUI
- CRM Web Client
- Business Server Pages (BSP)
- Web Dynpro
- SAP Business Client (früher: SAP NetWeaver Business Client)
- SAP GUI für HTML
- SAPUI5
- SAP Fiori

> **[»] Unterstützung und Einschränkung der Oberflächentechnologien**
>
> Mit dem SAP Solution Manager 7.2 SPS03 wurde die zuvor rudimentäre Unterstützung von SAPUI5 und SAP Fiori verbessert. Die weiterhin vorhandenen Einschränkungen bei der komponentenbasierten Testautomatisierung können Sie in SAP-Hinweis 1835958 einsehen.

eCATT

Im Gegensatz zu den anderen Werkzeugen der Testautomatisierung müssen Sie bei eCATT keine zusätzliche Softwarekomponente installieren, da eine feste Integration mit SAP NetWeaver besteht. Hierdurch ist dieses Werkzeug auch vielen SAP-Kunden bekannt und findet bereits in zahlreichen Firmen Einsatz. Sie können mit eCATT SAP-GUI- und Web-Dynpro-basierte Anwendungen automatisiert testen. Wie bei allen Werkzeugen des Test Automation Frameworks erhalten Sie nach der Ausführung des Testskripts ein detailliertes Protokoll mit den Ergebnissen des Testlaufs (siehe Abschnitt »Testprotokoll« im Folgenden). Die Entwicklung der Oberflächentechnologien ist mittlerweile allerdings so weit fortgeschritten, dass die von eCATT unterstützten Technologien nicht mehr ausreichen. Aus diesem Grund wird auch von SAP die komponentenbasierte Testautomatisierung dringend empfohlen.

Composite Test ist streng genommen kein Werkzeug. Das Framework bietet die Möglichkeit, End-to-End-Prozesse mit verschiedenen Testwerkzeugen zu testen. So können Sie praktisch einen kompletten Geschäftsprozess durchtesten. Beim Verknüpfen der Testskripte zu einem Composite Test sind verschiedene Konstellationen möglich. Sie können sich bspw. auf ein Testautomatisierungswerkzeug konzentrieren und den End-to-End-Prozess nur mit CBTA-Skripten durchtesten. Aber auch vermischte Szenarien mit verschiedenen Skripten sind möglich. Abbildung 9.25 zeigt zwei mögliche Varianten. In Abschnitt 9.5.4, »Verknüpfung zweier Testskripte mit der komponentenbasierten Testautomatisierung«, gehen wir näher auf diese Art der Tests ein.

Composite Test

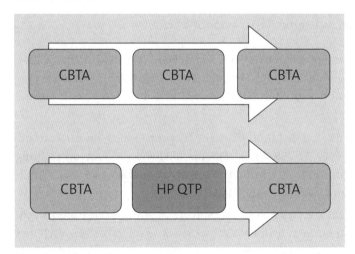

Abbildung 9.25 Beispielvarianten für einen Composite Test

Testkonfiguration

Unabhängig davon, ob Sie Ihre automatischen Tests mit eCATT oder CBTA verwalten, ist deren Aufbau weitestgehend gleich. Der Testfalltyp für die Testautomatisierung heißt *Testkonfiguration*. Falls Sie bereits mit dem SAP Solution Manager 7.1 oder einem älteren Release gearbeitet haben, dürfte

Ihnen der Begriff bekannt sein. Die Testkonfiguration bildet das Rahmenwerk für die Automatisierung Ihrer Testfälle. Sie besteht aus einem oder mehreren Testskripten, einem Testdatencontainer sowie einem Systemdatencontainer (siehe Abbildung 9.26) und verbindet alle Elemente des automatischen Tests.

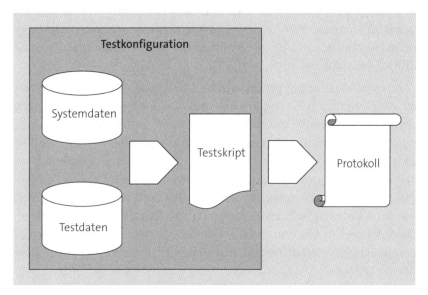

Abbildung 9.26 Architektur für das automatische Testen

Testkonfiguration anlegen

Ähnlich wie das Testdokument beim manuellen Testen wird auch die Testkonfiguration in der Lösungsdokumentation zugeordnet. Wenn Sie eine Testkonfiguration zuordnen oder neu anlegen möchten, gehen Sie wie folgt vor:

1. Öffnen Sie das SAP Solution Manager Launchpad mithilfe der Transaktion SM_WORKCENTER. Rufen Sie anschließend die **Testvorbereitung** auf, und wählen Sie für die Zuordnung bzw. das Anlegen der Testkonfiguration den Wartungs-Branch aus.

2. Navigieren Sie z. B. zu dem Geschäftsprozessschritt, den Sie testen möchten, und öffnen Sie mit einem Rechtsklick das Kontextmenü. Auch hier gilt wieder, dass Sie völlig frei in der Entscheidung sind, ob Sie den Testfall der Bibliothek oder direkt einem Geschäftsprozess zuweisen. Dennoch sollten Sie sich vorher ein einheitliches Konzept überlegen, um Verwirrung zu vermeiden.

3. Im Kontextmenü haben Sie nun die Möglichkeit, zwischen dem Anlegen und der Zuordnung zu wählen. Ist noch keine Testkonfiguration vorhanden und möchten Sie eine neue anlegen, klicken Sie auf **Testkonfigura-**

tion (Anlegen). Haben Sie vorab schon eine Testkonfiguration erstellt oder möchten Sie aus den vorhergehenden Testzyklen eine Konfiguration wiederverwenden, wählen Sie **Testkonfiguration (Zuordnen)** aus. Die folgenden Schritte beziehen sich auf das Anlegen einer neuen Testkonfiguration, da bei der Zuordnung einer vorhanden lediglich die Konfiguration ausgewählt und gesichert wird.

> **Wiederverwendbarkeit von automatischen Tests** [!]
>
> Im Normalfall sollten Sie Ihre automatischen Tests so aufbauen, dass Sie diese immer wieder verwenden können. Denn genau in dieser Wiederverwendbarkeit liegt eine der großen Stärken und einer der bedeutenden Vorteile der Testautomatisierung. Sie müssen nicht immer und immer wieder die gleichen Aktionen ausführen, um einen Testfall durchzuführen.
>
> Aber beachten Sie, dass Sie immer überprüfen müssen, ob Ihre automatischen Testfälle von Änderungen betroffen sind. Vielleicht hat sich etwas im Geschäftsprozess geändert, oder der Testfall muss durch Weiterentwicklungen nun anders getestet werden. Erst durch die regelmäßige Überprüfung kann gewährleistet werden, dass Sie immer richtig und den Änderungen entsprechend testen.

4. Nun öffnet sich ein Fenster, in dem Sie die Basisinformationen für Ihre neue Testkonfiguration pflegen müssen (siehe Abbildung 9.27). Überprüfen Sie, ob die richtige Lösung verknüpft ist, bevor Sie fortfahren.

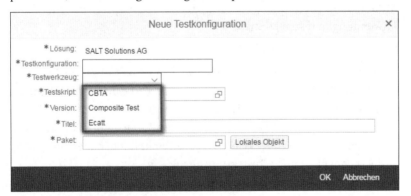

Abbildung 9.27 Testkonfiguration anlegen

5. Vergeben Sie anschließend eine Bezeichnung und einen Titel für die Testkonfiguration, und wählen Sie das zugehörige Testskript aus. Sollten Sie noch kein Testskript angelegt haben, können Sie dies im späteren Verlauf nachholen. Verwenden Sie in diesem Fall eine Beschreibung, die noch nicht vorhanden ist.

6. Im Dropdown-Menü **Testwerkzeug** wählen Sie das Testwerkzeug **CBTA** aus.

7. Nachdem Sie noch Ihr Entwicklungspaket ergänzt haben, schließen Sie den Vorgang mit **OK** ab.

Sie haben nun den Rahmen für Ihre Testkonfiguration angelegt. In den nächsten Schritten müssen Sie Ihrer Testkonfiguration ein Testskript zuordnen bzw. ein neues Skript aufzeichnen. Außerdem müssen Test- und Systemdaten zur Verfügung gestellt werden. Auf den nächsten Seiten erfahren Sie mehr über die soeben genannten Bestandteile der Testautomatisierung.

Testskript

Das *Testskript* legt die Benutzung einer Transaktion dar. Während der Aufzeichnung eines Testskripts führt der Benutzer alle für den Geschäftsprozess relevanten Aktionen aus bzw. füllt er alle benötigten Felder so aus, wie er die Transaktion auch sonst manuell ausführen würde.

Unterschiede bei den Werkzeugen

Je nachdem, welches Testwerkzeug Sie für die Skriptaufzeichnung verwenden, werden andere Attribute gespeichert. Aber auch in der Aufzeichnung an sich und den unterstützten Technologien unterscheiden sich die einzelnen Werkzeuge. Das altbekannte Werkzeug eCATT wird hauptsächlich für die Aufzeichnung SAP-GUI-basierter Prozesse und Transaktionen genutzt. Dem gegenüber steht das neuere Werkzeug CBTA, mit dem Sie neben den ABAP-basierten Technologien bspw. auch Web-Dynpro-Java- oder SAPUI5-Anwendungen testen können.

Testskript anlegen

Legen Sie das Testskript wie folgt an:

1. Rufen Sie das SAP Solution Manager Launchpad über die Transaktion SM_WORKCENTER auf, und wählen Sie **Test-Suite** • **Test-Repository (Testskripts)** aus. Über das Testskript-Repository können Sie all Ihre Testskripte verwalten. Abgesehen davon, dass Sie sich einen Überblick über die bereits angelegten Skripte verschaffen können, haben Sie hier auch die Möglichkeit, neue Testskripte anzulegen.

2. Klicken Sie auf die Schaltfläche **Anlegen**. Alternativ führen Sie die Transaktion SECATT aus, wählen die Schaltfläche **Testskript** aus und klicken auf **Objekt anlegen**. Beide Wege führen zu derselben Pflegemaske, die Sie in Abbildung 9.28 sehen.

3. Das Einstiegsbild für das Anlegen eines Testskripts ähnelt sehr dem der Testkonfiguration (siehe Abbildung 9.27). Auch hier müssen Sie neben der richtigen Lösung eine eindeutige Bezeichnung und einen beschreibenden Titel vergeben. Es ist ebenfalls wichtig, in dieser Übersicht das

9.5 SAP-zentrische Softwarelösungen testen

richtige Testwerkzeug auszuwählen. Nutzen Sie hier das Testwerkzeug **CTBA**.

4. Nachdem Sie die Version und das entsprechende Entwicklungspaket ausgewählt haben, bestätigen Sie Ihre Eingaben mit **OK**.

Neues Testskript	
*Lösung:	SALT Solutions AG
*Testskript:	ZSALT_CBTA_SKRIPT
*Version:	00000001
*Testwerkzeug:	CBTA
*Titel:	SALT: Testskript CBTA
*Paket:	$TMP Lokales Objekt

Abbildung 9.28 Testskript anlegen

5. Sie gelangen auf die Übersichtsseite Ihres angelegten Testskripts. Nun müssen Sie den zu testenden Prozess zuordnen. Dies funktioniert in der Testautomatisierung mithilfe der *ausführbaren Einheiten*, die Sie Ihrem Geschäftsprozess zugeordnet haben (siehe auch Abschnitt »Bibliothek der ausführbaren Einheiten« in Abschnitt 4.4.2, »Bibliotheken«). Um die ausführbare Einheit mit dem Testskript zu verknüpfen, klicken Sie auf **Ausführbare Einheit zuordnen**.

6. In dem sich öffnenden Suchfenster können Sie nach ausführbaren Einheiten suchen. Sie haben die Möglichkeit, nach drei verschiedenen Suchkriterien zu filtern. Die Kriterien **Logische Komponentengruppe**, **Typ der ausführbaren Einheit** und **Ausführbare Einheit** helfen Ihnen, das richtige Element zu finden und anschließend dem Testskript zuzuordnen. Hierzu klicken Sie einfach in der **Ergebnisliste** auf die entsprechende ausführbare Einheit (siehe Abbildung 9.29).

Abbildung 9.29 Suchmaske für die ausführbaren Einheiten

7. Die Aufzeichnung des Testskripts starten Sie mit der Schaltfläche **Starten CBTA**. Sie werden nun in einem separaten Fenster zum Testanlegeassistenten der CBTA weitergeleitet. Dieser Assistent begleitet Sie während der Aufzeichnung Ihres CBTA-Testskripts.

8. Bevor die Aufzeichnung startet, haben Sie noch verschiedene Entscheidungen zu treffen. Wählen Sie, ob das generierte Skript die Bildkomponenten verwenden soll oder nicht. Außerdem können Sie drei verschiedene Aufzeichnungsoptionen auswählen. Diese bieten Ihnen die Möglichkeit, ein komplett neues Skript anzulegen oder vorhandene Skripte zu ersetzen bzw. zu ergänzen. Nachdem Sie Ihre Entscheidungen getroffen haben, klicken Sie auf **Vorwärts**.

9. Sie werden nun automatisch oder – falls Sie keine Trusted-Verbindung angelegt haben – manuell am System angemeldet.

10. Anschließend wird die hinterlegte ausführbare Einheit aufgerufen.

11. Nun führen Sie die zu testenden Schritte nacheinander durch. In unserem Beispiel zeichnen wir das Anlegen eines Tickets (Vorgangsart ZMIN) auf. Der Typ der ausführbaren Einheit ist in diesem Fall die **CRM-Web-Client-Anwendung**. Das heißt, Sie spielen den Prozess des Ticketanlegens so durch, als würden Sie im normalen Betrieb ein Ticket anlegen.

12. Nachdem Sie alle Schritte durchgeführt haben, sichern Sie das Ticket und schließen das Fenster. Hierdurch wird der Aufzeichnungsprozess beendet.

13. In den beiden darauffolgenden Fenstern **Analysedetails** und **Aufzeichnung** erhalten Sie alle wichtigen Informationen zum gerade aufgezeichneten Skript. Überprüfen Sie diese Daten auf ihre Korrektheit und Vollständigkeit hin. Klicken Sie dann auf **Vorwärts**.

14. Im nächsten Schritt werden einige Aktivitäten automatisch durchgeführt. Zu Beginn wird der aufgezeichnete Ablauf analysiert und geprüft. Anschließend wird das Testskript generiert und zusammen mit den Bildkomponenten in den SAP Solution Manager hochgeladen.

Sie können sich nun das erstellte Skript inklusive der verwendeten Parameter im SAP Solution Manager ansehen.

[»] **Testskript aktualisieren**
Sollten nach der Aufzeichnung Ihres CBTA-Testskripts keine Daten im SAP Solution Manager erscheinen, klicken Sie auf **Aktualisieren**.

Test- und Systemdatencontainer

Ihre Testdaten, die Sie im Rahmen der Testautomatisierung benötigen, werden in sogenannten *Testdatencontainern* zur Verfügung gestellt. Häufig stellt sich die Frage, nach welchen Kriterien diese erstellt werden sollen. Aus unseren Praxiserfahrungen heraus hat sich ergeben, dass eine Gliederung nach den Inhalten (z. B. dem Materialstamm) am sinnvollsten ist. Testdatencontainer für komplette Szenarien wären zu unübersichtlich. Zudem wäre das Anlegen pro Testfall im Rahmen der Wiederverwendbarkeit nicht sinnvoll und würde zu viel Anlege- und Pflegeaufwand verursachen.

Gehen Sie beim Anlegen eines Testdatencontainers wie folgt vor:

Testdatencontainer anlegen

1. Öffnen Sie die Transaktion SECATT, oder rufen Sie alternativ im SAP Solution Manager Launchpad die Anwendung **Test Suite • Work Center • Typische Aufgaben • Erweiterte Testautomatisierung** auf.
2. Sie gelangen über beide Wege auf die Einstiegsseite des eCATT. Auch wenn Sie sich im Rahmen der CBTA bewegen, greifen Sie in manchen Fällen auf Attribute bzw. Komponenten des eCATT zu.
3. Klicken Sie auf **Objekt anlegen**.
4. Vergeben Sie eine eindeutige Bezeichnung sowie einen beschreibenden Titel für den Testdatencontainer.
5. Auf der Registerkarte **Attribute • Allgemeine Daten** müssen Sie die **Anwendungskomponente** angeben. Wählen Sie exemplarisch die Komponente SV-SMG-SUP (Kundenservice/Störungsmanagement) aus.

> **Anwendungskomponente finden**
> Verwenden Sie ruhig die Wertehilfe ([F4]), um die richtige Anwendungskomponente zu finden. In der Wertehilfe werden alle verfügbaren Komponenten mit einer sprechenden Beschreibung hinterlegt, sodass Sie bei der Ermittlung der richtigen Anwendungskomponente keine Probleme haben sollten.

6. Wechseln Sie zur Registerkarte **Parameter**, und pflegen Sie die benötigten Parameter ein. Falls Sie diese bereits in einem anderen Testdatencontainer angelegt haben, können Sie diese importieren. Wählen Sie hierzu im Menü **Bearbeiten • Parameter importieren** aus. Sie können ebenfalls die Parameter aus einem Testskript herunterladen. Aber auch das Importieren und Exportieren von Varianten steht zur Verfügung.
7. Auf der Registerkarte **Varianten** können Sie verschiedene Varianten für Ihre Testdaten anlegen. Nachdem Sie diese erstellt haben, sichern Sie Ihren Testdatencontainer.

Testdaten verknüpfen

Ihr Testdatencontainer steht im Moment noch in keiner Verbindung mit Ihrer Testkonfiguration bzw. dem Testskript. Die Verknüpfung der Testdaten mit Ihrer Testkonfiguration erfolgt im Rahmen der CBTA mit einem Zuordnungsassistenten (siehe Abbildung 9.30). Rufen Sie diesen auf der Registerkarte **Testdaten** über die Schaltfläche **Testdaten: Zuordnungsassistent** auf, und folgen Sie den angegebenen Schritten.

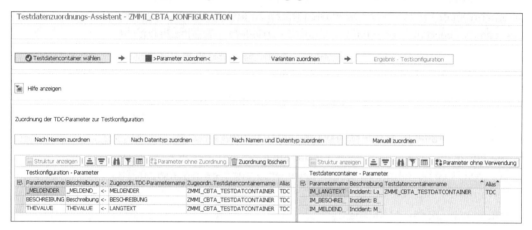

Abbildung 9.30 Zuordnungsassistent für Testdaten

Systemdatencontainer

Ein weiterer Bestandteil der Testkonfiguration ist der *Systemdatencontainer*. Dieser gibt auf Basis der zugeordneten RFC-Destinationen an, in welchen Systemen die automatischen Testfälle ausgeführt werden sollen. Im Gegensatz zum SAP Solution Manager 7.1 müssen Sie in der neuen Version die Systemdatencontainer nicht mehr manuell anlegen. Das System legt die entsprechenden Container automatisch an. Doch auch wenn das Erstellen im SAP Solution Manager 7.2 automatisch erfolgt, müssen Sie gegebenenfalls diverse Einstellungen und Anpassungen vornehmen.

Testprofile

Die im Systemdatencontainer enthaltenen Daten reichen für die Testautomatisierung mit eCATT aus. Aber wenn Sie, wie in unserem Fall, mit CBTA oder einem anderem Werkzeug zur Testautomatisierung arbeiten möchten, müssen Sie sogenannte *Testprofile* verwenden. Das Testprofil enthält die technische Destination (System unter Test) sowie den Benutzernamen und das zugehörige Kennwort. Während der Testzusammenstellung (spätestens vor der Aufzeichnung des Testskripts) ordnen Sie einem Testskript ein Testprofil zu, wie in Abbildung 9.31 gezeigt. Damit vergeben Sie für die jeweiligen Systemrollen Anmeldeinformationen, die rollenabhängig oder rollenunabhängig sein können.

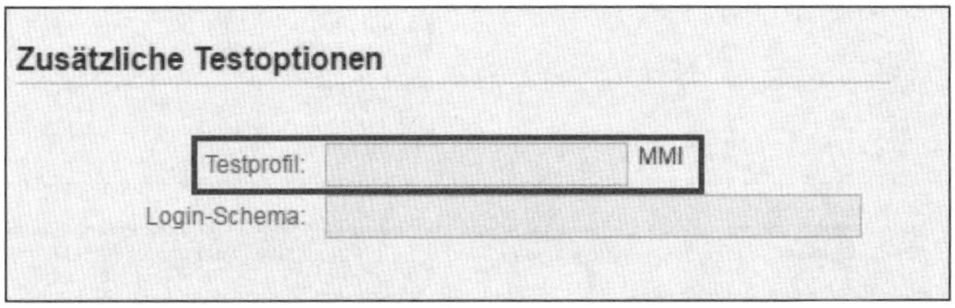

9.5 SAP-zentrische Softwarelösungen testen

Abbildung 9.31 Ein Testprofil im Anlegen bzw. in der Pflege eines Testskripts zuordnen

Testprotokoll

Jede Ausführung einer Testkonfiguration bzw. eines Testskripts hat die Erstellung eines Protokolls zur Folge. In diesem werden alle wichtigen Informationen zur Testausführung mitgeschrieben. Neben den generellen Informationen, die nach dem Ausführen eines Skripts ausgegeben werden, bietet das Protokoll noch tiefergehende Informationen. Sie können hiermit z. B. analysieren, warum ein automatischer Testfall nicht korrekt ausgeführt wurde. Im gleichen Zug können Sie überprüfen, ob ein erfolgreich gekennzeichneter Testfall auch wirklich alle nötigen Daten erhalten oder ausgegeben hat.

Das Protokoll erscheint nach jeder Ausführung des automatischen Testfalls. Aber Sie können sich auch das Protokoll eines bereits ausgeführten Tests im Nachgang noch einmal anzeigen lassen. Um das Testprotokoll im Nachhinein betrachten zu können, gehen Sie wie folgt vor:

Testprotokoll aufrufen

1. Rufen Sie Ihre Testkonfiguration in Transaktion SM_WORKCENTER über den Pfad **Test-Suite • Test-Repository (Testkonfiguration)** auf.
2. Klicken Sie auf **Protokoll anzeigen • Testwerkzeugprotokoll**, um das Protokoll Ihres ausgeführten Testskripts aufzurufen (siehe Abbildung 9.32).

Abbildung 9.32 Testwerkzeugprotokoll anzeigen

In Abbildung 9.33 sehen Sie ein Beispiel für ein Testprotokoll nach der erfolgreichen Ausführung eines Testskripts mit dem Testwerkzeug CBTA.

Execution Report

ZMMI_TEST_CBTA 11.04.2017 13:17:22

Executed by: mmi
Test executed on \\WWUSHARA

Execution Traces
Debug Log
Object Spy
Log Folder

Overall Test Result	PASSED				
Execution Time	**Elapsed Time**	**Step Result**	**Component Name**	**Step Summary**	**Step Description**
11.04.2017 13:17:29	7	INFO	Actions\AbapLaunchAndLogin	WEB_AbapLaunchAndLogin	Connection parameters: System: SMA Client: 020 User: MMI Language: Url: https://swusm2app1.salt-solutions.de:44300/sap/bc/bsp/sap/crm_ui_start/default.htm?sap-client=020&sap-sessioncmd=open&sap-testmode=T&sap-titleprefix=%5bTAO%5d&saprole=ZSOLMANPRO&crm-logical-link=SM-IM-CR
11.04.2017 13:17:29	0	INFO	Actions\AbapLaunchAndLogin	WEB_AbapLaunchAndLogin	Sap User %TAF_SapUser%=MMI
11.04.2017 13:17:29	0	INFO	CaptureScreen	Image Capture	[TAO] Startseite - [SAP] - Internet Explorer - Captured image
11.04.2017 13:17:31	2	DONE	1 - CBTA CRM CLICK	CRM_WebControl_Click	Operation Succeeded - Label: "Vorgangsart" Row: 5
11.04.2017 13:17:32	1	DONE	2 - CBTA CRM T SELECTROW	CRM_Table_SelectRow	Operation Succeeded Row Selected: "ZMIN" Row: 5
11.04.2017 13:17:38	6	DONE	3 - CBTA CRM IF SETVALUE	CRM_InputField_SetValue	Operation Succeeded * Meldender: "Michel"
11.04.2017 13:17:38	0	INFO	4 - ZNCIDENT H NCIDENTHEADEREF	View Component BEGIN	View Name: aic_incident_h/IncidentHeaderEF

Abbildung 9.33 Testprotokoll für das Werkzeug CBTA

9.5.3 Testauswertung

Wie bereits in Abschnitt 9.2.3, »Testauswertung und Reporting«, beschrieben, ist es für die Testverantwortlichen von größter Wichtigkeit, stets einen genauen Überblick über die Tests zu haben. Hierfür können Sie die Analysewerkzeuge der Testauswertung verwenden. Viele der Auswertungen basieren auf SAP BW, das in den SAP Solution Manager integriert ist. Deshalb empfehlen wir Ihnen, BW-Reporting zu aktivieren, damit Sie alle Funktionen der Testauswertung nutzen können.

In der Testauswertung mit dem SAP Solution Manager wird grundsätzlich zwischen drei verschiedenen Auswertungen unterschieden: Es gibt Vollständigkeits- und Lückenreports, Testausführungsanalysen sowie Status- und Fortschrittsanalysen (siehe auch Abbildung 9.11 in Abschnitt 9.2.3, »Testauswertung und Reporting«).

Vollständigkeits- und Lückenreports

Nutzen Sie die Vollständigkeits- und Lückenreports, um zu prüfen, wie gut Ihre Lösungsdokumentation mit Testfällen und technischen Stücklisten abgedeckt ist. Außerdem können Sie analysieren, welche Testfälle noch in keinem Testplan vorhanden sind. Sollte es Sie interessieren, welche Testpläne von einer Änderung in der Lösungsdokumentation betroffen sind, können Sie das ebenfalls in diesem Bereich untersuchen. Hierzu gehen Sie wie folgt vor:

1. Rufen Sie das SAP Solution Manager Launchpad mithilfe der Transaktion SM_WORKCENTER auf.
2. Öffnen Sie die Applikation **Test-Suite • Test-Suite (Analysen)**.
3. Klicken Sie im Block **Vollständigkeits- und Lücken-Reports** auf den Report **Testpläne – Knoten- und Testfalländerungen**.
4. Geben Sie Ihre **Suchkriterien** ein, und starten Sie anschließend mit der Schaltfläche **Suchen** den Suchvorgang. Sie können Ihre Suche auch speichern, um beim nächsten Durchlauf wieder darauf zuzugreifen.
5. Im unteren Block werden Ihnen nun die Ergebnisse in Form einer Liste dargestellt (siehe Abbildung 9.34). Sie können genau erkennen, welche Testpläne von Änderungen an der Lösungsdokumentation oder des Testfalls betroffen sind.

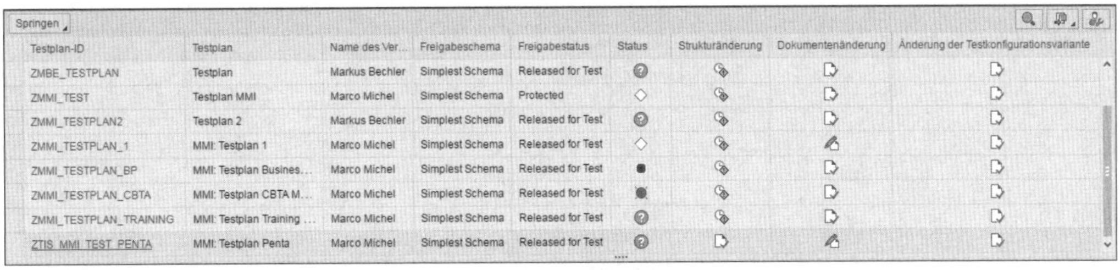

Abbildung 9.34 Ergebnisliste – getestete Objekte und Testfalländerungen

Mithilfe der Testausführungsanalyse erhalten Sie nähere Informationen über den Status Ihrer Testpläne und -pakete. Es gibt Reports für die Fehler- oder Ausführungsanalysen, in denen die Testpläne oder -pakete jeweils einzeln betrachtet werden. Möchten Sie jedoch einen Überblick über alle Testpläne, die in Ihrer Lösung enthalten sind, bekommen, sollten Sie einen Blick auf den Report **Mehrfachtestplan-Status** werfen.

Testausführungsanalysen

Wie bereits im SAP Solution Manager 7.1 gibt es auch in der neuen Version die Möglichkeit, einen Testbericht zu generieren. Dieser liefert tiefergehende Informationen über den selektierten Testplan. Gehen Sie wie folgt vor, um einen Testbericht zu erstellen:

Testbericht generieren

1. Öffnen Sie im SAP Solution Manager Launchpad die Applikation **Test-Suite • Test-Suite (Analysen)**.
2. Rufen Sie im Block **Testausführungsanalyse** den Report **Testreport** auf.

3. Nun öffnet sich ein neues Fenster mit den Auswahlkriterien (siehe Abbildung 9.35). Wählen Sie zuerst den gewünschten Testplan aus. Hierfür können Sie die [F4]-Wertehilfe nutzen. Anschließend können Sie sich entscheiden, welche Attribute und Details Ihr Testbericht enthalten soll.

4. Im Block **Ausgabe** können Sie einen **Untertitel** und einen **Dateinamen** für das generierte Dokument angeben. Außerdem haben Sie die Möglichkeit, unter **Dokumentenvorlage** ein Template für Ihren Bericht zu hinterlegen.

5. Klicken Sie auf **Ausführen**, um die Generierung zu starten. Nachdem der Vorgang abgeschlossen ist, erscheint der erstellte Bericht in Ihren Downloads. Je nachdem, welches **Ausgabeformat** Sie ausgewählt haben, können Sie diese Datei nun mit Microsoft Word oder einem anderen Programm öffnen.

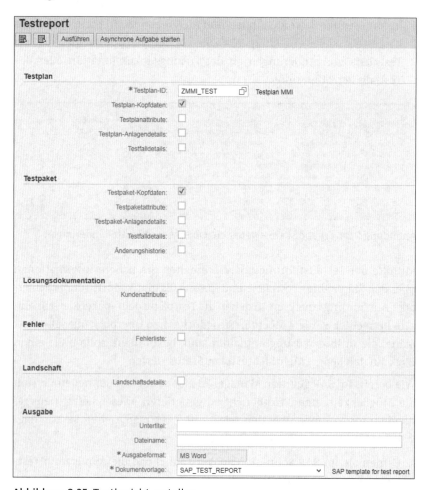

Abbildung 9.35 Testbericht erstellen

9.5 SAP-zentrische Softwarelösungen testen

Die Status- und Fortschrittsanalysen basieren auf den Daten in dem SAP-BW-System, das in den SAP Solution Manager integriert ist. Wenn Sie diese Analyse nutzen möchten, müssen Sie das BW-Reporting zwingend, wie in Schritt 3 in Abschnitt 3.2.2, »Infrastrukturvorbereitung«, beschrieben, aktivieren und einrichten. Da Sie mittels Extraktion auf die Daten des SAP-BW-Systems zugreifen, ist die Aktualität dieser Daten auch immer von der letzten Datenextraktion abhängig. Bei Bedarf können Sie diese daher noch einmal anstoßen.

Status- und Fortschrittsanalysen

Alle hier verfügbaren Status- und Fortschrittsanalysen stellen die Informationen in einem Zeitverlauf dar. Sie erreichen die BW-basierten Analysen für die Test Suite im SAP Solution Manager Launchpad über die Applikation **Test-Suite • Test-Suite (Analysen)**. Dem Block **Status- und Fortschrittsanalyse** (siehe Abbildung 9.11) können Sie entnehmen, welche Auswertungen für das Testmanagement verfügbar sind. Den Aufbau einer Fortschrittsanalyse erkennen Sie in Abbildung 9.36.

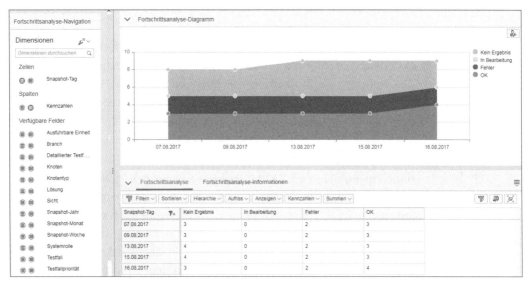

Abbildung 9.36 Ergebnisanzeige einer Fortschrittsanalyse

9.5.4 Verknüpfung zweier Testskripte mit der komponentenbasierten Testautomatisierung

Mithilfe der Testautomatisierung können Sie nicht nur einzelne Teilprozesse bzw. Prozessschritte überprüfen, sondern in einer Testkonfiguration auch mehrere Teilprozesse verknüpfen und diese im Verbund testen. Viele Testfälle besitzen Abhängigkeiten; Sie müssen also zuerst einen anderen Vorgang abschließen, um mit dem Test des eigentlichen Testfalls beginnen

Abhängigkeiten innerhalb der Testprozesse

zu können. Diese Abhängigkeiten können bspw. generierte Nummern sein, die für den Folgevorgang als Input benötigt werden. Aber auch direkte logische Abhängigkeiten können erforderlich sein. Sie können z. B. erst eine Bestellung anlegen, wenn hierzu eine Bestellanforderung existiert. Die Erstellung eines Kundenauftrags ist erst auf Basis eines Angebots möglich. Im SAP Solution Manager gibt es mit *Composite Test* ein eigenes Testwerkzeug, das Sie beim Testen von End-to-End-Prozessen effektiv unterstützt.

> **Verfügbare Werkzeuge für Composite Tests**
>
> Wie Sie bereits in Abschnitt 9.5.2, »Testautomatisierung«, erfahren haben, können Sie in der Test Suite verschiedene Testautomatisierungswerkzeuge verwenden. Mithilfe des Composite Tests können Sie in einer Testkonfiguration auch unterschiedliche Werkzeuge einsetzen. Die ersten beiden Schritte können Sie bspw. mit der komponentenbasierten Testautomatisierung überprüfen, während Sie den dritten Schritt unter Zuhilfenahme des HP-Tools testen.

Fallbeispiel

Im Folgenden zeigen wir Ihnen basierend auf der CBTA das Vorgehen zur Erstellung eines Composite Tests. Als konkretes Anwendungsbeispiel werden wir einen Terminauftrag auf Basis eines zuvor in Transaktion VA21 erstellten Angebots in einem verwalteten SAP-ERP-System anlegen. Die bei erfolgreicher Anlage generierte Angebotsnummer werden wir verwenden, um einen Kundenauftrag in Transaktion VA01 anzulegen.

Aufzeichnung der Skripte

Als Vorbereitung für den Composite Test müssen Sie zuerst beide Transaktionen in jeweils einem CBTA-Testskript aufzeichnen. Gehen Sie hierzu wie in Abschnitt 9.5.2 beschrieben vor. Nachdem Sie das erste Skript (Angebot anlegen) erstellt haben, gibt es bei der Aufzeichnung des Kundenauftrags etwas zu beachten: Legen Sie den Auftrag mit Bezug auf die generierte Angebotsnummer an. Hierzu müssen Sie in der Testskriptaufzeichnung der Transaktion VA01 auf die Schaltfläche **Anlegen mit Bezug** klicken. Im nun erscheinenden Fenster geben Sie die Angebotsnummer an und klicken auf **Übernehmen**, um die Daten zu übernehmen. Führen Sie den Prozess wie gewohnt fort, und beenden Sie die Aufzeichnung.

Skripte verknüpfen

Nachdem Sie nun beide Skripte aufgezeichnet haben, müssen Sie diese miteinander verknüpfen. Richten Sie sich dabei nach folgender Vorgehensweise:

1. Öffnen Sie im SAP Solution Manager Launchpad (Transaktion SM_WORKCENTER) die Anwendung **Test-Suite • Test-Repository (Testkonfigurationen)**.

2. Legen Sie eine neue Testkonfiguration an, wie in Abschnitt 9.5.2 beschrieben. Beachten Sie hierbei, dass Sie als Testwerkzeug **Composite Test** angeben (siehe Abbildung 9.37).

Abbildung 9.37 Testwerkzeug Composite Test auswählen

3. Wechseln Sie auf die Registerkarte **Testskript**. Im Bereich **Verfügbare Schritte** sehen Sie alle verfügbaren Testskripte. Wählen Sie aus dieser Liste das Testskript für die Erstellung des Angebots und das Skript für das Anlegen des Kundenauftrags.

4. Über die Schaltfläche **Hinzufügen** können Sie Ihre Composite-Test-Konfiguration um diese Testskripte als Testskriptschritte ergänzen (siehe Abbildung 9.38).

Abbildung 9.38 Testskriptschritte

Import- und Exportparameter

Arbeiten Sie bei der Verknüpfung von Testskripten mit Import- und Exportparametern. Diese benötigen Sie, um Ihre Testskripte sinnvoll miteinander verbinden zu können. In unserem Beispiel ist der Exportparameter die generierte Nummer des erstellten Angebots. Die Angebotsnummer wird dann vom zweiten Skript (Kundenauftrag anlegen) als Importparameter übernommen. Auf dessen Basis wird anschließend der Kundenauftrag erstellt.

5. Rufen Sie aus der Testkonfiguration heraus das Testskript für die Angebotserstellung im Bearbeitungsmodus auf.
6. Navigieren Sie anschließend zur Registerkarte **Testskript**. Markieren Sie den Testskriptschritt **CBTA_GUI_SB_GETMESSAGEPARAMS** (siehe Abbildung 9.39).

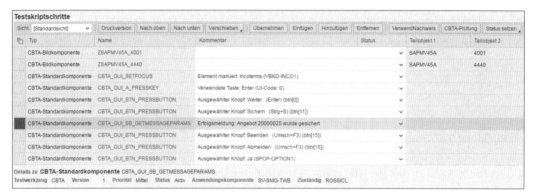

Abbildung 9.39 Testskriptschritt mit Exportparameter auswählen

7. Nun werden im Block **Parameter** alle zugehörigen Import- und Exportparameter angezeigt. Setzen Sie die **Nutzung** des Exportparameters **MESSAGEPARAMETER1** auf **Exponiert**, und sichern Sie das Skript (siehe Abbildung 9.40).

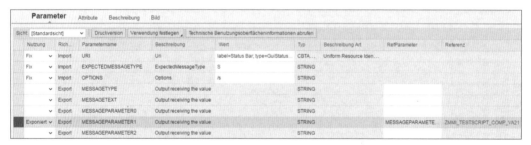

Abbildung 9.40 Exportparameter deklarieren

8. Begeben Sie sich wieder zu Ihrer Testkonfiguration des Composite Tests. Im nächsten Schritt legen Sie den Importparameter fest, der die Angebotsnummer entgegennimmt. Wählen Sie hierzu den zweiten **Testskriptschritt** (Kundenauftrag anlegen) aus (siehe Abbildung 9.41). Wählen Sie im unteren Block den Parameter **VERKAUFSBELEG** aus. Verwenden Sie die [F4]-Wertehilfe, um im Feld **RefParamater** den in Schritt 7 definierten Exportparameter als Referenzparameter auszuwählen.
9. Sichern Sie die Testkonfiguration, nachdem Sie alle nötigen Einstellungen getätigt haben.

Abbildung 9.41 Importparameter deklarieren

Ansonsten verhält sich die Testkonfiguration des Composite Tests wie eine normale CBTA-Konfiguration. Nähere Informationen zur Testautomatisierung mit der CBTA finden Sie in Abschnitt 9.5.2.

9.6 Change Impact Analysis

Wie Sie selbst wissen, kommen Sie im laufenden Betrieb nicht um Änderungen an Ihren Systemen bzw. Ihrer Software herum. Dabei handelt es sich nicht immer nur um Enhancement Packages oder Support Packages. Neben diesen Änderungen, die Ihnen von SAP zur Verfügung gestellt werden, gibt es in der Regel auch kundeneigene Modifizierungen. Wie die von SAP bereitgestellten Änderungen haben die kundeneigenen Anpassungen Auswirkungen auf Ihre im Einsatz befindliche Software. Die Kunst ist es, frühzeitig den Einfluss aller genannten Änderungen auf Ihre Geschäftsprozesse zu identifizieren. Da es aber schon in einer relativ kleinen Systemlandschaft unmöglich ist, die exakten Auswirkungen ohne entsprechende Hilfe vorherzusagen, benötigen Sie hierbei Unterstützung.

Auswirkungen von Änderungen vorhersagen

Der SAP Solution Manager bietet Ihnen unter der Bezeichnung *Change Impact Analysis* Werkzeuge, die Sie bei der Analyse der Änderungseinflüsse unterstützen. Die Werkzeuge *Business Process Change Analyzer* (BPCA) und *Scope and Effort Analyzer* (SEA) sind jeweils für einen anderen Nutzungszeitpunkt bestimmt. Den BPCA verwenden Sie während der Identifizierung des Testumfangs. Der SEA findet dagegen vor der physischen Installation von Support Packages und Enhancement Packages Einsatz.

[!] **SAP Enterprise Support erforderlich**

Wie bereits in Abschnitt 9.1, »Ihre Strategie für das SAP-Testmanagement«, erwähnt, gibt es einige Funktionen, für die Sie mindestens den SAP Enterprise Support benötigen. Zu diesen Funktionen zählen auch die Werkzeuge BPCA und SEA. Sollten Sie vor der Entscheidung stehen, in naher Zukunft eine dieser beiden Funktionen zu nutzen, empfehlen wir Ihnen, bereits jetzt eines der beiden Analysetools *ABAP Call Monitor* (Transaktion SCMON) oder *Usage and Procedure Logging* (UPL) zu aktivieren. Der Einsatz dieser Tools unterliegt nicht den eingangs erwähnten Regularien. Sie können damit mit der Datensammlung beginnen, um zum Einsatzzeitpunkt bereits auf repräsentative Daten zurückgreifen zu können. Mehr hierzu erfahren Sie in den folgenden Abschnitten.

9.6.1 Business Process Change Analyzer (BPCA)

Technische Stücklisten

Bei einer *technischen Stückliste* (Technical Bill of Material, TBOM) handelt es sich um eine Liste aller Objekte, die während der Ausführung eines Geschäftsprozesses verwendet werden. In dieser Liste stehen alle Objekte, die im Vordergrund aufgerufen werden, aber auch solche, die im Hintergrund ausgeführt werden. Im Rahmen der BPCA-Analyse werden die betroffenen Objekte einer Änderung (z. B. Transportaufträge oder Enhancement Packages) mit den Objektlisten der TBOMs verglichen. Alle Geschäftsprozesse, die keine der betroffenen Objekte aus der Änderung enthalten, müssen für diesen Test nicht beachtet werden. Hierdurch können Sie den Testaufwand enorm verringern.

TBOM-Arten

Es existieren drei Arten von TBOMs: dynamische, semidynamisch und statische. In den folgenden Absätzen helfen wir Ihnen, die verschiedenen Arten der technischen Stücklisten zu unterscheiden:

- **Dynamische TBOMs**
  Dynamische TBOMs werden während der Ausführung des Geschäftsvorgangs aufgezeichnet. Das heißt, es werden nur die Objekte erfasst, die auch während der Aufzeichnung ausgeführt werden. Hierdurch sind die dynamischen TBOMs die genauesten der drei Arten von Stücklisten. Verwenden Sie nur einen Teil einer Transaktion in einem Geschäftsprozess, wird auch nur dieser Teil aufgezeichnet. Sie haben also keine unnötigen Objekte in Ihrer Stückliste.

  Der Nachteil dabei ist der relativ große Aufwand, da diese technischen Stücklisten nicht automatisch generiert werden können. Sie können die TBOMs während der Ausführung eines automatischen Testfalls mitlaufen lassen. Hierbei wird die Transaktion mit den mitgelieferten Werten wie gewohnt ausgeführt, während im Hintergrund die technische Stückliste erstellt wird. Natürlich können Sie die TBOM auch manuell aufzeichnen. Dafür starten Sie die Aufzeichnung und führen den Geschäftsvorgang in der jeweiligen Ausprägung aus. Nachdem Sie fertig sind, beenden Sie die TBOM-Aufzeichnung wieder manuell.

Um die bestmögliche Aufzeichnung für einen Geschäftsvorfall zu gewährleisten, haben Sie die Möglichkeit, mittels Workflow einen Geschäftsprozessexperten zu informieren. Dieser erhält dann eine Benachrichtigung über die entsprechende Aufgabe zur Durchführung einer TBOM-Generierung.

- **Semidynamische TBOMs**
  Semidynamische TBOMS sind zwar exakter als die statischen Stücklisten, stehen aber, was die Genauigkeit angeht, etwas hinter den dynamischen. Anders als bei der dynamischen TBOM-Aufzeichnung sind bei semidynamischen Stücklisten keine Varianten möglich. Sie können also bspw. nicht zwischen zwei Auftragsarten unterscheiden und haben somit nur eine TBOM, in der alle Varianten enthalten sind.

  Die Aufzeichnung der semidynamischen TBOMs erfolgt per Massengenerierung. Hierbei greifen Sie auf die Daten des ABAP Call Monitors oder des UPL zu. Im Gegensatz zu der Vorgehensweise beim UPL wird mit Hilfe des ABAP Call Monitors auch der Einstiegspunkt des Geschäftsvorfalls aufgezeichnet. Um möglichst genaue Ergebnisse zu erhalten, müssen Sie das eingesetzte Analysetool über mehrere Monate hinweg laufen lassen, denn nur über einen längeren Zeitraum kann sichergestellt werden, dass auch wirklich alle verwendeten Daten analysiert werden.

ABAP Call Monitor oder Usage Procedure Logging
Mit der Einführung des ABAP Call Monitors wurde ein Analysetool geschaffen, das den Einstiegspunkt, aus dem ein Objekt aufgerufen wurde, ebenfalls mit aufzeichnet. Da diese Art der Analyse noch genauere Ergebnisse als das UPL liefert, empfehlen wir Ihnen von Anfang an die Verwendung des ABAP Call Monitors.

- **Statische TBOMs**
  Auch die Aufzeichnung statischer TBOMs erfolgt über eine Massengenerierung, die Sie über einen Hintergrundjob einplanen können. Wie beim Aufzeichnen der semidynamischen Stücklisten entfällt hier der manuelle Aufwand. Darüber hinaus benötigen Sie keine Ergebnisse bzw. Daten aus ABAP Call Monitor oder UPL.

Aber anders als bei den anderen beiden Varianten wird die ausführbare Einheit nicht aufgerufen. Es werden lediglich alle Objekte erfasst, die aus dem Quellcode heraus aufgerufen werden. Hierbei wird nicht darauf geachtet, ob dieses Objekt überhaupt genutzt wird. Die technische Stückliste enthält somit eine Unzahl an Objekten, die gar nicht relevant sind. Da auch generierte Objekte und dynamische Aufrufe nicht beachtet werden, ist diese Art der technischen Stückliste für eine korrekte BPCA-Analyse nicht zu empfehlen.

TBOM-Massengenerierung

Wie beschrieben, werden die statischen und semidynamischen TBOMs über einen Hintergrundjob generiert. Diesen legen Sie wie folgt an:

1. Öffnen Sie im SAP Solution Manager Launchpad die Anwendung **Test-Suite • Verwaltung (Änderungseinfluss-Analyse)**, und wählen Sie die Registerkarte **BPCA-Vorbereitung**.

2. Anschließend klicken Sie im Block **TBOM-Werkzeuge** auf **TBOMs generieren**.

3. Nun öffnet sich die Anwendung zum Anlegen von statischen und semidynamischen TBOMs (siehe Abbildung 9.42).

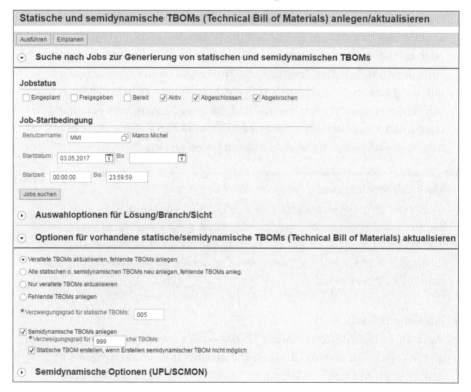

Abbildung 9.42 Massengenerierung von statischen/semidynamischen TBOMs

4. Nachdem Sie alle wichtigen Informationen erfasst haben, können Sie über die Schaltfläche **Einplanen** den Hintergrundjob einplanen. Wenn Sie den Job sofort laufen lassen möchten, klicken Sie auf **Ausführen**.

Für die Aufzeichnung dynamischer TBOMs gibt es verschiedene Möglichkeiten. In diesem Abschnitt werden wir Ihnen kurz erläutern, wie Sie TBOMs manuell aufzeichnen und wie Sie die Aufzeichnung über die Testautomatisierung erledigen.

Gehen Sie wie folgt vor, um eine technische Stückliste manuell zu generieren: **TBOMs manuell aufzeichnen**

1. Öffnen Sie im SAP Solution Manager Launchpad die Applikation **Test-Suite • Test-Suite – Testvorbereitung**.

2. Navigieren Sie zur ausführbaren Einheit, und öffnen Sie die Registerkarte **Elemente von <ausführbare Einheit>**. Sollte diese noch nicht vorhanden sein, markieren Sie die ausführbare Einheit auf der Registerkarte **Elemente von <Knoten>** und klicken Sie auf das Plussysmbol.

3. Wählen Sie auf der Registerkarte **Elemente von <ausführbare Einheit>** im Kontextmenü **Neu • TBOMs • TBOM (Anlegen)** aus (siehe Abbildung 9.43).

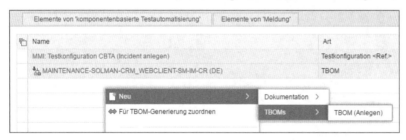

Abbildung 9.43 Eine manuelle TBOM über die Lösungsdokumentation aufzeichnen

4. Pflegen Sie im folgenden Fenster die richtige **Systemrolle** und eine passende **Beschreibung** für die technische Stückliste. Klicken Sie anschließend auf **OK**.

5. Daraufhin öffnet sich ein neuer Modus, in dem Sie die **Aufzeichnung starten** können. Nach dem Start wird die ausführbare Einheit aufgerufen. Führen Sie diese in der benötigten Ausprägung aus.

6. Nachdem Sie alle Aktionen durchgeführt haben, klicken Sie auf **Aufzeichnung beenden**. Nun wird die technische Stückliste generiert.

7. In Ihrer Lösungsdokumentation erhalten Sie abschließend eine Übersicht der gerade aufgezeichneten TBOM (siehe Abbildung 9.44).

Abbildung 9.44 Übersicht der technischen Stückliste

TBOM in Testautomatisierung aufzeichnen

Wie bereits beschrieben, können Sie dynamische TBOMs auch während der Ausführung von automatischen Testfällen aufzeichnen. Gehen Sie wie folgt vor, um eine TBOM mittels Testautomatisierung anzulegen:

1. Im ersten Schritt müssen Sie den automatischen Testfall der ausführbaren Einheit zuordnen. Diese Verknüpfung ist notwendig, um die TBOM-Generierung während des Testfalls durchzuführen. Öffnen Sie dazu im Work Center **Test-Suite** die Applikation **Test-Suite – Testvorbereitung**.

2. Navigieren Sie zur betreffenden ausführbaren Einheit. Achten Sie darauf, dass Sie die richtige Lösung und den richtigen Branch ausgewählt haben.

3. Klicken Sie im Drill-down-Menü der ausführbaren Einheit auf **Für TBOM-Generierung zuordnen** (siehe Abbildung 9.45).

4. Ordnen Sie nun den Testfall zu, der für die Aufzeichnung der dynamischen TBOM genutzt werden soll. Der Testfall taucht jetzt auf der Registerkarte **Elemente von <ausführbare Einheit>** auf.

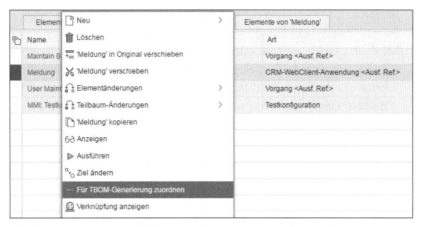

Abbildung 9.45 TBOM-Aufzeichnung in einem automatischen Test

5. Als Nächstes müssen Sie einen Testplan erstellen, der den verknüpften Testfall enthält. Sie müssen ebenfalls ein Testpaket anlegen, das dem Benutzer, der die technische Stückliste generieren soll, zugeteilt wird. Gehen Sie beim Anlegen des Testplans und des Testpakets so vor, wie in Abschnitt 9.2.1, »Testplanung«, beschrieben.

6. Rufen Sie nun Ihren **Tester-Arbeitsvorrat** auf. Wählen Sie den zuvor angelegten Testplan, der den betreffenden automatischen Test beinhaltet, aus, und klicken Sie anschließend auf **Automatischer Test • Ausführung einplanen**.

7. Sie können jetzt die Ausführung einplanen. Achten Sie darauf, dass die Haken **Status in Test-Suite kopieren** und **TBOM-Aufzeichnung aktivieren** gesetzt sind. Ohne diese Auswahl wird keine TBOM aufgezeichnet.

   Wenn Sie die Ausführung sofort durchführen wollen, klicken Sie auf **Automatischer Test • Sofort ausführen**. Denken Sie hierbei daran, in den Startoptionen die Haken bei **RFC-Verbindung schließen**, **Status in Test-Suite kopieren** und **TBOM-Aufzeichnung aktivieren** zu setzen.

> **Testausführungsstatus bei der TBOM-Aufzeichnung**
>
> Die TBOM-Aufzeichnung während eines automatischen Tests kann das Ergebnis des Testfalls bzw. des Testplans verfälschen. Der Grund hierfür ist, dass der Testausführungsstatus bei einer fehlgeschlagenen Generierung der TBOM auf Rot (fehlgeschlagen) gesetzt wird, obwohl der Testfall an sich erfolgreich war.

Mit der Generierung der TBOMs, sei es über Massengenerierung oder durch die Aufzeichnung, haben Sie nun die Grundlage für die Nutzung des BPCA geschaffen.

Art der Einflussanalyse

Nachdem Sie die technischen Stücklisten erstellt haben, müssen Sie sich entscheiden, womit Sie diese vergleichen wollen. Die in den TBOMs enthaltenen Objekte müssen mit den Objekten der Änderungen abgeglichen werden. Nur so kann festgelegt werden, in welchen Objekten sich die ausführbare Einheit mit der durchgeführten Änderung überschneidet. Da es viele verschiedene Arten von Änderungen gibt, die Einfluss auf Ihre Systeme haben, müssen Sie auch die Möglichkeit haben, diese zu überprüfen. Mit dem BPCA können Sie Ihre TBOMs mit vielen verschiedenen Änderungsarten vergleichen (siehe Abbildung 9.46):

- Support Packages
- Transportaufträge
- Enhancement Packages
- Objektlisten
- geplante Aktivierung einer Business Function
- Änderungsvorgang

Abbildung 9.46 Art der Einflussanalyse wählen

BPCA-Analyse anlegen

Haben Sie die TBOMs erstellt und wissen ebenfalls, mit welcher Änderung Sie diese vergleichen wollen, sind Sie bereit, eine BPCA-Analyse zu erstellen und durchzuführen. Der folgende Ablauf beschreibt, wie Sie hierzu vorgehen müssen:

1. Öffnen Sie im SAP Solution Manager Launchpad die Anwendung **Test-Suite • Business Process Change Analyzer**.
2. Wählen Sie die Art der Einflussanalyse aus, wie in Abbildung 9.46 gezeigt.
3. Geben Sie die konkreten Elemente zum Vergleich an, bspw. die Nummern der Transportaufträge oder der Änderungsanträge.

4. Anschließend müssen Sie den **Geschäftsprozessumfang der Einflussanalyse auswählen** (siehe Abbildung 9.47). Nur die darin enthaltenen technischen Stücklisten werden beachtet.
5. Vergeben Sie als Nächstes einen passenden Namen für die Einflussanalyse.
6. Sollten die bisherigen Einstellungen nicht für Ihre BPCA-Analyse ausreichen, können Sie unter **Optionale Parameter definieren** weitere Informationen pflegen (z. B. **Filteroptionen für ausführbare Einheiten** oder **Filteroptionen für Geschäftsprozessknoten**).
7. Wenn Sie alle Daten gepflegt haben, klicken Sie auf **Ausführen**, um die BPCA-Analyse zu starten. Alternativ können Sie diese auch für einen späteren Zeitpunkt einplanen. Wählen Sie hierzu die Schaltfläche **Einplanen**.

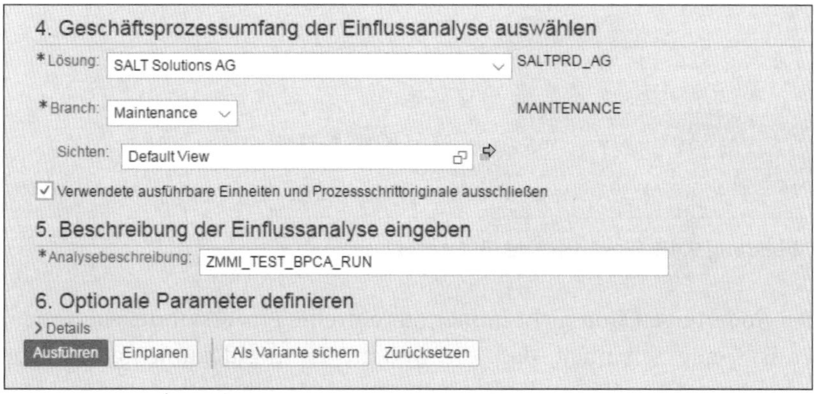

Abbildung 9.47 BPCA-Analyse anlegen

Nachdem Sie die BPCA-Analyse durchgeführt haben, können Sie die durchgeführten Tests im Block **Ergebnisse** einsehen. Ausgehend von dieser Sicht können Sie weitere Aktionen durchführen. Sie können aus den Ergebnissen bspw. einen Testplan generieren lassen oder damit beginnen, den Testumfang zu optimieren (siehe Abbildung 9.48).

Ergebnisse

Wenn Sie einen Testplan anhand der Ergebnisse erstellen, enthält dieser genau die Testfälle, die Sie testen müssen, um die Funktionsfähigkeit der geänderten Einheiten zu gewährleisten. Wählen Sie hierzu das gewünschte Ergebnis der BPCA-Analyse aus, und klicken Sie auf die Schaltfläche **Testplan**. Hier haben Sie mit **Testplan anlegen** die Möglichkeit, einen komplett neuen Testplan zu generieren. Sollten Sie jedoch einen bereits bestehenden Testplan ergänzen wollen, klicken Sie auf **Testplan erweitern**. Mit der Erstellung von Testplänen auf Basis einer BPCA-Analyse können Sie die Testabdeckung der durchgeführten Änderungen sicherstellen.

Testplan generieren

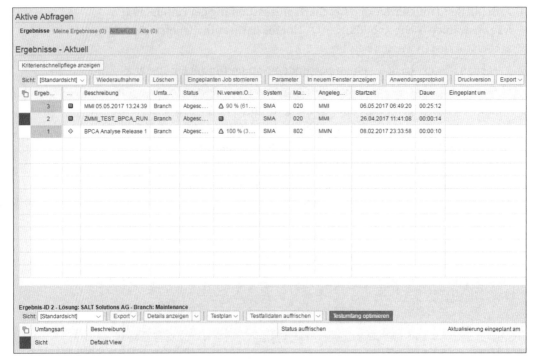

Abbildung 9.48 Ergebnisse der BPCA-Analyse

Testumfang optimieren
Bei Änderungen sind nicht immer nur einzelne Prozessschritte betroffen. Es ist keine Seltenheit, dass die gesamte Lösungsdokumentation oder zumindest der größte Teil davon betroffen ist. Wenn Sie jetzt damit beginnen, alle in den Geschäftsprozessen enthaltenen Testfälle zu überprüfen, müssen Sie mit einem enorm hohen Testaufwand rechnen. Viele Objekte sind gleichzeitig in mehreren verschiedenen ausführbaren Einheiten enthalten. Dadurch kann es dazu kommen, dass Sie das gleiche Objekt mehrfach testen.

In der Testumfangsoptimierung wird versucht, den Aufwand so weit wie möglich zu reduzieren. Möglich wird das, wenn die Objekte nur so oft getestet werden, wie es auch wirklich notwendig ist. Während der Testumfangsoptimierung wird also darauf geachtet, dass die betroffenen Objekte nur einmal und – wenn möglich – nicht mehrfach getestet werden.

Markieren Sie die erstellte Analyse im Block **Ergebnisse – Aktuell**, und klicken Sie anschließend auf **Testumfang optimieren**. Hierdurch öffnet sich die BPCA-Analyse (siehe Abbildung 9.49).

9.6 Change Impact Analysis

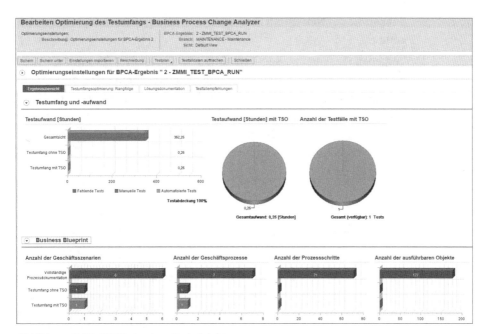

Abbildung 9.49 BPCA-Analyse Detailsicht

9.6.2 Scope and Effort Analyzer (SEA)

Die Umfangs- und Aufwandsanalyse mit dem SEA kommt vor der eigentlichen Implementierung eines Enhancement Packages (EHP) oder eines Support Packages (SP) zum Einsatz. Sie können mithilfe einer SEA-Analyse den Aufwand bzw. Umfang analysieren, der bei der Einspielung von EHPs oder SPs verursacht wird.

> **[+]**
>
> **Analysetool über mehrere Monate laufen lassen**
>
> Da der SEA ebenfalls auf Daten des ABAP Call Monitors oder des UPL zugreift, gilt auch hier: Lassen Sie die Datensammlung über mehrere Monate hinweg laufen, um genauere Analysen durchführen zu können. Erst nach einigen Monaten können diese Daten als repräsentativ betrachtet werden.

Gehen Sie wie folgt vor, um eine SEA-Analyse durchzuführen:

Anlage einer SEA-Analyse

1. Begeben Sie sich im Work Center **Test-Suite** zu der Anwendung **Umfangs- und Aufwandsanalyse (Upgrade-Planung)**.
2. Sie befinden sich nun auf der Übersichtsseite des SEA. Hier können Sie sich u. a. die Ergebnisse bereits durchgeführter Analysen anzeigen lassen. Aber auch das **Löschen** vorhandener Analysen ist möglich.

3. Klicken Sie auf **Neu**, damit Sie mit der Erstellung einer Analyse beginnen können.
4. Vergeben Sie einen passenden Namen für die Analyse. Der initiale Wert setzt sich aus dem Namen des angemeldeten Benutzers und einem Datum- und Zeitstempel zusammen (siehe Abbildung 9.50). Sie sollten auch hier eine sprechende Beschreibung verwenden, da Sie zu einem späteren Zeitpunkt in der Regel viele verschiedene Analysen erstellt haben werden und diese unterscheiden müssen.

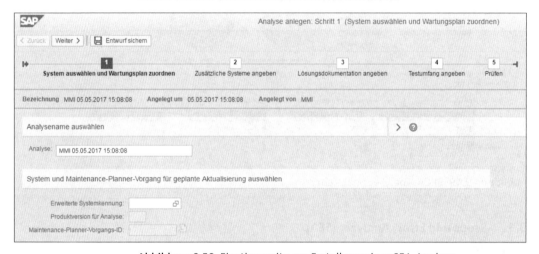

Abbildung 9.50 Einstiegsseite zur Erstellung einer SEA-Analyse

5. Wählen Sie anschließend das betroffene System aus. Geben Sie die ID des Maintenance-Planner-Vorgangs an, um die zu prüfende Änderung anzugeben.
6. Im nächsten Schritt können Sie zusätzliche Systeme angeben, um der SEA-Analyse weitere Informationen zur Verfügung zu stellen. Für folgende Aktionen können Sie die technischen Systeme angeben:
   - kundeneigene Entwicklungen und Modifikationen
   - Lesen der Verwendungsstatistik
   - Aktivitäten der Testumfangsoptimierung
7. Geben Sie nun die Lösung und den Branch an, in denen sich die Geschäftsvorfälle, die Sie analysieren möchten, befinden.
8. Legen Sie anschließend den Testumfang fest (siehe Abbildung 9.51). Sie können in diesem Schritt einen Ansatz für die Testumfangsoptimierung angeben. Dieser wird für die im Hintergrund laufende BPCA-Analyse verwendet.

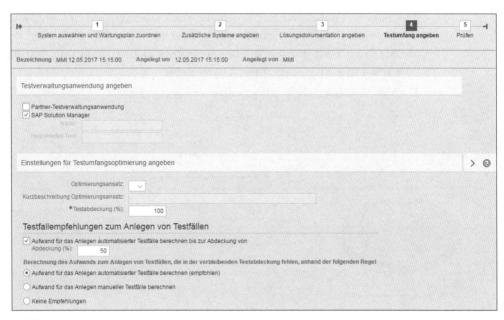

Abbildung 9.51 Testumfang angeben

9. Prüfen Sie abschließend alle getätigten Eingaben auf Ihre Richtigkeit. Wenn Sie alle Daten kontrolliert haben, können Sie die **Analyse starten**.

Während die SEA-Analyse, die einige Zeit in Anspruch nimmt, im Hintergrund durchgeführt wird, können Sie den Status im Überblicksfenster der Umfangs- und Aufwandsanalyse verfolgen. Sollten Sie nähere Informationen über den genauen Ausführungsstatus benötigen, können Sie mit einem Klick auf die laufende Analyse mehr Details einsehen. In dieser Sicht wird exakt dargestellt, welcher Schritt gerade durchgeführt wird. Sobald alle Schritte erfolgreich abgeschlossen wurden (Status grün), können Sie sich die Ergebnisse mit einem Klick auf die Analyse anschauen.

Das Resultat der Umfangs- und Aufwandsanalyse wird auf vier verschiedenen Registerkarten angezeigt. Die erste dieser Registerkarten dient als **Übersicht** (siehe Abbildung 9.52). Dem Block **Geplantes SAP-Update** können Sie entnehmen, für welches System und für welche geplante Produktversion die Untersuchung durchgeführt wurde.

Übersicht der Analyseergebnisse

Einer der Hauptgründe für die Durchführung einer SEA-Auswertung ist, dass Sie erfahren möchten, wie viel Zeit für das Update benötigt wird. Dies können Sie im Block **Geschätzter Aufwand [Tage]** einsehen.

Im Kreisdiagramm **Auswirkungen auf kundeneigene Entwicklungen und Modifikationen** erhalten Sie Informationen über die Verteilung der Modifikationen und kundeneigenen Entwicklungen. Hierbei wird zwischen drei

Kategorien unterschieden. Sie erhalten eine Übersicht, ob eine Anpassung erforderlich bzw. nicht erforderlich ist oder ob sie lediglich empfohlen wird. Diese drei Einstufungen werden unter **Entwicklungs- und Unit-Test-Aufwand** nochmals in einer Tabelle dargestellt.

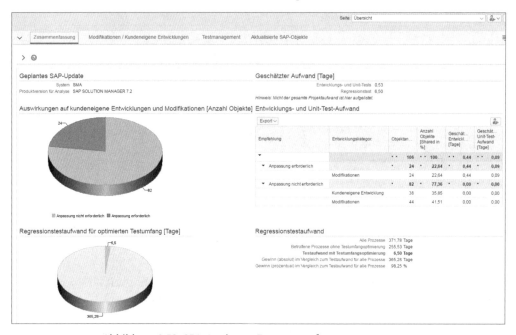

Abbildung 9.52 SEA-Analyse – Zusammenfassung

Den Testaufwand für Regressionstests können Sie dem Block **Regressionstestaufwand** entnehmen. In diesen Grafiken können Sie genau ablesen, wie viel Testaufwand Sie sich mithilfe der Testumfangsoptimierung sparen können.

Modifikationen/ kundeneigene Entwicklungen

Die Registerkarte **Modifikationen / Kundeneigene Entwicklungen** bietet Ihnen einen Überblick über die Anpassungen, die Sie an Ihren Modifikationen und kundeneigenen Entwicklungen vornehmen müssen (siehe Abbildung 9.53). Auf dieser Seite wird die Darstellung unterteilt. Im Block **Modifikationen** finden Sie die Auswertungen für die Auswirkung und den **Entwicklungs- und Unit-Test-Aufwand**. Für den Entwicklungs- und Unit-Test-Aufwand finden Sie zwei verschiedene Graphen vor. Ersterer zeigt den geschätzten Aufwand geordnet nach der Auswirkungskategorie. Der zweite Graph stellt den Aufwand gegliedert nach der Empfehlung dar (Anpassung erforderlich, nicht erforderlich, empfohlen). Die gleichen Auswertungen, die Sie im Block **Modifikationen** finden, existieren auch im Block **Kundeneigene Entwicklungen** auf Basis der im Einsatz befindlichen kundeneigenen Entwicklungen.

9.6 Change Impact Analysis

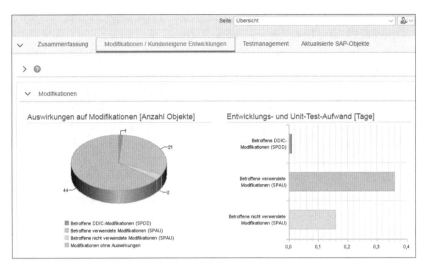

Abbildung 9.53 Überblick über die Modifikationen und kundeneigenen Entwicklungen

Im Abschnitt **Details – Modifikationen / Kundeneigene Entwicklungen**, den Sie über das Dropdown-Menü **Seite** erreichen, finden Sie sowohl für Ihre im Einsatz befindlichen Modifikationen als auch für Ihre kundeneigenen Entwicklungen tiefergreifende Informationen zur SEA-Analyse (siehe Abbildung 9.54).

Details

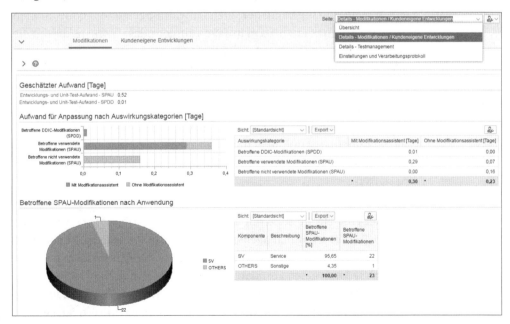

Abbildung 9.54 Detailsicht zu den Modifikationen und kundeneigenen Entwicklungen

553

> **[+] Überblicks- und Detailansicht verwenden**
>
> Um sich einen Überblick zu verschaffen und allgemeine Aussagen über Ihre Modifikationen und kundeneigenen Entwicklungen treffen zu können, reichen die Grafiken auf der Überblicksseite vollkommen aus. Da in der Detailsicht wesentlich mehr Informationen enthalten sind und die Inhalte granularer aufgegliedert sind, kann diese schnell verwirren. Nutzen Sie die Detailansicht erst, wenn Sie tiefergehende Informationen zu Ihren Objekten benötigen.

Testmanagement auswerten

Auf der dritten Registerkarte finden Sie den Bereich **Testmanagement** in der SEA-Auswertung, der größtenteils auf den Funktionen des Werkzeugs BPCA basiert (siehe Abschnitt 9.6.1). Nutzen Sie die Grafiken zum Testumfang und -aufwand, um eine generelle Aussage über die Testfälle treffen zu können (siehe Abbildung 9.55). Sie können damit entscheiden, welche einzelnen Tests Sie durchführen müssen, damit die Testabdeckung erreicht wird.

Im Block **Business Blueprint** können Sie den Einfluss der Änderungen auf Geschäftsszenarien, Geschäftsprozesse, Prozessschritte und ausführbare Objekte ablesen. Den Block **Testumfang und -aufwand mit TSO – vollständiger Umfang vs. Kundeneigene Entwicklungen und Modifikationen** verwenden Sie, um kundeneigene Objekte mit dem vollen Umfang abzugleichen. Dieser Vergleich wurde mit dem Hintergedanken eingeführt, sich beim Test nur auf die kundeneigenen Entwicklungen und Modifikationen konzentrieren zu können. Da man davon ausgeht, dass Prozesse, die nur die Standardfunktionen verwenden, fehlerfrei funktionieren, ist dieser Ansatz nicht immer hilfreich.

Testfallempfehlungen

Der Darstellung **Testfallempfehlungen** können Sie Ratschläge für das Neuanlegen oder eine Aktualisierung Ihrer manuellen bzw. automatischen Tests entnehmen. Die Kategorie **Ersetzung durch neuen automatischen Test** gibt Ihnen Auskunft über die Möglichkeit, Ihre manuellen Testfälle zu automatisieren. Hierdurch können Sie den Testaufwand teilweise erheblich senken.

Wie im Bereich **Modifikationen / Kundeneigene Entwicklungen** existiert auch hier eine eigene Seite mit detaillierteren Informationen. Nutzen Sie die Seite **Details – Testmanagement**, um Anpassungen an den Parametern für den Testumfang vorzunehmen. Außerdem können Sie hier auf Basis der Analysedaten einen Testplan generieren. Diese Funktion ist vergleichbar mit der Testplangenerierung aus einer BPCA-Analyse heraus. Alle betroffenen Testfälle werden dabei automatisch in einen Testplan gepackt und bieten Ihnen eine optimale Ausprägung. Klicken Sie dazu auf **Testplan • Testplan generieren** (siehe Abbildung 9.56).

9.6 Change Impact Analysis

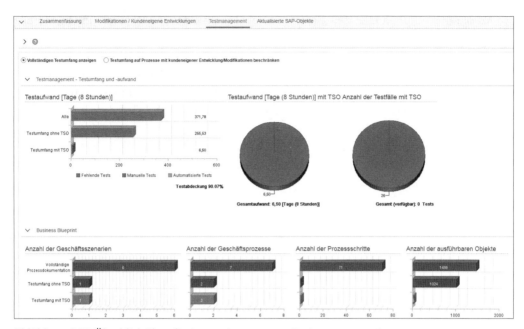

Abbildung 9.55 Überblick über die Auswertungen zum Testmanagement

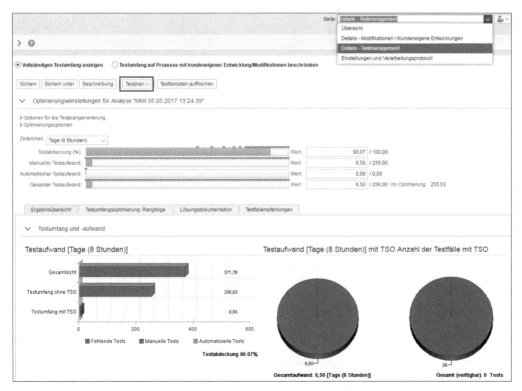

Abbildung 9.56 Details – Testmanagement

Aktualisierte SAP-Objekte

Auf der letzten Registerkarte **Aktualisierte SAP-Objekte** finden Sie alle Repository-Objekte, die mit dem SP oder dem EHP geändert werden (siehe Abbildung 9.57). Die erste Grafik zeigt die zehn Komponenten mit den meisten Objektänderungen. Nutzen Sie diese Auswertung, um sich einen Überblick darüber zu verschaffen, welche Anwendungskomponenten am meisten von den bevorstehenden Änderungen betroffen sind. In der zweiten Grafik sehen Sie die Anpassungen nach dem Objekttyp geordnet. Sie sehen hier bspw., wie viele Methoden oder Info-Objekte durch die Einspielung eines SP oder EHP verändert werden.

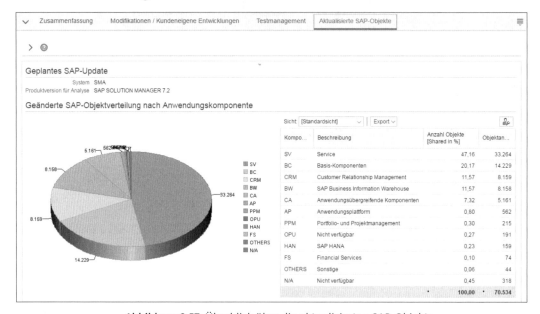

Abbildung 9.57 Überblick über die aktualisierten SAP-Objekte

Einstellungen und Verarbeitungsprotokoll

Nutzen Sie die Einstellungsmöglichkeiten auf der Seite **Einstellungen und Verarbeitungsprotokoll**, um die Durchschnittswerte des Anpassungsaufwands zu ändern. Die Zeiten für den Entwicklungs- und Testaufwand sind bereits standardmäßig hinterlegt. Sie müssen sich die Frage stellen, ob Sie den Standardwerten vertrauen. Haben Sie bereits aus anderen Projekten Erfahrungen diesbezüglich gesammelt und ein gewisses Know-how erworben, können Sie Ihre Werte in diesem Customizing hinterlegen.

[»] **Durchschnittswerte für Testaufwand**
Die Durchschnittswerte für den Testaufwand müssen Sie vor der Anlage einer SEA-Analyse hinterlegen. Im Nachgang können Sie diese nicht mehr ändern, da sonst die komplette Analyse neu gestartet werden müsste.

Kapitel 10
Technischer Betrieb

Dieses Kapitel gibt Ihnen das nötige Wissen an die Hand, um den reibungslosen Betrieb Ihrer Systemlandlandschaft sicherstellen zu können.

Mit Zunahme der Digitalisierung betriebswirtschaftlicher und logistischer Prozesse und der damit verbundenen wachsenden Komplexität und Menge der zu verarbeitenden Daten fällt es Unternehmen immer schwerer, einen Überblick über ihre IT-Systemlandschaften und die sich darin abspielenden Geschäftsvorfälle und Prozesse zu behalten. IT-Administratoren müssen sich dem Problem von schnell veraltenden Softwarelösungen und dem damit verbundenen Aufwand bei Einführungen und Wartungen stellen. Um dem steigenden Aufwand entgegenzuwirken, werden mit dem SAP Solution Manager 7.2 neue und verbesserte technische und organisatorische Funktionen zur Verfügung gestellt.

SAP-Lösungen lassen sich in drei Teilbereiche des Betriebs unterteilen: **Teilbereiche des Betriebs**

- Infrastruktur
- Anwendungen
- Geschäftsprozesse

Treibende Kraft für alle technischen Umsetzungen sind immer das Geschäft und die damit verbundenen Geschäftsvorfälle. Kommt eine Anforderung aus einer Geschäftseinheit, muss die IT-Abteilung zusammen mit der entsprechenden Geschäftseinheit ein Konzept zur technischen Umsetzung erarbeiten. Dieses Konzept muss u. a. die entsprechenden Anwendungs- und Datenbankserver, die Betriebssysteme und letztendlich die darauf laufenden SAP- bzw. Nicht-SAP-Anwendungen berücksichtigen.

Der eigentliche Prozess des technischen Betriebs (*Application Operations*) beginnt mit der Überwachung der Systeme. Diese soll möglichst automatisiert geschehen und ganzheitlich stattfinden, also von der Hardware über die Ebene der Betriebssysteme bis hin zur Anwendung alle beteiligten Ebenen berücksichtigen. Ein Fehlerfall lässt sich über die Definition bestimmter Schwellenwerte für einen überwachten Parameter festlegen. Werden diese Werte über- bzw. unterschritten, soll eine Benachrichtigung ausgelöst **Monitoring und Alerting** werden. Um die Anzahl dieser Benachrichtigungen nicht ausufern zu lassen, werden diese im SAP Solution Manager zu sogenannten *Alerts* zusammengefasst. Diese können dann zielgerichtet über einen oder mehrere Kanäle an den passenden Empfängerkreis weitergeleitet werden. Der SAP Solution Manager kann durch das Bereitstellen von Detailinformationen und passenden Auswertungen bei der Analyse, der Lösung des eigentlichen Problems und der Optimierung des gesamten technischen Betriebs unterstützen.

Die einzelnen Funktionen des technischen Betriebs und auch die Neuerungen, die die neue Version 7.2 des SAP Solution Managers mit sich bringt, beleuchten wir in den folgenden Abschnitten. Sie erhalten zunächst einen Überblick über die Möglichkeiten des technischen Monitorings. Die wichtigsten Monitoring-Varianten werden anschließend näher erläutert.

10.1 Einheitliche User Experience im SAP Solution Manager 7.2

Das Ziel eines Monitorings ist, Störfälle und Probleme schnell zu erkennen und an die zuständigen Personen weiterzugeben, um diese im Anschluss möglichst zeitnah beheben zu können. Im SAP Solution Manager gibt es eine Vielzahl von Monitoring-Applikationen, die von SAP sukzessive erweitert werden. In älteren Versionen des SAP Solution Managers gab es für fast jede Applikation eine eigene Oberfläche und ein eigenes Bedienkonzept. Die Oberflächen basierten zumeist auf den bekannten, recht schwerfälligen Work Centern. Diese breite Palette an Bedien- und Übersichtsmöglichkeiten hat es dem Anwender erschwert, schnell und direkt auf verschiedenste Probleme und Störungen zu reagieren.

Verbesserte User Experience

Mit Version 7.2 des SAP Solution Managers hat SAP ein für alle Monitoring-Applikationen einheitliches User-Experience-Konzept umgesetzt. Der grobe Aufbau und die Bedienung wurden dem SAP-Fiori-Konzept angeglichen und mithilfe der SAPUI5-Technologie ansprechend dargestellt. Als Basis für alle Applikationen steht nun die *Unified OCC Shell* (UOS) bereit. Diese stellt den standardisierten Aufbau der Monitoring-Applikationen sicher.

Als zentraler Einstieg dient auch hier das *SAP Solution Manager Launchpad* (Transaktion: SM_WORKCENTER). Von hier aus können Sie direkt in die gewünschte SAPUI5-Applikation abspringen (siehe Abbildung 10.1).

10.1 Einheitliche User Experience im SAP Solution Manager 7.2

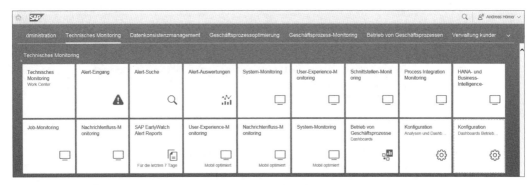

Abbildung 10.1 Über das SAP Solution Manager Launchpad einsteigen

Jede Applikation kann durch individuelle Einstellungen personalisiert werden. Durch einen Klick auf **Personalisierung** in der senkrechten Leiste am rechten Bildrand können Sie bspw. eigene Registerkarten mit den entsprechenden Systemen und Monitoring-Objekten erstellen, wie in Abbildung 10.2 gezeigt. Hier wurde z. B. der *Alert Ticker*, der eine Übersicht über aktuelle Monitoring-Alerts bietet, mit eingeblendet.

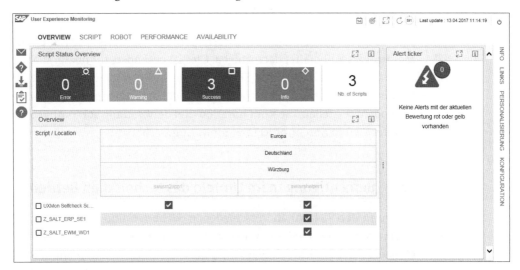

Abbildung 10.2 Einheitliche Monitoring-Oberflächen

Darüber hinaus können Sie die Konfiguration einzelner Metriken jetzt direkt in der Metrikansicht ändern. Selektieren Sie hierfür das gewünschte System, und navigieren Sie zur gewünschten Metrik. Klicken Sie auf den Namen der Metrik und anschließend im Übersichtsfenster auf **Konfiguration ändern**, woraufhin sich das in Abbildung 10.3 zu sehende Fenster öffnet. Hier können Sie bspw. Anpassungen an den Schwellenwerten vornehmen.

Metriken konfigurieren

559

10 Technischer Betrieb

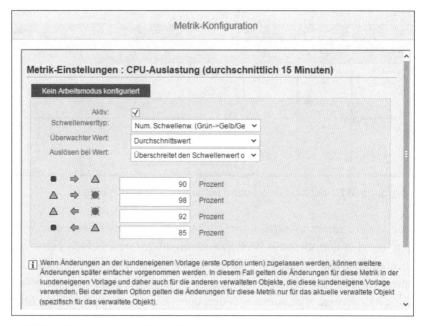

Abbildung 10.3 Metrikkonfiguration anpassen

Einheitliche Dashboards

Es ist ebenfalls möglich, auf einem Dashboard aktuelle Daten und Fakten des Monitorings aufbereitet darzustellen. Dies ist besonders für übergreifende Anwendungsfälle interessant. Sie können entweder weiterhin Dashboards für nur eine spezielle Applikation wählen oder anwendungsübergreifende Dashboards erstellen. Die Konfiguration und Verwendung von Dashboards erläutern wir in Abschnitt 10.12, »Monitoring-Dashboards«.

10.2 Berechtigungen im Umfeld des technischen Betriebs

Aufgrund der Vielzahl an verschiedenen Szenarien und der zahlreichen Integrationsmöglichkeiten mit anderen Funktionen des SAP Solution Managers sind Berechtigungen im technischen Betrieb ein sehr komplexes Thema. Generell sieht SAP für die meisten Szenarien zwei Standardrollen vor. Dabei handelt sich um eine First- und eine Second-Level-Benutzerrolle. Diese listen wir in den folgenden Tabellen beispielhaft für das System-Monitoring auf.

First-Level-Benutzerrolle

Die First-Level-Benutzerrolle deckt alle benötigten Berechtigungen für die Nutzungsszenarien eines klassischen First-Level-Support-Mitarbeiters ab. Dieser nimmt in der Regel Probleme auf und bearbeitet diese in einfachen Fällen oder leitet Sie in schwierigeren Fällen an das nächste Support-Level

10.2 Berechtigungen im Umfeld des technischen Betriebs

weiter. SAP stellt hierfür die Sammelrolle `SAP_SM_L1_COMP` bereit, die die in Tabelle 10.1 aufgeführten Einzelrollen enthält.

Technischer Rollenname	Bezeichnung
SAP_SM_SYM_LEVEL01	System, Datenbank, Host-Monitoring: erste Ebene
SAP_SMWORK_TECH_MON	Work Center: System- und Anwendungsüberwachung
SAP_SYSTEM_REPOSITORY_DIS	Anzeige System-Repository-Objekt
SAP_SUPPDESK_CREATE	Rolle für Help Desk – Ersteller
SAP_NOTIF_ADMIN	Benachrichtigungsverwaltung – volle Berechtigung
SAP_SM_BP_DISPLAY	Geschäftspartner und Produkte in SM (Anzeiger)
SAP_SM_FIORI_LP_EMBEDDED	SAP Solution Manager Launchpad

Tabelle 10.1 Einzelrollen zur Sammelrolle SAP_SM_L1_COMP

Von der Second-Level-Benutzerrolle werden viele tiefergehende Berechtigungen, die zur Fehleranalyse benötigt werden, abgedeckt. Die Sammelrolle hat den Namen `SAP_SM_L2_COMP` und besteht aus den in Tabelle 10.2 aufgeführten Einzelrollen.

Second-Level-Benutzerrolle

Technischer Rollenname	Bezeichnung
SAP_SM_SYM_LEVEL02	System, Datenbank, Host-Monitoring: zweite Ebene
SAP_SMWORK_TECH_MON	Work Center: System- und Anwendungsüberwachung
SAP_SMWORK_DIAG	Work Center: Ursachenanalyse
SAP_SYSTEM_REPOSITORY_DIS	Anzeige System-Repository-Objekt
SAP_RCA_DISP	Ursachenanalyse (Anzeigeberechtigung)
SAP_SUPPDESK_CREATE	Rolle für Help Desk – Ersteller
SAP_NOTIF_ADMIN	Benachrichtigungsverwaltung – volle Berechtigung

Tabelle 10.2 Einzelrollen zur Sammelrolle SAP_SM_L2_COMP

Technischer Rollenname	Bezeichnung
SAP_SM_DASHBOARDS_DISP_ALM	Solution Manager: BI-Reporting – ALM-Dashboard-Anzeige
SAP_SM_MAI_REPORTING	BI-Reporting: Monitoring und Alerting
SAP_SM_BP_DISPLAY	Geschäftspartner und Produkte in SM (Anzeiger)
SAP_SM_FIORI_LP_EMBEDDED	SAP Solution Manager Launchpad
SAP_DBA_DISP	DBA Cockpit – Berechtigung anzeigen
SAP_BI_E2E_SM	SAP Solution Manager/E2E-Berechtigungen – SM
SAP_SM_BI_DISP	Anzeige Benutzer: BW-Auswertungen

Tabelle 10.2 Einzelrollen zur Sammelrolle SAP_SM_L2_COMP (Forts.)

Security Guide prüfen

Für nähere Informationen zu den bereitgestellten Rollen jedes einzelnen Szenario und den dazugehörigen Berechtigungen empfiehlt es sich, die jeweils passende Version des Security Guides von SAP anzuschauen. Diesen finden Sie im SAP Support Portal (*https://support.sap.com/en/index.html*) unter **Service Marketplace** • **Products** • **Installation & Upgrade Guides** • **SAP Components** • **SAP Solution Manager** • **Release 7.2** im Bereich **Operation**.

10.3 Architektur der Monitoring and Alerting Infrastructure

Mit Release 7.1 des SAP Solution Managers wurde die sogenannte *Monitoring and Alerting Infrastructure* (MAI) eingeführt. Diese neue Infrastruktur basiert in Ihrem Kern auf einer bereits im SAP Solution Manager 7.0 EHP 1 etablierten Architektur namens *End-to-End Diagnostics*. Ein großer Unterschied zwischen den beiden Versionen ist, dass die Komponenten von End-to-End Diagnostics wie die Diagnostics Agents oder der CA Wily Introscope Enterprise Manager nicht länger nur für die Ursachenanalyse von Bedeutung sind, sondern auch Hauptbestandteil der MAI sind.

10.3 Architektur der Monitoring and Alerting Infrastructure

Bevor Sie mit der Einrichtung des technischen Monitorings beginnen können, müssen bestimmte Voraussetzungen erfüllt sein (siehe auch Abschnitt 3.3, »Verwaltete Systeme konfigurieren«). Unter anderem sind das:

- die Installation von aktuellen Diagnostics Agents und SAP-Host-Agenten auf allen für das Monitoring relevanten Hosts, auf denen die SAP-Komponenten bzw. die verbundenen Satellitensysteme installiert sind und überwacht werden sollen
- die Installation und Konfiguration des CA Wily Introscope Enterprise Managers
- die Registrierung der verbundenen Satellitensysteme im System Landscape Directory (SLD) und die anschließende grundlegende Konfiguration der verwalteten Systeme im SAP Solution Manager

Voraussetzungen

Während die verwalteten Systeme mithilfe einer Setuproutine mit dem SAP Solution Manager verbunden werden, werden auch weitere Elemente der MAI eingerichtet:

- die Installation sowie Implementierung der Adapter (*Introscope Host Adapter* und *Introscope Byte Code Adapter*)
- die Einplanung von Extraktoren im Extractor Framework (EFWK)
- die Ausführung des Datenbanksetups

Erst wenn Sie Ihren SAP Solution Manager, wie in Kapitel 3, »Grundkonfiguration«, beschrieben, vollständig konfiguriert haben, steht Ihnen eine voll funktionsfähige Infrastruktur für Ihr Monitoring zur Verfügung.

Die MAI verwendet für die Datensammlung von den angeschlossenen Systemen verschiedene Quellen. Dies sind die sogenannten Datenlieferanten (*Data Provider*). Sie sammeln periodisch Daten ein und senden diese an das SAP-Solution-Manager-System. Diese Werte (auch *Metriken* genannt) werden zunächst mit dem *Data Provider Connector* bearbeitet.

Datenlieferanten

Der Data Provider Connector hat grundsätzlich zwei Aufgaben. Zum einen legt er die gelieferten Daten in einem Speicher des angeschlossenen SAP Business Warehouses (BW) ab. Dies ist deshalb so wichtig, weil diese Daten später für das Reporting wiederverwendet werden. Zum anderen leitet er die gesammelten Metrikwerte an die *Event Calculation Engine* weiter. Diese speichert die Daten wiederum im sogenannten *Metrik- und Ereignis-Store* als Ereignisse, die später in den Monitoring-Applikationen zur Verfügung gestellt werden, ab. Gleichzeitig werden die Daten an den *Alert Consumer Connector* gesendet. Hier werden generierte Alerts im *Alert-Store* gespeichert.

Event Calculation Engine

10.3.1 Datenlieferanten

Datenlieferantentypen

Die Datenlieferanten sind, wie bereits erwähnt, für das Sammeln von Informationen zur Erstellung von Metrikwerten zuständig. Da es im SAP-Umfeld viele verschiedene Komponenten gibt, existieren auch unterschiedliche Typen von Datenlieferanten. Auf einer ersten Ebene ergeben sich die zwei folgenden Arten:

- **Push Data Provider**
  Push Data Provider liefern Daten von externen Quellen, z. B. Daten, die vom Diagnostics Agent oder dem CA Wily Introscope Enterprise Manager kommen. Diese werden dann an das SAP-Solution-Manager-System gesendet.

- **Pull Data Provider**
  Pull Data Provider liefern die Daten direkt aus dem SAP-Solution-Manager-System oder übermitteln aktiv die Daten nach einer Anfrage.

Verfügbare Datenlieferanten

In Tabelle 10.3 sehen Sie eine Übersicht der vorhandenen Datenlieferanten.

Name des Datenlieferanten	Beschreibung
RFC Pull: ST-PI	sammelt Daten aus dem lokalen Computing Center Management System (CCMS) der ABAP-Systeme
RFC Pull: ST	sammelt Daten aus dem SAP-EarlyWatch-Alert-Bericht
RFC Pull: ST-BW	liest Daten aus InfoCubes in SAP BW
RFC Pull: DBMS	sammelt Daten aus der Datenbank
Push Introscope	sammelt J2EE-Metriken aus Java-Systemen
Push Diagnostics Agent	sammelt Betriebssystemdaten über den Datenkollektor SAPOSCOL

Tabelle 10.3 Datenlieferanten

10.3.2 Extractor Framework

Das *Extractor Framework* (EFWK) des SAP Solution Managers ist eine Engine zur Datenbeschaffung. Es wird z. B. eingesetzt, um Daten von den genannten Datenlieferanten aktiv einzusammeln oder – je nach Typ des Datenlieferanten – entgegenzunehmen. Mithilfe dieses Frameworks werden die Daten später in die InfoCubes des SAP BW des SAP Solution Managers geschrieben. Ebenfalls vom Extractor Framework wird die Speicherung der Daten in der *Konfigurations- und Änderungsdatenbank* (Configuration and Change Database, CCDB) verantwortet, die die Entwicklungen und Änderungen in der gesamten SAP-Systemlandschaft enthält. Das Extractor Framework ist somit für die Datensammlung und -verarbeitung sowie für die spätere Ablage der Daten im SAP Solution Manager unverzichtbar.

In aller Regel erfolgt die Verarbeitung der Daten in vier Schritten:

1. Die *Extraktoren* werden in regelmäßigen Zeitabständen auf dem SAP Solution Manager System gestartet. Diese werden für jedes System während der Anbindung der SAP-Systeme an den SAP-Solution-Manager definiert und aktiviert. Art und Anzahl der Extraktoren für jedes System hängen von der Art des technischen Systems ab. Die Extraktoren bei einem SAP-ERP-System und einem reinen SAP-NetWeaver-System können sich deutlich unterscheiden.

   Nach der Anbindung eines Systems an den SAP Solution Manager erfolgt ein initialer Extraktorlauf, bei dem initial die gesamten Daten für die CCDB gesammelt und in dieser abgelegt werden. Alle Extraktorläufe danach laufen nur noch im sogenannten *Deltamodus*. Das heißt, dass nur noch Änderungen in die entsprechenden Datenbanktabellen geschrieben werden.

2. Auf dem SAP Solution Manager wird stündlich ein Extraktor ausgeführt, der die Daten in der CCDB prüft und anschließend mit den entsprechenden Änderungen, die zwischenzeitlich gesammelt wurden, verdichtet. Diese Daten werden dann wiederum in InfoCubes des SAP BW im SAP Solution Manager abgelegt.

3. Durch regelmäßige Hintergrundprozesse werden die Daten in den InfoCubes des SAP BW noch weiter verdichtet.

4. Nun können die gesammelten Daten in den verschiedensten Anwendungen des SAP Solution Managers verwendet werden. Eine entsprechende Oberfläche, mit der Sie die wichtigsten Informationen zu Softwareänderungen innerhalb der CCDB übersichtlich einsehen können, wird z. B. von der End-to-End-Änderungsanalyse bereitgestellt.

Verarbeitung der Daten in vier Schritten

Das Extractor Framework ist daher eines der Kernelemente des SAP Solution Managers. Abbildung 10.4 zeigt einen Ausschnitt aus der Übersicht der aktuell gültigen Extraktoren. Diese Administrationsübersicht können Sie im SAP Solution Manager Launchpad über die Kachel **Extraktoren – Verwaltung** erreichen.

Administrationsübersicht

Sollten Ihnen in einer Monitoring-Applikationen keine Daten angezeigt werden, empfiehlt es sich, einen Blick in die Extraktorverwaltung zu werfen. Denn eine ausbleibende Datenanzeige kann immer ein Indiz dafür sein, dass etwaige Extraktoren nicht richtig funktionieren.

10 Technischer Betrieb

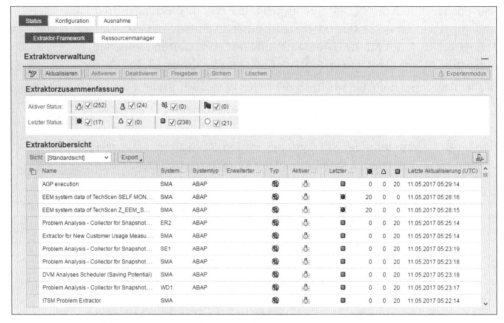

Abbildung 10.4 Extraktorverwaltung

> **Weitere Informationen zum Extractor Framework**
> Für die Fehlerrecherche ist auch das eigens aufgebaute SAP-Wiki für das Extractor Framework eine gute Anlaufstelle. Sie erreichen es unter dem folgenden Link: *http://s-prs.de/v561536*

10.3.3 Alert-Eingang

Der *Alert-Eingang* ist eine zentrale Applikation, in der sämtliche Alarme, die generiert werden, gesammelt und dem Benutzer zentral zur Verfügung gestellt werden. Sie wird daher auch als *Unified Alert Inbox* bezeichnet.

Hauptbereiche des Alert-Eingangs

Dieser Alert-Eingang teilt sich in drei Hauptbereiche auf.

- Alert-Typensicht
- Alert-Gruppensicht
- Alert-Detailsicht

Sobald Sie über das Work Center **Technische Administration** die Applikation des Alert-Eingangs starten, sehen Sie die Ansicht aus Abbildung 10.5. Im oberen Bildschirmbereich stehen Ihnen verschiedene Abfragen zur Verfügung. Neben den von SAP vordefinierten Abfragen können Sie auch eigene Abfragen für die Systeme, für die Sie verantwortlich sind, definieren. In die-

10.3 Architektur der Monitoring and Alerting Infrastructure

sen Abfragen werden sämtliche aufkommende Alerts, inklusive aktueller und kritischer Status, zusammengefasst.

Abbildung 10.5 Einstiegsseite des Alert-Eingangs

Sobald Sie einen Alert auswählen, erscheint im unteren Bildschirmbereich die Alert-Gruppensicht. Um die Anzahl an auftretenden Alerts bzw. die dazugehörigen Benachrichtigungen zu verringern, werden Alerts in den meisten Fällen zu einer Gruppe gebündelt. Sobald ein Alert zum selben Ereignis gehört und denselben Status aufweist, wird er einer Gruppe zugeordnet. In der Gruppensicht sehen Sie dann – einzeln aufgelistet – alle zu einer Gruppe gehörenden Alerts. Wie das im Echtbetrieb aussieht, zeigt Abbildung 10.6.

Alert-Gruppensicht

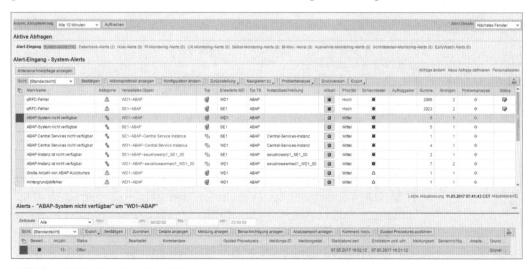

Abbildung 10.6 Alert-Gruppensicht

Die Detailinformationen zu einem Alert sehen Sie In Abbildung 10.7. Diese Sicht ist somit auch der tiefste Drill-down für einen Alert. Von hier starten

Alert-Detailansicht

Sie in aller Regel mit der Detailanalyse eines Alerts. Um in diese Sicht zu gelangen, müssen Sie einen Alert markieren und auf die Schaltfläche **Details Anzeigen** klicken.

In der Detailansicht stehen Ihnen verschiedene Werkzeuge wie der Analysereport oder der Metrikmonitor zur Analyse bereit. Der *Analysereport* erstellt eine HTML-Datei mit Informationen zu dem gewählten Alert. Aktuelle Informationen zu der jeweiligen Metrik erhalten Sie vom *Metrikmonitor*. Zudem haben Sie hier die Möglichkeit, sogenannte *Guided Procedures* zu starten. Guided Procedures sind definierte Arbeitsabfolgen, die man für häufig auftretende bzw. wiederkehrende Alerts verwenden kann. In Abschnitt 10.9.5, »Guided Procedure Management«, gehen wir näher auf die Verwendung und Erstellung von Guided Procedures ein. Eine weitere Möglichkeit ausgehend von der Detailansicht besteht darin, für weitere Fehleranalysen verschiedene Transaktionen direkt auf dem Satellitensystem zu starten.

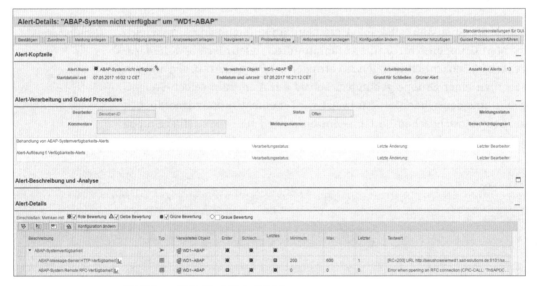

Abbildung 10.7 Alert-Detailsicht

Außerdem haben Sie die Option, aus einem Alert direkt einen Incident im IT-Servicemanagement des SAP Solution Managers anzulegen (siehe Abbildung 10.8). Allerdings muss hierfür das IT-Servicemanagement in Ihrem SAP Solution Manager konfiguriert sein. Weiterhin können Sie auch direkt eine Benachrichtigung per E-Mail versenden oder dem Alert einen Kommentar hinzufügen. Möchten Sie den Alert einem bestimmen Benutzer zuweisen, der sich anschließend um die Bearbeitung kümmern soll, nutzen Sie die Schaltfläche **Zuordnen**. Dieser Benutzer wird wiederum per E-Mail informiert.

10.3 Architektur der Monitoring and Alerting Infrastructure

Neu im SAP Solution Manager 7.2 ist die Applikation der Alert-Suche (siehe Abbildung 10.9). Diese erreichen Sie ebenfalls im SAP Solution Manager Launchpad über die Anwendung **Technisches Monitoring**. Hier können Sie auf Basis verschiedener Selektionskritierien nach vergangenen und vorhanden Alerts suchen.

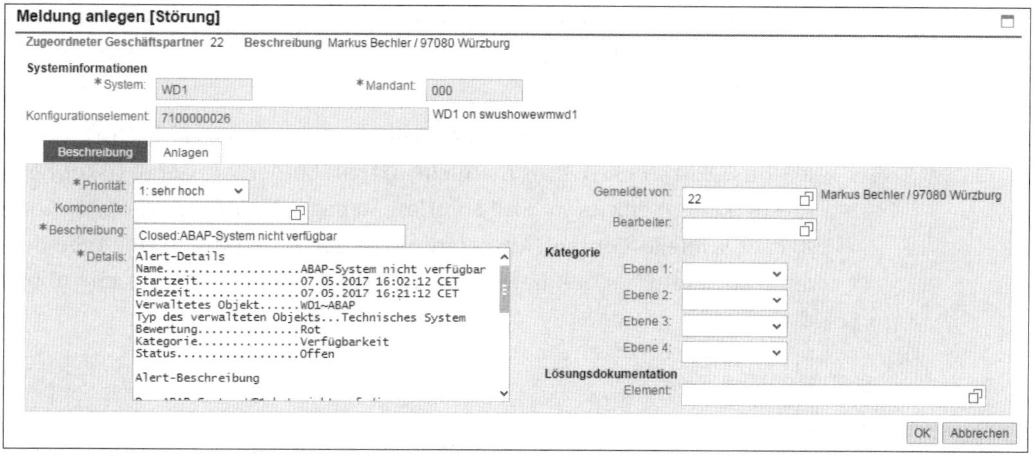

Alert-Suche

Abbildung 10.8 Integration in das IT-Servicemanagement

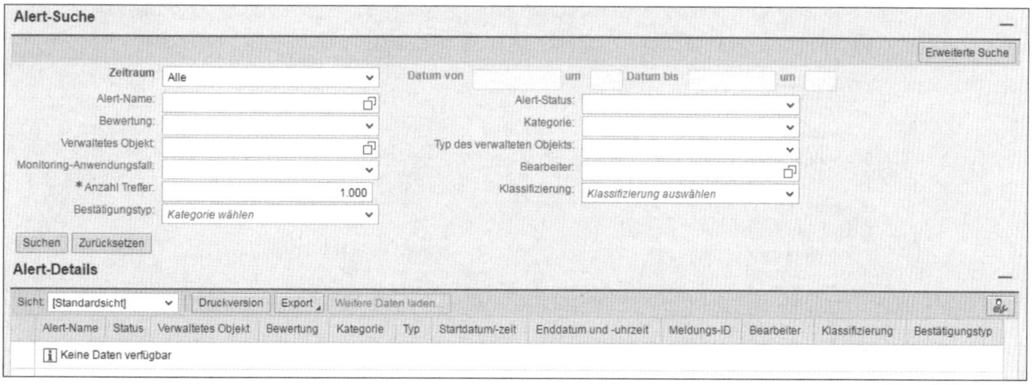

Abbildung 10.9 Alert-Suche

Der Alert-Eingang ist somit das Mittel der Wahl, wenn Sie den operativen Betrieb sicherstellen möchten. Wir empfehlen Ihnen, den Alert-Eingang am besten auf einem zentralen Monitor oder in einem Dashboard, mit dem die Mitarbeiter in Ihren verschiedenen Service-Organisationen arbeiten, darzustellen. Ein Konzept, das exakt diese Konstellation vorsieht, wird von SAP unter dem Namen *Operations Control Center* (OCC) vermarktet. Nähere Informationen hierzu finden Sie unter folgendem Link: *http://s-prs.de/v561537*

Operations Control Center

10.3.4 Rapid Content Delivery

Schnelle Content-Auslieferung

Die sogenannte *Rapid Content Delivery* (RCD) oder auch *schnelle Content-Auslieferung* wurde bereits mit dem SAP Solution Manager 7.1 eingeführt. Mit Version 7.2 wurde die Einrichtung vereinfacht und weiter verbessert. Es handelt sich hierbei um eine Funktion, mit der Inhalte für verschiedene Szenarien im SAP Solution Manager 7.2 automatisiert heruntergeladen werden. Hierzu zählt bspw. das Technische Monitoring oder das Guided Procedure Framework.

Die Einrichtung der Rapid Content Delivery erfolgt mittlerweile mit Transaktion SOLMAN_SETUP als manuelle Aktivität innerhalb der Basiskonfiguration. Zudem gibt es im SAP Solution Manager Launchpad die SAP-Fiori-Kachel **Schnelle Content-Auslieferung**. In der Anwendung sehen Sie den aktuellen Status zu den heruntergeladenen Content-Paketen (siehe Abbildung 10.10).

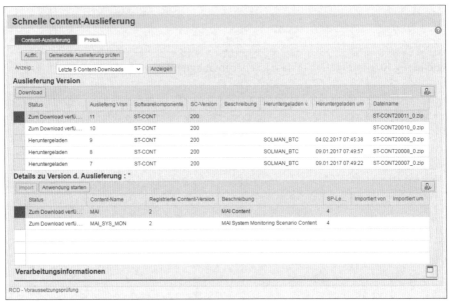

Abbildung 10.10 Schnelle Content-Auslieferung

10.4 Technisches Monitoring

Seit Einführung der MAI als neue Möglichkeit zur technischen Überwachung von Systemlandschaften im SAP Solution Manager 7.1 wurde dieser Bereich mit jedem Update immer weiter ausgebaut und stabilisiert. In diesem Abschnitt erfahren Sie, was hinter dem Begriff *technisches Monitoring* steckt und wie Sie es am besten einsetzen.

10.4 Technisches Monitoring

Das technische Monitoring bietet eine Reihe von produktspezifischen Werkzeugen. Folgende Szenarien werden vom SAP Solution Manager 7.2 abgedeckt:

Szenarien

- Selbst-Monitoring
- System-Monitoring
- User-Experience-Monitoring
- Job-Monitoring
- IT-Infrastruktur-Monitoring
- Notfall-Monitoring
- Cloud-Monitoring
- Integrations-Monitoring
- SAP-HANA- und BI-Monitoring

In Abschnitt 10.4.8 wird die Konfiguration des Alertings für die einzelnen Monitoring-Szenarien einmal zentral für all diese Szenarien beschrieben.

10.4.1 Selbst-Monitoring

Die Aufgabe des SAP Solution Managers bzw. der MAI ist, einen möglichst stabilen und fehlerfreien Betrieb Ihrer Systemlandschaft sicherzustellen. Dabei ergibt sich natürlich die Frage, wie das überwachende System eigentlich selbst überwacht wird.

Eine Antwort darauf stellt das *Selbst-Monitoring* bereit. Die Selbstüberwachung des SAP Solution Managers ist in drei verschiedene Bereiche aufgeteilt:

Bereiche des Selbst-Monitorings

- Monitoring des SAP-Solution-Manager-Systems
- Selbstüberwachung der verwalteten Systeme
- Überwachung der MAI und anderer zentraler Funktionen

Voraussetzungen und Vorbereitung

Um das Selbst-Monitoring zu konfigurieren, öffnen Sie Transaktion SOLMAN_SETUP und navigieren zum Bereich **Application Operations • Selbst-Monitoring**. Die Einrichtung jedes Monitoring-Szenarios bedarf einiger vorbereitender Schritte, der sogenannten *Konfiguration der Infrastruktur*. Diese Schritte sind in allen Szenarien sehr ähnlich (siehe Abbildung 10.11).

Konfiguration der Infrastruktur

Abbildung 10.11 Infrastruktur konfigurieren

10 Technischer Betrieb

Zunächst müssen diverse Voraussetzungen automatisiert geprüft werden. Anschließend erfolgen sowohl einige manuelle als auch viele automatisierte Konfigurationsschritte wie das Einplanen von Aufgaben und das Erstellen verschiedener Benutzer im System. Genaue Informationen zu diesen Aktionen finden Sie unter dem jeweiligen Schritt in der geführten Prozedur in Transaktion SOLMAN_SETUP.

Content aktualisieren

Wie bei fast jedem Monitoring ist es auch hier wichtig, den *SAP-Content* zu aktualisieren (Schritt **2.7 Content aktualisieren**). Dieser enthält wichtige Informationen, Metriken, Vorlagen und weitere Inhalte für das jeweilige Monitoring.

Übersicht konfigurieren

Fahren Sie nun mit Schritt **3 Übersicht konfigurieren** fort. Hier wird Ihnen im unteren Bereich zunächst eine Übersicht ausgegeben, in der alle verfügbaren Metriken und Alerts nach technischen Komponenten gruppiert angezeigt werden. SAP schlägt Ihnen hierbei eine voreingestellte Auswahl an sinnvollen Metriken vor, die dem Zweck der Selbstüberwachung dienen (siehe Abbildung 10.12).

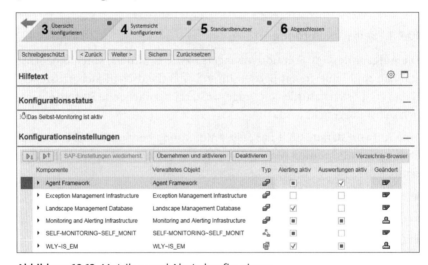

Abbildung 10.12 Metriken und Alerts konfigurieren

Möchten Sie im Fehlerfall einer bestimmten Metrik benachrichtigt werden, können Sie diese Metrik anwählen und im weiter unten angezeigten Abschnitt **Konfigurationsdetails** das Alerting bzw. die automatische Anlage einer Meldung im IT-Servicemanagement konfigurieren (siehe Abschnitt 10.4.8).

Systemsicht konfigurieren

In Schritt **4 Systemsicht konfigurieren** müssen Sie nun festlegen, was genau für die verwalteten Systeme überwacht werden soll. Hierfür arbeitet SAP mit Vorlagen. Diese müssen Sie, wie in Abbildung 10.13 zu sehen, für das jeweilige System im Drop-down-Menü auswählen und anschließend mit einem Klick auf **Übernehmen und Aktivieren** aktivieren.

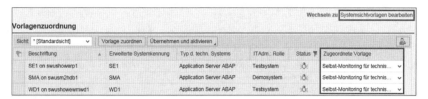

Abbildung 10.13 Vorlagen zuordnen

Sie haben die Möglichkeit, die von SAP ausgelieferten Vorlagen zu bearbeiten. Klicken Sie hierfür in der genannten Sicht auf **Systemsichtvorlagen bearbeiten**. Dort haben Sie nun die Möglichkeit, eine eigene Vorlage zu erstellen. Klicken Sie dazu auf **Kundendefinierte Vorlage erstellen**, und benennen Sie diese. Im Abschnitt **Vorlagendetails** können Sie jetzt die Metriken und Alerts anpassen. Löschen Sie nicht benötigte Metriken, fügen Sie kundeneigene Beschreibungen ein oder passen Sie die Schwellenwerte für die Bewertung Ihren Wünschen entsprechend an (siehe Abbildung 10.14).

Kundendefinierte Vorlagen erstellen

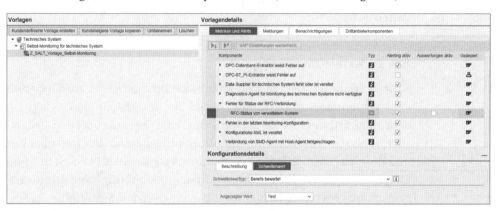

Abbildung 10.14 Kundeneigene Vorlage erstellen und bearbeiten

Speichern Sie die Vorlage nach abgeschlossener Bearbeitung, und kehren Sie mit einem Klick auf **Wechseln zu Vorlagen übernehmen und Aktivieren** wieder zum Ausgangsbild zurück. Ordnen Sie dort nun die geänderte Vorlage zu, und aktivieren Sie diese erneut.

Mit dem Selbst-Monitoring arbeiten

Um das eingerichtete Monitoring auszuwerten, öffnen Sie im SAP Solution Manager Launchpad die Kachel **Selbst-Monitoring**. Hier werden Ihnen die von Ihnen definierten Metriken mit ihren jeweils aktuellen Status angezeigt (siehe Abbildung 10.15).

Monitoring-Applikation aufrufen

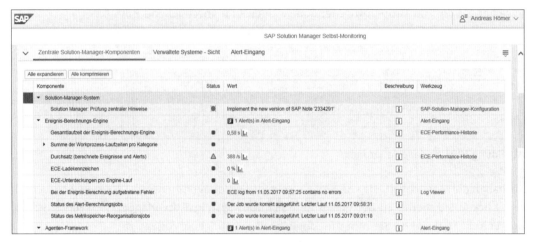

Abbildung 10.15 Statusmeldungen des Selbst-Monitorings

Darüber hinaus werden Ihnen direkt Werkzeuge und Hinweise zur Lösung eines potenziellen Alerts mit an die Hand gegeben. Mit einem Klick auf den Wert einer Metrik können Sie sich den Verlauf der Messungen grafisch darstellen lassen.

10.4.2 System-Monitoring

Unserer Erfahrung nach ist das System-Monitoring eine der am häufigsten eingesetzten Monitoring-Varianten. Das Ziel des System-Monitorings ist, dem Administrator bzw. Verantwortlichen eine Übersicht über den Zustand aller technischen Systeme mit ihren zugehörigen Instanzen, Datenbanken und Hosts zu geben. Nicht-SAP-Systeme sind genauso wie SAP-Systeme und Datenbanken aller Art Bestandteil des System-Monitorings. Neben Informationen zum generellen Zustand eines Systems erhalten Sie mithilfe des System-Monitorings ebenfalls Informationen zur Performance Ihrer Systeme. Durch diese Überwachung können Probleme und drohende Ausfälle zeitnah automatisiert erkannt und gemeldet werden.

Monitoring von SAP HANA

Der SAP Solution Manager 7.2 bietet Ihnen die Möglichkeit, sämtliche Alerts aus dem SAP HANA Studio und dem Datenbankadministrations-Cockpit (DBA Cockpit) sowie der darunter liegenden Hardware aufzufangen und zu verteilen. Das DBA Cockpit stellt Ihnen alle Alert-, Wartungs- und Reportingfunktionen für SAP-Datenbanken zentral im SAP-Solution-

> Manager-System zur Verfügung. Wie auch bei anderen System-Monitoring-Szenarien werden Vorlagen mit definierten Metriken bereitgestellt. Diese Metriken decken alle relevanten Teilbereiche wie Verfügbarkeits- und Performancedaten, Ausnahmen sowie Konfigurations- und Selbstüberwachungs-Alerts ab.

Voraussetzungen und Vorbereitung

Damit Sie das System-Monitoring nutzen können, müssen Sie zunächst einige vorbereitende Schritte in Transaktion SOLMAN_SETUP durchführen. Die Konfiguration für das System-Monitoring finden Sie dort unter dem Punkt **Application Operations • System-Monitoring** (siehe Abbildung 10.16).

Konfiguration

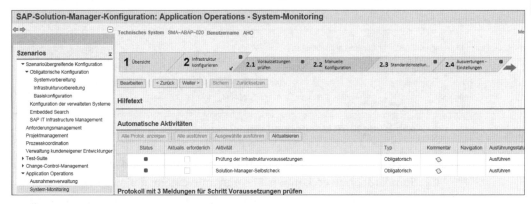

Abbildung 10.16 System-Monitoring vorbereiten

Im ersten Schritt muss, wie bereits für das Selbst-Monitoring im vorangehenden Abschnitt beschrieben, die Monitoring-Infrastruktur konfiguriert werden. Hierzu dienen u. a. die Durchführung einer automatischen Prüfung der Voraussetzungen sowie die Definition einiger Standards hinsichtlich der automatischen Anlage von Meldungen und dem Einplanen von periodischen Aufgaben.

In Schritt **2.6 Arbeitsmoduseinstellungen** lässt sich auf globaler Ebene festlegen, bei welchem Arbeitsmodus die Überwachung aktiviert sein soll. Ist für ein System nun ein Arbeitsmodus aktiv, die Überwachung für diesen Modus jedoch deaktiviert, wird kein Monitoring der Systeme stattfinden.

Arbeitsmoduseinstellungen

Laden Sie in Schritt 2.7 eine aktuelle Content-Version in das System. Der Content enthält wichtige Informationen, Metriken und andere Inhalte für die weitere System- und Anwendungsüberwachung (siehe Abbildung 10.17).

Content aktualisieren

10 Technischer Betrieb

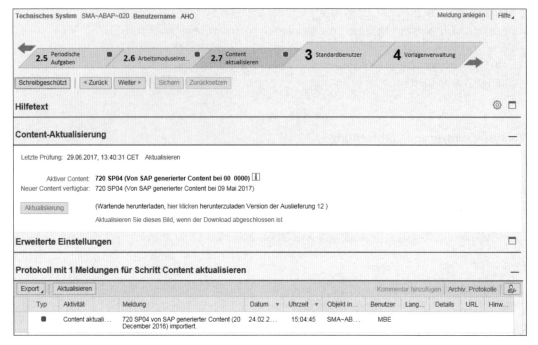

Abbildung 10.17 Monitoring-Content aktualisieren

Vorlagenverwaltung
Nach erfolgreicher Aktualisierung des Contents und der Anlage einiger Standardbenutzer können Sie nun mit einem der wichtigsten Schritte beginnen. In Schritt **4 Vorlagenverwaltung** müssen, wie in Abschnitt 10.4.1, »Selbst-Monitoring«, beschrieben, Vorlagen ausgeprägt werden. Generell basieren die meisten Monitoring-Varianten auf Vorlagen. Diese Vorlagen sind jedoch dem Benutzer nicht zugänglich und werden zentral von SAP gepflegt. Im System-Monitoring ist dies anders. Durch den Download des aktuellen Contents in Schritt 2.7 sind eine Vielzahl von Vorlagen für z. B. Datenbanken, Hosts sowie technische Instanzen und Systeme vorhanden. Diese Vorlagen sind in einer Standardausprägung hinterlegt.

Kundendefinierte Vorlage erstellen
Um eine Vorlage bearbeiten und kundenspezifisch anpassen zu können, muss die von SAP ausgelieferte Standardvorlage in eine kundendefinierte Vorlage kopiert werden. Hierfür müssen Sie zunächst die gewünschte Vorlage markieren und anschließend auf **Kundendefinierte Vorlage erstellen** klicken. Wählen Sie hierbei sinnvolle Namen wie »Z_Kundenname_Vorlagentyp«.

Metriken anpassen
Dann wählen Sie die gewünschten Metriken für Ihre Vorlage aus. Im Bearbeitungsmodus können Sie die einzelnen Metriken aktivieren, deaktivieren und anpassen (siehe Abbildung 10.18).

10.4 Technisches Monitoring

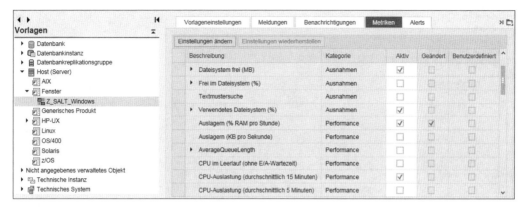

Abbildung 10.18 Metriken in Vorlagen aktivieren

Wichtig hierbei sind die Anpassungen der Schwellenwerte der einzelnen Metriken. Diese Schwellenwerte sind letztendlich für das Auslösen von Alerts verantwortlich. Sie müssen hierfür zunächst eine Metrik auswählen und anschließend auf die Registerkarte **Schwellenwert** wechseln. Dort können Sie nun den Typ des Schwellenwerts sowie die gewünschten Schwellenwerte selbst definieren (siehe Abbildung 10.19). Durch einen Klick auf **Einstellungen ändern** werden die Felder zur Bearbeitung freigegeben.

Schwellenwerte anpassen

Abbildung 10.19 Schwellenwerte anpassen

Die meisten Metriken prüfen von SAP vordefinierte Parameter. Es gibt jedoch auch einige Metriken, für die es erforderlich ist, die Suchparameter individuell zu definieren. Hierfür müssen Sie zunächst den **Expertenmodus** aktivieren und anschließend die Registerkarte **Datensammlung** aufrufen. Abbildung 10.20 zeigt exemplarisch die Anpassung der Datensammlung für den Metriktyp *Textmustersuche*. Hierbei können Sie durch einen Klick auf **Variante hinzufügen** eine neue Variante anlegen und anpassen. Dieses Vorgehen ist auf weitere Metriken übertragbar.

Metrikgruppenvarianten

10   Technischer Betrieb

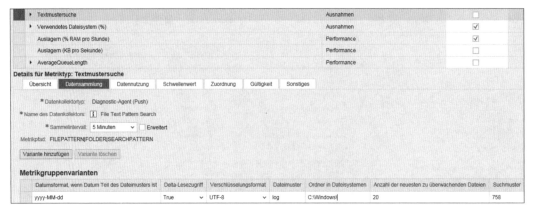

Abbildung 10.20 Datensammlung anpassen

Eigene Metriken erstellen

Das System-Monitoring ermöglicht Ihnen darüber hinaus die Anlage kundeneigener Metriken. Wählen Sie hierfür in der Vorlagenverwaltung eine eigene Vorlage aus. Klicken Sie nun auf **Anlegen • Metrik**. Geben Sie in den nächsten Dialogen die gewünschten Eigenschaften ein, und speichern Sie diese. Anschließend ist die neu angelegte Metrik in der gewählten Vorlage vorhanden und kann aktiviert werden.

Umfang festlegen

Nachdem Sie die Vorlagen angepasst haben, muss im nächsten Schritt der *Umfang*, also das zu überwachende System bzw. die zu überwachenden Systeme, gewählt werden. Dieser Schritt ist in Abbildung 10.21 für das SAP-ERP-System SE1 dargestellt.

Abbildung 10.21 Umfang definieren

Vorlagen zuordnen

In Schritt **6 Monitoring-Setup** müssen Sie anschließend die Vorlagen den entsprechenden Monitoring-Objekten zuordnen. Das System schlägt Ihnen zunächst eine Zuweisung basierend auf den jeweils installierten Produkten vor. Diese Zuordnung können Sie mit einem Klick auf **Vorlagen zuordnen** anpassen. Anschließend können Sie Ihre zuvor modifizierten Vorlagen zuweisen (siehe Abbildung 10.22).

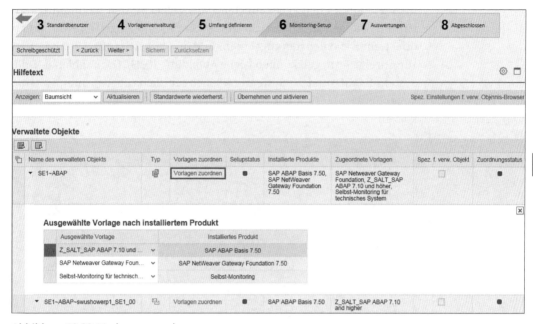

Abbildung 10.22 Vorlagen zuordnen

Sobald Sie auf die Schaltfläche **Übernehmen und Aktivieren** klicken, aktiviert das System die zugeordneten Vorlagen und die darin enthaltenen Metriken.

Monitoring aktivieren

Schritt **7 Auswertungen** bietet Ihnen die Möglichkeit, anzugeben, ob und wenn ja aus welchen verwalteten Systemen Metriken für interaktive Auswertungen im SAP BW gesammelt werden sollen. Soll dies bei Ihnen der Fall sein, müssen Sie den Haken bei den entsprechenden Systemen setzen und anschließend auf **Aktivieren** klicken. Die Konfiguration des System-Monitorings für Ihr System ist damit abgeschlossen.

> **Korrekte Aktivierung überprüfen**
>
> Sobald Sie eine Änderung an einer Vorlage und den darin enthaltenen Metriken vorgenommen haben, müssen Sie diese erneut aktivieren. Wenn Sie dies nicht tun, werden die Änderungen nicht wirksam. Die Überprüfung nehmen Sie in Schritt **6 Monitoring Setup** vor.

[!]

Mit dem System-Monitoring arbeiten

Aufruf Nachdem Sie die Konfiguration des System-Monitorings erfolgreich abgeschlossen haben, können Sie das Ergebnis betrachten. Hierzu müssen Sie im SAP Solution Manager Launchpad die Kachel **System-Monitoring** wählen. Sie gelangen zur Oberfläche des System-Monitorings. Dort wird Ihnen direkt ein Dialogfenster angeboten, in dem Sie bestimmte Filterkriterien zur Anzeige festlegen können (siehe Abbildung 10.23). Dazu zählen u. a. die System-ID (SID) und der Systemtyp. Sollen sämtliche überwachten Systeme angezeigt werden, können Sie alle Filterkriterien leer lassen und auf **Start** klicken.

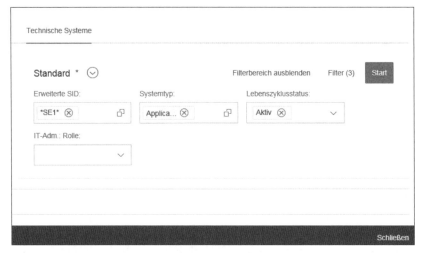

Abbildung 10.23 Dialogfenster zum Filtern von Systemen

Übersicht Sie gelangen nun in die in Abbildung 10.24 dargestellte Übersicht Ihrer Systeme. Hier sehen Sie auf einen Blick die vorher gewählten Systeme und deren aktuellen Status. Des Weiteren wird ein *Alert-Ticker* angezeigt, der die neuesten Fehlermeldungen direkt in der Übersicht ausgibt.

Abbildung 10.24 Übersicht des System-Monitorings

10.4 Technisches Monitoring

Um genauere Informationen über ein bestimmtes System zu erhalten, können Sie entweder auf die Registerkarte **SYSTEM** wechseln oder direkt in der Übersicht auf das gewünschte System klicken. Sie gelangen zu der in Abbildung 10.25 dargestellten Übersicht.

Systemübersicht anzeigen

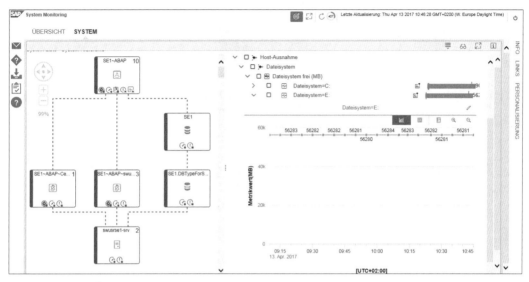

Abbildung 10.25 Übersicht der Systemstatus

Auf der linken Seite wird standardmäßig der Aufbau der Systemhierarchie angezeigt. Die rechte Seite bietet eine Übersicht über die einzelnen Metriken mit ihren aktuellen Werten. Sie können die einzelnen Positionen bis zum gewünschten Wert weiter aufklappen. Sobald Sie im Baum an einer einzelnen Metrik angekommen sind, wird Ihnen außerdem ein Diagramm mit den Vergangenheitsdaten dieser Metrik angezeigt.

10.4.3 User Experience Monitoring

Auch das *User Experience Monitoring* (früher End-User Experience Monitoring, EEM) kommt unserer Erfahrung nach in Kundenlandschaften oft zum Einsatz. Mit diesem können Sie detaillierte Informationen über die Verfügbarkeit und die Performance eines bestimmten IT-Systems bzw. eines darauf ablaufenden IT-Prozesses erhalten. Ein sogenannter *Robot* gibt dazu in periodischen Intervallen vorher aufgezeichnete Skripte wieder. Dieser Robot kann auf einem beliebigen Host an einem beliebigen Standort installiert werden. Gerade für Konzerne mit mehreren Standorten – evtl. auch mit einer weltweiten Verteilung der Standorte – bietet dieses Monitoring die Möglichkeit, Rückschlüsse auf mögliche Fehlerquellen zu ziehen (siehe Abbildung 10.26). Im Optimalfall ist Ihre IT-Abteilung bereits vor dem

Verfügbarkeit und Performance

eigentlichen Endanwender über ein Problem informiert und kann so direkt und schnell reagieren, um mögliche Ausfallzeiten gering zu halten. Momentan unterstützt das User Experience Monitoring hauptsächlich das Aufzeichnen von klassischen SAP-GUI- und HTTP-Skripten im Browser.

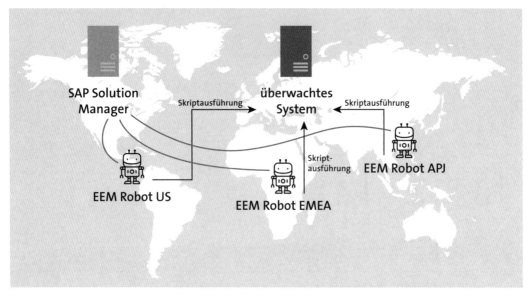

Abbildung 10.26 Funktionsweise des User Experience Monitorings

Genutzte Verbindungen

Regelmäßig werden wir mit der Fragestellung konfrontiert, welche Beziehungen zwischen dem SAP-Solution-Manager-System, dem Robot für das User Experience Monitoring und dem verwalteten System bestehen. Dies ist vor allem für potenzielle Firewall-Freischaltungen interessant. Abbildung 10.27 soll diese Zusammenhänge verdeutlichen:

❶ Das Skript wird ausgeführt.

❷ Eine lokale Datei **BusTrans.xml** wird erstellt und gespeichert.

❸ Eine Benachrichtigung wird an den Webservice gesendet, und die folgenden Objekte werden in der Datenbank gespeichert:
– SMD-Agent (Solution Manager Diagnostics)
– BT_ID
– Skriptnamen
– Antwortzeiten
– Fehlermeldungen

❹ Ein Ad-hoc-Extraktor wird registriert (wenn Trace-Level > 0).

❺ SMD wird aufgerufen, um die Datei **BusTrans.xml** zu sammeln.

❻ **BusTrans.xml** wird erhalten.

❼ HTTP-Log und DSR werden gesammelt.
❽ HTTP-Log und SSR werden gesammelt.
❾ EEM.XML wird an den Extraktor zurückgegeben.
❿ Systemdaten werden in EEM-Tabellen geschrieben.

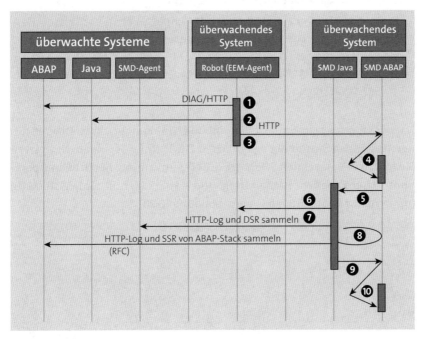

Abbildung 10.27 Verbindungsübersicht des User Experience Monitorings (Quelle: SAP SE)

Im Folgenden beschreiben wir einen überschaubaren Anwendungsfall. Das daran gezeigte Muster kann jedoch beliebig skaliert und auch für komplexe Einsatzszenarien genutzt werden.

Voraussetzungen und Vorbereitung

Wie auch für die anderen Monitoring-Szenarien sind einige Vorbereitungen vor dem Einsatz des User Experience Monitorings nötig. Zunächst sollten Sie sich ein Bild von der technischen Infrastruktur und Funktionsweise machen. Diese beleuchten wir im Folgenden.

Zur Wiedergabe von aufgezeichneten Skripten ist ein Robot nötig, der technisch gesehen nichts anderes als ein klassischer *Diagnostics Agent* ist. Dieser kann problemlos auf jedem Host und auf klassischen Client-PCs oder Servern installiert werden. Den Diagnostics Agent können Sie im SAP Service Marketplace herunterladen. Achten Sie hierbei darauf, eine zu Ihrem

SAP Solution Manager passenden Version auszuwählen. Die Anbindung des verwalteten Systems inklusive des Diagnostics Agents wird in Abschnitt 3.3, »Verwaltete Systeme konfigurieren«, genauer beschrieben.

> **SAP GUI auf demselben System installieren**
>
> Um im weiteren Verlauf nicht nur HTTP-Skripte, sondern auch klassische SAP-GUI-Skripte von einem Robot wiedergeben zu können, müssen Sie auf dem System, auf dem der Diagnostics Agent installiert ist, auch eine passende Version des SAP GUI installieren. Anderenfalls ist eine Wiedergabe von SAP-GUI-Skripten nicht möglich.

Infrastruktur konfigurieren

Nach der erfolgreichen Installation und Anbindung Ihrer Diagnostics Agents können Sie mit der eigentlichen Einrichtung beginnen. Navigieren Sie hierzu in Transaktion SOLMAN_SETUP zum Eintrag **Application Operations** • **User-Experience-Monitoring**, und starten Sie mit der Registerkarte **Infrastruktur konfigurieren** (siehe Abbildung 10.28).

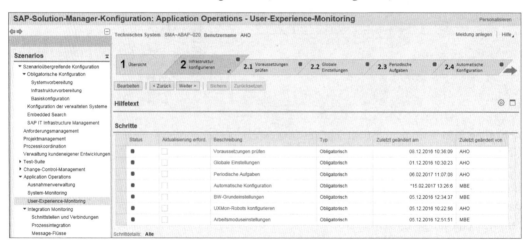

Abbildung 10.28 Infrastruktur des User Experience Monitorings konfigurieren

UXMon-Robots konfigurieren

An diesem Punkt sind wie zu Beginn eines jeden Monitoring-Szenarios einige Voraussetzungen zu prüfen und grundsätzliche Einstellungen vorzunehmen. Wichtig hierbei ist Schritt **2.6 UXMon-Robots konfigurieren**. Hier müssen Sie Ihre zuvor installierten Robots (Diagnostics Agents) dem User Experience Monitoring bekannt machen und aktivieren. Wählen Sie hierzu die passenden Agents in der rechten Spalte **Mögliche Agenten für UX-Monitoring** aus. Bringen Sie diese, wie in Abbildung 10.29 zu sehen, mit einem Klick auf den Pfeil nach links ([◄]) in die Auswahl der konfigurierten Robots.

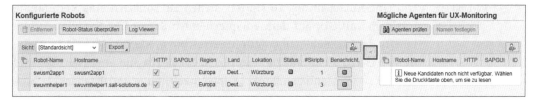

Abbildung 10.29 Robots konfigurieren

In dieser Übersicht wird Ihnen direkt angezeigt, welche Skripte (HTTP/SAP GUI) von dem entsprechenden Robot wiedergegeben werden können. Durch das Wechseln in den Bearbeitungsmodus können Sie noch den genauen Standort des jeweiligen Robots festlegen. Dies vereinfacht zu einem späteren Zeitpunkt die Auswertung.

> **Upgrade auf den SAP Solution Manager 7.2**
>
> Falls Sie das User Experience Monitoring nach einem Upgrade vom SAP Solution Manager 7.1 auf Release 7.2 wieder in Betrieb nehmen möchten, muss zunächst SAP-Hinweis 2464104 implementiert werden. Führen Sie anschließend Schritt 2.4 in Transaktion SOLMAN_SETUP für das User Experience Monitoring erneut durch.

Skripte aufzeichnen und bearbeiten

Der wohl wichtigste Schritt ist die jetzt folgende Aufzeichnung und Bearbeitung der eigentlichen Skripte. Wir wollen Ihnen zunächst erläutern, wie Sie ein SAP-GUI-basiertes Skript aufzeichnen können.

SAP-GUI-Skript aufzeichnen

> **User-Scripting-Parameter im Frontend setzen**
>
> Möchten Sie eine Aufzeichnung im zu überwachenden System bzw. Server aktivieren, müssen Sie vorbereitend mehrere Parameter in diesem System anpassen. Hierfür haben Sie zwei Möglichkeiten (siehe auch SAP-Hinweis 480149):
>
> - **Parameter temporär in Transaktion RZ11 setzen**
>   Starten Sie Transaktion RZ11, und öffnen Sie den Parameter sapgui/user_scripting. Setzen Sie anschließend den Wert auf TRUE. Beachten Sie, dass dieser Wert nur temporär geändert und nach einem Neustart des Servers wieder auf FALSE gesetzt wird.
> - **Parameter dauerhaft im Serverprofil setzen**
>   Öffnen Sie die Profildatei des SAP NetWeaver Application Servers, und setzen Sie den Parameter sapgui/user_scripting auf den Wert TRUE.
>
> Weitere Informationen hierzu finden Sie unter folgendem Link:
> *http://s-prs.de/v561538*

Verbindung herstellen

Um eine Aufzeichnung zu starten, stellen Sie zunächst eine Verbindung mit dem SAP GUI auf dem entsprechenden Server her. Sie können hier bereits den Anmeldevorgang mit aufzeichnen. Klicken Sie, wie in Abbildung 10.30 zu sehen, auf die Schaltfläche **Lokales Layout anpassen** (), und wählen Sie im Menü den Punkt **Skript-Aufzeichnung und Playback**.

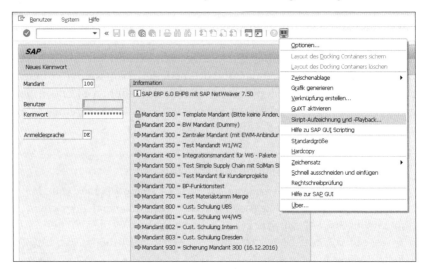

Abbildung 10.30 SAP-GUI-Aufzeichnung starten

SAP-GUI-Recorder

Anschließend gelangen Sie in das in Abbildung 10.31 zu sehende Bedienfenster des SAP-GUI-Recorders. Geben Sie zunächst einen gültigen Pfad an, unter dem das Skript gespeichert werden soll. Anschließend können Sie die Aufzeichnung mit einem Klick auf die rote Recording-Schaltfläche () starten. Durchlaufen Sie den zuvor definierten Prozess. Um eine Aufzeichnung zu beenden, müssen Sie auf die (nach Aufzeichnungsstart) gelbe Stopp-Schaltfläche () klicken.

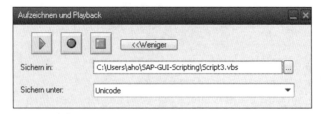

Abbildung 10.31 SAP-GUI-Recorder

Zu einem späteren Zeitpunkt können Sie die aufgezeichneten Skripte noch anpassen und parametrisieren. Diesen Schritt möchten wir Ihnen jedoch erst zeigen, nachdem wir Ihnen erläutert haben, wie Sie HTTP-Skripte aufzeichnen.

10.4 Technisches Monitoring

> **Aufzeichnungsplan erstellen** [+]
>
> Um eine gute Qualität an Aufzeichnungen zu erhalten, ist es wichtig, sich im Voraus zu überlegen, welche Transaktionen oder anderen SAP-GUI-Objekte Sie durchlaufen möchten. Machen Sie sich daher einen Plan des zu durchlaufenden Vorgangs bzw. Prozesses. Dies reduziert den Aufwand bei der eigentlichen Aufnahme und der späteren Bearbeitung enorm.

Wir werden im weiteren Verlauf oft vom *HTTP-Recorder* sprechen, da dieser Recorder in erster Linie für diese Art von Skripten verwendet wird. Er ermöglicht jedoch auch die Aufzeichnung anderer Skripte basierend auf Microsoft-Produkten bzw. dem SAP Business Client.

HTTP-Recorder

Zur Aufzeichnung von HTTP-Skripten sollten Sie sich die neueste Version des *End-User Experience Monitoring Recorders* herunterladen. Diese finden Sie in Transaktion SOLMAN_SETUP unter **Application Operations • User-Experience-Monitoring • Skriptverwaltung • Skripte anlegen** im Downloadbereich.

Entpacken Sie die heruntergeladene Datei, und starten Sie den Recorder. Im ersten Schritt müssen Sie nun, wie in Abbildung 10.32 zu sehen, die aufzuzeichnende Applikation wählen.

HTTP-Skripte aufzeichnen

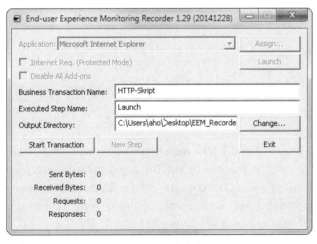

Abbildung 10.32 HTTP-Skripte aufzeichnen

Anschließend können Sie die gewählte Applikation starten und den Speicherpfad sowie den Namen der aufgezeichneten Transaktion und des ersten aufzuzeichnenden Schritts ergänzen. Mit einem Klick auf **Start Transaction** beginnt die eigentliche Aufzeichnung. Springen Sie in den

10   Technischer Betrieb

Internet Explorer und rufen Sie die Adresse der Anwendung auf, die Sie aufzeichnen möchten.

Möchten Sie Ihr Skript in verschiedene Schritte unterteilen, können Sie dies mit der Schaltfläche **New Step** erreichen. Denken Sie daran, den neuen Schritt dann auch zu benennen. Sind Sie am Ende Ihres Skripts angelangt, wird dieses mit einem Klick auf **Exit** in das gewählte Verzeichnis gespeichert.

Skripte bearbeiten   Zur Bearbeitung von Skripten ist der sogenannte *EEM-Editor* nötig (siehe Abbildung 10.33). Diesen können Sie ebenfalls in Transaktion SOLMAN_SETUP im Downloadbereich des User Experience Monitorings im Rahmen von Schritt **3.1 Skripte anlegen** herunterladen. Mit dem EEM-Editor lassen sich sowohl SAP-GUI- als auch HTTP-Skripte bearbeiten.

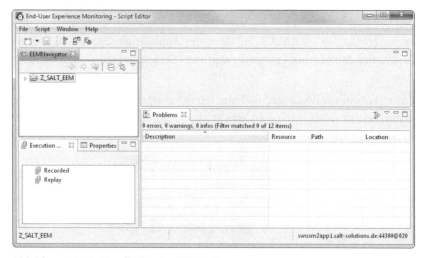

Abbildung 10.33 Oberfläche des EEM-Editors

Projekt anlegen   Legen Sie zunächst mit der Schaltfläche **New Project** ein neues Projekt an. Klicken Sie mit der rechten Maustaste auf Ihr angelegtes Projekt, und importieren Sie Ihr zuvor erstelltes Skript mit der Funktion **Import Recording**. Mit einem Doppelklick auf das importierte Skript werden Ihnen die einzelnen Schritte angezeigt (siehe Abbildung 10.34).

Testlauf durchführen   Starten Sie zunächst mit der Schaltfläche **Run Script** oder der [F8]-Taste den ersten Testlauf Ihres Skripts. Wie in Abbildung 10.35 zu sehen, erhalten Sie nach der Durchführung ein Protokoll, in dem sowohl erfolgreiche als auch fehlerhafte Schritte angezeigt werden. Dazu wird ein Fehlerprotokoll ausgegeben.

10.4 Technisches Monitoring

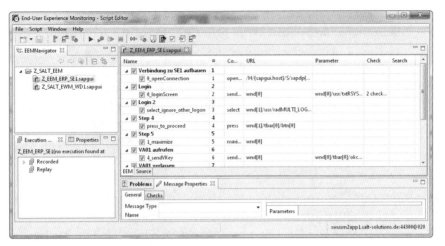

Abbildung 10.34 Skript bearbeiten

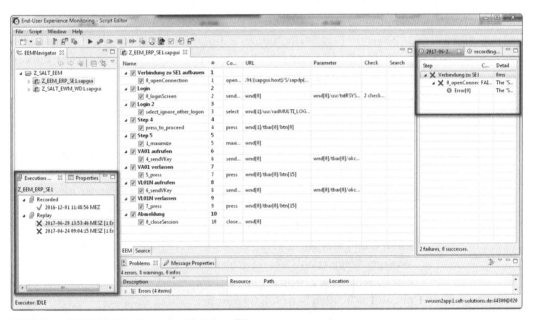

Abbildung 10.35 Rückmeldung zur Skriptausführung

Anschließend empfiehlt es sich, die einzelnen Schritte mit einer Beschriftung zu versehen. Dies gewährleistet sowohl bei der Bearbeitung des Skripts als auch bei der späteren Auswertung der eigentlichen Monitoring-Daten eine bessere Übersicht.

Schritte benennen

> **[+] Benennung für SAP-GUI-Skript-Schritte automatisch generieren**
>
> Sie können die Schritte automatisch benennen. Wählen Sie dazu zunächst das gewünschte Skript aus. Klicken Sie in der Navigationsleiste auf die Schaltfläche **Script**, und wählen Sie die Option **Script-Wizard**. Führen Sie diesen Wizard jetzt mit der Option **Generate Names for SAPGui Script Steps** aus. Nach der erfolgreichen Durchführung können Sie die ermittelten Schrittnamen nochmals kontrollieren und gegebenenfalls bearbeiten bzw. ergänzen.

Ausführungsparameter anpassen

Jeder Schritt kann mit Ausführungsparametern wie einem Benutzernamen und einem Passwort oder Informationen über die ausgeführten Transaktionen versehen werden. Um diese festzulegen oder zu ändern, klicken Sie auf den passenden Wert in der Spalte **Parameter** und führen die gewünschten Änderungen in den Eigenschaften durch.

Basisparameter ergänzen

Damit bei den SAP-GUI-Skripten eine Verbindung zu dem gewünschten SAP-System hergestellt werden kann, müssen Sie zunächst einige Basisparameter festlegen. Wählen Sie hierfür das gewünschte Skript aus. Klicken Sie anschließend auf **Script • Script Configuration**, und tragen Sie unter **Variables** und **SAPGUI** die erforderlichen Werte ein. Bei HTTP-Skripten muss dieser Schritt nicht durchgeführt werden, da diese die zum Aufruf nötigen Parameter bereits enthalten.

Verbindung herstellen

Nachdem alle Benennungen erstellt, alle Schritte ausgewählt und alle nötigen Parameter angepasst sind, können Sie das Skript in Ihr SAP-Solution-Manager-System hochladen. Der einfachste Weg hierfür ist die Uploadfunktion des EEM-Editors. Zur Einrichtung dieser Funktion müssen Sie zunächst die Verbindungsoptionen pflegen. Klicken Sie hierfür auf **File • Editor Configuration**, und wählen Sie im Bereich **Editor** den Eintrag **Solution Manager Connection**. Geben Sie hier nun, wie in Abbildung 10.36 beispielhaft zu sehen, die gewünschten Host-Informationen sowie einen Benutzer mit ausreichenden Berechtigungen an.

Upload des Skripts

Nach erfolgreichem Test über die Schaltfläche **Test connection** ist die Uploadfunktion fertig konfiguriert. Damit ein Skript letztendlich in das SAP-Solution-Manager-System hochgeladen wird, müssen Sie mit der rechten Maustaste auf das jeweilige Skript klicken und anschließend die Option **Upload to EEM Repository** wählen.

10.4 Technisches Monitoring

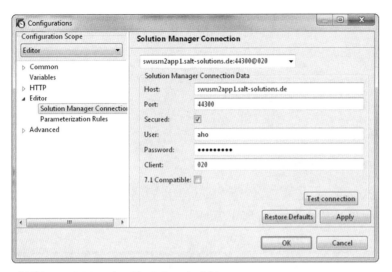

Abbildung 10.36 Uploadfunktion einrichten

Monitoring-Szenario anlegen

Nach erfolgreichem Upload sind die Skripte jetzt im SAP Solution Manager verfügbar und können für das Monitoring verwendet werden. Gehen Sie in Transaktion SOLMAN_SETUP, und navigieren Sie zum Bereich **Application Operations** • **User-Experience-Monitoring**. Um ein Monitoring zu implementieren, benötigen Sie zunächst ein *Szenario*. Dieses dient als Klammer um verschiedene Monitoring-Skripte. Legen Sie in Schritt 3.2 der Infrastrukturkonfiguration ein solches Szenario an. Im nächsten Schritt ordnen Sie das angelegte Skript dem jeweiligen Szenario zu.

In Schritt **3.4 Skript verteilen** müssen Sie, wie in Abbildung 10.37 zu sehen, die Zuordnung vom Szenario bzw. dem Skript zu den verschiedenen Robots, die letztendlich die Skripte wiedergeben sollen, festlegen. Gleichzeitig erhalten Sie einen Überblick über die erfolgreiche Verteilung der Skripte an die Robots.

Skripte verteilen

Das Verhalten der Robots lässt sich in Schritt **4 Monitoring** auf verschiedenen Konfigurationsebenen bestimmen. Wichtig hierbei ist das Festlegen von Konfigurationsparametern. Diese können z. B. für komplette Szenarien, einzelne Robots oder Skripts festgelegt werden. Auch Ausführungsintervalle können in diesem Schritt definiert werden.

Ausführungsparameter definieren

Wählen Sie hierzu die gewünschte Festlegungsebene (**Global**, **Robot**, **Szenario**, **Skripte**, **Skripte in Robot** etc), und markieren Sie das gewünschte Skript. Anschließend werden Ihnen die zugehörigen Konfigurationsparameter angezeigt. Mit einem Klick auf **Bearbeiten** lassen sich diese entweder verändern oder ergänzen.

10 Technischer Betrieb

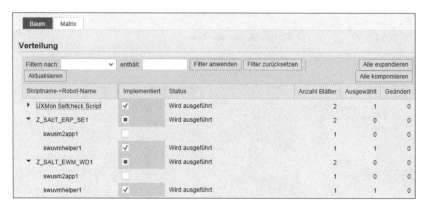

Abbildung 10.37 Verteilung der EEM-Skripte

[+] **Skriptparameter festlegen**

Wir haben die Erfahrung gemacht, dass es bei der Wiedergabe von Skripten häufig nötig ist, bestimmte Parameter anzupassen. Diese können entweder, wie beschrieben, direkt im EEM-Editor oder in Transaktion SOLMAN_SETUP festgelegt werden. Zu diesen Parametern zählen z. B. das Verhalten von HTTP-Skripten in Hinblick auf Zertifikatsprüfungen oder die Festlegung verschiedener Proxy-Einstellungen. Eine Übersicht der Parameter finden Sie in folgendem Beitrag in der SAP Community:
http://s-prs.de/v561539

Schwellenwerte festlegen

Nach der Durchführung von Schritt 4 ist das User Experience Monitoring funktionsfähig. Schritt **5 Alerting** bietet Ihnen die Möglichkeit, Schwellenwerte für jeden einzelnen Schritt eines Skripts festzulegen. Wechseln Sie dazu auf die Registerkarte **Schritte**, und markieren Sie das gewünschte Skript. Anschließend können Sie die Schwellenwerte pro Schritt definieren. Diese dienen dann als Basis des Alertings und zur Bestimmung der Ampelfarben bei den Statusmeldungen.

Alerting

Das eigentliche Alerting kann entweder auf globaler oder auf Skriptebene aktiviert werden. Das Bestimmen der Alert-Art und der Alert-Inhalte erfolgt größtenteils wie bei den anderen Monitoring-Arten und wird in Abschnitt 10.4.8, »Alerting konfigurieren«, beschrieben.

Mit dem User Experience Monitoring arbeiten

SAP-Fiori-Anwendung

Die Auswertung des Monitorings erfolgt über die neue Applikation **User-Experience-Monitoring**. Wählen Sie hierzu im SAP Solution Manager Launchpad die Kachel **User-Experience-Monitoring**. Sie erhalten im Einstiegsbild der Applikation direkt eine Übersicht über den aktuellen Stand der Skriptausführungen. Wechseln Sie auf die Registerkarte **SCRIPT**, um detailliertere Informationen über die einzelnen Skripte zu erhalten. Hier befinden sich Informationen zu jeder einzelnen Ausführung und zu den Ausführungszeiten der einzelnen Schritte (siehe Abbildung 10.38).

Abbildung 10.38 Übersicht der Skriptausführung

Möchten Sie eine schnelle Auswertung über die letzten Ausführungen eines Skripts starten, haben Sie die Wahl zwischen den Registerkarten **PERFORMANCE** oder **AVAILABILITY**. Auf der Registerkarte **PERFORMANCE** finden Sie eine grafische Diagrammdarstellung der einzelnen Skripte (siehe Abbildung 10.39). Wenn Sie doppelt auf ein Skript klicken, erhalten Sie tiefergehende Informationen zu den einzelnen Schritten eines Skripts.

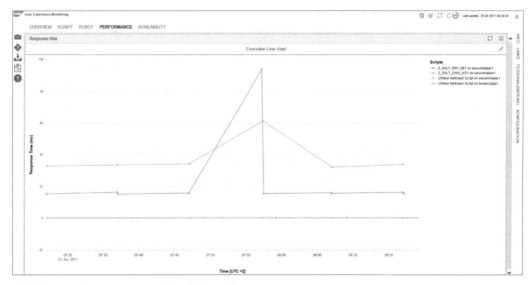

Abbildung 10.39 Auswertung der Skriptperformance

Die Registerkarte **AVAILABILITY** bietet hingegen nur grundsätzliche Informationen darüber, ob die Ausführung eines Skripts durchgeführt werden konnte.

> **Weiterführende Informationen**
>
> Das User Experience Monitoring bietet weitreichende Möglichkeiten der Überwachung. Die Anwendungsfälle sind dabei oft sehr individuell. Weiterführende Informationen zu diesem Thema finden Sie unter folgenden Links in der SAP Community:
>
> - http://s-prs.de/v561540
> - http://s-prs.de/v561541

In Abschnitt 10.13, »Kundenbericht: User Experience Monitoring mit dem SAP Solution Manager bei der Otto Group«, stellen wir ein Beispiel für die Nutzung des User Experience Monitorings vor.

10.4.4 Job-Monitoring

Das Job-Monitoring ist ein wichtiges Werkzeug für die Überwachung der korrekten Ausführung von Hintergrundjobs. Sie erhalten zentral einen Überblick über den Ausführungsstatus und können bei negativen Ergebnissen schnell und zielgerichtet reagieren. Des Weiteren bietet das Job-Monitoring eine Reportingfunktion, die Sie ohne direkten Zugriff auf das Satellitensystem nutzen können.

Vorraussetzungen und Vorbereitung

Die Konfiguration des Job-Monitorings erfolgt in Transaktion SOLMAN_SETUP unter **Application Operations • Job-Monitoring**. Führen Sie in Schritt **2 Infrastruktur konfigurieren** die standardmäßigen Prüfungen durch, und aktualisieren Sie in Schritt 2.4 den Monitoring-Content. Erstellen Sie in Schritt **3 Vorlagenbenutzer anlegen** die vorgegebenen Vorlagenbenutzer.

Szenario erstellen

Um das eigentliche Job-Monitoring zu konfigurieren, müssen Sie zunächst ein technisches Szenario anlegen. Dieses beinhaltet einen Satz von technischen Systemen. Klicken Sie dazu im Bereich **Szenarioauswahl** auf **Anlegen**. Nach der Vergabe eines Namens und einer Beschreibung müssen Sie dem Szenario die technischen Systeme, auf denen die zu überwachenden Jobs laufen, mitgeben. Speichern Sie das Szenario, und gehen Sie weiter zu Schritt **5 Jobs konfigurieren**.

10.4 Technisches Monitoring

> [!] **Konfiguration der verwalteten Systeme prüfen**
>
> Das verwaltete System, auf dem der Job läuft, sollte korrekt angebunden und entsprechend konfiguriert sein. Überprüfen Sie daher den Status des Systems. Dies können Sie direkt nach der Anlage des Szenarios tun. Markieren Sie hierfür in Schritt 4 das entsprechende Szenario, und prüfen Sie den Abschnitt **Job-Monitoring-Szenariodetails**. Werden hier Probleme angezeigt, sollten Sie das jeweilige System markieren und dieses über die Schaltfläche **Konfiguration verwalteter Systeme** zunächst korrigieren.

In Schritt 5 müssen Sie zunächst einen Jobtyp, das technische System und den gewünschten Mandanten, auf dem der Job läuft, wählen. Unter Teilschritt **2 Jobs auswählen** erfolgt die eigentliche Auswahl des Jobs. Sie können hierfür bestimmte Jobauswahlkriterien wie den Jobnamen oder das jeweilige ABAP-Programm angeben. Führen Sie anschließend eine Suche durch, und markieren Sie in der Ergebnisanzeige den gewünschten Job (siehe Abbildung 10.40).

Job(s) festlegen

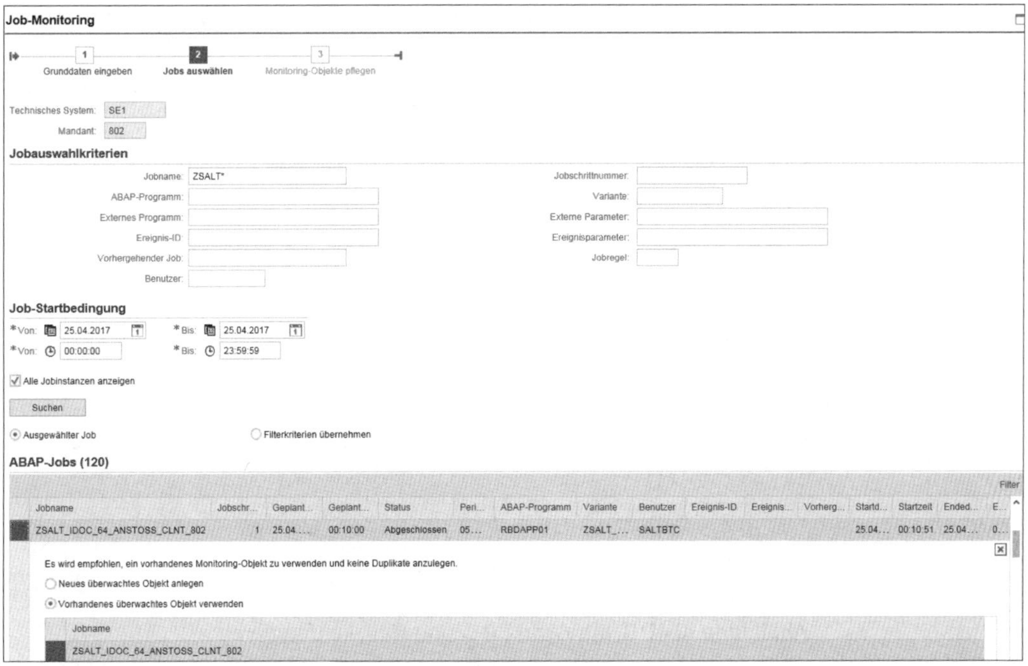

Abbildung 10.40 Job für das Monitoring auswählen

Die Pflege der Monitoring-Objekte, also die Definition des überwachten Jobs, kann anschließend in Teilschritt 3 erfolgen. Möchten Sie keine weiteren Anpassungen mehr vornehmen, können Sie die Konfiguration mit einem Klick auf **Bestätigen** schließen. Das gerade definierte Monitoring-Objekt steht Ihnen anschließend im Bereich **Monitoring-Objekte** zur Verfügung und kann auch hier entsprechend angepasst werden.

Monitoring auswerten

Die Ergebnisse lassen sich anschließend wieder über eine SAP-Fiori-Oberfläche aufrufen. Starten Sie hierzu das SAP Solution Manager Launchpad, und wählen Sie die Kachel **Job-Monitoring**. Hier können Sie den anzuzeigenden Umfang auswählen.

10.4.5 IT-Infrastruktur-Monitoring

Mit dem IT-Infrastruktur-Monitoring bietet der SAP Solution Manager 7.2 Ihnen die Möglichkeit, auch Infrastrukturkomponenten wie Drucker, Laptops, Netzwerk-Switches u. v. m. zu überwachen und in Ihr Monitoring-Konzept aufzunehmen.

Voraussetzungen

Voraussetzung, um diese Funktionalität nutzen zu können, ist jedoch, dass Sie das Add-on *IT Infrastructure Management* der Firma Realtech im Einsatz haben und dessen Konfiguration in Transaktion SOLMAN_SETUP durchgeführt haben. Die Guided Procedure zur Konfiguration sehen Sie in Abbildung 10.41.

Abbildung 10.41 IT-Infrastruktur-Monitoring konfigurieren

Dabei konfigurieren Sie das Überwachen und Ausgeben von Fehlern ähnlich wie im System-Monitoring anhand von Vorlagen (siehe Abschnitt 10.4.2, »System-Monitoring«). Einen Teil dieser Vorlagen sehen Sie in Abbildung 10.42.

10.4 Technisches Monitoring

Abbildung 10.42 Vorlagen für das IT-Infrastruktur-Monitoring

Unserer Erfahrung nach gibt es aktuell nur wenige Kunden, die das IT-Infrastruktur-Monitoring nutzen. Das Problem hierbei besteht darin, dass zunächst eine Erweiterung separat lizenziert werden muss. Diese Softwareerweiterung muss auf einem eigenen Server installiert werden und durchforstet dann mit Agents die gesamten Netzwerksegmente. Allerdings wird dieser Vorgang gerade aus sicherheits- und datenschutztechnischen Gründen bei Kunden oft nicht gerne gesehen.

10.4.6 Notfall-Monitoring

Bei einer Vielzahl von Kunden wurden wir bereits mit der Problemstellung konfrontiert, wie die Monitoring-Funktionalitäten im Falle eines Upgrades oder eines Ausfalls des produktiven SAP-Solution-Manager-Systems aufrechterhalten werden können. Die verwalteten Systeme müssen in diesem Fall weiterhin zumindest auf ihre grundsätzliche Funktionalität hin geprüft werden. Für diesen Fall hat SAP die Funktionalität des *Notfall-Monitorings* entwickelt. Der Diagnostics Agent wird dabei zusammen mit dem *Introscope Host Adapter* dazu verwendet, Dashboards mit den wichtigsten Monitoring-Daten bereitzustellen. Spezielle Dashboards werden zum Introscope Host Adapter verteilt. Dazu werden auch ST-PI-/ST-/A-PI-basierte Datenlieferanten genutzt. Diese kommunizieren anschließend auf verschiedenen Wegen mit dem CA Wily Introscope Enterprise Manager und bilden so eine saubere Datenbasis für das Notfall-Monitoring (siehe Abbildung 10.43). Das *MAI-Agelet* weist den Diagnostics Agent an.

Monitoring während der Downtime

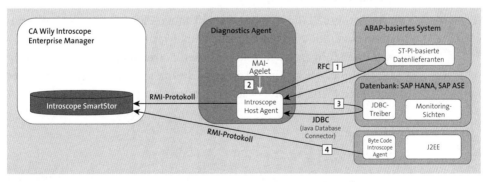

Abbildung 10.43 Schematische Darstellung des Datenflusses (Quelle: SAP SE)

Voraussetzungen Folgende Voraussetzungen müssen für die Verwendung des Notfall-Monitorings geschaffen werden:

- SAP Solution Manager 7.1 SP14 oder SAP Solution Manager 7.2 und höher
- CA Wily Introscope Enterprise Manager 9.7 oder höher
- SAP Management Modules für Introscope 9.7 oder höher (diese sind versionsspezifisch und werden bei der Installation bzw. dem Upgrade des CA Wily Introscope Enterprise Managers mit angegeben)

Dashboard In Abbildung 10.44 sehen Sie exemplarisch das Dashboard, das Ihnen im Falle einer Downtime des SAP-Solution-Manager-Systems den Gesundheitszustand Ihrer SAP-Systeme zeigt.

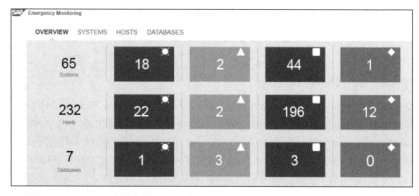

Abbildung 10.44 Dashboard zum Zustand der SAP-Systeme

> **Weitere Informationen zum Notfall-Monitoring**
>
> Weitere Informationen zum Notfall-Monitoring finden Sie in dem folgenden Wiki in der SAP Community: *http://s-prs.de/v561542*

10.4.7 Cloud-Monitoring

Cloud-Anwendungen und hybride Landschaften Das sogenannte Cloud-Monitoring hilft Ihnen dabei, Ihre hybriden Landschaften oder Cloud-Anwendungen zu überwachen. So halten Sie auch für diese Anwendungen einen reibungslosen Betrieb aufrecht. In Abbildung 10.45 sehen Sie, welche Cloud-Lösungen Sie mit welchen Möglichkeiten des SAP Solution Managers überwachen können (Stand Juni 2017).

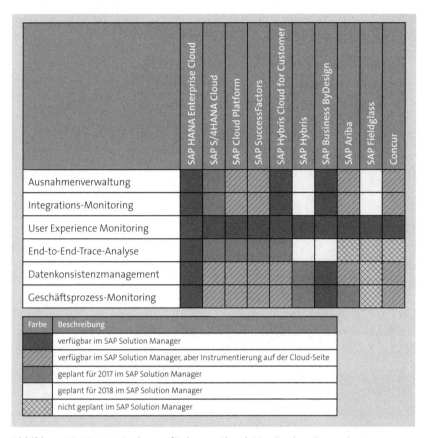

Abbildung 10.45 Matrix der verfügbaren Cloud-Monitoring-Szenarien

Das Monitoring dieser Cloud-Anwendungen richten Sie einfach zusätzlich in Ihren bestehenden Szenarien ein. Folgende Guided Procedures innerhalb der Transaktion SOLMAN_SETUP unterstützen die Anbindung von Cloud-Anwendungen:

- User Experience Monitoring
- Ausnahmenverwaltung
- Schnittstellen- und Verbindungs-Monitoring
- Datenkonsistenzmanagement

Unterstützte Applikationen

Am Beispiel des Schnittstellen- und Verbindungs-Monitorings legen wir im Folgenden einen neuen Schnittstellenkanal vom Typ **Cloud** an. Ein Schnittstellenkanal ist eine Bündelung von Schnittstellen eines bestimmten Typs zwischen zwei definierten Systemen. Wechseln Sie dazu in den Bereich **Application Operations • Integration Monitoring • Schnittstellen und Verbindungen**. Klicken Sie im Abschnitt **Schnittstellenkanäle** auf die Schaltfläche **Anlegen**. In diesem Schnittstellenkanal können Sie dann wählen,

Verwendung

welche Cloud-Anwendung überwacht werden soll (siehe Abbildung 10.46). Weiteres zur Anlage eines Schnittstellenkanals erfahren Sie in Abschnitt 10.5.1, »Schnittstellen und Verbindungen«.

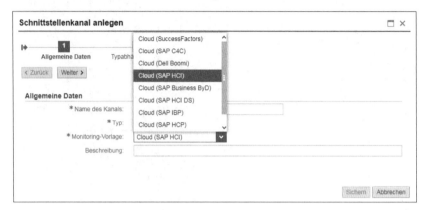

Abbildung 10.46 Schnittstellenkanal für das Cloud-Monitoring auswählen

Die Einbindung in die anderen genannten Monitoring-Szenarien geschieht auf ähnlichem Weg. SAP hat vieles daran gesetzt, möglichst alle cloudbasierten SAP-Anwendungen im SAP Solution Manager 7.2 zu unterstützen.

> **Weitere Informationen**
>
> Weiterführende Informationen können Sie auch dem eigenen *Public Cloud Operations Wiki* von SAP entnehmen: *http://s-prs.de/v561543*

10.4.8 Alerting konfigurieren

Die Aktivierung der automatischen Benachrichtigungen bzw. die automatische Anlage von Meldungen im IT-Servicemanagement erfolgt in fast allen Monitoring-Applikationen nach demselben Muster. Aus diesem Grund beschreiben wir das Vorgehen an dieser Stelle einmalig. Zunächst muss das Objekt bzw. Template ausgewählt werden, für das die Alarmierung eingerichtet werden soll (hier exemplarisch für das System-Monitoring).

Um im Fehlerfall automatisch eine Meldung im IT-Servicemanagement des SAP Solution Managers zu eröffnen, wählen Sie die Registerkarte **Meldungen**. Wie in Abbildung 10.47 zu sehen, müssen Sie hier die gewünschten Meldungsparameter wie Variante, Vorgangsart oder Support-Komponente mitgeben. Im Bereich **Erweiterte Einstellungen** können Sie außerdem eigene Texte definieren oder BAdI-Implementierungen aktivieren.

Des Weiteren können Sie **Benachrichtigungen** über E-Mail bzw. SMS aussteuern. Geben Sie hierfür die gewünschten Empfänger bzw. Empfängerlisten an (siehe Abbildung 10.48). Auch hier können Sie in den erweiterten Einstellungen die Standardtexte anpassen bzw. BAdI-Implementierungen aktivieren.

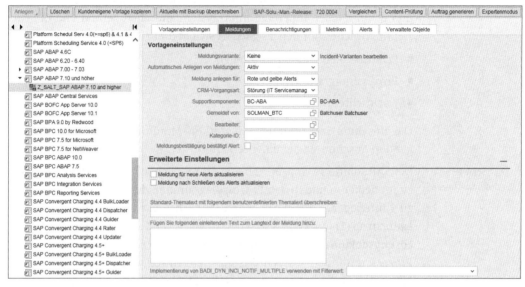

Abbildung 10.47 Meldungen automatisch eröffnen

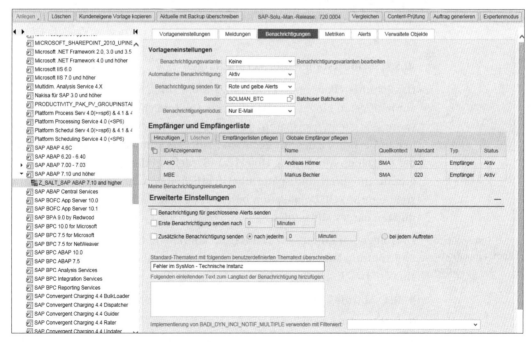

Abbildung 10.48 Automatische Benachrichtigungen konfigurieren

10.5 Integrations-Monitoring

Teilbereiche — Das Integrations-Monitoring ist eine Sammlung von Werkzeugen und Methoden, mit denen Sie die Kommunikation verschiedenster Protokolle und Schnittstellen innerhalb Ihrer Systemlandschaft zentral und in Echtzeit überwachen können. Es gliedert sich in drei Teilbereiche:

- Schnittstellen und Verbindungen
- Prozessintegration
- Nachrichtenflüsse

Die einzelnen Szenarien des Integrations-Monitorings werden in den folgenden Abschnitten detailliert erläutert.

Schnittstelle dokumentieren — Der SAP Solution Manager 7.2 bietet die Möglichkeit, Schnittstellen grafisch zu modellieren und in den Prozessdiagrammen des Prozessmanagements zu hinterlegen. Öffnen Sie hierzu zunächst das SAP Solution Manager Launchpad (Transaktion SM_WORKCENTER), und klicken Sie auf die Kachel **Lösungsdokumentation**. Navigieren Sie anschließend zu dem gewünschten Prozess, unter dem die Schnittstelle hängen soll, oder in die passende Bibliothek. Legen Sie nun mit einem Rechtsklick auf der **Elemente**-Registerkarte eine neue Sammelschnittstelle an. Die Modellierung einer Schnittstelle erfolgt in ihren Grundzügen analog zur Prozessmodellierung (siehe Abschnitt 4.4.5, »Prozesse mit BPMN 2.0 modellieren«).

10.5.1 Schnittstellen und Verbindungen

Das Schnittstellen- und Verbindungs-Monitoring ist das aus unserer Sicht am häufigsten eingesetzte Monitoring im Bereich des Integrations-Monitorings. Es stellt Transparenz in Bezug auf die technischen Schnittstellen her. In Version 7.2 des SAP Solution Managers können die aktuellen Status der einzelnen Monitoring-Objekte außerdem in das grafische Prozessdiagramm integriert und später übersichtlich abgerufen werden. Außerdem steht eine SAPUI5-Applikation bereit, in der alle Schnittstellen und Verbindungen dargestellt werden.

Unterstützte Kommunikationsarten — Die folgenden Kommunikationsarten können in der aktuellen Version des SAP Solution Managers mit dem Schnittstellen- und Verbindungs-Monitoring überwacht werden:

- RFC-Aufrufe
- Webserviceaufrufe
- Meldungen aus SAP Process Integration (PI)

10.5 Integrations-Monitoring

- Services aus SAP Gateway
- Flat Files
- Intermediate Documents (IDocs)
- qRFC (queued RFC)
- tRFC (transactional RFC)
- bgRFC (background RFC)
- BDocs (Business Documents) und CRM Middleware
- Workflows aus SAP Business Workflow
- Schnittstellen aus SAP Manufacturing Integration and Intelligence (MII)
- Kommunikationsvorgänge innerhalb der Public-Cloud-Lösungen von SAP

Voraussetzungen und Vorbereitung

Um das Schnittstellen- und Verbindungs-Monitoring nutzen zu können, müssen Sie zunächst einige vorbereitende Schritte durchführen. Öffnen Sie hierfür wie gewohnt Transaktion SOLMAN_SETUP, und navigieren Sie zu **Application Operations • Integrations-Monitoring • Schnittstellen und Verbindungen**. Nach der obligatorischen Prüfung der Voraussetzungen müssen Sie noch einige Konfigurationen durchgeführt, Aufgaben eingeplant und Benutzer angelegt werden. Führen Sie hierzu die passenden Schritte in der Guided Procedure gemäß der dort hinterlegten Dokumentation durch. Installieren Sie auf jeden Fall in Schritt **2.6 Content aktualisieren** den aktuellsten Monitoring-Content.

Infrastrukturkonfiguration

In Schritt **4 Umfang definieren** müssen Sie ein Szenario erstellen bzw. auswählen. Um ein Szenario anzulegen, klicken Sie auf die Schaltfläche **Anlegen**. Vergeben Sie zunächst eine passenden Namen und eine Beschreibung. Anschließend wählen Sie in Teilschritt **2 Technische Elemente definieren** die technischen Systeme, Services und Hosts aus, auf denen bzw. zwischen denen die Schnittstelle existiert (siehe Abbildung 10.49).

Schnittstellenszenario anlegen

In Teilschritt **3 Attribute definieren** und Teilschritt **4 Details konfigurieren** können Sie Verbindungen löschen, die nicht überwacht werden sollen, oder neue Verbindungen hinzufügen. Sichern Sie anschließend Ihr Schnittstellenszenario, und gehen Sie weiter zu Schritt **5 Monitoring und Alerting**. Führen Sie in Teilschritt 5.1 die automatischen Aktivitäten durch, und prüfen Sie die korrekte Ausführung.

10 Technischer Betrieb

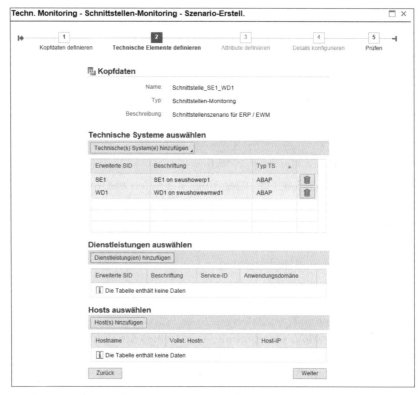

Abbildung 10.49 Schnittstellenszenario anlegen

Schnittstellenkanal anlegen

Anschließend können Sie mit der weiteren Konfiguration in Teilschritt **5.2 Konfiguration** fortfahren. In diesem Schritt müssen ein oder mehrere Schnittstellenkanäle angelegt werden. Klicken Sie hierfür auf die Schaltfläche **Anlegen**. Diesen Schritt haben wir bereits in Abschnitt 10.4.7, »Cloud-Monitoring«, gezeigt. Wählen Sie einen Namen, einen Kanaltyp und eine passende, durch den Monitoring-Content ausgelieferte Vorlage aus (siehe Abbildung 10.50).

Abbildung 10.50 Schnittstellenkanal anlegen

Klicken Sie anschließend auf **Weiter**. Die typabhängigen Daten sind vom gewählten Typ des Kanals abhängig. In unserem Beispiel wählen wir als Kanaltyp **qRFC**.

Da es sich bei Schnittstellenkanälen um gerichtete Verbindungen handelt, müssen im nächsten Schritt eine Quelle, ein Ziel und ein Messpunkt definiert werden. Damit legen Sie die Richtung der Verbindung fest. Eine beispielhafte Konfiguration können Sie Abbildung 10.51 entnehmen.

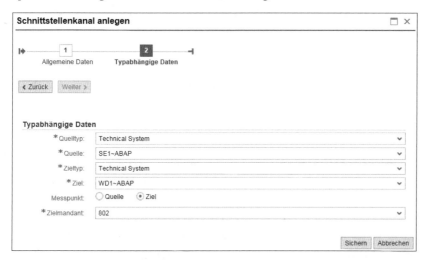

Abbildung 10.51 Kanalrichtung definieren

Sichern Sie anschließend den Schnittstellenkanal. Wählen Sie jetzt den eben angelegten Kanal aus. Auf der Registerkarte **Details zu Schnittstellenkanal** können Sie nun die Eigenschaften der Schnittstelle pflegen. Da sich die einzugebenden Werte von Typ zu Typ unterscheiden, können wir hier keine generelle Hilfestellung geben. Meist werden jedoch eine Richtung, ein Ziel bzw. eine zu überwachende Queue oder Datei und ein oder mehrere definierte Status für z. B. den Fehlerfall angegeben. In Abbildung 10.52 sehen Sie eine beispielhafte Konfiguration für die Überwachung einer qRFC-Schnittstelle.

Details konfigurieren

Auf der Registerkarte **Metrikkonfiguration** können Sie die von SAP vordefinierten Metriken aktivieren und gegebenenfalls anwendungsspezifisch konfigurieren. Eine Beschreibung der Metriken befindet sich im Normalfall in der Anzeige rechts neben der Metrikauswahl. Wählen Sie hierfür die passenden Metriken aus, und setzen Sie den Haken bei **Aktiviert**.

10 Technischer Betrieb

Abbildung 10.52 Eine qRFC-Überwachung konfigurieren

Zum Abschluss muss der Schnittstellenkanal noch aktiviert werden. Dazu wählen Sie den oder die gewünschten Kanäle und klicken auf die Schaltfläche **Übernehmen und aktivieren**.

Mit dem Schnittstellen-Monitoring arbeiten

Sie haben zwei Optionen, um sich die angelegten Kanäle mit Ihren Metriken anschließend anzeigen zu lassen. Zum einen können Sie im SAP Solution Manager Launchpad die Kachel **Schnittstellen-Monitoring** aufrufen und den oder die gewünschten Kanäle auswählen und auswerten. Die Oberfläche ist wieder im einheitlichen SAPUI5-Layout aufgebaut, die Navigation erfolgt analog zu den anderen Monitoring-Bereichen.

Schnittstellen in Lösungsdokumentation

Version 7.2 des SAP Solution Managers bietet Ihnen zum anderen die Möglichkeit, Schnittstellen direkt in der neuen Lösungsdokumentation anzulegen und den passenden Prozessschritten in einem Prozess zuzuordnen. Öffnen Sie hierfür die Lösungsdokumentation und navigieren Sie entweder zur Schnittstellenbibliothek (siehe Abschnitt 4.4.2, »Bibliotheken«, Überschrift »Schnittstellenbibliothek«), oder legen Sie die Schnittstelle direkt im gewünschten Prozess an. Geben Sie nun, wie in Abbildung 10.53 zu sehen, die Schnittstellendetails – ähnlich wie bei der Anlage eines Schnittstellenkanals – an.

Alert anlegen

Um anschließend eine Überwachung zu integrieren, müssen Sie als Element der Schnittstelle einen Alert festlegen. Dies geschieht, indem Sie auf der Registerkarte **Elemente** einen Rechtsklick ausführen und unter **Neu • Betriebsführung** das Element **Alert** wählen. Pflegen Sie nun die Details des Alerts (siehe Abbildung 10.54).

10.5 Integrations-Monitoring

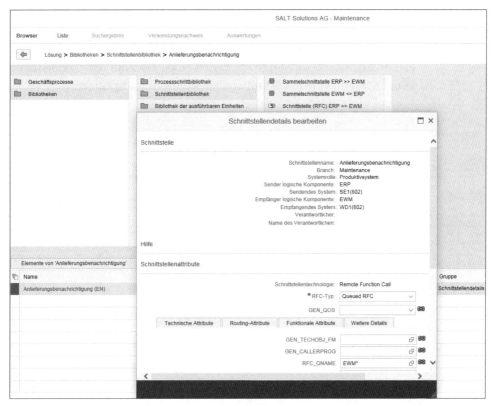

Abbildung 10.53 Schnittstelle in der Lösungsdokumentation anlegen

Abbildung 10.54 Alert-Details pflegen

10 Technischer Betrieb

Status im Geschäftsprozess-Monitoring

Für die Auswertung der hier angelegten Schnittstellen empfehlen wir einen Blick in die Applikation des Geschäftsprozess-Monitorings. Dort finden Sie die angelegten und zugeordneten Schnittstellen, wie in Abbildung 10.55 zu erkennen, in der Spalte **Interface**. Durch einen Klick auf die jeweilige Zelle können Sie direkt in das Schnittstellen-Monitoring abspringen.

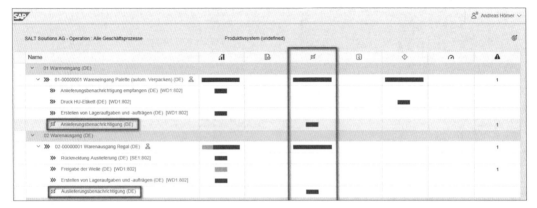

Abbildung 10.55 Schnittstellen im Geschäftsprozess-Monitoring

Integration in Prozessdiagramme

Je nachdem, wie detailliert Sie Ihre Prozesse dokumentiert haben, kann der aktuelle Status der Schnittstelle auch in einem zuvor modellierten Prozessdiagramm dargestellt werden. Abbildung 10.56 zeigt hierfür ein Beispiel.

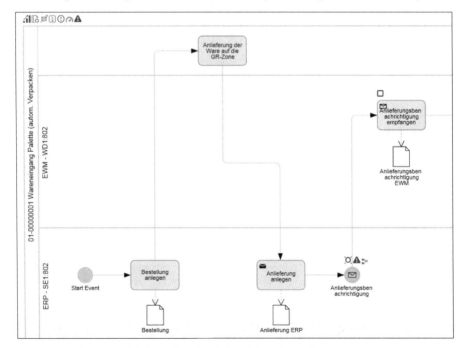

Abbildung 10.56 Integration der Schnittstelle in ein Prozessdiagramm

10.5.2 Prozessintegration

In Zeiten, in denen der Datenaustausch innerhalb von Unternehmen oder auch von Unternehmen zu Unternehmen (*Business to Business*) immer wichtiger und somit auch kritischer wird, ist es elementar, eine Softwarelösung zu nutzen, die sich reibungslos in Ihren Betrieb eingliedert. SAP Process Integration (PI) bzw. SAP Process Orchestration (PO) bietet Ihnen genau diese Möglichkeiten. Mit diesem Tool können Sie Ihre Geschäftsprozesse komplett integriert über verschiedene Softwarekomponenten, Abteilungen und Organisationen hinweg betreiben.

SAP Process Integration

Umso wichtiger ist es, diese Tools nahezu störungsfrei zu betreiben. Hierbei kann Ihnen der SAP Solution Manager 7.2 mit seinem Monitoring für SAP PI helfen. Konfiguriert wird dieses Monitoring ebenfalls über eine eigene Guided Procedure in Transaktion SOLMAN_SETUP (siehe Abbildung 10.57). Mit dem SAP Solution Manager 7.2 werden aktuell alle Versionen ab SAP NetWeaver Process Integration 7.0 unterstützt.

PI-Monitoring

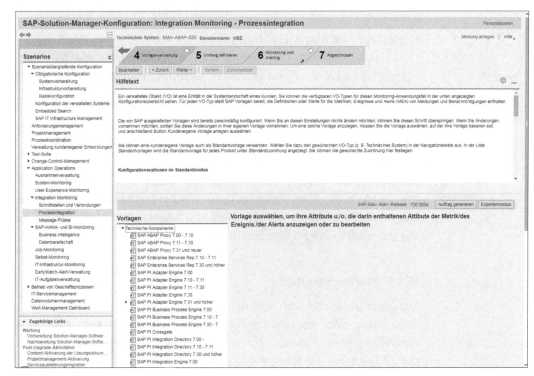

Abbildung 10.57 Monitoring für SAP Process Integration konfigurieren

PI-Monitore Folgende Monitore bietet der SAP Solution Manager 7.2 aktuell zur Überwachung Ihrer PI-Domäne:

- **Übersichtsmonitor**
  Der Übersichtsmonitor bietet die Möglichkeit zur Überwachung der Verfügbarkeit aller PI-Komponenten in einer PI-Domäne.
- **Komponentenmonitor**
  Mit diesem Monitor werden alle Komponenten einer PI-Domäne überwacht.
- **Kanalmonitor**
  Dieser Monitor überwacht die Verfügbarkeit der Kommunikationskanäle für alle zentralen und dezentralen Adapter Engines.
- **Message-Monitor**
  Der Message-Monitor überwacht PI-Messages in allen Komponenten der PI-Domäne.
- **Message-Suche-Monitor**
  Hiermit können Sie nach bestimmen Payloads in PI-Messages suchen.
- **Message-basierter Alert-Monitor**
  Ein Message-basierter Alert-Monitor kann einen Alert zu einer fehlerhaften PI-Message basierend auf den PI-Alert-Regeln ausgeben.

Der große Vorteil des zentralen PI-Monitorings im SAP Solution Manager ist, dass Sie Probleme und Fehler in Ihrer PI-Domäne frühzeitig erkennen und beheben können. So können Sie Ihren Fachabteilungen eine sehr hohe Verfügbarkeit der PI-Komponenten garantieren.

Monitoring-Vorlagen Die Konfiguration erfolgt ebenfalls, wie in Abschnitt 10.4.1, »Selbst-Monitoring«, dargestellt, über Vorlagen. Diese werden kundenindividuell ausgeprägt. Dabei wird pro Metrik bzw. Alert eine Reaktion festgelegt. Das gleiche Vorgehen wird auch im Szenario des System-Monitorings angewendet.

10.5.3 Nachrichtenflüsse

Mit dem Überwachen von Nachrichtenflüssen (**Message-Flows**) können Sie den Status von geschäftskritischen, nachrichtenbasierten Vorgängen innerhalb einer SAP-Process-Integration-Landschaft überwachen. In Abbildung 10.58 sehen Sie einen exemplarischen Einsatz des Nachrichtenflussmonitors.

Überwachungsmöglichkeiten Folgendes können Sie mit dem Nachrichtenflussmonitor überwachen:

- A2A-Nachrichtenflüsse (Application to Application)
- B2B-Nachrichtenflüsse (Business to Business)

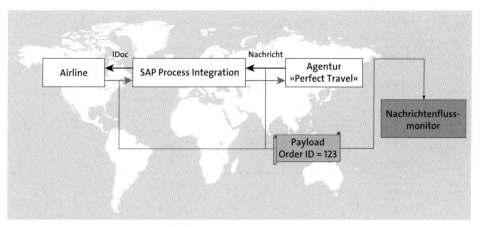

Abbildung 10.58 Verwendung des Nachrichtenflussmonitors

Abbildung 10.59 zeigt die Detailsicht einer Nachricht im Nachrichtenflussmonitor.

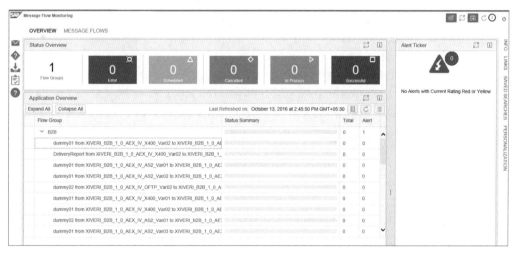

Abbildung 10.59 Exemplarische Darstellung des Nachrichtenflussmonitors (Quelle: SAP SE)

Um das Nachrichtenfluss-Monitoring nutzen zu können, müssen folgende Voraussetzungen erfüllt sein:

- SAP Process Integration 7.31 SP07 oder höher
- SAP Solution Manager 7.1 SP09 oder höher

Konfiguriert wird das Nachrichtenfluss-Monitoring wie gewohnt mithilfe einer Guided Procedure in Transaktion SOLMAN_SETUP (siehe Abbildung 10.60).

Voraussetzungen

Konfiguration

Abbildung 10.60 Nachrichtenfluss-Monitoring konfigurieren

> **Weiterführende Informationen zur Konfiguration**
>
> Um das Monitoring nutzen zu können, müssen Sie in Ihrem SAP-PI-System die sogenannte *Integration Visibility* und eine Suche innerhalb dieser Integration Visibility eingerichtet haben. Informationen zu deren Einrichtung finden Sie unter folgender URL: *http://s-prs.de/v561544*. Dort erhalten Sie auch Hinweise zur Einrichtung der erforderlichen Suche.
>
> Für jeden definierten Nachrichtenfluss können Sie entscheiden, was im Fehlerfall passieren soll. Dies können Sie ebenfalls in der Guided Procedure einstellen. Zum Einrichten der unterschiedlichen Alerting-Möglichkeiten gibt es ein ausführliches FAQ-Dokument von SAP unter der URL *http://s-prs.de/v561545*.

Alerting   Auch eine Integration der Alerts in das IT-Servicemanagement des SAP Solution Managers ist an dieser Stelle möglich (siehe Abschnitt 10.4.8, »Alerting konfigurieren«).

10.6 Monitoring von SAP HANA und Business-Intelligence-Lösungen

Das *SAP-HANA- und BI-Monitoring* (Business Intelligence) bietet Ihnen die Möglichkeit, z. B. SAP-BW-Systeme, SAP-BusinessObjects-BI-Lösungen und SAP-HANA-Systeme zentral zu überwachen. Es ist in die klassischen Monitoring-Anwendungen wie den Alert-Eingang, das System-Monitoring, die Benachrichtigungsverwaltung und das IT-Servicemanagement integriert.

10.6.1 Voraussetzungen und Vorbereitung

Folgende Versionsstände müssen mindestens gewährleistet sein:

- SAP NetWeaver BW 7.0 oder höher
- SAP BusinessObjects Business Intelligence 3.1 oder höher

Vorausgesetzte Versionsstände

Vorbereitend für die Verwendungen dieses Monitorings muss zunächst die Konfiguration in Transaktion SOLMAN_SETUP durchgeführt werden.

Navigieren Sie zum Bereich **Application Operations** • **SAP-HANA- und BI-Monitoring**. Führen Sie die Konfiguration für die Bereiche **Business Intelligence** und **Datenbereitschaft** – je nachdem, welches Szenario Sie verwenden möchten – durch. Legen Sie in Schritt **3 Standardbenutzer** die dort angegebenen Benutzer an.

Für die Konfiguration des BI-Monitorings muss zunächst ein Szenario angelegt werden. Klicken Sie hierzu in Schritt **4 Umfang definieren** in der **Szenarioauswahl** auf **Anlegen**. In den Bereichen **technische Elemente definieren** und **Attribute definieren** müssen Sie der Konfiguration Ihrem Szenario entsprechend eine Vielzahl von Informationen zu den BI-, BO-, BW- und anderen Schichten mitgeben. Überprüfen Sie in Schritt **5 Prüfen** die angezeigten Details zum Szenario, und klicken Sie auf **Sichern**.

BI-Monitoring konfigurieren

Legen Sie anschließend in Teilschritt **5.1** die zu überwachenden Jobs fest. Hierbei können folgende Jobs konfiguriert werden:

Jobs konfigurieren

- BW-Prozessketten
- Jobs in SAP BusinessObjects
- Jobs in SAP Data Services
- BW-Report-Monitor
- ABAP-Jobs

Klicken Sie hierzu auf **Neu**, und geben Sie die Grunddaten wie den Jobtyp, das technische System und das Monitoring-Objekt an. Wählen Sie in Teilschritt 2 den gewünschten Job aus. Pflegen Sie in Teilschritt 3 die für das Monitoring-Objekt benötigten Informationen ein, und klicken Sie auf **Sichern**. Generieren und Aktivieren Sie das Objekt mit der Schaltfläche **Generieren und Aktivieren**.

In Schritt **5.2 BW-Report-Monitoring konfigurieren** legen Sie die BW-Reports zur Überwachung fest. Um einen Report hinzuzufügen, klicken Sie auf die Schaltfläche **Reports hinzufügen**. Aktivieren Sie anschließend die Datensammlung bzw. das Alerting mit einem Klick auf **Alle aktivieren**.

BW-Report-Monitoring konfigurieren

Die Konfiguration des *Datenbereitschafts-Monitorings* (Data Readiness Monitoring, DRM) erfolgt in Schritt **4 Umfang definieren**. Legen Sie hier zunächst mit einem Klick auf **Anlegen** ein neues Szenario an, und vergeben

DRM konfigurieren

Sie einen passenden Namen. Sie müssen sich zwischen den beiden Typen Aktueller Status (Prüfung des aktuellen oder vergangenen Status) oder SLA (bei vorhandenen Service Level Agreements; hier erfolgt die Prüfung der Daten zu einem festgelegten Zeitpunkt) entscheiden. Ordnen Sie anschließend, wie in Abbildung 10.61 gezeigt, ein Monitoring-Objekt zu, und geben Sie eine Rückschauzeit an.

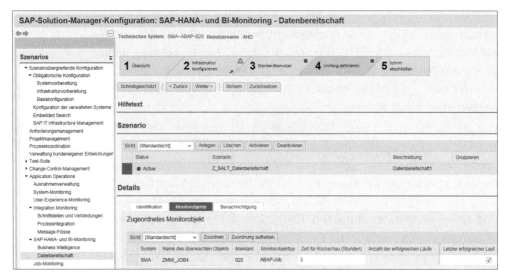

Abbildung 10.61 Datenbereitschafts-Monitoring konfigurieren

Darüber hinaus können Sie auf der Registerkarte **Benachrichtigung** Benachrichtigungsoptionen anlegen. Aktivieren Sie das Szenario, und schließen Sie damit die Konfiguration ab.

10.6.2 Mit SAP-HANA- und BI-Monitoring arbeiten

Aufruf der Monitoring-Oberfläche

Die Auswertung des konfigurierten Monitorings erfolgt im SAP Solution Manager Launchpad über den Aufruf der Applikation **SAP-HANA- und Business-Intelligence-Monitoring**. Wählen Sie hier die gewünschten Monitoring-Szenarien aus. Die Oberfläche zeigt sich im gewohnten SAPUI5-Layout und folgt demselben Bedienkonzept wie bei den anderen bisher vorgestellten Monitoring-Applikationen.

> **[»] Weiterführende Informationen**
>
> Weitere Informationen zum SAP-HANA- und BI-Monitoring finden Sie in folgenden Internetquellen:
> - SAP-Hilfe: http://s-prs.de/v561546
> - SAP-Wiki: http://s-prs.de/v561547

10.7 Ausnahmenverwaltung

Die Ausnahmenverwaltung ist ein Werkzeug, mit dem geschäftskritische Ausnahmen in Ihrer Systemlandschaft erkannt und behandelt werden. Sie können Standard-Logdateien auswerten, aber auch selbstdefinierte Ausnahmen in Prozessabläufen überwachen.

Zur Konfiguration öffnen Sie Transaktion SOLMAN_SETUP und navigieren im Bereich **Application Operations** zum Punkt **Ausnahmenverwaltung**. Um die Ausnahmenverwaltung zu konfigurieren, muss die in Abbildung 10.62 gezeigte Guided Procedure durchgeführt werden.

Voraussetzungen und Vorbereitung

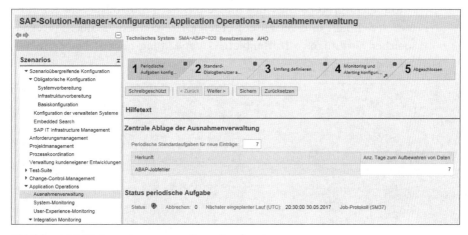

Abbildung 10.62 Ausnahmenverwaltung konfigurieren

In Schritt **1 Periodische Aufgaben konfigurieren** müssen Sie zunächst eine Lebensdauer für die verwendeten Protokollspeicherarten angeben. Diese gibt an, wie lange die verschiedenen Protokolle in der Datenbank vorgehalten werden. Der im Feld **Periodische Standardaufgaben für neue Einträge** verwendete Wert wird dabei automatisch für jede neu definierte Protokollspeicherart gesetzt.

Erstellen bzw. aktualisieren Sie anschließend in Schritt **2 Standard-Dialogbenutzer anlegen** den angegebenen Benutzer, und weisen Sie ihm die entsprechenden Rollen zu. Sie können dies automatisiert durchführen.

In Schritt **3 Umfang definieren** wählen Sie die zu überwachenden Systeme und definieren passende Filter. Der SAP Solution Manager 7.2 unterstützt hier neben klassischen On-Premise-Systemen auch verschiedene Cloud-Services. Für ABAP-Systeme kann pro Mandant eine eigene Konfiguration der Ausnahmenverwaltung erstellt werden. Wählen Sie das gewünschte System, und klicken Sie auf **Konfigurieren**. Das Setup springt automatisch in den nächsten Schritt **4.1 Ausnahmekonfiguration**.

Umfang festlegen

10 Technischer Betrieb

> [!] **Konfiguration verwalteter Systeme muss abgeschlossen sein**
> Bevor Sie die Ausnahmenverwaltung für ein System aktivieren können, muss für dieses System die Konfiguration der verwalteten Systeme durchgeführt sein. Weitere Informationen hierzu finden Sie in Abschnitt 3.3, »Verwaltete Systeme konfigurieren«.

Protokollspeicher hinzufügen

Klicken Sie, wie in Abbildung 10.63 gezeigt, auf **Protokollspeicher hinz.**, und wählen Sie entweder einen Standard- oder einen Drittanbieterprotokollspeicher aus. Die Standardprotokollspeicher werden von SAP bereitgestellt. Drittanbieterprotokollspeicher müssen in der Protokollspeicheradministration definiert und verwaltet werden. Diese können Sie über **Protokollspeicher hinzufügen • Drittanbieter • Verwaltung generischer Protokollspeicher** erreichen.

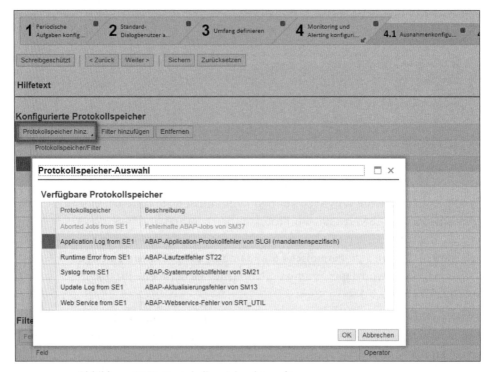

Abbildung 10.63 Protokollspeicher hinzufügen

Filterkriterien pflegen

Wir empfehlen, Filterkriterien festzulegen, um die Ergebnisse aus den Protokollspeichern sinnvoll einzugrenzen. Der Dialog für das Hinzufügen von Filterkriterien wird Ihnen beim Hinzufügen von Standardprotokollspeichern direkt angezeigt. Er kann ebenfalls mit einem Klick auf **Filter hinzufügen** aufgerufen werden. Wählen Sie die gewünschten Felder aus, und bestätigen Sie die Auswahl mit **OK**. Pflegen Sie anschließend im Bereich **Filterdefinitionen** die entsprechenden Filter (siehe Abbildung 10.64).

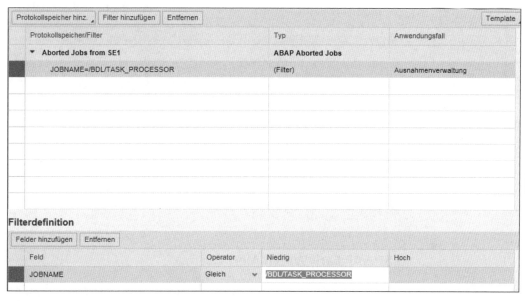

Abbildung 10.64 Filterdefinition pflegen

> [+] **Vorlagen verwenden**
>
> Sie haben die Möglichkeit, kundeneigene Vorlagen für einen speziellen Systemtyp zu definieren. Diese können anschließend immer wieder verwendet werden. Klicken Sie dazu in dem in Abbildung 10.64 gezeigten Dialog auf die Schaltfläche **Template**, und wählen Sie die gewünschte Option. Wenn Sie eine Vorlage für ein bestimmtes System aktivieren, gehen alle selbst definierten Filter verloren.

In den Schritten **4.2** bis **4.4** wird das Alerting für die verschiedenen Metriken konfiguriert und aktiviert. Setzen Sie dazu in Schritt **4.3 Metrik-Konfiguration** die entsprechende Metrik auf **aktiv**. Weisen Sie dieser Metrik anschließend in Schritt **4.4 Alert-Konfiguration** eine entsprechende Variante zu. Sollten Sie noch keine Varianten gepflegt haben, können Sie das mit einem Klick auf die Schaltfläche **Varianten pflegen** nachholen (siehe Abbildung 10.65).

Alerting konfigurieren

Die konfigurierte Ausnahmeüberwachung können Sie sich anschließend im SAP Solution Manager Launchpad durch den Aufruf der Applikation **Ausnahmenverwaltung** ansehen. Selektieren Sie dort die gewünschten Kriterien, und lassen Sie sich die Ausnahmen anzeigen.

Aufruf der Monitoring-Oberfläche

10 Technischer Betrieb

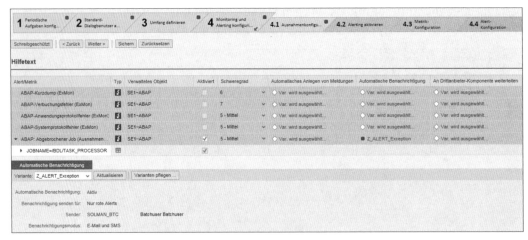

Abbildung 10.65 Alerting konfigurieren

10.8 SAP EarlyWatch Alert

Der *SAP EarlyWatch Alert* (EWA) ist ein Service, der automatisiert einen Bericht über den Zustand Ihrer SAP-Systeme erstellt. Dieser Bericht enthält verschiedene systemtypabhängige Key Performance Indicators (KPI).

Um den EWA zu konfigurieren, können Sie entweder im SAP Solution Manager Launchpad im Bereich **SAP-Engagement und Servicelieferung** die Anwendung **Konfiguration** • **SAP EarlyWatch Alert** aufrufen oder in Transaktion SOLMAN_SETUP in den Bereich **Application Operations** • **Early-Watch-Alert-Verwaltung** navigieren. Abbildung 10.66 zeigt die Guided Procedure zur Konfiguration.

EWA aktivieren | In Schritt **1 Umfang definieren** müssen Sie zunächst eines oder mehrere Systeme wählen, für die der EWA aktiviert werden soll. Für Produktivsysteme ist der EWA bereits standardmäßig aktiviert. In Schritt **2 EWA aktivieren** definieren Sie die Sprache des ausgegebenen Berichts, den Wochentag, an dem der Bericht generiert werden soll, und die Verweildauer eines Berichts.

Plug-in-Stand | Den Status der benötigten Plug-ins prüft das SAP-Solution-Manager-System automatisch in Schritt **3 Softwarekomponentenlevel prüfen**. Schlägt diese Prüfung fehl, müssen die Plug-ins auf den angeforderten Stand gebracht werden (siehe Abbildung 10.67). Nähere Informationen hierzu finden Sie in Abschnitt 3.3, »Verwaltete Systeme konfigurieren«.

10.8 SAP EarlyWatch Alert

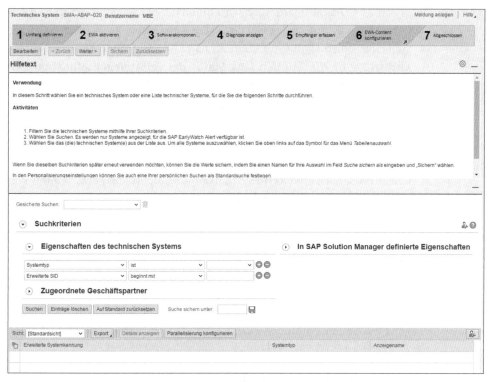

Abbildung 10.66 SAP EarlyWatch Alert einrichten

Abbildung 10.67 Softwarekomponentenlevel prüfen

SDCCN-Status	In Schritt **4 Diagnose anzeigen** wird Ihnen der SDCCN-Status (Service Data Control Center) für die jeweiligen Systeme angezeigt. Sie können an dieser Stelle die Selbstdiagnosefunktion für den SAP EarlyWatch Alert ausführen. Klicken Sie hierfür auf den Link **Status der Selbstdiagnosefunktion SAP EarlyWatch Alert**. Daraufhin öffnet sich ein neues Fenster mit der Selbstdiagnose. Falls hier Fehler auftreten, müssen diese geprüft und gegebenenfalls behoben werden.
Empfänger festlegen	Fügen Sie in Schritt **5 Empfänger erfassen** die gewünschten Empfänger bzw. Empfängerlisten ein, und setzen Sie den Empfängerstatus auf **aktiv**. Wählen Sie im Bereich **Erweiterte Systemkennung** die SID des gewünschten Systems. Legen Sie unter **Reportformat** das Format fest, in dem der EWA-Bericht übermittelt werden soll.
Erweiterte Konfigurationen	In den Schritten 6.1 bis 6.3 können noch erweiterte Konfigurationen zu Spitzengeschäftszeiten, Geschäftsprozessanalysen (dokumentenbasierte Geschäftskennzahlen in SAP-ERP- und SAP-S/4HANA-Systemen) und dem Datenvolumenmanagement vorgenommen werden. Beim Datenvolumenmanagement lassen sich die für das System erhobenen Daten in den jeweiligen EWA-Bericht einbinden. Setzen Sie hierzu den Haken im Feld **DVM aktiv**.

10.9 Technische Administration

In bestimmten Situationen ist es nötig, Tätigkeiten im Systembetrieb manuell durchzuführen. Das können z. B. Aktionen rund um die regelmäßige Wartung sein, die einen Systemstopp erfordern könnten. Im Rahmen der technischen Administration im SAP Solution Manager stehen Ihnen eine Reihe von Werkzeugen zur Verfügung, die es ermöglichen, Aufgaben manuell einzuplanen und auszuführen. Der Einstieg in die Werkzeuge der technischen Administration erfolgt entweder direkt im SAP Solution Manager Launchpad über die entsprechende Kachel im Bereich **Technische Administration** oder über den Start des Work Centers für die technische Administration über die Kachel **Technische Administration Work Center** (siehe Abbildung 10.68).

Werkzeuge	Im Work Center der technischen Administration finden Sie verschiedene Werkzeuge (siehe Abbildung 10.69). Dazu gehören unter anderem folgende:

- IT-Aufgabenverwaltung
- IT-Kalender
- Guided-Procedure-Management
- Benachrichtigungsverwaltung
- MDM-Administration (Master Data Management)

10.9 Technische Administration

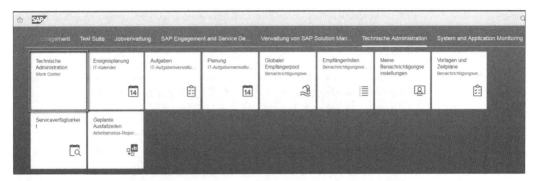

Abbildung 10.68 Kachel »Technische Administration«

Die genannten Werkzeuge und das *Service Availability Management* stellen wir Ihnen im weiteren Verlauf dieses Abschnitts vor.

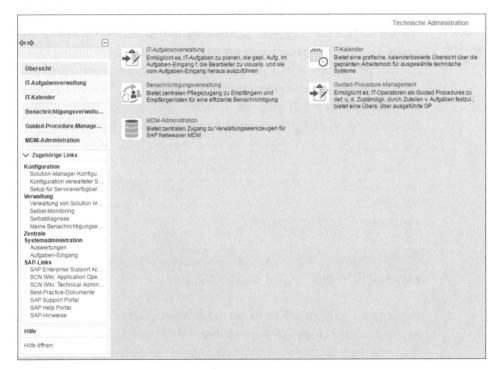

Abbildung 10.69 Werkzeuge im Work Center »Technische Administration«

10.9.1 Service Availability Management

Das *Service Availability Management* (SAM) gibt einen Überblick über die für die *Service Level Agreements* (SLA) relevanten Ausfallzeiten von Systemen. Diese Daten werden anschließend von den Systemverantwortlichen bestätigt. Eine solche Downtime wird als *Serviceausfall* bezeichnet. Mithilfe der dokumentierten Ausfälle können automatisiert Reports erstellt werden, die einen Überblick über die Einhaltung bzw. Nichteinhaltung von SLAs geben.

> **Ab SAP Solution Manager 7.2 SPS03 keine vorbereitende Konfiguration mehr nötig**
>
> Die Versionen SPS01 bis SPS02 des SAP Solution Managers 7.2 benötigen eine vorbereitende Konfiguration des SAM anhand einer Guided Procedure in Transaktion SOLMAN_SETUP. Setzen Sie eine Version ab SPS03 ein, ist keine weitere Konfiguration mehr nötig.

Konfiguration

Zur Konfiguration starten Sie im SAP Solution Manager Launchpad die Applikation **Serviceverfügbarkeit**. Selektieren Sie die Systeme, für die die Funktion der Serviceverfügbarkeit eingerichtet werden soll.

Serviceverfügbarkeitsdefinitionen

Wählen Sie nun die Registerkarte **Servicedefinition** aus. Hier sehen Sie alle zu den Systemen vorhandenen Servicedefinitionen (siehe Abbildung 10.70). Mit einem Klick auf das Plussymbol können Sie neue Serviceverfügbarkeitsdefinitionen anlegen. Vergeben Sie zunächst einen Titel sowie eine Periode, in der die Definition gültig ist, und wählen Sie die passende Zeitzone. Fügen Sie anschließend die Systeme hinzu, für die die Definition gelten soll.

Abbildung 10.70 Übersicht der Servicedefinitionen

Wählen Sie anschließend die Registerkarte **Verfügbarkeit** aus. Hier definieren Sie zunächst einen SLA-Schwellenwert in Prozent. Dieser Wert spiegelt die zu gewährleistende Verfügbarkeit des verwalteten Objekts wieder. Wechseln Sie nun auf die Registerkarte **Vertragspflege**, um die vereinbarten Ausfallzeiten für Wartungsarbeiten festzuhalten.

Im nächsten Schritt müssen die Ausfallzeiten von Services festgehalten werden. Dazu wechseln Sie im Bereich **Serviceverfügbarkeit** auf die Registerkarte **Ausfallbearbeitung**. Hier gibt es generell zwei verschiedene Typen von Ausfällen:

- **Geplante Ausfälle**
  geplante Arbeitsmoduseinstellungen, manuelle Einträge
- **Ungeplante Ausfälle**
  Monitoring-Daten, manuelle Einträge

Die Ausfälle werden Ihnen in diesem Fenster angezeigt. Klicken Sie einen Ausfall an, um in die Detailansicht zu kommen. Dort können Sie den Ausfall qualifizieren und seine SLA-Relevanz feststellen. Des Weiteren können Sie Gründe und Auswirkungen für jeden Ausfall festhalten. Dabei haben folgende Felder eine Relevanz für die Verfügbarkeitsberechnung:

Ausfall qualifizieren

- Typ (geplant/ungeplant)
- Kategorie
- SLA-Relevanz
- Status
- Dauer

Alle weiteren Attribute sind rein informativer Natur. Die Registerkarte **Change Logs** stellt Ihnen eine Änderungsverwaltung für jedes Objekt zur Verfügung.

Auf der Registerkarte **Übersicht** sehen Sie das eigentliche Reporting, basierend auf den gemessenen und definierten Daten. Für die gewählten Systeme steht Ihnen sowohl eine monatliche als auch eine jährliche Auswertung zur Verfügung.

Serviceauswertung

> **Mess- und Berechnungsgrundlagen für das Service Availability Management**
>
> In folgendem Blogbeitrag in der SAP Community erhalten Sie genauere Informationen zur Funktionsweise des Service Availability Managements und zu den dabei verwendeten Berechnungsgrundlagen: *http://s-prs.de/v561548*

10.9.2 IT-Aufgabenverwaltung

Die IT-Aufgabenverwaltung hilft Ihnen dabei, regelmäßige Aufgaben und Tätigkeiten zu planen und entsprechenden Bearbeitern zuzuordnen. Ihren Einstellungen entsprechend können Sie sich benachrichtigen lassen, sobald eine bestimmte Aufgabe fällig wird.

Damit Sie die IT-Aufgabenverwaltung nutzen können, müssen Sie zuerst in Transaktion SOLMAN_SETUP die entsprechende Guided Procedure durchführen (siehe Abbildung 10.71).

Konfiguration

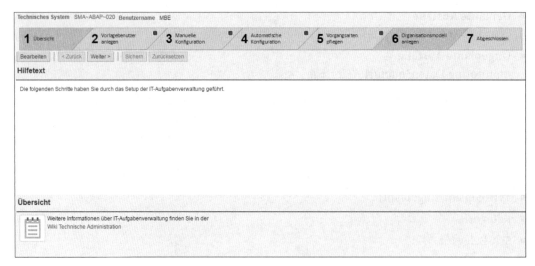

Abbildung 10.71 IT-Aufgabenverwaltung einrichten

Hier werden verschiedene Schritte durchgeführt, um die IT-Aufgabenverwaltung verwenden zu können. Sie können die Anwendungen im SAP Solution Manager Launchpad starten, sobald die Konfiguration abgeschlossen ist (ebenfalls in Abbildung 10.68 zu sehen).

Planung Nachdem Sie die Anwendung **Planung IT-Aufgabenverwaltung** gestartet haben, sollten Sie ein Bild wie in Abbildung 10.72 sehen.

Abbildung 10.72 Aufgabenverwaltung planen

Hier können Sie die verschiedenen Aufgaben planen. Mit einem Klick auf **Plan** können Sie entweder eine einfache Aufgabe, eine Guided Procedure (Standard) oder eine Guided Procedure (Experten) anlegen. Guided Procedures erläutern wir in Abschnitt 10.9.5, »Guided Procedure Management«.

Abbildung 10.73 zeigt das Pop-up-Fenster zur Anlage einer einfachen Aufgabe. Hier erfassen Sie die folgenden Informationen als Pflichtfelder:

- Aufgabenname
- Priorität
- Bearbeiter/Support-Organisation
- Startdatum
- Fälligkeitsdatum

Abbildung 10.73 Aufgabe anlegen

Sie haben zudem die Möglichkeit, auf der Registerkarte **Beschreibung** eine umfassende Aufgabenbeschreibung zu erfassen. Auf der Registerkarte **Dokumente** können Sie beliebige Anhänge hochladen, die nötig sind, um die Aufgabe bearbeiten zu können. Abbildung 10.74 zeigt den allgemeinen Aufgabeneingang. Dieser bietet einen Überblick über sämtliche vorhandenen Aufgaben.

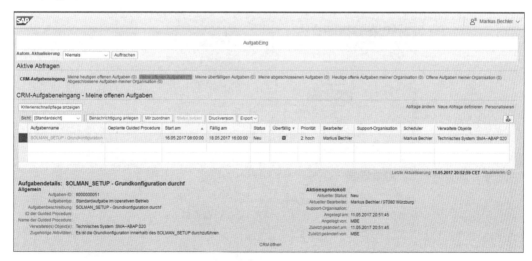

Abbildung 10.74 Allgemeiner Aufgabeneingang

10.9.3 IT-Kalender

Mit dem IT-Kalender sollen IT-relevante Themen und Tätigkeiten übersichtlicher dargestellt werden und für eine möglichst große Zielgruppe zugänglich sein. Mit diesem Kalender können Sie wichtige IT-Ereignisse wie Downtimes oder auch generische Ereignisse für Systeme planen und visualisieren. Sie erlangen so eine landschaftsweite Übersicht über alle geplanten Aktivitäten für Ihre Systeme.

Aufruf Den IT-Kalender können Sie über das SAP Solution Manager Launchpad mit der Kachel **Ereignisplanung** (ebenfalls in Abbildung 10.68 zu sehen) starten.

In Abbildung 10.75 sehen Sie einen exemplarischen IT-Kalender für ein System. Hier ist die Wochenansicht ausgewählt. Die Ansicht können Sie oben rechts in der Navigationsleiste wechseln. Zur Auswahl stehen neben der Wochenansicht noch die Tages-, Jahres- und Monatsansicht.

Abbildung 10.75 IT-Kalender

Ereignis anlegen Möchten Sie z. B. ein generisches Ereignis anlegen, klicken Sie in der Navigationsleiste oben rechts auf das Plussymbol. Daraufhin gelangen Sie zu der Eingabemaske in Abbildung 10.76.

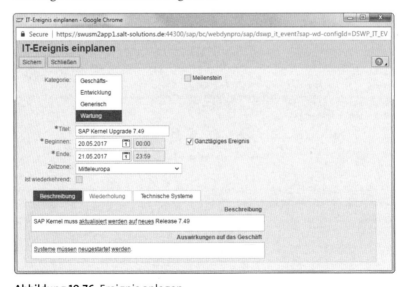

Abbildung 10.76 Ereignis anlegen

Geben Sie dort eine Kategorie, einen Titel sowie ein Start- und Enddatum an. Sie können das Ereignis außerdem um eine detaillierte Beschreibung und involvierte technische Systeme ergänzen.

Eine zusätzliche Option im Rahmen der Ereignisse bietet Ihnen hier die Funktion **Benachrichtigung senden**. Diese ist über die Navigationsleiste auf der linken Seite zu finden. Sobald Sie das Briefsymbol anklicken, öffnet sich das Pop-up-Fenster aus Abbildung 10.77. Hier können Sie nun bspw. eine Benachrichtigung an einen bestimmten Kollegen senden, für den das Ereignis, das Sie im IT-Kalender angelegt haben, interessant ist.

Benachrichtigungen senden

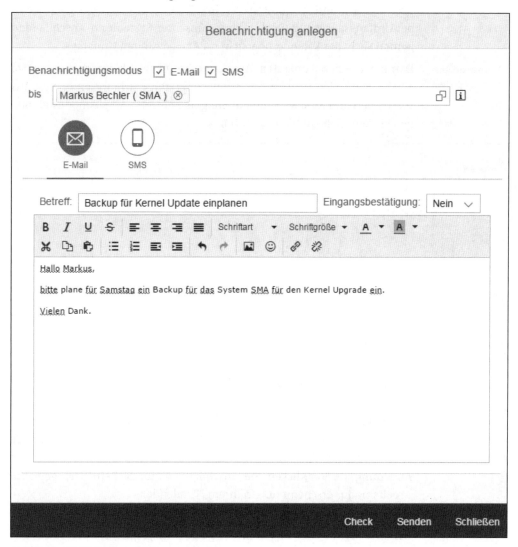

Abbildung 10.77 Benachrichtigung senden

Arbeitsmodusverwaltung

Die Arbeitsmodusverwaltung ist eine wichtige Funktion bei der Planung, Implementierung und Erweiterung von Komponenten innerhalb Ihrer IT-Systemlandschaft. Als Teil des IT-Kalenders dient sie grundsätzlich drei verschiedenen Zwecken:

- Alerts unterdrücken
- Landschaftsplanung
- Downtime-Reporting

Ein Arbeitsmodus beinhaltet eine Ausprägung der genannten Punkte. Arbeitsmodi werden grundsätzlich im IT-Kalender gepflegt. Geben Sie in der Umfangsauswahl zunächst die gewünschten Systeme an. Anschließend landen Sie in der Kalenderübersicht für den gewählten Umfang.

Arbeitsmodus einplanen

Damit Sie einen konkreten Arbeitsmodus planen können, müssen Sie zunächst im Übersichtsraster einen konkreten Zeitraum eines Systems selektieren und anschließend auf **Ereignis anlegen** • **Arbeitsmodus einplanen** klicken (siehe Abbildung 10.78).

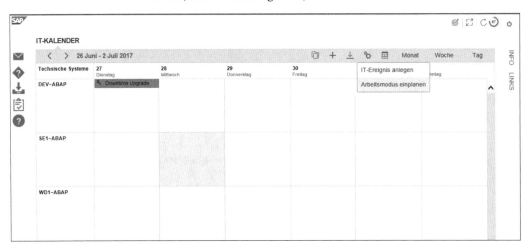

Abbildung 10.78 Arbeitsmodus einplanen

Anschließend öffnet sich ein Pop-up-Fenster, in dem Sie die nötigen Informationen zum Arbeitsmodus wie Start- und Enddatum sowie einen Titel, einen Typ, eine Kategorie und evtl. eine Beschreibung mitgeben (siehe Abbildung 10.79). Klicken Sie anschließend auf **Sichern**. Der geplante Arbeitsmodus erscheint nun in Ihrem IT-Kalender.

Work Modes im Monitoring

Das Work Mode Management ist stark in die einzelnen Monitoring-Szenarien integriert. Dort wird jeweils festgelegt, wie reagiert werden soll, wenn ein bestimmter Arbeitsmodus aktiv ist. So soll z. B. im Falle einer geplanten Downtime eines Systems kein Alerting durch das System-Monitoring erfolgen.

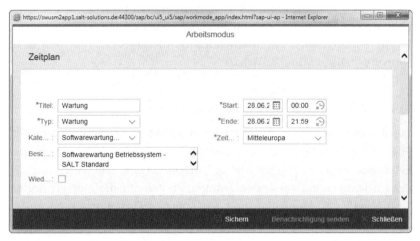

Abbildung 10.79 Eigenschaften des Arbeitsmodus festlegen

Diese Einstellung müssen Sie in Transaktion SOLMAN_SETUP für das System-Monitoring vornehmen (siehe Abschnitt 10.4.2). Das Verhalten im Falle eines aktivierten Arbeitsmodus kann entweder auf globaler Ebene, auf Ebene einer Vorlage oder auf Ebene einer speziellen Metrik festgelegt werden. Abbildung 10.80 zeigt die Einstellungen auf Ebene der Vorlagen im System-Monitoring.

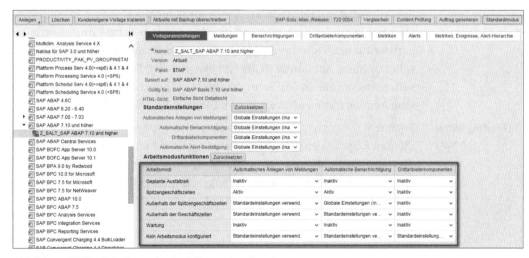

Abbildung 10.80 Arbeitsmodusfunktionen konfigurieren

Arbeitsmodus-Reporting | Das Work Mode Management bringt ebenfalls eine Reportingfunktion mit sich. Diese ermöglicht es, bspw. die geplanten Ausfallzeiten mit den realen Ausfallzeiten zu vergleichen. Starten Sie hierzu im SAP Solution Manager Launchpad die Applikation **Geplante Ausfallzeiten (Arbeitsmodus-Reporting)**. Wählen Sie das bzw. die gewünschten Systeme und den Zeitraum aus. Das System errechnet Ihnen anschließend das Ergebnis und stellt es in Form eines Diagramms grafisch dar.

10.9.4 Benachrichtigungsverwaltung

Die Benachrichtigungsverwaltung ist in mehrere Funktionen aufgeteilt, über die es möglich ist, bspw. Systembenutzer, Geschäftspartner und externe Benutzer zu pflegen und zu benachrichtigen. Alle Werkzeuge, die Benachrichtigungen versenden können, greifen auf die hier gepflegten Empfängerlisten, Empfänger und persönlichen Einstellungen zu einem Empfänger zurück. Dadurch müssen Sie die Einstellungen nur an einer zentralen Stelle pflegen.

Funktionen | Folgende Funktionen stehen bereit:

- Empfängerpool pflegen
- Empfängerlisten anlegen und bearbeiten
- Abwesenheit und Verfügbarkeit von Empfängern
- Benachrichtigungseinstellungen

Globaler Empfängerpool | Der globale Empfängerpool dient dazu, Empfänger aus verschiedenen Systemen zentral vorzuhalten. Zu diesen Empfängern können SAP-Solution-Manager-Benutzer und -Geschäftspartner sowie Benutzer und Geschäftspartner aus den verwalteten Systemen und Benutzer aus externen Quellen gehören (siehe Abbildung 10.81). Um den globalen Empfängerpool zu bearbeiten, starten Sie im SAP Solution Manager Launchpad im Bereich **Technische Administration** die Applikation **Globaler Empfängerpool**.

Empfängerlisten pflegen | Nachdem die potentiellen Empfänger global gepflegt wurden, können Sie diese in Empfängerlisten gruppieren. Legen Sie hierzu mit einem Klick auf die Schaltfläche **Anlegen** eine neue Empfängerliste an. Wählen Sie diese Liste aus und klicken Sie auf **Empfänger/Empfängerlisten hinzufügen**, um sie zu erweitern (siehe Abbildung 10.82).

10.9 Technische Administration

Abbildung 10.81 Übersicht des globalen Empfängerpools

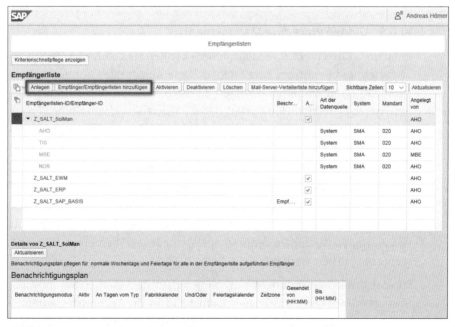

Abbildung 10.82 Empfängerlisten pflegen

Persönliche Benachrichtigungseinstellungen

Darüber hinaus ist es möglich, für jeden Empfänger eigene Benachrichtigungseinstellungen zu hinterlegen. Hierzu zählen z. B. Erreichbarkeitszeiten, Abwesenheitszeiten und Vertretungsregelungen. Diese Einstellungen können entweder durch den jeweiligen Benutzer selbst (in der Applikation **Meine Benachrichtigungseinstellungen**) oder zentral im globalen Empfängerpool gepflegt werden. Klicken Sie im globalen Empfängerpool auf den gewünschten Benutzer, und geben Sie in dem sich öffnenden Pop-up-Fenster die gewünschten Werte ein (siehe Abbildung 10.83).

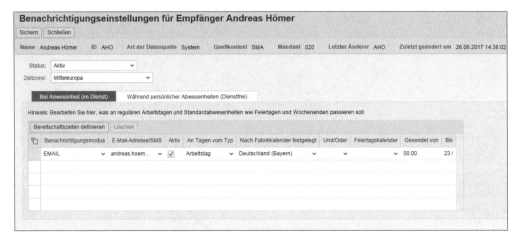

Abbildung 10.83 Persönliche Benachrichtigungseinstellungen pflegen

10.9.5 Guided Procedure Management

Mit dem Guided Procedure Management können Sie geführte Anleitungen verfassen und Benutzern bereitstellen. Diese Anleitungen können sowohl manuelle Handlungsempfehlungen als auch vordefinierte automatische Aktivitäten beinhalten. Ein Vorteil, den die Verwendung von Guided Procedures mit sich bringt, ist das Logging (d. h. eine Protokollfunktion). Jeder durchgeführte Schritt wird mit einem Zeitstempel und dem Namen des Bearbeiters gesichert. Darüber hinaus können Kommentare verfasst werden.

Integration in andere Bereiche

Die erstellten Guided Procedures können u. a. auch in das Monitoring integriert werden. Tritt ein bestimmter Alert-Typ auf, können Sie Guided Procedures zur Lösung bereitstellen. SAP bietet eine Vielzahl von bereits vorgefertigten Guided Procedures zu verschiedenen Themen an, die regelmäßig aktualisiert werden.

Um das Guided Procedure Management aufzurufen, können Sie entweder über das SAP Solution Manager Launchpad in die **Technische Administration** einsteigen oder Transaktion GPA_ADMIN aufrufen. Klicken Sie anschließend auf das Work Center für das **Guided-Procedure-Management**.

Sie gelangen zu der in Abbildung 10.84 gezeigten Übersicht. Hier können Sie sich z. B. alle vorhandenen Guided Procedures zu einem System, einem Systemtyp oder einem Szenario anzeigen lassen. Selektieren Sie hierfür bspw. ein System, klicken Sie auf die Schaltfläche **Guided Procedures** und starten Sie die Anwendung (siehe Abbildung 10.84).

Übersicht zur Selektionsauswahl

Abbildung 10.84 Guided-Procedure-Verzeichnis aufrufen

Sie befinden Sich nun im Verzeichnis der Guided Procedures zu dem im vorherigen Schritt ausgewählten Umfang (siehe Abbildung 10.85).

Guided-Procedure-Verzeichnis

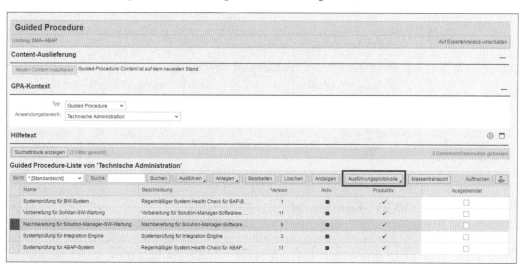

Abbildung 10.85 Verzeichnis der Guided Procedures

In dieser Ansicht können Sie vorhandene Guided Procedures ausführen oder bearbeiten. Außerdem können Sie wie folgt eine neue Guided Procedure anlegen:

1. Klicken Sie im **Guided-Procedure-Management** auf **Guided Procedure • Neues Fenster öffnen** (oder alternativ: **Eingebettet starten**).
2. Im Bereich **Guided-Procedure-Liste von ›Technische Administration‹** können Sie unter **Anlegen • Neu** mit der Erstellung einer Guided Procedure beginnen.

Logbuch Einen großen Mehrwert bieten auch die Ausführungsprotokolle (*Logbuch*). Diese ermöglichen es, den genauen Verlauf jeder Ausführung einer Guided Procedure nachzuvollziehen. Es werden sowohl sämtliche gesetzten Status als auch alle erfassten Kommentare protokolliert und zur Verfügung gestellt (siehe Abbildung 10.86). Um das Logbuch anzuzeigen oder zu löschen, klicken Sie auf die Schaltfläche **Ausführungsprotokolle** in Abbildung 10.85.

Abbildung 10.86 Logbuch der Guided Procedures

> **Weiterführende Informationen**
>
> SAP stellt für das Erstellen und Bearbeiten von Guided Procedures eine Vielzahl von Anleitungen für alle Bereiche bereit. Diese finden Sie u. a. unter folgenden Weblinks:
>
> - Guided Procedures erstellen: *http://s-prs.de/v561549*
> - Best Practices: *http://s-prs.de/v561550*

10.10 Konfigurationsvalidierung

Mit der Konfigurationsvalidierung (*Configuration Validation*) stellt SAP ein sehr mächtiges Werkzeug bereit, um die Konfiguration ihrer Systeme auf ihre Richtigkeit und Konsistenz hin zu überprüfen. Sie können entweder reale Systeme miteinander vergleichen oder ein oder mehrere Systeme mit einem selbst definierten Zielstatus vergleichen. Hierbei können Sie für ein oder mehrere Systeme prüfen, ob Transporte richtig eingespielt, Parameter richtig gesetzt oder Sicherheitseinstellungen richtig vorgenommen wurden. Des Weiteren können Sie sicherstellen, dass wichtige SAP-Hinweise in den Produktivsystemen eingespielt sind, oder Auswertungen durchführen, wie lange ein Transport nach seiner Freigabe bis zum Import in das Produktivsystem braucht. Wie Sie bereits in diesen einleitenden Sätzen feststellen können, ist die Konfigurationsvalidierung sehr vielschichtig. Es handelt sich um ein weitreichendes Framework, mit dessen Hilfe viele individuelle Abfrage- und Vergleichsmöglichkeiten implementiert werden können.

> **Anpassungen im SAP Solution Manager 7.2**
>
> Mit Version 7.2 des SAP Solution Managers gibt es im Bereich der Konfigurationsvalidierung keine größeren Anpassungen. Die offensichtlichste Änderung liegt in der Überführung der Benutzeroberfläche in das neue SAP-Fiori-Design. Darüber hinaus wurde der Inhalt der Konfigurations- und Änderungsdatenbank ausgebaut, um weitere Prüfungen bereitzustellen.

Grundvoraussetzung für die Konfigurationsvalidierung ist die korrekte Anbindung der zu überprüfenden Systeme. Prüfen Sie deshalb zuerst, ob die Systeme vollständig angebunden sind. Genauere Informationen zur Konfiguration der verwalteten Systeme finden Sie in Abschnitt 3.3.

Voraussetzungen und Vorbereitungen

Zudem ist eine Überprüfung der Datenextraktion nötig. Die Daten werden extrahiert und in der Konfigurations- und Änderungsdatenbank (Configuration and Change Database, CCDB) des SAP Solution Managers abgelegt. Starten Sie dazu im SAP Solution Manager Launchpad die Applikation **Konfigurationsänderungsdatenbank**. Überprüfen Sie, ob die Datenextraktion für die gewünschten Systeme korrekt funktioniert. Eine Übersicht erhalten Sie auf der Registerkarte **Technische Systeme** (siehe Abbildung 10.87). Sollten hierbei Fehler ausgegeben werden, müssen Sie diese durch einen Klick auf den jeweiligen Fehler im Detail analysieren und gegebenenfalls beheben.

Datenextraktion prüfen

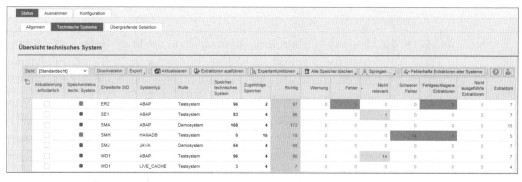

Abbildung 10.87 Übersicht der technischen Systeme in der Konfigurations- und Änderungsdatenbank

Konfiguration Um mit der Einrichtung der Konfigurationsvalidierung zu beginnen, müssen Sie im SAP Solution Manager Launchpad die Applikation **Konfigurationsvalidierung** starten. Auf dem Einstiegsbild wird Ihnen zunächst das Report-Verzeichnis angezeigt. Dort sind alle vorhandenen Berichte hinterlegt.

Für spätere Vergleiche muss immer ein *Referenzsystem* als Vergleichssystem definiert werden. Das Referenzsystem muss kein real vorhandenes System sein, sondern kann frei definiert werden.

Zielsysteme pflegen Die Basis für jedes Szenario der Konfigurationsvalidierung bildet die Pflege der Zielsysteme. Öffnen Sie hierzu die Registerkarte **Pflege Zielsystem** (siehe Abbildung 10.88).

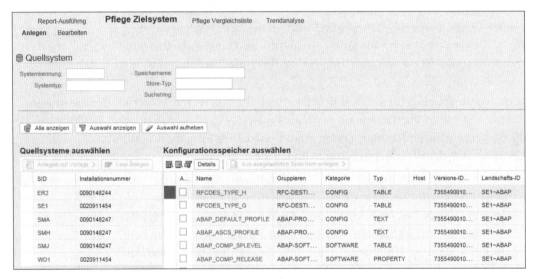

Abbildung 10.88 Zielsysteme pflegen

Hier können Sie Ihr Zielsystem definieren. Dazu gibt es verschiedene Wege. Klicken Sie zunächst auf die Schaltfläche **Alle anzeigen** bzw. **Auswahl anzeigen**:

- Sie können ein leeres Zielsystem anlegen, das keine festgelegten Konfigurationsspeicher enthält. Wählen Sie hierfür im Bereich **Quellsysteme** das gewünschte Quellsystem aus, und klicken Sie anschließend auf die Schaltfläche **Leer anlegen**.

- Alternativ können Sie ein Zielsystem mit definierten Konfigurationsspeichern direkt in der Übersicht anlegen. Wählen Sie dazu ein **Quellsystem** aus, und selektieren Sie anschließend im Bereich **Konfigurationsspeicher auswählen** die jeweiligen Konfigurationsspeicher. Klicken Sie anschließend auf die nun aktive Schaltfläche **Aus ausgewählten Speichern anlegen**.

10.10 Konfigurationsvalidierung

- Möchten Sie ein bereits existierendes Zielsystem als Vorlage wählen, klicken Sie auf die Schaltfläche **Anlegen mit Vorlage**. Bei dieser Variante werden alle in der Vorlage definierten Konfigurationsspeicher und Validierungsinformationen übernommen.

Um ein angelegtes Zielsystem zu bearbeiten, klicken Sie im Bereich **Pflege Zielsystem** auf **Bearbeiten**. In dieser Maske können Sie das Zielsystem entsprechend anpassen und z. B. Konfigurationsspeicher hinzufügen oder entfernen (siehe Abbildung 10.89). Zudem können Sie in dieser Ansicht Konfigurationsparameter anpassen. Diese können Konfigurationselemente entfernen oder hinzufügen, Werte bearbeiten oder auch Operatoren anpassen. Nach erfolgter Anpassung können Sie mithilfe des Testsymbols (🖳) in der entsprechenden Zeile die korrekte Funktionsweise überprüfen.

Zielsystem bearbeiten

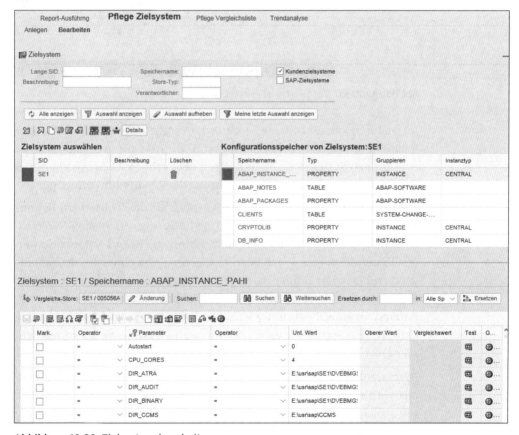

Abbildung 10.89 Zielsystem bearbeiten

Mit *Vergleichslisten* können Sie Systeme anhand bestimmter Merkmale gruppieren. Abbildung 10.90 zeigt die Erstellung einer Vergleichsliste für mehrere SAP-ERP-Systeme.

Vergleichsliste pflegen

637

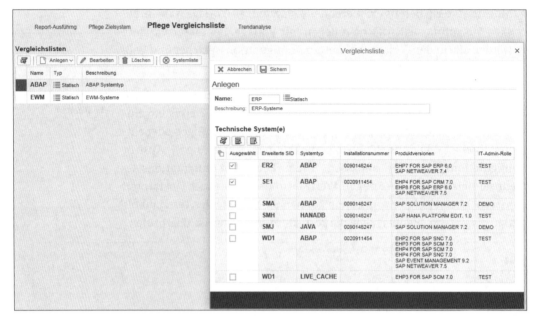

Abbildung 10.90 Vergleichsliste erstellen

Im weiteren Verlauf können Sie nun eine Vergleichsliste als Basis für eine Validierung wählen. Die Validierung wird dann auf alle der Vergleichsliste zugehörigen Systeme angewandt. Nach dem erfolgreichen Speichern der Vergleichsliste steht diese zur Ausführung der Reports zur Verfügung.

Report ausführen Wechseln Sie für die Ausführung eines Reports auf die Registerkarte **Report-Ausführung** (siehe Abbildung 10.91). Hier haben Sie verschiedene Möglichkeiten, Reports auszuführen. Auf der Registerkarte **Report-Verzeichnis** werden Ihnen alle vorhandenen Reports angezeigt. Um einen Konfigurationsvalidierungsreport direkt zu starten, tragen Sie ein entsprechendes Referenzsystem (evtl. auch mit Konfigurationsspeicher) im Bereich **Referenzsystem auswählen** ein. Geben Sie im Bereich **Zu vergleichende Systeme** entweder ein System für einen Einfachvergleich oder eine der vorher definierten Vergleichslisten an.

Diese Konfiguration können Sie entweder direkt ausführen oder als Trendanalyse einplanen. Alternativ können Sie die Auswahl im Report-Verzeichnis speichern. Auf den gesicherten Report kann anschließend immer wieder zurückgegriffen werden.

10.10 Konfigurationsvalidierung

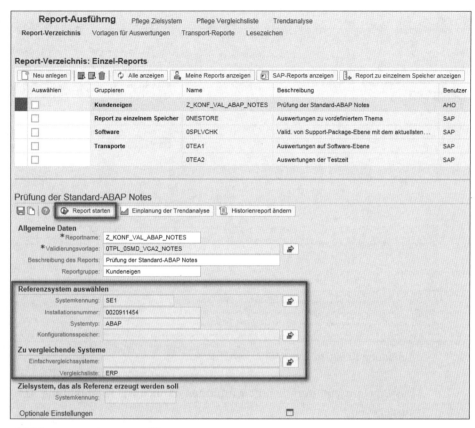

Abbildung 10.91 Reportausführung

Im Abschnitt **Vorlagen für Auswertungen** können Sie auf von SAP vordefinierte Reports zugreifen (siehe Abbildung 10.92). Der obere Abschnitt unterteilt sich in zwei Bereiche. Auf der linken Seite (**Referenzsystem auswählen**) können Sie entweder ein komplettes Referenzsystem oder einzelne Referenzpositionen auswählen. Entscheiden Sie sich hier für einzelne Konfigurationsspeicher und Elemente, die Sie validieren möchten, nicht für ein komplettes System.

Vorlagen für Auswertungen

Wählen Sie auf der rechten Seite im Bereich **Systeme zum Vergleich auswählen** eine Ihrer zuvor definierten Systemvergleichslisten. Im unteren Bereich finden Sie eine Vielzahl von Reports, die sich in die Kategorien **Operatorvalidierung**, **Konsistenzvalidierung** (prüft die Konsistenz der Konfigurationsparameter), **Konfigurations-Reporting** (gibt Auskunft über die Konfigurationen) und **Gewichtete Validierung** (gibt Auskunft über verschiedene Elemente und gewichtet diese) aufteilen. Markieren Sie den gewünschten Report, und klicken Sie im unteren Bereich auf die Schaltfläche **Reporting starten**.

10 Technischer Betrieb

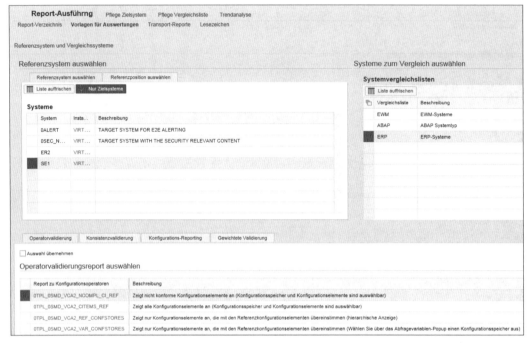

Abbildung 10.92 Vorlagen für Auswertungen

Das Ergebnis zu Ihrem Report wird Ihnen ähnlich wie in Abbildung 10.93 ausgegeben.

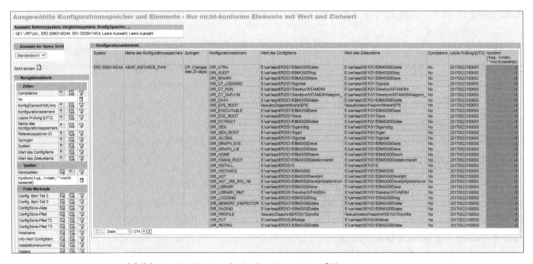

Abbildung 10.93 Ergebnis der Reportausführung

Transportreports Darüber hinaus können Sie Transportreports ausführen. Wechseln Sie hierfür auf die Registerkarte **Transport-Reporte**. SAP stellt verschiedene vordefinierte Reporte zum Transportmanagement bereit. Sie können z. B. Auswertungen über Transportzeiten, Transportstände, offene und/oder fehlgeschlagene Transporte und viele weitere erhalten. Geben Sie hierfür erneut, wie in Abbildung 10.94 zu sehen, ein Referenzsystem und ein zu vergleichendes System (oder eine Vergleichsliste) an. Starten Sie den Report.

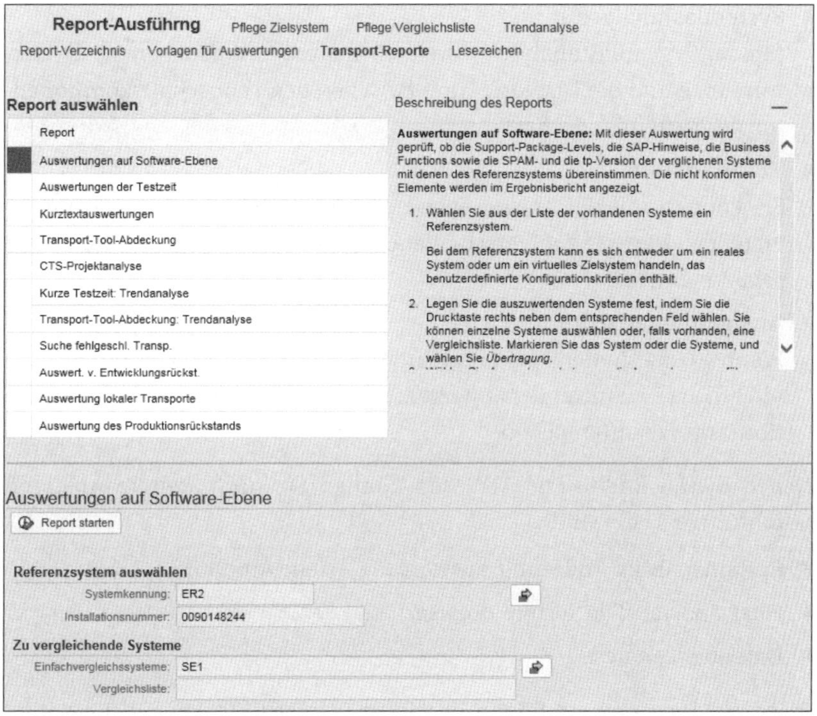

Abbildung 10.94 Transportreports ausführen

Auf der Registerkarte **Trendanalyse** können Sie die Analyseergebnisse speichern. Auf diesem Weg erhalten Sie einen zeitlichen Verlauf, der anschließend analysiert und verglichen werden kann. Sie können hier Reports aus dem Reportverzeichnis einfügen und für eine Trendanalyse verwenden.

Trendanalyse

10.11 Ursachenanalyse

Ausnahmesituationen und Performanceengpässe gehören zu den täglichen Herausforderungen im IT-Betrieb. Die Ursachenanalyse im SAP Solution Manager gibt Ihnen eine Sammlung von Werkzeugen an die Hand, die Sie bei der Untersuchung verschiedener Probleme unterstützen.

End-to-End-Analysen

Ihnen stehen folgende End-to-End-Methoden, die alle am Prozess beteiligten Elemente einbeziehen, zur Analyse von Ursachen zur Verfügung:

- **Änderungsanalyse**
  Mithilfe der Änderungsanalyse können Sie untersuchen, welche Änderungen in den Landschaftskomponenten vorgenommen werden. Wir beschäftigen uns mit diesem Thema ausführlicher in Abschnitt 8.7.1.

- **Systemlastanalyse**
  Mit der Systemlastanalyse (Workload-Analyse) untersuchen Sie die Performance und die Lastverteilung zwischen den Landschaftskomponenten der Systemlandschaft.

- **Trace-Analyse**
  Sie können mit der Trace-Analyse sogenannte Traces (Auswertungen) erstellen. Dies ist für verschiedene Komponenten Ihrer Systemlandschaft möglich.

- **Ausnahmenanalyse**
  Wenn Ausnahmefehler durch Hintergrundaktivitäten oder durch Aktivitäten der Endanwender auftreten, können Sie diese mithilfe der Exception-Analyse untersuchen.

Weitere Analysen

Neben diesen End-to-End-Analysen können Sie noch weitere Analysen durchführen. Diese sind:

- Systemanalyse (Änderungsauswertung – siehe Abschnitt 8.7.2)
- Host-Analyse (File System Browser)
- Datenbankanalyse

In jeder dieser Analysen finden Sie wiederum eine unterschiedliche Anzahl an Werkzeugen, die Sie für Ihre weitergehenden Untersuchungen verwenden können.

Aufruf

Der Einstieg in die Ursachenanalyse erfolgt über das SAP Solution Manager Launchpad. Klicken Sie dort die Kachel **Ursachenanalyse** an. Damit starten Sie das Work Center, das Sie in Abbildung 10.95 sehen.

Damit Sie die Ursachenanalyse nutzen können, müssen die zu analysierenden Systeme vollständig an den SAP Solution Manager angebunden sein. Ansonsten ist keine weitere Konfiguration nötig.

Beispiel: Systemlastanalyse

Möchten Sie eine bestimmte Analyse starten, müssen Sie das zu analysierende System auswählen und anschließend die gewünschte Analyseform wählen. In unserem Beispiel in Abbildung 10.96 haben wir eine Systemlastanalyse (Änderungsauswertung) für das System SE1 durchgeführt. Nach der Durchführung der Analyse werden Ihnen die Analyseergebnisse in einem separaten Fenster angezeigt.

10.12 Monitoring-Dashboards

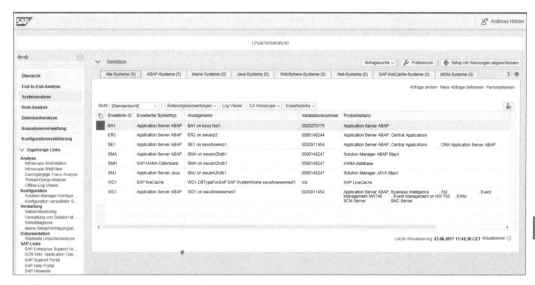

Abbildung 10.95 Work Center »Ursachenanalyse«

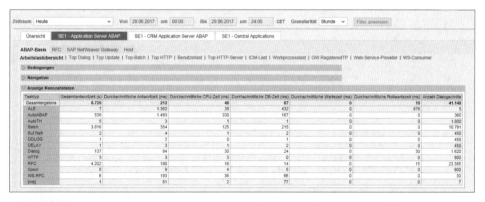

Abbildung 10.96 Beispiel für eine Systemlastanalyse

Die anderen Analyseformen starten Sie auf die gleiche Weise.

> **Weiterführende Information**
>
> Weiterführende Informationen finden Sie in SAP-Hinweis 2248724 und in folgendem Wiki in der SAP Community: *http://s-prs.de/v561551*

10.12 Monitoring-Dashboards

Nach der erfolgreichen Implementierung eines Monitorings liefert dieses eine Vielzahl von Daten. Um diese Daten auswerten und Rückschlüsse auf potentielle Fehlerquellen ziehen zu können, bieten sich Übersichten in Form von Dashboards an. Diese Auswertungen können sowohl anwendungsübergreifend als auch anwendungsspezifisch erstellt werden.

Anwendungsspezifische Auswertungen

Anwendungsspezifische Auswertungen können eingebettet in der jeweiligen Applikation, z. B. im System- oder Integrations-Monitoring, aufgerufen werden. Diese Ansichten sind in den Applikationen standardmäßig vorhanden und aufrufbar. Sie lassen sich mit einem Klick auf **Standardansicht ändern** individualisieren. Ein Beispiel für eine solche Auswertung aus dem System-Monitoring sehen Sie in Abbildung 10.97, die die prozentuale Auslagerung von Arbeitsspeicher (Random Access Memory, RAM) pro Stunde zeigt.

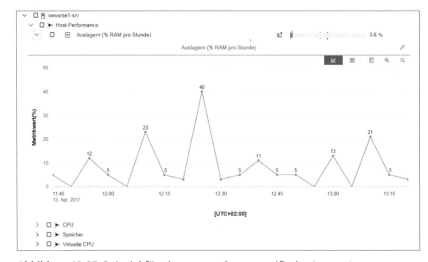

Abbildung 10.97 Beispiel für eine anwendungsspezifische Auswertung

Anwendungsübergreifende Dashboards

Die mit dem SAP Solution Manager 7.2 neu implementierten anwendungsübergreifenden Dashboards ermöglichen das Zusammentragen wichtiger Kennzahlen aus verschiedenen Anwendungen auf einem Dashboard. Diese Auswertungen lassen sich mithilfe des neuen *Dashboard Builders* erstellen, der die alten flashbasierten Management-Dashboards ersetzt. Der Dashboard Builder wird im SAP Solution Manager Launchpad in der Gruppe **Konfiguration** über die Kachel **Analysen und Dashboards** aufgerufen.

Benötigte Rollen

Zur Konfiguration von Dashboards über den Dashboard Builder sind folgende Berechtigungen nötig:

- als Benutzer des SAP Solution Managers: SAP_SM_DSH_CONF
- als Benutzer von SAP BW: SAP_SM_BI_DSH_CONF

10.12 Monitoring-Dashboards

Zum Anzeigen der Dashboards werden folgende Berechtigungen benötigt:

- als Benutzer des SAP Solution Managers: SAP_SM_DSH_DISP
- als Benutzer von SAP BW: SAP_SM_BI_DSH_DSP

Im Dashboard Builder sind bereits eine Vielzahl von Dashboards für verschieden Szenarien beispielhaft vorkonfiguriert (siehe Abbildung 10.98). Über einen Klick auf das Plussymbol (**Dashboards hinzufügen**) können Sie Ihre eigenen Dashboards anlegen und mit den passenden Informationen füllen. Öffnen Sie hierzu das gewünschte Dashboard, und klicken Sie entweder auf **+Standardkachel** (hier können Sie Kacheln aus dem KPI-Katalog von SAP hinzufügen) oder auf **+Kundeneigene Kachel**. Falls Sie eine kundeneigene Kachel wählen, müssen Sie dieser zunächst einen Namen und eine Datenquelle mitgeben. Datenquellen können alle im SAP BW gespeicherten Daten und Kennzahlen sein. Wählen Sie anschließend eine Visualisierungsform (z. B. Balken- oder Liniendiagramm), legen Sie die gewünschten Zeilen und Spalten fest und sichern Sie anschließend die Kachel.

Dashboard Builder

Abbildung 10.98 Dashboard Builder

Die Darstellung der Informationen erfolgt in Form von Kacheln. Es gibt sowohl von SAP ausgelieferte Standardkacheln als auch kundeneigene Kacheln:

Informationskacheln erstellen

- Standardkacheln enthalten vordefinierte Auswertungen; sie können schnell und unkompliziert eingefügt und angepasst werden.

10   Technischer Betrieb

- Bei kundeneigenen Kacheln müssen Sie beim Anlegen noch weitere Informationen wie die Art und den Namen einer spezifischen Datenquelle (z. B. die erhobenen Daten aus einer speziellen Metrik im Monitoring) und der Typ der Visualisierung mitgeben.

Als Datenquellen können BW Queries, Funktionsmodule oder Daten aus Geschäftsprozessanalysen bzw. dem Geschäftsprozess-Monitoring verwendet werden. Die angezeigten Informationen lassen sich durch die Anlage von Filtern oder die Auswahl von weiteren anzuzeigenden Werten in derselben Ansicht den eigenen Wünschen entsprechend manipulieren.

[+] **KPI-Katalog von SAP verwenden**

Der Katalog der Key Performance Indicators (KPI) von SAP stellt bereits viele vordefinierte Kacheln zur Auswertung bereit (siehe Abbildung 10.99). Diesen Katalog finden Sie im SAP Support Portal unter **SAP Solution Manager • Dashboards, Apps and Control Center • KPI-Katalog** oder unter folgendem Direktlink: *https://go.support.sap.com/kpicatalog*. Für den Login wird ein S-User benötigt.

Abbildung 10.99 KPI-Katalog

Nach dem Speichern des Dashboards können Sie mit einem Klick auf **Modus anzeigen** in den Anzeigemodus wechseln und die Informationen abrufen.

Dashboard Factory

Kunden, die das Add-on SAP MaxAttention Next Generation von SAP im Einsatz haben, können die *Dashboard Factory* verwenden. Diese wird mit dem SAP-Solution-Manager-Add-on ST-OST (*One Service Add-on*) ausgeliefert und bietet weiterführende Möglichkeiten der Auswertung. Wir beschreiben diese in Abschnitt 14.3, »Focused Insights«.

10.13 Kundenbericht: User Experience Monitoring mit dem SAP Solution Manager bei der Otto Group

Die Otto Group ist ein weltweit agierender Handels- und Dienstleistungskonzern mit knapp 50.000 Mitarbeitern mit Sitz in Hamburg. Sie setzt in ihrer Infrastruktur sowohl auf SAP- als auch auf Nicht-SAP-Software. Der SAP Solution Manager bietet dem Unternehmen eine Basis für die Betreuung vieler eingesetzter Services. Hierbei werden zahlreiche Komponenten des SAP Solution Managers genutzt. Einige werden nah am Standard verwendet, einzelne aber auch speziell für das Unternehmen angepasst.

Otto Group

In diesem Abschnitt erfahren Sie etwas über den Einsatz des User Experience Monitorings in der Otto Group IT. Als interner IT-Dienstleister haben wir den Auftrag, Fehler und Probleme möglichst schnell zu erkennen und effizient zu beheben, damit die Services für die Kunden mit entsprechender Qualität bereitgestellt werden können. Das User Experience Monitoring stellt einen elementaren Teil des Monitoring-Konzepts dar, mit dem Probleme frühzeitig antizipiert bzw. noch vor dem Melden eines Problems durch einen Endanwender behoben werden können. Dies erhöht die Qualität der IT-Services signifikant.

Proaktive Problembehebung

Bereits im SAP Solution Manager 7.1 wurde das User Experience Monitoring eingeführt, es wurde unverändert in den SAP Solution Manager 7.2 übertragen und wird fortlaufend weiterentwickelt. Beim Aufbau der Messverfahren wird immer die Sicht des Endanwenders in den Mittelpunkt gestellt, um ein durchgehendes Monitoring zu ermöglichen. Auf diese Weise kann permanent die Funktionsfähigkeit eines Systems in Bezug auf die Prozessunterstützung überprüft werden. Alle Monitoring-Szenarien wurden nach einem identischen Schema aufgebaut:

Sicht des Endanwenders

- Aufbau einer Systemverbindung mit den SAP-Systemen/Aufruf eines Webportals
- Login mit einem Monitoring-Benutzer
- optional: Ausführung von Transaktionen/Aktivitäten
- Logout des Benutzers

Mit dem User Experience Monitoring verfolgen wir folgende Hauptziele:

Ziele

- Stärkung der Proaktivität der IT
- Nachweis von Verfügbarkeiten für Service Level Agreements und Reporting
- Performancemessungen für definierte Aktivitäten
- Überprüfung der vollständigen und korrekten Darstellung von Portalen/Webseiten

Wir setzen hierbei sowohl klassische SAP-GUI-basierte als auch HTTP-Skripte ein. Abbildung 10.100 zeigt eine Übersicht unserer implementierten EEM-Skripte (hier untereinander dargestellt).

Abbildung 10.100 Übersicht der EEM-Skripte der Otto Group IT

10.13 Kundenbericht: User Experience Monitoring mit dem SAP Solution Manager bei der Otto Group

Für die Implementierung einzelner Szenarien arbeitet die IT eng mit den anfordernden Fachbereichen zusammen. Von diesen werden die Informationen und Abläufe zu den kritischen Prozessen bereitgestellt. Diese Prozesse werden anschließend zusammen mit der IT mithilfe des SAP-GUI- oder des EEM-Recorders (für HTTP-Skripte) aufgezeichnet. Die aufgezeichneten Skripte werden ihrem Typ und dem System bzw. dem Prozess entsprechend benannt, im EEM-Editor bearbeitet und anschließend in das Repository des produktiven SAP Solution Managers übertragen.

Implementierung

In Transaktion SOLMAN_SETUP für das User Experience Monitoring werden die Skripte anschließend einem technischen Szenario zugeordnet und aktiviert (siehe Abbildung 10.101).

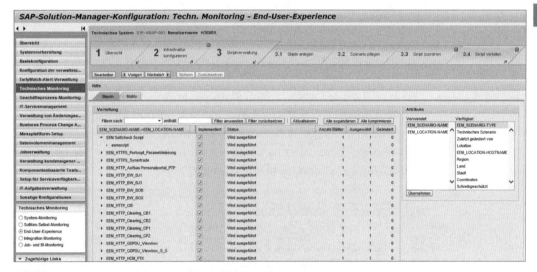

Abbildung 10.101 EEM-Skripte zuordnen und verteilen

In Schritt **4 Monitoring** passen wir skriptspezifische Parameter an. Bei HTTP-Skripten kann es z. B. vereinzelt zu Problemen mit Zertifikaten auf Webservern kommen. Um diese Probleme zu vermeiden, stehen Parameter zur Verfügung (z. B. http.ignoreCertificate).

Für die einzelnen Schritte haben wir in Schritt **5 Alerting** Schwellenwerte definiert. Diese basieren grundsätzlich auf den durch den EEM-Editor ermittelten Werten und wurden anschließend basierend auf Durchschnitts- und Erfahrungswerten angepasst (siehe Abbildung 10.102).

Effizientes Alerting

10 Technischer Betrieb

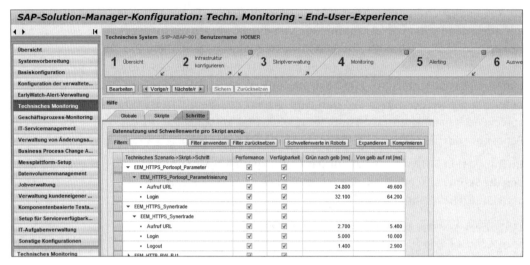

Abbildung 10.102 Schwellenwertanpassung EEM-Schritte

Benachrichtigungen Da es sich bei den überwachten Skripten um verschiedenste Systeme und implementierte Geschäftsszenarien handelt, müssen für jedes Monitoring-Szenario im Fehlerfall verschiedene verantwortliche Personen benachrichtigt werden. Dieses Alerting haben wir für jedes Monitoring-Szenario individuell implementiert (siehe Abbildung 10.103).

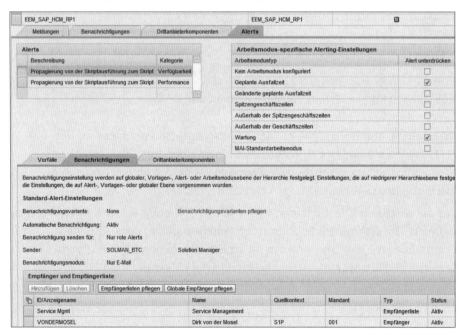

Abbildung 10.103 Benachrichtigungen innerhalb des User Experience Monitorings

Durch dieses effiziente Alerting können die Verantwortlichen schnell auf identifizierte Fehler reagieren und den Normalzustand wiederherstellen.

Insgesamt können wir folgendes Fazit aus unseren Erfahrungen mit dem User Experience Monitoring ziehen:

Zusammenfassung und Empfehlungen

- Der SAP Solution Manager ist eine solide und sehr gut integrierte Basis, um SAP- und Nicht-SAP-Systeme zu überwachen.
- Das User Experience Monitoring ist eine gute Funktion, um proaktiv bestimmte Abläufe zu überwachen.
- Das Aufzeichnen und Implementieren von Skripten kann in jedem Fall individualisiert werden und deshalb in Spezialfällen auch einen erhöhten Aufwand mit sich bringen.
- Die SAP Community enthält viele wichtige Informationen und Tipps zum Monitoring und ist immer einen Blick wert.
- Version 7.2 des SAP Solution Managers bringt in vielen Bereichen Vereinfachungen und deutlich benutzerfreundlichere Oberflächen mit sich.

Der Autor

Stefan Bartschat ist seit 2011 bei der Otto Group. Er ist studierter Wirtschaftsinformatiker und hat als Senior Expert Operations Control Center die Applikationsverantwortung für den SAP Solution Manager in der Otto Group IT.

Kapitel 11
Fachlicher Betrieb

Der Bereich Business Process Operations im SAP Solution Manager umfasst alle wichtigen anwendungsrelevanten Funktionen, um einen reibungslosen und fehlerfreien Betrieb der Kerngeschäftsprozesse gewährleisten zu können.

Mit der steigenden Komplexität der SAP-Systemlandschaften bzw. einer zunehmenden Anzahl heterogener Systemlandschaften wird es immer schwieriger, in bestimmten Fehlerfällen die richtigen Entscheidungen zu treffen und die entsprechenden Aktivitäten einzuleiten. Von großer Bedeutung ist in diesem Zusammenhang auch das frühzeitige Erkennen von Ausnahmesituationen, die den Regelbetrieb der Geschäftsprozesse beeinträchtigen können. Durch die sogenannten *Key Performance Indicators* (KPI) kann eine gewisse Transparenz geschaffen werden, um den Zustand der verschiedensten Geschäftsprozesse darzustellen.

Der fachliche Betrieb (*Business Process Operations*) umfasst mehrere Bereiche:

- Geschäftsprozessüberwachung
- kontinuierliche Verbesserung der Geschäftsprozesse
- Jobverwaltung und -überwachung
- Datenkonsistenzmanagement und Schnittstellenüberwachung
- Performanceoptimierung von Geschäftsprozessen

Disziplinen des fachlichen Betriebs

Diese Bereiche sind nahezu alle miteinander verbunden. Wenn also bspw. ein Problem mit einer Schnittstelle besteht, kann es sein, dass auch ein später startender Hintergrundjob auf einen Fehler stößt. Um dies frühzeitig zu erkennen, sind die Bereiche eng miteinander verzahnt. Mit Release 7.2 des SAP Solution Managers ist die Plattform, die Sie bei der Umsetzung der genannten Anforderungen unterstützen kann, stark gewachsen.

In diesem Kapitel stellen wir die einzelnen Bereiche des fachlichen Betriebs vor und zeigen Ihnen, was Sie tun müssen, um Ihre kritischen Geschäftsprozesse nahezu ausfallfrei zu betreiben.

11.1 Was wir unter dem Begriff »Business Process Operations« verstehen

Operations Control Center

Unter dem globalen Begriff Business Process Operations verstehen wir ein gleichermaßen effektives wie effizientes Anwendungsmanagement bzw. den fachlichen Betrieb von Softwarelösungen. SAP fasst dies gerne unter dem Motto *Run SAP like a Factory* zusammen. Dabei wird der SAP Solution Manager zu einem zentralen *Operations Control Center* (OCC) ausgebaut. Mit ihm lassen sich so alle wichtigen Status und Laufzeitinformationen Ihrer Geschäftsprozesse, Schnittstellen sowie zugrundeliegender Softwarekomponenten zentral überwachen.

Zusammenspiel der Bereiche

In Abbildung 11.1 sehen Sie, wie sich der Bereich Business Process Operations zusammensetzt. Bereits hier können Sie erkennen, dass es eine enge Verzahnung zwischen den verschiedenen Teilbereichen (z. B. Jobs, Schnittstellen etc.), die als Basis eines Geschäftsprozesses dienen, gibt.

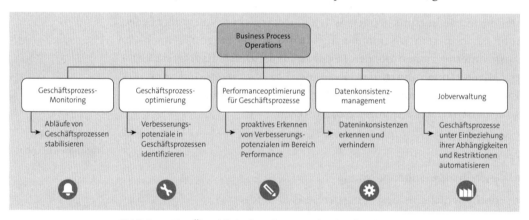

Abbildung 11.1 Überblick über die Bereiche des fachlichen Betriebs

Zentrale Verwaltung

Durch die zentrale Verwaltungsmöglichkeit sollen die folgenden Aufgaben besser bearbeitet werden können:

- Ursachen von Problemen können schneller identifiziert und Services können, falls Schnittstellen oder andere elementare Komponenten ausfallen, wiederhergestellt werden.
- Es kann sichergestellt werden, dass Geschäftsprozesse mit der besten Performance und vor allem korrekt ablaufen.
- Es erfolgt eine durchgängige Überwachung aller Komponenten eines Geschäftsprozesses.

Der Bereich Business Process Operations ist sehr vielschichtig. Das zugrundeliegende Ziel ist jedoch einfach darzustellen: Die Anforderungen von

IT- und Fachabteilungen sollen durch die Werkzeuge gleichermaßen abgedeckt werden. Viele der von SAP bereitgestellten Werkzeuge und Methoden sind den meisten Anwendern noch unbekannt, das Portfolio wird darüber hinaus ständig erweitert. Wir geben Ihnen in diesem Kapitel deshalb einen Einblick in die aus unserer Sicht wichtigsten Teilbereiche.

11.2 Voraussetzungen für die Nutzung von Business-Process-Operations-Anwendungen

Um die Funktionen des fachlichen Betriebs nutzen zu können, müssen Sie zunächst die Basiskonfiguration für den Betrieb von Geschäftsprozessen (BvGP-Basiskonfiguration) durchführen. Dies ist eine szenarioübergreifende Voraussetzung für die Nutzung der verschiedenen bereitgestellten Werkzeuge.

11.2.1 Grundkonfiguration für den Betrieb von Geschäftsprozessen

Öffnen Sie für die Grundkonfiguration die Transaktion SOLMAN_SETUP, und navigieren Sie zum Bereich **Betrieb von Geschäftsprozessen • BvGP-Basiskonfiguration**. Die Schritte dieser Guided Procedure sehen Sie in Abbildung 11.2.

Abbildung 11.2 Übersicht über die Basiskonfiguration des Betriebs von Geschäftsprozessen

Zunächst werden, wie in fast allen SAP-Solution-Manager-Szenarien üblich, einige Voraussetzung automatisiert überprüft. In Schritt **1.2 Auswertungen** wird im angebundenen SAP-BW-System geprüft, ob die Voraussetzungen für BI-Auswertungen geschaffen sind. Anschließend werden die Ergebnisse angezeigt. Sollten hier Fehler ausgegeben werden, empfehlen wir, die Schritte durchzuführen, die in dem angezeigten Langtext bzw. dem Hilfetext angegeben werden.

Infrastruktur konfigurieren

Planen Sie, wie in Schritt **1.3 Periodische Aufgaben** angegeben, die Aufgaben wie die periodische Bereinigung des Alert-Ereignis-Stores ein. Wir empfehlen, die Standardwerte für die Lebensdauer der BI-Daten und für die periodischen Aufgaben zu übernehmen.

Aktualisieren Sie anschließend in Schritt **1.4 Content aktualisieren** den Monitoring-Content auf die neueste Version. Sofern eine aktuellere Version verfügbar sein sollte und angezeigt wird, laden Sie diese zunächst herunter. Klicken Sie anschließend, wie in Abbildung 11.3 zu sehen, auf die Schaltfläche **Aktualisierung**, um diesen Content einzuspielen.

Abbildung 11.3 Monitoring-Content aktualisieren

Führen Sie dann in Schritt **1.5 Automatische Konfiguration** die automatischen Aktivitäten aus. Achten Sie darauf, dass Sie zuvor alle vorangehenden Schritte korrekt durchgeführt haben.

SAP Solution Manager konfigurieren

Nach der erfolgreichen Konfiguration der Infrastruktur können Sie mit der Konfiguration des SAP-Solution-Manager-Systems fortfahren. Führen Sie auch hier zunächst die automatischen Aktivitäten in Schritt 2.1 durch. Diese sind vor allem vorbereitend für den Einsatz des Geschäftsprozess-Monitorings nötig. Lassen Sie anschließend in Schritt **2.2 Vorlagenbenutzer anlegen** die vorgegebenen Benutzer mit den entsprechenden Rollen automatisch erstellen.

[!] **Systemrolle beachten**

Handelt es sich bei Ihrem SAP-Solution-Manager-System um ein Produktivsystem, können keine Benutzerrollen angelegt oder geändert werden. Diese Änderungen müssen über Transporte eingespielt werden. Die Systemrolle Ihres SAP-Solution-Manager-Systems können Sie unter **Obligatorische Konfiguration • Systemvorbereitung • Systemrolle definieren** nachschauen.

Der optionale Schritt **2.3 Aktivitäten für Ausfallzeiten** bietet Ihnen die Möglichkeit, festzulegen, wie das Monitoring im Falle eines Ausfalls bzw. einer Downtime weiter verfährt.

System/Mandant wählen

In den Schritten 3 und 4 wählen Sie das bzw. die zu überwachenden Systeme und die entsprechenden Mandanten aus. Achten Sie darauf, dass die Konfiguration der verwalteten Systeme (siehe auch Abschnitt 3.3, »Verwaltete Systeme konfigurieren«) korrekt durchgeführt wurde und die verschiedenen Statusampeln grün sind. Ist das nicht der Fall, kann es im weiteren Verlauf zu Problemen kommen.

Führen Sie in Schritt **5 Überwachte(s) System(e) konfigurieren** die automatischen Aktivitäten aus. In diesem Schritt werden erneut verschieden Prüfungen durchgeführt. Auch hier ist für eine korrekte Funktion des späteren Monitorings entscheidend, dass alle Aktivitäten korrekt ausgeführt werden.

Überwachtes System konfigurieren

Schritt **6 Vorlagenbenutzer anlegen** ist ein optionaler Schritt. Hier können Sie Vorlagen- und Demobenutzer für ein Szenario in einem verwalteten System anlegen und mit den entsprechenden Rollen ausstatten.

Vorlagenbenutzer anlegen

Nach Abschluss dieser vorbereitenden Schritte können Sie nun mit der Implementierung des eigentlichen Monitorings starten, wie in Abschnitt 11.3, »Geschäftsprozess-Monitoring«, beschrieben.

11.2.2 Grundkonfiguration der Jobverwaltung

Mit der Jobverwaltung stellt der SAP-Solution Manager ein Werkzeug bereit, um die Jobs in Ihrer kompletten Systemlandschaft von einem zentralen Ort aus zu verwalten. Für den optimalen Betrieb Ihrer Geschäftsprozesse sind funktionierende sowie gut geplante und überwachte Jobs eine elementare Basis.

Um diese Jobs zu verwalten, öffnen Sie Transaktion SOLMAN_SETUP und navigieren zu dem Bereich **Betrieb von Geschäftsprozessen • Jobverwaltung**. Die Schritte der Guided Procedure zur Konfiguration sehen Sie in Abbildung 11.4.

Abbildung 11.4 Basiskonfiguration der Jobverwaltung

Im SAP Solution Manager 7.2 müssen alle Versionen einer Jobdokumentation auf den gleichen Einplanungsinformationen basieren. Das bedeutet, dass Sie Dokumentationen mit mehreren Versionen migrieren müssen. Wählen Sie hierfür in Schritt **1 Voraussetzungen** die manuelle Aktivität **JobdokDaten aus 7.1 nach 7.2 migrieren** aus. Mit dieser veranlassen Sie einen Report für die Migration der Jobdokumentation. Führen Sie das Programm gemäß der angezeigten Dokumentation aus.

Voraussetzungen

Der nächste Schritt **2 Infrastruktur konfigurieren** beinhaltet die grundlegenden Konfigurationen für die Jobverwaltung. Die Konfiguration gliedert sich in drei Teilschritte. Aktivieren Sie in Schritt **2.1 JSM-Services aktivieren**

Infrastruktur konfigurieren

mithilfe einer automatischen Aktivität die benötigten Services für die Jobverwaltung. Markieren Sie hierzu im Bereich **Automatische Aktivitäten** die Aktivität, und klicken Sie anschließend auf **Ausgewählte ausführen**. Für nähere Informationen können Sie sich die Dokumentation anzeigen lassen.

Nutzen Sie Schritt **2.2 Vorlagebenutzer anlegen**, um die für die Jobverwaltung notwendigen Vorlagenbenutzer zu erstellen (siehe Abbildung 11.5). Anschließend können Sie die Benutzer anhand dieser Vorlagen mit den entsprechenden Rollen ausstatten.

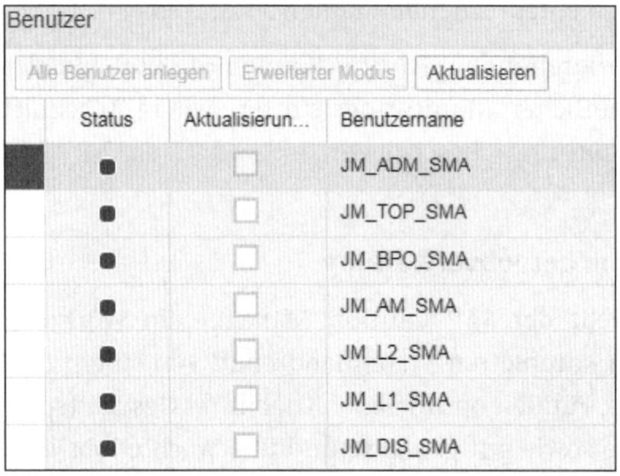

Benutzer		
Status	Aktualisierun...	Benutzername
●	☐	JM_ADM_SMA
●	☐	JM_TOP_SMA
●	☐	JM_BPO_SMA
●	☐	JM_AM_SMA
●	☐	JM_L2_SMA
●	☐	JM_L1_SMA
●	☐	JM_DIS_SMA

Abbildung 11.5 Vorlagenbenutzer für die Jobverwaltung anlegen

Bestimmen Sie in Schritt 2.3 die CRM-Vorgangsarten für Ihren Jobantrag. Alle für die Jobverwaltung verfügbaren Vorgangsarten werden hier aufgelistet und können als Standard definiert werden.

Integration mit ChaRM und ITSM

Sie können in der Jobverwaltung die beiden Szenarien Change Request Management (ChaRM) und IT-Servicemanagement (ITSM) integrieren. Nutzen Sie in diesem Fall Schritt **3 VvÄa integrieren** und Schritt **4 Zusätzliche ITSM/VvÄa-Konfiguration**, um diese Integration zu konfigurieren. Diese beiden Schritte sind optional und müssen nicht zwingend durchgeführt werden.

Mit SMSE integrieren

In der Jobverwaltung haben Sie die Option, neben dem SAP-Standard-Scheduler auch einen externen Job Scheduler, über den Sie Jobs einplanen können, einzubinden. Dieser externe Einplaner (Scheduler) verwendet die Schnittstelle *Solution Manager Scheduling Enabler* (SMSE). Um diese zu konfigurieren, wechseln Sie zu Schritt **5 Mit SMSE integrieren** und führen die beiden Unterschritte aus.

In Teilschritt **5.1 Kommunikationsbenutzer anlegen** erstellen Sie einen Dialogbenutzer. Dieser Benutzer wird für die Kommunikation des externen Schedulers mit dem SAP Solution Manager benötigt. Alle weiteren Aktivi-

täten zur Einrichtung der SMSE-Schnittstelle finden Sie unter Teilschritt
5.2 Manuelle Einrichtung. Führen Sie hier mindestens die folgenden drei
manuellen Tätigkeiten durch:

- SAP-Solution-Manager-System mit externem Scheduler verbinden
- Verbindung prüfen
- verwaltetes System mit externem Scheduler verbinden

Diese Aktivitäten sind obligatorisch und für eine erfolgreiche Einrichtung der Jobverwaltung notwendig.

Wenn Sie alle obligatorischen Schritte und deren Aktivitäten erfolgreich durchlaufen haben, können Sie mit der Nutzung der Jobverwaltung beginnen. Darauf gehen wir in Abschnitt 11.5 ein.

11.3 Geschäftsprozess-Monitoring

In diesem Abschnitt beschreiben wir die Werkzeuge, die der SAP Solution Manager 7.2 für Sie bereithält, um den Betrieb Ihrer Geschäftsprozesse und Schnittstellen auch systemübergreifend zu gewährleisten und zu stabilisieren.

Im SAP Solution Manager 7.2 ist das Geschäftsprozess-Monitoring vollumfänglich in die neue Lösungsdokumentation integriert. In den alten Versionen waren die Dokumentation der Geschäftsprozesse und das Einrichten von Monitoring-Objekten zwei komplett voneinander getrennte Bereiche. Ab Version 7.2 ist die Lösungsdokumentation der zentrale Einstieg für beide Szenarien.

Um das Geschäftsprozess-Monitoring nutzen zu können, müssen zunächst die entsprechenden Geschäftsprozesse – zumindest rudimentär – in der Lösungsdokumentation hinterlegt werden. Die Grundlagen der Prozessdokumentation und die Bedienung der neuen Lösungsdokumentation können Sie in Kapitel 4, »Prozessmanagement«, nachvollziehen.

Geschäftsprozesse dokumentieren

Der Prozess der Implementierung eines Geschäftsprozess-Monitorings untergliedert sich grob in fünf Teilschritte, auf die wir in den folgenden Abschnitten eingehen:

Implementierung

1. Dokumentation der Prozesse
2. Monitoring-Objekt erstellen
3. Monitoring-Objekt konfigurieren
4. Konfiguration speichern und generieren
5. Monitoring-Objekt aktivieren

11.3.1 Integration des Geschäftsprozess-Monitorings in die Lösungsdokumentation

Wie in Kapitel 4, »Prozessmanagement«, beschrieben, ist es ab Version 7.2 des SAP Solution Managers möglich, Prozesse grafisch in der neu aufgelegten Lösungsdokumentation zu dokumentieren. Diese dokumentierten Prozesse dienen als Basis für die integrierte Nutzung des Geschäftsprozess-Monitorings.

Status im Prozessdiagramm
Die wohl auffälligste Neuerung im Geschäftsprozess-Monitoring ist die Möglichkeit, sich den Gesamtstatus eines bestimmten Geschäftsprozesses bzw. den Status der sich darin befindenden Prozessschritte im Prozessdiagramm anzeigen zu lassen (siehe Abbildung 11.6). Sie sehen den Gesamtstatus zu den Bereichen Durchsatz und Dokumentenrückstände, Schnittstellen, Konsistenz, Jobs und Ausnahmen sowie Performance.

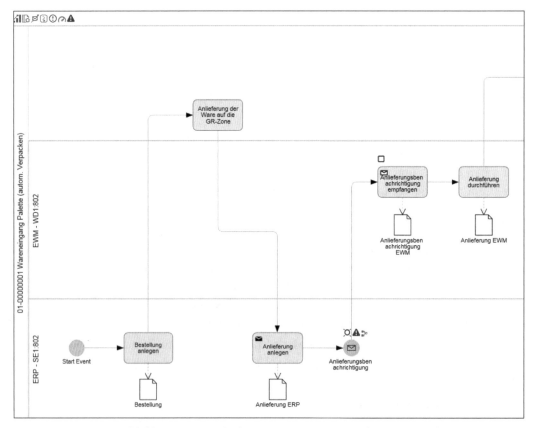

Abbildung 11.6 Geschäftsprozess-Monitoring in die Lösungsdokumentation integrieren

Die Definition einzelner Monitoring-Objekte und deren Zuordnung zu einzelnen Prozessschritten erfolgt ebenfalls in der Lösungsdokumentation. Hierfür können Sie entweder zu Beginn in den Bibliotheken bestimmte Alerting-Objekte anlegen und diese anschließend wiederverwenden oder die Objekte direkt im gewünschten Prozessschritt erstellen und ausprägen. Dies beschreiben wir in den folgenden Abschnitten.

Monitoring-Objekte definieren

Um die Monitoring-Objekte sinnvoll zuordnen und aktivieren zu können, müssen Sie also zunächst die Prozessschritte in der Lösungsdokumentation definieren. Dazu sind folgende Schritte erforderlich:

Dokumentation der Prozesse

- Lösung anlegen
- Branches anlegen
- logische Komponentengruppen/Systeme definieren
- Szenario anlegen
- Prozess anlegen
- Prozessschritte anlegen/einfügen

Detailliertere Informationen zu diesen Schritten erhalten Sie in Kapitel 4, »Prozessmanagement«.

11.3.2 Monitoring-Objekte erstellen

Im Geschäftsprozess-Monitoring sind insgesamt drei verschiedene Typen von Monitoring-Objekten verfügbar. Da sich die Anlage dieser Typen unterscheidet, erläutern wir den Vorgang im Folgenden pro Objekttyp.

Alerting-Objekte

Sie können Alerting-Objekte auf Ebene eines Geschäftsprozesses, eines Prozessschritts oder einer Schnittstelle anlegen. Darüber hinaus ist es möglich, Alerting-Objekte initial in der Alerting-Bibliothek zu erstellen.

Navigieren Sie dazu in der Lösungsdokumentation auf die gewünschte Ebene, und klicken Sie mit der rechten Maustaste in den Abschnitt **Elemente**. Wählen Sie im sich öffnenden Kontextmenü, wie in Abbildung 11.7 zu sehen, **Neu • Betriebsführung • Alerts** aus.

Alerting-Objekt zu Prozessschritt anlegen

Ihnen wird nun der Erstellungsdialog angezeigt. Hier können Sie im oberen Bereich wählen, ob Sie ein neues Objekt anlegen, ein vorhandenes Objekt zuordnen oder ein bestehendes Objekt kopieren möchten. Bei den letzten beiden Varianten können Sie eines der angezeigten Objekte wählen und dieses anschließend direkt zuordnen bzw. kopieren und anschließend zuordnen.

11 Fachlicher Betrieb

Abbildung 11.7 Alerting-Objekt erstellen

Vordefinierte Monitoring-Objekte

Wenn Sie ein neues Objekt in einem Prozess bzw. Prozessschritt anlegen möchten, wird Ihnen basierend auf dem KPI-Katalog von SAP automatisch ein Katalog an vordefinierten Monitoring-Objekten angezeigt, der dieser Zuordnung des Prozesses bzw. Prozessschritts zum Produkt entspricht (siehe Abbildung 11.8).

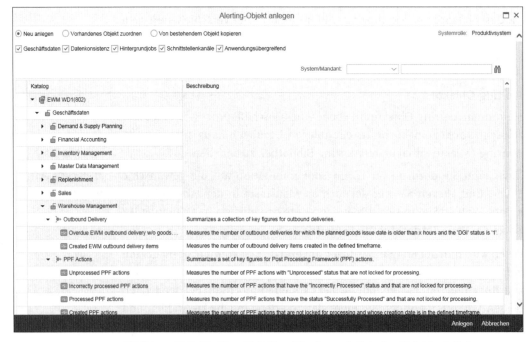

Abbildung 11.8 Alerting-Objekt auf Basis vordefinierter Objekte definieren

SAP stellt für jedes dieser Alerting-Objekte eine Beschreibung bereit. Wenn Sie diese aufrufen möchten, markieren Sie ein Objekt und scrollen nach unten. Sie sehen die Informationen im Detailbereich im unteren Teil des Fensters.

Monitoring-Definitionen neu laden [«]

Um Monitoring-Objekte erstellen zu können, muss die *Monitoring-Definition* des verwalteten Systems vorhanden sein. Ist dies nicht der Fall, können Sie diese im Dialog aus Abbildung 11.8 neu laden. Markieren Sie hierfür das entsprechende System in der Spalte **Katalog**, und scrollen Sie nach unten. Klicken Sie, wie in Abbildung 11.9 zu sehen, bei der entsprechenden Komponente auf **Load**.

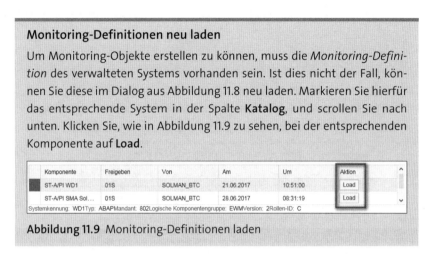

Abbildung 11.9 Monitoring-Definitionen laden

Die Konfiguration eines Monitoring-Objekts beschreiben wir in Abschnitt 11.3.4, »Monitoring-Objekt konfigurieren«.

Analyseobjekte

Analyseobjekte werden im Gegensatz zu Monitoring-Objekten nicht für einen speziellen Prozess bzw. Prozessschritt definiert, sondern für ein System. Gehen Sie hierzu z. B. in die Bibliotheken, und navigieren Sie zum Ordner **Analysebibliothek**. Klicken Sie mit der rechten Maustaste in den Abschnitt **Elemente**, um das Kontextmenü zu öffnen. Legen Sie dann eine neue Analyse an, wie in Abbildung 11.10 gezeigt.

Objekt zu einem System anlegen

Abbildung 11.10 Analyseobjekt anlegen

Sie können Analyseobjekte entweder aus dem lokalen Katalog der Monitoring-Objekte anlegen, aus dem Cloud-Katalog laden oder aus einem Katalog bereits vorhandener Monitoring-Objekte kopieren (siehe Abbildung 11.11).

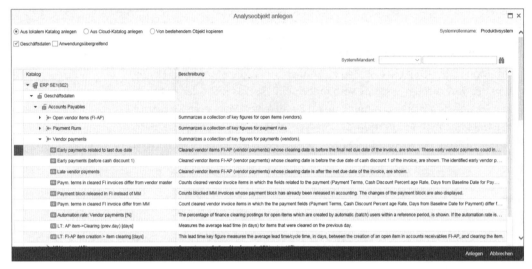

Abbildung 11.11 Analyseobjekt definieren

Abbildung 11.12 Analyseobjekt pflegen

Nach der Erstellung eines Analyseobjekts gelangen Sie direkt in den Pflegedialog, den sie in Abbildung 11.12 sehen. Hier können Sie die gewünschten Parameter wie die zu analysierenden Kennzahlen für die jeweilige Analyse festlegen. Spezifizieren Sie außerdem auf der Registerkarte **Datensammlung**, wann und in welchem Intervall die Analysedaten gesammelt werden sollen.

Sind Sie mit der Pflege fertig, müssen Sie das Objekt zunächst speichern. Klicken Sie anschließend auf die Schaltfläche **Generieren und aktivieren**, um das Analyseobjekt aktiv zu schalten.

11.3.3 Alerts für Analyseobjekte anlegen

Sobald Analysedaten im SAP Business Warehouse (BW) des SAP Solution Managers verfügbar sind, können Sie ein Alerting auf Basis der Analyseobjekte konfigurieren. Dies reduziert die Last auf den jeweiligen Systemen.

Alerts für Analyseobjekte erstellen Sie ähnlich wie Alerting-Objekte. Navigieren Sie zu der gewünschten Stelle, und klicken Sie mit der rechten Maustaste in den Abschnitt **Elemente**. Wählen Sie im Kontextmenü **Neu • Betriebsführung • Alerts für Analysen**. Markieren Sie dann, wie in Abbildung 11.13 zu sehen, das gewünschte Analyseobjekt, und klicken Sie auf **Anlegen**.

Alert anlegen

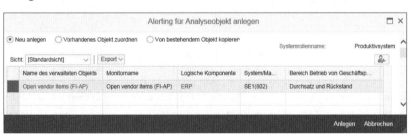

Abbildung 11.13 Alerts für Analyseobjekt anlegen

Wählen Sie anschließend die entsprechende Kennzahl bzw. die entsprechenden Kennzahlen aus, für die der Alert ausgegeben werden soll. Die Konfiguration erfolgt anschließend analog der eines Alerting-Objekts, die wir im folgenden Abschnitt beschreiben. Speichern Sie den Alert, und führen Sie die Generierung und Aktivierung durch.

11.3.4 Monitoring-Objekt konfigurieren

Ein Monitoring-Objekt, im Speziellen ein Alerting-Objekt, können Sie entweder direkt nach seiner Erstellung oder mit einem Klick auf das jeweilige

Kennzahlen auswählen

Objekt konfigurieren. Wählen Sie zunächst im Bereich **Kennzahlenauswahl** die gewünschten Kennzahlen zum jeweiligen Monitoring-Objekt. Im Hilfebereich werden Ihnen, wie in Abbildung 11.14 zu sehen, Beschreibungen zu der jeweiligen Kennzahl angezeigt.

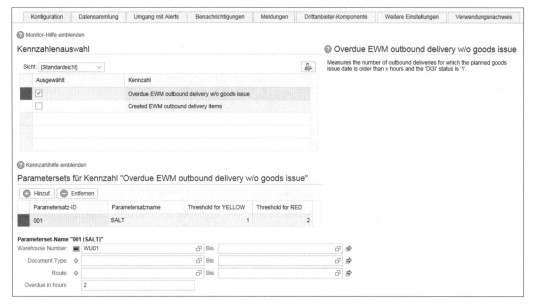

Abbildung 11.14 Monitoring-Objekt pflegen

Anschließend müssen Sie ein Parameterset für die jeweilige Kennzahl festlegen. Geben Sie hier Schwellenwerte an, bei deren Überschreitung das Monitoring seinen Status ändern soll.

Ergänzen Sie außerdem jedes Parameterset im unteren Bereich um Selektionskriterien, aufgrund derer die Werte ermittelt werden sollen. Pflichtwerte sind immer mit einem Sternchen (*) gekennzeichnet. Alle weiteren Eingaben sind optional und abhängig von Ihrem Monitoring-Konzept.

Zeitplan für Datensammlung Klicken Sie auf die Registerkarte **Datensammlung**, um einen Zeitplan für die Datensammlung, die die Datenbasis für das Monitoring bildet, zu definieren (siehe Abbildung 11.15). Hier werden die Startzeit und die Ausführungsperiodizität für die Datensammlung festgelegt.

- Beim *einfachen Zeitplan* wählen Sie die gewünschten Wochentage aus und legen die Uhrzeit und den Zeitraum fest, in dem eine Datensammlung erfolgen soll.
- Der *erweiterte Zeitplan* bietet deutlich komplexere Einstellungsmöglichkeiten. So kann z. B. eine Datensammlung basierend auf dem Fabrikkalender eines verwalteten Systems stattfinden.

11.3 Geschäftsprozess-Monitoring

[Screenshot einer Konfigurationsmaske mit Registerkarten: Konfiguration, Datensammlung, Umgang mit Alerts, Benachrichtigungen, Meldungen, Drittanbieter-Komponente, Weitere Einstellungen]

Zeitplanart
○ Erweiterter Zeitplan ● Einfacher Zeitplan

Einfacher Zeitplan
Montag: ☑ Dienstag: ☑ Mittwoch: ☑ Donnerstag: ☑ Freitag: ☑ Samstag: ☐ Sonntag: ☐

Erweiterter Zeitplan
Siehe Fabrikkalender in verwaltetem System: ☐ Fabrikkalender: Werktag: Alle Werktage Erster Monat: Mai Dauer (Monate): 1

Weitere Einstellungen
Sie können eine Startzeit für die erste Datensammlung, eine Endezeit für die letzte Datensammlung sowie eine Periodizität konfigurieren.
Sollen Daten am Tag periodisch gesammelt werden, geben Sie einen Zeitraum an.
Sollen Daten einmal täglich gesammelt werden, geben Sie die erwartete Startzeit an.
Sollen Daten periodisch innerhalb eines Zeitfensters gesammelt werden, geben Sie die Start- und Endezeiten des Fensters sowie einen Zeitraum an.

Erster Start: 06:00   Letzter Start: 00:00   Zeitraum: alle 5 Minuten

Es ist möglich, die Datensammlungsaufgabe an einen Hintergrundjob im verwalteten System zu übergeben. Dadurch wird die eigentliche Datensammlung im verwalteten System vom Fetch der Ergebnisse zum SAP-Solution-Manager-System getrennt. Dies wird empfohlen, wenn Datensammlungen mit einer langen Ausführungszeit erwartet werden. Sammeln Sie Daten so selten wie möglich (z. B. einmal täglich), insbesondere für Kollektoren mit langen Ausführungszeiten, und nur dann, wenn Dialogaktivitäten nicht gestört werden.

Datensammlung im Hintergrund: ☐

Abbildung 11.15 Zeitplan für die Datensammlung

> **[+] Datensammlung im Hintergrund**
>
> Bei beiden Zeitplanarten haben Sie die Möglichkeit, die **Datensammlung im Hintergrund** zu aktivieren. Ist dies der Fall, wird die Datensammlung an einen Hintergrundjob im verwalteten System übergeben. Handelt es sich um komplexe Systeme mit hohen Datenmengen und langen Ausführungszeiten, empfehlen wir, diese Option zu aktivieren.

Auf der Registerkarte **Umgang mit Alerts** können Informationen hinterlegt werden, die zur Beschreibung des jeweiligen Alerts bzw. zur Lösung des aufgetretenen Problems relevant sind. Darüber hinaus können Guided Procedures zum Umgang mit einem Alert angefügt werden.

Umgang mit Alerts

Welche Person bzw. welcher Personenkreis im Fehlerfall alarmiert werden soll, können Sie auf der Registerkarte **Benachrichtigungen** festlegen. Sie können einzelne Empfänger, aber auch ganze Empfängerlisten benachrichtigen. Als Benachrichtigungsmodus ist entweder eine Benachrichtigung über E-Mail und/oder SMS möglich. Tragen Sie hier die Empfänger ein (siehe Abbildung 11.16).

Benachrichtigungen

Klappen Sie den Bereich **Erweiterte Einstellungen** auf, um z. B. einen eigenen Benachrichtigungstext festzulegen oder Einstellungen zur Häufigkeit der Benachrichtigungen (Eskalations-E-Mails) zu definieren.

11 Fachlicher Betrieb

Abbildung 11.16 Benachrichtigungen pflegen

BAdI-Implementierungen nutzen

An dieser Stelle können Sie kundeneigene Implementieren aktivieren (siehe Abbildung 11.17). Diese können Sie Ihren Wünschen entsprechend anpassen und nutzen.

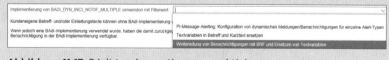

Abbildung 11.17 BAdI-Implementierungen aktivieren

Meldungen im ITSM — Öffnen Sie die Registerkarte **Meldungen**, um automatisiert Meldungen (Incidents) im IT-Servicemanagement des SAP Solution Managers zu eröffnen. Legen Sie dabei, wie in Abbildung 11.18 zu sehen, fest, in welchen Fällen eine Meldung erstellt (z. B. für welche CRM-Vorgangsart, welche Supportkomponente etc.) und wie diese Meldung ausgesteuert werden soll.

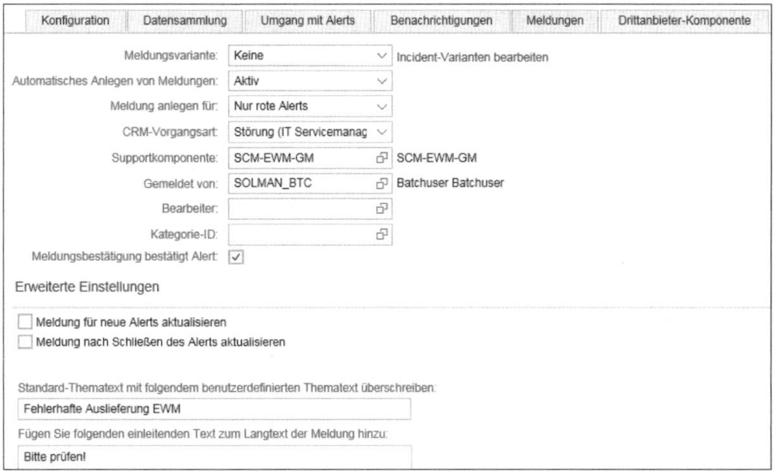

11.3 Geschäftsprozess-Monitoring

Abbildung 11.18 Einstellungen zum Eröffnen von Meldungen

Auch im Geschäftsprozess-Monitoring können Sie Alerts an Drittanbieter-Tools weiterleiten. Allerdings ist diese Option nicht für Analyseobjekte auswählbar. Sie können die Weiterleitung auf der Registerkarte **Drittanbieter-Komponente** aktivieren (siehe Abbildung 11.19). Fügen Sie dazu die gewünschte Alert-Reaktion ein, und klicken Sie auf **Speichern**. Diese Alert-Reaktionen werden ebenfalls über BAdI-Implementierungen definiert.

Drittanbieter-komponenten

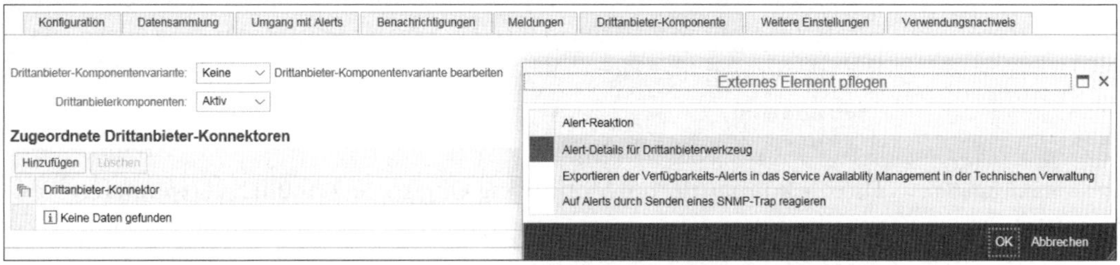

Abbildung 11.19 Drittanbieterkomponente aktivieren

Auf der Registerkarte **Weitere Einstellungen** haben Sie die Möglichkeit, weitere Anpassungen vorzunehmen. Diese sind allerdings nicht für Analyseobjekte verfügbar.

Weitere Einstellungen

- **BW-Granularität**
  Hier wird festgelegt, in welche InfoCubes im SAP-BW-System die Monitoring-Daten innerhalb der Monitoring and Alerting Infrastructure (MAI) gelegt werden (siehe auch Abschnitt 10.3, »Architektur der Monitoring and Alerting Infrastructure«). Dies ist für spätere Auswertungen interessant.

- **Datenverweildauer**
  Hier definieren Sie, wie lange die Alert-Informationen erhalten bleiben.

11 Fachlicher Betrieb

- **Alert pro Variante auslösen**
  Diese Option ist vor allem für Alerts für Analysen interessant. Nutzen Sie sie, wenn Sie spezielle Alerts für gruppierte Elemente haben.

- **Einzelne Vorkommen nicht gruppieren**
  Aktivieren Sie diese Option, wenn Sie bei jedem Vorkommen einer gelb bzw. rot (also als Warnung bzw. als Fehler) gekennzeichneten Bewertung einer Metrik in einem Datensammlungsintervall eine neue Benachrichtigung erhalten möchten.

- **Automatische Alert-Bestätigung**
  Sobald eine Metrik wieder grün gekennzeichnet ist, also als unkritisch bewertet wird, kann ein bereits bestehender Alert automatisch bestätigt werden.

- **Schweregrad**
  Hier legen Sie fest, ab welchem Schweregrad welche Alerts ausgegeben werden.

- **Sprache Metriktext**
  Auch die Sprache, die im Text zu einer Metrik verwendet werden soll, können Sie nach Ihren Vorlieben festlegen.

> **[+] Verwendungsnachweis**
>
> Auf der Registerkarte **Verwendungsnachweis** haben Sie die Möglichkeit, festzustellen, an welchen Stellen ein Objekt verwendet wird. Durch einen Klick auf den jeweiligen Objektpfad können Sie zur angegebenen Stelle abspringen.

Konfiguration generieren und aktivieren

Um die konfigurierten Monitoring-Objekte letztendlich verwenden zu können, müssen diese zunächst generiert und aktiviert werden. Öffnen Sie hierzu das gewünschte Objekt. Klicken Sie entweder zunächst auf **Generieren** und nach erfolgreicher Generierung auf **Aktivieren** oder nutzen Sie direkt die Schaltfläche **Generieren und Aktivieren** (siehe Abbildung 11.20).

Abbildung 11.20 Monitoring-Objekt generieren und aktivieren

Sobald das Objekt aktiviert ist, läuft die Datensammlung und damit das eingerichtete Monitoring.

11.3.5 Objektverwaltung und Objektpflege

Der SAP Solution Manager bietet mit der *Objektverwaltung* eine zentrale Möglichkeit, alle Monitoring-Objekte anzuzeigen und zu bearbeiten. Öffnen Sie hierzu im SAP Solution Manager Launchpad (Transaktion SOLMAN_WORKCENTER) im Abschnitt **Geschäftsprozess-Monitoring** die Kachel **Objektverwaltung**. Sie gelangen zu der in Abbildung 11.21 gezeigten Übersicht.

Übersicht der Monitoring-Objekte

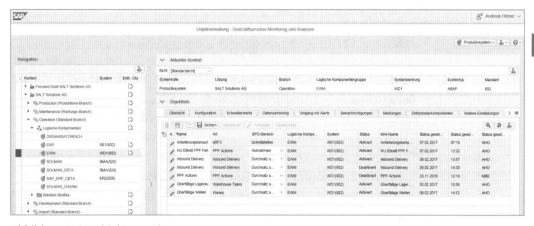

Abbildung 11.21 Objektverwaltung

Wählen Sie im Navigationsbereich Ihre Lösung aus, und navigieren Sie entweder zu einer logischen Komponente oder zu einem Element aus der Lösungsstruktur. Auf der rechten Seite werden Ihnen dann immer der entsprechende Kontext und die Objektliste angezeigt.

11.3.6 Monitoring aufrufen

Um nun den aktuellen Status des Monitorings bzw. der aktivierten Monitoring-Objekte zu prüfen, müssen Sie in die Geschäftsprozess-Monitoring-Übersicht wechseln. Starten Sie hierzu im SAP Solution Manager Launchpad die Kachel **Geschäftsprozess-Monitoring**. Sie gelangen in die Übersicht aus Abbildung 11.22.

Geschäftsprozess-Monitoring-Übersicht

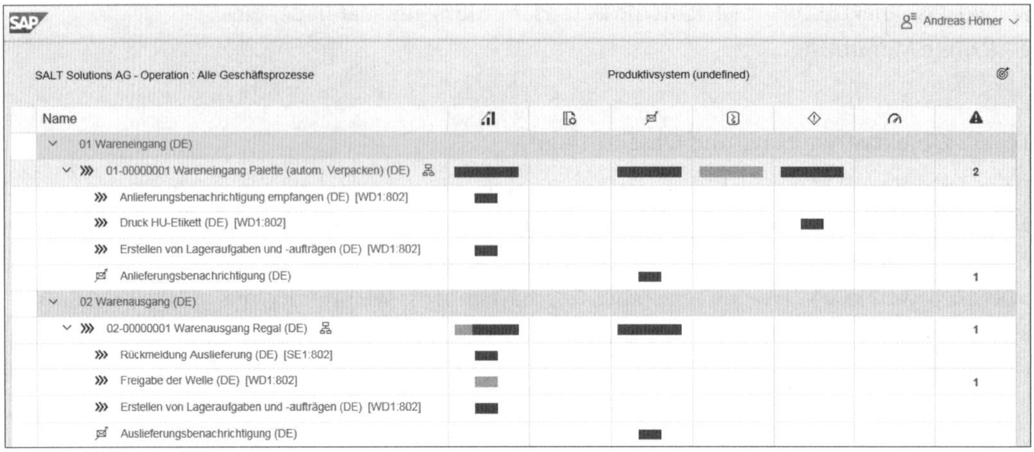

11 Fachlicher Betrieb

Abbildung 11.22 Übersicht des Geschäftsprozess-Monitorings

Für die Anzeige von Details zu einem speziellen Objekt klicken Sie z. B. auf die jeweilige Bewertung in der ersten Spalte (), also auf den farbigen Balken, bzw. auf die in der letzten Spalte () angezeigte Anzahl der bestehenden Alerts.

Absprung in das Prozessdiagramm

Wenn für den jeweiligen Prozess ein grafisches Prozessdiagramm hinterlegt ist, können Sie mit einem Klick auf das Prozesssymbol () in die grafische Prozessübersicht abspringen. Je nachdem, zu welchem Prozessschritt ein Monitoring-Objekt zugeordnet ist, wird jeweils der aktuelle Status des Objekts angezeigt (siehe Abbildung 11.23).

Metrikdetails aufrufen

In diesem Diagramm können Sie wiederum mit einem Klick auf die jeweilige Metrikbewertung (z. B. ☐ in Abbildung 11.24) eine Detailübersicht zu jeder Metrik aufrufen.

> **Dashboards für das Geschäftsprozess-Monitoring**
>
> Auch für das Geschäftsprozess-Monitoring ist es möglich, eigene Dashboards zu erstellen. Wie in vielen anderen Applikationen steht hierfür der Dashboard Builder bereit. Dashboards für das Geschäftsprozess-Monitoring werden wie Dashboards für den technischen Betrieb angelegt (siehe Abschnitt 10.12, »Monitoring-Dashboards«).
>
> Genaue Informationen zu den Dashboards für das Geschäftsprozess-Monitoring finden Sie in folgendem Wiki-Eintrag in der SAP Community: *http://s-prs.de/v561552*

11.3 Geschäftsprozess-Monitoring

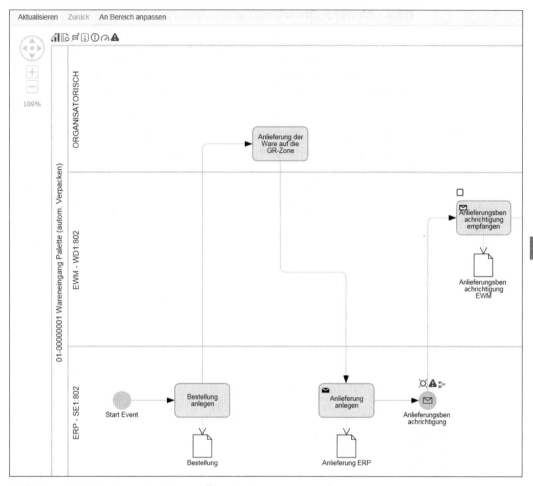

Abbildung 11.23 Grafische Monitoring-Übersicht

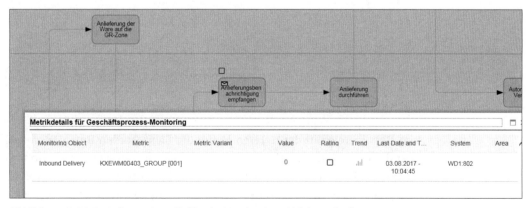

Abbildung 11.24 Details zur Metrik für ein Monitoring-Objekt aufrufen

11.3.7 Alerts im Operations Control Center

Das Alert-Reporting im Operations Control Center (OCC) stellt Ihnen vordefinierte Auswertungen und Kennzahlen bereit, die Ihnen Aufschluss über die Auslastung der überwachten Systeme und damit auch über die Arbeitslast des OCC während einer bestimmten Zeitspanne geben.

OCC-Alert-Reporting aufrufen Klicken Sie im SAP Solution Manager Launchpad auf die Kachel **OCC-Alert-Reporting**, um diese Applikation zu starten. Abbildung 11.25 zeigt die Übersicht des Alert-Reportings im OCC. Im oberen Bereich können Sie selektieren, welcher Bereich, d. h. welche Systeme und welche Lösung, bis hin zu einem speziellen Geschäftsprozess ausgewertet werden soll. Hierbei können Sie sowohl zeitliche Einschränkungen vornehmen als auch eine spezielle Systemrolle auswählen.

Abbildung 11.25 OCC-Alert-Reporting

Im Detailbereich in der unteren Hälfte der Sicht werden Ihnen anschließend die zur Verfügung stehenden Informationen zu dem ausgewählten Bereich angezeigt. Dies können z. B., wie in Abbildung 11.25 zu sehen, Informationen über das Alert-Aufkommen in einem Zeitraum oder aber fachliche Informationen wie die Anzahl an fehlerhaft übertragenen Anlieferungsbenachrichtigungen sein.

11.3.8 Migration von SAP Solution Manager 7.1

Version 7.2 des SAP Solution Managers setzt vollumfänglich auf der Monitoring and Alerting Infrastructure (MAI; siehe Kapitel 10, »Technischer Betrieb«) und der neuen Lösungsdokumentation (siehe Kapitel 4, »Prozessmanagement«) auf. Alte Metriken aus dem *Computing Center Management System* (CCMS) werden in der neuen Version des SAP Solution Managers nicht mehr unterstützt und müssen deshalb auf die neue MAI migriert werden.

CCMS-Migration

> **[!] MAI-Monitoring ist nur mit neueren Basisversionen möglich**
>
> Beachten Sie außerdem, dass ein Geschäftsprozess-Monitoring basierend auf der MAI erst mit Systemen mit einem SAP-Basis-Release 7.0 oder höher funktionieren.

Den Zeitpunkt der Migration können Sie selbst bestimmen. Sie können die Migration entweder vorbereitend oder nach dem Upgrade auf den SAP Solution Manager 7.2 im Zuge der Content-Aktivierung (siehe Abschnitt 2.5, »Upgrade«) durchführen. Abbildung 11.26 stellt diese beiden Varianten gegenüber. Um ein möglichst reibungsloses Upgrade zu gewährleisten, empfehlen wir Ihnen, die Migration bereits vorbereitend durchzuführen.

Zeitpunkt der Migration

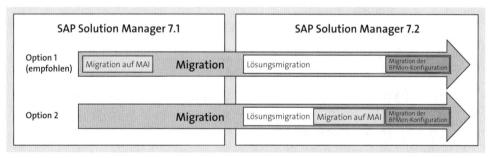

Abbildung 11.26 Varianten der Monitoring-and-Alerting-Infrastructure-Migration für das Geschäftsprozess-Monitoring (Quelle: SAP)

Um die Migration durchzuführen, stellt SAP einen Report bereit. Hierfür sind folgende Schritte erforderlich:

Migration durchführen

1. Identifizieren Sie die zu migrierenden Lösungen für Ihre Geschäftsprozess-Monitoring-Szenarien.
2. Kopieren Sie die zu migrierende(n) Lösung(en).
3. Führen Sie auf Ihrem SAP Solution Manager 7.1 in der Transaktion SE38 den Report R_AGS_BPM_MIGRATE_SOLU_TO_MAI aus, und geben Sie dabei die entsprechende Lösung an (siehe Abbildung 11.27).

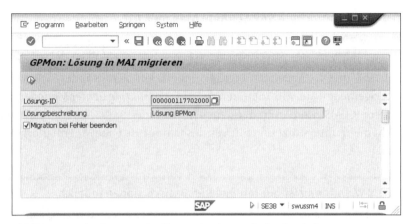

Abbildung 11.27 Lösungen in die Monitoring and Alerting Infrastructure migrieren

4. Prüfen Sie, ob die Migration der kopierten Lösung(en) erfolgreich war. Aktivieren Sie hierfür einige Monitoring-Objekte. Verlief die Prüfung erfolgreich, können Sie diese wieder deaktivieren.
5. Migrieren Sie nun die eigentliche Lösung.
6. Nach der Durchführung des Upgrades werden Ihre Monitoring-Objekte zunächst als inaktiv angezeigt. Aktivieren Sie diese, um sie nutzen zu können.
7. Löschen Sie anschließend die kopierte Lösung.

[»] **Weiterführende Informationen**
Weiterführende Informationen zur Migration der Monitoring-Objekte auf die MAI finden Sie in der SAP Community unter der folgenden URL: *http://s-prs.de/v561553*

11.4 Geschäftsprozessoptimierung

SAP bezeichnet den Teilbereich *Geschäftsprozessoptimierung* (Business Process Improvement, BPI) gerne auch als »Health Check für die eigenen Geschäftsprozesse«. Ziel dieses Checks soll es sein, Ineffizienzen und kaum oder nicht effektive Prozessteile und -objekte zu identifizieren und diese dann zu optimieren.

Die Verwendung von Geschäftsprozessoptimierungswerkzeuge soll folgende Vorteile bringen:

- gesteigerte Prozesstransparenz
- optimierte Prozesskosten
- gesteigerte Kundenzufriedenheit
- bessere Datenqualität

Der Bereich der Geschäftsprozessoptimierung beinhaltet eine Vielzahl von Methoden und Werkzeugen, um diese Vorteile zu erzielen. Die aus unserer Sicht wichtigsten Werkzeuge stellen wir im Folgenden näher vor.

11.4.1 Analyse von Geschäftsprozessen

Die Analyse von Geschäftsprozessen ordnet sich dem generellen Ziel der Optimierung von Geschäftsprozessen unter. Ziel der Analysen ist es, akute betriebliche Probleme aufzudecken und zu analysieren, an welchen Stellen diese auftreten. Ihnen stehen die folgenden Werkzeuge zur Verfügung: **Werkzeuge**

- **Benchmarking**
  Zu den verschiedenen Typen von Auswertungen, die Sie verwenden können, zählt u. a. das klassische *Benchmarking*. Bei diesem können Sie bestimmte Parameter z. B. in verschiedenen Werken vergleichen und daraus Rückschlüsse auf Probleme in einem Werk ziehen.

- **Trendanalyse**
  Die *Trendanalyse* ermöglicht die Anzeige von Entwicklungen bestimmter Parameter über einen bestimmten Zeitraum hinweg in einem Liniendiagramm.

- **Altersanalyse**
  Mithilfe der *Altersanalyse* können Sie feststellen, ob bestimmte Probleme oder Rückstände aufgrund von aktuellen betrieblichen Engpässen oder veralteten Daten entstanden sind. Sie analysieren hierbei Daten über mehrere Monate bzw. Jahre hinweg.

- **Detailanalyse**
  Bei der *Detailanalyse* wird immer ein ausgewähltes Objekt untersucht, um die Ursache eines bestimmten Problems festzustellen. Die Analyse erfolgt hierbei direkt auf dem verwalteten System.

Als Basis einer jeden Analyse benötigen Sie Alerting- bzw. Analyseobjekte und die dazugehörigen Kennzahlen. Wie Sie diese Objekte definieren, erfahren Sie in Abschnitt 11.3.2, »Monitoring-Objekte erstellen«. **Voraussetzungen**

Der Einstieg in die Analysen erfolgt im SAP Solution Manager Launchpad im Bereich **Geschäftsprozessoptimierung** über die Applikation **Geschäftsprozess-Analyse** (siehe Abbildung 11.28).

11 Fachlicher Betrieb

Abbildung 11.28 Bereich »Geschäftsprozessoptimierung« im SAP Solution Manager Launchpad

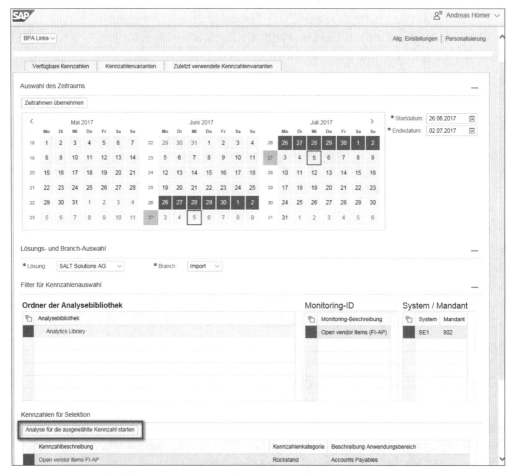

Abbildung 11.29 Analyse für eine Kennzahl

Analyse erstellen — Um eine Analyse zu erstellen, müssen zunächst die folgenden Schritte durchgeführt werden (siehe Abbildung 11.29):

1. Wählen sie zu Beginn den **Zeitrahmen** für die Analyse aus. Zur Identifizierung aktueller Probleme wird ein Zeitrahmen von ca. einer Woche empfohlen. Für langfristige Trendanalysen muss dieser Zeitrahmen erweitert werden. Beachten Sie jedoch, dass Auswertungen, die mehr als zwei Monate berücksichtigen, Auswirkungen auf die Systemperformance haben können. Klicken Sie anschließend auf **Zeitraum übernehmen**.
2. Wählen Sie dann den entsprechenden Kennzahlenkontext aus. Dazu gehören die betreffende Lösung, der Branch und letztendlich das Monitoring-Objekt mit der entsprechenden Kennzahl.
3. Klicken Sie jetzt auf die Schaltfläche **Analyse für die ausgewählte Kennzahl starten**.
4. Sie gelangen auf den Analysebildschirm (siehe Abbildung 11.30). Hier werden die Analysen durchgeführt und die dazugehörigen Diagramme erstellt.
5. Wählen Sie zunächst eine Analyseart ❶ aus.
6. Selektieren Sie anschließend im Bereich der verfügbaren Filtermerkmale die gewünschten Filtermerkmale ❷. Fügen Sie diese Ihren aktiven Filtermerkmalen mit einem Klick auf die Schaltfläche **Dem Filter hinzufügen** hinzu.
7. Wählen Sie anschließend im Diagrammbereich zunächst eine Kategorie- und dann eine Drill-down-Dimension aus ❸.
8. Klicken Sie abschließend auf die Schaltfläche **Verbuchung** ❹, um das Diagramm aufzubauen.

Wenn Sie eine Detailanalyse zu einem bestimmten Objekt auf einem System durchführen möchten, klicken Sie auf die Schaltfläche **Detailanalyse** ❺. Wählen Sie im darauffolgenden Dialog das konkrete System und die passende Monitoring-ID aus.

Detailanalyse durchführen

> **Analysevarianten verwenden**
> Damit Sie angelegte Analysen später wiederverwenden können, können Sie diese als Varianten abspeichern. Analysevarianten enthalten die benötigten Kontextinformationen, um im weiteren Verlauf Analysen durchzuführen. Definieren Sie hierfür, wie beschrieben, die jeweilige Analyse, und klicken Sie auf dem Analysebildschirm auf die Schaltfläche **Variante sichern**. Die Variante steht Ihnen anschließend in der **Analyseauswahl** auf der Registerkarte **Kennzahlenvarianten** zur Verfügung.

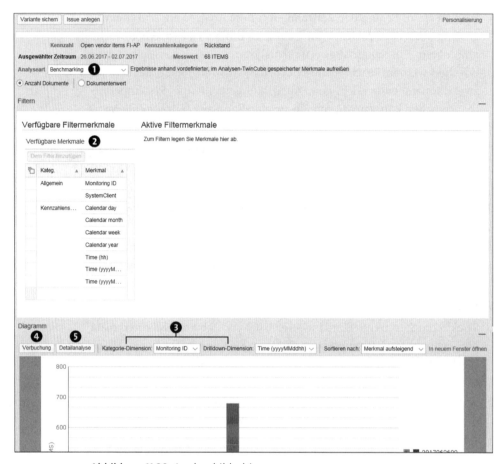

Abbildung 11.30 Analysebildschirm

11.4.2 Dashboards für die Geschäftsprozessoptimierung

Die Dashboards für den Betrieb von Geschäftsprozessen stellen geschäftskritische KPIs grafisch dar. Sie können solche Dashboards einrichten, indem Sie die Kachel **Konfiguration – Dashboards Betrieb von Geschäftsprozessen** aufrufen.

Analytische Kennzahlen — Hier müssen Sie zunächst *analytische Kennzahlen* (AKZI) definieren. Klicken Sie dazu auf **Hinzufügen** (siehe Abbildung 11.31). Legen Sie dann ein Repository sowie eine Konnektorinstanz für die Verbindung zum Datenspeicher fest. Sie greifen hierbei auf die durch das Monitoring gesammelten und im SAP BW verdichteten Daten zu. Spezifizieren Sie anschließend z. B. eine Monitoring-ID als Filtermerkmal.

Panel anlegen — Wechseln Sie als Nächstes auf die Registerkarte **Setup Panel**. In diesem Bereich ordnen Sie eine oder mehrere analytische Kennzahlen einem *Panel* zu. Ein solches Panel beinhaltet Beschriftungen, Diagrammtypen und Ähnliches zu einer analytischen Kennzahl. Klicken Sie zunächst auf **Hinzufügen** ❶, und vergeben Sie einen Namen sowie eine Beschreibung für das Panel. Wählen Sie anschließend den Diagrammtyp aus, mit dem die Auswertung Ihrer analytischen Kennzahl dargestellt werden soll, und legen Sie die Beschriftungen für die Achsen fest. Ergänzen Sie das Panel anschließend mit einem Klick auf **Hinzufügen** ❷ um Kennzahlen.

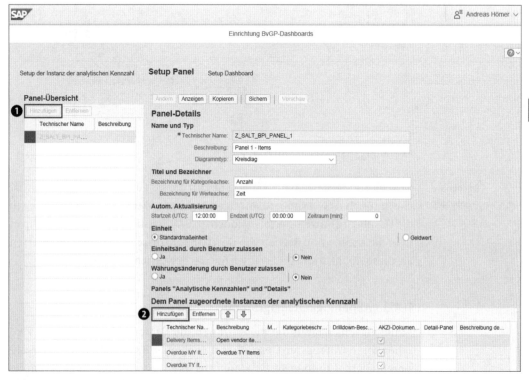

Abbildung 11.31 Panel für ein Dashboard konfigurieren

Sobald Sie die Kennzahlen hinzugefügt haben, können Sie das Panel speichern. Klicken Sie auf die Schaltfläche **Vorschau**, um sich einen ersten Eindruck von dem Panel machen zu können.

Vorschau anzeigen

Wechseln Sie anschließend auf die Registerkarte **Setup Dashboard**, um die eigentlichen Dashboards zu definieren (siehe Abbildung 11.32). Klicken Sie auf **Hinzufügen**, um ein neues Dashboard anzulegen. Vergeben Sie für dieses einen Namen sowie eine Beschreibung, und legen Sie im Feld **Dashboard-Art** dessen Größe bzw. Aufteilungsart (Zeilen/Spalten) fest. Im Feld **Berechtigungsgruppe** können Sie definieren, wer im späteren Verlauf Zugriff auf das Dashboard haben soll. Fügen Sie dem Dashboard anschlie-

Dashboard konfigurieren

ßend mit einem Klick auf **Hinzufügen** die eben angelegte Panel-Instanz hinzu.

Abbildung 11.32 Dashboard konfigurieren.

Dashboard anzeigen

Sichern Sie Ihr Dashboard. Klicken Sie auf die sich öffnende **Start**-Schaltfläche, um sich das Dashboard anzeigen zu lassen. Der eigentliche Einstieg in die Dashboard-Anzeige erfolgt jedoch im SAP Solution Manager Launchpad über die Applikation **Betrieb von Geschäftsprozessen – Dashboards**. Starten Sie diese Applikation, und wählen Sie das gewünschte Dashboard aus.

11.4.3 Abhängigkeitsdiagramme

Abhängigkeitsdiagramme bieten Ihnen die Option, Abhängigkeiten zwischen Ihren wichtigsten Geschäftskennzahlen festzustellen und zu visualisieren. Hierbei können Sie Livedaten aus Ihren Systemen in die Diagramme einbringen. In Abbildung 11.33 ist ein beispielhaftes Abhängigkeitsdiagramm dargestellt. Die Kachel **Open Vendor Items** überträgt hierbei Livedaten aus einem SAP-ERP-System.

> **Abhängigkeiten frühzeitig ausarbeiten**
>
> Bevor Sie damit starten, Ihre Abhängigkeiten im SAP Solution Manager zu dokumentieren, müssen Sie diese zunächst mit den Prozessverantwortlichen herausarbeiten. Dies erleichtert die darauffolgende Dokumentationsarbeit.

11.4 Geschäftsprozessoptimierung

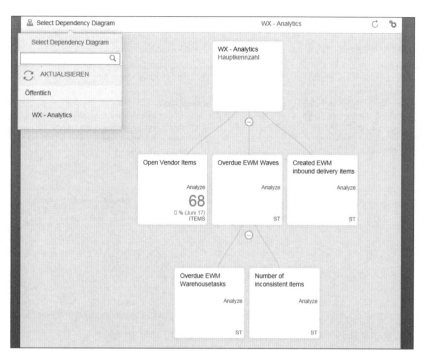

Abbildung 11.33 Beispiel für ein Abhängigkeitsdiagramm

Öffnen Sie im SAP Solution Manager Launchpad die Applikation **Konfiguration – Abhängigkeitsdiagramme**, um Ihre eigenen Diagramme zu definieren. Klicken Sie anschließend auf die Registerkarte **Abhängigkeitsdiagramm-Setup**.

Um ein Abhängigkeitsdiagramm aufzubauen, können Sie entweder auf die auf der Registerkarte **Setup Analytische Kennzahlen** hinterlegten Kennzahlen zurückgreifen oder nur mit reinen Begriffen arbeiten. Um Livedaten aus einem System zu erhalten, müssen zunächst analytische Kennzahlen definiert sein. Die Definition können Sie wie in Abschnitt 11.4.2 im Umfeld der Dashboards beschrieben vornehmen. Abbildung 11.34 zeigt eine beispielhafte Konfiguration für die analytische Kennzahl **Delivery Items Overdue**. Diese beschreibt die Anzahl von überfälligen Auslieferungen in einem EWM-System (SAP Extended Warehouse Management).

Analytische Kennzahlen

Anschließend können Sie ein Abhängigkeitsdiagramm aufbauen. Wechseln Sie dazu auf die Registerkarte **Abhängigkeitsdiagramm-Setup**. Zur Anlage eines neuen Diagramms klicken Sie auf die Schaltfläche **Hinzufügen** und vergeben dort einen Namen und eine Beschreibung. Wählen Sie im Feld **Berechtigungsgruppe** die Gruppe aus, die Zugriff auf das Diagramm haben soll. Soll der Zugriff nicht eingeschränkt werden, wählen Sie die Berechtigungsgruppe PUBLIC.

Abhängigkeitsdiagramm konfigurieren

683

11 Fachlicher Betrieb

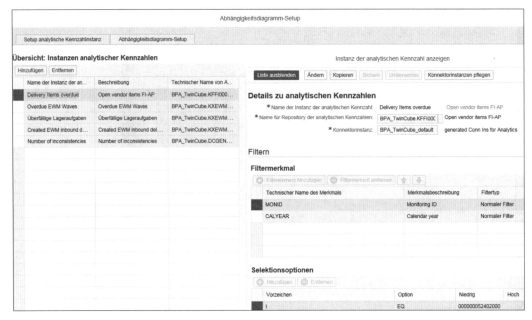

Abbildung 11.34 Beispiel für eine analytische Kennzahl anlegen

Definitionen einfügen

Fügen Sie, wie in Abbildung 11.35 gezeigt, die technischen Namen der abhängigen Kacheln im Bereich **Abhängigkeitsdiagramm-Definitionen** ein. Klicken Sie hierfür auf die Schaltfläche **Hinzufügen**, vergeben Sie einen Kacheltitel und legen Sie in der Spalte **Der Kachel untergeordnet** eine Hierarchie fest. Der Kacheltitel und der Kacheluntertitel werden Ihnen anschließend im Diagramm angezeigt.

Abbildung 11.35 Ein Abhängigkeitsdiagramm konfigurieren

Damit Sie an dieser Stelle die zuvor verwendeten analytischen Kennzahlen weiternutzen können, müssen Sie diese in der Spalte **Technischer Name**

11.4 Geschäftsprozessoptimierung

von **AKFI** (entspricht dem AKZI) einfügen. Alle weiteren Spalten dienen lediglich der sprachlichen Ergänzung der Kachelinformationen.

Um das Diagramm anschließend anzeigen zu lassen, müssen Sie im SAP Solution Manager Launchpad die Kachel **Abhängigkeitsdiagramme** aufrufen. Sie gelangen damit in die in Abbildung 11.33 zu sehende Übersicht. Hier können Sie mit einem Klick auf **Abhängigkeitsdiagramm wählen** das gewünschte Diagramm selektieren.

Abhängigkeitsdiagramm aufrufen

11.4.4 Progress Management Board

Das *Progress Management Board* bietet Ihnen die Möglichkeit, den Fortschritt für die in Geschäftsprozessoptimierungsprojekten beobachteten KPIs zu verfolgen. Die Prozessphasen zur Verbesserung der verschiedenen KPIs werden dabei grafisch dargestellt. So sind Vergleiche der Zielwerte mit den aktuellen Werten bzw. einer definierten Baseline möglich (siehe Abbildung 11.36).

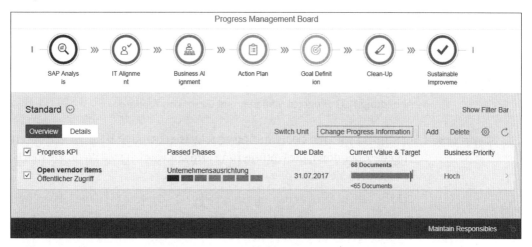

Abbildung 11.36 Beispiel eines Progress Management Boards

Wenn Sie im SAP Solution Manager Launchpad auf die Kachel **Progress Management Board** klicken, gelangen Sie in die Verwaltungsübersicht für das Board. Klicken Sie dort auf die Schaltfläche **Add**, um eine neue KPI hinzuzufügen. Wählen Sie in Schritt 1 zunächst eine Datenquelle aus (hier werden Ihnen Ihre im vorangehenden Abschnitt selbst definierten KPIs bzw. AKZIs angezeigt). Geben Sie außerdem einen Namen und, falls benötigt, eine Zugriffsbeschränkung für das Board an.

Konfiguration des Boards

Anschließend müssen Sie in Schritt 2 eine Einheit für die Kennzahl festlegen. Weiterhin können Sie einen Baseline-Wert als Ausgangswert für den

Vergleich angeben. Das System listet Ihnen hierfür Vergleichswerte aus der Vergangenheit auf (siehe Abbildung 11.37).

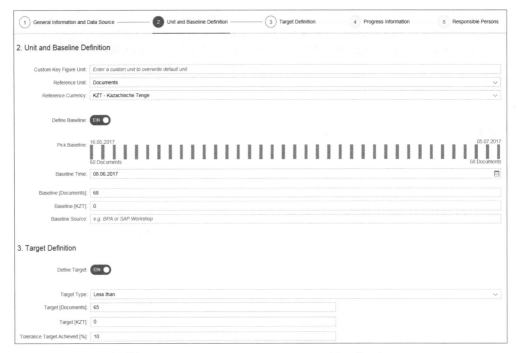

Abbildung 11.37 Progress Management Board konfigurieren

Zieldefinition | In Schritt 3 wird die Zieldefinition erstellt. Hierzu müssen Sie einen Zielwert angeben, der durch die Optimierung erreicht werden soll. Wenn Sie möchten, können Sie auch Toleranzwerte vorgeben.

Schritt 4 dient der Festlegung eines Fälligkeitsdatums für den Zielwert und einer Priorität für die Anzeige der Kennzahlen. In Schritt 5 können Sie für dieses Objekt verantwortliche Personen aus dem Fachbereich und aus der IT-Abteilung definieren.

Fortschritts-KPI anzeigen | Speichern Sie nach erfolgreicher Konfiguration Ihre Fortschritts-KPI. Diese wird Ihnen im Anschluss direkt auf dem Einstiegsbild angezeigt. Mit einem Klick auf **Change Progress Information** können Sie Detailinformationen festlegen, z. B. in welcher Phase sich das Objekt aktuell befindet (siehe Abbildung 11.38).

> **Weiterführende Informationen**
>
> Das Wiki der SAP Community bietet Ihnen unter folgender URL sehr gute Informationen zum Thema Geschäftsprozessoptimierung:
> *http://s-prs.de/v561554*

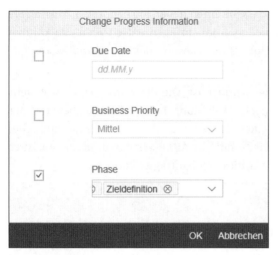

Abbildung 11.38 Informationen zum Optimierungsprozess bearbeiten

11.5 Jobverwaltung

Die *Jobverwaltung* (Job Scheduling Management, JSM) unterstützt Sie beim Verwalten und Dokumentieren Ihrer Hintergrundprozesse. Im Rahmen dieses Abschnitts geben wir Ihnen einen kurzen Überblick über die verschiedene Funktionen der Jobverwaltung und deren Nutzung. Wir beschreiben die folgenden Funktionen:

- Jobanträge
- Jobdokumentation
- Jobeinplanung
- Job-Monitoring

Um die Jobverwaltung vollständig nutzen zu können, müssen Sie zu Beginn die entsprechende Grundkonfiguration durchführen. Diese wird in Abschnitt 11.2.2, »Grundkonfiguration der Jobverwaltung«, beschrieben.

11.5.1 Jobantrag

Die Verwendung von *Jobanträgen* hilft Ihnen, den Überblick über Ihren kompletten Jobprozess zu behalten. Bevor ein Benutzer einen Job einplanen kann, muss er diesen über einen Antrag anfordern. Während dieses Prozesses wird die Anfrage geprüft und – sofern alle Kriterien erfüllt sind – schließlich freigeben. Erst nachdem alle Schritte abgehandelt wurden, wird der Job eingeplant.

11 Fachlicher Betrieb

Typen von Jobanträgen

Haben Sie also festgestellt, dass Sie einen neuen Job benötigen, müssen Sie sich zwischen zwei verschiedenen Jobanträgen entscheiden. Sie können entweder einen *einfachen* Jobantrag anlegen oder eine *detailliertere* Version wählen:

- Die einfache Variante des Antrags ist, wie der Name schon sagt, sehr übersichtlich gehalten (siehe Abbildung 11.39). Alle Eingabefelder der Pflegemaske finden auf einer Seite Platz. Da diese Anträge nur den Scheduler-Typ BC-XBP und das technische ABAP-System unterstützen, ist es nicht in allen Fällen ratsam, diesen Jobantrag zu verwenden.

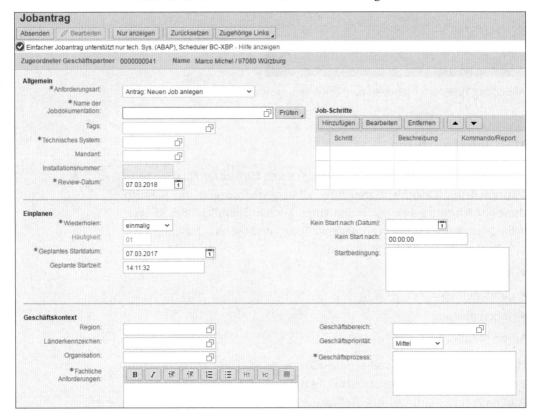

Abbildung 11.39 Einfacher Jobantrag

- Jobs anderer Scheduler-Typen wie SMSE müssen Sie im detaillierteren Modus beantragen. Anders als in der Basisvariante sind die einzupflegenden Daten hier auf mehrere Registerkarten verteilt (siehe Abbildung 11.40).

11.5 Jobverwaltung

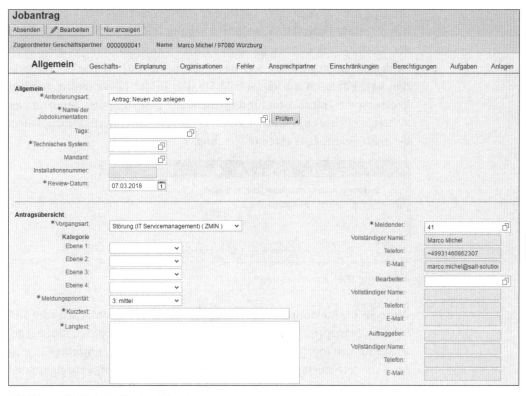

Abbildung 11.40 Detaillierter Jobantrag

Scheduler-Typen

Im Rahmen der Jobverwaltung bietet SAP zwei verschiedene Schnittstellen für die Jobeinplanung (das *Scheduling*):

- Über die Schnittstelle BC-XBP läuft der standardmäßige SAP-Einplaner. Die Einplanung erfolgt über den SAP Solution Manager.
- Sollten Sie einen externen Scheduler verwenden, müssen Sie diesen über die SMSE-Schnittstelle (Solution Manager Scheduling Enabler) konfigurieren.

Die Auswahl der benötigten Schnittstelle erfolgt in Ihrer Jobdokumentation (siehe Abschnitt 11.5.2).

Wie bringen Sie nun die Anwender dazu, die Funktionalität des Jobantrags auch zu verwenden? Mithilfe der *Jobsteuerung* können Sie genau diese Problemstellung in Angriff nehmen. Gehen wir einmal davon aus, dass ein Mitarbeiter einen Job benötigt. Sobald dieser Benutzer ein wenig geübt im

Jobsteuerung

Umgang mit SAP-Systemen ist, wird er selbst versuchen, den Job einzuplanen. Er öffnet Transaktion SM36 und beginnt mit der Einplanung. Anhand der Jobsteuerung können Sie genau dieses Vorgehen unterbinden. Legen Sie deshalb im Vorfeld fest, welche Mitarbeiter keine Jobs über die Transaktion SM36 anlegen dürfen. Sobald Sie dies in der Jobsteuerung gepflegt haben, ist die Transaktion für diese Benutzer gesperrt. Jeder Benutzer, der auf der Sperrliste enthalten ist, erhält beim Versuch, einen Job einzuplanen, die in Abbildung 11.41 gezeigte Meldung.

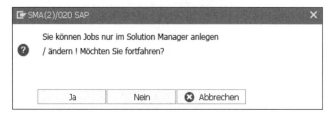

Abbildung 11.41 Jobsteuerung

Wenn Sie die Meldung mit **Ja** bestätigen, werden Sie automatisch zum SAP Solution Manager weitergeleitet. Dort öffnet sich automatisch die Anlagemaske für den Jobantrag. Sie können natürlich nicht nur einzelnen Benutzern, sondern auch ganzen Benutzergruppen den Zugriff verweigern. Bei Angabe des Sternchens (*) gilt die Sperrung für alle Benutzer.

> **Periodische und Ad-hoc-Jobs**
>
> Beim Jobantrag und bei der Jobeinplanung müssen Sie sich Gedanken machen, in welchem Turnus der Job gestartet werden soll. Standardmäßig können Ad-hoc-Jobs, also einmalige Jobs, direkt eingeplant werden. Hierfür ist dann kein Jobantrag notwendig. Wenn Sie die einmaligen Jobs ebenfalls nur über Jobanträge einplanen wollen, können Sie im Customizing der Jobverwaltung den Parameter JSM_GAF_ADHOC_FLAG konfigurieren.

Jobantrag anlegen

In unserem folgenden Beispiel verwenden wir den Basis-Scheduler-Typ BC-XBP und nutzen deswegen den einfachen Jobantrag. Außerdem gehen wir davon aus, dass die Jobsteuerung gepflegt wurde und Sie gezwungen werden, einen Jobantrag für die Anlage zu verwenden. Das Vorgehen für die Beantragung ist wie folgt:

1. Rufen Sie Transaktion SM36 auf. Sie erhalten nun die Meldung aus Abbildung 11.41, dass Sie für die Anlage eines Jobs den SAP Solution Manager verwenden müssen. Bestätigen Sie diese Meldung mit **Ja**.

2. Sie werden auf den Jobantrag weitergeleitet, den Sie anhand einer Guided Procedure füllen können.

3. Pflegen Sie im Schritt **Planung definieren** alle planungsrelevanten Daten Ihres Jobs. Wählen Sie den Jobtyp und die RFC-Verbindung aus, und vergeben Sie anschließend einen Jobnamen.

4. Unter **Einplanung** müssen Sie die Startmethode und einen Startzeitpunkt eingeben. Anschließend legen Sie unter **Job-Step** die einzelnen Schritte des Jobs fest. Hier geben Sie neben dem Typ (ABAP-Programm) auch den auszuführenden Report und den dazugehörigen Benutzer an. Beenden Sie diesen Schritt mit **Weiter**.

5. Sie befinden sich nun im Schritt **Job beantragen**. Legen Sie zuerst fest, ob Sie einen neuen Job anlegen, einen vorhandenen Job ändern oder einen Job löschen möchten. Geben Sie ein Review-Datum, also das Datum, bis wann der Job gültig ist, an.

6. Zu jedem Jobantrag wird ein CRM-Vorgang erstellt. Machen Sie sich frühzeitig Gedanken, welchen Vorgang Sie prinzipiell für Jobanträge verwenden möchten. In unserem Fall haben wir uns für die Vorgangsart ZMIN (eine Kopie der Standardvorgangsart SMIN) entschieden. Wählen Sie diese Vorgangsart im Bereich **Antragsübersicht** aus.

7. Des Weiteren müssen Sie die Felder **Meldungspriorität**, **Kurztext**, **Langtext** und **Meldender** mit Daten füllen. Außerdem können Sie gleich angeben, welche Kategorisierung das mit dem Jobantrag verknüpfte Ticket erhält, das an die für die Jobverwaltung zuständigen Personen weitergeleitet wird.

8. Erläutern Sie zusätzlich im Feld **Geschäftskontext** die fachlichen Anforderungen und den betroffenen Geschäftsprozess. Klicken Sie auf **Weiter**.

9. Sollte es Dateien geben, die für den Job relevant sind, können Sie diese als **Anlage hinzufügen**. Sie können auch vorhandene Dateien anzeigen lassen oder Dateien, die nicht mehr benötigt werden, löschen.

10. Im letzten Schritt **Review** werden Ihnen noch einmal die wichtigsten Daten im Überblick angezeigt. Kontrollieren Sie Ihre Eingaben und schließen Sie den Vorgang mit **Weiter** ab, wenn alle nötigen Informationen gepflegt sind.

11. Sie erhalten nun eine Meldung ähnlich der in Abbildung 11.42, der Sie die Jobantragsnummer und die Nummer des angelegten Tickets entnehmen können. Außerdem bietet Ihnen diese Sicht verschiedene Links für weiterführende Aktionen.

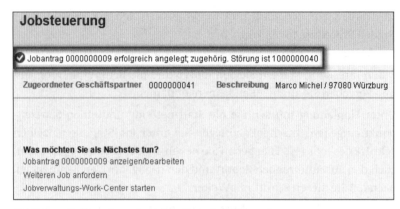

Abbildung 11.42 Anlage des Jobantrags bestätigen

11.5.2 Jobdokumentation

Bei der Jobdokumentation handelt es sich um ein zentrales Dokument, das für die zentrale Verwaltung, Dokumentation und Einplanung von Hintergrundjobs genutzt wird.

Registerkarten

Die Anlagemaske für die Jobdokumentation finden Sie im SAP Solution Manager Launchpad im Bereich **Jobverwaltung** über die Kachel **Jobdokumentation anlegen**. Sie besteht aus verschiedenen Registerkarten (siehe Abbildung 11.43):

- **Allgemein**: Erfassen Sie in diesem Bereich allgemeine Informationen wie den Namen des Jobs, den Jobtyp, den Dokumentationsstatus, die Jobschritte und eine Beschreibung.

- **Organisation**: Diese Registerkarte enthält die verantwortliche Organisationseinheit sowie die betriebswirtschaftliche Priorität und Anforderung des dokumentierten Hintergrundjobs.

- **Systeme**: Um mithilfe der Jobdokumentation Jobs einplanen und das Monitoring konfigurieren zu können, müssen Sie unter **Systeme** die betroffenen Systeme pflegen.

- **Fehler**: Sollten Sie während der Jobausführung auf Fehler stoßen, können Sie in der Jobdokumentation das Vorgehen zur Behebung dieser Fehler definieren.

- **Ansprechpartner**: Legen Sie auf dieser Registerkarte die Ansprechpartner für die einzelnen Bereiche (Hintergrundverarbeitung, Geschäftsprozess, Entwicklung, Jobdokumentation, Überwachung und Systemlandschaft) fest.

- **Beschränkungen**: Alle Beschränkungen, die Sie während der Jobeinplanung beachten müssen, können Sie in dieser Registerkarte einstellen.
- **Berechtigungen**: Listen Sie unter **Autorisierung** alle Berechtigungen auf, die Sie für die Jobeinplanung benötigen.
- **Aufgaben**: Legen Sie hier Aufgaben an, die von den Benutzern im Rahmen des Jobs erledigt werden müssen.
- **Dokumente**: Verwenden Sie diese Registerkarte, um Dokumente oder Verweise auf ein Jobdokument hinzuzufügen.
- **Änderungen**: Auf dieser Seite können Sie Ihrer Jobdokumentation Änderungsvorgänge zuordnen oder diese entfernen.
- **Beziehung Grafik**: Diese Grafik stellt die Beziehungen zwischen Jobantrag, CRM-Vorgang, Jobdokumentation und logischer Komponentengruppe dar.

Abbildung 11.43 Registerkarten innerhalb der Jobdokumentation

[+]
Registerkarten ausblenden
Wenn Sie nicht alle Registerkarten benötigen, können Sie diese über das Customizing ausblenden. Wir empfehlen Ihnen, immer nur die Registerkarten als sichtbar zu markieren, die Sie auch wirklich benötigen. Hierdurch wird die Erstellung und Bearbeitung von Jobdokumentationen für Sie wesentlich übersichtlicher und einfacher.

Eine weitere Funktion, die Sie bei der Erstellung einer Jobdokumentation unterstützt, sind die Vorlagen. Sie können Jobdokumentationsvorlagen verwenden, um die Erstellung und Verwendung der Dokumentation für die Anwender zu erleichtern. Gleichzeitig können Sie die Qualität der Jobdokumentationen verbessern, da Sie in der Vorlage im Vorfeld alle wichtigen Informationen bereits vorausgefüllt haben. Somit muss der Benutzer nur noch wenige Daten ergänzen, und etwaige Fehler können verhindert bzw. minimiert werden.

Vorlage für Jobdokumentaton

11 Fachlicher Betrieb

Namenskonventionen

Sie können in der Jobverwaltung Konventionen für die Benennung der Jobdokumentationen angeben. Falls Sie eigene Namenskonventionen in Ihrem Unternehmen haben, können Sie diese im SAP Solution Manager erfassen. Jedes Mal, wenn Sie eine neue Jobdokumentation anlegen, wird daraufhin die Bezeichnung überprüft. Sollte sie nicht mit den Namenskonventionen übereinstimmen, wird der Anwender darauf hingewiesen. Hierdurch wird die Verwendung von Namen, die nicht den Richtlinien Ihres Unternehmens entsprechen, verhindert. Außerdem können Sie sich die aktuellen Namenskonventionen anzeigen lassen, falls Sie nicht genau wissen, welche einzuhalten sind (siehe Abbildung 11.44).

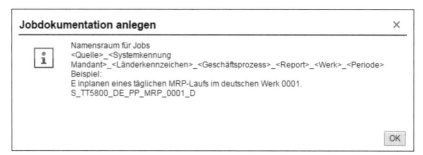

Abbildung 11.44 Namenskonventionen (SAP-Standard)

11.5.3 Jobeinplanung

Prinzipiell haben Sie zwei Möglichkeiten, einen Job einzuplanen. Entweder planen Sie den Job direkt ein oder Sie verwenden die Einplanung über eine Jobdokumentation.

Direkte Jobeinplanung

Bei der direkten Einplanung verzichten Sie auf die Anlage einer vorgelagerten Jobdokumentation. Sie verwenden den SAP Solution Manager, um den Job direkt im verwalteten System einzuplanen. Nutzen Sie dazu die Guided Procedure (siehe Abbildung 11.45), die Sie im Work Center **Jobverwaltung** unter **Typische Aufgaben • Jobs einplanen** finden.

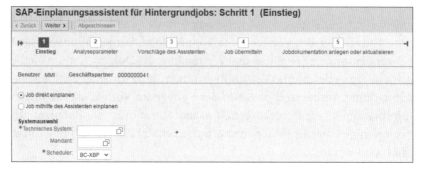

Abbildung 11.45 Guided Procedure für die direkte Jobeinplanung

Neben dem direkten Weg können Sie die Einplanung auch über die Jobdokumentation durchführen. Die Jobeinplanung kann entweder mithilfe des SAP-Einplaners (BC-XBP) oder auf Basis eines externen Einplaners (z. B. SMSE) durchgeführt werden. In diesem Abschnitt gehen wir nur auf die Einplanung mit dem SAP-Einplaner ein. Gehen Sie dazu wie folgt vor:

Einplanung über die Jobdokumentation

1. Öffnen Sie Ihre Jobdokumentation, und klicken Sie auf **Bearbeiten**.
2. Navigieren Sie auf der Registerkarte **Systeme** auf die untergeordnete Registerkarte **Einplanung**. Aktivieren Sie hier den Bearbeitungsmodus, sodass Sie Änderungen vornehmen können.
3. Überprüfen Sie alle Eingaben, falls in dieser Maske schon Daten vorhanden sind. Sollte das nicht der Fall sein, müssen Sie neben der RFC-Verbindung, dem Jobnamen und der Jobklasse auch die Startmethode inklusive des Startzeitpunkts pflegen.
4. In der Tabelle **Steps** können Sie anschließend die auszuführenden Jobschritte hinzufügen.
5. Nachdem Sie alle Eingaben getätigt haben, klicken Sie auf die Schaltfläche **Einplanen**. Der Job ist nun eingeplant, und Sie erhalten in einer Meldung die Jobnummer.

Falls Sie Unterstützung beim Prozess der Jobeinplanung benötigen, ist der Jobeinplanungsassistent ein gutes Hilfsmittel. Vor jeder Jobeinplanung müssen Sie verschiedene Herausforderungen bewältigen oder zumindest beachten. Wie lasten Sie das System optimal aus, ohne es zu überlasten? Wie schaffen Sie es, die Anforderungen aus den Geschäftsbereichen zu erfüllen? Bei diesen Fragestellungen hilft Ihnen der SAP Solution Manager mit dem Jobeinplanungsassistenten. Mit den zur Verfügung gestellten Metriken können Sie Ihre Systeme während der Einplanungsphase optimal untersuchen und überwachen. Um diese Funktion nutzen zu können, müssen Sie zuvor das System-Monitoring (siehe Abschnitt 10.4.2) bzw. das Job-Monitoring (siehe Abschnitt 10.4.4) einrichten. Solange dies nicht geschieht, kann das System auf keine Metriken und Auswertungen zugreifen. Führen Sie mit den ausgegebenen Werten die Einplanungsanalyse durch.

Jobeinplanungsassistent

11.6 Datenkonsistenzmanagement

Früher war die Gewährleistung der *Datenkonsistenz* wesentlich einfacher zu bewältigen als heute, da die Applikationen meist nur auf einem System bzw. einer Datenbank liefen. Doch mittlerweile kommen hier im Normalfall mehrere Systeme und Datenbanken gleichzeitig zum Einsatz. Meistens fehlt hierbei aber der benötigte Synchronisierungspunkt. Damals wie heute

Bedeutung konsistenter Daten

ist es essentiell, dass Sie in Ihren Geschäftsprozessen auf konsistente Daten zugreifen können. Auch wenn Daten redundant gelagert werden, müssen diese stets die gleichen Informationen zur Verfügung stellen. Erst wenn diese Konsistenz gewährleistet ist, können Ihre Geschäftsprozesse korrekt ablaufen. Aber auch geschäftliche Entscheidungen können nur dann sinnvoll getroffen werden, wenn sie auf den gleichen Daten basieren.

Mithilfe des Datenkonsistenzmanagements (*Data Consistency Management*) des SAP Solution Managers können Sie die Konsistenz Ihrer Daten sicherstellen. Durch die Funktionen und Werkzeuge der Datenkonsistenzverwaltung können Sie frühzeitig Fehler erkennen und zeitnah handeln, um diese zu beheben und zukünftig zu vermeiden. In den folgenden Abschnitten stellen wir Ihnen die Werkzeuge und Funktionen des Datenkonsistenzmanagements vor, damit Sie sich einen Überblick verschaffen können.

11.6.1 Überwachung der Datenkonsistenz

Monitoring

Das Monitoring im Datenkonsistenzmanagement teilt sich in zwei Gebiete auf: die Überwachung der Datenkonsistenz und die Überwachung der Schnittstellen. Mit dem *Schnittstellen-Monitoring* überwachen Sie die Kommunikation zwischen zwei oder mehr Systemen. Damit stellen Sie sicher, Fehler, die die Konsistenz der Daten beeinflussen können, frühzeitig zu erkennen. Nähere Informationen zum Thema Schnittstellen-Monitoring finden Sie Abschnitt 10.5.1, »Schnittstellen und Verbindungen«.

Fehler, die andere Ursachen als Schnittstellenproblematiken haben, können Sie mit dem *Datenkonsistenz-Monitoring* entdecken. Auch hier ist das Ziel, Fehler möglichst früh zu erkennen, damit diese schnell behoben werden können. Um dies zu erreichen, müssen Sie die richtigen Alerting-Objekte anlegen und konfigurieren.

Alert anlegen

Legen Sie einen Alert für das Datenkonsistenz-Monitoring wie folgt an:

1. Öffnen Sie im SAP Solution Manager Launchpad den Bereich **Betrieb von Geschäftsprozessen** • **Lösungsdokumentation (Monitoring-Konfiguration)**.
2. Wählen Sie in der Menüleiste den **Operations-Branch** aus. Dieser wird, wie in Abschnitt 4.1.2 »Umsetzung des Lebenszykluskonzepts mit Branches«, beschrieben, für Ihre Monitoring-Szenarien verwendet.
3. Navigieren Sie zu dem Geschäftsprozess oder Geschäftsprozessschritt, für den Sie einen Datenkonsistenz-Alert anlegen wollen.
4. Wählen Sie im Kontextmenü **Neu** • **Betriebsführung** • **Alerts**, und markieren Sie im Fenster **Alerting-Objekt anlegen** die Checkbox **Datenkonsistenz** (siehe Abbildung 11.46).

Abbildung 11.46 Alerting-Objekt anlegen

5. Ihnen wird nun eine Liste aller im Rahmen des Datenkonsistenzmanagements verfügbaren Monitoring-Objekte, geordnet nach Ihrem System, angezeigt.

6. Legen Sie fest, welches Objekt aus dem **Katalog** Sie verwenden möchten. Klicken Sie anschließend auf **Anlegen**.

7. Sie befinden sich nun in der Bearbeitungsmaske des ausgewählten Monitoring-Objekts. Wie Sie die Objekte richtig konfigurieren, können Sie Abschnitt 11.3.4, »Monitoring-Objekt konfigurieren«, entnehmen.

Nachdem Sie alle benötigten Alerting-Objekte angelegt haben, müssen Sie diese generieren und aktivieren. Sämtliche aktiven Alerts finden Sie im Work Center **Datenkonsistenzmanagement** im Block **Alert-Eingang**. Sie haben in diesem Bereich sowohl das Schnittstellen- als auch das Datenkonsistenz-Monitoring zur Verfügung. Nutzen Sie die Schaltflächen **Schnittstelle** und **Konsistenz**, um zwischen den beiden Monitoring-Arten zu navigieren. Das Work Center erreichen Sie im SAP Solution Manager Launchpad über den Pfad **Betrieb von Geschäftsprozessen • Datenkonsistenzmanagement**.

11.6.2 Konsistenzprüfungen

Im Rahmen der Konsistenzprüfung bietet Ihnen die Datenkonsistenzverwaltung folgende Werkzeuge:

- datenbankübergreifender Vergleich
- interner Datenbankvergleich
- Einplanung für Verifikation von Konsistenzprüfungsauswertung
- geführter Self-Service zum Datenkonsistenzmanagement

11 Fachlicher Betrieb

- Data Consistency Toolbox (klassisch)
- Datenqualität

Nutzen Sie die bereitgestellten Werkzeuge, um Ihre Datenkonsistenz zu erhalten.

Datenbankübergreifender Vergleich

Mit dem *datenbankübergreifenden Vergleich* stellen Sie Datenbanken einander gegenüber und untersuchen diese hinsichtlich der Konsistenz ihrer Daten. Daten, die logisch gleich sind, aber auf verschiedenen Systemen unterschiedliche Ausprägungen besitzen, müssen dennoch konsistent sein. Das können Sie mithilfe des datenbankübergreifenden Vergleichs überprüfen, indem Sie das Quellsystem mit dem Zielsystem abgleichen (siehe Abbildung 11.47). Sie analysieren dabei, ob z. B. die Aktualisierung der Daten erfolgreich vom Quell- an das Zielsystem weitergegeben wurde. Hierbei ist es egal, ob sich die verglichenen Datenquellen in unterschiedlichen Systemen oder im gleichen System befinden.

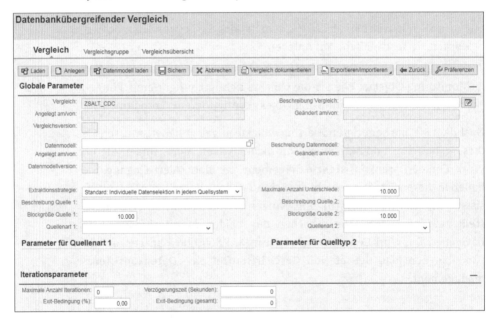

Abbildung 11.47 Datenbankübergreifender Vergleich

Eine große Stärke dieser Anwendung ist, dass Sie viele verschiedene Systeme miteinander vergleichen können. Sie können bspw. die Datenquellen eines SAP-ERP-Systems mit den Datenquellen eines SAP-CRM-Systems abgleichen. Aber Sie sind nicht nur auf SAP-Systeme beschränkt. Der Vergleich von SAP- und Nicht-SAP-Systemen ist ebenfalls möglich. Da der datenbankübergreifende Vergleich generisch ist, können Sie ABAP-Systeme ebenso wie Nicht-ABAP-Systeme auf Ihre Datenkonsistenz hin überprüfen.

11.6 Datenkonsistenzmanagement

> **Weitere Informationen zum datenbankübergreifenden Vergleich**
>
> Ausführliche Informationen und eine Anleitung zu diesem Thema finden Sie unter *https://help.sap.com/solutionmanager*. Rufen Sie hier den Pfad **Application Help (German)** • **Betrieb von Geschäftsprozessen** • **Datenkonsistenzmanagement** auf.

Interner Datenbankvergleich

Den internen Datenbankvergleich verwenden Sie, um Datenquellen innerhalb eines SAP-Systems zu vergleichen. Ein Beispiel hierfür ist der Vergleich von zwei Tabellen, die sich im gleichen System befinden. Sie gleichen die Einträge hinsichtlich eventueller Fehler bzw. Inkonsistenzen ab. Den internen Datenbankvergleich erreichen Sie auf zwei verschiedenen Wegen: entweder direkt über eine eigene Applikation oder über den datenbankübergreifenden Vergleich. Zur eigenständigen Anwendung gelangen Sie, indem Sie in der Applikation **Betrieb von Geschäftsprozessen** • **Datenkonsistenzmanagement** den Link **interner Datenbankvergleich** auswählen. Möchten Sie aber komplexere Datenmodelle definieren, empfehlen wir Ihnen den Aufruf über den datenbankübergreifenden Vergleich. Wählen hierzu in der Applikation des datenbankübergreifenden Vergleichs einfach die Extraktionsstrategie **Vergleich in einem System ausführen**.

Verifikation von Konsistenzprüfungsauswertung

Nutzen Sie die *Einplanung für Verifikation von Konsistenzprüfungsauswertung*, um sich einen Überblick über die eingeplanten Analysen zu verschaffen. Dieses Werkzeug zeigt Ihnen alle eingeplanten und ausgeführten Programme an. Sie erhalten Informationen über die Programmbezeichnung und den Ausführungszeitpunkt. Außerdem können Sie der Auflistung weitere Einplanungsinformationen entnehmen. Die Informationen der Konsistenzprüfungsauswertungen erhalten Sie wie folgt:

1. Rufen Sie im SAP Solution Manager Launchpad die Applikation **Betrieb von Geschäftsprozessen** • **Datenkonsistenzmanagement** auf.
2. Öffnen Sie im Bereich **Konsistenzprüfungen** die **Einplanung für Verifikation von Konsistenzprüfungsauswertung**.
3. Wählen Sie nun das richtige **Produkt** (z. B. SAP ERP oder SAP CRM) und die entsprechende **RFC-Verbindung** aus (siehe Abbildung 11.48). Klicken Sie abschließend zum Ausführen auf das Uhrsymbol ( ).

Abbildung 11.48 Einplanung für Verifikation von Konsistenzprüfungsauswertung

11 Fachlicher Betrieb

Geführter Self-Service

Bei der Erhaltung Ihrer Datenkonsistenz hilft Ihnen auch der *geführte Self-Service* (GSS) zum Datenkonsistenzmanagement. Sie können mithilfe dieses Tools herausfinden, welche Werkzeuge Sie am besten für Ihr aktuelles Szenario einsetzen sollten. Der geführte Self-Service arbeitet mit Sitzungen, sodass Sie Ihre Bearbeitung jederzeit unterbrechen und zu einem späteren Zeitpunkt wieder aufnehmen können. Beginnen Sie die Bearbeitung mit der Auswahl des richtigen Ereignisses. Abhängig vom ausgewählten Ereignis müssen Sie nun die Objekte (z. B. Geschäftsprozesse oder Systeme), für die Sie die Datenkonsistenz überprüfen möchten, definieren. Anschließend werden Ihnen die ermittelten Werkzeuge vorgeschlagen, und Sie können diese anschließend ausführen. Nachdem Sie noch eine Auswertung erstellt haben, können Sie den Prozess mit der Anlage von Folgeaktivitäten abschließen. Die detaillierte Vorgehensweise können Sie der Guided Procedure dieser Anwendung in Abbildung 11.49 entnehmen.

Abbildung 11.49 Geführter Self-Service Datenkonsistenzmanagement

> [»] **Data Consistency Toolbox (klassisch)**
> Auch die *Data Consistency Toolbox* dient der Ermittlung von Werkzeugen zur Erhaltung der Datenkonsistenz. Ab dem SAP Solution Manager 7.1 SP12 wurden die Funktionen vom GSS Datenkonsistenzmanagement übernommen. Die Data Consistency Toolbox ist aber weiterhin verfügbar.

Datenqualität

Unter der Bezeichnung *Datenqualität* ermöglicht das Datenkonsistenzmanagement eine Integration mit dem *SAP Information Steward*. Mit diesem lizenzpflichtigen Tool können Sie die Datenqualität Ihrer Daten analysieren. Sie arbeiten in diesem Umfeld mit definierbaren Geschäftsregeln. Nähere Informationen zum SAP Information Steward finden Sie unter *http://help.sap.com/bois*.

> **Service aktivieren**
>
> Um das Werkzeug Datenqualität im Rahmen der Konsistenzprüfung verwenden zu können, müssen Sie den Service WDA_AGS_DCM_IS_INTEGRATION aktivieren. Über Transaktion SICF erhalten Sie Zugriff auf die **Pflege der Services**.

11.6.3 Analysewerkzeuge

Während die Konsistenzprüfung Sie dabei unterstützt, die Datenkonsistenz zu erhalten, dienen die Analysewerkzeuge der Aufdeckung von Ursachen vorhandener Inkonsistenzen. Folgende Werkzeuge unterstützen Sie bei der Suche nach Gründen von Dateninkonsistenzen:

Ursachen analysieren

- GSS: Datenkonsistenzmanagement (siehe Abschnitt 11.6.2)
- Prüfung der transaktionalen Korrektheit
- Geschäftsprozess-Vollständigkeitsprüfung

Damit die Datenkonsistenz gewährleistet werden kann, ist es unabdingbar, das Prinzip der *transaktionalen Korrektheit* (alternativ *transaktionale Sicherheit*) einzuhalten. Das gleichnamige Werkzeug unterstützt Sie bei dieser Aufgabe. Gerade wenn von mehreren Programmen die gleichen Daten aufgerufen bzw. aktualisiert werden, können Verletzungen der Datensicherheit auftreten. Mithilfe der transaktionalen Korrektheit können Sie prüfen, ob die transaktionale Sicherheit Ihrer ABAP-Programme gewährleistet ist. Sie sollten eine solche Prüfung nach jedem Systemausfall oder Ähnlichem durchführen.

Transaktionale Korrektheit

Die Überprüfung und Auswertung der transaktionalen Sicherheit können Sie entweder direkt auf dem verwalteten System oder zentral über den SAP Solution Manager durchführen. Im Folgenden wird die Vorgehensweise für die Überprüfung über den SAP Solution Manager kurz beschrieben:

1. Rufen Sie die Prüfung der transaktionalen Korrektheit über die gleichnamige Kachel im SAP Solution Manager Launchpad auf.
2. Geben Sie im Schritt **Traces starten/stoppen** die **RFC-Destination** des verwalteten Systems und den **Benutzer**, der das zu überprüfende Programm ausführt, an.
3. Starten bzw. stoppen Sie anschließend den Trace über die Schaltflächen **Trace starten** und **Trace stoppen** (siehe Abbildung 11.50).
4. In Schritt 2 können Sie die **Trace-Einschränkungen** wie **RFC-Destination**, **Benutzername** oder **Datum** erfassen. Außerdem können Sie im Bereich **Daten für Auswertung** explizit Tabellen von der Trace-Auswertung ausschließen.

Abbildung 11.50 Transaktionale Korrektheit: Schritt 1

5. Im letzten Schritt erhalten Sie die Ergebnisse der Strukturprüfungen. Das Ergebnis der Commit-Strukturprüfung können Sie auf der Registerkarte **Struktur bestätigen (COMMIT)** einsehen (siehe Abbildung 11.51). Die Registerkarte **Enqueues** liefert Ihnen die Resultate der Enqueu-/Dequeue-Strukturprüfung.

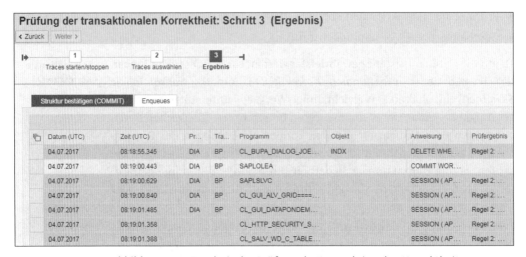

Abbildung 11.51 Ergebnis der Prüfung der transaktionalen Korrektheit

Weitere Informationen zur transaktionalen Korrektheit sowie zur Vorgehensweise bei der Überprüfung direkt auf dem verwalteten System finden Sie unter *https://help.sap.com/solutionmanager* im Bereich **Application Help (German)** • **Betrieb von Geschäftsprozessen** • **Datenkonsistenzmanagement** • **Transaktionale Sicherheit**.

> **ACID-Prinzip**
>
> Die Basis des Werkzeugs zur Prüfung der transaktionalen Korrektheit bildet das sogenannte *ACID-Prinzip*. Dieses besagt, dass die Eigenschaften Atomarität, Konsistenz, Isolation und Dauerhaftigkeit geprüft werden, die als Voraussetzung für verlässliche Systeme dienen.

Mithilfe der *Geschäftsprozess-Vollständigkeitsprüfung* können Sie kritische Teilprozesse Ihrer Geschäftsprozesse überwachen. Das ist wichtig, da Sie bis hin zur Ebene des Prozessschritts genau sagen können, ob alles erfolgreich ausgeführt wurde. Sie prüfen aber auch, ob die Prozessschritte in der richtigen Reihenfolge ausgeführt und alle Business-Objekte richtig erstellt oder geändert wurden. Dabei ist es egal, ob der Geschäftsprozess sich nur auf ein System beschränkt oder ob die Prozessschritte in vielen verschiedenen Systemen durchlaufen werden. Im Fehlerfall können Sie die einzelnen Prozessschritte direkt analysieren.

Geschäftsprozess-Vollständigkeitsprüfung

Damit Sie die Geschäftsprozess-Vollständigkeitsprüfung nutzen können, müssen Sie die Ausnahmenverwaltung konfiguriert haben. In Abschnitt 10.7 erhalten Sie hierzu ausführliche Informationen.

Voraussetzung

Für den Aufruf der Geschäftsprozess-Vollständigkeitsprüfung gibt es verschiedene Möglichkeiten:

Aufruf

- über die Applikation **Geschäftsprozess-Vollständigkeitsprüfung** im SAP Solution Manager Launchpad
- über das Work Center **Datenkonsistenzmanagement** im Bereich **Analysewerkzeuge**
- über die Anwendung **Ausnahmenverwaltung** des Bereichs **Ursachenanalyse** im SAP Solution Manager Launchpad

---

Weitere Informationen zur Geschäftsprozess-Vollständigkeitsprüfung

Weitere Informationen zur Nutzung und Einrichtung der Geschäftsprozess-Vollständigkeitsprüfung finden Sie unter *https://help.sap.com/solutionmanager* im Bereich **Application Help (German)** • **Application Operations** • **Ursachenanalyse und Ausnahmenverwaltung** • **Ausnahmenverwaltung** • **Geschäftsprozess-Vollständigkeitsprüfung**.

[»]

11.7 Performanceoptimierung für Geschäftsprozesse

Die Performance von Geschäftsprozessen ist für den erfolgreichen Betrieb einer SAP-Lösung unerlässlich. Neben den funktionalen Punkten, der einfachen Bedienung, dem Datenschutz und der Sicherheit ist die Performance das zentrale Kriterium. Meist ist es die Systemantwortzeit pro Nutzeraktion oder die Laufzeit eines kritischen Hintergrundjobs, die in diesem Bereich aussagekräftig ist.

Bedeutung der Geschäftsprozessperformance

Für Anwender spielt die Geschäftsprozessperformance eine besondere Rolle, da diese direkt spürbar ist. Oft verschlechtert sich die Performance erst im Laufe der Zeit und wird nicht direkt von einer Systemüberwachung erkannt. Wichtig ist es hier, die entsprechenden kritischen Geschäftsprozesse zu überwachen, sodass bei schlechter werdenden Benutzerantwortzeiten die notwendigen Gegenmaßnahmen ergriffen werden können. Wenn Performanceengpässe auftreten, müssen Sie zuerst die Ursache der schlechten Antwortzeiten analysieren. Hier bietet Ihnen der SAP Solution Manager verschiedene Funktionen und Dashboards an. Eine der Funktionen zur Analyse ist die Ursachenanalyse (siehe Abschnitt 10.11).

Self-Service für die Performanceoptimierung

Um Ihnen im konkreten Fall Hilfestellung geben zu können, bietet SAP einen Self-Service für die Performanceoptimierung an. Weitere Informationen zu den Guided Self Services (GSS) finden Sie unter folgender URL: *http://s-prs.de/v561555*. Wenn Sie diesen Service von SAP beziehen, können Sie gemeinsam mit SAP versuchen, die Komplexität Ihrer Geschäftsprozesse zu verringern und die Performance spürbar zu erhöhen. Eine wichtige Voraussetzung hierfür ist, dass die Geschäftsprozesse im SAP Solution Manager bereits dokumentiert sind. Wie Sie Geschäftsprozesse dokumentieren, erfahren Sie in Kapitel 4, »Prozessmanagement«.

11.8 Anwendungsbeispiel: IDoc-Monitoring

Der in der Praxis wohl am häufigsten vorkommende Fall im Bereich des fachlichen Betriebs ist das klassische Echtzeit-IDoc-Monitoring mithilfe des Geschäftsprozess-Monitorings. Hierbei soll im Standardfall die Verarbeitung ein oder mehrerer IDoc-Typen geprüft werden. Wird für IDocs eines bestimmten Typs ein vorher definierter Fehlerstatus ausgegeben, soll eine bestimmte Person oder ein Personenkreis benachrichtigt werden. Diese(r) muss anschließend die korrekte Weiterverarbeitung der jeweiligen IDocs sicherstellen.

Einrichtung

Die grundsätzliche Implementierung dieses Monitorings erweist sich als simpel und kann problemlos anhand der in Abschnitt 11.3, »Geschäftsprozess-Monitoring«, beschriebenen Grundlagen durchgeführt werden. Erstellen Sie, wie dort geschildert, einen neuen Alert, und wählen Sie den Typ **IDoc (Echtzeit-Monitoring)**. Anschließend müssen Sie angeben, auf welchem System die IDocs überwacht werden sollen. Legen Sie auf der Registerkarte **Schnittstellen** die Detailinformationen bzgl. der Schnittstelle fest, und wechseln Sie auf die Registerkarte **Metrikkonfiguration**. Hier können Sie, wie in Abbildung 11.52 zu sehen, bestimmte Metriken aktivieren und die metrikspezifischen Parameter wie den zu überwachenden Statuscode definieren.

11.8 Anwendungsbeispiel: IDoc-Monitoring

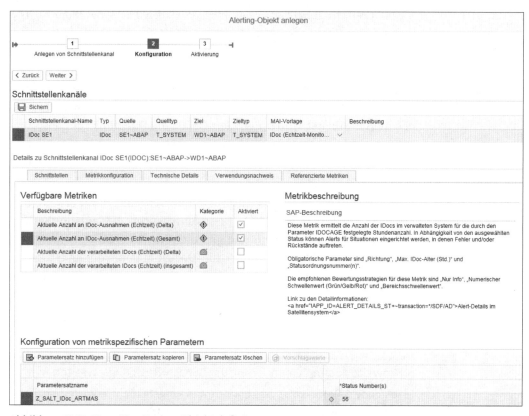

Abbildung 11.52 IDoc-Monitoring-Objekt definieren

Aktivieren Sie in Schritt **3 Aktivierung** anschließend das angelegte Objekt.

Eine häufige Fragestellung ist, wie mit den auftretenden Alerts umzugehen ist. Ein Alert enthält in der Regel nur rudimentäre Information zur reinen Anzahl von IDocs eines bestimmten Typs in einem bestimmten Status.

Qualifizierung von Alerts

> **Meldung über Fehlerstatus**
>
> Sie überwachen IDocs des Typs ARTMAS, die Änderungen an einem Artikelstamm beinhalten. Befinden sich jetzt IDocs des Typs ARTMAS im Fehlerstatus, bekommt der definierte Empfänger eine Meldung, dass eine bestimmte Anzahl von IDocs fehlerhaft sind.
>
> Um diese Fehler zu beheben, sind für den letztendlichen Bearbeiter jedoch weitere Informationen wie die konkreten Nummern der IDocs nötig. Er muss sich am Zielsystem anmelden, eine Selektion in Transaktion BD87 vornehmen und anschließend die Probleme der fehlerhaften IDocs lösen. Die Möglichkeit, dem Alert diese Informationen direkt mitzugeben, ist jedoch aus Performancegründen im Standard von SAP nicht vorgesehen. Das

> kontinuierliche Durchlaufen der Tabellen in den Produktivsystemen ist, gerade bei einer hohen Anzahl vorhandener IDocs, extrem performancelastig.

Absprung aus dem Alert-Eingang

Eine klassische Möglichkeit, die Qualifizierung der fehlerhaften IDocs vorzunehmen ist, mit dem Alert-Eingang zu arbeiten. Dem Administrator, der den Alert bearbeitet, wird in den Alert-Details ein Direktlink zum Absprung auf das verwaltete System zur Verfügung gestellt. Dieser Aufruf beinhaltet alle benötigten Selektionskriterien, um ihm die im Alert bezifferten fehlerhaften IDocs im Detail anzuzeigen.

BAdI-Erweiterung

Eine weitere Option ist das Ausprogrammieren einer BAdI-Erweiterung (BADI_DYN_INCI_NOTIF_MULTIPLE). Diese durchsucht die entsprechenden Tabellen auf dem Zielsystem und gibt die IDoc-Nummern direkt an den Alert zurück. Anschließend können die IDoc-Nummern vom BAdI bspw. in eine E-Mail geschrieben werden, sodass der Empfänger sofort sieht, welche IDocs betroffen sind. Dieser Vorgang ist allerdings, wie bereits beschrieben, sehr performancelastig. Ein Einsatz dieser Variante sollte daher genau bedacht werden.

> **Hinweise zur Implementierung der Benachrichtigungserweiterung**
> Folgende SAP-Hinweise beschreiben das Vorgehen zur Erweiterung der Benachrichtigungen der MAI um die konkreten IDoc-Nummern:
> - 2308527 (How to get IDoc Numbers into BPMon Notification in MAI)
> - 2213698 (Simplified way to enhance BPMon notifications with IDoc numbers and IDoc details)

Kapitel 12
Verwaltung kundeneigener Entwicklungen

Mit dem Custom Code Lifecycle Management im SAP Solution Manager 7.2 können Sie die Kosten für kundeneigene Entwicklungen senken und zugleich die Qualität dieser Entwicklungen erhöhen.

Da der SAP-Standard nicht alle Anforderungen von Kunden abdecken kann, ist es für die Erfüllung bestimmter Anforderungen notwendig, eigene Software zu entwickeln. Genau darin liegt auch der Wettbewerbsvorteil von Unternehmen, die diese Eigenentwicklungen notwendig machen. Während die einen Kunden nur unternehmensspezifische Programme hinzufügen, findet man bei anderen komplett eigenentwickelte Add-ons (auch von Fremdanbietern) in den Systemen. Doch je höher der Anteil an kundeneigenen Entwicklungen ist, desto mehr Aufwand liegt in deren Pflege. Wird bspw. ein Support Package eingespielt oder ein Upgrade eines SAP-Systems vorgenommen, müssen die Eigenentwicklungen manuell überprüft und gegebenenfalls angepasst werden. Oft wird diese Software nicht oder nicht vollständig dokumentiert, und die Qualitätssicherung obliegt dem Kunden selbst. Die Erfahrung zeigt, dass der Überblick über die Anzahl der kundeneigenen Objekte immer häufiger fehlt; gleiches gilt für Informationen darüber, wie und ob ein kundeneigenes Objekt eingesetzt wird.

Mit dem *Custom Code Lifecycle Management* (CCLM) im SAP Solution Manager wird eine Anzahl an Cockpits und Tools bereitgestellt, die dabei helfen, kundeneigene Entwicklungen über den gesamten Softwarelebenszyklus zu verwalten und zu überwachen. So können Sie die kundeneigenen Objekte identifizieren, die Sie tatsächlich benötigen. Damit ist eine volle Kontrolle über den gesamten Lebenszyklus von kundeneigenen Entwicklungen möglich.

Lebenszyklus eigener Software verwalten

Dieses Kapitel befasst sich mit den Möglichkeiten, die der SAP Solution Manager bietet, um kundeneigene Entwicklungen über deren gesamten Lebenszyklus zu verwalten und zu überwachen. Wir stellen die Funktionsweise der einzelnen Tools im Bereich CCM vor und gehen auch speziell auf die Neuerungen in Version 7.2 ein.

[»] **Migration auf den SAP Solution Manager 7.2**
Wenn Sie das Custom Code Lifecycle Management bereits im SAP Solution Manager 7.1 eingerichtet haben und nutzen, wird empfohlen, das Upgrade auf Release 7.2 mindestens mit Support Package Stack (SPS) 12, besser mit SPS14, zu starten. Das Migrationsszenario ist in der SAP-Solution-Manager-Konfiguration (Transaktion SOLMAN_SETUP) im SAP Solution Manager 7.2 integriert.

12.1 Voraussetzungen für die Nutzung des Custom Code Lifecycle Managements

Um die Daten für das CCLM zu sammeln, können Sie das *Usage and Procedure Logging* (UPL) oder den *ABAP Call Monitor* einrichten. Die Unterschiede zwischen diesen beiden Werkzeugen werden im Folgenden beschrieben. Im Anschluss stellen wir die notwendige Grundkonfiguration des CCLM dar.

12.1.1 Usage and Procedure Logging

Mit UPL ist es möglich, alle gerufenen und ausgeführten ABAP-Prozeduren wie ABAP-Programme, Klassen, Methoden und Subroutinen aufzuzeichnen. Eingeschlossen sind auch dynamisch aufgerufene ABAP-Elemente. Dabei müssen bei der Datensammlung keine Performanceeinbußen in Kauf genommen werden.

Architektur   UPL unterstützt alle ABAP-basierten SAP-Systeme. Die Logik für das UPL steckt in den Komponenten SAP_BASIS sowie ST-PI und im SAP-Kernel. Um sie einzusetzen, muss sie aktiviert werden, wie in Abschnitt 12.1.3, »Grundkonfiguration des Custom Code Lifecycle Managements«, beschrieben. Dabei ersetzt UPL nicht die Workload-Statistiken (Transaktion STO3N), sondern liefert zusätzliche Daten und schließt die bestehenden Lücken. Die vollen Reportingmöglichkeiten ergeben sich, indem die gesammelten Daten im SAP Business Warehouse (SAP BW) des SAP Solution Managers mit weiteren Informationen angereichert werden.

Datensammlung   UPL-Daten werden jeden Tag gesammelt und in einer eigenen Persistenzschicht des angebundenen Systems gesichert. Über Funktionen des Housekeepings können diese Daten mittels eines Jobs nach 14 Tagen (so die Standardeinstellung) aufgeräumt werden. Falls die Aktivierung des UPL über den SAP Solution Manager erfolgt ist, werden die Daten für eine unbegrenzte Zeit in einem UPL-InfoCube im SAP-BW-System des SAP Solution Managers vorgehalten und können für verschiedene Zeitspannen aggregiert werden.

12.1.2 ABAP Call Monitor

Der Einsatzbereich des ABAP Call Monitors (Transaktionscode SCMON) ist die Überwachung der Ausführung von ABAP-Code in einem SAP-System (wie der Aufruf von Methoden, Funktionsbausteinen etc.). Im Vergleich zu UPL besteht der Vorteil darin, dass nicht nur Daten zu den aufgerufenen ABAP-Prozeduren, sondern auch Informationen zum aufrufenden Geschäftsprozess gesammelt werden. Somit kann der ABAP Call Monitor als umfangreicherer Nachfolger von UPL gesehen werden und dieses Werkzeug ersetzen. Auch bei Verwendung der Transaktion SCMON wird die Systemleistung nicht beeinflusst.

Geschäftsprozesskontext

Die Aktivierung des ABAP Call Monitors kann für mehrere Systeme zentral über den SAP Solution Manager 7.2 erfolgen. Der SAP Solution Manager sammelt die Daten für ein angebundenes System entweder von UPL oder dem ABAP Call Monitor. Er kann auch die SCMON-Daten in das integrierte SAP-BW-System extrahieren.

Bereitstellung

Verfügbarkeit des ABAP Call Monitors
Transaktion SCMON ist ab SAP NetWeaver 7.50 standardmäßig bzw. für SAP NetWeaver >=7.00 über das Add-on ST-PI verfügbar.

12.1.3 Grundkonfiguration des Custom Code Lifecycle Managements

Das CCLM kann in zwei Schritten eingerichtet werden. Zunächst wird über die Grundkonfiguration die Bibliothek definiert, d. h. eine Sammlung aller Kundenobjekte und gegebenenfalls der Beziehungen zwischen diesen Objekten. Außerdem werden die Extraktoren- und Sammeljobs gestartet. Dies beschreiben wir im Folgenden. In einem zweiten Schritt werden die Daten gepflegt und die Objekte im CCLM verarbeitet. Diesen Schritt beschreiben wir in Abschnitt 12.2, »Funktionen des Custom Code Lifecycle Managements«.

Konfigurationsschritte

Konfigurieren Sie in der **SAP-Solution-Manager-Konfiguration** das Szenario **Verwaltung kundeneigener Entwicklungen**, um das CCLM einzurichten. Abbildung 12.1 zeigt die dafür bereitgestellte Guided Procedure. Jeder Konfigurationsschritt und jede Konfigurationsaktivität wird über den Hilfetext oder die verknüpfte Dokumentation detailliert beschrieben. Meistens finden Sie hier auch eine Schritt-für-Schritt-Anleitung, die Ihnen das genaue Vorgehen zur Durchführung der entsprechenden Konfiguration beschreibt.

Abbildung 12.1 Grundkonfiguration des Custom Code Lifecycle Managements

Überblick der kundeneigenen Objekte

Nach der Einrichtung des CCLM steht Ihnen zentral im SAP Solution Manager ein Überblick der kundeneigenen Objekte in den angeschlossenen SAP-Systemen zur Verfügung. Mithilfe dieses Überblicks können Sie die Analysen zur Verwendung Ihrer kundeneigenen Objekte und zur Evaluierung der Qualität vornehmen. Auch eine Stilllegung von kundeneigenen Entwicklungen ist möglich (siehe Abschnitt 12.2.3, »Stilllegungs-Cockpit«).

Schritt 1: Vorbereitung des verwalteten System

In diesem ersten Schritt führen Sie mehrere vorausgesetzte Aktivitäten durch. Dabei wird grundlegend die technische SAP-BW-Infrastruktur für das CCLM-Szenario vorbereitet.

Schritt 2: Einstellungen für periodische Aufgaben

UPL-SCMON-Einstellungen

Um zu definieren, wie lange Auswertungs- und Analysedaten im lokalen SAP-BW-System des SAP Solution Managers gehalten werden sollen, können Sie in diesem optionalen Schritt für jeden BW-InfoCube die maximale Anzahl an Monaten angeben. In den **UPL-SCMON-Einstellungen** werden Ihnen die Systeme mit der entsprechenden Umgebung angezeigt. Dabei kann die Anzeige **Umgebung nicht bestimmt**, **UPL-basiert auf ST-PI** oder **UPL-basiert auf SCMON** lauten. Daneben wird der jeweilige Status der Umgebung angegeben. In Abbildung 12.2 sehen Sie ein Beispiel, bei dem die Umgebung auf **UPL-basiert auf SCMON** eingestellt wurde.

> **UPL-SCMON-Einstellungen**
>
> Ab SAP Solution Manager 7.2 SPS05 wird dieser Schritt in ein neues Szenario *Verwendungsprotokollierung* ausgelagert und ist nicht mehr Bestandteil der CCLM-Grundkonfiguration.

12.1 Voraussetzungen für die Nutzung des Custom Code Lifecycle Managements

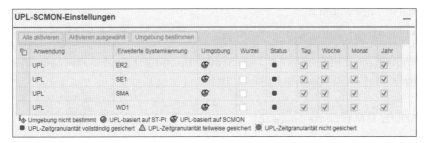

Abbildung 12.2 UPL-SCMON-Einstellungen

Schritt 3: Vorlagenbenutzer anlegen

In diesem optionalen Schritt werden die in Tabelle 12.1 aufgeführten Standardvorlagenbenutzer im BW-System/-Mandant angelegt bzw. aktualisiert. Auch die entsprechenden Berechtigungsrollen werden zugeordnet. Der Platzhalter <SID> steht dabei für die System-ID Ihres SAP-Solution-Manager-Systems.

Benutzername	Beschreibung
CC_DIS_<SID>	Anzeigebenutzer für das Custom Code Lifecycle Management
CC_ADM_<SID>	Administrator für das Custom Code Lifecycle Management

Tabelle 12.1 Vorlagenbenutzer für das Custom Code Lifecycle Management

> **[«] Produktivsystem**
> Sollte der SAP Solution Manager als Produktivsystem als Systemrolle eingestellt sein, können dort keine Berechtigungsrollen angelegt oder aktualisiert werden. Diese Berechtigungsrollen müssen dann erst in einem Entwicklungssystem erstellt und anschließend in das Produktivsystem transportiert werden.

Schritt 4: Umfangauswahl

Sie wählen in diesem manuellen Schritt die verwalteten Systeme, die Sie für das CCLM konfigurieren möchten. In der Übersicht werden Ihnen die Systeme angezeigt, die über RFC-Verbindungen an den SAP Solution Manager angeschlossen sind. Je System werden die folgenden Status angezeigt:

- RFC-Status
- Status der automatischen Konfiguration

Analysierte Systeme

- DBA-Cockpit-Status
- Status der Vorbereitungsprüfung

Wählen Sie mindestens ein System aus, um mit der Guided Procedure für das CCLM weitermachen zu können.

Schritt 5: Mandantenauswahl

Hier müssen Sie pro System einen Mandanten für bestimmte Aktivitäten wie das Abrufen von Statusinformationen oder das Einplanen von Extraktoren und Hintergrundjobs auswählen.

Schritt 6: Infrastruktur konfigurieren

Für die Vorbereitung der technischen Infrastruktur der Datenextraktoren führen Sie in diesem Schritt verschiedene Aktivitäten aus. Neben der Prüfung, ob die notwendigen SAP-Hinweise in den ausgewählten verwalteten Systemen implementiert sind, werden auch alle erforderlichen Analysejobs, Extraktoren und Kollektoren für die Datensammlung eingeplant.

Schritt 7: Abgeschlossen

Im letzten Schritt der Konfiguration können Sie in einer übersichtlichen Zusammenfassung alle durchgeführten Aktivitäten prüfen.

12.2 Funktionen des Custom Code Lifecycle Managements

Neben dem Bedarf, kundeneigene Objekte über deren Lebenszyklus hinweg zu verwalten, möchten Sie sich als SAP-Kunden vielleicht zunächst auch erst einmal einen Überblick über die kundeneigenen Objekte in den bereits seit vielen Jahren existierenden SAP-Systemlandschaften verschaffen. Oft stellt sich die Frage, ob und welche kundeneigenen Objekte überhaupt noch produktiv genutzt werden. Die Antwort auf diese Frage bringt auch diejenigen Eigenentwicklungen zu Tage, die nicht mehr benötigt und stillgelegt werden können. Damit kann die Anzahl der kundeneigenen Objekte minimiert werden, was sich positiv auf Ihre Kosten auswirkt. Wenn nicht bekannt ist, ob kundeneigene Objekte überhaupt genutzt werden, müssen diese trotzdem gewartet, bei einem Release-Wechsel angepasst und getestet werden. Zusätzlich müssen diese Eigenentwicklungen auch funktional erweitert werden. Von SAP ausgelieferte Innovationen bleiben dabei ungenutzt. Mit dem CCLM können Sie sich dagegen auf die wirklich notwendigen kundeneigenen Objekte fokussieren.

Der SAP Solution Manager unterstützt Sie dabei, nicht mehr verwendete Objekte aus den SAP-Systemen zu entfernen. Dabei empfiehlt es sich, nach den vier Phasen des Stilllegungsprozesses, die in Abbildung 12.3 dargestellt sind, vorzugehen. Oft wird in Anlehnung an den englischen Begriff *Decommissioning* neben Stilllegung auch von *Dekommissionieren* gesprochen. Die Analyse im Rahmen des CCLM sammelt die Nutzungsdaten aus den SAP-Systemen. Da es vorkommen kann, dass wichtige kundeneigene Objekte – auch wenn sie nur selten aufgerufen werden (z. B. im Rahmen des Geschäftsjahresabschlusses) – nicht voreilig entfernt werden dürfen, sollte immer eine gewisse Verweilzeit sichergestellt werden.

Nicht verwendete Objekte entfernen

Verweilzeit

Als ideale Zeitspanne für den Verbleib der gesammelten und analysierten Daten haben sich 13 Monate bewährt. So berücksichtigen die Analysen ein volles Jahr inklusive eines Geschäftsjahresabschlusses. Sollten Sie dennoch unsicher sein, empfehlen wir die für eine Stilllegung identifizierten Objekte nicht gleich zu löschen, sondern zunächst in einen neuen, eigenen Namensraum zu überführen. So kann ein Objekt bei Bedarf schnell wieder produktiv gesetzt werden.

Abbildung 12.3 Stilllegungsprozess

Die Applikationen für die Verwaltung von kundeneigenen Entwicklungen finden Sie im SAP Solution Manager Launchpad in einem eigenen Bereich (siehe Abbildung 12.4).

Applikationen

Abbildung 12.4 Bereich »Verwaltung kundeneigener Entwicklungen« im SAP Solution Manager Launchpad

Sie können das Work Center für die Verwaltung kundeneigener Entwicklungen über eine entsprechende Kachel starten. Über die Applikation **Stilllegen kundeneigener Entwicklungen** gelangen Sie in das Stilllegungs-Cockpit. Die Verwendungsinformationen und das Infrastruktur-Cockpit rufen Sie über die Applikation **Verwendungsdaten UPL und SCMON** auf. Mit dem Dashboard **Kundeneigene Entwicklungen** werden Scorecards mit Kennzahlen angezeigt. In die Guided Procedure für die Einrichtung, die wir in Abschnitt 12.1.3, »Grundkonfiguration des Custom Code Lifecycle Managements«, beschrieben haben, gelangen Sie über die Applikation **Konfiguration**.

12.2.1 Work Center »Verwaltung kundeneigener Entwicklungen«

Nach Aufruf der Kachel **Verwaltung kundeneigener Entwicklungen Work Center** gelangen Sie in den Bereich **Übersicht** (siehe Abbildung 12.5). Im oberen Bildschirmabschnitt sehen Sie die kumulierte Anzahl der kundeneigenen Entwicklungen; in diesem Beispiel mit der Information, dass diese Zahl ansteigend ist (Pfeildarstellung nach oben). Daneben wird die Anzahl der Modifikationen und der Erweiterungen angezeigt. Beide sind hier gleichbleibend (Pfeil nach rechts).

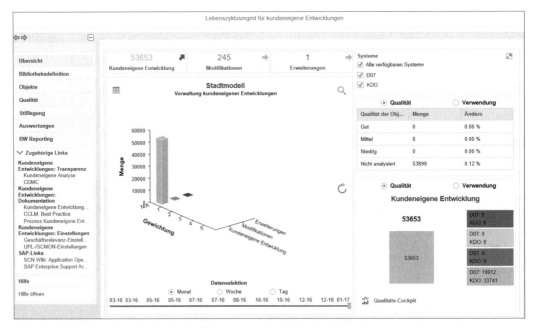

Abbildung 12.5 Übersicht im Work Center »Verwaltung kundeneigener Entwicklungen«

Darunter finden Sie das sogenannte *Stadtmodell* – ein Diagramm, das den größten Bildbereich vereinnahmt. In dieser 3D-Ansicht wird der aktuelle Stand der kundeneigenen Entwicklungen in den ausgewählten Systemen veranschaulicht. Diese Ansicht wird aus den BW-InfoCubes gespeist, die mithilfe der Datenkollektoren befüllt werden. Die Einrichtung der Datenextraktoren wird, wie in Abschnitt 12.1.3 beschrieben, in Schritt 6 der Grundkonfiguration vorgenommen.

Stadtmodell

Das Stadtmodell setzt sich aus den Dimensionen *Schweregrad*, *Menge* und *Gewichtung* zusammen. Der Schweregrad gibt dabei den Grad der Abweichung der Eigenentwicklungen vom SAP-Standard an:

Schweregrad

- Eine *kundeneigene Entwicklung* ist ein Objekt, das unabhängig vom SAP-Standard selbst entwickelt wurde.
- Eine *Modifikation* ist ein abgeändertes SAP-Objekt.
- Bei einer Eigenentwicklungen kann es sich z. B. um eine *Erweiterung* handeln, die freigegebene Schnittstellen und Frameworks verbindet.

Die Menge gibt die Anzahl der Objekte eines Schweregrads in den ausgewählten Systemen an. Dabei erfolgt die Gewichtung anhand von Gewichtungszuordnungen, die Sie in den Geschäftsrelevanz-Einstellungen vornehmen müssen. Dieses Fenster können Sie über das Work Center starten. Klicken Sie dazu auf der linken Seite unten in Abbildung 12.5 im Bereich **Zugehörige Links** auf den Link **Geschäftsrelevanz-Einstellungen**. Sie können Werte von einer geringen (1) bis hin zu einer hohen Gewichtung (5) definieren. Mit der **Datenselektion** im unteren Bildabschnitt können Sie sich bestimmte Historienwerte anzeigen lassen.

Menge und Gewichtung

Im rechten Bildabschnitt werden die untersuchten Systeme aufgelistet, die Sie auch einzeln auswählen können. Darunter finden Sie Informationen zur **Qualität**. Diese Sicht stellt eine Tabelle mit der Qualität und Anzahl der Objekte in dem ausgewählten System dar. Darunter finden Sie linksseitig ein Balkendiagramm mit der Gesamtanzahl der kundeneigenen Entwicklungen. Rechts davon wird je nach Qualität die Anzahl der Objekte farbig markiert. Rot steht dabei für eine niedrige, gelb für eine mittlere und grün für eine gute Qualität, grau steht für »nicht analysiert«. Über einen Klick auf die Anzahl der gefundenen Objekte eines Schweregrads können Sie genaue Informationen aufrufen.

Systemübersicht

Über den darunterliegenden Link **Qualitäts-Cockpit** können Sie zur Überwachung von Qualitätsprojekten in den verwalteten Systemen navigieren (siehe Abschnitt 12.2.2). Die Sicht **Verwendung** enthält eine Tabelle mit den verwendeten und nicht verwendeten Objekten.

Bibliotheks-definition

Im linken oberen Bildabschnitt des Work Centers erhalten Sie über die Navigationsleiste Zugriff auf weitere Bereiche, zu denen Sie navigieren können. Für die nötige Transparenz bietet Ihnen die **Bibliotheksdefinition** eine Übersicht kundeneigener Objekte und Attribute sowie deren Beziehungen zueinander. Innerhalb der Bibliotheksdefinition zeigt die Registerkarte **Objekte** die in den angeschlossenen Systemen angelegten Objekte und Objektattribute an (siehe Abbildung 12.6). Die dargestellte Objektsammlung kann nicht geändert werden, Sie können nur zusätzliche Objekte definieren.

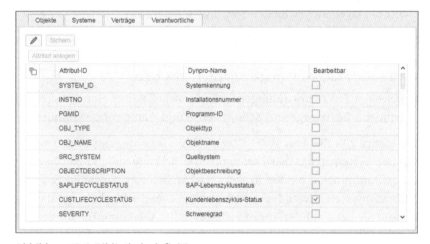

Abbildung 12.6 Bibliotheksdefinition

Daten zu den Systemen, in denen die kundeneigenen Objekte gesammelt werden, werden im Bereich **Systeme** aufgelistet. **Verträge** und **Verantwortliche** für die kundeneigenen Objekte können Sie auf den entsprechenden Registerkarten definieren und zuordnen.

Objekte

Der Bereich **Objekte** zeigt Ihnen die Ergebnisse aller gesammelten kundeneigenen Objekte und ihrer Attribute an (siehe Abbildung 12.7). Im Bildbereich **Anzeigemodus** sehen Sie anhand der objektzentrischen Sicht (**Object Centric**) auf die kundeneigenen Objekte, wie diese in den verschiedenen Systemen existieren. Die systemzentrische Sicht (**Cystem Centric**) zeigt Ihnen dagegen das kundeneigene Objekt, wie es in dem jeweiligen System existiert, also individuell z. B. in einem Produktiv- und in einem Entwicklungssystem.

Die Objekte können Sie im Bildbereich **Objekte filtern nach** nach bestimmten Kriterien, z. B. **Objektname** oder **Angelegt am**, filtern. Im untern Bildabschnitt werden die Objekte in einer Tabelle angezeigt. Über die Schaltfläche **Aktion** können Sie kundeneigene Aktionen ausführen.

12.2 Funktionen des Custom Code Lifecycle Managements

> **Kundeneigene Aktion anlegen**
> Um eine solche kundeneigene Aktion anzulegen, müssen Sie das Business Add-in (BAdI) AGS_CUSTOM_CODE_ACTION implementieren. Nähere Informationen dazu finden Sie im Kapitel »Define customer specific actions on custom code objects« in der von der SAP bereitgestellten Dokumentation zum CCLM unter *http://s-prs.de/v561523*.

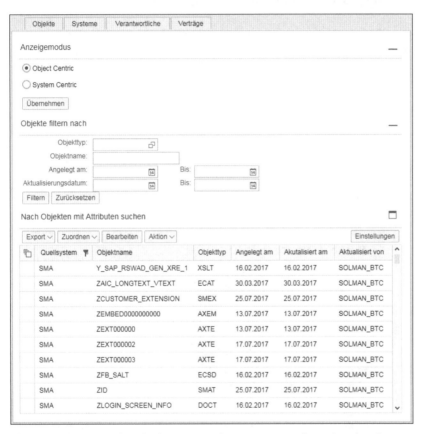

Abbildung 12.7 Bereich »Objekte« im Work Center »Verwaltung kundeneigener Entwicklungen«

12.2.2 Qualitäts-Cockpit

Da Sie für die Qualität Ihrer Entwicklungen selbst verantwortlich sind, empfehlen wir Ihnen, unternehmensweite Richtlinien zu definieren, die beim Anlegen und Anpassen von Objekten befolgt werden sollen. Detaillierte Informationen über die Qualität Ihrer kundeneigenen Objekte bietet Ihnen das Qualitäts-Cockpit, das Sie im Work Center über den Bereich **Qualität**

Qualitätssicherung

aufrufen können (siehe Abbildung 12.8). Auf der Übersicht sehen Sie den aktuellen Projektstatus sowie ein Kreisdiagramm mit der Anzahl der Objekte je Qualitätslevel (Fehler, Warnung, Information oder Objekte ohne Ergebnisse). Die Ergebnisse basieren auf Läufen des *ABAP Test Cockpits* (ATC-Läufe, siehe Abschnitt 12.2.6, »Analyse des kundeneigenen Codes«). Dabei werden die ATC-Läufe in den verwalteten Systemen als Hintergrundjobs eingeplant. Die Extraktoren dafür werden im Rahmen der Grundkonfiguration aktiviert (siehe Abschnitt 12.1.3).

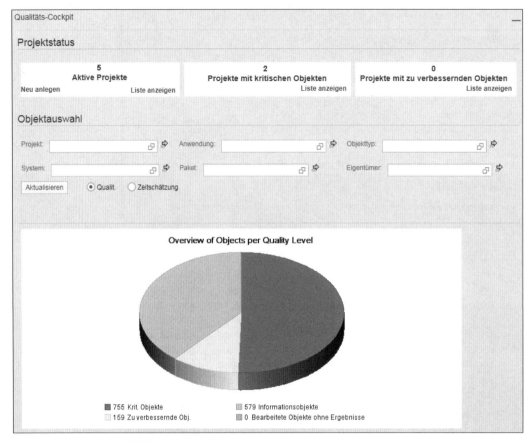

Abbildung 12.8 Qualitäts-Cockpit

Qualitätsprojekt anlegen

Über den Link **Neu anlegen** können Sie ein neues sogenanntes *Qualitätsprojekt* zur Analyse kundeneigener Entwicklungen anlegen. In der daraufhin erscheinenden eingebetteten Sicht werden Sie aufgefordert, Details für das neue Projekt wie Projektname, Projektverantwortliche und Zielschwellenwerte einzugeben (siehe Abbildung 12.9). Sie wählen das zu prüfende Qualitätssicherungssystem und ordnen diesem einen bereits

12.2 Funktionen des Custom Code Lifecycle Managements

angelegten ATC-Lauf und eine -variante zu. Nach einer Objektauswahl planen Sie die Analyse ein und sichern Ihr Projekt über die Schaltfläche **Projekt sichern**.

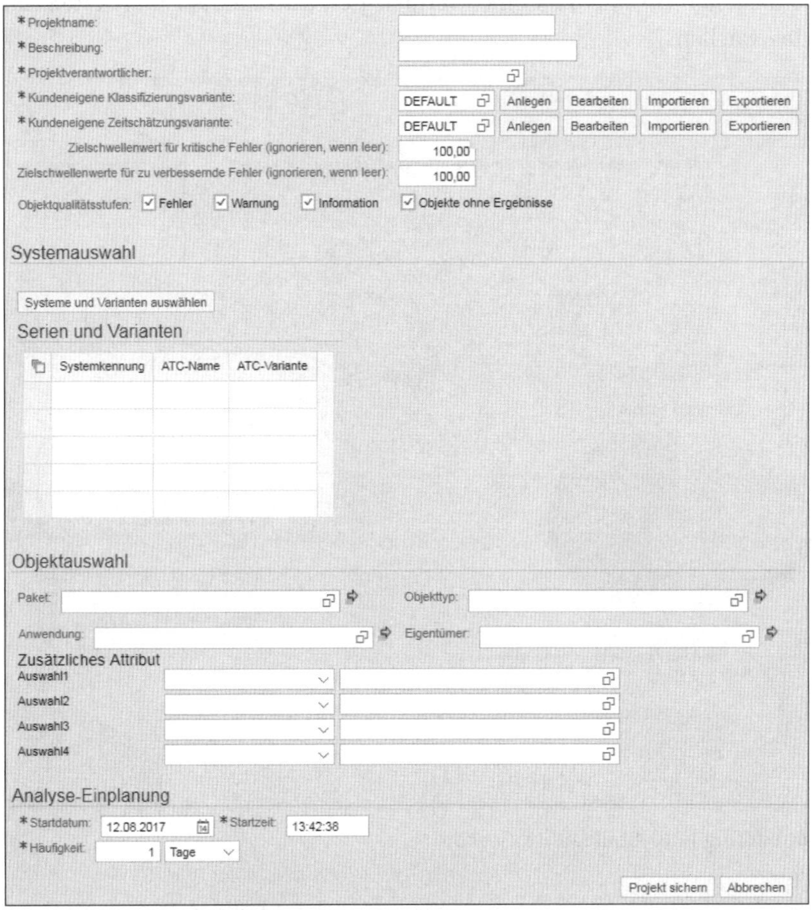

Abbildung 12.9 Neues Qualitätsprojekt anlegen

12.2.3 Stilllegungs-Cockpit

Prinzipiell können Ihre kundeneigenen Objekte im Laufe der Zeit veralten. Mit den von SAP ausgelieferten Hinweisen und Support Packages können bspw. Lücken in der Funktionalität der SAP-Lösungen geschlossen worden sein, für die Sie einst eine Eigenentwicklung benötigt haben.

Mit dem Stilllegungs-Cockpit, das Sie über den Bereich **Stilllegung** im Work Center aufrufen können, erhalten Sie ein Werkzeug für die Verwaltung des Lebenszyklus von Eigenentwicklungen (siehe Abbildung 12.10). Hiermit können veraltete oder redundante kundeneigene Objekte identifiziert und

Stilllegung kundeneigener Objekte

anschließend aus den Systemen entfernt werden. Da ein permanent nicht genutztes Objekt mit hoher Wahrscheinlichkeit ein Kandidat für eine Stilllegung ist, können Sie mithilfe von Analysen und Hintergrundjobs die kundeneigenen Objekte über einen festgelegten Zeitraum auf Aktivitäten hin überwachen.

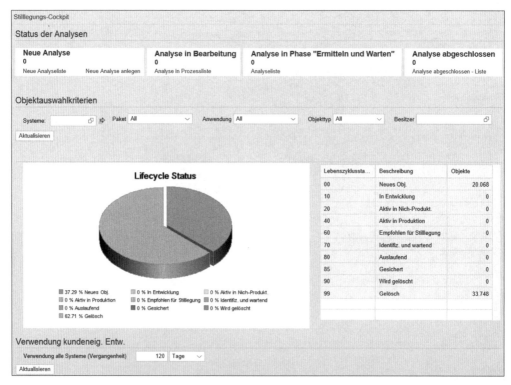

Abbildung 12.10 Stilllegungs-Cockpit

Im oberen Bildbereich finden Sie die **Status der Analysen**. Darunter folgen die **Objektauswahlkriterien**, über die Sie entsprechende Selektionen vornehmen können. Eine grafische Darstellung zeigt Ihnen den Lebenszyklusstatus in einem Kreisdiagramm an. Die in diesem Diagramm dargestellten Daten werden auch in der Tabelle auf der rechten Seite angezeigt (Lebenszyklusstatus, Beschreibung und Anzahl der Objekte). Im unteren Bildbereich können Sie den Zeitraum angeben, für den die Ergebnisse angezeigt werden sollen, und die Ergebnisse anschließend aktualisieren.

Analyse anlegen

Sie können über den Link **Neue Analyse anlegen** eine eingebettete Sicht aufrufen (siehe Abbildung 12.11). Hier geben Sie die grundlegenden Informationen zu Ihrer Analyse ein und nehmen Einstellungen vor. Unter **Generische Daten** geben Sie die **Analyseperiode** und eine **Wartezeit** ein. Wenn nach Abschluss der Analyse ein Objekt innerhalb der Wartezeit verwendet wird, ändert sich dessen Verwendungsstatus dahingehend, dass eine Stilllegung nicht empfohlen wird.

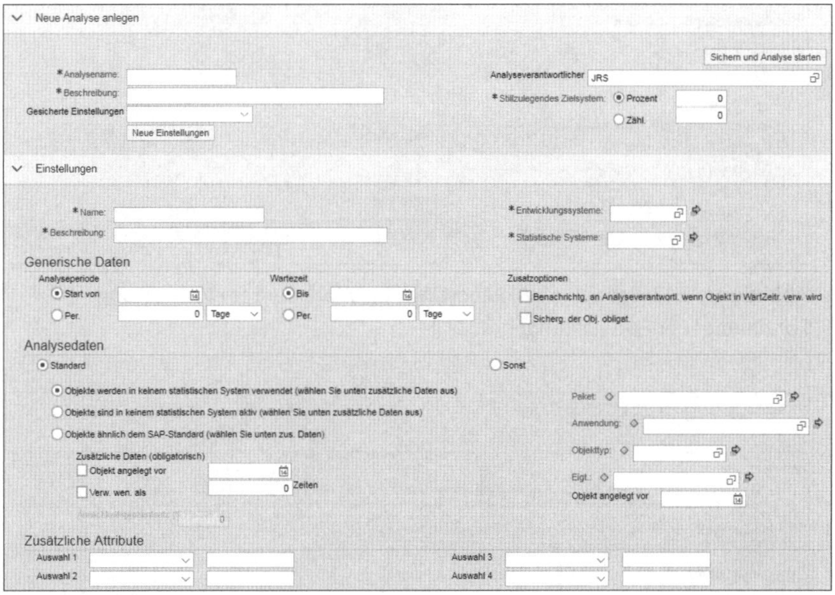

Abbildung 12.11 Neue Stilllegungs-Analyse anlegen

Auf der rechten Seite pflegen Sie die **Entwicklungssysteme** in Ihrer Systemlandschaft und die statistischen Systeme. Letztere sind die Systeme, in denen Sie die Verwendungsstatistiken erstellen möchten, z. B. Produktiv- und Qualitätssicherungssysteme. In den **Analysedaten** geben Sie den Typ der Objekte an, die potenziell als Kandidaten für eine Stilllegung identifiziert werden sollen. Nach Eingabe aller für Sie relevanten Daten klicken Sie oben rechts auf die Schaltfläche **Sichern und Analyse starten**.

12.2.4 SAP-BW-Reporting

Im Bereich **BW-Reporting** stellt Ihnen das SAP-BW-System des SAP Solution Managers einen *BW-InfoCube* (technische Bezeichnung OSM_CCLM) für die Ausführung von periodischen Auswertungen zu den kundeneigenen Objekten bereit. Nach der Konfiguration (siehe Abschnitt 12.1.3) ruft dieser InfoCube die relevanten Daten für das CCLM ab. Mit dem *Extraktor* sichert er diese Daten zu den festgelegten Zeitpunkten.

In Abbildung 12.12 sehen Sie das Einstiegsbild des SAP-BW-Reportings. Wählen Sie den Link **Attribut-Mapping zu CCLM-InfoCube**, um im daraufhin erscheinenden Fenster neue Attribute hinzuzufügen oder zuzuordnen (siehe Abbildung 12.13).

Attribute konfigurieren

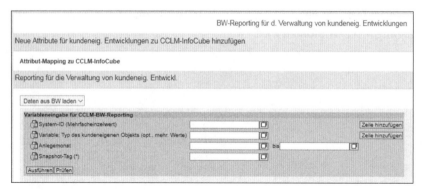

Abbildung 12.12 Bereich »BW-Reporting« im Work Center »Verwaltung kundeneigener Entwicklungen«

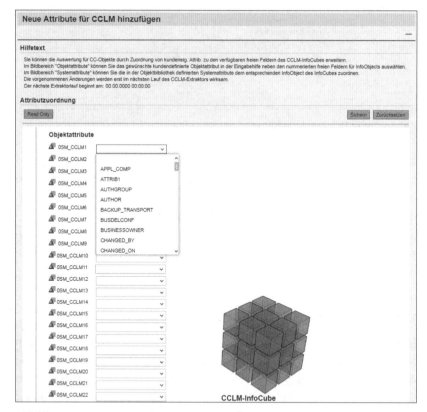

Abbildung 12.13 Neue Attribute hinzufügen

Die Analyse starten Sie über die Schaltfläche **Daten aus BW laden**, mit der Sie zunächst den Report über die Auswahl der Variablen definieren. Dabei muss der **Snapshot-Tag** angegeben werden, der den Tag der letzten CCLM-Datenextraktion angibt (normalerweise läuft dieser täglich).

> **Pflege der Attributdaten**
> Die Pflege der Daten wirkt sich immer auf den nächsten Auswertungslauf aus. In bereits erfolgten Auswertungen können im Nachhinein also keine Daten mehr hinzugefügt oder geändert werden.

Damit haben wir die Möglichkeiten des Work Centers zur Verwaltung kundeneigener Entwicklungen dargestellt. Als Nächstes gehen wir noch auf die in diesem Kontext bereitgestellten Dashboards und auf die Analyse des kundeneigenen Codes ein.

12.2.5 Dashboards für die Verwaltung kundeneigener Entwicklungen

Die Kachel **Kundeneigene Entwicklung Dashboard** (siehe Abbildung 12.4) bietet Ihnen eine Sicht zur Anzeige von *Scorecards*. Mit diesen können Sie Ihre mit der Verwaltung kundeneigener Entwicklungen verbundenen Ziele und deren Fortschritte mithilfe von Key Performance Indicators (KPI) messen. Ein KPI ist eine Kennzahl, die als Zielvorlage dient, um daran den Fortschritt Ihres Projekts zu ermitteln. Sie können die Ziele, die Sie zu einem bestimmten Zeitpunkt erreichen möchten, für eine KPI selbst definieren. In Abbildung 12.14 sehen Sie Beispiele für solche Kennzahlen, die dabei helfen sollen, den Nutzen des CCLM-Projekts für Ihr Unternehmen (*Business Value*) einzuschätzen. Sie werden auf der Registerkarte **GESCHÄFTSWERT** angezeigt.

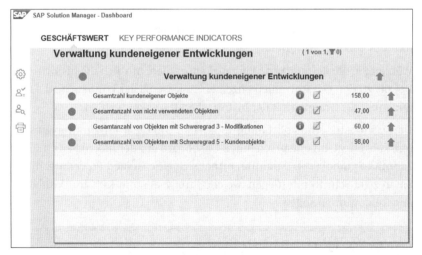

Abbildung 12.14 Registerkarte »Geschäftswert« in den Dashboards

KPIs analysieren Wählen Sie die Registerkarte **KEY PERFORMACE INDICATORS**, um sich alle relevanten Informationen für die KPIs anzeigen zu lassen (siehe Abbildung 12.15). Hier werden der Status und der Trend zu einer KPI sowie das bereits erreichte Ergebnis dargestellt. Darunter finden Sie die wichtigsten Fakten auf einen Blick. Hier werden die beste und schlechteste KPI in Bezug auf das erreichte Ergebnis und die monatliche Verbesserung genannt.

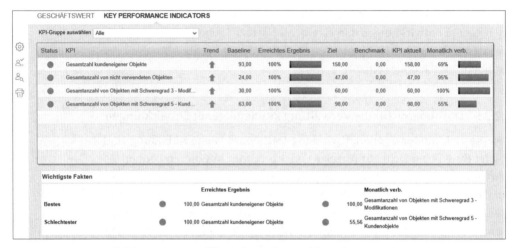

Abbildung 12.15 KPI-Übersicht in den Dashboards

Wählen Sie aus dieser Sicht eine Zeile aus, um in die Schnellansicht für den KPI-Wert zu gelangen (siehe Abbildung 12.16). Anhand von Grafiken werden Ihnen die **Historie der erreichten Ergebnisse**, die **Plan/Ist-Historie**, die **KPI-Wert-Historie** und die **Historie der monatlichen Verbesserungen** jeweils auf einer Zeitachse angezeigt. Den Zielwert und das Zieldatum können Sie im unteren Bereich bestimmen.

Wählen Sie die Registerkarte **Eingabekennzahlen**, um sich die historischen Details zu den Gesamtzahlen anzeigen zu lassen. Hier können Sie die Systeme und die Granularität der historischen Daten auswählen.

Dashboards anpassen Die Dashboards sind vollständig anpassbar. Um die Konfiguration zu starten, klicken Sie im entsprechenden Dashboard auf der linken Seite auf das Zahnrad-Symbol (⚙). Daraufhin öffnet sich eine Guided Procedure, in der Sie in zwei Schritten festlegen, welche Ihrer Ziele und KPIs im Dashboard angezeigt werden sollen.

> **Value Management Dashboards**
>
> Der hier verwendete Begriff *Value Management Dashboard* (VMDB) löst die bisherige Bezeichnung *Interactive Continuous Improvement* (ICI) für solche Dashboards ab.

12.2 Funktionen des Custom Code Lifecycle Managements

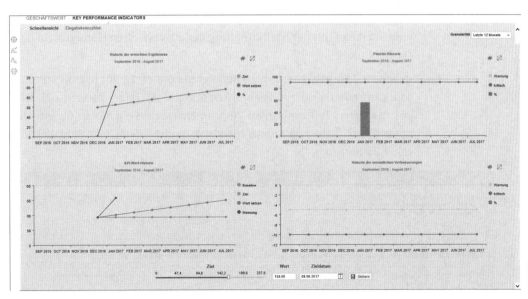

Abbildung 12.16 Schnellansicht einzelner KPIs

Zunächst werden Sie in Schritt **1 Dashboard definieren** dazu aufgefordert, Ihre definierten Ziele, KPIs und Werttreiber festzulegen. Dafür werden Ihnen in einer hierarchischen Struktur die Elemente des aktuellen Dashboards wie Scorecards, KPIs etc. angezeigt (siehe Abbildung 12.17).

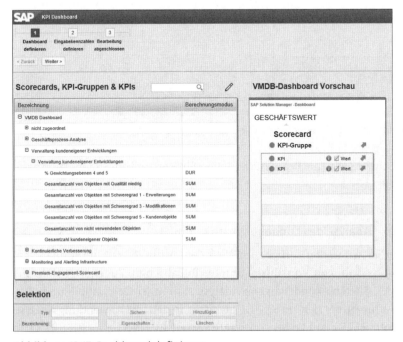

Abbildung 12.17 Dashboard definieren

Nach der Auswahl eines Elements erhalten Sie im rechten Bildabschnitt eine Vorschau mit der Positionierung des ausgewählten Elements auf dem Dashboard.

In Schritt **2 Eingabekennzahlen definieren** können Sie für jede KPI die Eingabekennzahl definieren (siehe Abbildung 12.18). Dabei können sich KPIs aus mehreren Teilkennzahlen zusammensetzen. Sie können für ein Diagramm eine Reihe von Kennzahlen bzw. in einer Reihe eine Eingabekennzahl hinzufügen.

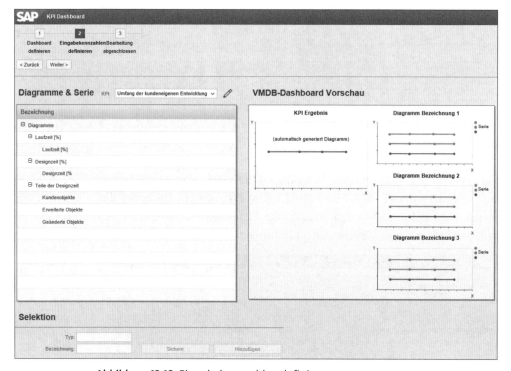

Abbildung 12.18 Eingabekennzahlen definieren

Mit Schritt 3 wird die Bearbeitung abgeschlossen und ein Sitzungsprotokoll erstellt.

12.2.6 Analyse des kundeneigenen Codes

Kundeneigene Analyse

Kommen wir wieder zurück zum Work Center zur Verwaltung kundeneigener Entwicklungen. Vom linken unteren Bildabschnitt **Zugehörige Links** aus können Sie eine **Kundeneigene Analyse** starten (siehe in Abbildung 12.4). Daraufhin öffnet sich ein SAP-GUI-Fenster, in dem die Anwendung **Analyse des kundeneigenen Codes** (Transaktionscode CCAPPS bzw. /SDF/CD_CCA) automatisch gestartet wird (siehe Abbildung 12.19). Diese Anwendung bietet

12.2 Funktionen des Custom Code Lifecycle Managements

Ihnen Zugriff auf eine Vielzahl hilfreicher Tools, die Sie bei der Analyse der kundeneigenen Entwicklungen unterstützen. Nachfolgend gehen wir nur auf den SAP Clone Finder und das ABAP Test Cockpit näher ein, da diese beiden Tools in der Praxis am häufigsten eingesetzt werden.

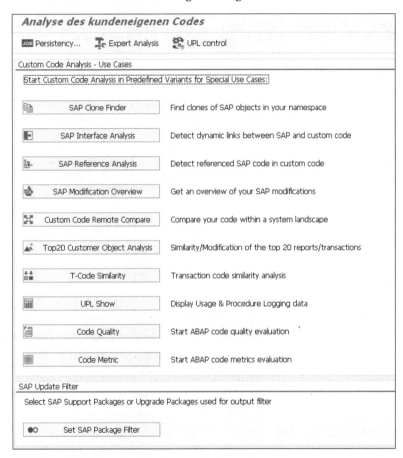

Abbildung 12.19 Den kundeneigenen Code analysieren

Die Idee hinter dem *SAP Clone Finder* ist, kundeneigene Entwicklungen, die in der Vergangenheit aus Kopien von SAP-Objekten hervorgingen, automatisch aufzufinden. Ein *Klon* ist dabei also eine Kopie von einem SAP-Standardobjekt. Der SAP Clone Finder lässt sich auch einsetzen, um ausfindig zu machen, wie groß die Ähnlichkeit zwischen der kundeneigenen Entwicklung und dem SAP-Standardobjekt ist.

SAP Clone Finder

Im Ergebnis wird eine Rangliste von Objekten angezeigt, bei denen die Wahrscheinlichkeit hoch ist, dass es sich um einen Klon eines SAP-Objekts handelt. Dabei werden u. a. die Anzahl von gleichen Codezeilen sowie markante Stellen im ABAP-Code und bestimmte Muster berücksichtigt. Als

Ergebnis werden Ihnen SAP-Standardprogramme ausgegeben, die als potentielle Ursprungsobjekte in Frage kommen.

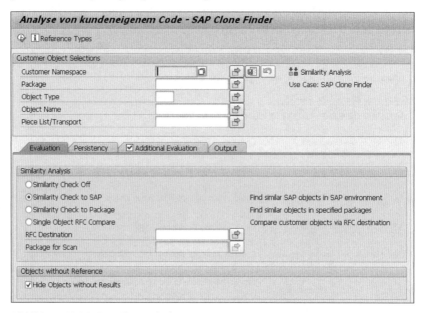

Abbildung 12.20 SAP Clone Finder

ABAP Test Cockpit
Über die Schaltfläche **Code Quality** können Sie das ABAP Test Cockpit (ATC) starten. Das ATC ist ein Tool, mit dem Sie statische und dynamische Qualitätsprüfungen für ABAP-Quellcode und dazugehörige Repository-Objekte ausführen können. Der Funktionsumfang lässt sich in zwei Bereiche unterteilen:

- Test- und Qualitätssicherung (z. B. erweiterte Programmprüfung, Code Inspector etc.)
- Fehlersuche und Problembehandlung (bspw. Analyse der ABAP-Dumps, Systemprotokoll, Laufzeit- und Performanceanalyse etc.)

Code Inspector
Über die hierarchische Navigation, die Sie in Abbildung 12.21 sehen, können Sie die erforderlichen Schritte für das Setup durchführen, um anschließend die ATC-Läufe einzuplanen. Bei den Läufen werden u. a. Prüfungen mit dem *Code Inspector* vorgenommen. Dieses Werkzeug kann wiederum mehrere ABAP-Prüfwerkzeuge gleichzeitig ausführen, um die Korrektheit der Programme zu überprüfen. Des Weiteren werden in den ATC-Läufen Syntaxprüfungen und dynamische Performance-Checks durchgeführt. Sie können auch Genehmigende pflegen, die auf Antrag hin ATC-Befreiungen erlauben können, wenn z. B. ein gefundenes Objekt nicht korrigiert werden soll oder kann. Dies sind in der Regel Qualitätsmanager. Im Abschnitt

Qualitäts-Governance können Sie u. a. die Ergebnisse analysieren und Prüfvarianten verwalten.

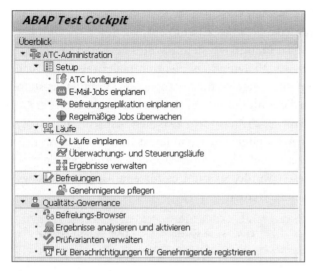

Abbildung 12.21 ABAP Test Cockpit

12.3 Custom Development Management Cockpit

Das *Custom Development Management Cockpit* (CDMC) stellt verschiedene Funktionen bereit, mit denen kundeneigene Objekte in SAP-Systeme gehandhabt und organisiert werden können. Damit können bspw. obsolete kundeneigene Entwicklungen identifiziert werden. Sie können sich auch potentielle Konsequenzen anzeigen lassen, die das Einspielen eines Transports oder eines Support Packages in ein System oder ein Upgrade auf die in diesem SAP-System enthaltenen kundeneigenen Objekte haben können. Dabei stehen zwei Aspekte im Vordergrund:

- Mit der *Clearing-Analyse* können Sie Ihre kundeneigenen Entwicklungen in den SAP-Systemen analysieren und veraltete Entwicklungen identifizieren. Dabei werden die verwendeten und nicht verwendeten Kundenobjekte und Modifikationen an SAP-Standardobjekten betrachtet.

- Die *Upgrade-/Change-Impact-Analyse* (UCIA) unterstützt Sie bei der Identifizierung von potentiellen Folgen eines Upgrades oder dem Einspielen eines Support Packages auf die kundeneigenen Entwicklungen im SAP-System.

Das CDMC gibt es schon länger als das Stilllegungs-Cockpit im CCLM. Da beide ihre Daten jeweils auf andere Art sammeln, können die identifizierten Kandidaten zur Stilllegung unterschiedlich sein. Nur das CDMC kann aber eine Upgrade-/Change-Impact-Analyse ausführen.

Systemrollen Im Kontext des CDMC werden verschiedene Systemrollen unterschieden. Abbildung 12.22 veranschaulicht das Zusammenspiel dieser Systemrollen. Das *Statistiksystem* ist das Produktivsystem, das die relevanten Systemlaststatistiken beinhaltet. Als *Analysesystem* dient normalerweise das Qualitätssicherungssystem, das eine aktuelle Kopie des Produktivsystems darstellt und auf dem die Hintergrundjobs für die Analysen laufen. Der SAP Solution Manager dient als *Steuersystem* zwischen Statistik- und Analysesystem und löst die Aktivitäten in den jeweiligen Systemen aus. Als *Referenzsystem* kann z. B. ein Sandboxsystem bezeichnet werden, auf dem ein Upgrade bereits getestet wurde. So kann es für eine Upgrade-/Change-Impact-Analyse verwendet werden.

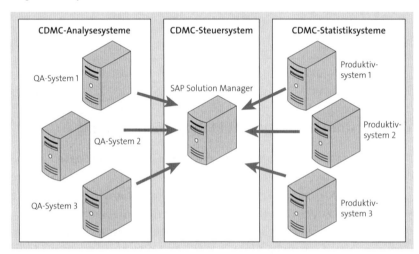

Abbildung 12.22 Systemrollen im Custom Development Management Cockpit

Aufruf Das CDMC kann über das Work Center für die Verwaltung kundeneigener Entwicklungen oder über den Transaktionscode CNV_CDMC aufgerufen werden. In Abbildung 12.23 sehen Sie die Übersicht, die als Startseite des Cockpits dient und über die Sie verschiedene Aktivitäten aufrufen können.

Übersicht In den globalen Einstellungen aktivieren Sie zunächst die Statistiksammlung für die Systeme. Diese können Sie an derselben Stelle auch wieder deaktivieren. Es wird empfohlen, eine TMW-RFC-Verbindung zu verwenden, um die CDMC-bezogenen Aktivitäten im Statistiksystem auszuführen. Da in Verbindung mit kundeneigenen Objekten eine große Anzahl an SAP-Hinweisen zu berücksichtigen sind, können Sie in den globalen Einstellungen auch die relevanten SAP-Hinweise angeben, damit diese für Referenzzwecke zur Verfügung stehen.

12.3 Custom Development Management Cockpit

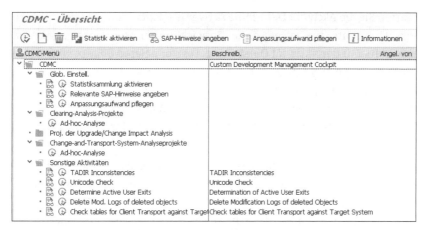

Abbildung 12.23 Übersicht im Custom Development Management Cockpit

Über die Aktivität **Anpassungsaufwand pflegen** können Sie je nach Objekttyp (Programm, Tabelle, Berechtigungsobjekte etc.) einen geplanten Anpassungsaufwand zuweisen. Anhand dieser Werte kann später das System den durchschnittlichen Gesamtarbeitsaufwand für die Anpassungen berechnen.

Mithilfe der **Clearing-Analysis-Projekte** können Sie die genutzten bzw. ungenutzten kundeneigenen Objekte und Modifikationen in einem SAP-System analysieren. Zusätzlich steht eine **Ad-hoc-Analyse** zur Verfügung. Als Ergebnis können ungenutzte und nicht mehr benötigte kundeneigene Objekte aus einem SAP-System gelöscht werden. Diesen Prozess bezeichnet man als *Clearing-Prozess*.

Mit den Projekten der Upgrade-/Change-Impact-Analyse können Sie die Auswirkungen, die ein Support Package oder ein Upgrade auf kundeneigene Entwicklungen in einem SAP-System haben kann, identifizieren.

Die **Change-and-Transport-System-Analyseprojekte** werden ebenfalls in diesem Bereich über eine entsprechende Aktivität verwaltet. Mit diesen Projekten können Sie analysieren, ob der Zustand der Objekte in einem Transportauftrag innerhalb der gesamten Transportlandschaft identisch ist.

Unter **Sonstige Aktivitäten** stehen Ihnen weitere Aktivitäten zur Verfügung. Die Tabelle TADIR (Katalog der Repository-Objekte) kann auf Inkonsistenzen hin analysiert werden. Dazu prüfen Sie mittels der Aktivität **TADIR-Inconsistencies**, ob die Objekte im System vorhanden sind. Diese Prüfung liefert einen Status. Mittels der Aktivität **Unicode-Check** können Sie eine Programmmenge auf Syntaxfehler in einer Unicode-Umgebung prüfen. Dazu wird das *ABAP-Unicode-Scan-Tool* (Transaktion UCCHECK) ausgeführt.

Sonstige Aktivitäten

Starten Sie die Aktivität **Determine Active User Exits**, wenn Sie sich die aktiven User-Exits für ausgewählte Entwicklungsklassen anzeigen lassen möchten. Mit der Aktivität **Delete Mod. Logs of deleted objetcs** können Sie die Liste der gelöschten Objekte einsehen und die Modifikationsprotokolle der gelöschten Objekte im ausgewählten System löschen. Für den Abgleich der Struktur von Tabellen im Vorfeld eines Mandantentransports in das Zielsystem starten Sie die Aktivität **Check tables for Client Transport against Target System**.

Projekt anlegen

Möchten Sie ein Clearing-Analyse- oder Upgrade-/Change-Impact-Analyse-Projekt anlegen, markieren Sie die gewünschte Art des Projekts (den Hauptknoten **Clearing-Analysis-Projekte** bzw. **Proj. der Upgrade/Change Impact Analysis**) und klicken auf die Schaltfläche **CDMC-Projekt anlegen**. Im folgenden Fenster geben Sie jeweils einen Projektnamen und eine Projektbeschreibung an. Danach ist das Projekt in der Übersicht verfügbar.

Wenn Sie auf das soeben angelegte Projekt klicken, wird es Ihnen in einer neuen Sicht angezeigt. Abbildung 12.24 zeigt beispielhaft ein Projekt für eine Clearing-Analyse. Im oberen Bereich sehen Sie die Projektlandschaft, die im Initialzustand leer ist. In dem darunterliegenden Bereich können Sie nun die gewünschten Projekteinstellungen vornehmen, also bspw. die **Projektlandschaft definieren**.

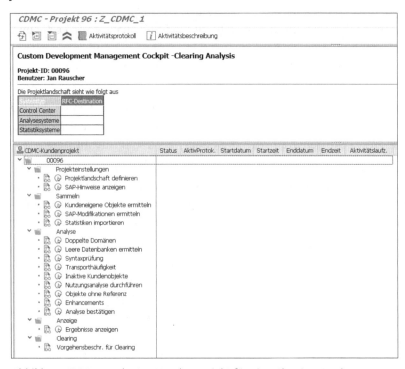

Abbildung 12.24 Angelegtes Kundenprojekt für eine Clearing-Analyse

Die Aktion **Kundeneigene Objekte ermitteln** innerhalb der Clearing-Analyse sammelt die folgenden Objekttypen und speichert die gefunden Kundenobjekte in der Tabelle `CNVCDMCCA_OBJS` des Systems:

Umfang der Clearing-Analyse

- Domänen
- Datenelemente
- Tabellen
- Transaktionen
- Tabellentypen
- Sichten
- Klassen
- Funktionsgruppen
- Programme
- Typ-Pools
- Sperrobjekte
- Cluster-/Poolstrukturen
- Matchcode-Objekte
- Berechtigungsobjekte
- Rollen
- SAPscript-Formulare
- SAP Smart Forms

Mit der Aktivität **SAP-Modifikationen ermitteln** werden die modifizierten SAP-Standardobjekte, die im Analysesystem ermittelt werden, gesammelt.

Nach der Sammlung der Objekte können Sie nun die Analysen einplanen. Dazu stehen Ihnen die folgenden Analysen zur Verfügung:

- doppelte Domänen
- leere Datenbanken ermitteln
- Syntaxprüfung
- Transporthäufigkeit
- inaktive Kundenobjekte
- Nutzungsanalyse durchführen
- Objekte ohne Referenz
- Erweiterungen (Enhancements)

Sobald die gewünschten Analysejobs eingeplant und erfolgreich auf dem Analysesystem ausgeführt wurden, können Sie im Bereich **Anzeige** die Ergebnisse einsehen. Darauf basierend können Sie entscheiden, welche kundeneigenen Objekte Sie stilllegen möchten.

12.4 Best Practices

Abschließend möchten wir Ihnen noch einige Best Practices für den Bereich der kundeneigenen Entwicklungen mit auf den Weg geben. Diese beruhen auf unseren Erfahrungen und haben sich in der Praxis bewährt. Starten Sie frühestmöglich mit der Einrichtung der Datensammlung, damit die darauf ausgeführten Analysen eine möglichst große Zeitspanne berücksichtigen.

Transparenz Sorgen Sie zunächst für eine umfassende Transparenz im Umfeld Ihrer kundeneigenen Entwicklungen. Nutzen Sie den SAP Solution Manager als zentrales System, um die Daten aus den umliegenden SAP-Systemen zu sammeln und zur Verfügung zu stellen. Strukturieren Sie die Ergebnisse, und verschaffen Sie sich einen Überblick. Diese Maßnahmen bilden den Grundstein für die umfangreichen Analysemöglichkeiten der im CCLM verfügbaren Tools.

Optimierung Starten Sie die Optimierung, indem Sie Ihre festgelegte Strategie anwenden. Das Ziel sollte die Stilllegung von nicht mehr benötigten kundeneigenen Objekten in Ihren SAP-Systemen sein, sofern dies notwendig ist. Bleiben Sie wenn möglich beim SAP-Standard. Diese Verschlankung entschärft etwaige Unsicherheiten, was unbekannte bzw. schlecht dokumentierte Objekte betrifft, und hilft, die Kosten für Anpassungen zu reduzieren. Nutzen Sie das Cockpit und die Tools, die Ihnen der SAP Solution Manager zur Verfügung stellt. Führen Sie diese regelmäßig aus, da die Erfahrungen aus der Praxis zeigen, dass kundeneigene Entwicklungen oft schon nach wenigen Jahren angepasst werden müssen bzw. nicht mehr in Gebrauch sind.

Kontrolle Versuchen Sie, die Kontrolle über Ihre Objekte zurückzuerhalten. Definieren Sie in Ihrem Unternehmen Richtlinien für Entwicklungen, sofern diese noch nicht vorhanden sind, und etablieren Sie Verfahren und Verantwortlichkeiten, um die Qualität dieser Richtlinien zu sichern. Nutzen Sie die Möglichkeiten der bereitgestellten Dashboards zur Verwaltung Ihrer Eigenentwicklungen. Definieren Sie Ihre Ziele, und messen Sie diese anhand der festgelegten KPIs.

Stilllegung Entfernen Sie im letzten Schritt die identifizierten kundeneigenen Objekte nach einer entsprechenden Verweilzeit. Halten Sie sich vor Augen, dass ungenutzte kundeneigene Entwicklungen negative Auswirkungen auf das System haben können. Zusätzlich sorgen sie für erhöhte Kosten und bilden ein Hindernis auf dem Weg zur Nutzung neuer Technologien.

Kapitel 13
Weitere Funktionen

Der Vollständigkeit halber gehen wir in diesem Kapitel auf weitere Funktionen des SAP Solution Managers 7.2 ein, die sich keinem der bisher vorgestellten Szenarien zuordnen lassen.

Zur Abrundung unserer Einführung in das Leistungsspektrum des SAP Solution Managers 7.2 stellen wir Ihnen in diesem Kapitel das Datenvolumenmanagement, die Möglichkeiten im Bereich SAP-Engagement und Servicelieferung, die Systemempfehlungen und TREX vor. Dabei gehen wir jeweils auf die notwendige Grundeinrichtung sowie die wichtigsten Funktionen ein. Wo vorhanden, weisen wir auch auf Schnittstellen mit den anderen SAP-Solution-Manager-Applikationen hin.

13.1 Datenvolumenmanagement

Das kontinuierliche Datenwachstum in Systemlandschaften stellt Unternehmen vor verschiedene Herausforderungen. Darauf kann man reagieren, indem man in weiteren Festplattenplatz bzw. Hauptspeicher investiert – oder man fängt an, das Datenwachstum zu verwalten und zu reduzieren. Dafür bedarf es einer Strategie, zu deren Entwicklung das Datenvolumenmanagement (DVM) im SAP Solution Manager hilfreiche Informationen liefern kann.

Anstieg des Datenvolumens

Mit jeder Systemkopie werden die großen Datenmengen in den Systemen mitkopiert, was die Dauer für die Erstellung der Kopie verlängert und die Performance der vorgelagerten Systeme deutlich verschlechtert. Eine Verkleinerung der Datenbankgröße wirkt sich ebenfalls positiv auf die Zeit für die Wiederherstellung einer Datenbank nach einer Störung aus.

Das DVM besteht im SAP Solution Manager im Wesentlichen aus einem Work Center. Nach der Einrichtung bietet dieses Ihnen den zentralen Zugriff auf die wichtigsten Funktionen, um das Datenvolumen in Ihrer Systemlandschaft zu beobachten und zu steuern. Neben den dafür bereitgestellten Werkzeugen enthält das DVM auch SAP Best Practices und SAP-

Work Center Datenvolumenmanagement

Services. Mit diesen Mitteln ist es möglich, geeignete Maßnahmen zu ergreifen und eine Strategie abzuleiten.

Maßnahmen Diese Maßnahmen haben als Ziel, das Datenvolumen zu minimieren und zu optimieren. Um Kosten und Aufwände im Betrieb zu senken sowie die Performance zu verbessern, können z. B. folgende Maßnahmen ergriffen werden:

- obsolete Daten löschen
- Datenbank reorganisieren
- Daten archivieren
- Datenbanksysteme komprimieren
- irrelevante Daten vermeiden

DVM-Prozess Das DVM sieht dafür folgenden Prozess vor: Gestartet wird mit dem Einrichten eines Monitorings. Überschrittene Schwellenwerte können damit an den jeweiligen Verantwortlichen gemeldet werden. Basierend auf den gesammelten Daten ist eine Analyse möglich, um notwendige Maßnahmen im Rahmen der DVM-Strategie abzuleiten. Die Durchführung der definierten Optimierung schließt den Prozess ab. Dabei steht Ihnen zu jeder Zeit ein umfassendes Reporting zur Verfügung. Abbildung 13.1 verdeutlicht den DVM-Prozess.

Abbildung 13.1 Prozess des Datenvolumenmanagements

Nachdem die ersten Maßnahmen erfolgreich durchgeführt wurden, sollte die individuelle DVM-Strategie auch wiederkehrende Aufgaben zur Vermeidung überflüssigen Datenwachstums beinhalten. So können Sie ein weiteres Anhäufen von älteren oder archivierbaren Daten und damit ein neues, komplexes DVM-Projekt vermeiden.

In den folgenden Abschnitten beschreiben wir die Konfiguration und den Funktionsumfang des DVM-Work-Centers.

13.1.1 Grundkonfiguration des Datenvolumenmanagements

Guided Procedure Um das Datenvolumenmanagement einzurichten, konfigurieren Sie in der **SAP-Solution-Manager-Konfiguration** das Szenario **Datenvolumenmanagement**. Abbildung 13.2 zeigt die dafür bereitgestellte Guided Procedure.

Grundsätzlich wird innerhalb der SAP-Solution-Manager-Konfiguration jeder Konfigurationsschritt über den Hilfetext oder die verknüpfte Dokumentation detailliert beschrieben. Meistens finden Sie hier auch eine Schritt-für-Schritt-Anleitung, die Ihnen das genaue Vorgehen erklärt. Im Folgenden heben wir daher nur die wichtigsten Dinge, die Sie bei der Konfiguration beachten sollten, hervor.

Abbildung 13.2 Datenvolumenmanagement konfigurieren

Schritt 1: Vorbereitung des verwalteten Systems

Im ersten Schritt wird der SAP Solution Manager technisch für die Einrichtung des Datenvolumenmanagements vorbereitet. Automatische Aktivitäten prüfen, ob die erforderlichen SAP-Hinweise eingespielt wurden und aktivieren den für die Auswertungen bereitgestellten BI Content wie InfoCubes, Aggregate, Web Templates und Abfragen. Des Weiteren wird der lokale DVM-Content aktualisiert, lokale Jobs werden eingeplant und Extraktor-Einstellungen werden durch das Ändern der Einstellungen und Parameter angepasst.

Technische Vorbereitung

Schritt 2: Periodische Aufgaben – Einstellungen

Um zu definieren, wie lange die Auswertungs- und Analysedaten im SAP Business Warehouse (BW) des SAP-Solution-Manager-Systems vorgehalten werden sollen, können Sie in diesem optionalen Schritt für jeden InfoCube in SAP BW die maximale Anzahl an Monaten angeben. Dabei können Sie den Standardwert verwenden oder einen individuellen Wert für die Residenzzeit einstellen.

Datenhaltungseinstellungen

Schritt 3: Vorlagenbenutzer anlegen

Standardbenutzer und -berechtigungen

In diesem optionalen Schritt werden die in Tabelle 13.1 aufgeführten Standardvorlagenbenutzer im BW-System bzw. -Mandanten angelegt oder aktualisiert. Außerdem werden die entsprechenden Berechtigungsrollen zugeordnet. Der Platzhalter <SID> steht hier für die System-ID Ihres SAP-Solution-Manager-Systems.

Benutzername	Beschreibung
DVM_DIS_<SID>	Anzeigebenutzer für das Datenvolumenmanagement
DVM_ADM_<SID>	Administrator für das Datenvolumenmanagement

Tabelle 13.1 Vorlagenbenutzer

[!] **Rollen im Produktivsystem**

Sollte für das SAP-Solution-Manager-System als Systemrolle **Produktivsystem** eingestellt sein, können dort keine Berechtigungsrollen angelegt oder aktualisiert werden. Diese Berechtigungsrollen müssen dann erst in einem Entwicklungssystem erstellt und anschließend in das Produktivsystem transportiert werden.

Schritt 4: Umfangauswahl

Verwaltete Systeme definieren

Sie wählen in diesem manuellen Schritt die verwalteten Systeme aus, für die Sie das DVM konfigurieren möchten. In der Übersicht werden Ihnen diejenigen Systeme angezeigt, die über RFC-Verbindungen an den SAP Solution Manager angeschlossen sind. Je System werden die folgenden Status angezeigt:

- RFC-Status
- Status der automatischen Konfiguration
- DBA-Cockpit-Status (Datenbankadministrations-Cockpit)
- Status der Vorbereitungsprüfung

Wählen Sie hier mindestens ein System aus, um in der Guided Procedure mit dem nächsten Schritt fortfahren zu können.

Schritt 5: Mandanten auswählen

Im fünften Schritt müssen Sie pro System einen Mandanten für bestimmte Aktivitäten wie das Abrufen von Statusinformationen oder das Einplanen von Extraktoren und Hintergrundjobs auswählen.

Schritt 6: Technische Vorbereitung

Der nächste Schritt prüft, ob die jeweilige Konfiguration des verwalteten Systems alle technischen Anforderungen erfüllt. Außerdem wird im verwalteten System geprüft, ob noch spezifische SAP-Hinweise eingebaut oder Plug-ins aktualisiert werden müssen.

Schritt 7: Vorlagenkonfiguration

Mittels vorkonfigurierter Vorlagen kann in diesem optionalen Schritt eine anwendungsspezifische Massenkonfiguration des DVM für ausgewählte Systeme erfolgen. Dazu können die in den Vorlagen enthaltenen Analysen eingeplant werden.

Schritt 8: DVM-Extraktoren aktivieren

Die DVM-Extraktoren werden in diesem Schritt aktiviert. Das Extraktor-Framework (EFWK) dient im SAP Solution Manager als zentrale Infrastruktur, um Daten zu sammeln und zu verteilen. Da bestimmte DVM-Extraktoren mandantenabhängig sind, müssen Sie diesen Vorgang gegebenenfalls für jeden Mandanten wiederholen. Über die Administrationsoberfläche des Extraktor-Frameworks erhalten Sie weitere Informationen über die einzelnen Extraktoren (siehe Abbildung 13.3).

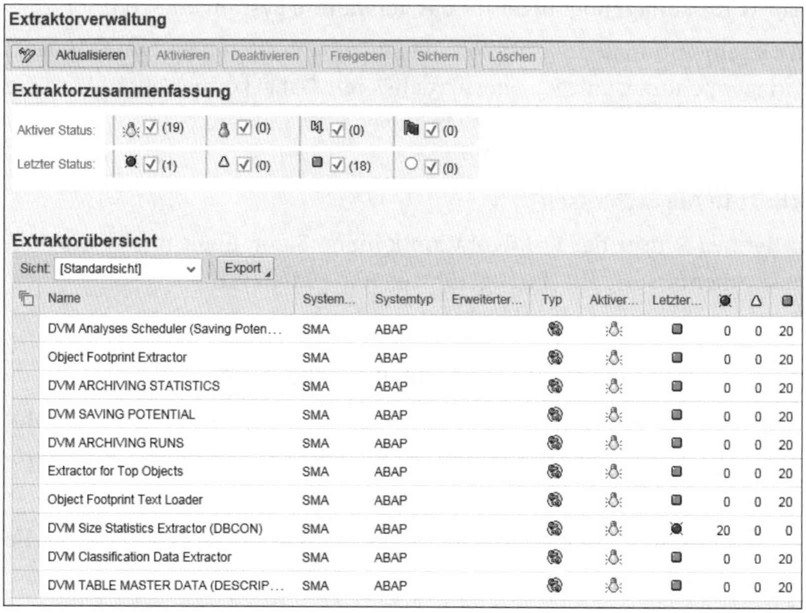

Extraktoren

Abbildung 13.3 Extraktorübersicht

Schritt 9: Automatischer Self-Service

Periodische Analyse Sie können diesen optionalen Schritt durchführen, um eine periodische Analyse des Datenvolumens zu starten. Im Bereich **System-Gesamtstatus** erhalten Sie je System eine Übersicht der folgenden Status:

- Konfiguration
- Extraktorstatus
- TMW-RFC-Status
- EWA-Status (SAP EarlyWatch Alert)

Im Bereich **Aktuell eingeplante Optionen** stehen Ihnen für das verwaltete System folgende Optionen für die Einplanung der periodischen Analyse des DVM zur Verfügung:

- Verarbeitungsmodus
- Aktualisierungshäufigkeit Arbeitsvorrat
- Nachbearbeitungshäufigkeit
- Objekte pro Lauf
- zu behaltende Auswertungen pro Objekt
- Jobeinplanungshäufigkeit

Schritt 10: Vorlagenbenutzer für das verwaltete System anlegen

In diesem optionalen Schritt können Sie im verwalteten System Standardvorlagenbenutzer anlegen oder aktualisieren. Dabei können auch gleich die erforderlichen Berechtigungsrollen zugewiesen werden.

Schritt 11: Abgeschlossen

Im letzten Schritt der Konfiguration können Sie in einer übersichtlichen Zusammenfassung alle durchgeführten Aktivitäten prüfen.

13.1.2 Funktionen des Datenvolumenmanagements

Aufruf des Work Centers Nach der Einrichtung können Sie das DVM-Work-Center über das SAP Solution Manager Launchpad aufrufen. Abbildung 13.4 zeigt Ihnen die entsprechende Kachel **Datenvolumenmanagement**.

Das Work Center sehen Sie in Abbildung 13.5. Es bietet Ihnen Zugriff auf die wichtigsten Auswertungen im Umfeld des DVM.

13.1 Datenvolumenmanagement

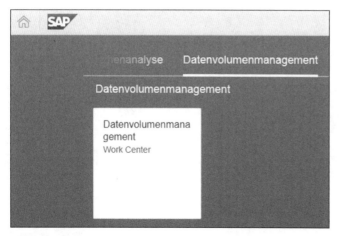

Abbildung 13.4 Kachel »Datenvolumenmanagement« im SAP Solution Manager Launchpad

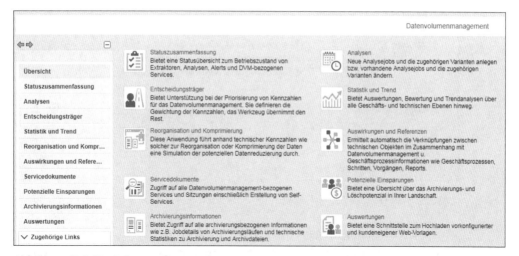

Abbildung 13.5 Work Center »Datenvolumenmanagement«

Die Auswertungen basieren auf dem integrierten SAP-BW-System und bieten einen ganzheitlichen Blick auf die Daten in Ihrer Systemlandschaft. Im Folgenden beschreiben wir die einzelnen Funktionen.

Statuszusammenfassung

Über die Statuszusammenfassung können Sie den Status der Extraktoren und aller abgeschlossener oder eingeplanter Jobs prüfen (siehe Abbildung 13.6). Zusätzlich werden die Servicesitzungen angezeigt, und Sie können zu den Servicedokumenten navigieren (siehe Abschnitt »Servicedokumente« im weiteren Verlauf).

Status der Extraktoren und Jobs

13   Weitere Funktionen

Abbildung 13.6 Statuszusammenfassung

Entscheidungsträger

Objekte mit großem Datenaufkommen

Zur Ermittlung der Objekte mit großem Datenaufkommen können Sie die Funktion **Entscheidungsträger** verwenden. Dabei wird eine Rangliste der Objekte erzeugt, die für eine Reduzierung des Datenvolumens infrage kommen. Diese Funktion unterstützt Sie dabei, anhand der Ergebnisse und unter Berücksichtigung Ihrer DVM-Strategie die notwendigen Entscheidungen zu treffen. Möchten Sie eine neue Analyse hinzufügen, klicken Sie auf die Schaltfläche **Anlegen**. In der daraufhin erscheinenden Guided Procedure werden Sie durch einen Assistent geführt. In einer Rangliste werden – sortiert nach dem beanspruchten Datenvolumen – die ermittelten Objekte angezeigt. Die Ergebnisse können Sie klassifizieren und priorisieren.

Reorganisation und Komprimierung

Über diese Funktion starten Sie eine Simulation von Prozessen wie der Reorganisation und Komprimierung von Datenbanktabellen und Indizes, die potenziell das Datenvolumen reduzieren können. Über die Registerkarte **Analyseliste** können Sie eine **Neue Analyse** anlegen. Folgende Metriken können dabei ausgewählt und analysiert werden:

Maßnahmen simulieren

- Tabellenkomprimierung
- Indexkomprimierung
- Tabellenreorganisation
- Indexreorganisation
- Größe der SAP-HANA-Datenbank

Auf der Registerkarte **Ergebnis** wird Ihnen die **Reorganisations- und Komprimierungsmetrik** für das jeweilige System angezeigt (siehe Abbildung 13.7).

Abbildung 13.7 Ergebnis Reorganisations- und Komprimierungsmetrik

Für die Planung einer Migration auf die SAP-HANA-Datenbank zeigt Ihnen die Auswahl der **HANA-Speichergröße und -einsparung** das Ergebnis der Berechnung für die voraussichtliche Größe der Datenbank nach der Migration des Systems. Hierbei wird im Hintergrund das Standard-ABAP-Programm /SDF/HDB_SIZING für das Sizing einer SAP-HANA Datenbank aufgerufen.

Sizing für SAP HANA

Über den Bereich **Objektauswahlkriterien** können Sie die vom System ermittelte Objektliste Ihrer durchgeführten Analyse individuell abrufen. Dabei können Sie bspw. die Objekte nach ihrem Einsparungspotenzial sortieren (siehe Abbildung 13.8).

13   Weitere Funktionen

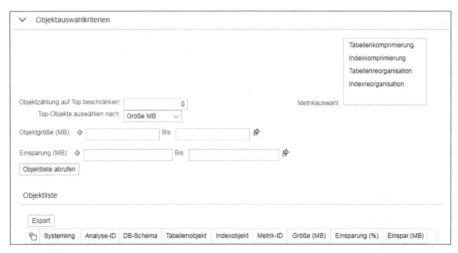

Abbildung 13.8 Objektauswahlkriterien

Servicedokumente

In dieser Sicht können Sie sogenannte *Servicedokumente* für die Sitzungen der DVM-bezogenen Services anzeigen und anlegen. Als Voraussetzung muss eine Lösung mit logischen Komponenten und Systemen in Ihrem SAP-Solution-Manager-System angelegt sein (siehe auch Abschnitt 4.1.1, »Eine Lösung als Single Source of Truth«).

Servicesitzung anlegen

Klicken Sie auf **Anlegen**, um eine neue Servicesitzung anzulegen (siehe Abbildung 13.9).

Abbildung 13.9 Servicedokumente

Im daraufhin erscheinenden Pop-up-Fenster wählen Sie das **System** aus, für das ein Service erbracht werden soll, und vergeben ein **Plandatum für Service** (siehe Abbildung 13.10). Sie werden anschließend durch eine Guided Procedure geführt (siehe Abbildung 13.11).

Ein Servicedokument wird über eine geführte Self-Service-Sitzung erstellt. Klicken Sie dazu auf den Link in der Spalte **Sitzung**.

Abbildung 13.10 Neue Servicesitzung anlegen

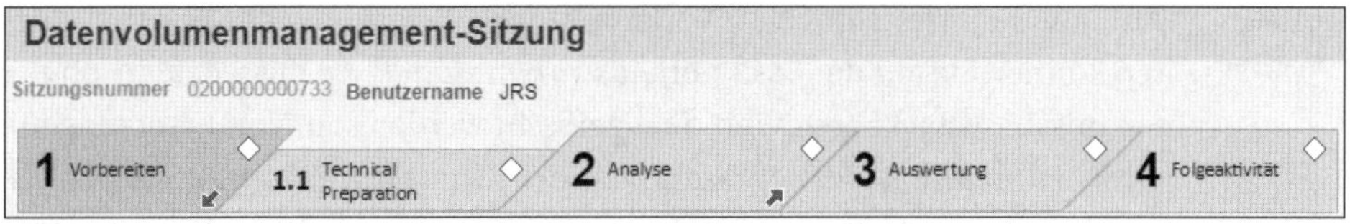

Abbildung 13.11 Guided Procedure zur Anlage einer Servicesitzung

Archivierungsinformationen

Dieser Bereich liefert Ihnen Archivierungsstatistiken und Informationen zu Archivierungsjobs. Im SAP-System ermöglicht eine Archivierung von Daten die Reduzierung der Datenbankgröße. Dabei werden Daten aus einem Bereich in ein externes Archiv übertragen. Auf diese Daten haben Sie über das SAP-System weiterhin Zugriff.

Über einen Link können Sie eine **Neue Abfrage definieren**. Sie werden in einer Roadmap dazu aufgefordert, einen Objekttyp, z. B. DVM-Szenarios, technische Szenarios oder technische Systeme, auszuwählen und Kriterien zu pflegen.

Archivierungsinformationen abfragen

Analysen

Hier können Sie neue Analysen anlegen und aktuell eingeplante Analysen einsehen. Wählen Sie die Schaltfläche **Anlegen**, um eine neue Analyse zu erstellen. In der daraufhin beginnenden Guided Procedure werden Sie von einem Assistenten durch die Anlage der Analyse geführt. Die hier erstellen Analysen werden für die komplexen Auswertungen in den Funktionen **Statistik und Trend** sowie **Potenzielle Einsparungen** benötigt, da die Extraktoren hierfür keine Ergebnisse liefern.

Statistik und Trend

Diese Übersicht ist für die Analyse der *Datenzuordnungsstatistik*, *Tabellenverwendungsstatistik* und *zeitbasierten Datenverteilung* vorgesehen. Über die **Datenzuordnungsstatistik** haben Sie Zugriff auf Dashboards, die die aktuellen und historischen Größen und das Wachstum widerspiegeln. Die **Tabellenverwendungsstatistik** basiert auf den Datenbankoperationen (lesen, einfügen etc.), die auf den Tabellen durchgeführt wurden. Informationen zur Altersverteilung in Ihrer Systemlandschaft liefert Ihnen die **Zeitbasierte Datenverteilung**. Wir empfehlen, diese Analysen in einer Zeit mit geringer Systemaktivität einzuplanen, da die Systemlast dadurch stark ansteigen kann.

Auswirkungen und Referenzen

Auswirkungsanalysen

Anhand der Ermittlung von Verknüpfungen zwischen technischen Objekten können Sie auf der Basis von *Auswirkungsanalysen* entscheiden, ob ein technisches Objekt archiviert oder gelöscht werden soll. Voraussetzung für diese Funktion ist die Dokumentation Ihrer Geschäftsprozesse in der Lösungsdokumentation. Diese beschreiben wir in Abschnitt 4.4, »Lösungsdokumentation«.

Potenzielle Einsparungen

Diese Funktion berechnet das Einsparpotenzial durch das Archivieren und Löschen von Daten in Ihrer Systemlandschaft. Wählen Sie hier **Potenzielle Einsparungen**, um sich Informationen zur Reduzierung der Datenmenge anzeigen zu lassen. Über die **Zeitbasierte Datenverteilung** starten Sie die Bewertung auf Grundlage der Datenverteilung im Laufe der Zeit.

Auswertungen

Weitere Auswertungen basierend auf einer Vorlage des SAP-BW-Systems können Sie hier hinzufügen. Diese Auswertungen basieren auf *BI-Reports*. Anhand vordefinierter Selektionskriterien können Sie die jeweilige Auswertung detailliert eingrenzen. Bereits vorhandene Auswertungen können Sie hier öffnen, bearbeiten und löschen.

Auswertungen anlegen

Möchten Sie neue Auswertungen anlegen, wählen Sie **Hinzufügen**. Daraufhin öffnet sich das Pop-up-Fenster **Neue Reports hinzufügen**. Über die Eingaben auf den zur Verfügung stehenden Registerkarten **Basisinformationen**, **Variablen**, **Filter** und **Textparameter** können Sie eigene Auswertungen definieren.

Insgesamt unterstützen Sie die beschriebenen Funktionalitäten des DVM im SAP Solution Manager 7.2 effektiv bei der Identifizierung und Ableitung von Maßnahmen, um das Datenvolumen in Ihrem System bei Bedarf zu reduzieren. Die berechneten Auswertungen und Analysen liefern dabei geeignete Entscheidungsgrundlagen. Damit behalten Sie stets den Überblick und die Kontrolle über das Datenwachstum in Ihrer Systemlandschaft.

13.2 SAP-Engagement und Servicelieferung

Mit den Funktionen von SAP-Engagement und Servicelieferung haben Sie Zugriff auf eine Vielzahl von Support-Angeboten. Deren Grundbestandteil sind *Services* mit jeweils vordefiniertem Inhalt. Durch diese sollen technische Probleme, sogenannte *Issues*, proaktiv erkannt und gelöst werden. Damit können Sie Servicesitzungen für Ihre Systeme bei SAP über Ihren SAP Solution Manager remote beantragen.

Support-Angebote

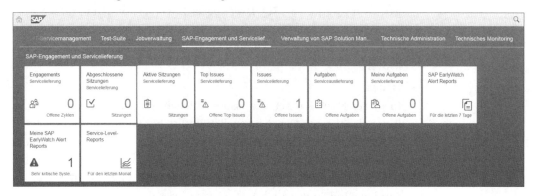

Abbildung 13.12 Bereich »SAP-Engagement und Servicelieferung« im SAP Solution Manager Launchpad

Die Applikationen für SAP-Engagement und Servicelieferung finden Sie im SAP Solution Manager Launchpad in einem eigenen Bereich. Damit können Engagements angelegt und verwaltet (siehe folgender Abschnitt), alle geleisteten und geplanten Services eingesehen sowie Issues angezeigt werden. Abbildung 13.12 zeigt Ihnen die verfügbaren SAP-Fiori-Applikationen von SAP-Engagement und Servicelieferung:

Applikationen

- **Engagements**
  Ein Engagement wird von Ihnen definiert und über die erforderlichen Eingaben eingegrenzt. Dabei bestimmt der Ablauf eines Engagements, wie die involvierten Parteien (z. B. Kunde, SAP Support Expert Center, technische Qualitätsmanager etc.) zusammenarbeiten, damit die benö-

tigten Services geliefert werden können. Bereits angelegte Issues sowie Top Issues können identifiziert und einem *Engagementzyklus* zugeordnet werden. Sie legen fest, welche Self-Services und Supportanfragen erbracht werden sollen; diese können Sie dann planen und ausführen. Das Ziel ist, am Ende eines Engagementzyklus die zugeordneten Issues gelöst zu haben. Auswertungen liefern Informationen zum jeweiligen Engagement.

- **Abgeschlossene Sitzungen**
  Eine Übersicht über die abgeschlossenen Servicesitzungen und deren Informationen erhalten Sie in dieser Anwendung.

- **Aktive Sitzungen**
  Diese Anwendung zeigt Ihnen eine Übersicht über die derzeitigen Servicesitzungen im Status **In Bearbeitung** und bietet Ihnen die Möglichkeit, diese zu verwalten.

- **Top Issues**
  Schwerwiegende Probleme oder eine Sammlung von vielen gleichartigen Issues werden als *Top Issues* bezeichnet. Sie können in dieser Sicht Top Issues anlegen, die Sie anschließend anhand von Filtereinstellungen suchen können. Ebenso können Sie sich Detailinformationen anzeigen lassen.

- **Issues**
  In dieser Sicht können Sie Issues anlegen. Filtereinstellungen helfen Ihnen dabei, nach diesen zu suchen und sich deren Details anzeigen zu lassen. Im Bereich Layout können Sie die hierarchische Sicht auswählen, in der die Issues sowie die zugehörigen Aufgaben angezeigt werden. Über eine Exportfunktion kann die Hierarchie auch heruntergeladen werden. Sind Folgeaktivitäten erforderlich, können Sie ausgehend vom Issue eine Störung oder einen Änderungsantrag im Change Request Management anlegen (siehe auch Abschnitt 8.3).

- **Aufgaben**
  Aufgaben werden für die Dokumentation der Lösungsstrategie und die Festlegung der Termine für die Ausführung der Lösung angelegt. Nachdem ein Issue oder Top Issue angelegt wurde, kann dieses einer Aufgabe zugeordnet werden. In dieser Sicht können Sie Aufgaben suchen und anzeigen sowie bearbeiten.

- **Meine Aufgaben**
  Diese Sicht liefert eine voreingestellte Auswahl von Aufgaben, gefiltert nach der Zuordnung des Aufrufenden.

- **SAP EarlyWatch Alert Reports**
  Der *SAP EarlyWatch Alert* (EWA) sammelt automatisiert Daten der verbundenen Systeme und lädt diese in den SAP Solution Manager (siehe Abschnitt 10.8). In die generierten EWA-Reports können Sie hier abspringen, wenn Sie Informationen zum Status des Systems, zu dessen Konfiguration und der Performance sowie zu dort enthaltenen Trendanalysen abfragen möchten.

- **Meine SAP EarlyWatch Alert Reports**
  Diese Applikation bietet eine Übersicht über alle kritischen Systeme in der Systemlandschaft. Filter unterstützen Sie bei der gezielten Suche nach einem bestimmten System, einem Produkt oder einer Bewertung, aber auch bei der Suche innerhalb eines bestimmten Zeitraums.

- **Service-Level-Reports**
  Um die Einhaltung interner und externer Service Level Agreements (SLA) zu überwachen, können in dieser Sicht die Service-Level-Reports angezeigt werden. Das Ergebnis einer Sitzung kann detailliert als HTML-Report angezeigt oder als Microsoft-Word-Dokument dargestellt werden. Voraussetzung für Service-Level-Reports ist die Nutzung des SAP EarlyWatch Alerts.

> **Übersicht der Support-Services**
>
> Die von SAP angebotenen Support-Services können auf folgender Seite eingesehen werden: *http://s-prs.de/v561514*. Für weitere Informationen können Sie sich an Ihr lokales SAP Customer Interaction Center (CIC) wenden.

13.3 Systemempfehlungen

Mit der Applikation **Systemempfehlungen** im SAP Solution Manager 7.2 können relevante Sicherheitshinweise, sogenannte *Hot News* (Hinweise mit Priorität 1), gesetzliche Änderungshinweise oder Performancehinweise für ein SAP-System (speziell für ABAP-, Java- und SAP-HANA-basierte Systeme) angezeigt werden. Dazu muss das System als technisches System am System Landscape Directory (SLD) registriert sein. Anschließend kann die Applikation **Systemempfehlungen** eingerichtet werden, um die relevanten SAP-Hinweise zu berechnen.

Sicherheitshinweise

Die Applikation ist im SAP Solution Manager Launchpad standardmäßig in den Bereich des **Change Management** eingebunden (siehe Abbildung 13.13).

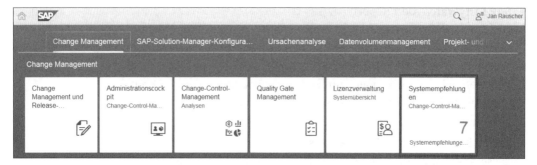

Abbildung 13.13 Applikation »Systemempfehlungen« im SAP Solution Manager Launchpad

Ermittlung, Anzeige und Einspielen

Innerhalb der Systemempfehlungen gibt es Funktionen, mit denen verfügbare SAP-Hinweise für ein technisches System berechnet und angezeigt werden können. Auch die für das Einspielen dieser Hinweise vorausgesetzten Hinweise werden dabei berücksichtigt. Die Implementierung der SAP-Hinweise kann mitverfolgt werden, und Sie können jederzeit den Status der Implementierung ermitteln. Sie können auch Hintergrundservices aktivieren, um die SAP-Hinweise zu aktualisieren.

Nach dem Aufruf der Applikation wird die Systemübersicht, wie in Abbildung 13.14 dargestellt, angezeigt. Dort erhalten Sie eine Übersicht über die Anzahl der Sicherheitshinweise, Hot News, Performancehinweise und Hinweise zu gesetzlichen Änderungen je System.

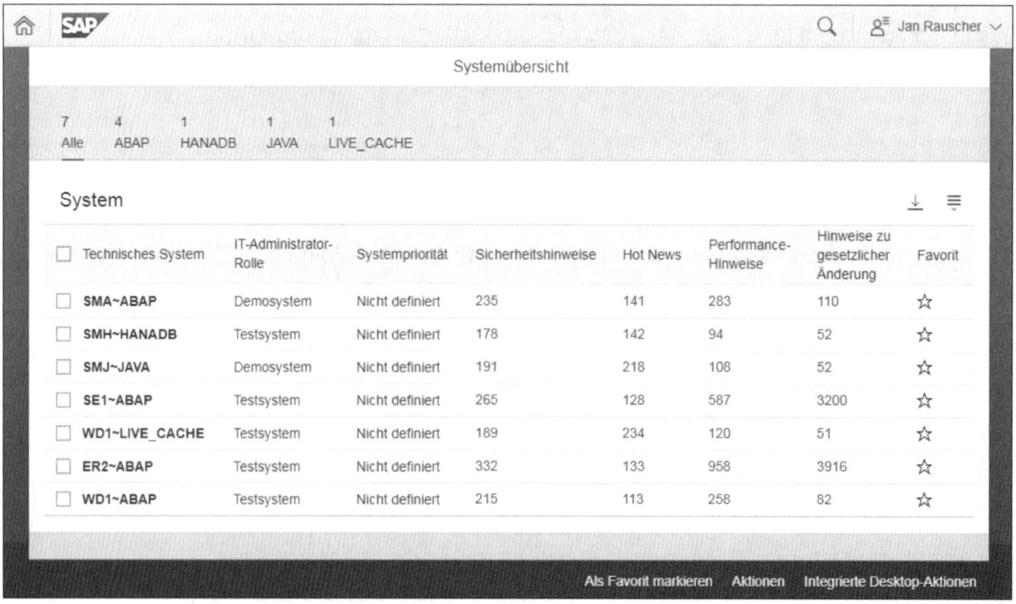

Technisches System	IT-Administrator-Rolle	Systempriorität	Sicherheitshinweise	Hot News	Performance-Hinweise	Hinweise zu gesetzlicher Änderung	Favorit
SMA~ABAP	Demosystem	Nicht definiert	235	141	283	110	☆
SMH~HANADB	Testsystem	Nicht definiert	178	142	94	52	☆
SMJ~JAVA	Demosystem	Nicht definiert	191	218	108	52	☆
SE1~ABAP	Testsystem	Nicht definiert	265	128	587	3200	☆
WD1~LIVE_CACHE	Testsystem	Nicht definiert	189	234	120	51	☆
ER2~ABAP	Testsystem	Nicht definiert	332	133	958	3916	☆
WD1~ABAP	Testsystem	Nicht definiert	215	113	258	82	☆

Abbildung 13.14 Systemübersicht

Um die jeweiligen Hinweise für ein technisches System anzuzeigen, können Sie auf die entsprechende Anzahl klicken, die als Link fungiert. So können Sie sich z. B. lediglich alle Hot News zu einem System anzeigen lassen. Im darauffolgenden Bild erhalten Sie eine Übersicht der einzelnen Hinweise.

Am unteren Bildrand in Abbildung 13.14 können Sie nach Auswahl des technischen Systems **Aktionen** und **Integrierte Desktop-Aktionen** für dieses System aufrufen. Über die **Aktionen** können Sie auch **Support-Package-Patches anzeigen** (siehe Abbildung 13.15). Mit der Option **SAP-Hinweise anzeigen** können Sie – wie über den Link in der Übersicht – alle geladenen Hinweise für die ausgewählten technischen Systeme einsehen. Mittels **SAP-Hinweise aktualisieren** wird die Aktualisierung im Hintergrund gestartet. Sie erhalten eine Nachricht, wenn die Liste aktualisiert wurde.

Aktionen

Abbildung 13.15 Aktionen in der Systemübersicht

Integrierte Desktopaktionen bieten die Option, Änderungsanträge und Änderungseinflussanalysen anzuzeigen (siehe Abbildung 13.16). Im Falle der Änderungsanträge springt man in das Change Request Management, im Falle der Änderungseinflussanalysen in den Business Process Change Analyzer (BPCA) ab.

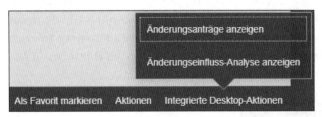

Abbildung 13.16 Integrierte Desktopaktionen in der Systemübersicht

In der nach dem Klick auf einen Anzahl-Link in der Übersicht oder über die Funktion **SAP-Hinweise anzeigen** aufgerufenen **SAP-Hinweisübersicht** werden die relevanten SAP-Hinweise aufgeführt. Über verschiedene Suchkrite-

Übersicht der einzelnen Hinweise

rien können Sie weitere Einschränkungen für die Auswahl der angezeigten Hinweise vornehmen (siehe Abbildung 13.17).

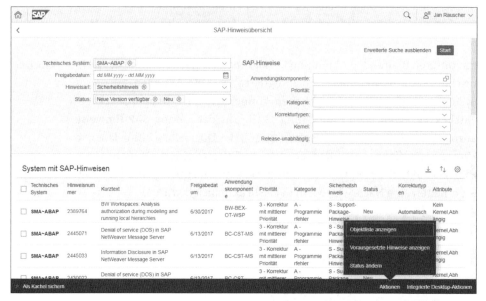

Abbildung 13.17 SAP-Hinweisübersicht mit Aktionen

Auch hier finden Sie am unteren Bildrand wieder die Menüs **Aktionen** und **Integrierte Desktop-Aktionen**. In den **Aktionen** können Sie eine Objektliste für die ausgewählten SAP-Hinweise sowie vorausgesetzte Hinweise anzeigen und den Status ändern (z. B. auf **Neue Version verfügbar**, **Irrelevant** oder **Zurückgestellt**).

Abbildung 13.18 zeigt die verfügbaren integrierten Desktopaktionen. Über die Aktion **SAP-Hinweise herunterladen** können Sie die ausgewählten SAP-Hinweise in das entsprechende System laden. Die Aktion **Änderungseinfluss-Analyse starten** ruft den BPCA auf (siehe Abschnitt 9.6.1, »Business Process Change Analyzer (BPCA)«). Wählen Sie **Änderungsantrag anlegen**, um das Change Request Management für den Einbau des Hinweises zu verwenden.

Abbildung 13.18 Integrierte Desktopaktionen in der SAP-Hinweisübersicht

Über die Integration mit dem Change Request Management können die identifizierten und relevanten SAP-Hinweise revisionssicher und kontrolliert in die Systemlandschaft eingespielt werden. Nachdem Sie die gültigen SAP-Hinweise für das gewählte technische System über die Systemempfehlungen in den SAP Solution Manager übertragen haben, können Sie die relevanten SAP-Hinweise auswählen und direkt einen Änderungsantrag (siehe Abschnitt 8.3.4) dafür anlegen. Über den *Note Assistant* (Transaktionscode SNOTE) werden die SAP-Hinweise eingespielt. Sollten Sie bereits den BPCA einsetzen, kann der SAP Solution Manager darüber den Testumfang für die einzuspielenden SAP-Hinweise bestimmen.

Integration mit Change Request Management

13.4 TREX

Mit der Embedded Search auf Basis der *Text Retrieval and Information Extraction* (TREX) besteht eine Suchtechnologie, die Informationen in unstrukturierten und strukturierten Daten findet. Dazu bietet TREX SAP-Anwendungen Services für die Suche und Klassifikation von großen Dokumentensammlungen an. Für die Nutzung der Embedded Search muss der SAP Solution Manager 7.2 entweder auf einer SAP-HANA-Datenbank installiert sein oder TREX muss an den SAP Solution Manager 7.2 angeschlossen werden. Sollte TREX in der Systemlandschaft noch nicht zur Verfügung stehen, muss zunächst dessen Installation erfolgen.

Bedeutung für die Embedded Search

> **SAP Solution Manager 7.2 auf SAP HANA**
>
> Wenn Ihr SAP Solution Manager 7.2 auf einer SAP-HANA-Datenbank läuft, wird die Embedded Search auf Basis der SAP-HANA-Datenbank eingerichtet. Die Verwendung von TREX ist dann nicht erforderlich.

SAP hat entschieden, sich für TREX auf die beiden 64-Bit-Betriebssysteme Windows und Linux zu konzentrieren. Durch die 64-Bit-Betriebssystemversionen ist die Begrenzung des maximalen Arbeitsspeichers auf 2 GB aufgehoben. Damit können nun komplexere und größere Daten- und Dokumentsammlungen indiziert und durchsucht werden. Aus Performancegründen werden TREX-Indizes im Arbeitsspeicher gehalten. Durch eine optimale Nutzung der CPU-Architektur wird die Performance der Such- und Indizierungsfunktionen in der TREX-Engine optimiert. Im Folgenden beschreiben wir die aktuelle Version TREX 7.1 und stellen deren Funktionalität vor.

Betriebssysteme

TREX basiert auf einer *Client-/Server-Architektur*. Die Client-Komponente ist in die Anwendung, die TREX nutzt, integriert, die Serverkomponente indiziert und klassifiziert Dokumente und beantwortet die Suchanfragen.

Architektur

Während einer Indizierung koordiniert der *Queue Server* die Verarbeitungsschritte und sammelt die eingehenden Dokumente.

Die Vorverarbeitung der eingegangenen Dokumente erfolgt über den *Präprozessor*. Dazu wird das Dokument geladen, gefiltert und linguistisch analysiert. Darüber hinaus übergibt der Präprozessor bei Suchanfragen das Analyseergebnis zur weiteren Verarbeitung an den *Indexserver*. Der TREX-Präprozessor wandelt Dokumenttext und -attribute von verschiedenen Dateiformaten in UTF-8-codiertes HTML um. Der Indexserver besteht aus der Suchmaschine, der Text-Mining-Engine und der Attribut-Engine. Die Suchmaschine bietet Funktionen für z. B. die exakte und fehlertolerante, boolesche, linguistische und Phrasensuche. Für die Suche nach ähnlichen Dokumenten, Klassifikation und Extraktion von Schlüsselwörtern ist die Text-Mining-Engine zuständig. Die Suche in den Dokumentattributen (wie Autor, Erstellungsdatum etc.) erledigt die Attribut-Engine. Der Indexserver indiziert und klassifiziert Dokumente und beantwortet Suchanfragen.

Die Verwaltung der Informationen über das TREX-System übernimmt der *Name Server*, einschließlich der Topologiedaten, der Lastverteilung und der Sicherstellung der Hochverfügbarkeit. Abbildung 13.19 zeigt Ihnen die TREX-Architektur in einer schematischen Darstellung.

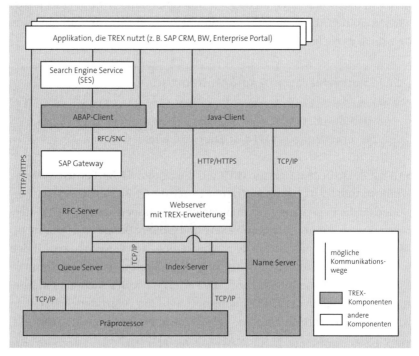

Abbildung 13.19 Architektur von TREX (Quelle: SAP SE)

Für die Suche und Indizierung können alle gängigen Dateiformate wie Microsoft-Office-Produkte (Word, PowerPoint etc.), PDF und HTML weiterverarbeitet werden. Bei komprimierten Dateiformaten (Archiven) kann der Dokumentinhalt der enthaltenen Dateien nur indiziert werden, sofern TREX das Dateiformat bekannt ist.

Unterstützte Dateiformate

13.4.1 Installation

Vor der Installation einer TREX muss das entsprechende Softwarepaket vom SAP Service Marketplace heruntergeladen werden. Nach dem Entpacken (z. B. über das Programm SAPCAR, das ebenfalls im SAP Service Market Place für verschiedene Plattformen verfügbar ist) können Sie die Installation starten. Dazu rufen Sie das Installationsskript auf, für Linux z. B. **install.sh** (abhängig von Ihrer Shell). Wichtig ist, dass die Installation mit der Optionsart -type=ESH durchgeführt wird. Dies wird auch bei der Einrichtung des SAP Solution Managers geprüft. Nach Abschluss der Installation muss TREX neu gestartet werden.

> **Sizing-Leitfaden und weitere Informationen zur Installation**
>
> Unter folgender URL ist ein Sizing-Leitfaden für die Embedded Search verfügbar: *http://s-prs.de/v561515*. Eine umfassende Beschreibung der TREX-Installation für die Embedded Search finden Sie in SAP-Hinweis 1249465.

Nach der erfolgten Installation von TREX müssen Sie verschiedene technische Konfigurationsschritte ausführen. Eine Anwendung kann den Zugriff auf TREX über eine HTTP- oder RFC-Verbindung (Remote Function Call) herstellen. Im Folgenden beschreiben wir die grundlegenden Schritte zur Anbindung von ABAP- und Java-Anwendungen.

Konfiguration

13.4.2 ABAP-Anwendungen anbinden

Eine ABAP-Anwendung kommuniziert mit TREX über das RFC-Protokoll. Dabei verbindet sich die Anwendung über einen ABAP-Client und sendet seine Requests über ein SAP-Gateway an einen RFC-Server. Diese Verbindung wird im eigenständigen TREX-Admin-Tool konfiguriert. In Windows starten Sie dieses Tool per Doppelklick auf die Datei **TREXAdmin.bat** aus dem TREX-Verzeichnis. Unter Unix/Linux starten Sie das Tool aus dem TREX-Verzeichnis mit dem Befehl ./TREXAdmin.sh, Sie benötigen dafür einen X-Server, da das Tool über eine grafische Oberfläche verfügt.

Damit sich das TREX-Admin-Tool am SAP-Solution-Manager-System anmelden kann und auch berechtigt ist, regelmäßig die RFC-Konfiguration

Benutzer anlegen

zu überprüfen, müssen Sie im SAP Solution Manager einen Benutzer für die TREX-Administration anlegen:

1. Starten Sie dazu die Transaktion SU01, geben Sie einen neuen Benutzernamen, z. B. »TREXADMIN«, ein und klicken Sie auf **Anlegen**.
2. Geben Sie auf der Registerkarte **Adresse** die obligatorischen Daten des Benutzers ein.
3. Auf der Registerkarte **Rollen** weisen Sie dem Benutzer die Berechtigungsrollen aus Tabelle 13.2 zu.

Berechtigungsrolle	Beschreibung
SAP_BC_TREX_ADMIN	TREX-Verwaltung
SAP_BC_WEBSERVICE_SERVICE_USER	Musterrolle für Hintergrundbenutzer der Web Service Runtime

Tabelle 13.2 Berechtigungsrollen für den TREX-Administrator

RFC-Verbindung anlegen

Anschließend können Sie die RFC-Verbindung anlegen:

1. Im gestarteten TREX-Admin-Tool wechseln Sie in den Bereich **Connectivity** und dort weiter auf die Registerkarten **RFC** und **Current** (siehe Abbildung 13.20).
2. Klicken Sie neben **Create:** auf die Schaltfläche **Connection...**, und geben Sie dort die Verbindungsdaten des SAP-Solution-Manager-Systems an (siehe Abbildung 13.21).
3. Anschließend klicken Sie auf die Schaltfläche **RFC Destination (sm59)**. Damit wird automatisch die RFC-Verbindung im angegebenen SAP-Solution-Manager-System und -Mandanten angelegt.

Wir empfehlen, die RFC-Verbindung nicht direkt im SAP-Solution-Manager-System anzulegen.

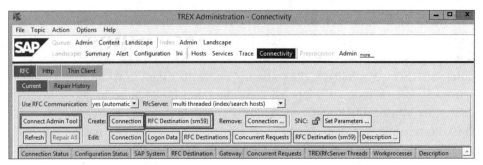

Abbildung 13.20 RFC-Verbindung zum SAP Solution Manager im TREX-Admin-Tool anlegen

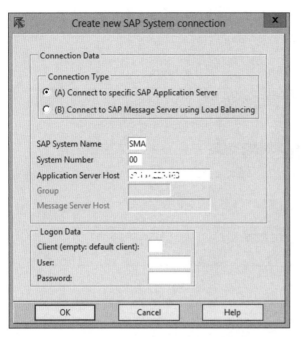

Abbildung 13.21 RFC-Verbindung im TREX-Admin-Tool konfigurieren

Prüfen Sie, ob die Verbindung korrekt angelegt wurde, indem Sie sich auf dem SAP-Solution-Manager-System anmelden und sich dort in Transaktion SM59 unter **TCP/IP -Verbindung** die RFC-Verbindung anzeigen lassen (siehe Abbildung 13.22).

Verbindung prüfen

Um nun TREX mit dem SAP-Solution-Manager-System zu verbinden, klicken Sie im TREX-Admin-Tool auf die Schaltfläche **Connect Admin Tool**. Wurde die Verbindung erfolgreich hergestellt, wechselt der **Connection Status** auf **Connected**. Mit der Schaltfläche **Refresh** kann der Fortschritt manuell aktualisiert werden.

> **Fehler automatisch beheben**
>
> Es kann vorkommen, dass bei der Einrichtung im TREX-Admin-Tool verschiedene Fehlermeldungen ausgegeben werden, die auf eine unvollständige Konfiguration schließen lassen. In diesem Fall klicken Sie auf die Schaltfläche **Repair All**, um die Fehler automatisiert beheben zu lassen. Im Fenster **Repair Results** werden Ihnen die Ergebnisse des Reparaturlaufs angezeigt.

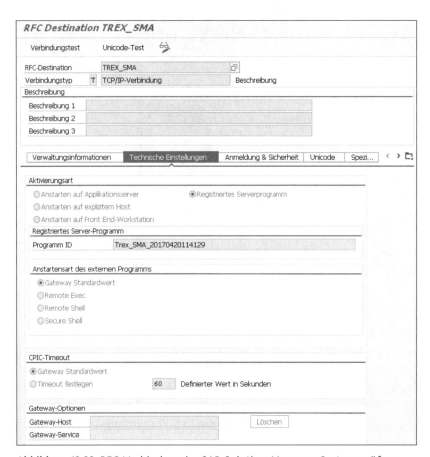

Abbildung 13.22 RFC-Verbindung im SAP-Solution-Manager-System prüfen

13.4.3 Java-Anwendungen anbinden

Webserver
Eine Java-Anwendung kommuniziert mit TREX über das HTTP- oder HTTPS-Protokoll. Dabei verbindet sich die Java-Anwendung über einen Java-Client mit dem Webserver. Dieser Webserver wurde um TREX-spezifische Funktionen erweitert. Unter Unix wird bei der TREX-Installation ein *Apache-Webserver* mit installiert. In Windows wird der *Internet Information Server* (IIS) benötigt. Dieser wird nicht mit der TREX-Installation ausgeliefert, sondern muss vor der Konfiguration des TREX-Webservers installiert sein. Beachten Sie, dass nur der Windows IIS ab Version 6.0 unterstützt wird.

HTTP-Verbindung
Nach der Webserverinstallation können Sie die HTTP-Verbindung einrichten:

1. Wechseln Sie im gestarteten TREX-Admin-Tool in den Bereich **Connectivity** und weiter auf die Registerkarte **Http**.

2. Wählen Sie im Drop-down-Feld unter **Use Http Connection** die Option **yes** aus (siehe Abbildung 13.23).

3. Die Verbindung wird hergestellt, und Ihnen wird der Konfigurationsstatus im darunterliegenden Bildschirmbereich angezeigt.

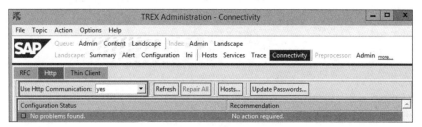

Abbildung 13.23 HTTP-Verbindung im TREX-Admin-Tool anlegen

Dank seiner flexiblen Architektur ist TREX skalierbar und erlaubt eine verteilte Installation. Dadurch können Such- und Indizierlasten auf mehrere Rechner verteilt werden, und die Verfügbarkeit kann sichergestellt werden. TREX-Komponenten können auf mehrere Rechner verteilt und einzelne Komponenten können mehrfach installiert werden.

13.4.4 Embedded Search konfigurieren

Die Embedded Search kann in der **SAP-Solution-Manager-Konfiguration** eingerichtet werden (siehe Abbildung 13.24). Dazu steht eine Übersicht über die durchzuführenden manuellen Aktivitäten zur Verfügung. Als Voraussetzung müssen zwingend die obligatorischen Konfigurationen in Transaktion SOLMAN_SETUP erfolgreich durchgeführt worden sein. Der Konfigurationsbenutzer benötigt für die Einrichtung der Embedded Search die Sammelrolle SAP_ESH_LOCAL_ADMIN.

Im Folgenden gehen wir die in Abbildung 13.24 aufgeführten Aktivitäten einmal durch:

1. Die UI-Services sollten bereits mit der Basiskonfiguration in Schritt 1: Grundfunktionen konfigurieren mit der automatischen Aktivität **Services aktivieren** (siehe Abschnitt 3.2.3, »Basiskonfiguration«) innerhalb der SAP-Solution-Manager-Konfiguration aktiviert worden sein.

2. Ebenso unproblematisch sollte die Prüfung, ob TREX korrekt installiert wurde, sein, wenn die Installation mit der in Abschnitt 13.4.1 beschriebenen Optionsart erfolgt ist.

3. Um TREX mit dem SAP-Solution-Manager-System zu verbinden, muss eine RFC-Verbindung im TREX-Admin-Tool konfiguriert werden. Dies wurde in Abschnitt 13.4.2, »ABAP-Anwendungen anbinden« beschrieben.

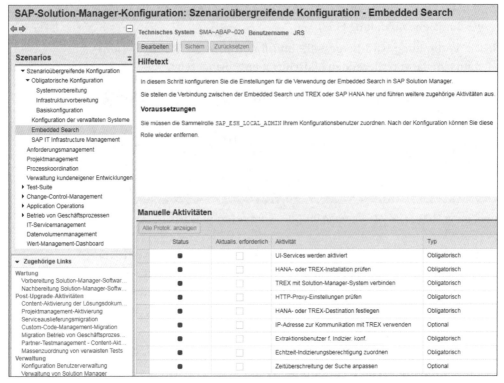

Abbildung 13.24 Embedded Search in Transaktion SOLMAN_SETUP konfigurieren

4. Die Prüfung der HTTP-Proxy-Einstellungen ist obligatorisch, da der SAP-Solution-Manager die Verbindung zu TREX via HTTP herstellt. Die genauen Anweisungen können Sie der Dokumentation zu dieser Aktivität übernehmen.

5. Um die TREX-Destination festzulegen, starten Sie Transaktion ESH_ADM_TREX_DEST und geben die RFC-Destination für den TREX-Server ein (siehe Abbildung 13.25).

Abbildung 13.25 TREX-Destination festlegen

6. Da alle Indizierungsjobs durch einen Extraktionsbenutzer ausgeführt werden, sollte der Benutzer SOLMAN_BTC oder alternativ ein Benutzer mit der Rolle SAP_SM_BATCH verwendet werden. Dies können Sie in Transaktion ESH_EXTR_USER festlegen (siehe Abbildung 13.26).

Abbildung 13.26 Extraktionsbenutzer registrieren

7. Neben diesen obligatorischen Schritten können Sie noch die optionalen Aktivitäten für die vollständige Einrichtung der Embedded Search, wie in der Dokumentation beschreiben, durchführen.

> **[+] Überprüfung der TREX-Einstellungen**
>
> Mithilfe des Python-Skriptes, das SAP-Hinweis 2227741 beigefügt ist, können Sie die vorgenommenen TREX-Einstellungen für die Embedded Search auf ihre Korrektheit hin überprüfen.

13.4.5 Administration

TREX kann über die SAP-Management-Konsole und über die ausführbaren Dateien bzw. Programme **startsap.exe** für Windows bzw. startsap für Unix/Linux gestartet und mit **stopsap.exe** für Windows bzw. stopsap für Unix/Linux gestoppt werden. Des Weiteren werden für die Administration von TREX folgende Werkzeuge angeboten:

Werkzeuge

- **Eigenständiges TREX-Admin-Tool**
  Für die Konfiguration und Überwachung von TREX steht das *TREX-Admin-Tool* zur Verfügung. Dieses ist ein eigenständiges Programm, mit dem eine Administration unabhängig von der an TREX angebundenen

Anwendung möglich ist. Es bietet von allen hier dargestellten Tools die umfangreichsten Funktionen.

- **TREX-Admin-Tool im SAP-System**
  Wenn TREX an ein SAP-System angebunden ist, kann das *TREX-Admin-Tool im SAP-System* für die Administration der Queues sowie für die Überwachung von TREX und dessen Komponenten verwendet werden. Queues verarbeiten das Indizieren und Optimieren im Index-Server. Das Tool können Sie über den Transaktionscode TREXADMIN aufrufen. Es beinhaltet die am häufigsten benötigten Funktionen.

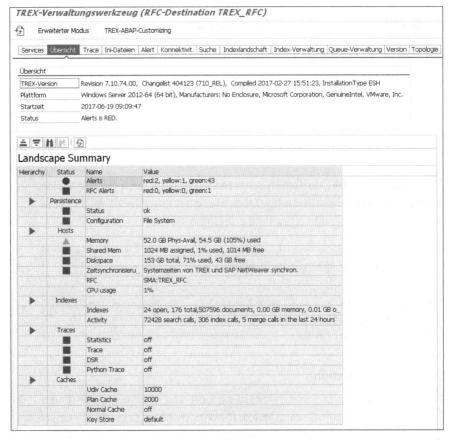

Abbildung 13.27 TREX-Admin-Tool im SAP-System (Transaktion TREXADMIN)

- **TREX-Monitor**
  Für den Einsatz der Knowledge-Management-Funktionen des SAP Enterprise Portals kann der *TREX-Monitor* im Portal verwendet werden. Damit können Sie die Verfügbarkeit der TREX-Server prüfen, Queues administrieren, wichtige Index-Parameter anzeigen und den Suchklassifikations-Cache leeren.

13.4 TREX

Mit einer Datensicherung kann TREX wiederhergestellt werden. In der Regel reicht es aus, TREX-Indizes und -Queues mithilfe von *Python-Skripten* zu sichern. Eine Python-Version wird bei der TREX-Installation mitgeliefert und installiert. Dies kann online erfolgen, was bedeutet, dass TREX nicht gestoppt werden muss und die TREX-Suche weiterhin verfügbar ist. Bei einer verteilten Installation genügt es, wenn der Index des TREX-Master-Index-Servers gesichert wird. Nach einem Indizierungsprozess, der viel Zeit in Anspruch genommen hat, und nach dem Hinzufügen von vielen neuen Dokumenten in einem Index sollte eine Datensicherung der TREX-Indizes vorgenommen werden. Die Wiederherstellung erfolgt offline.

Datensicherung und Wiederherstellung

Eine vollständige Datensicherung inklusive der erneuten TREX-Konfiguration kann nur offline erfolgen. Hierbei wird nach dem Stoppen aller TREX-Server auf jedem Rechner die komplette TREX-Installation einschließlich der darin enthaltenen Daten gesichert. Die Wiederherstellung erfolgt, indem die Datensicherung in das TREX-Installationsverzeichnis kopiert wird. Anschließend kann der TREX-Server wieder gestartet werden.

> **Datensicherung und Wiederherstellung des TREX**
>
> In SAP-Hinweis 975965 wird das Vorgehen der Datensicherung, ohne TREX zu stoppen, ausführlich beschrieben.

Über Transaktion ESH_COCKPIT starten Sie das Administrations-Cockpit für Konnektoren im SAP-Solution-Manager-System. Ein Konnektor ist das Laufzeitobjekt zum Suchmodell. Mithilfe der Konnektoren werden also die Objekte in der Suche verfügbar gemacht. Um einen neuen Konnektor anzulegen, gehen Sie wie folgt vor:

Erstindizierung

1. Klicken Sie auf die Schaltfläche **Anlegen** (siehe Abbildung 13.28).

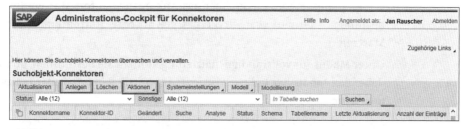

Abbildung 13.28 Administrations-Cockpit für Konnektoren

2. Im darauf erscheinenden Fenster müssen Sie die Softwarekomponente wählen (siehe Abbildung 13.29). Es stehen z. B. Lösungsdokumentation, Anforderungsmanagement, Change Control Management oder IT-Servicemanagement als Softwarekomponente zur Verfügung. Je nach

gewählter Softwarekomponente werden die entsprechenden Suchmodelle (für ITSM z. B. Meldungen, Probleme etc.) angezeigt, für die Konnektoren angelegt werden können.

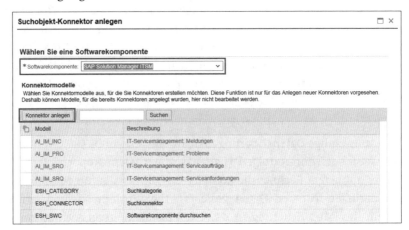

Abbildung 13.29 Suchobjekt-Konnektor anlegen

3. Nach der Auswahl der gewünschten Suchmodelle legen Sie den Konnektor über die Schaltfläche **Konnektor anlegen** an.

4. Wählen Sie im Administrations-Cockpit für Konnektoren diejenigen Suchobjekt-Konnektoren, für die Sie die Indizierung einplanen möchten, und klicken Sie anschließend auf die Schaltfläche **Aktionen** (siehe Abbildung 13.28).

5. Im darauffolgenden Menü wählen Sie den Eintrag **Indizierung einplanen**. Damit gelangen Sie zur Sicht **Indizierung für <Konnektorname> einplanen**. Sie erhalten eine Übersicht über die Suchmodelle des ausgewählten Konnektors.

6. Die Einplanung können Sie über das Ankreuzfeld **Sofort starten** direkt beginnen. Alternativ wählen Sie das gewünschte **Startdatum** und die **Startzeit**.

7. Unter **Modus für vollständige Indizierung** können Sie bestimmen, ob Sie dabei den **Inhalt der Indizes löschen** oder ob Sie den **Inhalt der Indizes überschreiben** wollen.

8. Mit einem Klick auf **OK** bestätigen Sie Ihre Eingaben. Warten Sie anschließend, bis die Suchanbindungen den Status **Aktiv** erreicht haben.

Ein Beispiel einer eingeplanten Indizierung für Meldungen innerhalb des IT-Servicemanagements sehen Sie in Abbildung 13.30.

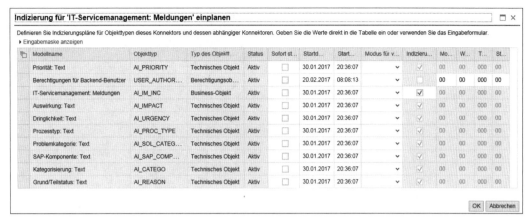

Abbildung 13.30 Indizierung einplanen

Den Status der Indizierung und die Anzahl der indizierten Einträge können Sie jederzeit in der Übersicht im Administrations-Cockpit für Konnektoren einsehen. Die Nutzung einer auf diese Weise eingerichteten Volltextsuche beschreiben wir im Rahmen des IT-Servicemanagement-Szenarios in Abschnitt 5.3.5, »Volltextsuche«.

> **Performance der Indizierung**
>
> Um die Performance bei der Indizierung zu verbessern, ist es vor der Verwendung des TREX unter Umständen notwendig, die Empfehlungen in SAP-Hinweis 2350345 zu beachten.

[«]

Kapitel 14
Focused Solutions

In diesem Kapitel zeigen wir Ihnen, wie Sie mithilfe der Focused Solutions, insbesondere Focused Build und Focused Insights, große Entwicklungsprojekte inklusive der Qualitätssicherung agil umsetzen können.

Um große Projekte und deren Herausforderungen bewältigen zu können, bietet der SAP Solution Manager 7.2 mit den *Focused Solutions* einsatzfertige und vorkonfigurierte zusätzliche Lösungen, die über die Standardszenarien hinausgehen. Dabei handelt es sich um Dashboards und anwenderfreundliche SAP-Fiori-Anwendungen, die laufende Vollständigkeitsanalysen und die Nachverfolgung aller Anforderungen und Tests erlauben. Die Focused Solutions werden von Servicepartnern von SAP bereitgestellt und müssen von Ihnen als SAP-Kunde separat lizenziert werden. Derzeit sind drei Focused Solutions verfügbar: Focused Build, Focused Insights und Focused Run.

In diesem Kapitel erläutern wir Ihnen die Funktionen der verschiedenen Focused Solutions. Den Schwerpunkt legen wir dabei auf Focused Build und Focused Insights.

14.1 Einsatzszenarien der Focused Solutions

Zu Beginn dieses Kapitels stellen wir Ihnen die drei derzeit verfügbaren Focused Solutions kurz vor und grenzen ihre Einsatzbereiche voneinander ab. Die Focused Solutions werden Ihnen als On-Premise-Add-on zu ihrem SAP Solution Manager zur Verfügung gestellt.

14.1.1 Agile Projekte mit Focused Build

Mit Focused Build liegt Ihnen eine einsatzbereite Methode vor, um den Anforderungs- und Entwicklungsprozess einschließlich professioneller Tests in großen agilen Projekten zu bewerkstelligen. Es besteht aus einem Release Management, Entwicklungs- und Projektvorgängen, einer modernen Testumgebung sowie einem Dokumentenmanagementsystem.

Agile Projektmethodik

Integration von SAP PPM

Focused Build setzt auf *SAP Portfolio and Project Management* (PPM) auf, mit dem Einzelprojekte und *Programme* (im Sinne von Multi-Projekten) gesteuert werden können. Die mit PPM erstellten Projekte werden über eine SAP-Solution-Manager-Lösung (im Sinne der Definition in Abschnitt 4.1.1, »Eine Lösung als Single Source of Truth«) mit einem *Release* und der zugehörigen Lösungsdokumentation verbunden.

In den PPM-Projekten werden Phasen, Meilensteine, offene Punkte, Testanforderungen, Risiken und Aufgaben geplant und über den Status verfolgt. Die dem Projekt zugeordnete Lösung übernimmt die Anbindung an das Change Request Management und die Softwaretransportlogistik, d. h. an das Korrektur- und Transportwesen. Über einen sogenannten *Aufgabenplan* werden die Transportwege und die spezifischen Transportaufgaben verwendet, die im Transportkonzept des SAP Solution Managers möglich sind. Focused Build verfügt als Ergänzung zum klassischen Aufgabenplan im Change Request Management über eine zusätzliche Aufgabenplanvariante.

Strukturelemente

Ein Projekt, das mit Focused Build koordiniert wird, wird in Releases, Wellen (*Waves*) und Sprints strukturiert. Wie diese Elemente das Projekt untergliedern, entnehmen Sie Abbildung 14.1.

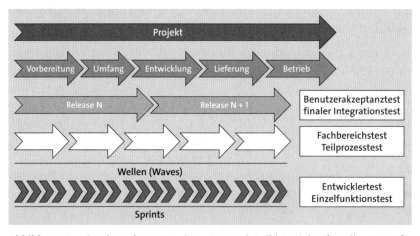

Abbildung 14.1 Strukturelemente eines Focused-Build-Projekts (Quelle: SAP SE)

Wellen und Sprints

Die Wellen ermöglichen für sich abgeschlossene Testphasen, die eine laufende Realisierung begleiten können. Zu den *Wellen* werden Arbeitspakete zugeordnet; diese Arbeitspakete werden in mehreren Sprints realisiert. Die kleinsten Arbeitseinheiten der *Sprints* sind die sogenannten *Workitems* (Arbeitsaufträge), an denen die SAP-Transportaufträge hängen. Mithilfe all dieser Elemente planen und steuern Sie den Entwicklungsprozess. Projekte können darüber hinaus in *Releases* geplant werden. Diese Releases werden jeweils in ein bis n Wellen geliefert. Sowohl den Releases als auch den Wellen und Sprints sind jeweils spezielle Testarten zugeordnet. Die Testarten werden im SAP-Umfeld auch als *Testklassifizierungen* bezeichnet.

Neben den Vorgangsarten, die der SAP Solution Manager bereits im Standard zur Verfügung stellt, werden mit Focused Build neue Vorgangsarten bereitgestellt. Diese stellen wir in Abschnitt 14.2.3, »Vorgangsarten in Focused Build«, umfassend vor.

Vorgangsarten

Abbildung 14.2 zeigt die Zuordnung der verschiedenen *Testarten* zu den folgenden speziellen Vorgangsarten in Focused Build: Anforderung, Arbeitspaket und Spezifikation. Im Englischen wird hier vom Ansatz *Requirement to Deploy* von Focused Build gesprochen. Damit ist gemeint, dass die Methodik den Weg von der Anforderung bis zur Lieferung und dem Betrieb der Software komplett abdeckt.

Requirement to Deploy

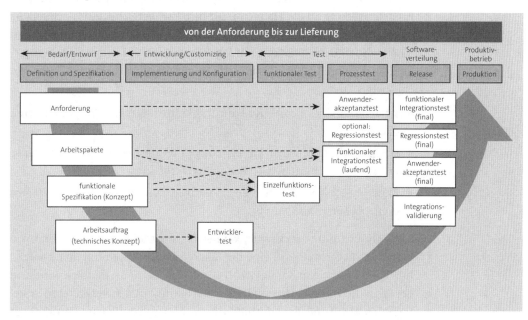

Abbildung 14.2 Auf Anforderungen basierender Testansatz (Quelle: SAP SE)

Die Phase »Definition und Spezifikation« des Projektablaufs beinhaltet bspw. die Formulierung der Anforderungen an die Software. Daraus resultiert in der Phase »Test« die Testart Anwenderakzeptanztest (*User Acceptance Test*, UAT). Die Definition der Arbeitspakete in der Phase »Definition und Spezifikation« bedingt funktionale Integrationstests (Testart *Functional Integration Test*, FIT) bzw. Einzelfunktionstests (Testart *Single Functional Test*, SFT).

Zuordnung der Testarten

Dokumenten-lenkung und Release-Bildung

Den Themen *Dokumentenlenkung* (d. h. dem Erstellen, Prüfen und Freigeben von Dokumenten durch einen Verantwortlichen) und *Release-Bildung* wird mit Focused Build große Beachtung geschenkt. Mit dem zusätzlichen Werkzeug *Dropdoc* wird die Nutzung und Steuerung von Prozessdokumenten stark vereinfacht. Zieht man die vorhandenen SAP-Standardfunktionen von SAP Business Workflow und die Dokumentstatus des SAP Knowledge Warehouse hinzu, kann ein nahezu revisionssicherer Dokumentenlenkungsprozess aufgesetzt werden.

14.1.2 Dashboards mit Focused Insights

Dashboard-Arten

Die große Stärke von Focused Insights sind die hochgradig konfigurierbaren Dashboards, die von dieser Lösung bereitgestellt werden. Sie sind vorkonfiguriert und können mit wenig Aufwand für den individuellen Bedarf angepasst werden. Mit Focused Insights haben Sie eine Dashboard-Gestaltungsumgebung an der Hand, um für Ihre Fachbereiche und IT schnell die benötigten Informationen zur Verfügung zu stellen. Dabei können Sie auf einen vordefinierten Katalog mit *Key Performance Indicators* (KPIs) zurückgreifen, der bereits 800 KPIs enthält. Es gibt Dashboards für drei wesentliche Zielgruppen:

- strategische Dashboards für Führungskräfte (Beispiel: KPIs zur Zielerreichung)
- Dashboards für Manager zur Lenkung und Überwachung im Sinne eines Frühwarnsystems (Beispiel: *Readiness Dashboard*)
- Experten-Dashboards für den operativen Betrieb (Beispiel: *Operations Control Center Dashboard*).

»Was Du nicht messen kannst, kannst Du nicht lenken«. Dieses Zitat von Peter F. Drucker weist auf eine der Stärken des SAP Solution Managers 7.2 hin. Dieser ist, wie in Kapitel 10, »Technischer Betrieb«, deutlich wurde, in der Lage, die verschiedensten Daten und Status aus den verwalteten Systemen zu messen und diese mithilfe von Dashboards, die Focused Insights zur Verfügung stellt, zur Lenkung des Unternehmens einzusetzen. Die Aufbereitung der Daten, die z. B. in einem Operations Control Center zur Verfügung stehen müssen, wird durch die beiden vereinfachten Konfigurationsmodelle von Focused Insights (*Operations* und *Operation Control Center*) unterstützt. Focused Insights kennt insgesamt sieben dieser Dashboard-Modelle, die wir in Abschnitt 14.3.1 vorstellen. Die Dashboards, die Focused Build zur Verfügung stellt, ergänzen die Dashboards, die mit dem sogenannten *Dashboard Builder* im Standard-SAP-Solution-Manager 7.2 bereitstehen (siehe Abschnitt 10.12, »Monitoring-Dashboards«).

14.1.3 Servicebereitstellung mit Focused Run

In diesem Buch geben wir Ihnen zum Thema Focused Run lediglich einen Überblick, um diese Focused Solution in den Gesamtkontext der beiden anderen Focused Solutions zu stellen. Focused Run wendet sich v. a. an Dienstleister (*Service Provider*), die ihre Kunden in einer zentralen, skalierbaren, sicheren und automatisierten Umgebung betreuen möchten.

Die Suite Focused Run stellt einen erweiterten SAP Solution Manager bereit, der u. a. folgende Vorteile gegenüber Standard-SAP-Solution-Manager-Systemen aufweist:

Vorteile von Focused Run

- optimiertes System für hohe Volumina auf Basis von SAP HANA
- extrem vereinfachte Architektur gegenüber der Standardlösung des SAP Solution Managers
- eingebautes bewährtes Sicherheitskonzept für die Anbindung der betreuten Systeme
- klare Trennung der Daten verschiedener Kundensysteme
- maximale Automatisierung während des Setups und der Wartung der angeschlossenen Systeme

14.2 Focused Build

Um ein Projekt oder Programm im Sinne eines Multi-Projekts zu steuern und um bei Abweichungen gegenüber den geplanten Projektergebnissen die richtigen Maßnahmen ergreifen zu können, ist Focused Build die richtige Plattform. Focused Build verfolgt die Idee, ein Projekt oder Multi-Projekt wie ein Release aufzubauen. Dazu stehen verschiedene Funktionen und Dashboards zur Verfügung. Wie man diese Werkzeuge gewinnbringend einsetzen kann, zeigen wir Ihnen an einem Kundenbeispiel in Abschnitt 14.5, »Anwendungsbeispiel: von der Anforderung zum Release«.

Gegenüber den Standardmethoden des Projektmanagements bringt der Einsatz von Focused Build im Wesentlichen folgende Vorteile:

Vorteile von Focused Build

- Der Aufbau eines Projektfrühwarnsystems wird ermöglicht.
- Die Dokumentenlenkung erfolgt nach den Verantwortlichkeiten.
- Anforderungen und Umsetzungen können vollständig abgebildet werden.
- Es besteht eine bi-direktionale Nachverfolgbarkeit der Projekte.

Den größten Nutzen erzielen Sie, wenn Sie Focused Build zusammen mit Focused Insights einsetzen. Um nach Abschluss eines Implementierungs-

Bi-direktionale Nachverfolgbarkeit

oder Entwicklungsprojekts die Lösung in die Wartung bzw. in den Support überführen zu können, muss gewährleistet sein, dass alle Anforderungen vollständig umgesetzt wurden. Dieser Prozess wird *vorwärts* bis zu den Tests und der Auslieferung dokumentiert. Darüber hinaus muss die Rückverfolgung ermöglicht werden, d. h. die Nachverfolgbarkeit durch den Support im Falle einer Störung zurück bis zur Anforderung. Dieses Konzept wird auch als *bi-direktionale Nachverfolgbarkeit* bezeichnet.

Tabelle 14.1 verdeutlicht die Dokumentation des Projektfortschritts anhand eines Beispiels. Dass in der letzten Spalte noch Daten fehlen, bedeutet, dass die Tests noch nicht stattgefunden haben. Bezogen auf die Vollständigkeit steht dieses Projekt also noch vor der Testphase.

Anforderung	Designprozess	Entwicklungs-objekte	Testfall	Teststatus
Anforderung 1	neu	1, 3, 5		
Anforderung 2	Prozess 1.2.7 V1	3, 9, 17	Testfall 1 Testfall 2	
Anforderung 3		28, 29, 16	Testfall 3 Testfall 1	
...				

Tabelle 14.1 Vollständigkeit und Nachverfolgbarkeit von der Anforderung bis zum Test

Projektphasen und -ergebnisse

Die typischen Projektphasen, angefangen mit dem jeweiligen Pflichtenheftkapitel (z. B. Kapitel mit den Anforderungen zum Wareneingang, Warenausgang, lagerinternen Prozessen usw.) über die Designdokumente (z. B. das technische Design) bis hin zu den Entwicklungen und dem Testen der Software sind in Abbildung 14.3 dargestellt. In der Spalte **Anforderung** werden drei umzusetzende Anforderungen aufgeführt. Die Spalte **Designprozess** nimmt auf den Prozess Bezug und soll zeigen, dass bspw. für die Anforderung 2 bereits ein technisches Design erstellt und zugeordnet wurde. In der Spalte **Entwicklungsobjekte** werden die Entwicklungen referenziert, mit denen die Anforderungen umgesetzt werden. Ob schon ein Testfall zugeordnet wurde, um die Anforderungen zu testen, ist in der Spalte **Testfall** zu sehen. Nach Abschluss jeder dieser Phasen werden Projektergebnisse (im Sinne von Dokumenten oder Entwicklungsobjekten) erwartet.

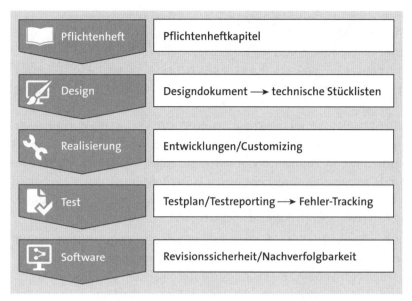

Abbildung 14.3 Vom Pflichtenheftkapitel zur Nachverfolgbarkeit

All diese Projektergebnisse können mit Focused Build abgebildet werden. Sie starten mit der Anforderung, die typischerweise in einem Pflichtenheft beschrieben ist. Aus dem Pflichtenheft wird in vielen Fällen das technische Design (mit einer technischen Stückliste) abgeleitet. Hieraus ergibt sich die Grundlage für die Entwicklung und den Testplan. Pflichtenheft und Designdokumente werden durch die Dokumentenlenkungsfunktionen in Focused Build im SAP-Solution-Manager-System gespeichert und konsistent in den Focused-Build-Vorgangsarten Arbeitspaket und Workitem genutzt.

14.2.1 Voraussetzungen für den Einsatz von Focused Build

Damit Focused Build erfolgreich eingesetzt werden kann, müssen Sie Ihr SAP-Solution-Manager-System und das Change-Request-Management-Szenario eingerichtet haben. Folgen Sie dazu den Ausführungen in Kapitel 3, »Grundkonfiguration«, und Kapitel 8, »Change Control Management«. In diesem Kapitel beschreiben wir Focused Build für die SAP-Solution-Manager-Version 7.2. Das Add-On Focused Build steht aber auch bereits für den SAP Solution Manager 7.1 zur Verfügung.

Vorausgesetzte Szenarien

Durch die Einrichtung des SAP NetWeaver Application Servers wird die erforderliche Webfähigkeit des SAP Solution Managers sichergestellt. Zusätzlich nutzen Sie PPM sowie das SAP Knowledge Warehouse (KW). Die Auswertungen und Dashboards greifen auf das im SAP Solution Manager inkludierte SAP-BW-System zu.

14 Focused Solutions

> **Lizenzen für Focused Build**
>
> Die Lizenzen für die Nutzung von Focused Build können pro Benutzer und pro Jahr im SAP Store erworben werden. Nähere Informationen dazu stellt SAP unter folgender URL bereit: *http://s-prs.de/v561556*

Komponente ST-OST

Focused Build wird mit der Komponente ST-OST vorinstalliert. Die Berechtigungen und Internetservices (ICF-Services, d. h. die Services des Internet Communication Frameworks) müssen Sie selbst einstellen. Mit den im Grund-Customizing vorgenommenen Einstellungen werden Sie zunächst zurechtkommen, aber Sie werden vermutlich recht schnell Einstellungen und Aktivierungen (z. B. von Services) ergänzen müssen.

Konfigurationsleitfaden

Zur Konfiguration der erforderlichen OData-Services, SAP-Fiori-Anwendungen und ICF-Services folgen Sie den Anweisungen des Konfigurationsleitfadens für Focused Build, den Sie unter folgender URL finden: *http://s-prs.de/v561557*. Richten Sie sich dort nach dem Abschnitt »Activate Services«.

> **OData-Services für das Anwendungsbeispiel einrichten**
>
> Um das Praxisbeispiel aus Abschnitt 14.5, »Anwendungsbeispiel: von der Anforderung zum Release«, nachvollziehen zu können, müssen Sie zuvor einige OData-Services einrichten:
>
> - /SALM/BUSINESS_REQUIREMENTS_SRV
>   Dieser OData-Service wird u. a. für das Anforderungsmanagement und die Geschäftsanforderungen benötigt.
> - /SALM/DROP_DOC_SRV
>   Dieser OData-Service wird für die Umfangsanalyse sowie den Entwurf der Anforderungen und Arbeitspakete mittels des vereinfachten Dokumenten-Uploads benötigt.
> - /SALM/MANGOCRMUI
>   Dieser OData-Service wird u. a. für die SAP-Fiori-Anwendungen für Arbeitspakete, Workitems und Massenänderungen benötigt.
> - /SALM/SOL_READINESS_ODATA_SERVICE
>   Dieser OData-Service wird u. a. für das Solution Readiness Dashboard benötigt.

OData-HTTP-Mapping

Beim Start der verschiedenen SAP-Fiori-Anwendungen von Focused Build werden im Hintergrund viele der genannten OData-Services benötigt. In der Regel besitzen die OData-Services eine HTTP-Entsprechung in der Transaktion SICF zur Pflege und Aktivierung von HTTP-Services. Das erforderliche Mapping wird in der Transaktion /IWFND/MAINT_SERVICE vorgenommen.

14.2.2 Benutzerrollen und Arbeitsteilung

Focused Build stellt für die verschiedenen fachlichen Rollen der Projektbeteiligten unterschiedliche Benutzerrollen zur Verfügung. Für jede dieser Rollen existiert jeweils eine Sicht im SAP Solution Manager Launchpad. Das SAP Solution Manager Launchpad für Focused Build wird über die Transaktion SM_WORKCENTER gestartet. Die Sicht auf die Anwendungen, die dem *Release Manager* zur Verfügung stehen, zeigt Abbildung 14.4.

Rollenbasiertes Launchpad

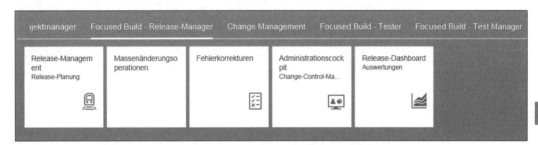

Abbildung 14.4 Sicht auf die Anwendungen für den Release Manager im SAP Solution Manager Launchpad

Die Focused-Build-Rollen, deren Sichten im SAP Solution Manager Launchpad auswählbar sind, sind in Tabelle 14.2 aufgeführt.

Verfügbare Rollen

Focused-Build-Rolle	Technische Rolle mit Beispielen für Anwendungen
Business Analyst	SAP_OST_FB_ANALYST (u. a. Anforderungen/Bedarf, Lösungsdokumentation und Lösungsverwaltung)
Architekt	SAP_OST_FB_ARCHITECT (zusätzlich zum Analysten: Arbeitspakete, Workitems, Risiken und offene Punkte, Dashboards)
Entwickler	SAP_OST_FB_DEV (u. a. Workitems, Fehlerkorrekturen und das Change and Release Management Dashboard)
Projektmanager	SAP_OST_FB_PROJ_M (u. a. Projekte, Projektmanagementaufgaben und Solution Readiness Dashboard)

Tabelle 14.2 Focused-Build-Rollen mit technischen Rollen

Focused-Build-Rolle	Technische Rolle mit Beispielen für Anwendungen
Testkoordinator	SAP_OST_FB_TEST_M (u. a. Testplanverwaltung, Test Suite Dashboard, Testausführungen, Testerzuordnung)
Tester	SAP_OST_FB_TESTER (u. a. Testaufgaben, Test Suite Dashboard)
Release Manager	SAP_OST_FB_REL_M (u. a. Release-Planung, Administrations-Cockpit, Massenänderungen, Release Dashboard)
Tool Lead (ein spezieller Benutzer mit Konfigurationsberechtigungen)	SAP_OST_FB_TOOLLEAD (u. a. Administrations-Cockpit, Konfigurationsschritte, Konfiguration)

Tabelle 14.2 Focused-Build-Rollen mit technischen Rollen (Forts.)

14.2.3 Vorgangsarten in Focused Build

Focused-Build-Projekte folgen standardmäßig den Phasen Vorbereitung, Umfangsanalyse (Anforderungen und Konzepte), Entwicklung (Softwareerstellung), Lieferung (Softwaretransport) und Betrieb. Es werden u. a. die Vorgangsarten Anforderungen, Arbeitspakete, Workitems, Testanträge, Risiken und die sogenannte *funktionale Lücke* (Functional Gap) verwendet. Je nach Projektphase kommen in der Arbeit mit Focused Build folgende weitere Vorgangsarten zum Tragen:

- **Vorbereitung**
  In der Vorbereitungsphase erstellen Sie das PPM-Projekt und ordnen ein Release zu. Sie legen die Anzahl der Waves und Sprints fest, ordnen geplante Zeiten zu und erfassen gegebenenfalls schon vorhandene offene Punkte als Issues oder Top-Issues. Falls bereits *Risiken* aufgezeichnet werden sollen, erstellen Sie diese in der Focused-Build-Vorgangsart S1RK.

- **Umfangsanalyse**
  Zur Umfangsanalyse nutzen Sie die Geschäftsanforderungen (*Business Requirements*). Hier bringt Focused Build eine spezielle Vorgangsart S1BR mit. Diese Anforderungen können sowohl in der Rolle des Business Analysts als auch in der Rolle des Architekten mittels einer SAP-Fiori-Anwendung erfasst werden.

Die Anforderungen werden anschließend (nach Freigabe) zu Arbeitspaketen. Aus der SAP-Fiori-Anwendung für Arbeitspakete können *funktionale Erweiterungen* erstellt werden. Dazu wird die Standardvorgangsart SMFG des SAP Solution Managers benutzt. Beim Erstellen des Umfangs werden Workitems definiert, die dann Sprints zugeordnet werden.

- **Entwicklung**
  Entwickler finden in Ihrem Arbeitsvorrat Arbeitspakete und Workitems, mit denen sie arbeiten können. Auch die Zeiterfassung bezieht sich auf diese Vorgangsarten. Bei Fertigstellung der Entwicklungsarbeit wird das Workitem dem Test zugeführt.

- **Lieferung**
  Die Lieferung wird durch den Release Manager gesteuert. Hier kommen keinen weiteren Vorgangsarten hinzu.

- **Test**
  Im Test unterstützt Focused Build mit der Vorgangsart für *Defekte* (S1DM). Für *Korrekturen zu Defekten* steht die Vorgangsart S1TM zur Verfügung. Die Testanträge (Vorgangsart S1TR) werden implizit aus der Anwendung »Zuordnungsanalyse und Testplangenerierung« erstellt. Dort können Sie sicherstellen, dass es keine Arbeitspakete ohne Testplanabdeckung gibt.

- **Betrieb**
  Im Betrieb kommen die Standardvorgangsarten des SAP Solution Managers zum Einsatz (z. B. Störung und Problem).

Abbildung 14.5 zeigt, wie Anforderungen (Vorgangsart S1BR) analysiert werden (siehe Phase »Umfangsanalyse«). Ihre Umsetzung bis zum Go-Live im *Build-Prozess* wird durch ein Qualitätsmanagement (QM, entspricht der Phase »Test«) gesichert. Unterlagen zu den Anforderungen und Konzepten werden laufend in den Vorgangsarten Anforderung, Arbeitspaket und Workitem fortgeschrieben. Die rechte Seite der Abbildung veranschaulicht die iterative Bearbeitung zwischen Build-Prozess (Erstellen von Software und Customizing), der Weitergabe an das QM (Testmanagement) und der Produktionsreife. Hier ist auf Basis des Korrekturvorgangs S1TM der Phase »Test« auch eine Rückgabe in den Build-Prozess möglich. Mit dem Setzen des produktiven Status des Workitems (bspw. Vorgangsart S1CG = allgemeine Änderung) wird das Workitem in die Phase »Betrieb« überstellt, es erfolgt also das Go-Live.

Qualitätsmanagement

14 Focused Solutions

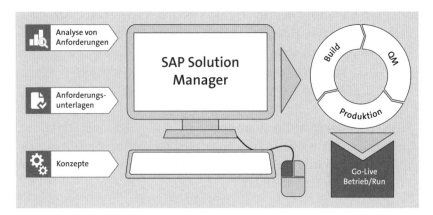

Abbildung 14.5 Anforderungen, Konzepte und Umsetzung bis zum Betrieb

14.2.4 Dokumentenlenkung mit Dropdoc

Focused Build wurde mit einem Dokumentenmanagementwerkzeug, genannt *Dropdoc*, ausgestattet. Damit ist es möglich, viele Dokumente auf einmal per Drag and Drop aus einem Dateiverzeichnis in einen SAP-Solution-Manager-Vorgang (z. B. ein Arbeitspaket oder ein Workitem) zu ziehen. Sie können Dropdoc bspw. zum Hochladen von Konzepten, funktionellen Spezifikationen, User-Stories, Testanleitungen, manuellen Testfällen und Anforderungsdokumenten verwenden.

Dokumentenlenkung

Dropdoc vereinfacht die Dokumentenlenkung, indem es Ihnen erlaubt, den erforderlichen Status der hochgeladenen Dokumente (auch für mehrere Dokumente) zu setzen. So können Sie für diese einen Freigabeprozess definieren (z. B. Setzen des Status **Freigegeben** nur durch Projektleiter).

Hochladen von Dokumenten

Abbildung 14.6 zeigt Dropdoc beim Hochladen zweier funktioneller Spezifikationen. Beim Hochladen ordnen Sie dem Dokument den **Dokumenttyp** zu und ergänzen optional (in der Lösungsdokumentation) **Kundenattribute** und **Schlüsselwörter**. Diese Informationen dienen zum einen dem schnellen Wiederauffinden der Dokumente in globalen Suchen, zum anderen aber auch dem Feststellen von Referenzen.

Abbildung 14.6 Dropdoc zum einfachen Hochladen mehrerer Dokumente

Per Drag and Drop können somit gleichzeitig mehrere Dokumente hochgeladen werden. Sie setzen dann den Dokumenttyp, den Elementtyp und das Element der Lösungsdokumentation.

14.2.5 Dashboards für die Projektbeteiligten

Eine der Stärken der Focused Solutions sind die Dashboards für verschiedene Ebenen des Managements eines Projekts oder Programms. So zeigt z. B. das *Solution Readiness Dashboard* jederzeit und auf einen Blick den Reifegrad der Lösung an. Die Projektmitarbeiter können sich hier den Projektstatus, die nächsten Meilensteine sowie die Anzahl und den Bearbeitungsstand von Arbeitspaketen und Workitems ansehen. Außerdem ist jederzeit ein Blick auf Risiken und offene Punkte möglich. So erhalten Sie ein *Frühwarnsystem* für Schwierigkeiten, die in Projekten auftreten können. Ein Beispiel für ein solches Solution Readiness Dashboard sehen Sie in Abbildung 14.7.

Solution Readiness Dashboard

Abbildung 14.7 Solution Readiness Dashboard

Neben den bereits genannten Daten ist auch der Gesamtstatus der Unit-Tests ersichtlich. Nutzen Sie das *Test Suite Dashboard*, wenn Sie einen genaueren Status zu den Tests benötigen.

14.2.6 Dashboards für die Test Suite

Die Test Suite wird in zweifacher Hinsicht durch die Focused Solutions ergänzt:

- **Solution Readiness Dashboard**
  Drei der Kacheln aus dem Solution Readiness Dashboard zeigen auf oberster Ebene Informationen zum Stand der Entwicklertests, den Teststatus aus dem Test Suite Dashboard und Fehlerdetails als Anzahl an.

- **Test Suite Dashboard**
  Detaillierte Informationen zu den Teststatus sind im *Test Suite Dashboard* verfügbar. Es zeigt die Anzahl der zum Test offenen Testpläne, der aufgetretenen Fehler in den jeweiligen Testarten und der Testfälle, die nicht in Ordnung sind, an. Ein Beispiel für das Test Suite Dashboard zeigt Abbildung 14.8.

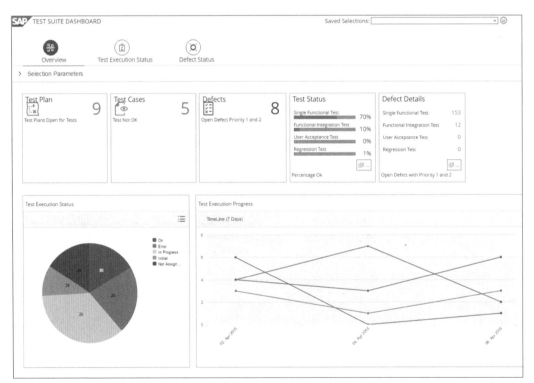

Abbildung 14.8 Einstieg in das Test Suite Dashboard mit einem Testplan

Die Selektion der Testpläne erfolgt über die Lösung und den Branch in der Lösungsdokumentation bzw. über ein Projekt (und die Auswahl der Welle im Projektmanagement). Aus dem Ergebnis dieser Selektion können weitere Details zum Teststatus entnommen werden.

14.2.7 Integration mit dem Change Request Management

Focused Build bedient sich des Release-Kalenders und der Release-Zyklen aus dem Change Request Management. Hierzu ist hilfreich zu wissen, dass der Release Manager über die Möglichkeit verfügt, sogenannte kleinere *Minor-* und umfassendere *Major-Releases* in einem Release-Kalender zu planen. Zur Anlage wird eine Change-Control-Landschaft benutzt. Aus dem Release ergibt sich jeweils ein Go-Live-Datum. Zu den Releases wird ein Release-Zyklus erzeugt, der einem Änderungs- oder Wartungszyklus im Change Request Management entspricht. Darüber hinaus wird ein Aufgabenplan erstellt.

Beim Vergleich zwischen den Vorgangsarten, die das Change Request Management und Focused Build nutzen, entspricht der Testantrag (Vorgangsart S1TR) in Focused Build am ehesten dem Änderungsantrag im Change Request Management. Ein *Arbeitspaket* (Vorgangsart S1IT) finden Sie bei den IT-Anforderungen im Anforderungsmanagement wieder. Bei den Geschäftsanforderungen findet sich die *Anforderung* (Vorgangsart S1BR) aus Focused Build wieder.

Um eine Anforderung im Requirement-to-Deploy-Prozess zu erfassen (Phase »Vorbereitung«), zu konzeptionieren (Phase »Umfangsanalyse«), zu bauen (Phase »Entwicklung«), zu testen (Phase »Test«) und in die Produktionsumgebung zu übernehmen (Phasen »Lieferung« und »operativer Betrieb«), werden Methoden und die technische Infrastruktur des Change Request Managements verwendet.

SAP stellt mit den Focused Solutions einige spezifische Erweiterungen für das Change Request Management zur Verfügung. Diese erweitern den Standardfunktionsumfang um folgende Funktionen:

Spezifische Erweiterungen

- Batch-Import
- eigenständiges Retrofit
- Retrofit-Automatisierung
- Retrofit für SAP Business Warehouse (BW)
- Testsystemaktualisierung

14.3 Focused Insights

Focused Insights ist ein Verfahren, um in kürzester Zeit kundeneigene Dashboards zu gestalten. Die Dashboards folgen einem modernen und praxisorientierten Design. Mit Focused Insights wird eine Gestaltungsumgebung für Dashboards ausgeliefert, die *Dashboard Factory*.

Einsichten gewinnen

Mit Focused Insights hat SAP ein Werkzeug geschaffen, mit dem nach eigenem Bekunden »Daten zu Einsichten« werden sollen. Dies soll durch professionelle Dashboards, die nicht nur von IT-Mitarbeitern, sondern v. a. auch von Managern erstellt werden können, erreicht werden. Focused Insights bedient sich moderner SAP-Oberflächen und unterstützt auch mobile Geräte. Mit den Scorecards und Dashboards von Focused Insights können Sie sich einen guten Überblick verschaffen, um Ihre laufenden Projekte und Vorgänge zu steuern. Außerdem können Sie sicherstellen, dass das Management immer informiert ist.

Focused Insights liegen sieben verschiedene Dashboard-Modelle zugrunde, die Sie in diesem Abschnitt kennenlernen. Darüber hinaus stellen wir Ihnen die relevantesten Elemente und Konfigurationsapplikationen von Focused Insights vor und zeigen Ihnen die wichtigsten Einrichtungsschritte.

Focused Insights Launchpad

Abbildung 14.9 zeigt das *Focused Insights Launchpad*. Hier können Sie sich einen ersten Überblick über die konfigurierten Szenarien verschaffen. Darüber hinaus ist der Zugang zum *Metrikkatalog* und zu den *Metrikinstanzen* möglich. Die Applikation ist als *Business Server Page* (BSP) realisiert.

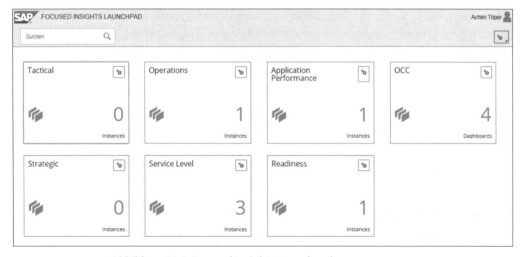

Abbildung 14.9 Focused Insights Launchpad

14.3.1 Dashboard-Modelle

Dashboards und Kacheln

Die Dashboards und Kacheln von Focused Insights können Sie als Kunde Ihren individuellen Anforderungen anpassen. Sie beziehen Ihre Daten sowohl aus dem jedem SAP-Solution-Manager-System zugrundeliegenden SAP Business Warehouse (BW) als auch aus den angeschlossenen Satellitensystemen.

Focused Insights stellt Auswertungen für die folgenden Gruppen zur Verfügung:

Zielgruppen

- Führungskräfte (bspw. Vorstände, CIOs u. a.)
- Bereichsmanager (bspw. Geschäftsbereichsleiter, Abteilungsleiter u. a.)
- Experten (Serviceexperten, Help-Desk-Mitarbeiter u. a.)

Daraus ergeben sich drei Informationsebenen:

Informationsebenen

- Strategie
- Governance
- Betrieb (Operations)

In Abbildung 14.10 sehen Sie die sieben Dashboard-Modelle. Sie sind jeweils mindestens einer Informationsebene zugeordnet.

Dashboard-Modelle

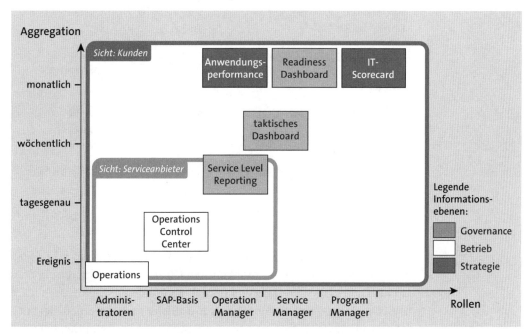

Abbildung 14.10 7 Dashboard-Modelle des Focused Insights (Quelle: SAP SE)

Im *Focused Insights Launchpad* sind diese Dashboard-Modelle in der Reihenfolge abgebildet, in der Sie in Tabelle 14.3 aufgeführt sind. In Klammern ist jeweils der Name des Dashboards angegeben. Die Zugehörigkeit zu den drei Informationsebenen können Sie ebenfalls der Tabelle entnehmen.

Dashboard-Modell	Informations-ebene	Periodizität	Bedeutung für Rolle
taktisches Dashboard (**Tactical**)	Governance	wöchentlich	Operations Manager bzw. Service Manager
Betrieb (**Operations**)	Betrieb	ereignisbasiert	Systembetreuer
Anwendungsperformance (**Application Performance**)	Strategie	monatlich	Operations Manager
Operations Control Center (**OCC**)	Betrieb	ereignisbasiert/täglich	Operations Control Center
Berichtsbogen/IT-Scorecard (**Strategic**)	Strategie	monatlich	Operations Manager
Service-Level-Bericht (**Service Level**)	Betrieb	täglich/wöchentlich	SAP-Basis/Operations Manager
Reifegrad (**Readiness**)	Betrieb	monatlich	Service Manager

Tabelle 14.3 Dashboard-Modelle und Informationsebenen in Focused Insights

Das Dashboard mit den detailliertesten Werten auf Tagesbasis bzw. ereignisgenau richtet sich an Administratoren (*Operators*), also an die ein oder zwei Personen, die den täglichen Betrieb koordinieren. Dieses Dashboard heißt *Operations*. Auf oberster Ebene, also auf der Kachel, werden hier auch Störungen (*Alerts*) angezeigt. Man kann von dieser Ebene in Detailebenen verzweigen.

Operations Control Center

Mit den Mitteln von Focused Build und den Werkzeugen, die Focused Insights zur Verfügung stellt, können Sie auch für komplexere SAP-Systemlandschaften ein sogenanntes *Operations Control Center* aufbauen. In diesem laufen zentral alle Informationen zusammen, die zur Steuerung und Aufrechterhaltung des Betriebs der unternehmenskritischen Geschäftsprozesse einer umfassenden Kundenlösung benötigt werden.

14.3.2 Voraussetzungen für den Einsatz von Focused Insights

Nach dem Erwerb der Software und der Installation anhand der von SAP zur Verfügung gestellten Installationsanleitungen sind nur wenige Customizing-Aktionen erforderlich. Dazu muss das sogenannte *Dashboard-Factory-Setup* in Form einer geführten Prozedur durchlaufen werden.

Customizing

Die wichtigsten Schritte sind in Tabelle 14.4 dargestellt. Jede Zeile entspricht einem Bildschirmschritt in der geführten Prozedur. Diese Prozedur wird als Web-Dynpro-Anwendung mit dem Namen /stdf/wd_df_setup bereitgestellt und kann um einen Benutzerkommentar ergänzt werden. Hinweise auf den Installationsleitfaden »Focused Insights for SAP Solution Manager Installation Guide SP4« sind dort ebenfalls verfügbar. Einen Transaktionscode für diese Anwendung gibt es allerdings nicht.

Konfiguration der Dashboard Factory

Schritt	Inhaltliche Tätigkeiten	Beispielaktivität
1 Prerequisites	manuelle Aktivitäten: Benutzer, Parameter festlegen	Hintergrundbenutzer für die Dashboard Factory, SAP-Hinweise einspielen etc.
2 Activate Ranges & Intervals	manuelle Aktivitäten: Nummernkreise und -intervalle	Nummernkreisintervalle im Namensbereich /STDF/ festlegen
3 Activate Queries	automatische Aktivität	Aktivierung von Queries aus dem SAP BW des SAP Solution Managers
4 System Alias Creation	manuelle Aktivitäten: Anlegen der Alias für die Internetservices	Systemalias für das strategische Dashboard anlegen
5 Activate Services	automatische Aktivität	Aktivierung benötigter Services
6 Schedule Jobs	automatische Aktivität: Anlegen und Einplanen der benötigten Jobs	Jobs für die Verwaltung der kundeneigenen Entwicklung
7 Content Initialization	automatische Aktivitäten	Füllen von Metriken mit initialen Inhalten
8 Dashboard Instance Configuration	manuelle Aktivitäten	strategisches Dashboard konfigurieren
9 Cache Configuration	manuelle Aktivitäten	Metriken-Cache global aktivieren oder deaktivieren

Tabelle 14.4 Schritte zur Konfiguration von Focused Insights

Hintergrund‑benutzer
Der Benutzer, der im Setup bei Schritt 1, »Prerequisites«, als Hintergrundbenutzer eingetragen wird, kann ebenso der Hintergrundbenutzer für den SAP Solution Manager sein. Unter diesem Benutzer laufen die für Focused Insights benötigten Hintergrundverarbeitungen.

14.3.3 Dashboards konfigurieren

Konfigurations‑anwendungen
Alle Dashboards in Focused Insights haben eine eigene Konfigurationsanwendung. Die vollständige Liste der Konfigurationsanwendungen sehen Sie in Tabelle 14.5.

Dashboard	Konfigurationsanwendung
Tactical	/stdf/tac_webdynpro
Operations	/stdf/ope_wd_config_app
Application Performance	/stdf/ap_wd_conf_app
OCC	/stdf/dv
Strategic	/stdf/scr_config_app
Service Level	/stdf/slr_instance_build
Readiness	/stdf/rd_config_app

Tabelle 14.5 Konfigurationsanwendungen des Dashboards

Abbildung 14.11 zeigt als Beispiel die Konfigurationsanwendung für das *Readiness Dashboard*. Hier können Sie Instanzen, Meilensteine und Werte hinzufügen oder bearbeiten. Die Instanzen repräsentieren eine Sammlung von Werten (KPIs) und nehmen den Titel auf. Jeder einzelne definierte Ergebniswert wird als Kachel dargestellt. Wechselt man in die Detailsicht des Ergebniswertes, kann man die Messwerte bei den einzelnen Meilensteinen einsehen.

Readiness Dashboard
Aus der Konfigurationsanwendung können Sie direkt in das zugehörige Dashboard springen. Die entsprechende Business Server Page heißt hier /stdf/rd_dashboard. Das Readiness Dashboard zeigt pro KPI zunächst eine Kachel an, auf der eine Ampel, ein Zielwert und der aktuell gültige Wert anzeigt werden. Verzweigt man in die Detailansicht, werden die historische Entwicklung der Werte sowie die Meilensteine der Messungen angezeigt. Sie können dort Anmerkungen hinterlegen.

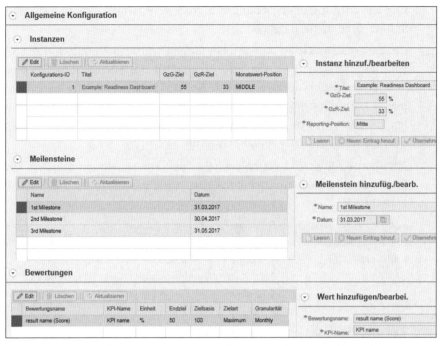

Abbildung 14.11 Konfigurationsanwendung für das Readiness Dashboard

> **[!] Content-Initialisierung beeinflusst die Ergebnisse**
>
> Die Ergebnisse in den Dashboards nach der Ersteinrichtung hängen stark davon ab, ob alle initialen Aktivierungsschritte erfolgt sind. Hier ist insbesondere Schritt 7 der Grundeinrichtung wichtig, die Content-Initialisierung (siehe auch Tabelle 14.4 in Abschnitt 14.3.2, »Voraussetzungen für den Einsatz von Focused Insights«).

Durch einen Zusatzparameter in der URL (*admin=true*) können Sie beim Start des Focused Insights Launchpads den Administrationsmodus aktivieren. Anschließend können Sie über ein zusätzlich verfügbares Symbol in jeder Kachel (oben rechts) in die zugehörige Konfigurationsanwendung gelangen.

Administrationsmodus

14.4 Focused Run

Focused Run ist ein mächtiges Werkzeug, das sich v. a. an Serviceanbieter richtet, die Ihre Kunden an ein zentrales SAP-Solution-Manager-System anbinden und Services wie Systemadministration und System-Monitoring anbieten wollen. Mit Focused Run ist unter anderem sowohl das Monitoring wie auch die Überwachung von großen Systemlandschaften (10.000 Systeme und mehr) möglich.

Verschlankte Architektur
Um die große Masse an Daten zu bewältigen, wurde im Vergleich zum SAP Solution Manager die komplette Architektur des Focused-Run-Systems angepasst. Anstelle der zwei Stacks (ABAP und Java) der alten SAP-Solution-Manager-Systeme gibt es nun nur noch einen ABAP-Stack. Die Komponenten für das SAP-BW- und das SAP-CRM-System (Customer Relationship Management) wurden ebenfalls entfernt.

Mit Focused Run sind verschiedene Anwendungsszenarien möglich. Die Szenarien, die bis heute implementiert wurden, können Sie Tabelle 14.6 entnehmen.

Anwendungsszenario	Beschreibung
Advanced User Monitoring	Funktionen aus dem Echtzeit-Monitoring und der Trace-Analyse wurden gebündelt. So stehen Ihnen Möglichkeiten der Performanceanalyse über Systemgrenzen und Technologien hinweg zur Verfügung.
Advanced System Management	Unter diesem Begriff sammeln sich folgende Tools: ■ System Monitoring ■ System Analytics ■ IT-Kalender ■ Work Mode Management ■ Service Availability Management ■ SAP EarlyWatch Alert
Configuration and Security Analytics	Hier wurden Funktionen aus der *Configuration Validation*, die schon im SAP Solution Manager 7.1 zur Verfügung standen, übernommen bzw. neu implementiert. Hiermit können die Systeme bspw. auf bestimmte Parameterwerte hin überprüft werden.
Advanced Event and Alert Management	Diese Funktion beinhaltet alle Möglichkeiten zur Benachrichtigung sowie zur Bearbeitung von aufkommenden *Alerts*.

Tabelle 14.6 Anwendungsfälle von Focused Run

[»] **Weitere Informationen zu Focused Run**
Da sich Focused Run an eine spezialisierte Zielgruppe richtet, gehen wir hier nicht ausführlicher auf diese Lösung ein. Sie wird unter der URL *http://s-prs.de/v561558* näher beschrieben.

14.5 Anwendungsbeispiel: von der Anforderung zum Release

Das Projektbeispiel in diesem Abschnitt ist für Sie relevant, wenn Sie als Projektleiter, Teilprojektleiter oder Mitarbeiter in einem *Project Management Office* (PMO) beschäftigt sind. Am Beispiel der Einführung eines EWM-Systems (Extended Warehouse Management) zeigen wir Ihnen die ersten Schritte mit Focused Build von der Anforderung über die Umfangsanalyse (mit funktionellen Spezifikationen) bis zur ersten Sicht auf das Solution Readiness Dashboard. Die einzelnen Abschnitte geben Ihnen einen Eindruck von den erforderlichen Konfigurationen und den zu bedenkenden Schnittstellen zu den beteiligten Systemen.

14.5.1 Voraussetzungen und Ziele

Das hier dargestellte reale Kundenprojekt wurde von uns als Referenzprojekt für weitere Projekte mittels Focused Build umgesetzt. Die Realisierung bewegte sich eng am SAP-Standard. Ziel war es, die Software Focused Build so einzusetzen, dass der Fertigstellungsgrad des Projekts jederzeit im Blick war. Die Kunden hatten in diesem Projekt keinen eigenen Zugriff auf unser SAP-Solution-Manager-System, wurden jedoch laufend über die Projektstände informiert.   *Kundenreferenzprojekt*

Der Kunde setzte selbst den SAP Solution Manager 7.1 ein und plante, während des laufenden Projekts das Testmanagement des eigenen SAP-Solution-Manager-Systems zu nutzen. Damit sollten Fehlerbeschreibungen erstellt und per E-Mail an uns gesendet werden. Außerdem setzte der Kunde das *Change Request Management* im SAP Solution Manager ein. Damit sollten die Entwicklungen und Umsetzungen (inklusive des Customizings) sowie die Genehmigung für den Go-Live der Entwicklungen gesteuert werden.   *Szenarien auf Kundenseite*

Unter Beachtung und Beobachtung der Risiken wie auch der offenen Punkte sollte die eigentliche Realisierung, also der *Build-Prozess*, im Solution Readiness Dashboard von Focused Build abgebildet werden. Die eigentliche Entwicklung und die Transporte fanden nur auf dem Kundensystem (in einer typischen Vier-System-Landschaft) statt. Somit konnte die Umsetzung jederzeit über ein Diagramm, das *Wellenfortschrittsdiagramm*, in Arbeitspaketen dargestellt werden (siehe Abbildung 14.12).   *Build-Prozess*

14 Focused Solutions

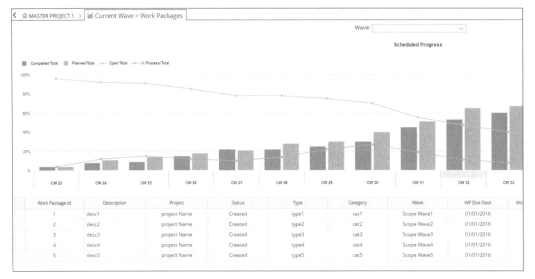

Abbildung 14.12 Fortschritt in der Realisierung bezogen auf Wellen

Erweiterung des Workitems

Zu Zwecken der Referenzierbarkeit wurde die Vorgangsart *Workitem* im Focused-Build-System um eine Möglichkeit zur Abspeicherung der Änderungsdokumentnummer aus dem Change Request Management ergänzt. Damit wurde die bi-direktionale Nachverfolgbarkeit unterstützt. Über den Belegfluss der Vorgangsarten und Referenzen (z. B. die eindeutige Entwicklungs-ID) sollten jederzeit und lückenlos die Beziehungen zwischen den Anforderungs- und Lieferungsartefakten dargestellt werden können (siehe Abbildung 14.13 nach *http://advisor.ciovp.com/business-requirements-traceability.php*).

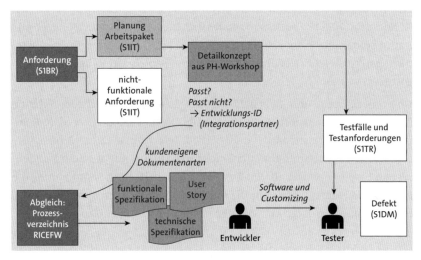

Abbildung 14.13 Bi-direktionale Nachverfolgbarkeit: Von der Anforderung über die Klassifizierung zum Test (Quelle: CIOVP.com)

Von der Anforderung bis zur Planung der Arbeitspakete und Workitems bis zum Bauen (Entwicklung, Customizing) bzw. Testen der Software sind im Focused Build alle Vorgänge bi-direktional verfolgbar. Somit ist stets eine Vollständigkeitsprüfung gewährleistet. Im Störfall (Störung aus der Produktionsumgebung) oder bei *Defekten* können Sie über die entsprechenden Referenzen bis zur Anforderung zurückfinden.

Bi-direktionale Nachverfolgbarkeit

14.5.2 Grundeinrichtung

Für dieses Referenzprojekt haben wir neben dem SAP Solution Manager Focused Build und Focused Insights installiert. Da Focused Build auf dem Change Request Management aufsetzt, haben wir dieses Szenario ebenso eingerichtet. Außerdem haben wir durch die Grundeinrichtung sichergestellt, dass die Lösungsdokumentation und das SAP Knowledge Warehouse zur Dokumentablage funktionieren. Hier die technischen Voraussetzungen im Überblick:

Technische Voraussetzungen

- Installation von SAP Solution Manager 7.2 SPS04
- Installation von Focused Build und Focused Insights
- Grundeinrichtung von Focused Build und der Focused Build Test Suite (mit Projektintegration)
- Grundeinrichtung von Focused Insights
- Grundeinrichtung der Stammdaten, die ein Benutzer von Focused Build und Focused Insights benötigt (z. B. Geschäftspartner)
- Einrichtung (bzw. Aktivierung) des Offene-Punkte-Managements und des E-Mail-Versands
- Grundeinrichtung der Dashboard Factory (siehe Abschnitt 14.3, »Focused Insights«)

Durch einen *Smoke-Test*, d. h. einen Test der wichtigsten Funktionen der Focused Solutions, ohne ins Detail zu gehen, wurde sichergestellt, dass Anforderungen, Arbeitspakete und Workitems sowie die Testanträge, die Testplanung und die Fehlermeldungen aus Tests (*Defekte*) funktionsfähig sind. Erst dann erstellte der für das Projekt verantwortliche Architekt alle Anforderungen.

Smoke-Test

> **Transaktion zur Prüfung der Konfiguration**
>
> Für den Check der Einrichtung und Konfiguration sowie der Berechtigungen für die Test Suite mit Projektintegration gibt es eine eigene Transaktion: /SALM/TM_CHECK.

14.5.3 Schnittstellen

Projektsystem und Entwicklungssystem anbinden

Da sowohl ein externes Projektsystem wie auch ein Entwicklungssystem vorhanden waren, haben wir zu diesen Systemen eine manuelle Schnittstelle definiert. Das Ziel war, den Entwicklungs- und Testprozess in Focused Build abzubilden. Dabei mussten die folgenden Themen betrachtet werden:

- Projektplanungssystem (Aufwand/externe Meilensteine)
- Risikomanagementsystem
- Zeiterfassungs- und FI/CO-System
- Geschäftsanforderungen (mit Soll- und Ist-Zeiten)
- lokale Tests beim Kunden (Testergebnisse)

Aus dem Projektplanungssystem wurden die wichtigsten Meilensteine, Risiken und Arbeitspakettermine in Focused Build übernommen. Die Zeiten, Meilensteine und die zu der Phase »Vorbereitung« vorhandenen Risiken wurden dann in das im nächsten Abschnitt beschriebene PPM-Projekt übertragen.

14.5.4 PPM-Projekt mit Zeitplanung und Meilensteinen

Vorlageprojekt

Zunächst wurde mittels einer XML-Datei die Vorlage des Kundenprojekts in das Focused-Build-System übernommen. Als Projektart wurde hierbei /SALM/SINGLE genutzt. Anschließend wurden die benötigten Ressourcen (Projektteam und Rollen) definiert.

Projektteam und Rollen

Den unterschiedlichen Projektmitarbeitern können in Focused Build diverse technische Rollen zugeordnet werden. Diese Rollen steuern, wie die Benutzeroberflächen und Menüs angezeigt werden und auf welche Vorgangsarten der Benutzer Zugriff hat. Im Rahmen des Kundenprojekts wurden den Rollen des Integrationspartners die in Tabelle 14.7 genannten Focused-Build-Rollen zugeordnet.

Rollenbezeichnung beim Integrationspartner	Rolle in SAP Solution Manager 7.2 mit Focused Build (FB)
Projektleiter	FB-Projektleiter/Projektmanager
Entwickler	FB-Entwickler
Architekt/Entwicklungsleiter	FB-Architekt
Tester	FB-Tester

Tabelle 14.7 Projektteam- und Focused-Build-Rollen

Rollenbezeichnung beim Integrationspartner	Rolle in SAP Solution Manager 7.2 mit Focused Build (FB)
Technischer Projektleiter	u. a. FB-Architekt
Testkoordinator/Testmanager	FB-Test-Manager bzw. -Testkoordinator
Geschäftsprozessverantwortlicher/ Berater	FB-Business-Analyst

Tabelle 14.7 Projektteam- und Focused-Build-Rollen (Forts.)

Die beiden Focused-Build-Rollen Tool Lead und Release Manager wurden nicht direkt zugeordnet. Der Projektleiter war in diesem Projekt zuständig für den Go-Live und die Fertigstellung der Projektlösung (also des Releases) für den Kunden.

Ein weiterer Rollentyp »Consultant/Berater für das PPM-Projekt« wurde im Customizing ergänzt. Darüber hinaus wurde zur Abbildung einer eindeutigen Entwicklungs-ID ein kundeneigenes Attribut als zusätzliche Referenz hinzugefügt.

Ergänzungen im Customizing

Weitere Dokumenttypen wurden nach Kundenvorlage ebenfalls ergänzt. Anschließend konnte mit dem Erfassen der Anforderungen und der funktionalen Spezifikationen begonnen werden.

14.5.5 Erfolg und Nutzen

Das Abbilden des Kundenprojekts mit den beiden Focused Solutions hatte im Wesentlichen vier Ziele:

- Erstellen eines Frühwarnsystems für das Projekt
- Abbildung des Dokumentenlenkungs- und Release-Bildungsprozesses
- Abbildung eines professionellen Testmanagements
- effiziente Steuerung des Entwicklungsteams durch Abbildung der Entwicklungsphase in Wellen und Sprints

Ab dem ersten Einsatztag konnten wir folgende Erfolge feststellen:

- schnelles Erfassen der Anforderungen
- guter Überblick über alle Anforderungen und die Bearbeitungsstände
- schnelle Testzuordnung und tagesaktuelles Qualitätsmanagement
- Abweichungen werden früh erkannt
- gute Kopplung an das bestehende System

Testabdeckung Vor allem der Testmanager empfand die professionelle Planung der Tests als richtungsweisend und das Test Suite Dashboard (siehe Abschnitt 14.2.6, »Dashboards für die Test Suite«) als sehr hilfreich. Die Möglichkeiten zum Planen der Tests sowie zur Prüfung der Vollständigkeit der Testabdeckung (u. a. fehlende Testfälle zu Arbeitspaketen) wurden als gewinnbringend bezeichnet.

Vollständigkeit Die Vollständigkeit der Umsetzung der Anforderungen und die jederzeitige Rückverfolgbarkeit einer Entwicklung beim Kunden bis hin zu der dazu erstellten und spezifizierten Anforderung wurden vom technischen Projektleiter als sehr hilfreich empfunden.

Potential Zusammenfassend können wir sagen, dass die Focused Solutions dem Projektteam eine integrierte Lösung zur Umsetzung von agilen Kundenprojekten bieten. Durch den Einsatz auf SAP-Solution-Manager-Systemen wird der Softwareauslieferungsprozess vollumfänglich unterstützt; gleiches gilt für das Multi-Projektmanagement als grundlegende Funktion. SAP bietet IT-Systemhäusern damit endlich den »Maßanzug«, der bisher nur SAP-Anwenderunternehmen vorbehalten war, die selbst keine Integrationspartner sind.

Anhang

A Wichtige SAP-Hinweise 797
B SAP-Transaktionscodes 801
C Hilfreiche SAP-Programme 803
D Die Autoren 805

Anhang A
Wichtige SAP-Hinweise

SAP-Hinweisnummer	Titel
69455	Servicewerkzeuge für Anwendungen ST-A/PI (ST14, RTCCTOOL, ST12)
128447	Trusted/Trusting Systems
480149	neuer Profilparameter für User Scripting am Frontend
539977	Release-Strategie für Add-on ST-PI
669669	Update des SAP Component Repositorys im SLD
669669	Update des SAP Component Repositorys im SLD
797147	Installation von Introscope für SAP-Kunden
854170	Einschalten der Komponente »VM Container«
894279	Hintergrundverarbeitung im SAP Solution Manager
940882	ERMS: FAQ-Hinweis
975965	TREX 7.0/7.1: Datensicherung (online) und -wiederherstellung
1003674	Erweiterung für Non-ABAP-Systeme im CTS
1009131	Erweiterungen der Funktionalität zur Ressourcensuche
1249465	TREX 7.10: Installation von TREX für Embedded Search
1451753	Filtern von Administrationsrequests für den AS Java
1483276	Verwendung von Customizing-Parametern in DNO_CUST04, AGS_WORK_CUSTOM und ICT_CUSTOM
1487626	Wo soll das BW des Solution Managers aufgesetzt werden?
1595736	SAP Solution Manager: Übersicht über Hinweise mit Release-Infos

SAP-Hinweisnummer	Titel
1653734	Cannot create surveys in CRM Survey Suite and Web UI
1653734	Cannot create survey in CRM Survey Suite and Web UI
1665940	Installation/Aktualisierung von SAP CTS Plug-in 2.0
1668882	Note Assistant: wichtige SAP-Hinweise für SAP_BASIS 730, 731, 740, 750 und 751
1688276	Verteilen von CTS-Plug-ins an verwaltete Systeme
1703391	allgemeiner Hinweis für verwaltete Systeme im Change Request Management
1763697	komponentenbasierte Testautomatisierung: Installationsinformationen
1826789	Preliminary import actions are not deleting CSOL lock entries
1833501	Diagnostics-Agent – Installer-Versionen
1835958	CBTA 3.0: bekannte Probleme
1974305	Automatic Scope assignment for IBase in RfC not working for Admin and General Changes – Solution Manager
2000132	RFC-Verbindungen zum SAPNet R/3 Frontend (OSS) richtig konfigurieren
2000132	RFC Verbindungen zum SAPNet R/3 Frontend (OSS) richtig konfigurieren
2002546	Kundenprofil: direkter Upload von Landschaftsdaten in Kundenprofil
2026421	PPM 6.1: Configuration Content
2048519	Profilparameter für SAP Solution Manager 7.2
2138047	Downgradeschutz: empfohlene Routineaufgaben
2161244	Übersichtsreport für Projekte und Lösungen
2174416	Creation and activation of users for the Support Hub Communication
2186164	Problem in replicating systems to Maintenance Planner

SAP-Hinweisnummer	Titel
2194123	Setup HTTP connections to import SAP Best Practices Packages into solutions
2213698	vereinfachte Vorgehensweise zum Erweitern von GPMon-Benachrichtigungen um IDoc-Nummern und IDoc-Details
2227300	ergänzende Upgradeinformationen für den SAP Solution Manager 7.2
2227741	TREX 710: Prüfen der TREX-Einstellungen für das Enterprise- oder Embedded-Search-Szenario
2231041	Sammelhinweis: central CTS mit SAP Solution Manager 7.2
2248724	Ursachenanalyse in SAP Solution Manager 7.2
2308527	Abrufen von IDoc-Nummern in Benachrichtigung aus Geschäftsprozess-Monitoring
2324520	Guided Procedure (7.10) zum Ausführen der Content-Aktivierung der Lösungsdokumentation für 7.20 SPS03
2329410	Voraussetzungen für SAP-Hinweis 2045230 zur Vorbereitung der Content-Aktivierung 7.20 schaffen
2334291	SAP Solution Manager 7.2 SP04 – Grundfunktionalität
2335019	SAP Fiori für SAP Solution Manager SP03/SP04: Informationen zu Browsern, Geräten und BS
2350345	TREX 7.10: die Indizierung für DOCUM_INFO_REC – Konnektor ist sehr langsam oder schlägt fehl
2359837	Troubleshooting for »Support Hub Connectivity« in Solution Manager 7.2 up to SP04
2363546	DGP Housekeeping Tool
2393893	Solution Manager 7.2 auf SP Stack 04: empfohlene Korrekturen
2394471	Sammelhinweis Test Suite: Korrekturen für ST720 SP04
2403108	Sammelhinweis: Vorbereitung der Content-Aktivierung auf SAP Solution Manager 7.1 ab SP05
2464104	Korrekturen für User Experience Monitoring 7.2 SP03/SP04/SP05

Anhang B
SAP-Transaktionscodes

SAP-Transaktionscode	Beschreibung
/SALM/TM_CHECK	Konfiguration und Benutzerberechtigungen prüfen
/SDF/CD_CCA	Analyse des kundeneigenen Codes
/UI2/FLP	SAP Fiori Launchpad
BD87	Statusmonitor für ALE-Nachrichten
BP_USER_GEN	Geschäftspartner und Benutzer generieren
BSP_WD_CMPWB	UI Component Workbench
CNV_CDMC	Custom Development Management Cockpit
CRMC_ACTION_CONF	Aktionsprofil konfigurieren
CRMC_ACTION_DEF	Aktionsprofil definieren
CRMC_PROCESS_MA	Customizing Vorgangsarten
CRMC_UI_NBLINKS	Navigationsleistenprofil definieren
CRMC_UI_PROFILE	Benutzerrolle definieren
DNO_CUST04	Basismeldung Benutzereinstellungen
ESH_COCKPIT	Administrations-Cockpit für Konnektoren
ESH_MODELER	Modellierer für Suche und Analyse
GPA_ADMIN	Guided-Procedures-Browser
PREPARE_ACTIVATION	Aktivierungsumfang vorbereiten
RMMAIN	Roadmap
RPM_EMPDATA	Ressource und Benutzer von Portfoliomanagement
RZ11	Profilparameter Pflege
SCPR20	Aktivierung von BC-Sets

SAP-Transaktionscode	Beschreibung
SE09	Transport Organizer
SE10	Transport Organizer
SE38	ABAP Editor
SEGW	SAP Gateway Service Builder
SFW5	Switch Framework Customizing
SICF	Pflege des HTTP-Servicebaums
SM_CRM	CRM Web UI mit SSO starten
SM_WORKCENTER	Solution Manager: Work-Center-URL
SM30	Aufruf View-Pflege
SM34	Aufruf View-Cluster-Pflege
SM36	Batch-Anforderung
SM59	RFC-Destinationen
SNOTE	SAP-Hinweisassistent
SOLADM	Lösungsverwaltung
SOLAR_EVAL	SAP Solution Manager: Auswertung
SOLAR01	SAP Solution Manager: Business Blueprint
SOLAR02	SAP Solution Manager: Konfiguration
SOLDOC	Lösungsdokumentation
SOLMAN_SETUP	SAP-Solution-Manager-Konfigurationen
SPRO	Customizing – Edit Project
ST03N	Systemlast- und Performancestatistik
STMS	Transport Management System
SZENPLUGIN	CTS – Plug-in-Management
TREXADMIN	TREX-Verwaltungswerkzeug

Anhang C
Hilfreiche SAP-Programme

Programmname	Beschreibung
/TMWFLOW/FIX_CHK_FRMWK_CUSTMZG	Customizing für Vorgangsarten mit Transportanschluss prüfen
AI_DIR_STRUCTURE_NO_LOGCOMP	Strukturen mit zugeordneten logischen Komponenten anzeigen
AI_SDK_SP_AUTO_CLOSE	automatisches Quittieren von Meldungen
RSOLAR_PROJSOL_OVERVIEW	Übersichtsreport für Projekte und Lösungen
SOLMAN_DOCU_VERSION_ARCHIVE	alte Knowledge-Warehouse-Dokumente archivieren
SOLMAN_DOCU_VERSION_DEL	alte Knowledge-Warehouse-Dokumente löschen
SOLMAN_UNUSED_DOCUMENTS	Identifizieren von nicht zugewiesenen Knowledge-Warehouse-Dokumenten

Anhang D
Die Autoren

Markus Bechler verfügt über elf Jahre Erfahrung im IT- bzw. SAP-Bereich, davon vier Jahre im Umfeld der ABAP-Programmierung. Als Senior Consultant für SAP-Technologie umfassen seine Tätigkeitsschwerpunkte die Beratung für den SAP Solution Manager und die SAP-Basis. Seine Kernkompetenzen bezüglich des SAP Solution Managers sind dessen Installation, Grundkonfiguration, Upgrades, Betrieb und Prozessbetrieb. Markus Bechler verfügt zudem über ausgeprägtes integratives Wissen rund um Change Control Management, IT-Servicemanagement und Prozessmanagement. Im Bereich der SAP-Basis deckt sein Know-how Installationen, Upgrades, Unicodekonvertierungen sowie die Administration von AS ABAP und AS Java ab. Er verfügt darüber hinaus über Administrationskenntnisse im Umfeld von SAP Enterprise Portal und SAP Process Integration.

Eileen Danz ist seit fünf Jahren im SAP-Umfeld tätig. Bereits während ihres Studiums der Betriebswirtschaftslehre (M. Sc.) an der Westfälischen Wilhelms-Universität Münster konnte sie als Werksstudentin einer Unternehmensberatung erste Erfahrungen im Bereich SAP ERP HCM sammeln. Seitdem hat sie ihr Wissen in den Bereichen HCM und SAP Solution Manager, Projektmanagement sowie Release- und Deployment-Management in zahlreichen Kundenprojekten vertieft. Ihre Themenschwerpunkte im SAP Solution Manager liegen bei Prozessmanagement, Projektmanagement sowie Change Request Management.

Andreas Ellinger betreut die interne SAP-Systemlandschaft der SALT Solutions AG. Dort kümmert er sich um die Planung, Koordination und Ausführung von Installationen und Upgrades. Er besitzt zehn Jahre Erfahrung im IT-Bereich, davon sechs Jahre im Bereich SAP-Basis und SAP Solution Manager. In der Administration und dem Betrieb der SAP-Systemlandschaft liegen seine Schwerpunkte. Seine Erfahrung umfasst verschiedene Betriebssysteme, insbesondere Windows Server und SUSE Linux Enterprise Server sowie gängige Datenbanken wie Oracle, SAP ASE, SAP HANA 1.0 und 2.0. Des Weiteren betreut er den Lebenszyklus der SAP-Systemlandschaft von der Installation über das Upgrade bis hin zum Abbau der Systeme. Im SAP Solution Manager hat er Kenntnisse in den Versionen 7.0/7.1 und 7.2 in den Bereichen Installation, Upgrade, LMDB und Monitoring. Er ist zudem für ITIL und SAP HANA zertifiziert.

Als SAP-Technologieberater kümmert sich **Andreas Hömer** um die Einführung, Wartung und Erweiterung von SAP-Solution-Manager-Systemen. Der ausgebildete Fachinformatiker für Systemintegration absolvierte berufsbegleitend ein Studium der Wirtschaftsinformatik, das er im Frühjahr 2017 abschloss. Neben seinem Know-how zur SAP-Basis umfassen seine Kompetenzen die Konzeptionierung und Implementierung komplexer Lösungen im Bereich Anwendungs- und Prozessbetrieb. Seine ITIL- und SAP-Zertifizierungen sowie seine Kenntnisse zu Infrastrukturtechnologien bringt er in all seine Projekte ein.

Michael Markert ist seit 2013 bei der SALT Solutions AG als Experte für die Beratung, Projektleitung und ABAP-Entwicklung rund um den SAP Solution Manager beschäftigt. In zahlreichen Kundenprojekten konnte er seine Expertise bei der Realisierung von SAP-Solution-Manager-Szenarien über den gesamten Applikationslebenszyklus hinweg einbringen. Die Themen Change Request Management, Incident Management und Problem Management,

Service Level Management, technisches Monitoring, Custom Code Lifecycle Management sowie Testmanagement (insbesondere automatisches Testen) bilden dabei seine Schwerpunkte. Michael Markert befasste sich bereits im Rahmen seiner Masterarbeit (M. Sc. Informationssysteme) mit den Möglichkeiten, die der SAP Solution Manager 7.1 für Scrum-Projekte bietet. Er ist zertifiziert für SAP CRM 7.0 EHP2 und ITILv3.

Als Experte für den SAP Solution Manager berät **Marco Michel** bei der SALT Solutions AG Unternehmen bei der Implementierung und Anwendung des Testmanagements, des IT-Servicemanagements und des Change Request Managements. Der studierte Wirtschaftsinformatiker (B. A.) bringt dabei seine zertifizierten Kenntnisse in den Bereichen Testmanagement (ISTQ Certified Tester, Foundation Level), SAP ERP (TERP10) sowie IT-Servicemanagement nach ITIL ein.

Jan Rauscher verantwortet bei der SALT Solutions AG am Standort Würzburg den Geschäftsbereich SAP Solution Manager. Der Diplom-Wirtschaftsinformatiker (FH) besitzt tiefgreifendes Know-how im Umfeld von SAP-Technologien und bringt über zwölf Jahre Erfahrung aus zahlreichen Projekten, insbesondere rund um den Einsatz des SAP Solution Managers, mit. Sein Beratungsschwerpunkt liegt in der strategischen und ganzheitlichen Nutzung des SAP Solution Managers als Plattform für das Application Lifecycle Management.

Timo Steinsberger ist seit dem Abschluss seines Betriebswirtschaftsstudiums im Jahr 2011 als zertifizierter SAP-Solution-Manager-Experte bei der SALT Solutions AG tätig. Seine thematischen Schwerpunkte liegen in den Bereichen Change Request Management, IT-Servicemanagement, Testmanagement und Prozessdokumentation. Darüber hinaus ist er für Workshops und Trainings beim Kunden vor Ort sowie für Systemanalysen verantwortlich.

In zahlreichen Kundenprojekten rund um seine Schwerpunktthemen konnte er fundierte Erfahrungen in der Projektleitung, Konzeptionierung und Implementierung sammeln.

Achim Töper verantwortet als Chief Technology Officer (CTO) bei der SALT Solutions AG die technische Qualitätssicherung, das Innovationsmanagement sowie das Skills- und Methodenmanagement für Entwicklungen. Zusätzlich berät der zertifizierte Run-SAP-Support-Berater Unternehmen strategisch beim Application Lifecycle Management mit dem SAP Solution Manager. Er verfügt über mehr als 20 Jahre Erfahrung in den Bereichen SAP-Basis und -Entwicklung, die er u. a. in SAP-zertifizierten Kundenkompetenzzentren sammelte. Seit er im Mai 2011 zur SALT Solutions AG kam, hat er unterschiedliche Funktionen, u. a. als Geschäftsbereichsleiter, eingenommen.

Index

0SM_CCLM (InfoCube) 721

A

ABAP Call Monitor 512, 540, 709
ABAP Task Manager for Lifecycle
    Management Automation 81
ABAP Test Cockpit 459, 718, 728
ABAP-Prozedur, Aufzeichnung 708
ABAP-Stack
    Installation 69
    Update 74
ABAP-Unicode-Scan-Tool 731
Abhängigkeitsdiagramm 682
Abnahmetest 504
Abonnement 245
Abwesenheitszeit 632
ACID-Prinzip 702
Administration, technische 620
Administrations-Cockpit 417
    Change Control Management 378
    Change Request Management 359
administrative Änderung 360, 437
Administratorberechtigung 386
Advanced Event and Alert
    Management 788
Advanced System Management 788
Advanced User Monitoring 788
Agent → Diagnostics Agent
Agentenadministration 118
AGS_WORK_CUSTOM (Tabelle) 262, 332
AI_SDK_SP_AUTO_CLOSE
    (Programm) 267
Aktion 368
    Anforderungsmanagement 328
    kundeneigene 717
    PPF 209
Aktionsdefinition 250, 326, 349, 366
Aktionsprofil 326
Aktionsschema 209, 252
Aktivität 97
AKZI 600, 680
Alert 558
    anlegen 606
    automatische Bestätigung 670
    Datenkonsistenz 696
    Detailsicht 567

Alert (Forts.)
    Eingang 566
    für Analyseobjekte 665
    Gruppe 567
    Ordner 169
    Qualifizierung 705
    Reporting 674
    Suche 569
    Ticker 580
Alert Consumer Connector 563
Alert Ticker 559
Alerting 600
    Bibliothek 168
    konfigurieren 600
    Objekt 169, 188
allgemeine Änderung 360, 440
ALM 29
Altersanalyse 677
Analyse
    Bibliothek 170
    Datenkonsistenz 701
    Datenvolumenmanagement 745
    Geschäftsprozess 677
    Objekt 663
    Projekt 311
    Report 568
    System 730
    Variante 679
analytische Kennzahl 680, 683
Änderung
    administrative 360, 437
    allgemeine 360, 440
    Art 546
    dringende 359, 422
    normale 359, 412
    ohne Genehmigung 445
    Quality Gate Management 453
    systemspezifische 437
Änderungsanalyse 483
Änderungsantrag 359, 405
    als Folgevorgang 267
    Genehmigung 410
    Lösungsdokumentation 186
    Umfang 408
    Vergleich mit IT-Anforderung 343
Änderungsauswertung 483, 485
Änderungsdatenbank 484

Änderungsdiagnose ... 483
Änderungsdokument ... 338, 359, 412
   IT-Anforderung ... 345
   Testpaket zuweisen ... 449
   unabhängig vom
      SAP-Transportwesen ... 437
Änderungseinflussanalyse ... 539
Änderungsfreigabe ... 175
Änderungshinweis, gesetzlicher ... 749
Änderungshistorie ... 331
Änderungskonflikt ... 177
Änderungskontrolle ... 187, 347
Änderungsprotokollierung ... 474
Änderungsprozess ... 358
Änderungsstatus ... 133
Änderungsvorgang ... 315, 359
   Einflussanalyse ... 546
   Projektaufgabe anlegen ... 316
Änderungszyklus ... 384, 387, 389
   Arten ... 389
   flexibler ... 371
   Quality Gate Management ... 453
Anforderungsbeleg ... 340
Anforderungsmanagement ... 36, 321
   Aktion ... 328
   anpassen ... 349
   Berechtigung ... 333
   erweitern ... 349
   Genehmigungsverfahren ... 344
   Grundkonfiguration ... 323
   Integration mit Projektmanagement ... 313
   Zusatzfunktion ... 334
Anforderungsmanager ... 336
Anforderungsprozess ... 335
Antragsteller, Berechtigungen ... 385
Anwenderakzeptanztest ... 769
Anwendungsberater ... 137
Anwendungsbetrieb ... 30
Anwendungsfall-ID ... 124
Anwendungsfehler ... 501
Anwendungskomponente
   finden ... 529
   kundenspezifische ... 213
Anwendungsszenario ... 788
Anzeigebenutzer ... 508
   Lösungsdokumentation ... 137
   Test Suite ... 516
API ... 46
Application Lifecycle Management ... 29
Application Operations ... 557
Application Programming Interface ... 46
Application to Application ... 610
Arbeitsbereich ... 195
Arbeitsmodus ... 628
   Einstellung ... 575
   Reporting ... 630
   Verwaltung ... 628
Arbeitsvorrat
   Entwickler ... 414
   Tester ... 419
Arbeitszeitblatt ... 302
Archivierung ... 745
ASE ... 57
ATC → ABAP Test Cockpit
Attributkontext ... 210
Aufgabe ... 298
   Manager für technische Konfiguration ... 81
   Servicelieferung ... 748
   verwalten ... 623
   zuordnen ... 307
Aufgabenplan ... 387, 404, 768
   anlegen ... 391
   Einstellungen ... 368
   kundeneigene Variante ... 394
   Variante ... 389
Aufgabentyp, konfigurieren ... 290
Aufzeichnung, Skript ... 586
Ausfallzeit ... 622
ausführbare Einheit ... 527
Ausführungsprotokoll ... 634
Ausnahmenverwaltung ... 615
Auswirkung ... 369
Auswirkungsanalyse,
   Datenvolumenmanagement ... 746
Auto Import ... 474
Availability Management ... 30

B

BACK-RFC ... 117
Backup ... 79
BAdI → Business Add-in
Basisadministration ... 27
Basiskonfiguration ... 111
BCOS_CUST (Tabelle) ... 216
BC-Set ... 474
BC-XBP ... 689, 695
Bearbeitungsprotokoll definieren ... 331, 368
Bearbeitungszeit, Verwaltung ... 281

Index

Bedingung 209, 252
Bedingung, Abonnement 245
Belegart, Change Request Management 359
Benachrichtigung
    Einstellung 632
    Geschäftsprozess-Monitoring 667
    IT-Kalender 627
    Verwaltung 630
Benchmarking 677
Benutzer
    Aktivität 54
    anlegen 383
    Daten 72
    einrichten 217
    Einstellungen 304
    System 105
    verwalten 124
    zentrale Verwaltung 105
Benutzeroberfläche
    ChaRM 369
    ITSM 194
Benutzerrolle
    Anwendungszuordnung 229
    CRM Web UI 196
    First Level 560
    Second Level 561
Berechtigung 146
    Anforderungsmanagement 333
    Change Control Management 384
    ITSM 219
    Prozessmanagement 137
    technischer Betrieb 560
    Test Suite 513
Berechtigungsantrag 284
Berechtigungsbereich 138
Berechtigungsgruppe 138
Berechtigungsobjekt
    ITSM 219
    Lösungsdokumentation 138
    SM_SETUP 95
Berechtigungsrolle, ITSM 219
Bereichsstartseite 197
Bereitschaftsschema 278
Besetzungsprozess 311
Best Practices → SAP Best Practices
Betrieb
    fachlicher 653
    technischer 557
Betriebs-Branch 132
Betriebssystem 753

BI Content 370
Bibliothek 134
    der ausführbaren Einheiten 165
    Generierung 167
    Generierungs-Cockpit 151, 166
    Lösungsdokumentation 159
bi-direktionale Nachverfolgbarkeit ... 771
Bottom-up-Terminierung 304
BPCA → Business Process Change Analyzer
BPI 676
BPMN 2.0 .... 33, 177
Branch 127, 130, 152, 156, 384
    anlegen 143
    Quality Gate Management 455
Browser 96
BSP 782
Build
    Phasenzyklus 397
    Prozess 777, 789
Build to Test (Quality Gate) 457
Business Add-in 350
    /TMWFLOW/TRANS_DEFINED_CHECK 460
    BADI_DYN_INCI_NOTIF_MULTIPLE 706
    Bedingungen 253
    cCTS 382
    COM_PARTNER_BADI 351
    EXEC_METHODCALL_PPF 349
    Geschäftsprozess-Monitoring 668
    ORDER_SAVE 351
    Projektnummer 296
Business Blueprint 153
Business Configuration Set 475
Business Function 328
    aktivieren 224
    CRM_IC_CEBP 209, 224
    CRM_ITSM 224
    CRM_ITSM_ALERT 246
    CRM_ITSM_BULLETIN 244
    CRM_ITSM_PROCESS_TIMES_MGMT 282
    CRM_SHSVC 209, 224
    Einflussanalyse 546
    reversible 244
Business Intelligence Monitoring 612
Business Manager 336
Business Process Change
    Analyzer 328, 450, 540
    Analyse 450, 546

Business Process Change Analyzer (Forts.)
Ergebnis 547
konfigurieren 510
Testplan generieren 547
Testumfang optimieren 548
Business Process Improvement 676
Business Process Model and Notation →
BPMN 2.0
Business Process Operations → fachlicher
Betrieb
Business Requirement → Geschäfts-
anforderung
Business Server Pages 782
Business to Business 609
Business Value 723
BW → SAP Business Warehouse

C

CA Wily Introscope Enterprise
Manager 58, 563
CAL 41
Capacity Management 30
CATS 302
CBTA → komponentenbasierte Test-
automatisierung
CCDB 484, 564
CCLM 707, 709
CCMS 675
cCTS → Central Change and Transport
System
CDMC 729
Central Change and Transport
System 380, 393, 477, 479
Central Change and Transport
System, Cluster 456
Change Advisory Board 410
Change and Transport Organizer 477
Change and Transport System ... 373, 477
Plug-in 380
Zuordnung 378
Change Control Management 30, 357
Change Control Management, Integration
mit Prozessmanagement 186
Change Impact Analysis 539
Change Management (ITIL) 30, 359
Change Manager 367, 385, 407
Change Request Management 358, 387
Aktionen definieren 368
Architektur 387
Benutzeroberfläche 359

Change Request Management (Forts.)
Grundkonfiguration 362
Integration mit Focused Build 781
*Integration mit Projektmanage-
ment* 313
*Integration mit Prozessmanage-
ment* 186
*Integration mit Systemempfeh-
lungen* 752
Integration mit Test Suite 448
*Integraton mit Anforderungs-
management* 330
Change-Control-Landschaft 145, 384, 387
anlegen 145
Quality Gate Management 456
ChaRM → Change Request Management
Checkliste 298
Checklistenpunkt 298
CI 30, 382
Clearing-Analyse 729
Clearing-Prozess 731
Cloud Appliance Library 41
Cloud-Anbieter 42
Cloud-Monitoring 598
CNVCDMCCA_OBJS (Tabelle) 733
Code Inspector 460, 728
Code, kundeneigener 707
Collaboration-Diagramm 181
Component Repository 108
Component-Based Test Automation →
komponentenbasierte Testautomati-
sierung
Composite Test 523, 536
Import- und Exportparameter 537
Skript aufzeichnen 536
Computing Center Management
System 675
Config Store 484, 636
Configuration and Change
Database 484, 565
Configuration and Security
Analytics 788
Configuration Item 30, 382
Configuration Validation → Konfigura-
tionsvalidierung
Content-Aktivierung 50, 85, 91
Lösungsdokumentation 91, 153
SAP-Hinweise 85
Vorbereitung 85
Zyklusvorgangsarten 389
Content-Auslieferung, schnelle 113, 570

Content-Monitoring 576
COPY_ALL_ENH (Aktion) 419, 427
Correction Workbench 474
CR Content 108
CRM 87
CRM Web Client 194
CRM Web UI 194
   Change Request Management 359
   personalisieren 196
CRM_UI_PROFILE (Benutzerparameter) 196
CRM-Vorgang, Job 691
Cross System Object Lock → systemübergreifende Objektsperre
Cross-Application Time Sheet 302
CSOL → systemübergreifende Objektsperre
CTC (Parameter) 374
CTO 477
CTS 373, 477
CTS+ 477
CTS-Deploy-Proxy 479
CTS-Projekt 379, 388, 453
CTS-Projektstatusschalter 379, 388
Custom Code Lifecycle Management 707
Custom Development Management Cockpit 729
Customer Profile 99
Customizing 278
   Auftrag 415
   Organizer 477
   Projektanalysen 312
   Projektmanagement 303
CWB 474

D

Dashboard 779, 781
   anwendungsspezifisches 644
   anwendungsübergreifendes 644
   Builder 644
   Custom Code Lifecycle Management 723
   Factory 785
   Geschäftsprozess-Monitoring 672
   ITSM 255
   Konfiguration 786
   Monitoring 643
   Projektmanagement 294, 312
   technischer Betrieb 643
Data Consistency Management 695

Data Consistency Toolbox 700
Data Readiness Monitoring 613
Database Migration Option 88
Datenbankmigration 88
datenbankübergreifender Vergleich   698
Datenbankvergleich, interner 699
Datenbereitschafts-Monitoring 613
Datenbeschaffungs-Engine 564
Datenextraktion 535, 635
Datenextraktor 712, 715
Datenkonsistenz 695
   Monitoring 696
   prüfen 697
Datenkonsistenzmanagement 695
Datenlieferant 563
   Data Provider Connector 563
Datenobjekt, BPMN 181
Datenqualität 700
Datensammlung 666
Datensammlungsobjekt 170
Datenspeicher 181
Datenverteilung, zeitbasierte 746
Datenvolumenmanagement 735
   Extraktor 739
   Konfiguration 736
Datenzuordnungsstatistik 746
DBMS 564
Dekommissionieren 713
Deltamodus, Extraktorlauf 565
Deploy to Scope (Quality Gate) 459
Design-Branch 131
Detailanalyse 677
DGS → Downgrade-Schutz
Diagnostics Agent 117, 564, 583
   Authentifizierung 109
   zuordnen 117
Diagramm
   Entität 159, 181
   ITSM 254
   nach Rolle 182
   nach System 182
   Typen 182
DMO 88
DNOC_USERCFG (Tabelle) 332
Dokumentation 100
Dokumentationsart 504
Dokumentationsart, Testfall 520
Dokumentenart 149
Dokumentenlenkung 770
Dokumentenmanagement 778
Domain Link 377, 472

Index

Domänen-Controller 373, 472
Downgrade 466
Downgrade-Schutz 361, 363, 447, 459, 466
Download 63
Download Basket 65
Download Manager 66
Downtime 89
   Monitoring 598
   Update 76
dringende Änderung 359, 422
   Aufgabenplan 405
   Quality Gate Management 454
Dringlichkeit 369
DRM 613
Dropdoc 770, 778
Dual Stack Split 83, 88
duale Systemlandschaft 364, 471
Dual-Stack-System 56
DVM → Datenvolumenmanagement

E

Early Knowledge Transfer 94
EarlyWatch Alert 618, 749
eCATT 522, 529
EEM 581
EFWK 564
Eigenentwicklung 90, 707
Einflussanalyse 539
Einführungsprojekt 453
Eingabekennzahl 726
Eingang, ITSM 215
Einplanbedingung 327, 366
Einzeltransport 377
EKT 94
E-Mail-Benachrichtigung 209, 328, 366
E-Mail-Eingang 215
E-Mail-Formular anlegen 210
E-Mail-Response-Management-
   System 242
Embedded Search 123, 362, 753
   ITSM 214
   konfigurieren 136, 759
   Sizing 755
   Test Suite 506
Empfängerliste 630
Empfängerpool 630
Empfängerpool, globaler 630
Endereignis 180
End-to-End Diagnostics 562
End-to-End-Analyse 642

End-to-End-Prozess 135, 170
End-to-End-Prozess testen 523
End-User Experience Monitoring 581
Engagement 747
Engagement und Servicelieferung 747
Enhanced Change and Transport
   System 477
Enhancement Package, Einfluss-
   analyse 546
Enterprise Search 235
Entscheidungspunkt 171, 180
Entscheidungsträger 742
Entwickler, Berechtigungen 385
Entwicklung
   Bibliothek 167
   kundeneigene 707
Entwicklungs-Branch 131
Entwicklungssystem 387, 415
Entwicklungssystem, Synchronisie-
   rung 471
Ereignis
   BPMN 180
   IT-Kalender 626
   Monitoring 563
ERMS 242
Erreichbarkeitszeit 632
Erstreaktionszeit 279
erweitertes Änderungs- und
   Transportsystem 381
Erweiterung, kundeneigene 707, 715
Erweiterungsset 201, 351
Eskalation 212
Event Calculation Engine 563
Event Management 30
EWA 618, 749
Exportparameter 537
extended Computer Aided Test
   Tool 522, 529
Extension Project 355
Extractor Framework 564
Extraktion 535
Extraktionseinstellung 370
Extraktlayout 313
Extraktor 565
   Custom Code Lifecycle Manage-
     ment 721
   Datenvolumenmanagement 739
   Status 741
   verwalten 566
Extraktorlauf 565

F

fachlicher Betrieb 653
Fehler, Testfall 501
Fehlerkorrektur ... 270, 360, 397, 420, 430
Financial Management für IT-Services 30
First-Level-Benutzerrolle 560
Flussobjekt 180
Focused Build 40, 767, 771
   Integration mit Change Request
      Management 781
   Rollen 775
   Vorgangsart 776
Focused Insights 40, 770, 781
Focused Insights Launchpad 782
Focused Run 40, 771, 787
Focused Solutions 40, 767
Fortschrittsanalyse 535
Fortschritts-KPI 686
Freigabeschema 495, 504
Freigabetool, zentrales 236
Freigabeumfang 176
Freitextsuche 234
Frühwarnsystem, Projekte 779
Funktionstest 397

G

Gantt-Diagramm 295
Gateway
   BPMN 180
   Entscheidungspunkt 171
Gateway-Service → OData-Service
geführter Self-Service 700
Genehmiger 274, 410
Genehmigung, IT-Anforderung 344
Genehmigungsverfahren 330, 367
Genehmigungsvorgang 406, 410
Geschäftsanforderung 322, 325
Geschäftspartner 217
   anlegen 383
   ChaRM 382
   CRM Web UI 359
   einrichten 212, 329, 366
   ITSM 257
   Projektmanagement 298, 306
Geschäftsprozess 129, 153, 159, 170
   Analyse 677
   dokumentieren 172
   Experte 335, 511
   Optimierung 676

Geschäftsprozess (Forts.)
   Performanceoptimierung 703
   Schritte 160
   Vollständigkeitsprüfung 703
Geschäftsprozess-Monitoring 608
   Dashboard 672
   Implementierung 659
   Integration mit
      Lösungsdokumentation 660
   Integration mit Prozess-
      management 188
   Übersicht 672
Geschäftsvorgang abonnieren 245
gesetzlicher Änderungshinweis 749
gesicherte Suche 231
globaler Empfängerpool 630
Google Chrome 96
Grundkonfiguration 93
   Berechtigung 95
   Betrieb von Geschäftsprozessen 655
   Change Request Management 362
   Datenvolumenmanagement 736
   ITSM 206
   Jobverwaltung 657
   Projektmanagement 289
   Quality Gate Management 360
   SAP-Hinweise 94
   Test Suite 505
GSS 700
Guided Procedure 98
   Alert-Monitoring 568
   anlegen 633
   kundeneigene 242
   Management 632
   Serviceanforderung erstellen 277

H

HANA → SAP HANA
Hardware, Sizing 52
Help Desk 257, 268
Hintergrundjob
   Einplanung 112
   Monitoring 594
Hintergrundprozess 687
Hot News 749
HP 518
HP LoadRunner 518
HP Quick Test Professional 518
HP Unified Functional Testing 518
HTTP-Verbindung 758

Index

HTTP-Verbindung, Applikations-
server 109

I

IBase 262
IBM Rational 519
ICT_CUSTOM (Tabelle) 332
IDoc, Monitoring 704
Import 388
   Auto 474
   Fehlerkorrektur 435
   manueller 474
   selektiver 447
   semi-automatischer 474
   statusabhängiger 446
   vorab 445
IMPORT_SINGLE_ONLY (Parameter) 378
IMPORT_SINGLE_STRATEGY (Para-
meter) 378
Import-Branch 131
Importjob 417, 435
Importparameter 537
Importpuffer 417, 419
Importqueue 376
Importstrategie 445
Inbox 215, 242
Incident 241, 247
Incident Management 257
   E-Mail 242
   Integration mit Change Request
      Management 267
   Integration mit Problem Manage-
      ment 265
   Integration mit Test Suite 501
   ITIL 31
Indexserver 754
Indikator, Reaktionszeit 280
Indizierung 763
InfoCube 721, 737
Information Steward 700
Infrastruktur konfigurieren 571
Infrastrukturvorbereitung 106
Inkonsistenz, Lösungsdokumenta-
tion 175
Installation 49, 56
Integration Visibility 612
Integrations-Monitoring 602
Integrationstest 397, 419, 430, 503
integrierte Suche → Embedded Search

interner Datenbankvergleich 699
Internet Information Server 758
Introscope 564
Issue 747
IT Infrastructure Library 28
IT Infrastructure Management 596
IT Service Continuity Management 31
IT-Anforderung 322, 326
IT-Anforderung, Vergleich mit
Änderungsantrag 343
IT-Aufgabenverwaltung 623
ITIL 28
IT-Infrastruktur-Monitoring 596
IT-Kalender 371, 626
IT-Operator 386, 417
IT-Portfolio- und Projektmanage-
ment 287, 343, 451
   konfigurieren 289
   Nutzungsrechte 47
IT-PPM → IT-Portfolio- und Projekt-
management
IT-Servicemanagement 193
   Analytics 255
   Grundkonfiguration 206
   Indizierung 764
ITSM → IT-Servicemanagement
iView, Ressourcen 311

J

Java-Korrektur 104
Java-Stack
   Installation 72
   Update 80
Job Scheduler 658, 689
Job Scheduling Management 687
Job, einmaliger 690
Jobantrag 687
   anlegen 690
   detaillierter 688
   einfacher 688
Jobdokumentation 657, 692
Jobeinplanung 694
Jobeinplanungsassistent 695
Job-Monitoring 594
Jobsteuerung 689
Jobverwaltung 657, 687
JSM 687

K

Kachelkatalog 63
Kategorisierung
   mehrstufige 212, 330
   Schema 221
Kennzahl
   analytische 680, 683
   konfigurieren 666
Kernel, Installation 70
Key Performance Indicator 646, 653, 723
Klon 727
Knowledge Management 31, 271
Komponente, logische 130, 387
komponentenbasierte
   Testautomatisierung 506, 522
   Konfiguration 506
   Oberflächentechnologie 522
   Testskripte verknüpfen 535
   Vorlagenbenutzer 508
Komponentengruppe, logische   129, 387
Komponententest 503
Komponenten-Workbench 201
Komprimierung 743
Konfiguration 95
   Infrastruktur 571
   Prozessmanagement 135
Konfigurations- und
   Änderungsdatenbank 564, 635
Konfigurationsbenutzer 324
Konfigurationsbibliothek 167
Konfigurationseinheit 167
Konfigurationselement 30, 382
Konfigurationsmodus 199
Konfigurationsspeicher 484, 636
Konfigurationsvalidierung   483, 486, 634
Konflikt, Lösungsdokumentation 177
Konfliktszenario 462
Konnektor anlegen 763
Konsistenzprüfung 327, 366, 368, 697
   Änderungsdokument 449
   Konfiguration 372
kontinuierlicher Zyklus 389, 397, 423
Kopiersteuerung 365
   definieren 326
   Vorgangsart 208
Korrektheit, transaktionale 701
Korrekturhinweis, zentraler 103
kundeneigene Aktion 717
kundeneigene Entwicklung 552, 707
kundeneigenes Programm 90

kundenspezifische
   Anwendungskomponente 213
Kunden-Survey 213
Kurzinfo 244

L

Landscape Management
   Database 106, 372
Landschaftsparameter 119
Launchpad 37
Lebenszykluskonzept 130, 132
Lebenszyklusoperation 176
Lizenz 47
LMDB 106, 372
Log → Protokoll
Logbuch 634
logische Komponente 130, 387
   anlegen 144
   Referenz 144
logische Komponenten-
   gruppe 129, 142, 384, 387
Löschvermerk 475
Lösung 50, 128, 384, 387
   anlegen 140
   löschen 129
Lösungsarchitekt 336
Lösungsdokumentation 129, 152, 303
   Benutzeroberfläche 154
   Berechtigungen 137
   Content-Aktivierung 91, 153
   *Integration mit Anforderungs-
      management* 346
   *Integration mit Change Request
      Management* 186, 371
   *Integration mit Geschäftsprozess-
      Monitoring* 188, 660
   *Integration mit Integrations-
      Monitoring* 602
   *Integration mit Projektmanage-
      ment* 313
   Integration mit Test Suite 185, 491
   Konfiguration 135
   Kontextmenü 174
   Report 158
   Schnittstelle 606
   Upgrade 50
Lösungsverwaltung 135, 139
Lösungsvorschlag 266
Low Touch User 47
Lückenreport 532

M

MAI → Monitoring and Alerting Infrastructure
Maintenance Optimizer 58
Maintenance Planner 58, 84
Maintenance-Branch 131
Major-Release 401
manueller Import 474
manueller Testfall, Upgrade 34
manuelles Testen 520
Mappingregel 209, 365
Master-Hinweis 325
MCOS 57
Mehrfachtestplan-Status 533
mehrstufige Kategorisierung 212, 330, 368
Meilenstein 298, 360, 455
Meine Geschäftsanforderungen (App) 332, 352
Meine Meldungen (App) 202
Meine Projekte (App) 293
Meine-Meldungen-Widgets 237
Meldung
  Bearbeiter 261
  Bearbeitung 264
  erstellen 262
  SAP-Support 266
  Vorlage 246
  Zeiterfassung 241
Meldung anlegen (App) 202
Message-Flow → Nachrichtenfluss
Metrik 563
  bearbeiten 576
  erstellen 578
  Konfiguration 559
  Metrik- und Ereignis-Store 563
  Monitor 568
Minor-Release 401
Modifikationsabgleich 90, 552
modularer Prozess 171
Monitoring
  Benutzeroberfläche 558
  Business Intelligence 612
  Cloud 598
  Content 576
  Datenkonsistenz 696
  Definition 663
  IDoc 704
  Integration 602
  IT-Infrastruktur 596

Monitoring (Forts.)
  Job 594
  Nachrichtenfluss 610
  Notfall 597
  Prozessintegration 609
  Schnittstellen und Verbindungen ... 602
  Selbst-Monitoring 571
  System 574
  technisches 570
  User Experience 581
  Ziel 558
Monitoring and Alerting Infrastructure 562
  Architektur 562
  Migraton 675
Monitoring-Objekt 190, 595, 661
  erstellen 661
  konfigurieren 665
  Migration 676
  Typ 661
Multiple Components in One System ... 57
My Business Requirements (App) 352

N

Nachrichtenfluss 610
  BPMN 180
  Monitoring 610
Nachverfolgbarkeit, bi-direktionale ... 771
Name Server 754
Namenskonvention, Jobdokumentation 694
Neuinstallation 49, 56
NO_IMPORT_ALL (Parameter) 378
normale Änderung 359, 412
  verbessern 372
  Vorab-Import 427
  Vorabimport 445
Notfall-Monitoring 597
Notfalltransport 422
Notiz 244
Nummernkreis
  Intervall 208
  Vorgangsart 208
Nutzungsrecht 46

O

Oberflächentechnologie testen 522
Objekt löschen 174
Objektliste, Einflussanalyse 546

Index

Objektsperre, systemübergreifende 460
Objektverwaltung 671
obligatorischer Transport 412
OCC → Operations Control Center
OData-Service
   aktivieren 111
   erweitern 355
   Focused Build 774
Operations Control Center   569, 674, 784
Organisationseinheit 260
Organisationsmodell 217, 260
Originalprozessschritt 162

P

Panel 680
Partnerfunktion 209, 212, 329, 366
Performance 593
   Geschäftsprozess 703
   Monitoring 574
   SAP-Hinweise 749
Personalisieren 196
PFCG 124
Phase 390
   Projekt 298
   Quality Gate Management 453
   Steuerung 397
   Typ 290
Phasenzyklus 389
   anlegen 391
   normale Änderung 421
   Phase 390
Planstelle 261
Plug-in 120
PMO 789
Pool 178
Portfolio- und Projektmanagement → SAP Portfolio and Project Management
Portfoliomanagement 288
Positionstypenfindung 227
Post Processing Framework 209, 250, 326, 349, 366
Posteingang 215, 242
PPF → Post Processing Framework
PPF-Aktion 250, 326, 328, 366
PPM → SAP Portfolio and Project Management
PPM-Projekt 768
Präprozessor 754
PREPARE_ACTIVATION 85
Priorität 369

Problem 265, 270
Problem Management 31, 271
Product Availability Matrix 57
Product Support for Large Enterprises 46
Produktiv-Branch 130
Produktivsystem 387
Professional User 48
Programm, kundeneigenes 707
Progress Management Board 685
Project Management Office 789
Projekt
   Analyse 311
   anlegen 296
   Arten 290
   Definition 296
   Element 297
   Focused Build 768
   Import 397, 413, 417
   Manager 137, 515
   Nummer 296
   Pflicht 379
   Phase 298
   Sprache 319
   Struktur 297
   Vorlage 297
Projektmanagement 288
   Integration 313
   Integration mit Anforderungsmanagement 315, 347
   Integration mit Change Request Management 315, 370
   Integration mit Lösungsdokumentation 314
   Integration mit SAP ERP HCM 309
Protokoll 615
   Guided Procedure 632
   Speicher 616
   Speicherart 615
Prozess, modularer 171
Prozessdiagramm
   anlegen 181
   Geschäftsprozess-Monitoring 660
   Schnittstelle 602, 608
Prozessdokument 158
Prozesshierarchie 171
Prozessintegrations-Monitoring 609
Prozesskoordination 135
Prozessmanagement 127
   API 46
   Berechtigung 137

819

Prozessmanagement (Forts.)
  Integration mit
    Anforderungsmanagement 346
  Integration mit Change Request
    Management 186
  Integration mit Geschäftsprozess-
    Monitoring 188
  Integration mit Test Suite 185
  Konfiguration 135
  Neuerungen 32
  Sammelrollen 137
Prozessschritt 162
  anlegen 160
  Bibliothek 160
  Original 162
  Prüfung 703
  Referenz 162
  Typen 161
Prozessvariante 171
Prüfliste 223
  Anforderungsmanagement 344
  anlegen 225
  definieren 213
  einrichten 330
  entscheidungsbasierte 224, 226
  Ermittlung 228
  Profil 226
Prüfung
  kundeneigene 460
  transportbezogene 459
PSLE 46
Pull Data Provider 564
Push Data Provider 564
Python-Skript 763

Q

Qualifikation 308
Qualifikationskatalog 308
Qualitätsausschuss 455
Qualitäts-Cockpit 717
Qualitätsmanager 455
Qualitätsprojekt 718
Qualitätssicherung
  kundeneigene Entwicklungen 717
  System 387
Quality Gate 360, 453
Quality Gate Management 452
  Grundkonfiguration 360
  Prozess 457
Quellvorgangsart 326

Queue Server 754
Quick Sizer 53

R

R_AGS_BPM_MIGRATE_SOLU_TO_MAI
  (Report) 675
R3trans 478
Rapid Content Delivery (RCD) 113, 570
Readiness Dashboard 786
READ-RFC 116
Reaktionsschema 279
Reaktionszeit 279
Recorder 586
Referenz 184
  hängende 175
  System 636, 730
Regeltyp 252
Release
  Bildung 770
  normale Änderung 422
  Plan 399
  Planung 400
  Projekt 768
  Quality Gate Management 459
  Zyklus 389, 399
Release and Deployment Manage-
  ment 31
Release Management 358, 400
Release Manager 386
Remote Function Call, TREX-Verbin-
  dung 755
Reorganisation 743
Report, Lösungsdokumentation 158
Reporting
  ChaRM 370
  ITSM 254
Request Fulfillment 32
Requirement to Deploy 769
Requirements Management → Anforde-
  rungsmanagement
Resource Planning Application 311
Ressource 310
  Management 306
  Planung 306
  Suche 310
  zuordnen 309
Retrofit 361, 363, 471
  Kategorien 474
  Parameter definieren 365
  Quality Gate Management 456

Index

Retrofit (Forts.)
 Standalone 473
 Werkzeuge 474
RFC-Verbindung 116
Risiko 369
Roadmap 318
Robot 581
Rolle 303
 anlegen 306
 besetzen 311
 Konfigurationsschlüssel 201
 Konzept, CRM Web UI 195
 Projekt 298, 306
 vakante 295
RPA 311
Rückmeldung 301
Run SAP like a Factory 654

S

SAINT 121
SAM 621
Sammelrolle
 Anforderungsmanagement 333
 Prozessmanagement 137
 technischer Betrieb 561
 Test Suite 514
Sammelschnittstelle 164, 602
Sandboxsystem 153
SAP Activate 45
SAP ActiveEmbedded 46
SAP Adaptive Server Enterprise 57
SAP Application Performance Standard 55
SAP Best Practices 45
 Explorer 190
 Lösungsdokumentation 190
SAP Business Warehouse
 Datenvolumenmanagement 737
 Deployment 109
 Granularität 669
 InfoCube 721
 Monitoring 612
 Reporting 214, 255
 Report-Monitoring 613
 Testauswertung 532
SAP Business Workflow 367
SAP BusinessObjects, Monitoring 612
SAP Clone Finder 727
SAP Cloud Appliance Library 41
SAP Collaboration 266, 271

SAP Customer Relationship Management, Upgrade 87
SAP Download Manager 66
SAP EarlyWatch Alert 618, 749
SAP Enterprise Support 46, 490, 540
SAP Fiori 37
SAP Fiori Launchpad 37
SAP Gateway Service Builder 205, 356
SAP GUI, Monitoring 584
SAP HANA 39, 51
 Embedded Search 123
 Migration 88
 Monitoring 574, 612
 Sizing 743
SAP Information Steward 700
SAP Java Connector 109
SAP Learning Hub 94
SAP MaxAttention 46
SAP NetWeaver Application Server
 Java 109
SAP ONE Support Launchpad 63
SAP Portfolio and Project Management 287, 347, 451, 768
 Upgrade 87
 Zeiterfassung 241
SAP Process Integration 609
SAP Process Orchestration 609
SAP Quality Center by HP 518
SAP Roadmap Viewer 320
SAP Security Guide 220, 386
SAP Solution Manager
 auf SAP HANA 39
 Einsatzmöglichkeiten 27
 Grundkonfiguration 93
 Konfiguration 95
 Release 7.2 .... 27, 32
SAP Solution Manager Adapter for
 HP ALM 518
SAP Solution Manager Launchpad 37
SAP Standard Support 46
SAP Supplier Relationship Management,
 Integration mit Projektmanagement 311
SAP Support Portal
 Customer Profile 99
 Verbindung 101
SAP Test Acceleration and Optimization 518
SAP Web Dispatcher 109
SAP Web IDE 355
SAP Worker 48

SAPconnect 106, 110
SAP-Content 572
SAP-Einplaner 695
SAP-Engagement und Serviceliefe-
  rung 747
SAP-Fiori-Applikation 202
  erweitern 355
  Erweiterungen 205
  Meine Geschäftsanforde-
    rungen 332, 352
sapgui/user_scripting (Parameter) 585
SAP-GUI-Recorder 586
SAP-GUI-Skript 585
SAP-HANA-Datenbank 51
SAP-Hinweis 325, 749
  einspielen 753
  Grundkonfiguration 94
  Upgrade 85
SAP-Partner, pflegen 218
SAP-Portfoliomanagement 287
SAP-Projektmanagement 287
SAPS 55
SAP-Service-Benutzer 94
SAP-Softwarekatalog 108
SAP-Support-Meldung 266
SAP-Transportwesen 358
SAPUI5 37
Schatteninstanz 88
Scheduler, Typ 689
schnelle Content-Auslieferung 570
Schnittstelle 46
  Art 602
  Attribut 164
  Bibliothek 163
  Diagramm 164
  Kanal 599, 604
  Lösungsdokumentation 163
  Modellierung 602
  Monitoring 602
  Szenario 604
schwarzes Brett 244
Schwellenwert 577, 666
  Analyse 312
  definieren 622
  Skript 592
Schweregrad 312
  Eigenentwicklung 715
SCMON → ABAP Call Monitor
Scope and Effort Analyzer 549
Scope to Build (Quality Gate) 457
Scorecard 723

SDCCN 620
SEA 549
  anlegen 549
  Ergebnis 551
Search and Classification Engine → TREX
Second-Level-Benutzerrolle 561
Security Guide 562
Selbstdiagnose 510
Selbst-Monitoring 571
selektive Importstrategie 447
Self Check 510
semi-automatischer Import 474
Sequenzfluss 180, 183
Service 276, 747
Service Asset and Configuration
  Management 32
Service Availability Management 621
Service Catalogue Management   32, 274
Service Data Control Center 620
Service Desk 257, 268
Service Level Agreement 212, 278, 621
Service Level Agreement,
  Ermittlung 281
Service Level Management 32, 278
Service Portfolio Management 32
Service Provider 771
Service Request Fulfillment 276
Service Request Management 275
Service Request → Serviceanforderung
Serviceanbieter 787
Serviceanforderung 215, 274, 276
  anlegen 276
  Vergleich mit IT-Anforderung 344
Serviceanfrage → Serviceanforderung
Serviceausfall 621
Servicebereitstellung 274
Service-Content 112
Servicedokument 744
Servicegruppe 260
Servicekatalog 215, 274
Service-Level-Report 749
Servicemanagerprofil 368
Serviceorganisation 260
Serviceprodukt 215
Servicesitzung 744
Serviceverfügbarkeit 622
Sicherheit, transaktionale 701
Sicherheitshinweis 749
Sicht, Lösungsdokumentation 157
SID 56
Simulation, Projekt 297

Single Source of Truth 128, 130
Site 145, 156
Sizing 52
Skript
   Monitoring 585
   Testlauf 588
SL Toolset 67
SLA → Service Level Agreement
SLD → System Landscape Directory
SLV → Service Level Agreement
SM_PPF 219
SMBR (Vorgangsart) 322, 325
SMIR (Vorgangsart) 322, 325
Smoke-Test 791
SMSE 658, 689
Snapshot 79
SNOTE 103
Software Logistics Toolset 67
Software Provisioning Manager 67
Software Update Manager 74
   Modus 76
   Upgrade 87
Softwarekatalog 108
Softwarepaket 63
SOLADM 139
SOLMAN_SETUP → Transaktion
SOLMANREQU (Rolle) 274
Solution Manager Scheduling
   Enabler 658, 689
Solution Readiness Dashboard 779
SPAM 70, 121
Sperreintrag 461
Sprint 768
ST 564
ST-A/PI 120, 509
Stack-XML-Datei 61
Stadtmodell 715
Standardänderung 445
Standardtransportschicht 376
Startereignis 180
Statistik, Datenvolumenmanage-
   ment 746
Statistiksystem 730
Status- und Prioritätsverwaltung 211
statusabhängige Importstrategie 446
Statusanalyse 535
Statusschema 211
Statusverwaltung 365
   definieren 327
   Projektelemente 299
Statuswechsel 284

Statuszusammenfassung,
   Datenvolumenmanagement 741
ST-BW 564
Steuersystem 730
Stilllegung 713
Stilllegungs-Cockpit 719
Störung 257, 323
Störung, Vorlage 247
ST-OST (Komponente) 774
ST-PI 120, 509, 564, 708
Strukturelement,
   Lösungsdokumentation 133
Strukturprüfung 702
Subprozess 178
Suche
   anwendungsübergreifende 229
   Attribute 230
   gesicherte 231
   Infrastruktur 214, 370
   integrierte 123
   Konnektor 136
   Modell 136
   Objekt 764
   textbasierte 51
   über alle Objekte 234
   Volltextsuche 233
   zentrale 228
SUM → Software Update Manager
Support Hub 102
Support Package, Einflussanalyse 546
Support-Anfrage → Serviceanforderung
Support-Angebot 747
Support-Level 560
Support-Package-Patch 751
Support-Team 260
Support-Team, Ermittlung 265
Support-Vertrag 46
SUSE Linux Enterprise Server 57
S-User 101
Swimlane 178
SWPM 67
Synchronisationsverbindung 108
System
   statisches 721
   unter Test 506, 509
   verwaltetes 114
System Landscape Directory 58, 106, 115
Systemanalyse 485
Systemcluster 480
Systemdatencontainer 530
Systemempfehlungen 749

Systemempfehlungen, Integration mit
   Change Request Management 752
Systemhierarchie 581
Systemidentifikation 56
System-Image 42
Systeminformationen 262
Systemlandschaft 129, 142, 144
   definieren 455
   duale 364, 471
Systemlastanalyse 642
System-Monitoring 574
Systemnutzung 86
Systemrolle 98, 656, 730
Systemstand, Abgleich 364
Systemtest 504
systemübergreifende Objekt-
   sperre 361, 459
   Aktivierung 465
   trackspezifische 464
Systemübersicht 581, 750
Systemvergleich 485
Systemvorbereitung 97
Szenario 97
   anlegen 172
   BI-Monitoring 613
   Datenbereitschafts-Monitoring 613
   Job-Monitoring 594
   konfigurieren 455
   Monitoring 591
   Quality Gate Management 453
   *Schnittstellen- und Verbindungs-
      Monitoring* 603

T

Tabelle
   AGS_WORK_CUSTOM 332
   CNVCDMCCA_OBJS 733
   DNOC_USERCFG 332
   ICT_CUSTOM 332
   TADIR 731
Tabellenverwendungsstatistik 746
TAO 518
TBOM 540
   aufzeichnen 543
   dynamische 513, 540
   Konfiguration 512
   Massengenerierung 542
   semidynamische 512, 541
   statische 541
   Workitem 513

Technical Bill of Material → TBOM
technische Administration 242, 620
technische Stückliste → TBOM
technischer Betrieb 557
technisches Monitoring 570
Teilprozess 703
Termine und Arbeit 301
Terminierung 303
Terminierungsart 303
Terminprofil 212, 329
Terminverwaltung 212, 329, 367
Test
   manueller 520
   Phasen 492
Test Automation Framework 522
Test Suite 34, 489
   Analysen 501
   Berechtigungen 513
   Grundkonfiguration 505
   *Integration mit Change Request
      Management* 448
   *Integration mit Incident Manage-
      ment* 501
   *Integration mit
      Lösungsdokumentation* 491
   *Integration mit Prozessmanage-
      ment* 185
   *Konfiguration der verwalteten
      Systeme* 506
   Nutzungsrechte 490
   Reporting 501
Test Suite Dashboard 780
Test to Deploy (Quality Gate) 459
Testart 503, 769
Testausführung 499
Testausführungsanalyse 533
Testausführungsstatus 545
Testauswertung 501, 532
Testautomatisierung 521
   komponentenbasierte 506
   TBOM aufzeichnen 544
Testbericht 442, 501, 533
Testdaten 529
   Container 529
   zuordnen 530
Testdokument 34, 520
Tester 514
Tester-Arbeitsvorrat 500
Testfall 491
   anlegen 185, 492
   automatisieren 521

Testfall (Forts.)
  Bibliothek 491
  Dokumentation 521
  Dokumentationstyp 520
  Fehler 501
  manuell anlegen 520
  manueller 34
  Statusschema 504
  Wiederverwendbarkeit 525
  zuordnen 491, 496
Testfortschritt 501
Testingenieur 508
Testklassifizierung 503, 769
Testkonfiguration 523
Testkonfiguration, Wiederverwen-
  dung 525
Testkoordinator 508
Testmanagement 489
  Analyse 554
  Dashboards 780
  Neuerungen 34
  Strategie 490
Testoption 517
  1 519
  2 518
  3 519
  Werkzeuge 517
Testpaket 497
  anlegen 497
  Zuweisung zu Änderungsdoku-
    ment 449
Testplan 493
  anlegen 494
  erweitern 547
  Freigabestatusschema 504
  Zuweisung zu Änderungsdoku-
    ment 449
Testplanung 492
Testplanverwaltung 493
Testprofil 530
Testprotokoll 531
Test-Repository 526
Testsequenz 496
Testskript 526
  anlegen 526
  aufzeichnen 528
  Repository 526
Teststufe 503
Testsystem, Transport von Kopien
  importieren 417
Testumfangsoptimierung 548

Testvorbereitung 492
Testwerkzeug 507, 522
Testwerkzeugprotokoll 531
Text Retrieval and Information Extraction
  → TREX
Textart 329
Texteditor, Prozessmodellierung 184
Text-Mining 754
Textmustersuche 577
Textverwaltung 212, 329, 367
TMS → Transport Management System
TMW-RFC 117
Top Issue 748
Top-down-Terminierung 304
Top-Serviceanfrage 278
tp 478
Trace-Analyse 642
Track-spezifische CSOL-Konfigura-
  tion 364, 464
Transaktion 58, 303
  /IWFND/MAINT_SERVICE 775
  /SALM/TM_CHECK 791
  /SDF/CD_CCA 726
  /TMWFLOW/LOCKMON 461
  BP_USER_GEN 258, 383
  BSP_WD_CMPWB 201, 230, 351
  CCAPPS 726
  CNV_CDMC 730
  CRMC_ACTION_CONF 252
  CRMC_ACTION_DEF 250
  CRMC_UI_PROFILE 276
  DNO_CUST04 332
  ESH_ADM_TREX_DEST 760
  ESH_COCKPIT 763
  ESH_EXTR_USER 761
  ESH_MODELER 136
  GPA_ADMIN 632
  PREPARE_ACTIVATION 85, 92, 153
  RMMAIN 297, 318
  RPM_EMPDATA 310
  RZ11 585
  SAINT 121
  SCMON 709
  SCPR20 475
  SE10 .... 380, 416
  SE38 675
  SECATT 526
  SEGW 205, 356
  SFW5 224
  SGEN 82
  SICF 774

Transaktion (Forts.)
  SM_CRM 194, 316
  SM_WORKCENTER 187, 255, 454,
        483, 558, 775
  SM34 .... 138, 449
  SM36 690
  SM59 757
  SNOTE 103, 753
  SOLADM 139
  SOLAR 33
  SOLAR_EVAL 158
  SOLAR01 139
  SOLAR02 139
  SOLDOC 152
  SOLMAN_SETUP 91, 95, 135, 290,
        342, 360, 571, 655
  SOLMAN_WORKCENTER 493, 671
  SPAM 121
  SPAU 80, 91
  SPDD 91
  SPRO 225, 278, 291, 447, 467
  STO3N 708
  STC01 81
  STMS 374
  STWB_WORK 501
  SU01 756
  SZENPLUGIN 380
  TREXADMIN 762
  UCCHECK 731
transaktionale Korrektheit 701
Transport
  obligatorischer 371, 412
  Werkzeuge 477
Transport Collection 480
Transport Management System 70,
        373, 392, 472, 478
Transport Organizer 380, 416, 477
Transport Organizer Web UI 479
Transport von Kopien 417, 457
Transportaufgabe 415
Transportauftrag 358, 433
  anlegen 415
  BPCA-Analyse 451
  Einflussanalyse 546
  Import 376
  Importeinstellungen 378
  kritische Objekte 469
  Objektsperre 461
  Projektzuordnung 378
  Quality Gate Management 453
Transportausführungsanalyse 486

transportbezogene Prüfungen 459
Transportdomäne 373, 472
Transportdomänen-Controller 373
Transportmanagement 477
Transportobjekt, kritisches 468
Transportrisiko 369
Transportsteuerung, erweiterte 374
Transportstrategie 377
Transport-Überholer 445
Transportverwaltung 415
Transportverzeichnis 479
Transportweg 376
Trend, Datenvolumenmanagement   746
Trendanalyse 638, 677
TREX 51, 123, 233, 370, 753
  Architektur 753
  Installation 755
  Monitor 762
TREX-Admin-Tool 755
  eigenständiges 761
  im SAP-System 762

U

UAT 769
Überwachung → Monitoring
UCIA 729
UME 72
Umfang 438
  Analyse 776
  Änderung 407
  erweitern 412
  Lösungsdokumentation 157
  Monitoring 578
  optionale Elemente 371
Umfangs- und Aufwandsanalyse 549
Unicode-Check 731
Unified Alert Inbox 566
Unified OCC Shell 558
UOS 558
Update 74
Upgrade 49, 83
  Nacharbeiten 90
  Zyklusvorgangsarten 389
Upgrade-/Change-Impact-Analyse 729
UPL → Usage and Procedure Logging
Ursachenanalyse 270, 641
Usage and Procedure Logging 512,
        540, 708
User Acceptance Test 769
User Experience 37

User Experience Monitoring 581
User Interface
    Komponente 351
    konfigurieren 218
    Technologien testen 509
User Management Engine 72

V

vakante Rolle 295
Value Management Dashboard 724
Verarbeitungsart 251
Verarbeitungsprotokoll 213, 331, 368
Verbindungs-Monitoring 602
Verbindungsobjekt 180
Vergleich, datenbankübergreifender 698
Vergleichsliste 637
Versionierung 133, 346
Vertreterregelung 248, 632
verwaltendes System 481
verwaltetes System 114, 372, 481
Verwaltung kundeneigener Ent-
    wicklungen (Work Center) 714
Verweilzeit 713
Verwendungsnachweis
    Lösungsdokumentation 155
    Monitoring-Objekt 670
Verwendungsprotokollierung 710
Verwendungsstatistik 721
VMDB 724
Vollständigkeitsreport 532
Volltextsuche 51, 233, 753
Vorabimport 427, 445
Voraussetzung 99
Vorgang abonnieren 245
Vorgänger-Nachfolger-Beziehung 400
Vorgangsart
    Anforderungsmanagement 322
    anpassen 332
    Auswirkung 331
    Dringlichkeit 331
    Focused Build 769, 776
    ITSM 221
    Jobantrag 691
    KNAR 271
    kopieren 208, 325, 365
    Mapping 292
    Priorität 331
    Projektmanagement 292
    Prüflistenprofil zuordnen 227
    Risiko 331

Vorgangsart (Forts.)
    SMAD 437
    SMAI 389
    SMCG 440
    SMCR 405
    SMDT 501
    SMDV 389
    SMIM 389
    SMIN 501
    SMMJ 413, 450
    SMMM 389
    SMMN 389
    SMRE 389
    SMRQ 276
    SMSO 274
    SMTM 430
Vorlage
    Jobdokumentation 693
    Monitoring 573
Vorlagenbenutzer 361, 370
    anlegen 218, 333
    Custom Code Lifecycle Manage-
    ment 711
    kopieren 292
    Prozessmanagement 137
Vorwärtsterminierung 303

W

Wartung 453
Wartungs-Branch 131
Wartungskonflikt 177
Wave 768
Webserver 758
Welle 768
Wertehilfe 529
Wiederverwendungskonzept 134, 159
Wissensartikel 265, 271
Wissensartikelvorlage 273
Wissensmanagement → Knowledge
    Management
Work Mode Management 628
Workbench Organizer 477
Workbench-Auftrag 415
Workitem 768
Workload-Analyse 642

Z

Zeiterfassung 213, 241
zentrale Benutzerverwaltung 105

zentrale Suche 228
zentraler Korrekturhinweis 103
zentrales Freigabetool 236
Zielsystem 636
Zielvorgangsart 326
zugehörige Meldung 270
Zuordnungsassistent, Testdaten 530
Zuordnungsblock 198
Zusatzdaten 302
Zwischenereignis 180
Zyklus, kontinuierlicher 389, 397

- SAP Solution Manager 7.2 konfigurieren und erweitern

- Inkl. Funktionen zum Change Control Management wie Release-Management, Retrofit, QGM u.v.m.

- Mit wertvollen Hinweisen und Empfehlungen aus der Praxis

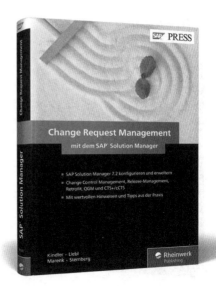

Kindler, Liebl, Marenk, Sternberg

Change Request Management mit dem SAP Solution Manager

Behalten Sie den Überblick über alle Änderungen an Ihren SAP-Systemlandschaften! Dieses Buch zeigt Ihnen, wie Sie standardisierte Prozesse gestalten, mit denen die Änderungen vom Testsystem bis ins Produktivsystem korrekt durchgeführt werden. So werden SAP-Hinweise und Support Packages oder Änderungen an kundeneigenen ABAP-Programmen kontrolliert transportiert. Erfahren Sie auch, wie Sie ab SAP Solution Manager Version 7.2 von den neuen Möglichkeiten von SAP Fiori profitieren können.

526 Seiten, gebunden, 69,90 Euro
ISBN 978-3-8362-4191-5
erschienen April 2017
www.sap-press.de/4147

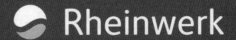

- Konfiguration, Anwendung, Integration und Erweiterung
- Alle neuen Funktionen und Einsatzszenarien mit SAP Solution Manager 7.2
- Mit wertvollen Hinweisen und Empfehlungen aus der Praxis

Jakob, Merk, Starke, Sternberg

IT-Service-Management mit dem SAP Solution Manager

Erfahren Sie in diesem Buch, wie Sie IT-Services mit dem SAP Solution Manager standardisiert gestalten, Probleme schnell bearbeiten und Problemlösungen dokumentieren. Sie lernen Funktionen und Konfiguration des IT-Service-Managements in Release 7.2 kennen – vom Incident-Management über das Problem-Management bis zur Administration. Profitieren Sie von den Erfahrungen der Autoren aus zahlreichen Kundenprojekten und Schulungen. Mit diesem Buch haben Sie Ihre IT-Infrastruktur stets unter Kontrolle!

480 Seiten, gebunden, 69,90 Euro
ISBN 978-3-8362-4195-3
2. Auflage, erschienen Dezember 2016
www.sap-press.de/4149

- Wie Sie der neue SAP Solution Manager beim Umstieg auf SAP S/4HANA unterstützt

- Die neuen Business-Process-Funktionen verstehen

- Focused Solutions und SAP Premium Services kennenlernen

Marc O. Schäfer, Matthias Melich

SAP Solution Manager für SAP S/4HANA

Das neue Solution-Manager-Release für SAP S/4HANA ist da und steckt voller neuer Funktionen, die Sie fit für die SAP Business Suite der Zukunft machen! Erfahren Sie in diesem Buch, wie Sie der SAP Solution Manager 7.2 bei den Vorbereitungen und der Durchführung der Migration unterstützt: mit Readiness Checks, Custom Code Management, SAP Activate, Focused Solutions u.v.m. Lernen Sie außerdem das neue integrierte Prozessmanagement und die neue Lösungsdokumentation kennen.

436 Seiten, gebunden, 69,90 Euro
ISBN 978-3-8362-4389-6
erschienen September 2016
www.sap-press.de/4264

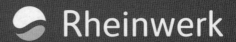

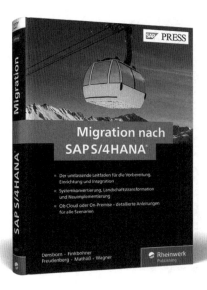

- Der umfassende Leitfaden für Umstieg und Neueinführung
- Vorbereitung, Implementierung und Integration
- Ob Cloud oder On-Premise – detaillierte Anleitungen für alle Szenarien

Densborn, Finkbohner, Freudenberg, Mathäß, Wagner

Migration nach SAP S/4HANA

Möchten Sie SAP S/4HANA in der Cloud oder On-Premise nutzen? Möchten Sie ein einzelnes System migrieren, gleich Ihre komplette Systemlandschaft umstellen oder SAP S/4HANA auf der grünen Wiese ganz neu aufsetzen? Dieses Buch erklärt Ihnen die richtigen Schritte abhängig von Ihren konkreten Anforderungen. Sie erfahren, welche Vorbereitungen notwendig sind, welche Tools Sie auf dem Weg unterstützen und wie Sie Ihr neues S/4HANA-System einrichten.

560 Seiten, gebunden, 79,90 Euro
ISBN 978-3-8362-4297-4
erschienen März 2017
www.sap-press.de/4213

Jetzt als Buch, E-Book und Bundle: www.sap-press.de